**Direito Privado na Lei
da Liberdade Econômica**

Direito Privado na Lei da Liberdade Econômica

COMENTÁRIOS

2022

Coordenadores
Judith Martins-Costa
Guilherme Carneiro Monteiro Nitschke

O DIREITO PRIVADO NA LEI DA LIBERDADE ECONÔMICA
COMENTÁRIOS
© Almedina, 2022
COORDENADORES: Judith Martins-Costa, Guilherme Carneiro Monteiro Nitschke

DIRETOR ALMEDINA BRASIL: Rodrigo Mentz
EDITORA JURÍDICA: Manuella Santos de Castro
EDITOR DE DESENVOLVIMENTO: Aurélio Cesar Nogueira
ASSISTENTES EDITORIAIS: Isabela Leite e Larissa Nogueira
ESTAGIÁRIA DE PRODUÇÃO: Laura Roberti

DIAGRAMAÇÃO: Almedina
DESIGN DE CAPA: Roberta Bassanetto

ISBN: 9786556275956
Agosto, 2022

Dados Internacionais de Catalogação na Publicação (CIP)
(Câmara Brasileira do Livro, SP, Brasil)

Direito privado na lei da liberdade econômica : comentários / coordenadores Judith Martins-Costa, Guilherme Carneiro Monteiro Nitschke. - - São Paulo, SP : Almedina, 2022.

ISBN 978-65-5627-595-6

1. Direito econômico 2. Direito econômico – Brasil 3. Direito empresarial - Brasil 4. Direito privado - Brasil 5. Lei 13.874, de 2019 - Comentários 6. Livre mercado I. Martins-Costa, Judith. II. Nitschke, Guilherme Carneiro Monteiro.

22-112482   CDU-34.33(81)(094)

Índices para catálogo sistemático:

Brasil : Lei da liberdade econômica : Direito econômico 34.33(81)(094)

Eliete Marques da Silva - Bibliotecária - CRB-8/9380

Coleção IDiP
Coordenador Científico: Francisco Paulo De Crescenzo Marino

Este livro segue as regras do novo Acordo Ortográfico da Língua Portuguesa (1990).

Todos os direitos reservados. Nenhuma parte deste livro, protegido por copyright, pode ser reproduzida, armazenada ou transmitida de alguma forma ou por algum meio, seja eletrônico ou mecânico, inclusive fotocópia, gravação ou qualquer sistema de armazenagem de informações, sem a permissão expressa e por escrito da editora.

EDITORA: Almedina Brasil
Rua José Maria Lisboa, 860, Conj.131 e 132, Jardim Paulista | 01423-001 São Paulo | Brasil
www.almedina.com.br

SOBRE OS COORDENADORES

Judith Martins-Costa
Foi Professora de Direito Civil na Faculdade de Direito da Universidade Federal do Rio Grande do Sul (1992 a 2010).
 É Livre-Docente e Doutora em Direito pela Universidade de São Paulo.
 Autora, entre outros, de *A Boa-Fé no Direito Privado*. Critérios para a sua aplicação (2ª ed. 2018); *Comentários ao Novo Código Civil*. Tomo V. Rio de Janeiro, Forense, 2009; *Crise e Perturbações no Cumprimento da Prestação*. Estudo de Direito Comparado Luso-Brasileiro, em coautoria com Paula Costa e Silva. (São Paulo, Quartier Latin, 2020).
 Presidente do Instituto de Estudos Culturalistas – IEC e membro da Academia Brasileira de Letras Jurídicas, dentre outras associações.
 Advogada e sócia fundadora de Judith Martins-Costa Advogados.
 Parecerista e Árbitra em questões de Direito Privado.

Guilherme Carneiro Monteiro Nitschke
Doutor em Direito Civil pela Universidade de São Paulo, tendo recebido o prêmio de Melhor Tese de Direito Civil da USP no ano de 2018.
 Mestre em Direito pela Universidade Federal do Rio Grande do Sul.
 Diretor do Comitê Brasileiro de Arbitragem, Secretário-Executivo da Comissão de Arbitragem e Mediação da ICC Brasil, Sócio de Contencioso e Arbitragem de TozziniFreire Advogados.
 Professor de Direito Civil e arbitragem em cursos de Pós-Graduação.

Autor de livros e artigos nas áreas do Direito Civil e da Arbitragem.

Membro de variadas associações nas áreas do direito privado e da arbitragem

SOBRE OS AUTORES

Carlos Portugal Gouvêa
Professor do Departamento de Direito Comercial da Universidade de São Paulo. Diretor-Presidente do Instituto de Direito Global. Sócio-fundador do PGLaw.

Erasmo Valladão A. e N. França
Professor Associado da Faculdade de Direito da Universidade de São Paulo.

Érica Gorga
Doutora em Direito Comercial pela Faculdade de Direito da Universidade de São Paulo.
Pós-Doutoramento pela University of Texas School of Law.
Advogada em São Paulo.
Autora de artigos publicados no Brasil e no exterior, tendo sido agraciada com dois prêmios do Instituto Brasileiro de Governança Corporativa (IBGC) e 6 prêmios da FGV por publicações internacionais.
Autora do livro "Direito Societário Atual", Elsevier Campus Jurídico, 2013.
Autora de artigos publicados na Revista Veja, O Estado de S.Paulo, Folha de S.Paulo, O Globo e Valor Econômico.

Fernanda Mynarski Martins-Costa
Doutora em Direito Comercial pela Universidade de São Paulo e Sócia de Judith Martins-Costa Advogados.

Francisco Paulo De Crescenzo Marino
Professor Associado da Faculdade de Direito da Universidade de São Paulo.
    Vice-Presidente do Instituto de Direito Privado.

Gerson Luiz Carlos Branco
Professor na Faculdade de Direito da Universidade Federal do Rio Grande do Sul.
    Advogado em Porto Alegre.

Giovana Benetti
Doutora em Direito Civil pela Universidade de São Paulo.
    Professora do Departamento de Direito Privado da Faculdade de Direito da Universidade Federal do Rio Grande do Sul.
    Membro do Instituto de Estudos Culturalistas – IEC.
    Advogada, consultora de Judith Martins-Costa Advogados.

Giovana Cunha Comiran
Doutora em Direito Comercial pela Universidade de São Paulo.
    Mestre em Direito Privado.
    Especialista em Direito Empresarial e Bacharel em Ciências Jurídicas e Sociais pela Universidade Federal do Rio Grande do Sul.
    Sócia na Knijnik Advocacia.

Guilherme Carneiro Monteiro Nitschke
Doutor em Direito Civil pela Universidade de São Paulo, tendo recebido o prêmio de Melhor Tese de Direito Civil da USP no ano de 2018.

Mestre em Direito pela Universidade Federal do Rio Grande do Sul.

Diretor do Comitê Brasileiro de Arbitragem, Secretário-Executivo da Comissão de Arbitragem e Mediação da ICC Brasil, Sócio de Contencioso e Arbitragem de TozziniFreire Advogados.

Professor de Direito Civil e arbitragem em cursos de Pós-Graduação.

Autor de livros e artigos nas áreas do Direito Civil e da Arbitragem.

Membro de variadas associações nas áreas do direito privado e da arbitragem.

José Roberto de Castro Neves
Doutor em Direito Civil pela Universidade do Estado do Rio de Janeiro.

Mestre em Direito pela Universidade de Cambridge, Inglaterra.

Professor de Direito Civil da Pontifícia Universidade Católica e da Fundação Getúlio Vargas – FGV-Rio.

Advogado.

Judith Martins-Costa
Foi Professora de Direito Civil na Faculdade de Direito da Universidade Federal do Rio Grande do Sul (1992 a 2010).

É Livre-Docente e Doutora em Direito pela Universidade de São Paulo.

Autora, entre outros, de *A Boa-Fé no Direito Privado*. Critérios para a sua aplicação (2ª ed,, 2018; *Comentários ao Novo Código Civil*. Tomo V. Rio de Janeiro, Forense, 2009; *Crise e Perturbações no Cumprimento da Prestação*. Estudo de Direito Comparado Luso-Brasileiro, em coautoria com Paula Costa e Silva. São Paulo, Quartier Latin, 2020).

Presidente do Instituto de Estudos Culturalistas – IEC e membro da Academia Brasileira de Letras Jurídicas, dentre outras associações.

Advogada e sócia fundadora de Judith Martins-Costa Advogados.

Parecerista e Árbitra em questões de Direito Privado.

Marcelo Vieira von Adamek
Doutor e Mestre em Direito Comercial pela Faculdade de Direito da Universidade de São Paulo.
Professor Doutor do Departamento de Direito Comercial da Faculdade de Direito da Universidade de São Paulo. Advogado em São Paulo.

Mariana Pargendler
Professora associada em período integral na Escola de Direito de São Paulo da Fundação Getúlio Vargas e Global Professor of Law na New York University.
Diretora do Núcleo Direito, Economia e Governança da FGV Direito SP e Research Member do European Corporate Governance Institute.
Doutora e bacharel em Direito pela Universidade Federal do Rio Grande do Sul e LL.M. em Direito pela Yale University.

Osny da Silva Filho
Professor da Escola de Direito de São Paulo da Fundação Getúlio Vargas.
Bacharel, mestre e doutor em Direito pela Faculdade de Direito da Universidade de São Paulo. Pesquisador visitante na Faculdade de Direito de Harvard, no Instituto Max Planck de Direito Privado Internacional e Comparado, na Faculdade de Direito da Universidade da Califórnia em Berkeley e na Faculdade de Filosofia da mesma Universidade.
Advogado.

Otavio Luiz Rodrigues Jr.
Livre-docente, Doutor e Professor Associado de Direito Civil da Faculdade de Direito do Largo de São Francisco – Universidade de São Paulo.
Conselheiro Nacional do Ministério Público (2019-2021/2021-2023).
Advogado.

Pietro Benedetti Teixeira Webber
Bacharel em Ciências Jurídicas e Sociais pela Universidade Federal do Rio Grande do Sul e Sócio de Judith Martins-Costa Advogados.

Rafael Branco Xavier
Mestrando em Direito Civil pela Universidade de São Paulo e Sócio de Judith Martins-Costa Advogados.

Rodrigo Xavier Leonardo
Professor Associado de Direito Civil da Faculdade de Direito da Universidade Federal do Paraná. Mestre e Doutor em Direito Civil – Faculdade de Direito da Universidade de São Paulo.
   Advogado.

Vera Maria Jacob de Fradera
   Mestre e Doutora pela Universidade de Paris II, Professora Convidada na Universidade Federal do Rio Grande do Sul, Advogada e Parecerista.

APRESENTAÇÃO

Iniciada tão logo publicada a Lei Federal n. 13.874, de 20 de setembro de 2019 ("Lei da Liberdade Econômica", ou "LLE"), a redação dos textos componentes deste livro foi suspensa face à erupção da pandemia de Covid-19 nos princípios de 2020. A decisão de colocá-la em espera se deve não diretamente à "força maior" a que, todos, fomos submetidos num repente, mas a uma intuição – que depois se tornou percepção – de que o acontecimento inédito, inesperado e tão transformador de certos hábitos e antigas certezas abalaria as estruturas dos modelos jurídicos dispostos pelo novo diploma legislativo: suas diretrizes, enucleadas na premissa ou convicção de que o Estado interviria demasiadamente no domínio privado, não resistiriam ao vendaval produzido pelo espalhamento do vírus, que colocava tudo abaixo – vidas, economias, empresas, contratos, certezas ideológicas. A atuação do Estado se mostrou imperiosamente necessária. Uma intervenção estatal que a nova lei queria mínima, muitas vezes teve de ser máxima; noutros casos, ao menos assecuratória, protetiva e direcionadora. E tanto os agentes estatais (mormente legisladores e juízes) quanto aqueles que têm por mister a produção de doutrina jurídica se viram lançados ao desafio de construir pontos de certezas por sobre as incertezas.

Ainda que a história dos modelos jurídicos seja, fundamentalmente, uma história das mentalidades, assim situada no "tempo longo"[1], é inegável a

---

[1] Os sistemas jurídicos como exemplo de *estruturas de longa duração* vêm examinados por KOSELLECK, Reinhart. A história social moderna e os tempos históricos. In: *Estratos do Tempo. Estudos sobre história* (trad. Markus Hediger). Rio de Janeiro: Contraponto, 2014,

pressão que, por vezes, os eventos produzem nessas estruturas, modificando sua percepção[2]. Há "eventos graves que transformam suas próprias precondições estruturais", como ensina Reinhart Koselleck, pelo que o processo interativo entre eventos e estruturas é condicionante das transformações que aqueles e estas mutuamente ocasionam[3]. O *evento* Covid-19 colocou as *estruturas* sociais em xeque, dentre elas as jurídicas, constituídas de modelos talhados para lidar com a normalidade das crises; e destas, aqueles modelos jurídicos que a chamada "Lei da Liberdade Econômica" pretendeu alterar, para deixá-los aderentes às suas premissas e diretrizes.

Assim se deu com o chamado "princípio da intervenção mínima do Estado"[4], estrutural e discursivamente central para a Medida Provisória N. 881/2019 e, depois, à LLE, declarado no campo contratual em mais de uma oportunidade pela previsão da "excepcionalidade da revisão contratual" (Código Civil, arts. 421, Parágrafo Único, e 421-A, incisos II e III, inseridos pela LLE). Ainda que esse princípio já estivesse posto, sendo depurado do sistema e mesmo que a intenção do redator da LLE fosse limitar a atuação aplicativa – cujos eventuais excessos tratava de anunciar como fundamento da regra[5] –, a afetação dos contratos pela pandemia exigiu o oposto: situações

---

p. 305; e mais em frente, em História, direito e justiça. In: *Estratos do Tempo. Estudos sobre história* (trad. Markus Hediger). Rio de Janeiro: Contraponto, 2014, pp. 325-332.

[2] Falando de um "direito civil sob pressão" por ocasião da pandemia, veja-se o que se escreveu em MARTINS-COSTA, Judith; SILVA, Paula Costa e. *Crise e Perturbações no Cumprimento da Prestação. Estudo de direito comparado luso-brasileiro*. São Paulo: RT, 2020, *passim*.

[3] KOSELLECK, Reinhart. Os tempos na historiografia. In: *Estratos do Tempo. Estudos sobre história* (trad. Markus Hediger). Rio de Janeiro: Contraponto, 2014, p. 275. O resgate da importância do *evento*, em sua interação com as *estruturas*, foi promovido por uma série de historiadores, e.g.: NORA, Pierre. Le retour de l'événement. In: LE GOFF, Jacques; NORA, Pierre (coord.). *Faire de l'Histoire*. Paris: Gallimard, 1974, pp. 283-306; VOVELLE, Michel. L'histoire et le longue durée. In: LE GOFF, Jacques (coord.). *La Nouvelle Histoire*. Paris: Complexe, 1978, p. 77 e ss.

[4] Tido como *princípio* pela LLE no art. 2º, incisos I ("a liberdade como uma garantia no exercício de atividades econômicas") e III ("a intervenção subsidiária e excepcional do Estado sobre o exercício de atividades econômicas"). Tal já constava da MP na enumeração de princípios do art. 2º, seja no inc. I ("a presunção de liberdade no exercício de atividades econômicas"), seja no inc. III ("a intervenção subsidiária, mínima e excepcional do Estado sobre o exercício de atividades econômicas").

[5] LORENZON, Geanluca. Comentários ao art. 1º. Estrutura e escopo da Lei da Liberdade Econômica. In: SANTA CRUZ, André; DOMINGUES, Juliana Oliveira; GABAN, Eduardo Molan (Org.). *Declaração de Direitos de Liberdade Econômica. Comentários à Lei 13.874/2019*. Salvador: JusPodivm, 2020, p. 32.

de impossibilidade da prestação e de desequilíbrio contratual superveniente decorrentes do pandêmico evento não vinham propriamente antecipadas pelos modelos legais, o que ensejou não apenas pontuais intervenções do legislador, colocando em marcha seu dirigismo e fazendo publicar "leis de emergência"[6]; como, igualmente, a atividade adaptativa de juízes e da doutrina, chamados a propor ajustes e amoldamentos aos modelos jurídicos legais já predispostos no sistema[7].

Assim, no confronto com a realidade, a orientação principiológica proclamada pela LLE perdeu muito de sua força. Essa, é bem verdade, já operava menos no plano normativo-estrutural (i.e. via dispositivos que, como se verá, no mais das vezes padecem ou de atecnia, ou de acaciana obviedade) e mais no

---

[6] E.g. Lei Federal N. 14.010, de 10 de junho de 2020, que estabelecia o Regime Jurídico Emergencial Transitório das relações jurídicas de Direito Privado ("RJET") durante a pandemia, e que, dentre outras modulações do direito posto, estabelecia limites ao conceito de imprevisibilidade dos arts. 317, 478, 479 e 480 do Código Civil (art. 7º) e proibia o despejo em relações locatícias (art. 9º); Lei Federal N. 14.216, de 7 de outubro de 2021, que suspendeu até 31.12.2021 o despejo de imóveis privados ou públicos em decorrência de contratos de locação incumpridos.

[7] Fiquemos com três exemplos: o dos contratos com adimplemento não duradouro em que houve proibição por lei ou decreto estadual ou municipal de se executarem certas prestações, gerando angústia sobre o que fazer quanto às despesas incorridas por uma das partes em preparação à execução do contrato que não pode mais ser executado (veja-se: NITSCHKE, Guilherme Carneiro Monteiro; NEVES, Julio Gonzaga Andrade. A peste e as despesas incorridas para a execução de contratos. In: *Direito e Pandemia*. Brasília: OAB Conselho Federal, 2020, N. Especial, p. 29 e ss.); os contratos de *shopping center*, cujas lojas restaram temporariamente impossibilitadas de funcionar por uma série de atos estatais, o que ensejou pleitos de revisão dos locatícios, da suspensão de seu pagamento ou até mesmo de resilição do contrato (veja-se: MARTINS-COSTA, Judith. Impossibilidade de prestar e a excessiva onerosidade superveniente na relação entre *shopping center* e seus lojistas. In: CARVALHOSA, Modesto; KUYVEN, Fernando (Coords.). *Impactos Jurídicos e Econômicos da Covid-19*. São Paulo: RT, 2020, p. 75 e ss.). E, por parte do Poder Judiciário, a louvável iniciativa de instaurar "câmaras de conciliação e mediação". Exemplificativamente, em São Paulo, a Corregedoria Geral do Tribunal expediu Provimento (Provimento CG n.11/2020 -Processo 2020/42835), para criar e regular "projeto-piloto de conciliação e mediação pré-processuais para disputas empresariais decorrentes dos efeitos da Covid-19". No Tribunal de Justiça do Rio Grande do Sul, sua Presidência expediu o Ato 025/2020700 para, no âmbito do já existente Núcleo Permanente de Solução Consensual de Conflitos, e considerando a "necessidade de organizar e uniformizar os procedimentos de mediação empresarial, notadamente em face da grande estimativa de demandas envolvendo contratos empresariais e questões societárias relacionadas à pandemia do Covid-19", promover a conciliação entre as partes, sem afastar, naturalmente, a via pela mediação privada.

plano discursivo, desfiada em abundância da Exposição de Motivos da Medida Provisória N. 881/2019 e escamoteada naquilo que se converteu em LLE.

Analistas do discurso costumam destacar que certas expressões são performativas: trazem consigo jogos ocultos de significações, uma opacidade que faz suscitar "redes de relações associativas implícitas", "funcionando sob diferentes registros discursivos, e com uma estabilidade lógica variável"[8]. Nomear o diploma de "Lei da Liberdade Econômica" pode induzir a pensar, nesses jogos velados de significações, que algo estava preso, acorrentado pelos grilhões do Estado, e depois, com o novel diploma, veio a se libertar. Por igual, chamar um rol de incisos de "declaração dos direitos de liberdade econômica" faz produzir mensagem de que, antes, os particulares não dispunham do que, depois, se veio a declarar, além de estabelecer equívoco fio de relação, pelas reminiscências da memória, a declarações de direitos relevantes da história ocidental. O anti-estatalismo tornou-se, por essas vias, espécie de chavão a encimar o diploma em seus títulos e subtítulos, e perpassa verticalmente suas particulares disciplinas, constituindo verdadeira "formação discursiva"[9].

Mas estrutura e discurso foram atingidos pelo evento pandemia. Se um texto não é somente um texto, mas um texto em um dado contexto que o significa e ressignifica, não se podia prescindir do tempo da espera que em parte adiou a conclusão desta obra, mas, por outro turno, permitiu que esta se enriquecesse tanto de reflexões que considerassem os impactos do evento nas estruturas e no verniz discursivo, quanto do *teste da realidade*: os dois anos e meio de vigência da LLE ensejaram a emergência de certa jurisprudência sobre os dispositivos introduzidos e alguma depuração de doutrina que, agora, no específico campo do direito privado, esta obra intenciona consolidar. Ainda assim, tem-se aqui um "jardim imperfeito", uma "horta inacabada"[10]; aquele em que ainda há tanto a semear e fazer brotar, nesse exercício que metaforiza

---

[8] Assim, PÊCHEUX, Michel. *O Discurso. Estrutura ou acontecimento* (trad. Eni P. Orlandi). 7. ed. Campinas: Pontes, 2015, pp. 20-24, ao relatar as "idas e vindas" do grito "On a gagné!", que marcou tanto a comemoração popular da vitória de François Miterrand na Bastille, em 1981, quanto a crítica anos depois que perguntava: "Ganhamos o quê?".

[9] I.e., o discurso é partícula de uma "formação ideológica dada" por certa conjuntura sócio-histórica que "determina o que pode e deve ser dito" (ORLANDI, Eni Puccinelli. *Análise de Discurso: princípios e procedimentos*. 13. ed. Campinas: Pontes, 2020, p. 41).

[10] A conhecida metáfora é de Michel de Montaigne (MONTAIGNE, Michel de. *Ensaios* (trad. Sérgio Milliet). São Paulo: Nova Cultural, 1996, v. 1, p. 99).

a condição do doutrinador: tal qual um jardineiro, às vezes rega e às vezes tem de podar para ver crescer folhagem mais frondosa.

Daí que a história desta obra também compreenda a decisão de se buscar uma reflexão que fosse específica ao campo do direito privado. São várias as razões para tanto, que principiam pelo próprio conteúdo normativo da LLE, em boa parte atinente a temas de direito privado; passam pela decisão de optar por um tratamento que fosse específico, seja em soma aos comentários mais gerais e panorâmicos que se desenvolveram até o momento[11], seja em paralelo àqueles que, noutros campos do direito, se tem produzido[12]; e se refletem na forma que se propôs fossem os trabalhos desenvolvidos, seguindo uma estrutura mínima – ainda que não inquebrantável – de tópicos que dessem uniformidade de tratamento e aderência ao campo em que desenvolvidos.

A esse último propósito, o leitor notará que os comentários estão organizados em *(i)* "história", por serem os modelos jurídicos "estruturas que surgem e se elaboram no contexto mesmo da experiência, como objetos histórico-culturais que são"[13], cabendo, mormente na interpretação de novos textos, a compreensão de sua gênese; *(ii)* "comparação jurídica", naquele exercício que não busca justificações no que é estrangeiro pelo simples fato de ser estrangeiro ou, nisto, argumentos de autoridade, mas que, sendo método de compreensão, intende "observar e explicar similaridades tanto quanto diferenças", como bem resumia Rudolf B. Schlesinger ao tratar do adequado

---

[11] MARQUES NETO, Floriano; RODRIGUES JR., Otávio Luiz; LEONARDO, Rodrigo Xavier (Orgs.). *Comentários à Lei da Liberdade Econômica. Lei 13.874/2019*. São Paulo: RT, 2019; SALOMÃO, Luis Ferlipe; CUEVA, Ricardo Villas Bôas; FRAZÃO, Ana (Coords.). *Lei de Liberdade Econômica e seus impactos no direito brasileiro*. São Paulo: RT, 2020; CUNHA FILHO, Alexandre J.; PICCELLI, Roberto Ricomini; MACIEL, Renata Mota (Coord.). *Lei da Liberdade Econômica Anotada*. São Paulo: Quartier Latin, 2020, v. 1 e 2; SANTA CRUZ, André; DOMINGUES, Juliana Oliveira; GABAN, Eduardo Molan. *Declaração de Direitos de Liberdade Econômica. Comentários à Lei 13.874/2019*. Salvador: JusPodivm, 2020.

[12] HUMBERT, Georges Louis Hage (Coord.). *Lei de Liberdade Econômica e os seus impactos no direito administrativo*. Belo Horizonte: Forum, 2020; FIORILLO, Celso Antonio Pacheco; FERREIRA, Renata Marques. *Liberdade Econômica (lei 13.874/19) em face do direito ambiental constitucional brasileiro: o enquadramento jurídico das atividades econômicas vinculadas ao desenvolvimento sustentável*. Rio de Janeiro: Lumen Juris, 2020.

[13] REALE, Miguel. *Fontes e Modelos do Direito. Para um novo paradigma hermenêutico*. São Paulo: Saraiva, 2002, pp. 49-50.

exercício comparatista[14]; *(iii)* "conteúdo e função da regra", centrando foco, aqui, no exame dogmático do modelo jurídico em questão, destinatário da intervenção legislativa; *(iv)* "relações intrassistemáticas" e "relações intersistemáticas", para o fito de testar a aderência da nova regra ao sistema e desvelar as relações que se estabelecem dentro das quatro paredes da própria LLE e do Código Civil, e para fora destas; e *(v)* "jurisprudência", enfim desvelando no terreno da prática como os novos dispositivos têm encontrado concreta aplicação[15].

Começa-se com capítulo introdutório (*"Introdução"*) inaugurado pelos organizadores deste livro, que cartografam a origem e a eficácia da LLE, tratando, portanto, de alguns de seus aspectos formais; e traz-se, em sua segunda parcela, texto de Érica Gorga em que aborda a dimensão ideológica do diploma, vertida, sobretudo, pela Exposição de Motivos da Medida Provisória N. 881/2019.

A Parte I do livro, por sua vez, é dedicada à principiologia da LLE que consta de seu art. 2º. O princípio da "liberdade" no exercício das atividades econômicas vem tratado por Véra Maria Jacob de Fradera (*"Comentário ao artigo 2º, inciso I: a presunção de liberdade como princípio norteador do exercício das atividades econômicas na Lei da Liberdade Econômica, resultante da Medida Provisória no 881/19"*); os princípios da boa-fé e da intervenção mínima do Estado receberam tratamento em dois artigos diversos de autoria de Judith Martins-Costa e Giovana Benetti (respectivamente, *"Comentário ao artigo 2º, inciso II: o princípio da "boa-fé do particular perante o poder público"* e *"Comentário ao artigo 2º, inciso III: o princípio da "intervenção subsidiária e excepcional do Estado sobre o exercício de atividades econômicas"*); e, por fim, o reconhecimento da vulnerabilidade do particular vai dissertado por Giovana Benetti, Rafael Branco Xavier e Pietro Benedetti Teixeira Webber (*"Comentário ao art. 2º, inciso IV: o "reconhecimento da vulnerabilidade do particular perante o Estado"*).

A Parte II, por seu turno, compreende aquilo que, discursivamente, ganhou o nome de "declaração de direitos da liberdade econômica", listados no art.

---

[14] SCHLESINGER, Rudolf B. The past and future of comparative law. *The American Journal of Comparative Law*. Michigan: The American Society of Comparative Law, 1995, n. 455, p. 477.
[15] A depender do tópico em discussão e do dispositivo comentado, tal estrutura sofreu adaptações, mas manteve-se, em largas linhas, como "coluna vertebral" da obra inteira, dando-lhe organização e uniformidade.

3º da LLE. Dentre as tantas hipóteses, pertencem ao campo privado o direito ao desenvolvimento de atividade econômica, com abordagem de Fernanda Mynarski Martins-Costa, Rafael Branco Xavier e Pietro Benedetti Teixeira Webber (*"Comentário ao artigo 3º, inciso II, alínea "b": o direito a "desenvolver atividade econômica"*); o direito à definição de preços, tratado por Érica Gorga (*"Comentário ao artigo 3º, inciso III: o direito de definir preços"*); o gozo da presunção de boa-fé e da interpretação e em favor da autonomia privada, tratados em um único texto por Osny da Silva Filho (*"Comentário ao artigo 3º, inciso V: presunção de boa-fé e interpretação em prol da autonomia"*); e a garantia de livre estipulação de regras em negócios empresariais, tema visitado pelo texto de Otávio Luiz Rodrigues Jr. e Rodrigo Xavier Leonardo (*"Comentários ao artigo 3º, inciso VIII: a garantia de livre estipulação dos negócios jurídicos empresariais"*).

A Parte III trata da pessoa jurídica e, assim, já adentra no terreno do que foi modificado no Código Civil, iniciando com dois textos de Mariana Pargendler sobre autonomia patrimonial e as hipóteses de desconsideração de sua personalidade: o primeiro comentando o art. 49-A (*"Comentário ao artigo 49-A do Código Civil: a autonomia patrimonial da pessoa jurídica"*) e o segundo, o art. 50 do Código Civil (*"Comentário ao artigo 50 do Código Civil: a desconsideração da personalidade jurídica"*).

Reservada aos temas de direito contratual, a Parte IV principia com as várias alterações que a LLE introduziu ao art. 113 do Código Civil, trazendo trabalho escrito por Guilherme Carneiro Monteiro Nitschke que abrange todos os novos dispositivos insertos (*"Comentário ao artigo 113, §§1º e 2º do Código Civil: interpretação contratual a partir da Lei da Liberdade Econômica"*); e com comentário pontual de Giovana Cunha Comiran centrado na matéria de "usos, costumes e práticas" (*"Comentário ao artigo 113 §1º, inciso II: "usos, costumes e práticas do mercado relativas ao tipo de negócio"*). Os temas atinentes aos contratos prosseguem com dois comentários ao art. 421 do Código Civil: um de Gerson Luiz Carlos Branco (*"Comentário ao artigo 421 do Código Civil: A Função Social do Contrato na Lei da Liberdade Econômica"*) e outro de José Roberto de Castro Neves (*"Comentário ao artigo 421 do Código Civil: a função social do contrato"*). Finaliza esta Parte IV o texto de Francisco Paulo De Crescenzo Marino sobre o art. 421-A do Código Civil (*"Comentário ao artigo 421-A do Código Civil: presunção de paridade e simetria em contratos civis e empresariais"*).

A Parte V trata do direito da empresa por meio de quatro estudos elaborados a quatro mãos por Erasmo Valladão A. e N. França e Marcelo Vieira von Adamek: *"Comentário ao artigo 980-A do Código Civil"*, *"Comentário ao artigo 1.052 §§1º e 2º do Código Civil"*, *"Comentário ao artigo 85 §§1º e 2º da Lei Federal n. 6.404/76"* e *"Comentário aos dispositivos alterados da Lei Federal n. 8.934/94"*.

Ao final, a Parte VI vai dedicada à matéria dos fundos de investimento, cuja disciplina é inédita no Código Civil. Quem lhe dá abordagem é Carlos Portugal Gouvea com o texto *"Comentário aos artigos 1.368-C a 1.368-F do Código Civil: fundos de investimento na Lei da Liberdade Econômica"*.

Tem-se aqui, portanto, um apanhado de textos produzidos em parte no torvelinho de uma série de inusitados acontecimentos, em parte se beneficiando da sedimentação que o tempo transcorrido desde a entrada em vigor da LLE propiciou. As ideias ora lançadas, confrontadas com o fato fundamental da pandemia e o que se lhe seguiu . "As ideias vêm; os fatos acompanham aquelas que vencem as outras", como ensinou Pontes de Miranda[16].

Se há, portanto, uma indissociável relação entre o que se expõe e o que se tem por acontecido, os textos aqui apresentados desafiam a construção de soluções a partir do posto, propondo *leituras* do que inserido sob a raspagem de sua camada discursiva. O que sobra é por vezes o óbvio, por vezes o deficiente – mas invariavelmente, resta nas camadas ocultas desse palimpsesto o que se deve ler como partícula de um sistema que preexiste, sendo deste, portanto, devedor de coerência.

Esta apresentação encerra com os agradecimentos aos coautores deste livro, que foram pacientes com o "tempo de espera" e dedicados na inserção do que produzido à proposta de estrutura solicitada pelos organizadores e a Filipe Nasi, Gabriela Scalco e Rafaela Beck pela revisão final desta obra.

Judith Martins-Costa e Guilherme Carneiro Monteiro Nitschke
Porto Alegre – Canela, abril de 2022

---

[16] PONTES DE MIRANDA, F. C. *Democracia, Liberdade, Igualdade (os três caminhos)*. São Paulo: José Olympio, 1945, p. 23.

SUMÁRIO

Apresentação..................................... 13

Introdução 25

   1. Origem e Eficácia da Lei da Liberdade Econômica............ 27
      Judith Martins-Costa
      Guilherme Carneiro Monteiro Nitschke

   2. Direito e Economia na Lei da Liberdade Econômica.......... 43
      Érica Gorga

PARTE I – Principiologia da Lei da Liberdade Econômica.......... 57

   1. Comentário ao artigo 2º, inciso I: a presunção de liberdade como princípio norteador do exercício das atividades econômicas na Lei da Liberdade Econômica, resultante da Medida Provisória n. 881/19............................. 59
      Vera Maria Jacob de Fradera

   2. Comentário ao artigo 2º, inciso II: o princípio da "boa-fé do particular perante o poder público" 73
      Judith Martins-Costa
      Giovana Benetti

3. Comentário ao artigo 2º, inciso III: o princípio da
"intervenção subsidiária e excepcional do Estado sobre o exercício
de atividades econômicas" 95
Judith Martins-Costa
Giovana Benetti

4. Comentário ao art. 2º, inciso IV: o "reconhecimento
da vulnerabilidade do particular perante o Estado" 121
Giovana Benetti
Rafael Branco Xavier
Pietro Benedetti Teixeira Webber

PARTE II – Declaração de Direitos da Liberdade Econômica 137

1. Comentário ao artigo 3º, inciso II, alínea "b": o direito a
"desenvolver atividade econômica"............................. 139
Fernanda Mynarski Martins-Costa
Rafael Branco Xavier
Pietro Benedetti Teixeira Webber

2. Comentário ao artigo 3º, inciso III: o direito de definir preços 151
Érica Gorga

3. Comentário ao artigo 3º, inciso V: presunção de boa-fé
e interpretação em prol da autonomia 167
Osny da Silva Filho

4. Comentário ao artigo 3º, inciso VIII: a garantia de livre
estipulação dos negócios jurídicos empresariais................ 201
Otavio Luiz Rodrigues Jr.
Rodrigo Xavier Leonardo

PARTE III – Alterações à Disciplina da Pessoa Jurídica 217

1. Comentário ao artigo 49-A do Código Civil:
a autonomia patrimonial da pessoa jurídica 219
Mariana Pargendler

2. Comentário ao artigo 50 do Código Civil:
a desconsideração da personalidade jurídica 241
Mariana Pargendler

PARTE IV – Alterações à Disciplina dos Contratos 275

1. Comentário ao artigo 113 §§1º e 2º do Código Civil: interpretação contratual a partir da Lei da Liberdade Econômica. 277
Guilherme Carneiro Monteiro Nitschke

2. Comentário ao artigo 113 §1º, inciso II: "usos, costumes e práticas do mercado relativas ao tipo de negócio" 433
Giovana Cunha Comiran

3. Comentário ao artigo 421 do Código Civil: a função social do contrato na Lei da Liberdade Econômica 459
Gerson Luiz Carlos Branco

4. Comentário ao artigo 421 do Código Civil:
a função social do contrato 497
José Roberto de Castro Neves

5. Comentário ao artigo 421-A do Código Civil: presunção de paridade e simetria em contratos civis e empresariais 511
Francisco Paulo De Crescenzo Marino

PARTE V – Alterações à Disciplina da Empresa 529

1. Comentário ao artigo 980-A do Código Civil 531
Erasmo Valladão A. e N. França
Marcelo Vieira von Adamek

2. Comentário ao artigo 1.052 §§1º e 2º do Código Civil. 551
Erasmo Valladão A. e N. França
Marcelo Vieira von Adamek

3. Comentário ao artigo 85 §§1º e 2º da Lei Federal n. 6.404/76..... 565
Erasmo Valladão A. e N. França
Marcelo Vieira von Adamek

4. Comentário aos dispositivos alterados da Lei Federal
n. 8.934/94.................................... 571
Erasmo Valladão A. e N. França
Marcelo Vieira von Adamek

PARTE VI – Disciplina dos Fundos de Investimento.............. 581

1. Comentário aos artigos 1.368-C a 1.368-F do Código Civil:
fundos de investimento na Lei da Liberdade Econômica......... 583
Carlos Portugal Gouvêa

INTRODUÇÃO

Nenhum texto legislativo nasce do vazio, nenhum nasce no vazio. As alterações promovidas no Código Civil pela dita Lei da Liberdade Econômica ("LLE") hão de ser compreendidas desde um panorama que jogue luz em suas coordenadas ideológicas e metodológicas, apontando-se a questões formais da lei (Cap. 1), ao histórico legislativo (1.1), sua estrutura em matéria de direito privado (1.2), a redação e a técnica legislativa empregadas (1.3), a eficácia da LLE (1.4) e sua vigência e direito intertemporal afetado (1.5).

No trânsito entre forma e conteúdo, haverá espaço para um mergulho na dimensão ideológica, transbordada sobretudo de sua Exposição de Motivos (Cap. 2), documento quanto mais relevante quanto mais a nova lei pretende modificar, e não apenas aprimorar o direito preexistente. Considerações de ordem preliminar (2.1) terão sequência no diagnóstico do problema que a LLE visa a atacar e sua justificativa (2.2), finalizando-se com o enfoque aos vários problemas metodológicos que seu tratamento apresenta (2.3) e algumas conclusões (2.4).

1. ORIGEM E EFICÁCIA DA LEI DA LIBERDADE ECONÔMICA

Judith Martins-Costa
Guilherme Carneiro Monteiro Nitschke

1.1 Histórico Legislativo

O Poder Executivo fez publicar, em 30 de abril de 2019, a Medida Provisória n. 881 ("MP"), visando a instituir, segundo sua ementa, uma "Declaração de Direitos de Liberdade Econômica", com o expresso fito de estabelecer "garantias de livre mercado, análise de impacto regulatório" e outras providências. O que ganhou expressão em Medida Provisória foi texto elaborado por membros do Ministério da Economia do Governo de então[1], à revelia da comunidade jurídica, quebrando a tradição quando de reformas a códigos e leis relevantes, que é o chamamento ao democrático e prévio debate (ou, ao menos, a participação de expoentes do direito em sua elaboração).

---

[1] Notadamente por quem depois se auto-identificou como seu principal redator, Geanluca Lorenzon (LORENZON, Geanluca. Comentários ao art. 1º. Estrutura e escopo da Lei da Liberdade Econômica. In: SANTA CRUZ, André; DOMINGUES, Juliana Oliveira; GABAN, Eduardo Molan (Org.). *Declaração de Direitos de Liberdade Econômica. Comentários à Lei 13.874/2019.* Salvador: JusPodivm, 2020, p. 25), então Diretor de Desburocratização do Ministério da Economia de Paulo Guedes. Sobre a matriz ideológica da LLE, veja-se: YEUNG, Luciana L. Friedrich Hayek, liberdade econômica, a MP e a Lei da Liberdade Econômica: por que é necessária? In: SALOMÃO, Luis Felipe; CUEVA, Ricardo Villas Bôas; FRAZÃO, Ana (Coords.). *Lei de Liberdade Econômica e seus Impactos no Direito Brasileiro*. São Paulo: RT, 2020, pp. 75-88.

Mas o que se teve, ao contrário dessa boa tradição, foi um ato do Poder Executivo editado "já e já", do dia para a noite, gestado nos herméticos gabinetes do Ministério da Economia e alinhado tanto à aparente diretriz de se fazer uso de expedientes decretais – resquícios do regime militar – que marca o período pós Constituição de 1988[2], quanto à orientação *soi-disant* "libertária" dos quadros ministeriais da época[3].

No campo do direito privado, a MP veio repleta de inovações. Citando de pronto alguns exemplos – nem todos depois mantidos pela lei de conversão –, são de destacar o princípio da "intervenção subsidiária, mínima e excepcional do Estado sobre o exercício de atividades econômicas" (art. 2º, inc. III, e art. 7º fazendo inserir um Parágrafo Único ao art. 421 do Código Civil); a presunção de boa-fé dos atos em "exercício da atividade econômica" (art. 3º, inc. V); a declaração de que todas as regras cogentes aplicáveis a "negócios jurídicos empresariais" tornar-se-iam dispositivas e, assim, de aplicação "apenas de maneira subsidiária ao avençado" (art. 3º, inc. VIII); regras minundenciadas sobre a desconsideração da personalidade jurídica (art. 7º, alterando o art. 50 do Código Civil); a regra de interpretação *contra proferentem* também aos contratos paritários (art. 7º, fazendo inserir um Parágrafo Único ao art. 423 do Código Civil); dentre outros.

As alterações que atingiam as relações privadas visavam, declaradamente, a diminuir a intervenção estatal nas atividades econômicas e, em especial, no campo contratual, em intenção de poda dos dois galhos do dirigismo estatal: via Estado-juiz, por reiterada declaração de que a intervenção em contratos e sua revisão serão sempre excepcionais; e via Estado-lei, por tentativa que

---

[2] Basta mencionar que até 2001, quando alterada a disciplina atinente à edição de Medidas Provisórias, mais de 2.200 haviam sido editadas; e no período subsequente, já se ultrapassou o patamar de 1.000 (veja-se: Brasil chega à milésima medida provisória em 20 anos. *Senado Notícias*, 10.09.2020, em: https://www12.senado.leg.br/noticias/materias/2020/09/10/brasil-chega-a-milesima-medida-provisoria-em-20-anos).

[3] Alguns já chamaram a atenção para o fato de que o viés ideológico de que a MP era produto pouco – ou nada – tinha a ver com o liberalismo clássico, e sim uma sorte de "libertarismo", uma "economia de cassino" em que vige a regra da "exploração ilimitada da conjuntura" e da maximização "a qualquer preço" das vantagens possíveis; atribuindo ao mercado, assim, um "poder constituinte absoluto", de modo a rejeitar "qualquer possibilidade de regulação" (FARIA, José Eduardo. Economia de mercado e jogo de azar. *O Estado de São Paulo*. São Paulo, 3 de janeiro de 2020).

tornaria dispositivas todas as regras legais cogentes de direito contratual[4]. Entendia-se, por exemplo, que, com os dispositivos insertos, mitigar-se-ia a "discricionariedade" do juiz "para interpretar contratos e negócios jurídicos privados"[5].

Para além do que, em específico, se tratará ao longo deste livro, é de se adiantar que a premissa dessa orientação (i.e. de que o Estado estaria sendo excessivamente interventor nos negócios privados) deve ser relativizada ao menos por três razões. Primeiro, sob o ponto de vista do Estado-lei: a percepção de que haveria demasiada intervenção é, no mínimo, exagerada, uma vez que as regras cogentes em matéria de direito privado sempre foram "ilhas no mar do direito dispositivo"[6], em excepcional limitação ao auto-regramento privado e apenas quando necessário resguardar polos mais frágeis das concretas

---

[4] O art. 3º, inc. VIII, da MP, nesse sentido, era uma sorte de cavalo de Troia para o direito contratual, pois implodiria o sistema por dentro, ao intencionar o confessado pela Exposição de Motivos: "Garante que os negócios jurídicos empresariais serão objeto de livre estipulação das partes pactuantes, aplicando-se as regras de direito empresarial apenas de maneira subsidiária ao avençado. Mais de 60% das 500 maiores empresas do mundo estão registradas especificamente no Estado de Delaware, EUA. Isso se dá em razão de aquela jurisdição constituir um dos melhores ambientes para o desenvolvimento e preservação do direito empresarial. Para o Brasil caminhar nesse sentido, propõe-se de maneira emergencial permitir que qualquer cláusula contratual seja vigente entre os sócios privados e capazes que assim a definiram, inclusive aquelas que, atualmente, parecem ir em sentido contrário a normas de ordem pública, estritamente, do direito empresarial, contanto que não tenham efeitos sobre o Estado ou terceiros alheios à avença. Essa medida rapidamente permitirá que grandes empresas sintam-se seguras para investir e produzir no Brasil, gerando emprego e renda para os milhões de brasileiros que hoje se encontram desempregados, e que os empresários terão respeitados os termos que acertarem entre si, sem prejudicar a soberania nos assuntos que de fato afetem terceiros e a coletividade como um todo" (disponível em: http://www.planalto.gov.br/ccivil_03/_ato2019-2022/2019/Exm/Exm-MP-881-19.pdf, §11, inc. VIII)" . O resultado, fosse acolhido, seria evanescer um apanhado sem fim de leis protetivas de polos frequentemente vulneráveis, como o dos representantes comerciais (Lei Federal nº 4.886/65), o dos franqueados (Lei Federal nº 13.966/2019), o dos locatários (Lei Federal nº 8.245/91), dentre outros.

[5] LORENZON, Geanluca. Comentários ao art. 1º. Estrutura e escopo da Lei da Liberdade Econômica. In: SANTA CRUZ, André; DOMINGUES, Juliana Oliveira; GABAN, Eduardo Molan (Org.). *Declaração de Direitos de Liberdade Econômica. Comentários à Lei 13.874/2019.* Salvador: JusPodivm, 2020, p. 32.

[6] GAMBARO, Antonio. Contratto e regole dispositive. *Rivista di Diritto Civile.* Padova: CEDAM, 2004, n. 1, p. 4.

relações[7]. Segundo, a premissa não se sustenta sob o ponto de vista do Estado-juiz: o direito positivo já tratava como extraordinária sua intervenção (e.g. arts. 478 e 479 do Código Civil), sendo redundante o texto proposto quando reafirmava – o que veio a se repetir na lei de conversão – a excepcionalidade do que já era excepcional. Não por acaso, a palavra "revisão" só passou a fazer parte do Código Civil depois das alterações promovidas pela MP e confirmadas pela lei de conversão. E terceiro, a premissa não se sustenta sob o ponto de vista das partes: há o frágil axioma de que estas seriam suficientemente racionais e livres e, por isso, capazes de modelar a disciplina de suas relações tornando dispensável qualquer proteção ou intervenção estatal. Essa é visão que não coincide com a realidade[8], já tendo sido bastante criticada na ambiência de onde é originária (i.e. no direito anglo-americano) tanto sob o ponto de vista prático quanto sob o ponto de vista ideológico[9].

---

[7] PONTES DE MIRANDA, F. C. *Tratado de Direito Privado*. 4. ed. São Paulo: RT, 1983, t. 3, pp. 45 e 60. "Daí se pode concluir que a margem deixada à vontade pelo sistema jurídico traça os contornos do campo onde se pode exercer o poder do auto-regramento (autonomia). Constitui, portanto, regra fundamental a de que a vontade somente pode ser manifestada quando admitida e sempre de conformidade com as normas jurídicas de natureza cogente" (MELLO, Marcos Bernardes de. *Teoria do Fato Jurídico. Plano da Existência*. 8. ed. São Paulo: Saraiva, 1998, p. 161).

[8] POSNER, Eric. Economic analysis of contract law after three decades: success or failure? *Yale Law Journal*. New Haven: Yale University, 2003, p. 863. Entre nós, nesse exato sentido ao comentar o art. 113 §1º, inc. V, do Código Civil: LEONARDO, Rodrigo Xavier; RODRIGUES JR., Otavio Luiz. A interpretação dos negócios jurídicos na Lei da Liberdade Econômica. In: CUNHA FILHO, Alexandre J. Carneiro da; PICCELLI, Roberto Ricomini; MACIEL, Renata Mota (Coords.). *Lei da Liberdade Econômica Anotada. Vol. 2. Lei nº 13.874, de 2019*. São Paulo: Quartier Latin, 2020, p. 224: "Trata-se de regra de interpretação que se baseia em pressuposto que nem sempre é verdadeiro ou que carece de comprovação empírica: a presunção de que todos os negócios jurídicos são fruto de uma efetiva racionalidade econômica".

[9] Pragmaticamente, está a crítica de não se contar, na maioria das contratações, com o modelo ideal de "contratante" com que a análise econômica trabalha. Ideologicamente, está a crítica de que tal viés tende a privilegiar, de modo subreptício, a parte mais proeminente face à mais enfraquecida, seja sob o verniz da "eficiência" (eficiência que serve ao polo mais forte), seja quando sustenta uma hiperbolia do valor "liberdade" em detrimento do valor "igualdade". Assim: KELMAN, Mark. *A Guide to Critical Legal Studies*. Cambridge: Harvard University Press, 1987, pp. 151 e ss.; HORWITZ, Morton J. Law and economics: science or politics? *Hofstra Law Review*. Hempstead: Hofstra University School of Law, 1980, v. 8, especialmente pp. 911-912 ("And once it has been realized that efficiency is, by definition, a function of a particular distribution (invariably the *status quo*), the inherently conservative bias of the definition of efficiency becomes clear").

Não se contesta, por óbvio, a existência de insegurança jurídica no País cujas causas, todavia, não se reduzem aos motivos (revisão dos contratos) e aos meios (ações judiciais) evidenciados pela MP. O equívoco em que essa e a Lei que se lhe seguiu parecem ter incorrido, foi o de perseguir uma simplificação até certo ponto ingênua (e na realidade, contraproducente), de um problema muito mais complexo, envolvente desde o ensino do Direito até a prática dos foros, passando por um arraigado *ethos* de desrespeito à lei.

Com esse feitio, porém, o processo de tramitação perante o Poder Legislativo teve início.

À publicação da MP seguiu-se intensa movimentação em função do regular trâmite perante o Congresso Nacional e da mobilização da comunidade jurídica, que tentou, em exercício hercúleo, mitigar as deficiências importantes que o diploma apresentava. A Comissão Mista[10] destinada a emitir parecer sobre a MP recebeu 301 proposições de emendas e promoveu audiências públicas diversas. A tais iniciativas acedeu a participação dos professores Carlos Ari Sundfeld e Otávio Luiz Rodrigues Jr., convocados pelo então presidente da Câmara dos Deputados já quando o prazo legislativo para apreciação da MP estava adiantado. É atribuível à coordenação de ambos – verdadeiramente "a jato" – boa parte do que se conseguiu melhorar no texto original, o primeiro utilizando as proposições de um anteprojeto de lei substitutiva ao texto da MP que apresentara antes desta, e que tinha abrangência mais enxuta, com enfoque no "poder de polícia" estatal e procurando deixar intocado o Código Civil[11]; e o segundo, congregando juristas e produzindo uma série de

---

[10] A Comissão Mista teve como Presidente o Senador Dário Berger, como Relator o Deputado Jerônimo Goergen e como Relatora Revisora a Senadora Soraya Thronicke.

[11] Fala-se da proposição apresentada em 4 de abril de 2019, por um grupo de juristas sob o guarda-chuva da Escola de Direito de São Paulo da Fundação Getúlio Vargas ("FGV Direito SP") e da Sociedade Brasileira de Direito Público ("SBDP"), denominada "Para uma Reforma Nacional em favor da Liberdade Econômica e das Finalidades Públicas da Regulação". A iniciativa tinha a coordenação de Carlos Ari Sundfeld (FGV Direito SP) e era integrada por professores de outras escolas de direito: Eduardo Jordão (FGV-RJ), Egon Bockmann Moreira (UFPR), Floriano Azevedo Marques Neto (USP), Gustavo Binenbojm (UERJ), Jacintho Arruda Câmara (PUC-SP), José Vicente Santos de Mendonça (UERJ) e Marçal Justen Filho (ex-UFPR). A proposta indica ter contado, ainda, com as contribuições dos seguintes pesquisadores: Ana Carla Abrão, André de Castro Braga, André Rosilho, Armínio Fraga, Caio Mário da Silva Pereira Neto, Elena Landau, Francisco Gaetani, Gilvandro Vasconcelos Coelho de Araújo, Guilherme Jardim Jurksaitis, João Domingos Liandro, Juliana Bonacorsi

proposições modificativas e supressivas ao texto da MP, especialmente para o fito de abrandar algumas interferências traumáticas que se pretendera inserir quanto ao Código Civil[12].

O resultado foi a aprovação do substitutivo anexado ao Parecer n. 1, de 11 de julho de 2019, com apenas três votos contrários da Comissão Mista.

Sob o ponto de vista da admissibilidade, referido Parecer afastava as críticas que não viam presentes "relevância" e "urgência" na reforma legislativa. Primeiro, porque compreendia haver *relevância* em reforma legislativa que intencionava proporcionar "a mais ampla liberdade para a iniciativa particular conceber novos empreendimentos, investir em sua implementação e robustecimento, para geração de empregos, tributos e renda" (p. 3). Ao sabor da Exposição de Motivos – como em frente se tratará –, compreendia-se que se deveria "superar a cultura de que o particular só pode empreender depois de autorizado pelo Estado", de modo a evitar que a lei crie "obstáculos ao empreendedorismo, alegadamente em homenagem aos demais fundamentos da mesma ordem constitucional (desenvolvimento regional, proteção ao meio ambiente, proteção aos consumidores etc.)" (p. 3). Segundo, quanto à *urgência*, referido Parecer aludia à "premência da retomada do processo de desenvolvimento econômico", de modo que a reforma pretendida era vista como voltada a "remover os obstáculos para esse caminhar encontra-se a da desburocratização e simplificação da atividade econômica. O quanto antes

---

de Palma, Leonardo Coelho Ribeiro, Persio Arida, Roberta Sundfeld, Sérgio Guerra, Yasser Gabriel e Vera Monteiro. Seu enfoque estava mais restrito ao "poder de polícia" estatal sobre as atividades privadas, pretendendo "aumentar a qualidade" das relações entre poder público e particulares, tanto quanto eliminar "interferências e exigências que não deviam existir ou que já tenham perdido utilidade", em especial as que "não gerem bons resultados" e as que "incentivem a corrupção" (p. 3). Sob o ponto de vista da técnica legislativa, a proposta era mais sofisticada que a MP, seja por propor uma "lei de introdução ao direito econômico" (p. 4), assim intencionando, em parte, guiar também a edição de outras normas de direito econômico, para além de sua interpretação, plasmando "lei de sobredireito no campo econômico" (p. 9); seja por conta do cuidado com o emprego dos termos, a coerência interna das disposições e sua concisão (composto por vinte e sete artigos); seja porque não se aventurava em interferir na disciplina das relações privadas, deste modo, expressamente, deixando de propor reformas ao Código Civil (pp. 8 e 9).

[12] Como narram MARQUES NETO, Floriano de Azevedo; RODRIGUES JR., Otávio Luiz; LEONARDO, Rodrigo Xavier. Apresentação. In: *Comentários à Lei da Liberdade Econômica. Lei 13.874/2019*. São Paulo: RT, 2019, p. 10.

medidas deste teor forem adotadas, mais rapidamente se sentirão os efeitos benéficos do conjunto de reformas institucionais em curso" (p. 3). Foi com essas palavras, assim, que se acabou por entender preenchidos os pressupostos constitucionais.

Sob o ponto de vista do mérito da proposição, os argumentos consolidados na Exposição de Motivos foram recepcionados pelo Parecer n. 1 da Comissão Mista do Congresso Nacional. Repetiu alusões às posições que o Brasil assumia, à época, em certos rankings econômicos ("Doing Business", "Heritage Foundation", "Fraser Institute" e "Cato Institute"), daí desdobrando que se estaria dando pouca importância "à melhoria do ambiente de negócios, com vistas à atração de mais investimentos globais e estímulo a novos investimentos nacionais" (p. 6). A isso fazia concluir: "a liberdade econômica não é apenas um fator de atração de investimentos. Estudos estatísticos mostram que quanto mais liberdade econômica os agentes desfrutam num determinado país, melhor é a performance deste país na geração de trabalho, renda, riqueza e inovação. De modo sintético: quanto mais liberdade econômica, mais bem estar da população" (p. 6).

Depois desse rápido trâmite legislativo e das poucas oportunidades de mitigar os problemas técnicos diversos que o substitutivo apresentava, a sanção presidencial sobreveio em 20 de setembro de 2019, ganhando o diploma o n. 13.874 e, a partir daí, passando a ser chamado de "Lei da Liberdade Econômica" ("LLE").

1.2 Estrutura

Não é o objetivo desta obra cartografar a estrutura inteira da LLE, mas apenas os trechos em que o direito privado vem tratado. Ainda assim, e em voo panorâmico, observe-se estar o diploma subdividido em cinco capítulos: o Capítulo I traz disposições gerais contendo abrangência e eficácia da lei, tanto quanto seus princípios norteadores; o Capítulo II contém, propriamente, a lista de "direitos de liberdade econômica"; o Capítulo III trata de "garantias de livre iniciativa"; o Capítulo IV fala, em um único dispositivo, do impacto regulatório, o que depois veio a ser regulamentado pelo Decreto n. 10.411, de 30 de junho de 2020; e o Capítulo V – o mais longo do diploma – produz uma série de alterações a leis postas e encerra com disposições finais. No que interessa a este trabalho, a LLE trata de assuntos referentes ao direito privado fundamentalmente em três de suas frações.

A primeira dessas frações respeita à principiologia da LLE, e que refere à liberdade (art. 2º, inc. I), à boa-fé (art. 2º, inc. II), à intervenção subsidiária e excepcional do Estado (art. 2º, inc. III) e à vulnerabilidade do particular (art. 2º, inc. IV).

A segunda fração que abarca temas de direito privado é a que se passou a conhecer por "declaração de direitos da liberdade econômica", longa lista de incisos insertos sob o guarda-chuva do art. 3º. Neles se encontram garantias do desembaraçado desenvolvimento de atividades econômicas (inc. II, 'b'), da livre definição de preços em mercados não regulados (inc. III), da presunção de boa-fé (inc. V), do desenvolvimento, execução, operação e comercialização de novas modalidades de produtos e serviços (inc. VI), e da livre estipulação dos termos negociais, salvo normas de ordem pública (inc. VIII).

A terceira e mais ampla fração respeita às alterações que se procederam a leis postas, mormente ao Código Civil. Alteraram-se, ao ensejo da LLE, as matérias atinentes à desconsideração da personalidade jurídica (arts. 49-A e 50 do Código Civil), à interpretação do negócio jurídico (art. 113, §§1º e 2º do Código Civil), à função social do contrato (art. 421 do Código Civil), à paridade contratual (art. 421-A do Código Civil), à responsabilidade da EIRELI (art. 980-A do Código Civil), à constituição de sociedade limitada (art. 1.052, §§1º e 2º, do Código Civil), à subscrição de ações em sociedades anônimas (Lei Federal n. 6.404/76, art. 85 §§1º e 2º), ao Departamento Nacional de Registro Empresarial e Integração (Lei Federal n. 8.934/94, arts. 4º, Parágrafo Único, 31, 32 §§1º e 2º, 35, inv. VIII e Parágrafo Único, 41, inc. I, 'a', e Parágrafo Único, 42 §§2º ao 6º, 44, inc. III, 47, 54, 55 e seu §2º, 63 §§1º a 3º, e 65-A) e aos fundos de investimentos (arts. 1.368-C a 1.368-F do Código Civil).

1.3 Redação e Técnica Legislativa

O Parecer n. 1 da Comissão Mista do Congresso Nacional reconhecia que os dispositivos da MP reclamavam "aperfeiçoamento redacional" (p. 5), mas entendia que o Projeto de Lei de Conversão anexado supria essas faltas. Ainda que algumas melhorias se tenham de fato conseguido alcançar, a conclusão do Parecer é demasiadamente indulgente.

A lei não é de boa qualidade. Há dispositivos mal redigidos, deficientes sob o ponto de vista científico, com sequência de palavras que obscurece a compreensão, organização assistemática de matérias, uso de expressões importadas que não encontram desenvolvimento jurídico na ambiência brasileira, dentre outros problemas. Há, assim, afronta ao mandamento do art. 11 da Lei Complementar N. 95/1998, que impõe ao legislador redigir as disposições legais "com clareza, precisão e ordem lógica"[13].

Essa defeituosidade pode ser creditada, para além da pressa, à escassa participação da comunidade jurídica em sua redação, nada obstante os esforços

---

[13] A Lei Complementar N. 95/1998 "[d]ispõe sobre a elaboração, a redação, a alteração e a consolidação das leis, conforme determina o parágrafo único do art. 59 da Constituição Federal, e estabelece normas para a consolidação dos atos normativos que menciona". "Art. 11. As disposições normativas serão redigidas com clareza, precisão e ordem lógica, observadas, para esse propósito, as seguintes normas: I – para a obtenção de clareza: a) usar as palavras e as expressões em seu sentido comum, salvo quando a norma versar sobre assunto técnico, hipótese em que se empregará a nomenclatura própria da área em que se esteja legislando; b) usar frases curtas e concisas; c) construir as orações na ordem direta, evitando preciosismo, neologismo e adjetivações dispensáveis; d) buscar a uniformidade do tempo verbal em todo o texto das normas legais, dando preferência ao tempo presente ou ao futuro simples do presente; e) usar os recursos de pontuação de forma judiciosa, evitando os abusos de caráter estilístico; II – para a obtenção de precisão: a) articular a linguagem, técnica ou comum, de modo a ensejar perfeita compreensão do objetivo da lei e a permitir que seu texto evidencie com clareza o conteúdo e o alcance que o legislador pretende dar à norma; b) expressar a idéia, quando repetida no texto, por meio das mesmas palavras, evitando o emprego de sinonímia com propósito meramente estilístico; c) evitar o emprego de expressão ou palavra que confira duplo sentido ao texto; d) escolher termos que tenham o mesmo sentido e significado na maior parte do território nacional, evitando o uso de expressões locais ou regionais; e) usar apenas siglas consagradas pelo uso, observado o princípio de que a primeira referência no texto seja acompanhada de explicitação de seu significado; f) grafar por extenso quaisquer referências a números e percentuais, exceto data, número de lei e nos casos em que houver prejuízo para a compreensão do texto; (Redação dada pela Lei Complementar nº 107, de 26.4.2001) g) indicar, expressamente o dispositivo objeto de remissão, em vez de usar as expressões 'anterior', 'seguinte' ou equivalentes; (Incluída pela Lei Complementar nº 107, de 26.4.2001) III – para a obtenção de ordem lógica: a) reunir sob as categorias de agregação – subseção, seção, capítulo, título e livro – apenas as disposições relacionadas com o objeto da lei; b) restringir o conteúdo de cada artigo da lei a um único assunto ou princípio; c) expressar por meio dos parágrafos os aspectos complementares à norma enunciada no caput do artigo e as exceções à regra por este estabelecida; d) promover as discriminações e enumerações por meio dos incisos, alíneas e itens".

de mudança, em tempo recorde, extremados a duras penas durante o apagar das luzes do trâmite da MP para a conversão em lei, quando permitido pelo então presidente da Câmara dos Deputados. Diante dos problemas apresentados pelo texto gerado no Ministério da Economia, o trabalho dos legisladores era imenso e o tempo, curto, de modo que intervenção cirúrgica feita pelos dois juristas a final convocados pelo Congresso, ainda que tenha extirpado aquilo que de mais grave a MP possuía, não conseguiu limpar o texto das suas tantas atecnias.

Apenas para que não se fique na crítica genérica, apanhe-se alguns exemplos que se investigarão na sequência deste trabalho: o enunciado de seu objeto (art. 1º), que contém matéria atinente já à parte normativa do diploma, contrariando, assim, o que determinam os arts. 3º, incisos I e II, e 7º da Lei Complementar N. 95/1998[14]; o art. 2º, inc. III, que, com extremada vagueza, refere à "intervenção mínima do Estado" como princípio; o art. 3º, inc. V, que parece atribuir força normativa à presunção de boa-fé, um "estado de fato" subjetivo, tomando, assim, "fato por norma"[15]; o art. 3º, inc. VIII, que, igualmente vago, é pleonástico, porque produto de uma feliz erosão no processo legislativo, que do primitivo texto da MP retirou sua originalidade nociva; o art. 113, §1º, inc. IV, do Código Civil, que permite a interpretação *contra proferentem* de contratos paritários, fazendo mais – e pior – do que apenas estender a regra antes restrita aos contratos por adesão (art. 423); o art. 421-A do Código Civil, lido por alguns como tentativa de introduzir no Brasil disciplina pouquíssimo consensual (i.e. específica às "relações interempresariais") e categoria contratual imatura entre nós (i.e. a dos "contratos simétricos" e daqueles "com dependências econômica"); o art. 1.052 §§1º e 2º do Código

---

[14] "Art. 3º A lei será estruturada em três partes básicas: I – parte preliminar, compreendendo a epígrafe, a ementa, o preâmbulo, o enunciado do objeto e a indicação do âmbito de aplicação das disposições normativas; II – parte normativa, compreendendo o texto das normas de conteúdo substantivo relacionadas com a matéria regulada; III – parte final, compreendendo as disposições pertinentes às medidas necessárias à implementação das normas de conteúdo substantivo, às disposições transitórias, se for o caso, a cláusula de vigência e a cláusula de revogação, quando couber". "Art. 7º O primeiro artigo do texto indicará o objeto da lei e o respectivo âmbito de aplicação, observados os seguintes princípios: [...]".

[15] MARTINS-COSTA, Judith. Art. 3º, V: presunção de boa-fé. In: MARQUES NETO, Floriano de Azevedo; RODRIGUES JR., Otávio Luiz; LEONARDO, Rodrigo Xavier. Apresentação. In: *Comentários à Lei da Liberdade Econômica. Lei 13.874/2019*. São Paulo: RT, 2019, pp. 125-126.

Civil, que ao tratarem das sociedades unipessoais, são vagos e insuficientes, demandando complementos não atentados pelo legislador; dentre outros defeitos a serem destacados na sequência destes comentários.

A LLE, portanto, não apresenta boa redação, a qual seria reflexo de uma mais apurada técnica legislativa.

1.4 Eficácia da LLE

O art. 1º §1º da LLE dispõe que sua eficácia se estende à aplicação e interpretação "de direito civil, empresarial, econômico, urbanístico e do trabalho nas relações jurídicas que se encontrem no seu âmbito de aplicação, e na ordenação pública sobre o exercício das profissões, juntas comerciais, produção e consumo e proteção ao meio ambiente". Em acréscimo, o §4º estabelece que os arts. 1º a 4º constituem "norma geral de direito econômico", assim aplicando-se a "todos os atos públicos de liberação da atividade econômica executados pelos Estados, pelo Distrito Federal e pelos Municípios"[16]. De outro lado, o §3º exclui a aplicação dos arts. 1º a 4º às matérias de direito tributário e financeiro, à exceção do art. 3º, inc. X, que trata dos documentos digitais.

O campo do direito privado, portanto, é um dos principais destinatários da eficácia da LLE, não por acaso assim sendo sinalizado por um dos autores intelectuais da lei ao apontar a uma suposta "distorção sistêmica causada pela insegurança jurídica, sobretudo no direito privado, sobre as relações econômicas no país"[17]. Para além das disposições normativas específicas da LLE, muitas delas alterando o Código Civil, o art. 1º plasma norma de sobredireito,

---

[16] A seguir, no §6º, a LLE define o que entende por "atos públicos de liberação da atividade econômica": "a licença, a autorização, a concessão, a inscrição, a permissão, o alvará, o cadastro, o credenciamento, o estudo, o plano, o registro e os demais atos exigidos, sob qualquer denominação, por órgão ou entidade da administração pública na aplicação de legislação, como condição para o exercício de atividade econômica, inclusive o início, a continuação e o fim para a instalação, a construção, a operação, a produção, o funcionamento, o uso, o exercício ou a realização, no âmbito público ou privado, de atividade, serviço, estabelecimento, profissão, instalação, operação, produto, equipamento, veículo, edificação e outros".

[17] LORENZON, Geanluca. A formatação da Lei da Liberdade Econômica como parte de política pública. In: OLIVEIRA, Amanda Flávio (Org.). *Lei de Liberdade Econômica e o ordenamento jurídico brasileiro*. Belo Horizonte: D'Plácido, 2020, p. 23.

assim compreendido por versar sobre a aplicação e interpretação de outras normas de direito privado, tendo, na própria lei reformadora, específicos exemplos de tal atuação. Nesse sentido é a principiologia do art. 2º, estendida pela própria lei quando a faz atuante, em específico, a presunção de boa-fé do art. 3º, inc. V, ou na intervenção mínima do Estado em contratos do novo art. 421, Parágrafo Único, do Código Civil; ou o art. 3º, inc. VIII, que manda aplicarem-se todas as regras de direito empresarial de modo subsidiário, salvo as de ordem pública.

Portanto, o que se tem é uma lei que combina, de modo assistemático, desordenado e atécnico, regras com eficácia direta e regras com eficácia sobre outras regras (ou "regras de sobredireito"), de modo que seus respectivos destinatários são as partes, de um lado, e os intérpretes, de outro, quando diante do cenário conflituoso que convoca sua atuação. Não há expressa eficácia, contudo, para o próprio legislador, como se tinha, e.g., na proposta de lei elaborada sob a coordenação do professor Carlos Ari Sundfeld que visava a coordenar também a *edição* de leis[18]. Nada obstante esse silêncio, o que se desdobrou na prática legislativa foi, de um lado, a esfera federal produzindo decretos regulamentadores de certos itens da LLE; e, de outro, as esferas estadual e municipal editando uma miríade de leis e decretos locais na esteira da disciplina federal.

Fale-se um pouco mais sobre esses desdobramentos eficaciais.

Comece-se pelos Decretos Federais. O primeiro deles é o Decreto n. 10.178, de 18 de dezembro de 2019, que adveio para dispor acerca dos "critérios" e dos "procedimentos para a classificação de risco de atividade econômica e para fixar o prazo para aprovação tácita". Foi diploma, portanto, que regulamentou sobretudo o art. 3º, incisos I e IX, da LLE, dirigindo-se à administração pública federal com o fito de estipular "níveis de risco" das atividades examinadas e, assim, dessumir aquelas que dispensam solicitação de atos de liberação, tanto quanto indicar as hipóteses de aprovação tácita do Estado.

---

[18] Assim: "Art. 1º Esta lei estabelece, com base no inciso I do art. 22 e no inciso I e § 1º do art. 24 da Constituição Federal, normas gerais para a edição, a interpretação e a aplicação das normas específicas de direito econômico, ou legislação correlata, em conformidade com os princípios gerais da atividade econômica e com os direitos civil e comercial, no âmbito da União, dos Estados, do Distrito Federal e dos Municípios".

O segundo desdobramento é o Decreto n. 10.411, de 30 de junho de 2020, que adveio para regulamentar o art. 5º da LLE, assim tratando do "impacto regulatório", de modo a especificar seu "conteúdo, os quesitos mínimos a serem objeto de exame, as hipóteses em que será obrigatória e as hipóteses em que poderá ser dispensada" (art. 1º). Destinado a operar efeitos aos órgãos da administração pública federal, o Decreto se preocupa em disciplinar a "análise de impacto regulatório" ("AIR"), consistente em procedimentos que possibilitem a avaliação prévia das consequências das medidas implementadas pela administração (e.g. custos aos agentes e usuários, despesas orçamentárias, políticas públicas, etc.), para o fito de subsidiar a decisão do agente.

Por fim, não se pode deixar de registrar alguns diplomas locais que sobrevieram na cauda de cometa da LLE, e que, se não são consequência da eficácia direta da lei federal, soam como que ecos de sua disciplina. São assim algumas leis e alguns decretos no âmbito estadual, como os de Minas Gerais (Decreto Estadual n. 48.036/2020), do Espírito Santo (Decreto n. 4.977-R/2021), do Paraná (Lei Estadual n. 20.436/2020), do Rio Grande do Sul (Lei Estadual n. 15.431/2019), do Mato Grosso (Lei Complementar n. 688/2021), de Alagoas (Lei Estadual n. 8.278/2020), de Pernambuco (Lei Estadual n. 17.269/2021), do Pará (Decreto n. 1.098/2020), de Roraima (Lei Estadual n. 1.412/2020) e do Distrito Federal (Lei n. 6.725/2020); mas, sobretudo, diplomas municipais, havendo de mencionar como exemplos os casos do Município de São Paulo (Lei Municipal n. 17.481/2020), do Município do Rio de Janeiro (Lei Complementar n. 238/2021), do Município de Salvador (Decreto n. 32.636/2020) e de mais de 200 municípios mineiros que regulamentaram, por normas locais, a federal LLE. Esses são diplomas que, via de regra, copiam a principiologia e a "declaração de direitos" da LLE, de modo a fazê-los aplicáveis também paroquialmente.

1.5 Vigência e Direito Intertemporal

O art. 20, inc. II, da LLE determinou a vigência imediata de toda a sua normativa. Havia, antes, um inc. I que previa *vacatio legis* de noventa dias para a vigência dos arts. 6º ao 19, no que estaria remetida para o futuro, assim, a vigência, por exemplo, de todos os dispositivos que procederam às alterações no Código Civil e na legislação esparsa. Esse inc. I foi vetado, contudo, pela Presidência da República, sob o fundamento de que a *vacatio* contrariaria "o interesse público por prorrogar em demasia a vigência de normas que já estão surtindo efeitos práticos na modernização do registro público de empresas, simplificação dos procedimentos e adoção de soluções tecnológicas para a redução da complexidade, fragmentação e duplicidade de informações, entre outros". Assim, em princípio, teve-se vigência imediata da LLE, a partir do dia seguinte à sua publicação em Diário Oficial, nada obstante entendimentos de que teria havido "veto por arrastamento" do inc. II e, portanto, de que a *vacatio* seria de 45 dias, conforme art. 1º da Lei de Introdução às Normas do Direito Brasileiro ("LINDB")[19].

Incumbe saber, ato seguinte, se sua aplicabilidade atinge, e em que medida atinge, fatos jurídicos anteriores à sua vigência, haja vista a conhecida barreira dos arts. 5º, inc. XXXVI, da Constituição e 6º da LINDB quanto ao ato jurídico perfeito, o direito adquirido e a coisa julgada. Sem adentrar na minúcia das regras que serão objeto dos comentários subsequentes, é possível agrupar as observações de direito intertemporal a seu respeito em dois blocos.

Há, primeiro, aquelas regras pleonásticas, que em nada inovam ou que plasmam mero *flatus vocis* (e.g. arts. 2º, 3º, incisos II, 'b', III, V, VI e VIII da LLE, 49-A, 113 §§1º e 2º, 421, Parágrafo Único, e 421-A do Código Civil). Quanto a estas não há maior indagação de direito intertemporal, uma vez que, no máximo, consolidam o que antes já era regra, ainda que não legislada, ou, no mínimo, configuram "lei interpretativa" do que antes já se tinha.

As "leis interpretativas" são diferentes das "leis retificativas", pois enquanto aquelas contêm "interpretação autêntica", esclarecendo, pela própria lei, significado que antes já existia, estas – as retificativas – são inovatórias e, assim, insuscetíveis de retroação[20]. Portanto, em se tratando de uma regra legal que explica o significado de regra que antes já existia, ou em sendo regra legal

---

[19] OLIVEIRA, Carlos Eduardo Elias. Vigência. In: MARQUES NETO, Floriano de Azevedo; RODRIGUES JR., Otávio Luiz; LEONARDO, Rodrigo Xavier (Orgs.). *Comentários à Lei da Liberdade Econômica. Lei 13.874/2019*. São Paulo: RT, 2019, pp. 633-640.

[20] ESPÍNOLA, Eduardo; ESPÍNOLA FILHO, Eduardo. *A Lei de Introdução ao Código Civil Brasileiro (Dec.-lei n. 4.657, de 4 de setembro de 1942) comentada na ordem dos seus artigos*. Rio de Janeiro: Freitas Bastos, 1943, v. 1, pp. 380-388; PONTES DE MIRANDA, F. C. *Comentários à Constituição de 1946*. 2. ed. São Paulo: Max Limonad, 1953, v. 4, p. 127.

que consolida disciplina antes constante apenas dos costumes, não se coloca questão de direito intertemporal: o tempo anterior era regido pela mesma regra do tempo presente.

Mas há, em segundo lugar, aquelas regras verdadeiramente inovadoras, que, assim, não regem o passado, senão tendo incidência imediata, para o futuro. Essas foram exceções na LLE para o campo do direito privado (e.g. arts. 1.368-C a 1.368-F do Código Civil), além do que não implicaram revogação de disciplina anterior, assim gerando menor angústia aplicativa. Para estes casos, vige a regra da irretroatividade da lei, que tem especial exemplo no direito das obrigações (subcampo correspondente, em abundância, ao que tratado pelos dispositivos da LLE): os fatos constituídos sob a égide da lei anterior são regidos pela lei anterior (*tempus regit factum*)[21].

No âmbito negocial, essa ultratividade da lei anterior tem ainda mais sentido, pois uma vez que a concreta disciplina de um negócio é constituída *ab initio*, pela junção de regras derivadas da autonomia privada e da heteronomia

---

[21] Assim é o entendimento antigo entre nós, consolidado no art. 6º da LINDB (desde o texto da LICC): BATALHA, Wilson de Souza Campos. *Direito Intertemporal*. Rio de Janeiro: Forense, 1980, pp. 339 e ss.; ESPÍNOLA, Eduardo; ESPÍNOLA FILHO, Eduardo. *A Lei de Introdução ao Código Civil Brasileiro (Dec.-lei n. 4.657, de 4 de setembro de 1942) comentada na ordem dos seus artigos*. Rio de Janeiro: Freitas Bastos, 1943, v. 1, pp. 435-447; SERPA LOPES, Miguel Maria de. *Comentário Teórico e Prático da Lei de Introdução ao Código Civil*. Rio de Janeiro: Livraria Jacintho, 1943, v. 1, pp. 330-332; SERPA LOPES, Miguel Maria de. *Curso de Direito Civil*. 7. ed. Rio de Janeiro: Freitas Bastos, 1989, v. 1, pp. 175-176; TENÓRIO, Oscar. *Lei de Introdução ao Código Civil Brasileiro*. 2. ed. Rio de Janeiro: Borsoi, 1955, p. 206. Tal compreensão é caudatária de ROUBIER, Paul. *Conflits de Lois dans le Temps (théorie dite de la non-rétroactivité des lois)*. Paris: Recueil Sirey, 1933, t. 3, p. 51 e ss. Entendimento algo diverso se encontra em Pontes de Miranda, para quem se há de distinguir entre "retroatividade da lei" e "imediatidade da lei", esta correspondendo ao seu "efeito *presente*", atingindo fatos que podem ter surgido sob a égide da lei anterior, mas a produzir efeitos ainda hoje, efeitos, esses, contemporâneos à lei nova e, assim, regidos por sua disciplina. Isso não se confunde com a retroatividade da lei, que "invade o passado, usurpa o domínio de lei que *já* incidiu, [...] o hoje contra o ontem, o voltar no tempo, a reversão na dimensão irreversível". O critério indicativo é a incidência, pois "[a] lei incide sobre fatos ou sobre reminiscências de fatos": se a incidência se deu no passado, o que se faz é reconhecer que a lei anterior já incidiu; se a incidência se dá no presente, há fato, ou reminiscência de fato (*rectius* seus efeitos: direitos, deveres, pretensões, obrigações, ações e exceções), regido pela nova lei (PONTES DE MIRANDA, F. C. *Comentários à Constituição de 1946*. 2. ed. São Paulo: Max Limonad, 1953, v. 4, pp. 122 e 130). Esse entendimento de Pontes de Miranda parece coincidir com a *littera* do art. 2.035 do Código Civil, que, tão logo vigente, foi acusado por grande parte da doutrina de inconstitucional em sua fração final, por agredir o ato jurídico perfeito.

incidente (i.e. lei cogente, lei dispositiva, costumes e boa-fé, excepcionando esta última que atua nomogeneticamente também *in executivis*), em feixe que se conhece por *conteúdo negocial*, sua incidência e, assim, a formação da total disciplina dá-se com o que informado pelas fontes então vigentes, dentre elas a lei da época[22].

Poder-se-ia cogitar de exceções a tal respeito, como supervenientes normas de ordem pública (e.g. discussão que se teve ao ensejo do art. 2.035, Parágrafo Único, do Código Civil), leis de emergência[23] (e.g. o recente exemplo da Lei Federal n. 14.216, de 7 de outubro de 2021, em função da pandemia de Covid-19) ou, ainda, regras que modificam profundamente a principiologia do direito privado. Tais exceções foram trabalhadas por autores brasileiros, como Miguel Maria de Serpa Lopes, com base nas lições de Paul Roubier, ao identificar as situações excepcionantes de "exclusão expressa" (i.e. quando o legislador prescreve expressamente a aplicação da nova lei a efeitos específicos dos contratos), "exclusão forçada" (i.e. baseada em casos de força maior) e "exclusão tácita" (i.e. para específicas situações, como o estatuto legal das pessoas ou dos bens)[24]. Mas nada disso tem pertinência para o recorte destes comentários, uma vez que nenhum dos dispositivos analisados chega a tal extremo (o que ocorreria, por exemplo, se o art. 3º, inc. VIII, da MP tivesse prevalecido em sua *littera*).

---

[22] Verberando as lições de Paul Roubier inclusive para disposições de caráter cogente, é assim o comentário de BATALHA, Wilson de Souza Campos. *Direito Intertemporal*. Rio de Janeiro: Forense, 1980, p. 311: "em matéria contratual, o princípio da não-retroatividade cede lugar a um princípio mais amplo de proteção – o princípio da sobrevivência da lei antiga".

[23] SERPA LOPES, Miguel Maria de. *Curso de Direito Civil*. 7. ed. Rio de Janeiro: Freitas Bastos, 1989, v. 1, p. 176.

[24] SERPA LOPES, Miguel Maria de. *Comentário Teórico e Prático da Lei de Introdução ao Código Civil*. Rio de Janeiro: Livraria Jacintho, 1943, v. 2, p. 57.

2. DIREITO E ECONOMIA NA LEI DA LIBERDADE ECONÔMICA

Érica Gorga

2.1 Introdução

O objeto da Lei Federal n. 13.874 de 20 de setembro de 2019, conhecida como Lei da Liberdade Econômica, conforme sua ementa, foi instituir a "Declaração de Direitos de Liberdade Econômica" e estabelecer garantias de livre mercado, para isso alterando e revogando dispositivos legais anteriores nela enumerados.

A Exposição de Motivos Interministerial ("EMI") n. 00083/2019 ME AGU MJSP, datada de 11 de abril de 2019, expôs que o Brasil figura em colocações atrasadas em rankings que buscam medir o grau de liberdade e desenvolvimento econômico de países. A EMI cita que o Brasil ocupava a posição 150ª no ranking de Liberdade Econômica da Heritage Foundation/Wall Street Journal, a colocação 144ª no ranking do Liberdade Econômica do Fraser Institute e a posição 123ª no ranking de Liberdade Econômica e Pessoal do CatoInstitute[25].

---

[25] EMI n. 00083/2019 ME AGU MJSP, p. 1.

Esse desempenho sofrível é fruto da observação de que prevalece no país o pressuposto de que atividades econômicas devam ser exercidas mediante expressa permissão estatal, o que gera insegurança ao empresário brasileiro, impactando negativamente a geração de emprego e renda[26].

A EMI apontou o número de 12 milhões de desempregados na época e a estagnação econômica nacional para justificar a propositura da então Medida Provisória nº 881/19, que teria caráter "imediato e reparador", com base em estudos empíricos que demonstraram cientificamente que a liberdade econômica, e em especial a proteção da propriedade privada, é fator necessário para o desenvolvimento econômico de um país[27].

Como solução para o problema, a EMI propôs inverter o instrumento de ação das tentativas do passado, que buscaram controlar e diminuir o aparelho burocrático, objetivando "empoderar o Particular e expandir sua proteção contra a intervenção estatal, ao invés de simplesmente almejar a redução de processos que, de tão complexos, somente o mapeamento seria desgastante e indigno, considerando que os mais vulneráveis aguardam por uma solução"[28].

De acordo com tal metodologia de ação defendida, foram enumerados "dez direitos para situações concretas" para alterar em "caráter emergencial a realidade do Brasil"[29]. O rol de direitos do brasileiro "contra um Estado irracionalmente controlador" foi selecionado com o intuito de alterar situações consideradas paradigmáticas que "repercutirão sobre todo o sistema jurídico por inverterem o pressuposto vigente de anti-liberdade e anti-desenvolvimento"[30]. O corolário de tal esforço visa à criação de "norma a ser seguida no direito civil, empresarial, econômico, urbanístico e do trabalho"[31].

A EMI elencou e defendeu tais medidas específicas propostas em caráter emergencial, para proporcionar maior segurança jurídica para o país, justificando as razões políticas e econômicas que motivaram a proposta da medida provisória.

---

[26] EMI n. 00083/2019 ME AGU MJSP, p. 1.
[27] EMI n. 00083/2019 ME AGU MJSP, p. 1.
[28] EMI n. 00083/2019 ME AGU MJSP, p. 2.
[29] EMI n. 00083/2019 ME AGU MJSP, p. 2.
[30] EMI n. 00083/2019 ME AGU MJSP, p. 2.
[31] EMI n. 00083/2019 ME AGU MJSP, p. 2.

2. DIREITO E ECONOMIA NA LEI DA LIBERDADE ECONÔMICA

O objetivo do presente artigo é debater a adequação da Lei da Liberdade Econômica em relação ao diagnóstico do problema exposto e a metodologia legislativa utilizada para as soluções propostas. Na seção II abaixo, o artigo discute o diagnóstico do problema. Na seção III, o artigo analisa a metodologia adotada para enfrentá-lo e a solução legislativa proposta, bem como suas falhas e limitações. Ilustramos com exemplos concretos a insuficiência das mudanças propostas para os problemas que a lei objetiva solucionar. A seção IV apresenta a conclusão.

2.2 Diagnóstico do problema e justificativa

O problema que a Lei da Liberdade Econômica almeja atacar é reconhecidamente um dos maiores obstáculos para o desenvolvimento brasileiro. Operadores do direito, economistas e agentes de mercado convergem na percepção de que a insegurança jurídica, também referida como incerteza jurisdicional, é um dos principais entraves para o desenvolvimento econômico do país. Aliás, a insegurança jurídica é tão citada, que chega a soar como clichê ou característica inerente ao sistema jurídico nacional[32].

O tema da relação entre direito e desenvolvimento econômico, conquanto já intensamente explorado por outros autores clássicos[33], foi revisitado na literatura de direito e economia, especialmente a partir dos anos 90, com especial atenção à questão da incerteza jurisdicional.

O economista ganhador do prêmio Nobel Douglass North foi precursor ao explicar o papel das instituições para as economias modernas no início dos anos 90. North explica que relações comerciais impessoais que são benéficas ao desenvolvimento econômico dependem do cumprimento de contratos

---

[32] O problema é frequentemente citado em manchetes da imprensa. Ver, por exemplo, ANDRADE, Robson Braga. Os danos da insegurança jurídica para o Brasil. *Veja*, 14 set. 2018. O subtítulo da matéria refere que: "Falta de nitidez sobre direitos e deveres e alterações em leis atrapalham a competitividade. Apenas ambiente de negócios estável pode atrair investimentos."
[33] Em tese de doutorado defendida na Universidade de São Paulo, nos debruçamos sobre o tema do direito e desenvolvimento econômico, tal como analisado por vários autores clássicos desde Adam Smith. Ver GORGA, Érica. *Direito societário brasileiro e desenvolvimento do mercado de capitais: uma perspectiva de "Direito e Economia"*. Faculdade de Direito da Universidade de São Paulo, 2005.

(*enforcement*) assegurado por terceira parte neutra,[34] que, na maioria dos casos, consubstancia-se no sistema de justiça prestado pelo Estado. É importante que as partes tenham confiança de que as regras do jogo sob as quais negociam ou contratam sejam cumpridas pela terceira parte que monitora e aplica coerção judicial para fazer valer o pactuado. Sem coerção jurisdicional efetiva, não se promove segurança jurídica[35].

Alguns anos após, o artigo "Legal Determinants of External Finance" utilizou metodologia empírica para avaliar o papel do direito no desenvolvimento econômico, relacionando a vitalidade do mercado de crédito e de capitais ao grau de proteção de investidores, por meio de normas jurídicas e da qualidade do seu cumprimento judicial em 49 países[36]. Segundo o estudo, países com maior proteção a investidores apresentavam mercados de crédito e de capitais mais desenvolvidos e pujantes[37]. A partir de então foi produzida extensa literatura, conhecida como "Law and Finance", que visava avaliar os sistemas jurídicos e o seu impacto no desenvolvimento econômico, bem como a debater e criticar os resultados publicados[38].

A discussão também floresceu no Brasil. Arida, Bacha e Lara-Resende, por exemplo, argumentaram que a incerteza jurídica é a causa da falta de mercado de crédito doméstico de longo prazo, inibindo o desenvolvimento do mercado de financiamento nacional. Essa incerteza jurídica reduz a disponibilidade de crédito na economia, o que contribui para as altas taxas de juros a curto

---

[34] NORTH, Douglass. C. *Institutions, institutional change and economic performance*. Cambridge: Cambridge University Press, 1990, p. 58: "(...) viable impersonal exchange that would realize the gains from trade inherent in the technologies of modern interdependent economies requires institutions that can enforce agreements by the threat of coercion." Na p. 59: "In developed countries, effective judicial systems include well-specified bodies of law and agents such as lawyers, arbitrators, and mediators, and one has some confidence that the merits of a case rather than private payoffs will influence outcomes. In contrast, enforcement in Third World economies is uncertain not only because of ambiguity of legal doctrine (a measurement cost), but because of uncertainty with respect to behavior of the agent."
[35] Id., p. 59: "Third-party enforcement means the development of the state as a coercive force able to monitor property rights and enforce contracts effectively (...)."
[36] LA PORTA, Rafael; LOPEZ-DE-SILANES, Florencio; SHLEIFER, Andrei and VISHNY, Robert W. Legal determinants of external finance. *Journal of Finance*, v. 52, Jul. 1997, p. 1131.
[37] Id., ibid.
[38] Para uma revisão detalhada da literatura posterior ver GORGA, Érica. *Direito Societário Atual*. Rio de Janeiro: Elsevier, 2013.

2. DIREITO E ECONOMIA NA LEI DA LIBERDADE ECONÔMICA

prazo praticadas no mercado de crédito[39]. A insegurança jurídica, segundo os autores, é fruto de viés anti-credor das leis e do Judiciário brasileiro[40].

O debate suscitou a produção de literatura jurídica nacional, com autores analisando as falhas do sistema jurídico brasileiro para prover condições de expansão do mercado de crédito e de capitais[41].

O impacto da literatura *"Law and Finance"* foi muito significativo, tanto que inspirou a criação de projetos internacionais para a mensuração dos efeitos de sistemas legais e judiciais sobre o desenvolvimento dos mercados em centenas de países. O Banco Mundial iniciou o ranking que avalia o ambiente empresarial, *"The Doing Business"*, que foi publicado pela primeira vez em 2003, com um conjunto de 5 indicadores para 133 economias. Simeon Djankov relata sobre a colaboração com autores da literatura *"Law and Finance"* para a construção de indicadores sobre como as instituições poderiam afetar empresários e negócios[42]. O projeto empírico capitaneado pelo Banco Mundial também resultou em farta produção acadêmica[43].

---

[39] ARIDA, Persio; BACHA, Edmar Lisboa; LARA-RESENDE, André. Credit, Interest, and Jurisdictional Uncertainty: Conjectures on the Case of Brazil. In: GIAVAZZI, Francesco; GOLDFAJN, Ilan; HERRERA, Santiago (Orgs.). *Inflation targeting, debt, and the Brazilian experience: 1999 to 2003*. Cambridge, MA: MIT Press, 2005, p. 11-12. "Although there are some other specific exceptions, such as the financing of durable goods, the local long term bond market is small and, symptomatically, restricted to Treasury bonds with a captive institutional demand, and with an inflation adjustment factor ("IGP-M") calculated by an independent, non-governmental institution." (...) "Regardless of the residence of the creditor or of the currency of denomination of the contract, long-term credit is only available if the jurisdiction is foreign. It is the jurisdiction-- the uncertainties associated to the settlement of contracts in the Brazilian jurisdiction--that is at the root of the inexistence of a large long-term domestic credit market."

[40] Id., ibid. p.7, p. 10.

[41] Ver, por exemplo, SADDI, Jairo. *Crédito e Judiciário no Brasil. Uma análise de Direito & Economia*. São Paulo: Quartier Latin, 2007, p. 69: "Há aqui um desafio que é inquestionavelmente o maior problema do crédito: a expansão do sistema de garantias e a adequada tutela jurídica do crédito sobre a execução de garantias, assunto que vai permear o trabalho como um todo. Por exemplo, é necessário algum tipo de sistema registral que seja barato e acessível a todos. Com o pretexto de que o sistema registral brasileiro tutela a propriedade privada e combate à clandestinidade, constituir uma garantia imóvel no Brasil é extremamente caro e, de modo geral, cartorial e ineficiente." Sobre o mercado de capitais ver GORGA, Érica, op. it.

[42] DJANKOV, Simeon. Correspondence. *Journal of Economic Perspectives*, vol. 30, n. 1., p. 247, 2016.

[43] DJANKOV, Simeon, LA PORTA, Rafael; LOPEZ-DE-SILANES, Florencio; SHLEIFER, Andrei. The regulation of entry. *Quarterly Journal of Economics*, vol. 117, n. 1, p. 1, 2002 (analisando

Posteriormente o projeto foi expandido para abarcar maior número de indicadores e de países[44], gerando debate entre jornalistas e formuladores de políticas públicas. Besley reporta o escrutínio e as críticas severas que o projeto *"The Doing Business"* suscitou, com questionamentos sobre se os dados coletados refletiriam de maneira acurada o ambiente negocial e regulatório de cada país.

Outros tipos de rankings análogos começaram a ser criados por diversas instituições, a exemplo dos rankings de Liberdade Econômica da Heritage *Foundation/Wall Street Journal*, Liberdade Econômica do *Fraser Institute* e Liberdade Econômica e Pessoal do CatoInstitute. Conquanto muito menos debatidos e escrutinados pela academia que o projeto original do *"The Doing Business"*, os rankings seguiram a mesma lógica de analisar a infraestrutura legal e regulatória de diferentes países para avaliar o grau de desenvolvimento econômico, por vezes baseando-se nos próprios dados gerados pelo Banco Mundial[45]. Foram justamente esses rankings subsequentes os citados na justificativa da Medida Provisória n· 881/19 posteriormente convertida em lei, para corroborar o diagnóstico do subdesenvolvimento econômico nacional.

a regulação do início de funcionamento de novas empresas em 85 países). DJANKOV, Simeon, LA PORTA, Rafael; LOPEZ-DE-SILANES, Florencio; SHLEIFER, Andrei. Courts. *Quarterly Journal of Economics*, vol. 118, n. 2, p. 453, 2003 (avaliando os procedimentos necessários para despejar um locatário em dívida e para receber o pagamento de um cheque sem fundo em 109 países). BOTERO, Juan C., DJANKOV, Simeon, LA PORTA, Rafael; LOPEZ-DE-SILANES, Florencio; SHLEIFER, Andrei. The regulation of labor. *Quarterly Journal of Economics*, vol. 119, n. 4, p. 1339, 2004 (mensurando a regulação do mercado de trabalho em 85 países). DJANKOV, Simeon, MCLIESCH, Caralee; SHLEIFER, Andrei. Private Credit in 129 Countries. *Journal of Financial Economics*, vol. 84, n. 2, p. 299, 2007 (avaliando direitos de credores em 129 países). DJANKOV, Simeon, HART, Oliver, MCLIESCH, Caralee; SHLEIFER, Andrei. Debt enforcement around the world. Journal of Political Economy, vol. 116, n. 6, p. 1105, 2008 (analisando execução de dívidas em caso de insolvência de um hotel em 88 países).

[44] BESLEY, Timothy. Law, regulation, and the business climate: the nature and influence of the World Bank Doing Business Project. *Journal of Economic Perspectives*, vol. 29, n. 3, p. 99, Summer 2015, refere 11 conjuntos de indicadores em 189 países.

[45] Ver, por exemplo, a explicação da metodologia do índice The Economic Freedom of the World do Fraser Institute, disponível em GWARTNEY, James; LAWSON, Robert; HALL, Joshua; MURPHY, Ryan . *Economic Freedom of the World: 2020 Annual Report*. Fraser Institute, p. 2: "Second, the data used to construct the index ratings are from external sources such as the International Monetary Fund, World Bank, and World Economic Forum that provide data for a large number of countries. Data provided directly from a source within a country are rarely used."

Tendo em vista essas considerações sobre o problema que a Lei da Liberdade Econômica almeja atacar, passa-se à questão crucial da metodologia e soluções empregadas para lidar com a enfermidade detectada.

2.3 Questões metodológicas

Apesar do consenso que se firmou no sentido de que a infraestrutura regulatória e de coerção jurisdicional afetam o desenvolvimento econômico, ainda não se tem consenso ou receita simples sobre como alcançar a segurança jurídica necessária para a promoção do ambiente de negócios.

Os rankings descritos na seção anterior são criticados por questões metodológicas que podem prejudicar a avaliação das normas e infraestrutura jurídica necessárias para influenciar resultados econômicos[46].

Davis e Kruse levantaram diversas falhas e limitações do projeto *"The Doing Business"*, contestando se suas avaliações são confiáveis para guiar a elaboração de reformas legais[47]. Os autores citam problemas metodológicos decorrentes do uso de perguntas estilizadas em relação à prática legal em cada país, criticam o processo opaco por meio do qual se dá a escolha das normas

---

[46] Mesmo os defensores do projeto "The Doing Business" admitem seus flagrantes limites. Ver BESLEY, Timothy, op. cit., p. 115: "one should remember that the Doing Business indicators measure only formal processes. Countries vary enormously in the institutional structures outside the formal legal system." Como a justificativa para a propositura da reforma legal pautou-se na avaliação dos rankings mencionados, é interessante pontuar algumas das críticas metodológicas suscitadas sobre as avaliações realizadas, com ênfase no ranking do "The Doing Business", intensamente analisado na academia internacional. Essas críticas são naturalmente extensíveis aos demais rankings que nele se inspiraram.

[47] DAVIS, Kevin E., KRUSE, Michael B. Review: Taking the Measure of Law: The Case of the Doing Business Project, *Law & Social Inquiry*, vol. 32, n. 4, p. 1104: "In the first place, as scholars of comparative law have long recognized, law is often complex, in the sense that many different components of a legal system interact to influence particular social or economic outcomes. Second, law can be perceived with more or less certainty. Third, some of the most important components of the legal system are rarely invoked and as a consequence are difficulty to measure realiably. We are not persuaded that the creators of the DB Project have overcome these difficulties. As a result, we have concerns about whether all of the right legal norms and practices – namely those likely to be relevant in attaining development outcomes – have been measured and whether the norms and practices that have been measured have been measured particularly well."

a serem analisadas, e afirmam que não se pode dizer se todas as normas jurídicas relevantes aplicáveis a determinado assunto foram de fato incorporadas na investigação[48].

Também apontam ressalvas quanto ao desprezo por formalidades, a exemplo dos atos notariais, uma vez que trâmites formais podem gerar ganhos de segurança jurídica em sociedades caracterizadas por baixo nível de confiança social[49]. Por essa ótica, ao contrário do que assumido implicitamente pelo projeto *"The Doing Business"* e pelos rankings posteriores, a existência de alguns processos formais ou burocráticos pode contribuir para gerar credibilidade ao crescimento das negociações impessoais.

Em síntese, realizar comparações institucionais é um processo complexo, de modo que o reducionismo que ignora tal complexidade e negligência a evolução regulatória de determinado país pode colocar em xeque as conclusões alcançadas a partir dos rankings, cujos resultados poderão estar descolados da realidade institucional[50].

Essa discussão é relevante para fins de prescrição de soluções normativas que têm sido apregoadas com base nos resultados do projeto *"The Doing Business"* e nos rankings posteriores citados na justificativa da propositura da reforma legal em análise.

Com efeito, a solução comum extraída dos resultados dos rankings parece ser a premissa de "desregulação", como se esta pudesse garantir resultados superiores para o desenvolvimento econômico[51]. Embutidas nessa estratégia estão a ideia de simplificação de processos regulatórios e a dispensa de interferência do poder público sobre o exercício de atividades econômicas privadas.

---

[48] Id., ibid., p. 1105: "(...) the process by which legal norms are selected for inclusion in the DB database is opaque, and as a result it is not clear whether all relevant legal norms have been captured. (...)"

[49] Id., ibid., p. 1113: "to take another example, it may be the case that the social benefits of procedural formalities, such as notarization requirements, depend upon prevailing levels of dishonesty. A concept like dishonesty is likely to be difficulty to measure, but failure to take it into account in a cross-country analysis of the effects of procedural formalities might lead to erroneous inferences."

[50] Id., ibid, p. 1113.

[51] BESLEY, Timothy, op. cit., p. 115. DAVIS, Kevin E., KRUSE, Michael B., *op. cit.*, p, 1114: "The suggestions for reform in the DB reports are presented in unequivocal and direct terms, pithily summarized in italicized headings such as: "Simplify and deregulate in competitive markets," or "Reduce court involvement in business matters" (World Bank 2004ª-93-94)."

2. DIREITO E ECONOMIA NA LEI DA LIBERDADE ECONÔMICA

De certa forma, esta foi a racionalidade que levou à inserção do art. 3° I da Lei Federal n. 13.874/19, que proclama que são direitos de toda pessoa, natural ou jurídica, "desenvolver atividade econômica de baixo risco, para a qual se valha exclusivamente de propriedade privada própria ou de terceiros consensuais, sem a necessidade de quaisquer atos públicos de liberação da atividade econômica."

Bem se vê que a intenção da norma é evitar futura regulação que institua a necessidade de atos de autorização ou fiscalização que possam impedir o exercício de atividade econômica considerada de baixo risco. Nesse sentido, a lei declara direito individual contra a regulamentação, almejando ambiente negocial mais desregulado.

Todavia, a estratégia utilizada pela reforma legal chama a atenção por não ser pautada na desregulamentação em si ou na simplificação do aparato normativo. Como enunciado na Exposição de Motivos, a Lei da Liberdade Econômica não visou "controlar e diminuir o aparelho burocrático"[52]. Pelo contrário, a nova lei faz crescer a complexidade do arcabouço legal regulatório, gerando insegurança inerente à produção de novas leis que aumentam as possibilidades de hermenêutica jurídica, o que pode culminar em incremento da litigiosidade e em incerteza jurisdicional[53].

De fato, a quantidade de normas editadas no país é apontada como um dos principais fatores para a insegurança jurídica. Segundo dados, a quantidade de normas aumentou 73% entre 2003 e 2017 no Brasil[54]. Assim, ironicamente, a Lei da Liberdade Econômica, mesmo visando à desregulação, à desburocratização e à simplificação do regramento incidente sobre as atividades

---

[52] EMI n. 00083/2019 ME AGU MJSP, p. 2.
[53] Uma simples questão não esclarecida pelo art. 3° I da Lei Federal n. 13.874/19, refere-se ao critério para classificação da atividade econômica como de "baixo risco", que pode abrir margem para controvérsias que a lei não esclarece, uma vez que não necessariamente por ser desempenhada em propriedade própria, a atividade econômica será intrinsecamente "de baixo risco".
[54] ANDRADE, Robson Braga. Os danos da insegurança jurídica para o Brasil. *Veja*, 14 set. 2018: "Nossos legisladores aprovam leis cujo texto não tem a clareza necessária (...). Há uma produção exagerada de leis, códigos, medidas provisórias, regulamentos, decretos e outras regras que se amontoam diante dos cidadãos e das empresas. Muitas são sobrepostas e tratam dos mesmos assuntos. Para se ter uma ideia, levantamento feito pelo Instituto Brasileiro de Planejamento e Tributação (IBPT) revela que a quantidade de normas editadas no Brasil aumentou de 3,3 milhões em 2003 para 5,7 milhões em 2017 – um acréscimo de 73%."

econômicas, não deixa de trazer no seu bojo a negação ou a contradição desses objetivos na medida em que adiciona significativa complexidade às questões práticas que inevitavelmente surgirão da sua integração e interação com as demais normas do ordenamento jurídico.

Na medida em que a Lei Federal n. 13.874/19 se propõe a declarar "direitos de liberdade econômica" e a "estabelecer garantias de livre mercado", conforme elenca em sua ementa, acaba chovendo no molhado ao proclamar princípios e direitos que já estavam garantidos nos princípios gerais da atividade econômica previstos na Constituição Federal[55]. Além disso, a Lei da Liberdade Econômica adentra em diversas matérias sem, todavia, propor reformas sistemáticas que pudessem resultar em mudanças estruturais e significativas que induzissem o desenvolvimento econômico nacional.

A bem da verdade, é forçoso reconhecer que não se encontravam motivos suficientes para o preenchimento dos requisitos de relevância e urgência inerentes à propositura de medida provisória, razão pela qual a célere tramitação, além de causar perplexidade na comunidade jurídica, também impediu discussão mais séria e aprofundada dos problemas que a lei almejou enfrentar.

Por isso, no artigo "Os provérbios da MP da Liberdade Econômica", argumentamos que a proposta de reforma legal aproximava-se, nesse sentido, de "uma peça de marketing (...) que anuncia a salvação do empreendedorismo nacional das amarras da perniciosa burocracia estatal,"[56] sem mostrar o caminho específico pelo qual tal salvação será alcançada. Em suma, promete muito, mas entrega pouco.

Tal posicionamento foi compartilhado por outros juristas como Eduardo Tomasevicius Filho que, em estudo sobre o conteúdo da lei, também argumentou que "a expressão "Declaração de direitos da liberdade econômica" tem cunho mais retórico do que um verdadeiro rol de "direitos" e "garantias", uma vez que pouco se acrescenta ao que já está verdadeiramente declarado e garantido no art. 170 da Constituição Federal"[57].

---

[55] Veja-se, por exemplo, o direito de definir livremente o preço de produtos e de serviços como consequência da oferta e da demanda previsto no art. 3°, III, Lei n. 13.874/2019.

[56] GORGA, Érica. Os provérbios da MP da Liberdade Econômica. *O Estado de S. Paulo*, 24/05/2019, p. A2.

[57] TOMASEVICIUS FILHO, Eduardo. A tal "lei da liberdade econômica". *Revista da Faculdade de Direito da Universidade de São Paulo*, v. 144, p. 101, Jan./Dez. 2019, p. 106. O autor conclui que

A estratégia legal adotada da repetição principiológica em legislação infraconstitucional pode ainda suscitar questionamentos, quando a redação da lei de natureza infraconstitucional parecer mais restritiva do que a redação constitucional, contribuindo para aumentar a insegurança jurídica[58].

A Lei da Liberdade Econômica propõe reformas a dispositivos do Código Civil e de legislação especial "en passant" ou, seja, de modo incidental, determinando mudanças muito pontuais que são insuficientes para alcançar a proteção do investimento e a promoção do desenvolvimento econômico, tal como constou em sua Exposição de Motivos[59].

Uma grave limitação foi a confessa falta de mapeamento para a consecução de reforma mais abrangente e eficaz, referida na própria Exposição de Motivos, como se fosse pretensa vantagem da proposta: a exposição de motivos admitiu que o mapeamento necessário para a redução de processos seria "desgastante" e "indigno"[60].

Ora, é justamente esse trabalho "desgastante", mas certamente não "indigno", que o legislador brasileiro deveria executar previamente, para então propor reformas legais efetivas que ataquem a raiz dos problemas existentes ao invés de se limitar a fazer alterações incidentais não suficientes para lidar com seu próprio diagnóstico e para atender os objetivos que solenemente anunciou[61].

"essa lei pouco tem a acrescentar ao direito brasileiro, porque as liberdades nela declaradas são vazias de conteúdo normativo e as alterações realizadas no Código Civil são inócuas. (...)." Id. Ibid., p. 101.

[58] Ver artigo de nossa autoria nessa mesma obra discutindo a hermenêutica do art. 3°, III, Lei n. 13.874/2019.

[59] Um exemplo é a mudança pontual na legislação das sociedades anônimas com dispensa de assinatura de lista ou boletim (art. 8).

[60] Lembra-se que, como solução para o problema, a EMI propôs tão somente *"empoderar o Particular e expandir sua proteção contra a intervenção estatal, ao invés de simplesmente almejar a redução de processos que, de tão complexos, somente o mapeamento seria desgastante e indigno (...)."* EMI n. 00083/2019 ME AGU MJSP, p. 2.

[61] Nesse sentido, DAVIS, Kevin E., KRUSE, Michael B., id., ibid., p. 1114-1115, oportunamente argumentaram que os rankings de mensuração devem ser usados como guia para maior investigação e estudos sobre as reformas jurídicas necessárias. "Lawmakers presented with these recommendations and benchmarks have three options: to ignore them, to use them as the basis for legal reforms, or to use both the recommendations and the underlying empirical studies as a basis for further investigation. Our impression is that many of the recommendations in the DB reports are too important to be ignored. In many countries sufficiently grave

2.4 Conclusões

O presente artigo revisou a exposição de motivos da Lei Federal n. 13.874 de 20 de setembro de 2019, ou Lei da Liberdade Econômica, com o intuito de analisar se a metodologia utilizada e as soluções por ela propostas fazem jus aos objetivos declarados em sua exposição de motivos.

Apesar de realizar diagnóstico verossímil de grave problema que atinge o ambiente de negócios nacional, o legislador deixou de realizar estudos e investigações necessários para promover mudanças mais abrangentes e eficazes no regramento jurídico nacional visando à segurança jurídica.

A lei proclama direitos e garantias já assegurados pela Constituição Federal, de modo a suscitar questionamentos hermenêuticos de matéria principiológica em legislação infraconstitucional. No que tange às reformais pontuais, que serão analisadas em maiores detalhes pelos artigos desta obra, é forçoso reconhecer que não avança na proteção do investimento tal como anunciado.

Assim, ainda que a lei possa contribuir para que o país galgue algumas posições nos rankings de liberdade econômica mencionados devido às medidas pontuais de desburocratização, é improvável que as mudanças propostas atinjam o objetivo de prover segurança jurídica a empreendedores, de maneira a fomentar o desenvolvimento econômico tal como o almejado.

concerns have been raised about the operation of various aspects of the legal system that it would be unethical for lawmakers to ignore recommendations for reform that could plausibly improve the situation. At the same time, our strong sense is that the shortcomings detailed above, in both the analyses and underlying data, render the empirical foundations of the DB Project too unsound for its findings to be used as the basis of widespread legal reforms. By default, therefore, we believe that the conclusions reached to date by the DB Project are best viewed by policymakers as a basis for further investigation."

Referências

ANDRADE, Robson Braga. Os danos da insegurança jurídica para o Brasil. *Veja*, 14 set. 2018.

ARIDA, Persio; BACHA; Edmar Lisboa; LARA-RESENDE, André. Credit, Interest, and Jurisdictional Uncertainty: Conjectures on the Case of Brazil. In: Giavazzi, Francesco; Goldfajn, Ilan; Herrera, Santiago (Orgs.). *Inflation targeting, debt, and the Brazilian experience: 1999 to 2003*. Cambridge, MA: MIT Press, 2005.

BESLEY, Timothy. Law, regulation, and the business climate: the nature and influence of the World Bank Doing Business Project. *Journal of Economic Perspectives*, vol. 29, n. 3, p. 99, Summer 2015.

BOTERO, Juan C; DJANKOV, Simeon, LA PORTA, Rafael; LOPEZ-DE-SILANES, Florencio; SHLEIFER, Andrei. The regulation of labor. *Quarterly Journal of Economics*, vol. 119, n. 4, p. 1339, 2004.

DAVIS, Kevin E.; KRUSE, Michael B. Review: Taking the Measure of Law: The Case of the Doing Business Project, *Law & Social Inquiry*, vol. 32, n. 4, 2007.

DJANKOV, Simeon; LA PORTA, Rafael; LOPEZ-DE-SILANES, Florencio; SHLEIFER, Andrei. The regulation of entry. *Quarterly Journal of Economics*, vol. 117, n. 1, p. 1, 2002.

DJANKOV, Simeon; LA PORTA, Rafael; LOPEZ-DE-SILANES, Florencio; SHLEIFER, Andrei. Courts. *Quarterly Journal of Economics*, vol. 118, n. 2, p. 453, 2003.

DJANKOV, Simeon; MCLIESCH, Caralee; SHLEIFER, Andrei. Private Credit in 129 Countries. *Journal of Financial Economics*, vol. 84, n. 2, p. 299, 2007.

DJANKOV, Simeon, HART, Oliver, MCLIESCH, Caralee; SHLEIFER, Andrei. Debt enforcement around the world. *Journal of Political Economy*, vol. 116, n. 6, p. 1105, 2008.

DJANKOV, Simeon. Correspondence. *Journal of Economic Perspectives*, vol. 30, n. 1., p. 247, 2016.

GORGA, Érica. *Direito societário brasileiro e desenvolvimento do mercado de capitais: uma perspectiva de "Direito e Economia"*. Faculdade de Direito da Universidade de São Paulo, 2005.

GORGA, Érica. *Direito Societário Atual*. Rio de Janeiro: Elsevier, 2013.

GORGA, Érica. Os provérbios da MP da Liberdade Econômica. *O Estado de S. Paulo*, 24/05/2019, p. A2.

GWARTNEY, James; LAWSON, Robert; HALL, Joshua; MURPHY, Ryan. *Economic Freedom of the World: 2020 Annual Report*. Fraser Institute, 2020.

LA PORTA, Rafael; LOPEZ-DE-SILANES, Florencio; SHLEIFER, Andrei; VISHNY, Robert W. Legal determinants of external finance. *Journal of Finance*, v. 52, Jul. 1997, p. 1131.

NORTH, Douglass. C. *Institutions, institutional change and economic performance*. Cambridge University Press, 1990.

SADDI, Jairo. *Crédito e Judiciário no Brasil. Uma análise de Direito & Economia*. São Paulo: Quartier Latin, 2007.

TOMASEVICIUS FILHO, Eduardo. A tal "lei da liberdade econômica". *Revista da Faculdade de Direito da Universidade de São Paulo*, v. 144, p. 101, Jan./Dez. 2019.

PARTE I
PRINCIPIOLOGIA DA LEI DA LIBERDADE ECONÔMICA

1. COMENTÁRIO AO ARTIGO 2º, INCISO I: A PRESUNÇÃO DE LIBERDADE COMO PRINCÍPIO NORTEADOR DO EXERCÍCIO DAS ATIVIDADES ECONÔMICAS NA LEI DA LIBERDADE ECONÔMICA, RESULTANTE DA MEDIDA PROVISÓRIA 881/19

Vera Maria Jacob de Fradera

> *A liberdade não é acessível a todos, para muitos,*
> *ela se coloca entre a proibição e a permissão* [1].
> Georges Braque, *Illustrated Notebooks*, 1917-1955,
> Dover Publications Inc., New York, 191, p. 87.

"Art. 2º São princípios que norteiam o disposto nesta Lei:

I – a liberdade como uma garantia no exercício de atividades econômicas;"

Introdução

Agradeço, muito honrada, o convite formulado pelos organizadores desta obra, Professores Judith Martins-Costa e Guilherme C. M. Nitschke, para dela

---

[1] No original, *La liberté n'est pas accessible à tout le monde, pour beaucoup elle se place entre la défense et la permission.*

participar. Colho o ensejo para felicitá-los por sua iniciativa, a qual, certamente, haverá de contribuir para a melhor compreensão e aplicação desta nova lei.

Início esta minha contribuição pela busca do sentido da palavra *liberdade*, vocábulo fundamental em muitas ciências, ora embasando este estudo. Com efeito, a palavra liberdade é de uso comum, contudo, sua compreensão e conteúdo apresentam variados matizes e significados, conforme a área onde se insere. Assim, etimologicamente, significa "o estado daquele que não é nem escravo nem prisioneiro, logo, o estado do ser que não sofre coerção e age conforme a sua vontade e a sua natureza"[2].

Em sentido político e social, a liberdade consiste no direito de fazer aquilo que não é proibido por uma lei. Já num sentido absoluto, seria "o direito de furtar-se a todas as coerções não justificáveis pela natureza do homem e da sociedade, por serem anormais, ilegítimas e injustificadas. Neste sentido, a liberdade supõe a lei, que a impede de degenerar em desregramento, devendo esta corresponder a um ideal, do contrário constituiria uma opressão"[3].

O vocábulo liberdade (*libertad, liberté, Freiheit*[4], *libertà*) tem mais ou menos significado semelhante em todas as línguas, nas acepções política e social.

Como o leitor já deve ter observado, a palavra liberdade em inglês, *freedom*, não foi por mim mencionada. Minha deliberada omissão tem por motivo a constatação de ser o idioma inglês o único, pelo menos no Ocidente, dotado de dois vocábulos expressando liberdade, quais sejam, *freedom* e *liberty*.

Seriam eles sinônimos ou seu significado é distinto?

Para chegar a uma resposta a esta pergunta, tendo em vista o sentido empregado por nosso legislador em relação à palavra liberdade, dediquei-me a uma breve pesquisa, encontrando autores afirmando não existir distinção entre *freedom* e *liberty*, como é o caso de Sir Isaiah Berlin, em sua renomada obra, *Two Concepts of Liberty*[5], onde proclama a existência de dois conceitos de liberdade (*liberty*), uma negativa e outra positiva. No primeiro sentido, liberdade significa a ausência de algo, tal como barreiras, obstáculos ou interferências

---

[2] V. BÉNAC, Henri, *Nouveau vocabulaire de la dissertation et des* études *littéraires*, Librairie Hachette, Paris, 1972, p. 110.
[3] Idem, ibidem, p. 111.
[4] Em alemão, os substantivos são escritos com letra maiúscula, obrigatoriamente!
[5] Oxford, Clarendon Press, 1958, reprinted in 2002.

de outrem. Já no sentido positivo, liberdade indica a exigência de alguma coisa, como controle ou auto-determinação[6].

Já outro renomado autor, Maurice Cranston[7], embora afirme que, em inglês, esses termos sejam intercambiáveis, e se trate, na verdade, de um tema relativo a estilo, no referente ao seu emprego entende haver uma tendência de *liberty* ser um termo usado no contexto legal e político, enquanto *freedom* teria um sentido filosófico e mais geral.

Contudo, ao buscar o sentido da existência, ou não, de um tipo de matiz entre vocábulos, vale a pena buscar o pensamento de Hannah Arendt. E ela, neste ponto, nos surpreende, porque, preocupada em buscar a diferença entre *freedom* e *liberty*, considerou esta distinção como centro de sua mais urgente preocupação teórica[8]. Embora este assunto seja interessante e importante, não abordarei neste momento o pensamento de Arendt, porque estaria me desviando do tema aqui proposto. Pretendi, ao citá-la, apenas destacar o fato de merecer este assunto uma atenção mais acurada também de sua parte.

Atualmente, estudiosos do assunto, como a professora H. Fenichel Pitkin, da Universidade de Berkeley, sugerem outras ferramentas visando investigar diferenças semânticas, quais sejam, a etimologia e a análise do uso ordinário dos termos.[9]

---

[6] Segundo Berlin, "utilizamos o conceito negativo de liberdade, quando tentamos responder à pergunta: qual é a área na qual o sujeito pode ou poderia ser autorizado a agir ou estar apto a fazê-lo sem a interferência de outra pessoa? De outra parte, estaremos nos referindo ao seu sentido positivo ao responder a pergunta: o quê ou quem é a origem do controle ou interferência que pode determinar alguém a fazer ou ser isto ao invés daquilo ?" (pp. 121-122, da edição de 1969).

[7] Autor de uma obra importante, referida sobretudo pelos seguidores da escola da *Law and Economics*, intitulada *Freedom: A New Analysis*, London. Longmans, Green,1953, 6ª edição. Como não tive acesso ao texto original, socorri-me de uma excelente resenha de DUCLOS, Pierre, publicada na *Revue française de science politique*, 3è.année, nº 4, 1953, pp. 863-866, acessível pelo site htpp://www. Persée.fr. V. igualmente, sobre o mesmo tema, e mesmo autor e sua obra, comentário constante do livro de LEONI, Bruno, *Liberdade e a Lei*, editora Ortiz, Porto Alegre, 1993, p. 63.

[8] V. HIRUTA, Kei (2014) *The Meaning and Value of Freedom: Berlin contra Arendt*, The European Legacy, 19:7, 854-868, DOI: 10.1080/10848770.2014.965520.

[9] V. PITKIN, Hanna Fenichel, "Are Freedom and Liberty Twins?" First Published November 1, 1988; Political Theory, Vol. 16, nº 4, November 1988, p. 523-552, Research Article https://doi.org/10.1177/0090591788016004001

Tendo em vista desvendar quais teriam sido o sentido e alcance da palavra liberdade utilizada pelo Legislador nacional nesta nova lei, cabe, a meu ver, o que aqui estou tentando realizar, ou seja, recorrer aos métodos do direito comparado, chamado a participar da delicada questão da *construção de comparáveis*, no caso, um vocábulo, problema crucial no campo da metodologia da tradução, matéria considerada hoje como das mais relevantes para o estudo do direito[10].

Este estudo será dividido em duas partes: na 1ª delas, seguindo as diretrizes dos organizadores desta obra, será apresentada, mui brevemente, a evolução do nosso Direito no referente à presença do Estado, com maior ou menor intensidade, nas relações privadas de cunho econômico, em nossas Constituições, passando, em um primeiro momento, da produção de Direito à realização de políticas públicas. Na 2ª parte, estarei refletindo sobre o princípio do livre exercício da atividade econômica, assegurado pela Lei Federal nº 13.874 de 20.9.2019.

1ª parte: A transformação da função do Estado: da produção de Direito à realização de Políticas (do liberalismo ao Estado Social).

A submissão do direito pela economia é um fenômeno admitido pela doutrina e *encarnado* na sociedade industrial contemporânea. Para comprovar esta assertiva, basta compulsar textos legislativos atuais, ou obras recentes de direito, para nos deparar com conceitos econômicos de alcance jurídico pouco claro, como o mercado, a concorrência, a empresa, os grupos de empresas... conforme bem pontuado por Alex Jacquemin[11].

---

[10] V. OST, François, *Traduire, Défense et Illustration du multilinguisme*, Édition Fayard, Paris, 2009, p. 407. Sobre a relevância crescente desse assunto, há inúmeras obras, em vários idiomas, da lavra de excelentes autores, constituindo a tradução jurídica uma grande fonte de pesquisa nas mais prestigiosas Universidades, europeias e norte-americanas. Lamentavelmente impõe-se ser divulgado o fato de, entre nós, a tradução jurídica é tratada como um aspecto irrelevante em certos ambientes acadêmicos, por exemplo, o da pós-graduação em Direito da UFRGS, onde um trabalho de grande fôlego, contendo a tradução de obra sobre Direito Público, do original alemão ao português, foi qualificado, pela sua Comissão Coordenadora, como *sem importância e até mesmo prejudicial à pontuação do seu Programa junto à CAPES*.

[11] JACQUEMIN, Alex, "Le droit économique, serviteur de l`économie"? *Revue trim. Droit comm.*, Lib. du Recueil Sirey, Paris, 1951-1964, pp. 19 e segs.

Observa-se atualmente uma espécie de submissão do direito à economia, dado o empalecer das normas e garantias jurídicas em prol do recurso aos critérios da política econômica. Desta sorte, no plano da elaboração, da interpretação e da aplicação da regra jurídica, fica exposto o caráter instrumentalista, ou mesmo oportunista do direito econômico, como referem alguns doutrinadores, algo que podemos observar nesta LLE, ora em análise.

De que maneira chegamos a esta configuração de nosso direito? De acordo com as diretivas postas pelos organizadores desta obra coletiva, os articulistas dela participantes devem, quando for o caso, apresentar, embora brevemente, a fisionomia do direito anterior à publicação da LLE. Assim sendo, farei um breve apanhado da evolução do direito brasileiro no tocante à adoção de uma ordem econômica nas Constituições Federais brasileiras, chamando a atenção para o seu conteúdo ao longo do tempo, até o advento desta LLE, cujo objetivo seria um retorno a um novo liberalismo, em nossa Ordem econômica

A – O lento protagonismo da economia frente ao direito no final do século XX no Brasil

É consenso que o direito econômico surge no momento em que o Estado abandona suas vestes de guardião, envergadas durante a concepção liberalista de política e economia, e passa a apresentar-se na *condição de conformador da ordem econômica, tendo em vista a concretização da democracia econômica* [12].

Como ensina Fábio Comparato[13], o industrialismo produziu uma modificação importante no conceito de finalidades do Estado, adotadas no período áureo do liberalismo, consistente na produção de direito, buscando a partir de então, a realização de políticas[14].

---

[12] V. FARENA, Duciran Van Marsen, "Federalismo e Direito Econômico", *R. Inf. Legisl.*, Brasília, a.28, nº 111, jul./set.1991, p. 21 e segs.
[13] COMPARATO, Fábio Konder, "Planejar o Desenvolvimento: Perspectiva Institucional", *Revista de Direito Público*, IDP, Brasília, nº 88, outubro-dezembro de 1988, p. 38.
[14] Esta assertiva não significa que o Estado liberal não tenha produzido políticas públicas, mas as que produzia eram limitadas à prestação de segurança formal. Segundo Farena, *a atuação do Estado ditada pelo laissez faire laissez passer criou uma ordem comissiva por omissão-comissiva quanto à manutenção das condições necessárias à autonomia dos agentes privados, omissiva, porque neutra diante dos desequilíbrios que essa ordem espontânea acarreta.* Ob. cit. pp. 25.

B – O início da atuação do Estado como ator no campo econômico e regulador da economia

As normas componentes da Ordem Econômica, inseridas nas Constituições durante a fase do denominado constitucionalismo moderno, revelam as mudanças operadas na posição do Estado e da sociedade relativamente à atividade econômica. Neste momento, o Estado abandona sua posição de guardião, de personagem neutro do modelo liberal, passando a agir no campo econômico e a regular a economia[15].

Entre nós, a Ordem Econômica estreou na Constituição de 1934, associada à Ordem Social, permanecendo com esta configuração em 1946 e 1967 [16].

Neste passo, faz-se interessante referir uma assertiva de Fábio Comparato, para quem a noção de Ordem Econômica pressupõe a possibilidade lógica de se distinguirem as normas jurídicas de conteúdo econômico de todas as demais. E acrescenta: "*...até hoje ninguém ainda conseguiu definir precisamente em que consiste a matéria econômica*"[17]. Não obstante esta afirmação de conteúdo cético, a cada dia aumenta o interesse por este assunto, e mais e mais juristas e economistas buscam desvendar tão tormentosa questão.

Este é o caso de Eros Grau, cuja obra sobre a Ordem Econômica na Constituição de 1988 constitui um marco na literatura referente a esse assunto, atualmente em sua 19ª. edição.

Afirma o professor e ex-Ministro do STF ser a regulação da economia uma tarefa do Estado, consistente em promover políticas públicas com a finalidade de desenvolver programas previstos pela Constituição. A Ordem Econômica é por ele definida como um conjunto de regras instituindo uma certa ordem

---

[15] Duas Constituições foram pioneiras nesse aspecto, a do México de 1917 e a da Alemanha (Weimar) de 1919. A de Weimar teve importante influência nas nossas Constituições, por exemplo, a adoção do conceito de função social da propriedade, já em 1934. Sobre este assunto, cons. HORTA, Raul Machado, "Constituição e Ordem Econômica e Financeira", *R. Inf. legis.* Brasília, a. 28, n. 111, jul/set., 1991, pp. 09 e segs.; cons. tb. RAIZER, Ludwig, *Il Compito del Diritto Privato, Saggi di diritto privato e di diritto dell`economia di tre decenni*, Giuffrè Editore, Milano, 1990, Traduzione di Marta Graziadei.

[16] A Carta de 1937 simplificou a designação para Ordem Econômica, embora preservando a matéria comum à Ordem Econômica e Social da Constituição de 34, fato repetido nas de 46 e 67. V. HORTA, op. cit. pp. 10.

[17] COMPARATO, Fábio Konder, "Ordem Econômica na Constituição brasileira de 1988", *Revista de Direito Público*, nº 93, jan/março 1990, p. 263 e segs.

econômica. Este plano geral normativo se encontra inscrito no artigo 170 da Constituição de 1988. Desta sorte, o Estado brasileiro, desde 1988, é um agente regulador da atividade econômica, desempenhando um papel impulsionador das funções ligadas à fiscalização e à planificação da economia. Segundo as palavras deste autor, a Constituição de 1988 consagrou uma economia de mercado, afastada do modelo liberal puro e ajustada à ideologia sócio-liberal. Nela, o dirigismo não é aceito, embora o intervencionismo o seja, quando seu objetivo for a proteção do mercado, ou seja, evitar os abusos e preservar a livre iniciativa, impedir a formação de monopólios e o aumento arbitrário dos ganhos. Ademais, destaca ainda o mesmo autor o fato de a Constituição de 1988 ser capitalista, contudo, a liberdade dela decorrente deverá ser exercida visando o objetivo da justiça social. Dentre os princípios presentes nesta Constituição, nos artigos 5, 24, 3,103,149 e 255, destaca como sendo o mais relevante o da dignidade da pessoa humana, fundamento da República e objetivo da Ordem Econômica[18].

Por outro lado, Fábio Comparato entende que a estrutura do estado brasileiro permaneceu organizada, pela nova Constituição, *nos moldes do velho sistema liberal, sem levar em mínima conta a conspícua evolução sócio-econômica, experimentada desde o início da Revolução Industrial*. Segundo afirma, a função de liderança e programação a longo prazo, indispensável no Estado social contemporâneo, sobretudo em países subdesenvolvidos, não pode ser exercida eficientemente nem pelo Legislativo nem pelo Executivo. O país é então condenado a viver no dia-a-dia, sem previsão, nem preparação para o futuro mais imediato. E finaliza este seu parágrafo com a seguinte frase: *"Não é difícil imaginar o que isto significa de incerteza para as grandes empresas e investidores"*[19].

Posta, em grandes linhas, a fisionomia da Ordem Econômica na Constituição de 1988, passarei a expor, igualmente em grandes traços, as inovações propostas pela LLE e sua repercussão no direito privado brasileiro, especialmente no plano dos contratos.

---

[18] *A Ordem Econômica na Constituição de 1988* (interpretação crítica), 2ª edição, Editora RT, São Paulo, 1991. V. resenha acerca desta obra, em sua segunda edição, de minha autoria, aqui reproduzida parcialmente, publicada na *Revue Internationale de Droit Comparé*, Paris, année 1993, vol. 45-3, pp. 710 e segs.
[19] Ob. cit., pp. 275.

2ª Parte: O princípio do livre exercício da atividade econômica assegurado pela Lei Federal no 13 874 de 20.9.2019

O legislador da LLE proclama, no art. 2º desta lei: "São *princípios* que norteiam o disposto nesta Lei: I – a liberdade como uma garantia no exercício de atividades econômicas; II....III....".

A liberdade, na LLE, é reconhecida como um princípio, no caso, destinado a inspirar várias aplicações, dentre elas, a de garantir o livre exercício das atividades econômicas.

A – A liberdade como princípio fundante da Ordem econômica na Lei Federal no 13 874 / 2020

O sentido do que seja um princípio, no mundo jurídico, enseja a descoberta de uma gama ampla e variada de conceitos[20], expondo uma verdade já enunciada por Henri Capitant, ao afirmar que a *"...língua jurídica é o primeiro invólucro do direito a ser rompido para abordar o estudo de seu conteúdo"*[21].

Neste ponto, recordo as reflexões sobre os sentidos do vocábulo *liberdade*, expostas na introdução deste estudo, pois neste passo, devo buscar o sentido dado pelo legislador da LLE ao denominado princípio da liberdade.

Embora sejam atualmente encontradas em nossa literatura nacional obras interessantes em torno do que sejam princípios jurídicos e seu papel [22], me permito citar a definição de um autor clássico a esse respeito, muito difundida no mundo jurídico ocidental, o professor Gerard Cornu, para quem: *"Princípio*

---

[20] A esse respeito, consultar o artigo de LOUREIRO, Caio de Souza, "Princípios na Lei de Liberdade Econômica" in *Comentários à Lei da Liberdade Econômica*, RT, São Paulo, 2019. O jovem articulista apresenta uma visão um tanto quanto cética sobre a utilidade dos princípios, propondo cautela na sua aplicação (pp. 71).

[21] No original....*de même la langue juridique est la première enveloppe du droit, qu` il faut nécessairement traverser pour aborder l`étude de son contenu*, in prefácio à obra *Vocabulaire juridique*, PUF, Paris, 1936 .

[22] V. por exemplo, ESSER, Josef, *Princípio y Norma en la Elaboración Jurisprudencial del Derecho Privado*, Tradução de Eduardo Valenti Fiol, Bosch, Barcelona, 1961, especialmente a 2ª parte da obra; CARRIÓ, Genaro, *Notas sobre Derecho y Lenguaje*, Abeledo-Perrot, Buenos Aires, 3ª ed., 1986, sobretudo pp. 199 a 251; BIELSA, Rafael, *Los Conceptos Jurídicos y su Terminologia*, Ed. Depalma, Buenos Aires, 1993; na doutrina nacional, ÁVILA, Humberto, *Teoria dos Princípios*, Malheiros, São Paulo, 2012, 13ª edição

consiste em uma regra jurídica estabelecida por um texto em termos bastantes gerais, destinada a inspirar diversas aplicações, se impondo com uma autoridade superior"[23]. No meu entender, essa sintética definição de princípio convém plenamente ao pretendido pelo legislador da LLE.

Por outro lado, a doutrina nacional e a estrangeira aludem à existência de regras jurídicas inscritas nas Constituições, cujo objetivo é o de regular a atividade econômica de modo geral, denominada liberdade pública econômica, contida dentro de certos limites, devendo os seus titulares respeito à Ordem Pública econômica e social. Com algumas variantes, são reconhecidas comumente cinco grandes liberdades: a de comércio e de indústria (também denominada liberdade de empreender, de criar uma empresa), a liberdade de concorrência, a liberdade de contratar, de se obrigar, de escolher aquilo a que nos obrigamos, a forma do contrato, a liberdade de escolher o nosso contratante, escolher como resolver um futuro litígio, perante a Justiça estatal ou em um tribunal arbitral......[24] . Como se conclui, tudo isso se resume em autonomia privada[25], ou seja, o exercício de poder atribuído aos particulares de regular, pelo exercício de sua vontade, as relações de que participam, estabelecendo-lhes o conteúdo e a respectiva disciplina jurídica

De acordo com o exposto pelo Professor Miguel Reale, em longa citação feita por Eros Grau[26], a livre iniciativa e a livre concorrência são conceitos complementares, contudo, essencialmente distintos. A primeira representa a projeção da liberdade individual no plano da produção, circulação e distribuição das riquezas, assegurando não apenas a escolha das profissões e das atividades econômicas, mas também a autônoma eleição dos processos ou meios julgados mais adequados à consecução dos fins visados. Já o conceito

---

[23] CORNU, Gerard, no original, *Règle juridique* établie *par un texte en termes assez généraux destinée à inspirer diverses applications et s`imposant avec une autorité supérieure.* In *Vocabulaire Juridique*, Association Henri Capitant, PUF, Paris, 2011, p. 797.

[24] V. sobre o elenco de liberdades em nossa CF/88 , SILVA, José Afonso da, Curso de Direito Constitucional Positivo, editora Malheiros, São Paulo, 20ª. edição, pp.69.

[25] Autonomia privada não se confunde com autonomia da vontade, cujo sentido é o de dar normas a si mesmo. Este constitui um tema relacionado ao da liberdade, o qual, neste aspecto, se relaciona à filosofia. Já a autonomia privada expressa o poder da vontade, num sentido objetivo, concreto e real. Sobre este assunto, cons. AMARAL, Francisco, *Direito Civil, Introdução*, 3. edição, Editora Renovar, RJ, pp 337 e segs.

[26] A Ordem econômica cit., p.182.

de livre concorrência tem carácter instrumental, significando o princípio econômico, segundo o qual a fixação dos preços e mercadorias não deve resultar de atos de autoridade, mas sim do livre jogo das forças em disputa de clientela na economia de mercado.

Embora esses comentários tenham sido emitidos tendo por objeto a feição original da Constituição de 1988, logo após sua publicação, os conceitos aqui reproduzidos, não implementados em sua plenitude até o presente, se adaptam aos objetivos da LLE, a qual, segundo Geanluca Lorenzon, representa um reflexo do contexto histórico-político no qual foi editada a Medida Provisória nº 881/19, ora transformada na LLE, produzindo uma mudança na forma de direção da nossa economia. Segundo suas palavras, "... *o Poder Executivo Federal propõe uma condução da economia mais simpática à livre iniciativa*"[27].

Entende o legislador da LLE que o Estado deve intervir o menos possível na Economia nacional, visando, com isso, promover a competição no livre mercado, colimando a realização de riqueza, de sorte a garantir a tão almejada retomada do crescimento, há muito desejada pelos brasileiros.

A proposta de uma condução *mais simpática* da livre iniciativa e o estabelecimento pleno da livre concorrência, levando em conta os termos da LLE, podem ser interpretadas como, a partir de agora, quase desprovidas de limites?

Meu entendimento é o de que a LLE embora constituindo uma Declaração de Direitos de Liberdade Econômica, muitas restrições a essa liberdade todavia persistem, contudo, sem descaracterizar a inauguração de um novo *modus operandi* do Estado relativamente às atividades econômicas, bem como uma sua distinta postura, frente aos atores nesta específica área.

É o que tentarei demonstrar no próximo segmento.

B – A liberdade com responsabilidade: observância de limites à livre iniciativa e o dever de lealdade na atuação concorrencial

A livre iniciativa envolve a liberdade de indústria e comércio ou liberdade de empresa ou ainda, liberdade de contrato, sendo considerada um dos pilares da ordem econômica.

---

[27] In: *Lei de Liberdade Econômica e o ordenamento jurídico brasileiro*. OLIVEIRA, Amanda Flávio de (Org.). 1ª Ed. São Paulo: D'Plácido, 2020. pp. 26.

Todas as expressões da livre iniciativa podem ser reduzidas a uma delas, a liberdade contratual, pela qual as partes são livres de contratar ou não contratar, estipular o conteúdo de seu contrato, obrigar-se independentemente da observância de uma forma (consensualismo), resultando do contrato a sua força obrigatória (*pacta sunt servanda*) e seu efeito relativo (o contrato é a coisa das partes), efeito esse não absoluto. Tudo isso se relaciona com a liberdade, está ínsito na noção de livre iniciativa, forma de acesso ao mercado, como descrito a seguir.

b.1 A livre iniciativa e a persistência dos tradicionais limites à autonomia privada, no plano dos negócios, dos contratos e da empresa.

Não obstante, a liberdade contratual aqui retratada é **exercida em** dentro um círculo bem mais estreito, porque sofre (e é o correto) limitações, tais como a sujeição às condições, decorrentes da lei, para a validade dos contratos, a exigência de respeito à Ordem Pública[28] e aos Bons Costumes, ser o objeto do contrato lícito, o respeito à boa fé, na formação e execução do contrato.

Facilmente se depreende que a vontade não pode ser considerada como livre e toda poderosa, como aparentemente se pretende, mediante a publicação da LLE. Esse anseio por maior liberdade à iniciativa privada pode ser explicado pelo intervencionismo, presente no Código Civil de 2002, quando o diploma anterior buscava uma maior imunidade à interferência do Poder Público.

Esse intervencionismo representou, segundo algumas vozes, um retrocesso em matéria de contratos, pois a tendência deveria ter sido no sentido de incrementar os negócios, para uma comercialização do direito civil, hoje em busca do lucro.

No referente à liberdade de estabelecer o conteúdo dos contratos, a autonomia privada tornou-se, a partir de 2002, mais limitada, porquanto, ademais dos seus clássicos limites, a Ordem Pública e os Bons Costumes, as partes foram instadas a observar, quando fosse o caso, a Função Social do contrato e da empresa.

---

[28] Ordem Pública de direção, que leva em conta o interesse geral e a de proteção das partes integrantes da relação contratual, a Ordem Pública de Proteção.

Já a LLE procura dar nova conformação ao direito contratual, dando ênfase a uma interpretação extremamente favorável à liberdade e à autonomia das partes. Em que pese o fato de ser importante ampliar a liberdade dos operadores do mercado, parece ter o legislador olvidado a existência de normas de Ordem Pública e Normas Cogentes[29], integrantes do Código Civil de 2002, normas, por definição, inafastáveis pelas partes[30], mesmo face a uma recente LLE !

Outro ponto a ser destacado no § 1º do art. 2º da LLE, objeto deste meu comentário, diz com a liberdade como garantia de atividades econômicas.

No tocante à livre concorrência (e não liberdade de concorrência...), embora se suponha ampliada pela nova lei, ela sujeita os operadores do mercado a um importante limite, o cumprimento do dever de lealdade.

Assim sendo, tratarei, no próximo segmento, do que a doutrina em geral,[31] entende como o estado de espírito do homem honesto (*honnête homme*), constituindo a pedra angular (*clé de voûte*) das relações humanas, frente a uma situação de concorrência: a lealdade.

---

[29] A respeito, v. FORGIONI, Paula, "A interpretação dos negócios jurídicos", in MARQUES Neto, Floriano Peixoto, RODRIGUES JR, Otávio Luís e LEONARDO, Rodrigo Xavier, (orgs.), *Comentários à Lei da Liberdade Econômica, Lei 13,874/2019*, editora RT, SP, pp. 364 e segs., esp. pp. 369 a 37.

[30] Como a realidade não pode ser totalmente ordenada por normas rígidas, o Legislador deixa uma parcela da regulação de certas áreas à disposição dos interessados, criando normas denominadas dispositivas. São aquelas, como diz o seu nome, de que a parte pode dispor, usar de acordo com o seu interesse. As normas dispositivas, por sua vez, admitem uma classificação, elas podem ser dispositivas interpretativas ou dispositivas supletivas. A norma dispositiva é interpretativa, quando a parte, podendo dela usar, o faz de maneira incompleta ou pouco clara. Nessa hipótese, o legislador interpreta a vontade mal declarada ou incompleta, mediante uma solução por ele aventada, por exemplo, no caso do usufruto estabelecido sem prazo, entender-se-á como sendo vitalício (art. 1921do CC). A norma dispositiva é supletiva, quando a parte, podendo usar, não usa da liberdade autorizada pela norma, determinando, então, a incidência do disposto em lei, por exemplo, a incidência do regime da separação parcial de bens no casamento, se os nubentes silenciaram a respeito (art. 1640 do CC). No plano do Direito Privado, a maioria das normas são dispositivas.

[31] Para o direito brasileiro, cons., especialmente, GRAU, Eros, op. cit., pp. 208 a 211; SALOMÃO FILHO, Calixto, *Direito Concorrencial, as condutas*, Malheiros, S.P., 1ª edição, 2ª tiragem, 2003, pp 55 e segs.; para o direito europeu, BOUNIOL, Romain, " Loyauté et Concurrence", in *Droit et Loyauté*, sous la direction de PETIT, Franck, Dalloz, Paris, 2015, p. 85 e segs. ; Le TOURNEAU, Philippe, L`*Éthique des affaires et du management au XXIè. siècle*, Dalloz, Paris, 2000.

b.2. A preservação do livre jogo da concorrência e a exigência de lealdade entre os competidores no mercado

Comumente, o dever de lealdade é associado ao princípio da boa fé objetiva, constituindo um dever acessório ou anexo, imposto às partes, no contrato, independentemente de prévia pactuação. A exigência de cumprimento desse dever decorre de um dever ainda mais amplo, fulcrado na boa fé objetiva, que é o de colaboração entre os contratantes[32].

A partir da ideia de colaboração, pretendo trazer à baila a existência de um importante limite à livre concorrência, qual seja, a observância obrigatória de lealdade aos concorrentes na competição pelo mercado.

Segundo a lição de Yves Serra, o renomado especialista francês em concorrência, professor na Universidade de Perpignan, o direito da concorrência "é um conjunto de regras de direito, que se aplicam aos operadores econômicos na atividade concorrencial a fim de que a concorrência seja suficiente sem ser excessiva"[33].

Podemos deduzir dos termos desta definição, a conclusão de que não sendo admitido o excesso de concorrência, deve ser subentendido que o exercício da liberdade de concorrência não pode ser acompanhado de comportamentos contrários à lealdade. A noção de lealdade pode proteger, ao mesmo tempo, a concorrência no mercado e os concorrentes. Como pontuado por Franck Petit[34], na medida em que as empresas adotem um comportamento conforme à lealdade, não poderá haver prejuízo ao mercado, tampouco aos concorrentes.

---

[32] V. COUTO e SILVA, Clóvis do, *A Obrigação como Processo*, José Bushastski editor, São Paulo, 1976, pp. 117; mais recentemente, MARTINS-COSTA, Judith, *A Boa Fé no Direito Privado*, Critérios para a sua aplicação, Saraiva, São Paulo, 2ª edição, 2018, pp. 574e segs.
[33] No original: *L'ensemble des règles de droit qui s'apliquent aux opérateurs économiques dans l'activité concurrentielle afin que la concurrence soit suffisante, tout en n'étant pas excessive*, in *Le droit français de la concurrence*, Dalloz, Paris, coll. Connaissances du droit, 1993, p. 07.
[34] Op.cit. , pp.89.

Conclusões

Chegando ao término destas breves reflexões sobre o artigo 2º, inciso I da LLE de 2019, segundo o qual a liberdade é posta como garantia no exercício de atividades econômicas, espero ter contribuído, de alguma forma, à inteligência da nova lei, a ser utilizada e interpretada à luz da ética, entendida como ética do mercado, ou seja, um conjunto de regras de comportamento distintas da moral geral, colimando orientar a ação dos operadores econômicos, como bem posto por Ph. Le Tourneau, em seu belo livro, *L`éthique des affaires et du manegement* au XXIè. siècle, citado páginas atrás. De acordo com este autor, existem relações entre os princípios morais e as regras jurídicas, vigorantes no micro cosmo das relações entre parceiros, fundadas nas noções de boa fé, transparência e lealdade.

Na medida em que esta ética dos negócios for observada pelos operadores do Direito, na vigência desta LLE, será então possível considerar a liberdade como princípio garante do exercício das atividades econômicas.

2. COMENTÁRIO AO ARTIGO 2º, INCISO II: O PRINCÍPIO DA "BOA-FÉ DO PARTICULAR PERANTE O PODER PÚBLICO"

Judith Martins-Costa
Giovana Benetti

> "Art. 2º. São princípios que norteiam o disposto nesta Lei:
> [...]
> II – a boa-fé do particular perante o poder público; [...]".

1. História da Norma

A noção de boa-fé provém do mundo romano, no qual recebeu notável expansão e largo espectro de significados. Não há dúvidas, porém, de que, desde a sua origem, firmou-se e desenvolveu-se predominantemente nas relações entre sujeitos privados[1], muito embora, mais recentemente, o princípio tenha

---

[1] Tratou-se do tema em: MARTINS-COSTA, Judith. *A Boa-Fé no Direito Privado*: Critérios para a sua aplicação. 2ª ed. São Paulo: Saraiva, 2018, p. 53-55. Para as origens, dentre outros: STOLFI, Emanuele. *Bonae Fidei Interpretatio*. Richerche sull'interpretazione di buona fede fra esperienza romana e tradizione romanística. Nápoles: Jovene, 2004; GAROFALO, Luigi. (org). *Il ruolo dela buona fede oggetiva nell'esperienza giuridica storica e contemporanea*. (4. vol). Pádua: CEDAM, 2003; VILLARREAL, Matha Lucia Neme. *La buena fe em el derecho romano*. Bogotá: Ed. Universidade Esternado, 2010 e CARDILLI, Riccardo. *Bona Fides tra Storia e Sistema*. Turim: Chiapielli, 2004. Ainda: CORDOBA, Marcos; GARRIDO, Lidia e KLUGER, Viviana. *Tratado de la buena fe em el Derecho* (2. vol).. Buenos Aires: La Ley, 2005. Na doutrina

tido larga expansão também em outros setores, especialmente no Direito Administrativo[2], no Direito Processual[3] e no Direito do Trabalho[4].

Foi no campo do Direito Privado que se fixaram os dois principais – e distintos – significados, as qualificações e as funções ainda hoje ostentados pelo sintagma boa-fé, a saber: a *boa-fé subjetiva*, que é ou presunção ou estado de fato (o "estar de boa-fé") e a *boa-fé objetiva*, consistente em norma jurídica impositiva de deveres de conduta (o dever de agir de modo probo e correto).

O inciso II do art. 2º, ao referir a "boa-fé do particular perante o Poder Público", trata da *acepção subjetiva*, referindo-se a um pressuposto ou presumido estado do particular, e não a um dever de agir segundo a boa-fé por parte da Administração Pública.

Porém, antes de apontar aos problemas aí enfeixados, cabem brevíssimas menções ao recebimento dessas noções no Direito brasileiro, distinguindo entre noção, qualificação, funções e eficácias da boa-fé subjetiva e da boa--fé objetiva, bem como as peculiaridades dessas noções quando em causa as relações entre a Administração Pública e os cidadãos.

(i) boa-fé subjetiva e boa-fé objetiva

Na Ciência Jurídica e na legislação, a língua portuguesa utiliza o sintagma *boa-fé* para designar distintos fenômenos, direcionando-a a muito diversas

---

portuguesa: MENEZES CORDEIRO, António. *Da boa-fé* no direito civil. 4. reimpressão. Coimbra: Almedina, 2011, p. 17-24.

[2] A título de exemplo, vide: CALMES, Sylvia. Du *Principe de la Protection de la Confiance Légitime en Droits Allemand, Communautaire et Français*. Paris, Dalloz, 2001; RACCA, Gabriella. *La Responsabilitá Precontrattuale dela Pubblica Ammnistrstrazione tra Autonomia e Corretteza*. Nápoles: Jovene, 2000; PEREZ, Jesus Gonzalez. *El principio general de la buena fe em el derecho administrativo*. In: CORDOBA, Marcos; GARRIDO, Lidia e KLUGER, Viviana. *Tratado de la buena fe em el Derecho*. Tomo II. Buenos Aires: La Ley, 2005, pp. 337-360; e GIACOMUZZI, José Guilherme. *A Moralidade Administrativa e a Boa-Fé da Administração Pública*: o conteúdo jurídico do princípio da moralidade administrativa. São Paulo: Malheiros, 2002.

[3] DIDIER, Fredie Jr. Princípio da Boa Fé Processual no Direito Processual Civil Brasileiro e seu Fundamento Constitucional. *Revista do Ministério Público do Rio de Janeiro* n. 70, out./dez. 2018, p. 179; MITIDIERO, Daniel. *Colaboração no processo civil*. Do modelo ao princípio. 4ª ed. São Paulo: Thomson Reuters Brasil, 2019.

[4] ARAÚJO, Francisco Rossal de. *A Boa-Fé no Contrato de Emprego*. São Paulo: LTR, 1996.

2. COMENTÁRIO AO ARTIGO 2º, INCISO II: O PRINCÍPIO DA "BOA-FÉ DO PARTICULAR...

funções[5]. Pode ser *princípio normativo*, como enuncia o art. 422; *standard de comportamento*, como no art. 187; *elemento do suporte fático de regra jurídica*, como está no art. 1.202; pode ter *função hermenêutica*, integrativa de lacunas, como no art. 113, todos do Código Civil; podendo, haver, inclusive, combinação entre essas espécies, por exemplo, entre a boa-fé como *standard* (a apontar a um padrão comportamental) e como princípio normativo (do qual derivam deveres de conduta).

Em face da complexidade ínsita ao sintagma[6], a primeira e mais importante distinção a fazer é entre a boa-fé subjetiva e a boa-fé objetiva. Trata-se da distinção mais básica, porque são distintos os respectivos significados, funções, eficácias e modos de aplicação.

A expressão *boa-fé subjetiva* indica um *estado de fato*, traduzindo a ideia naturalista da boa-fé, aquela que, por antinomia, é conotada à má-fé, razão pela qual essa acepção comumente é expressada como "agir de boa-fé", o antônimo de "agir de má-fé". Diz-se subjetiva a boa-fé compreendida como estado psicológico, isto é: estado de consciência caracterizado pela ignorância de se estar a lesar direitos ou interesses alheios, ou a convicção de estar agindo em bom direito. Por vezes, o Ordenamento tutela o estado subjetivo dos agentes que agem ou creem *sem má-fé* (pois esse estado é antitético ao estado de boa-fé), subordinando-lhe o interesse que os agentes ignoram lesar. Então, o estado de fato ("estar de boa-fé") é considerado um elemento do suporte fático de determinada regra[7]. Por outras, esse estado de fato é presumido.

---

[5] Desenvolveu-se essas ideias a propósito do inc. V do art. 3º da Lei da Liberdade Econômica em MARTINS-COSTA, Judith. Art. 3º, V: presunção de boa-fé. In: MARQUES NETO, Floriano Peixoto; RODRIGUES JR., Otavio Luiz; LEONARDO, Rodrigo Xavier (Orgs.). *Comentários à Lei da Liberdade Econômica*. São Paulo: Revista dos Tribunais, 2020, p. 125-132 e, posteriormente em: De princípios, regras, ficções e presunções. (e de algumas desastrosas confusões). In: MITIDIERO, Daniel; ADAMY, Pedro (Coords.). *Direito, Razão e Argumento*. Liber Amicorum Professor Humberto Ávila. São Paulo: Malheiros, 2021, pp. 353-366, reproduzida, em parte, nas linhas acima.

[6] Em razão de sua complexidade funcional, já qualificamos a boa-fé como modelo ou instituto jurídico (MARTINS-COSTA, Judith. *A Boa-Fé no Direito Privado*: Critérios para a sua aplicação. 2ª ed. São Paulo: Saraiva, 2018, pp. 14 e 216), a reunir subprincípios e "figuras parcelares" (MENEZES CORDEIRO, António. Da boa-fé no direito civil. 4. reimpressão. Coimbra: Almedina, 2011, p. 1.292).

[7] Assim, *e.g.*, situações relativas à tutela da aparência tais como as eficácias do casamento putativo e as demais situações de crença errônea, mas justificável, na aparência de certo ato ou

Diz-se, então, haver presunção de boa-fé relativamente a determinadas situações em regra *demarcadas legislativamente* de modo tópico, pois a chamada "presunção de boa fé" não tem caráter geral e é restringida por outras presunções, como a regra "bom não se presume quem mal procede", secularmente conhecida e inscrita no célebre Livro V das Ordenações Filipinas[8].

A ideia da boa-fé como estado subjetivado que, por vezes, é considerado pelo Direito em favor do agente que a alega está assentada em muito antiga tradição na qual se mesclam as origens romanas e os influxos do Direito Canônico, os quais permearam a codificação francesa e infletiram nos códigos civis posteriores. Foi com essa feição subjetivada que a boa-fé ingressou no Direito Civil brasileiro notadamente em matéria de Direitos Reais, assim a prevendo o Código de 1916 ao regrar, por exemplo, a usucapião, a posse de boa-fé, a aquisição dos frutos e a indenização ao possuidor de boa-fé[9]. Estavam ali disciplinadas topicamente (e não como regra geral) as eficácias da presunção de boa-fé, também previstas para as hipóteses de casamento putativo, mandato aparente e pagamento feito a credor putativo[10].

Nessas situações, não se está a tratar nem de uma presunção com caráter geral nem de um princípio impositivo de um dever-ser. São hipóteses que encontram paralelo no vigente Código Civil, nos artigos 689; 1.561; 1.261; 1.202; 1.216 e 1.219. Em todos esses casos, prevê-se estar o agente na ignorância legítima ou de ser o proprietário da coisa; ou de não ter impedimentos para o casamento; ou a tratar com o verdadeiro mandatário, ainda dotado dos poderes que lhe haviam sido outorgados pelo mandante, etc. O que releva é, pois, o estado de fato: o agente ignora a realidade e crê estar determinada situação revestida por legitimidade e licitude à luz do Direito. Esse estado (o "estar de boa-fé") atua como elemento do suporte fático de regra jurídica,

---

status. Trata-se ou de designar um fato pelo qual um sujeito tem a convicção, ainda que errônea, de estar a respeitar o Direito, pois crê na legalidade da situação, ou de indicar a situação de um terceiro que deve ser protegido porque confiou – legitimamente – na aparência de certo ato. Nesses casos, protege-se a crença legítima na juridicidade de certos estados, fatos, atos ou comportamentos, como quando se assegura, por exemplo, a posse, se ignorava o possuidor obstáculo que impede a aquisição da coisa (Código Civil, art. 1.201).

[8] Ord. Liv. 5º., Tit. 113, § 5º, *in fine*.
[9] Código Civil 1916, artigos 619, 491, 513 e 516 respectivamente.
[10] Código Civil 1916, artigos 221, 1.321 e 935, respectivamente.

2. COMENTÁRIO AO ARTIGO 2º, INCISO II: O PRINCÍPIO DA "BOA-FÉ DO PARTICULAR...

sendo "suscetível de valoração e de prova"[11]. O estado de fato expressado pela boa-fé subjetiva é constatado à luz da situação concreta ou, em determinadas hipóteses, presumido pela lei[12].

Logo, como crença ou ignorância escusável, a boa-fé subjetiva vem *especificada* no dever de respeitar situações que, podendo ser, originalmente, tidas como injurídicas, são, mesmo assim, tuteladas e respeitadas pelo Direito, tais como as situações que dão origem à usucapião[13]. Há também hipóteses em que a pesquisa do estado psicológico é apanhada por uma presunção[14], como no caso do artigo 1.201, segundo o qual o possuidor com justo título tem presumida a atuação "de boa-fé".

Esta é a razão pela qual as características de individuação da boa-fé subjetiva conduzem à incidência das regras legais atinentes à pesquisa sobre a subjetividade, isto é: sobre o estado de fato nomeado como "estar de boa-fé", ou "agir de boa-fé". Com base em dados empíricos, ou conforme o indicado pela experiência (*id quod plerumque accidit*), se averigua se ali está ou não presente o estado de crença (psicológica) vivenciada pelo sujeito titular do interesse protegido, o qual justificará a proteção outorgada pelo Ordenamento.

Diferentemente, a boa-fé objetiva (também dita "boa-fé obrigacional" e "boa-fé normativa") é norma principiológica ("princípio normativo"; "norma de comportamento"), pois dotada de conteúdo prescritivo. Há dever-ser que aponta, imediatamente, a um "estado ideal de coisas" que *deve ser* implementado por seus destinatários. Os participantes do tráfego negocial *devem* ajustar a sua conduta ao padrão da boa-fé, do que podem decorrer *deveres* de informar, de cooperar para o adimplemento, de resguardo, de coerência comportamental, etc. Por isto, diz-se que a *boa-fé objetiva* configura uma norma jurídica[15],

---

[11] SILVEIRA, Alípio. *A Boa-Fé no Código Civil*: Doutrina e Jurisprudência. Vol. I. São Paulo: Forense, 1972, p. 7. Há referência a uma primeira edição, prefaciada por Clovis Bevilaqua, do ano de 1941.

[12] Vide, exemplificativamente, Código Civil, artigos 164 e 1.201.

[13] Código Civil, artigos 1.238, *caput* e parágrafo único, 1.239 e 1.242.

[14] MARTINS-COSTA, Judith. *A Boa-Fé no Direito Privado*: Critérios para a sua aplicação. 2ª ed. São Paulo: Saraiva, 2018, p. 281.

[15] Normas são, nas palavras de Humberto Ávila, "os sentidos reconstruídos a partir da interpretação sistemática de textos normativos", considerados os limites conferidos pelos usos linguísticos à área dos significados possíveis que podem ser atribuídos a determinado texto, desde que provenha de uma das *quatro fontes de normatividade* reconhecidas entre nós: lei,

assumindo diferentes funções como "(i) um instituto ou modelo jurídico (estrutura normativa alcançada pela agregação de duas ou mais normas); (ii) um *standard*[16] ou modelo comportamental pelo qual os participantes do tráfico obrigacional devem ajustar o seu mútuo comportamento (*standard* direcionador de condutas, a ser seguido pelos que pactuam atos jurídicos, em especial os contratantes); e (iii) um princípio jurídico (norma de dever ser que aponta, imediatamente, a um 'estado ideal de coisas')"[17].

Como norma-princípio, a boa-fé objetiva volta-se ao direcionamento de condutas no tráfico negocial, criando para "os sujeitos de uma relação obrigacional uma 'ordem envolvente de condutas' que imanta a conduta negocial, a mensura e a direciona aos valores da probidade, honestidade e lealdade"[18]. Agir *segundo* a boa-fé (e não "de boa-fé") significa manter-se "por uma linha de relativa coerência comportamental, a confiança minimamente necessária e o nível colaborativo inafastável para assegurar a higidez das relações sociais voluntariamente criadas, como o são as relações negociais"[19]. Ou seja, deve-se atuar com lealdade, e não agir de modo torpe ou contraditório, frustrando legítimas expectativas criadas no *alter* por nosso próprio comportamento.

---

decisão judicial, negócio jurídico, costume. (ÁVILA, Humberto. *Teoria dos Princípios*: Da definição à aplicação dos princípios jurídicos. 19ª ed. São Paulo: Malheiros, 2019, p. 50).

[16] *Standards* são "'pautas normais de comportamento social correcto, aceites na realidade social'". Como bem observou Larenz, referindo as lições de Strache, os *standards* não são "regras configuradas conceptualmente, às quais se possa efectuar simplesmente a subsunção por via do procedimento silogístico, mas pautas 'móveis', que têm que ser inferidas da conduta reconhecida como 'típica' e que têm que ser permanentemente concretizadas, ao aplicá-las ao caso a julgar". (LARENZ, Karl. *Metodologia da Ciência do Direito*. Tradução de José Lamego. 3ª ed. Lisboa: Fundação Calouste Gulbenkian, 1997, p. 660-661).

[17] MARTINS-COSTA, Judith. *A Boa-Fé no Direito Privado*: Critérios para a sua aplicação. 2ª ed. São Paulo: Saraiva, 2018, pp. 281-282.

[18] MARTINS-COSTA, Judith. Critérios para aplicação do princípio da boa-fé objetiva (com ênfase nas relações empresariais). In: MARTINS-COSTA, Judith; FRADERA, Véra Jacob de (Orgs.). *Estudos de direito privado e processual civil em homenagem a Clóvis do Couto e Silva*. São Paulo: Revista dos Tribunais, 2014, p. 206; também em: MARTINS-COSTA, Judith. *A Boa-Fé no Direito Privado*: Critérios para a sua aplicação. 2ª ed. São Paulo: Saraiva, 2018, p. 289-291.

[19] MARTINS-COSTA, Judith. Critérios para aplicação do princípio da boa-fé objetiva (com ênfase nas relações empresariais). In: MARTINS-COSTA, Judith; FRADERA, Véra Jacob de (Orgs.). *Estudos de direito privado e processual civil em homenagem a Clóvis do Couto e Silva*. São Paulo: Revista dos Tribunais, 2014, p. 206.

Considerada essa acepção objetiva, a boa-fé foi positivada em texto de lei com o Código de Defesa do Consumidor (Lei nº 8.078/1990)[20] que revestiu o princípio por um significado protetivo da parte vulnerável. O Código Civil vigente conferiu-lhe, de modo expresso, três funcionalidades com caráter geral: o de cânone hermenêutico dos negócios jurídicos (art. 113); critério para a aferição da ilicitude do exercício jurídico (art. 187); e princípio do Direito Contratual, onde o princípio vem enformado em cláusula geral (art. 422)[21].

Uma acepção nuançada ao princípio da boa-fé, a meio caminho da acepção subjetiva e da objetiva já havia sido plasmada pelo Código Comercial de 1850 que tomara a boa-fé como cânone hermenêutico[22]. Nesse caso, o "estado de crença legítima" se desprende da mera subjetividade (como está a boa-fé, por exemplo, no campo dos Direitos Reais) e é averiguado segundo parâmetros objetivos, *v.g.*, segundo o que ocorre habitualmente em determinado setor do mercado. Todavia, embora inscrito em texto de lei desde a metade do século XIX, não se verificou o desenvolvimento jurisprudencial e doutrinário desse cânone hermenêutico[23], ainda que Teixeira de Freitas tivesse contemplado em seu *Esboço*, em 1864, uma versão *objetivada* da boa-fé ao tratar dos efeitos dos contratos, já, então, como mandamento de lealdade entre as partes, tendo,

---

[20] A inovação se deu no domínio das relações consumeristas, elevando a boa-fé como princípio fundante da Política Nacional das Relações de Consumo (CDC, art. 4.º, III) e como critério de aferição da validade das cláusulas contratuais (CDC, art. 51, IV). É bem verdade que, pelo menos desde a última década do séc. XX, são registradas decisões judiciais com fundamento na boa-fé objetiva. Como à época observou Clóvis do Couto e Silva, quando "num código não se abre espaço para um princípio fundamental [como o da boa-fé] [...] ocorre ainda assim a sua aplicação por ser o resultado de necessidades éticas essenciais, que se impõem ainda quando falte disposição legislativa expressa" (COUTO E SILVA. Clóvis V. do. *Estudos de Direito Civil Brasileiro e Português*. São Paulo: Revista dos Tribunais, 1980, p. 61-62).

[21] Para essas noções, permitimo-nos reenviar ao que se escreveu em: MARTINS-COSTA, Judith. *A Boa-Fé no Direito Privado*: Critérios para a sua aplicação. 2ª ed. São Paulo: Saraiva, 2018, p. 133- 214.

[22] Vide o art. 131, 1, do Código Comercial de 1850, no qual a boa-fé era invocada como regra de hermenêutica dos contratos comerciais: "Sendo necessário interpretar as cláusulas do contrato, a interpretação, além das regras sobreditas, será regulada sobre as seguintes bases: 1 – a inteligência simples e adequada, que for mais conforme à boa fé, e ao verdadeiro espírito e natureza do contrato, deverá sempre prevalecer à rigorosa e restrita significação das palavras".

[23] MOREIRA ALVES, José Carlos. A Boa-Fé Objetiva no Sistema Contratual Brasileiro. In: *Rivista Roma e America*, n. 7, Modena, Mucchi, 1999, pp. 170-171.

consequentemente, força prescritiva[24]. Mas, como se sabe, o Esboço não chegou a viger como lei e, ao menos nesse passo, o entendimento do seu autor não teve prosseguimento relevante entre os juristas que escreveram subsequentemente. Pode-se afirmar, assim, que, apenas com a vigência do Código Civil de 2002, o princípio da boa-fé objetiva foi apreendido em enunciados com abrangência geral[25-26] no Direito Civil, mantidas, em regras específicas, as referências à boa-fé subjetiva (estado de fato).

A segunda grande distinção a fazer, quando se versa a boa-fé, é atinente ao campo de incidência do princípio (da boa-fé objetiva) ou da regra (que contempla, como elemento do seu suporte fático, a boa-fé subjetiva[27]).

[24] TEIXEIRA DE FREITAS, A. *Código Civil*: Esbôço. Vol. III. Rio de Janeiro: Ministério da Justiça e Negócios Ínteriores – Serviço de Documentação, 1952, art. 1.954. *In verbis*: "Os contratos devem ser cumpridos de *boa-fé*, pena de responsabilidade pelas *faltas* (arts. 844 a 847) segundo as regras do art. 881. Êles obrigam não só ao que expressamente se tiver convencionado, como a tudo que, segundo a natureza do contrato, fôr de lei, eqüidade, ou costume".

[25] Nomeadamente, arts. 113, *caput* ("Os negócios jurídicos devem ser interpretados conforme a boa-fé e os usos do lugar de sua celebração"), 187 ("Também comete ato ilícito o titular de um direito que, ao exercê-lo, excede manifestamente os limites impostos pelo seu fim econômico ou social, pela boa-fé ou pelos bons costumes") e 422 ("Os contratantes são obrigados a guardar, assim na conclusão do contrato, como em sua execução, os princípios de probidade e boa-fé").

[26] Segundo Miguel Reale, Presidente da Comissão Revisora e Elaboradora do Código Civil, o "constante valor dado à boa-fé constitui uma das mais relevantes diferenças entre o Código Civil de 1916 e o Código Civil de 2002 [....]". A boa-fé objetiva agora vem expressamente disciplinada como baliza para a aferição da licitude no exercício de direitos derivados de negócios jurídicos; como cânone de interpretação dos negócios; e como cláusula geral dos contratos. Nessas hipóteses, a figura tem caráter geral, mas é certo que a sua eficácia abrange outros institutos, sendo prevista, de modo específico, v.g., ao impor especiais deveres de conduta para as partes no âmbito do contrato de seguro e ao traçar limites ao exercício do direito de denúncia em contratos duradouros e de execução continuada (REALE, Miguel. *História do Novo Código Civil*. São Paulo: Revista dos Tribunais, 2005, p. 247). Para o exame específico das funções da boa-fé objetiva no Direito Privado brasileiro, permitimo-nos reenviar à MARTINS-COSTA, Judith. *A Boa-Fé no Direito Privado*: Critérios para a sua aplicação. 2ª ed. São Paulo: Saraiva, 2018.

[27] Sendo o Ordenamento jurídico um sistema de regras e de princípios direcionados a disciplinar situações jurídicas concretas ("situações normadas"), fácil é perceber que os significados e as funções da boa-fé dependem do "campo normativo" em que incide, dos bens jurídicos tutelados e demais princípios e regras também incidentes ao respectivo campo. Há interação ou "combustão" – em vista das situações concretas em que a boa-fé é chamada a atuar. É, por isso mesmo, anacrônico o mero transplante de soluções fundadas na boa-fé, por exemplo, em vista de uma relação jurídica de consumo, para uma relação entre empresários; ou o que

2. COMENTÁRIO AO ARTIGO 2º, INCISO II: O PRINCÍPIO DA "BOA-FÉ DO PARTICULAR...

Para os fins de elucidar o enunciado do art. 2º, inc. II, importa o campo traçado pelas relações entre a Administração Pública e os particulares.

(ii) boa-fé nas relações entre Administração Pública e particulares

Quando conotada a noção de boa-fé às relações entre os particulares e a Administração Pública, mantém-se a distinção. Nos contratos administrativos e na responsabilidade pré-contratual do Estado, observa-se a boa-fé objetiva, ou obrigacional[28], com o caráter preceptivo acima mencionado. Trata-se de mandamento de lealdade e cooperação, tal qual se manifesta no campo obrigacional privado. Em outros setores da ação administrativa, todavia, o princípio da boa-fé vem emaranhado com os princípios da confiança do administrado na ação administrativa e da segurança jurídica, havendo nuances importantes quanto ao significado e às eficácias. Aclarem-se estes significados:

Na relação entre Administração Pública e cidadãos, a boa-fé conjuga-se com princípios e postulados próprios à disciplina da ação administrativa. Sendo assim, e considerado o postulado da supremacia do interesse público e a presunção de legitimidade dos atos administrativos, apresenta-se manifestação da "boa-fé crença legítima", para o efeito de proteger a confiança dos cidadãos no tangente aos "atos, procedimentos e condutas do Estado, nos mais diferentes aspectos da sua atuação"[29].

---

se fizesse entre a aplicação da boa-fé numa relação interempresarial para uma relação entre Poder Público e particulares.

[28] A título exemplificativo: STJ. RMS 6183/MG. Quarta Turma. Relator Min. Ruy Rosado de Aguiar. Julgamento em 14.11.1995. DJ de 18.12.1995, em cujos fundamentos se lê: "No Direito Civil, desde os estudos Ihering, admite-se que do comportamento adotado pela parte, antes de celebrado o contrato, pode decorrer efeito obrigacional, gerando a responsabilidade pré-contratual. O princípio geral da boa-fé veio realçar o seu suporte jurídico a esse entendimento, pois as relações humanas devem pautar-se pelo respeito à lealdade. (...) É inconcebível que um Estado democrático, que aspire a realizar Justiça, esteja fundado no princípio de que o compromisso público assumido pelos seus governantes não tem valor, não tem significado, não tem eficácia". Ainda: STJ. REsp 1.148.463/MG. Segunda Turma. Relator Min. Mauro Campbell Marques. J. em 26.11.2013. DJ em 06.12.2013; STJ. AgRg no AREsp 542.215/PE. Segunda Turma. Relator Min. Assussete Magalhães. J. em 23.02.2016. DJ de 09.03.2016; STJ. AREsp 248.052/SP. Decisão monocrática. Relator Min. Assussete Magalhães. J. em 23.02.2017. DJ de 03.03.2017.

[29] COUTO E SILVA, Almiro do. O princípio da segurança jurídica (proteção à confiança) no direito público brasileiro e o direito da Administração Pública de anular os seus próprios atos

É o que mostra, exemplificativamente, a jurisprudência acerca dos atos praticados por "funcionário de fato" cujos atos – apesar da incompetência absoluta de quem os exarou – são considerados válidos. E a razão está não na aparência de legitimidade daqueles atos em si mesmo considerada, mas porque o Direito protege "a confiança gerada nas pessoas em virtude ou por força da presunção de legalidade e da aparência de legitimidade que têm os atos do Poder Público"[30].

Em razão da mesma conjugação principiológica, é também a boa-fé invocada para a vedação ao comportamento contraditório da Administração Pública. Protege-se a confiança legítima pela imposição, à Administração, em face dos administrados[31], de um dever de coerência comportamental, então

---

administrativos: o prazo decadencial do art. 54 da lei do processo administrativo da União (lei nº 9.784/99). *Cadernos de Direito Público*, nº 57, dezembro/2003, pp. 37 e 38.

[30] COUTO E SILVA, Almiro do. O princípio da segurança jurídica (proteção à confiança) no direito público brasileiro e o direito da Administração Pública de anular os seus próprios atos administrativos: o prazo decadencial do art. 54 da lei do processo administrativo da União (lei nº 9.784/99). *Cadernos de Direito Público*, nº 57, dezembro/2003, p. 38. Vide, ainda: GIACOMUZZI, José Guilherme: *A Moralidade Administrativa e a Boa-fé da Administração Pública*: o conteúdo dogmático da moralidade administrativa. São Paulo: Malheiros, 2002, p. 266-267.

[31] A segurança jurídica (como previsibilidade acerca das "regras do jogo") se expressa também nos comportamentos uniformes, não-contraditórios e, consequentemente, na imposição de um "dever de coerência" ou de não-contradição desleal. É recorrente a imposição do dever de não-contradição, especificando-se as hipóteses de aplicação da regra que coíbe *venire contra factum proprium*; da vedação inserta no *tu quoque*; e do anulamento decorrente da aplicação do adágio *nemo turpitudinem suam allegans*, sendo essas concreções muito significativas da boa-fé como norma de conduta leal. Vide, na jurisprudência, referindo o dever de não-contradição, sem mencionar os institutos específicos: STJ. REsp 620112/MT. Segunda Turma. Relator Min. Herman Benjamin. Julgamento em 07.05.2009. DJ de 21.09.2009; STJ. REsp 853713/SP. Segunda Turma. Relator Min. Herman Benjamin. Julgamento em 06.08.2009. DJ de 27.04.2011; STJ. REsp 963499/PR. Segunda Turma. Relator Min. Herman Benjamin. Julgamento em 19.03.2009. DJ de 14.12.2009; STJ. REsp 765872/SP. Segunda Turma. Relatora Min. Eliana Calmon. Relator para Acórdão Min. Herman Benjamin. Julgamento em 04.10.2007. DJ de 11.11.2009; STJ. REsp 1130985/PR. Segunda Turma. Relator Min. Humberto Martins. Julgamento em 17.12.2009. DJ de 19.02.2010; STJ. RMS 27566/CE. Quinta Turma. Relator Min. Jorge Mussi. Relatora para Acórdão Min. Laurita Vaz. Julgamento em 17.11.2009. DJ de 22.02.2010; STJ. REsp 817061/RJ. Quinta Turma. Relator Min. Arnaldo Esteves Lima. Julgamento em 29.05.2008. DJ de 04.08.2008; STJ. AgRg no REsp 55647/RJ. Sexta Turma. Relator Min. Luiz Vicente Cernicchiaro. Julgamento em 14.11.1994. DJ de 19.12.1994; STJ. REsp 1166432/PE. Segunda Turma. Relator Min. Herman Benjamin. Julgamento em 15.03.2011. DJ de 04.05.2011; STJ. REsp 573806/SP. Segunda Turma. Relator Min. Herman Benjamin. Julgamento em 17.12.2009. DJ de 02.05.2011; STJ. REsp 1057539/RS. Segunda Turma. Relator

2. COMENTÁRIO AO ARTIGO 2º, INCISO II: O PRINCÍPIO DA "BOA-FÉ DO PARTICULAR...

atuando a boa-fé como norma de conduta[32]. Nessa hipótese, está-se em face de uma das funções do princípio da boa-fé objetiva, qual seja, a sua atuação como *standard* a balizar o comportamento devido quando do exercício jurídico[33]. A peculiaridade está na sobreposição entre os princípios da boa-fé, da confiança e da segurança jurídica, a qual nem sempre é bem deslindada em doutrina e jurisprudência[34].

Min. Mauro Campbell Marques. Julgamento em 01.09.2009. DJ de 16.09.2009. Aludindo expressamente ao "dever de coerência", o STJ. REsp 945055/DF. Segunda Turma. Relator Min. Herman Benjamin. Julgamento em 02.06.2009. DJ de 20.08.2009. E.g: STJ. REsp 47015/SP. Segunda Turma. Relator Min. Adhemar Maciel. Julgamento em 16.10.1997. DJ de 09.12.1997; STJ. REsp 972890/DF. Primeira Turma. Relator Min. Luiz Fux. Julgamento em 16.06.2009. DJ de 17.08.2009; STJ. REsp 886169/RS. Quinta Turma. Relator Min. Arnaldo Esteves Lima. Julgamento em 27.03.2008. DJ de 28.04.2008; STJ. REsp 1157722/RS. Segunda Turma. Relator Min. Castro Meira. Julgamento em 05.08.2010. DJ de 10.09.2010; STJ. REsp 1155273/RJ. Segunda Turma. Relator Min. Mauro Campbell Marques. Julgamento em 28.09.2010. DJ de 15.10.2010; STJ. REsp 859722/RS. Segunda Turma. Relator Min. Mauro Campbell Marques. Julgamento em 05.11.2009. DJ de 17.11.2009.

[32] COUTO E SILVA, Almiro do. Responsabilidade do Estado por Problemas Jurídicos Decorrentes do Planejamento. *Revista de Direito Público*, vol. 65, 1982, p. 29; GIACOMUZZI, José Guilherme. *A Moralidade Administrativa e a Boa-Fé da Administração Pública*. O conteúdo dogmático da moralidade administrativa. São Paulo: Malheiros, 2002; MARTINS-COSTA, Judith. Almiro do Couto e Silva e a Re-Significação do Princípio da Segurança Jurídica. In: ÁVILA, Humberto Bergmann (Org.). *Fundamentos do Estado de Direito* – Estudos em Homenagem ao Professor Almiro do Couto e Silva. São Paulo: Malheiros, 2005, pp. 120-148. E ainda: MAFFINI, Rafael. *Princípio da Proteção Substancial da Confiança no Direito Administrativo Brasileiro*. Porto Alegre: Verbo Jurídico, 2006; STJ. RMS 6183/MG. Quarta Turma. Relator Min. Ruy Rosado de Aguiar. Julgamento em 14.11.1995. DJ de 18.12.1995.

[33] Examinou-se essa função em MARTINS-COSTA, Judith. *A Boa-Fé no Direito Privado*: Critérios para a sua aplicação. 2ª ed. São Paulo: Saraiva, 2018, p. 282.

[34] Tratando das sobreposições: COUTO E SILVA, Almiro do. O princípio da segurança jurídica (proteção à confiança) no direito público brasileiro e o direito da Administração Pública de anular os seus próprios atos administrativos: o prazo decadencial do art. 54 da lei do processo administrativo da União (lei nº 9.784/99). *Cadernos de Direito Público*, nº 57, dezembro/2003, p. 42 e ss. Aponta o autor aos temas que, no Direito brasileiro e comparado, convocam ora o princípio da confiança, ora o da boa-fé, ora o da segurança jurídica, a saber: a manutenção no mundo jurídico de atos administrativos inválidos por ilegais ou inconstitucionais (p. ex. licenças, autorizações, subvenções, atos pertinentes a servidores públicos, tais como vencimentos e proventos, ou de seus dependentes, p.ex. pensões, etc.); a responsabilidade do Estado pelas promessas firmes feitas por seus agentes, notadamente em atos relacionados com o planejamento econômico; a responsabilidade pré-negocial do Estado; o dever do Estado de estabelecer regras transitórias em razão de bruscas mudanças introduzidas no regime jurídico (p. ex. da ordem econômica, do exercício de profissões, dos servidores

O exame dos casos em que a boa-fé é invocada para proteger o particular em face da ação estatal revela a interação entre confiança e crença/ confiança e fé, aparecendo a confiança como "elemento constante" ora da proteção da boa--fé, ora como uma de suas "concretizações" ou "manifestações particulares"[35]. Há, igualmente, interação (e, por vezes, sobreposição) entre os princípios da boa-fé e da segurança jurídica.

Outra manifestação da boa-fé como "crença legítima" – à qual acresce o elemento "ausência de má-fé" – apresenta-se no processo administrativo federal. Trata-se da boa-fé subjetiva (estado de fato), e não de norma de conduta. A boa-fé é pressuposta no art. 54, *caput*, da Lei. n. 9.784/99[36] ao prever a decadência do direito da Administração Pública a anular os seus próprios atos, ainda que inválidos, se o particular estava de boa-fé. A boa-fé subjetiva do particular vem pressuposta pela consequência resultante de seu antônimo, a má-fé, pois não opera a decadência se o particular estiver de boa-fé ("salvo comprovada má-fé"). Como explica Almiro do Couto e Silva, a boa-fé, "a que alude o preceito, quer significar que o destinatário não tenha contribuído, com sua conduta, para a prática do ato administrativo ilegal. (...). Seria incoerente proteger a confiança de alguém que, intencionalmente, mediante dolo, coação ou suborno, ou mesmo por haver fornecido dados importantes falsos, inexatos ou incompletos, determinou ou influiu na edição de ato administrativo em seu

públicos). Na jurisprudência do STF, vide o paradigmático voto do Min. Gilmar Mendes em 27 de maio de 2003, a 2ª Turma do Supremo Tribunal Federal, resolvendo questão de ordem na Medida Cautelar nº 2.900-3/RS. Comentou-se este aresto, apoiado na doutrina de Almiro do Couto e Silva, em: MARTINS-COSTA, Judith. *A Boa-Fé no Direito Privado*: Critérios para a sua aplicação. 2ª ed. São Paulo: Saraiva, 2018, p. 335. Comentando a mesma decisão: ÁVILA, Humberto. *Segurança Jurídica*. Entre permanência, mudança e realização no Direito Tributário. São Paulo: Malheiros, 2011, p. 394-397. Vide, ainda: STF. MS 24268/MG. Tribunal Pleno. Relator Min. Ellen Gracie. Julgamento em 05.02.2004. DJ de 17.09.2004 e STF. MS 22357/DF. Tribunal Pleno. Relator Min. Gilmar Mendes. Julgamento em 27.05.2004. DJ de 05.11.2004.
[35] COUTO E SILVA, Almiro. O princípio da segurança jurídica (proteção à confiança) no direito público brasileiro e o direito da Administração Pública de anular os seus próprios atos administrativos: o prazo decadencial do art. 54 da lei do processo administrativo da União (lei nº 9.784/99). *Cadernos de Direito Público*, nº 57, dezembro/2003, p. 38.
[36] *In verbis*: "O direito da Administração de anular os atos administrativos de que decorram efeitos favoráveis para os destinatários decai em cinco anos, contados da data em que foram praticados, salvo comprovada má-fé".

2. COMENTÁRIO AO ARTIGO 2º, INCISO II: O PRINCÍPIO DA "BOA-FÉ DO PARTICULAR...

próprio benefício"[37], como já rezava a regra das Ordenações Filipinas acima mencionada ("bom não se presume quem mal procede").

A referência, na citada regra legal, à "ausência de má-fé" induz a considerar que se trata da boa-fé subjetiva, e não da boa-fé objetiva, porque tem como pressuposto um estado subjetivado: a conduta de quem, não tendo agido incorretamente, confiou na regularidade do ato ou da decisão administrativa. Mas ao estado subjetivado acresce o elemento objetivo: o ato ou a decisão administrativa carecem estarem revestidos de aparência de legalidade e legitimidade, sob pena de não se configurar a *crença legítima* do administrado.

A mesma Lei 9.784/99 versa a boa-fé como padrão ou *standard jurídico* no art. 2º, inc. IV, segundo o qual, nos processos administrativos, a Administração deverá observar "atuação segundo padrões éticos de probidade, decoro e boa-fé". Trata-se do comportamento devido pela Administração Pública quando do exercício de situações jurídico-processuais.

Um padrão, arquétipo ou *standard* jurídico pode ser visto como uma espécie normativa que prefigura, muito abstratamente, um comportamento a ser observado como ideal. Tal qual ocorre em outros *standards* jurídicos – *v.g.*, o bom pai de família; a pessoa razoável; o administrador diligente e probo e similares –, sua definição e conteúdo, não sendo pré-estabelecidos pela lei, são deixados à concretização pelo intérprete segundo elementos de concreção, tais como o que normalmente acontece em situações equiparáveis àquela em que deva se aplicar o *standard*.

No art. 2º, inc. IV da Lei 9.784/99, porém, o *standard* é dirigido à Administração Pública, é dizer: impõe-se à Administração o dever de atuar conformemente ao padrão retirável de uma conduta segundo a boa-fé. Diferentemente, no inc. II do art. 2º da LLE, supõe-se (como pressuposição *prima facie* ou como presunção) que o particular atue "de boa-fé". Não se trata, portanto, de um *standard* o qual, quer a Administração, quer o particular, devam concretizar. O enunciado tem um sentido voltado à feição subjetiva da boa-fé ("boa-fé crença") do particular, estando mais próximo da previsão do art. 54 da Lei 9.784/99 do que a do seu art. 2º. Porém, ao contrário da regra do art. 54,

---

[37] COUTO E SILVA, Almiro. O princípio da segurança jurídica (proteção à confiança) no direito público brasileiro e o direito da Administração Pública de anular os seus próprios atos administrativos: o prazo decadencial do art. 54 da lei do processo administrativo da União (lei nº 9.784/99). *Cadernos de Direito Público*, nº 57, dezembro/2003, pp. 68-69.

dirigida a uma situação específica, o enunciado do art. 2º, inc. II, tem portada geral, como se tratasse de um verdadeiro princípio normativo, o que está mais próximo de uma presunção.

Essa observação evidencia que o problema do enunciado em comento não está no seu significado, mas na sua qualificação jurídica. Examine-se essa problemática.

2. Comparação Jurídica

Para o tema deste Comentário, não se entendeu pertinente a comparação com outros ordenamentos nem a avaliação de o legislador ter feito (ou não) a apropriada transplantação e aclimatação do direito estrangeiro.

3. Conteúdo e Função da Norma

A história da tramitação da LLE não deixa dúvidas ao tratamento dado à boa-fé no inciso II: quer nas alterações promovidas na redação do inciso em comento, também a boa-fé do art. 2º, inc. II (e não apenas a do art. 3º, inc. V), vinha tratada como *presunção*.

Na Exposição de Motivos, vinha estampado: "*Presume-se* a boa-fé nos atos praticados no exercício da atividade econômica". Também neste sentido prevê o texto encaminhado pelo Poder Executivo ao contemplar a "*presunção* de boa-fé do particular". Já o Projeto de Lei de Conversão nº 17/2019 retrata a "boa-fé do particular perante o Poder Público *até prova do contrário*".

Se qualificada como presunção, estar-se-ia meramente a repetir o enunciado do art. 3º, inc. V[38], ao estatuir uma presunção[39] geral de boa-fé subjetiva,

---

[38] Vide, nesta obra, comentário do Prof. Osny da Silva Filho. Ainda: MARTINS-COSTA, Judith. Art. 3º, V: Presunção da Boa-fé. In: MARQUES NETO, Floriano Peixoto; RODRIGUES JR., Otavio Luiz; LEONARDO, Rodrigo Xavier (Coords.). *Comentários à Lei da Liberdade Econômica* (Lei 13.874/2019). São Paulo: Revista dos Tribunais, 2020; MARTINS-COSTA, Judith. De princípios, regras, ficções e presunções. (e de algumas desastrosas confusões). In: MITIDIERO, Daniel; ADAMY, Pedro (Coords.). *Direito, Razão e Argumento. Liber Amicorum Professor Humberto Ávila*. São Paulo: Malheiros, 2021, p. 360.

segundo a qual o particular goza "de presunção de boa-fé nos atos praticados no exercício da atividade econômica [...]".

Seria, então, o inciso II apenas a reiteração da presunção contida neste outro enunciado? Aí estaria uma presunção (embora apodada de "princípio") a ser atuada não em caráter geral, no exercício de qualquer atividade econômica, como no art. 3º, inc. V, mas, especificamente, na relação entre os particulares com a Administração Pública?

Visto o processo legislativo, a resposta parece apontar no sentido de o legislador ter cogitado de estatuir uma presunção atinente à relação do particular com o Poder Público. Se assim for, lido o enunciado à *contrario sensu*, o que a Lei está a dizer é que a má-fé (do particular) não se presume[40], o que implicaria reiterar a presunção do art. 3º, inc. V, informando-a, ademais, em enunciado geral (embora menos geral do que o art. 3º, inc. V), o que vai contra a técnica de redação das presunções de boa-fé[41] e mesmo contra o bom senso: se perquirida a *função* dessa presunção etiquetada como princípio, poder-se-ia cogitar que, ao referir "a boa-fé do particular perante o poder público", estaria a lei a supor que o particular *agiria de boa-fé* quando se relaciona com o Poder Público, e este seu estado (o estar de boa-fé) "nortearia" a aplicação da inteira Lei da Liberdade Econômica[42].

---

[39] Presunção é a técnica jurídica por meio da qual, a partir da existência de um fato, induz-se, por um raciocínio lógico, a existência de outro fato. O raciocínio é feito *in abstracto*. Sobre o tema, vide MARTINS-COSTA, Judith. Art. 3º, V: Presunção da Boa-fé. In: MARQUES NETO, Floriano Peixoto; RODRIGUES JR., Otavio Luiz; LEONARDO, Rodrigo Xavier (Coords.). *Comentários à Lei da Liberdade Econômica* (Lei 13.874/2019). São Paulo: Revista dos Tribunais, 2020; PARGENDLER, Mariana. Alcance e Limites da "Presunção de Boa-Fé": custos probatórios e normas profiláticas no Direito Privado. In: BENETTI, Giovana *et al* (Orgs.). *Direito, Cultura, Método:* Leituras da Obra de Judith Martins-Costa. São Paulo: GZ, 2019, p. 259-278.

[40] Como destacado por Mariana Pargendler, há situações em que o legislador presume a má-fé ou a boa-fé, mas o faz "de forma, casuística", circunscritas a hipóteses específicas. (PARGENDLER, Mariana. Alcance e Limites da "Presunção de Boa-Fé": custos probatórios e normas profiláticas no Direito Privado. In: BENETTI, Giovana *et al* (Orgs.). *Direito, Cultura, Método:* Leituras da Obra de Judith Martins-Costa. São Paulo: GZ, 2019, p. 270).

[41] Vide: PARGENDLER, Mariana. Alcance e Limites da "Presunção de Boa-Fé": custos probatórios e normas profiláticas no Direito Privado. In: BENETTI, Giovana *et al* (Orgs.). *Direito, Cultura, Método:* Leituras da Obra de Judith Martins-Costa. São Paulo: GZ, 2019, p. 270).

[42] Se a atuação "de boa-fé" do particular servisse de norte à aplicação da Lei de Liberdade Econômica, encontraria óbice no art. 3º, § 7º, pois, como destacado por Gilberto Bercovici, há contradição entre a "insistência" da lei "na adoção do princípio da boa-fé do particular

Diz-se haver uma presunção etiquetada como princípio porque, durante a tramitação legislativa, o Projeto de Lei de Conversão nº 21/2019 trouxe a redação final do dispositivo, correspondente à versão atual substituindo o termo "presunção" por "princípio", como se fossem o mesmo, o que constitui equívoco teórico com repercussões práticas. Embora a denominação aposta ("princípios"), um exame metodologicamente orientado afasta, *prima facie*, essa qualificação.

Conquanto a qualificação de um enunciado como princípio ou como regra, ou, ainda, como postulado, não esteja aprisionada *a priori* no enunciado normativo, mas dependa da *reconstrução* feita pelo intérprete[43], certo é haver critérios hermenêuticos que permitem essa qualificação[44]. Princípios são normas deônticas, "imediatamente finalísticas, primariamente prospectivas e com pretensão de complementaridade e de parcialidade, para cuja aplicação se demanda uma avaliação da correlação entre o estado de coisas a ser promovido e os efeitos decorrentes da conduta havida como necessária à sua promoção"[45]. Constituem, assim, *estruturas normativas* – integram o gênero

---

(artigo 2º, II, e artigo 3º, V) e proibir expressamente, no artigo 3º, § 7º, que agentes públicos ou cônjuges, companheiros ou parentes em linha reta ou colateral, por consanguinidade ou afinidade, até o terceiro grau, sejam beneficiários da aprovação tácita por decurso de prazo quando sua solicitação for dirigida a autoridade do órgão ou entidade da Administração Pública em que desenvolva suas atividades funcionais. Ou seja, o particular sempre tem boa-fé, desde que não seja agente público ou parente de agente público que atue naquele órgão. Trata-se de uma visão distorcida e preconceituosa que é totalmente contraditória com o discurso da boa-fé privada" (BERCOVICI, Gilberto. As inconstitucionalidades da "Lei da Liberdade Econômica". In: SALOMÃO, Luís Felipe. CUEVA, Ricardo Villas Boas; e FRAZÃO, Ana. *Lei de Liberdade Econômica e seus impactos no Direito brasileiro*. São Paulo: Revista dos Tribunais, 2020, p. 142).

[43] "(...) o significado de um texto] não é algo incorporado ao conteúdo das palavras, mas algo que depende precisamente de seu uso e interpretação, como comprovam as modificações ade sentidos dos termos no tempo e no espaço e as controvérsias doutrinárias a respeito do sentido mais adequado que se deve atribuir a um texto legal". Todavia, essa constatação "não deve levar à conclusão de que não há significado algum antes do término desse processo de interpretação". Há significados que preexistem, há estruturas de compreensão existentes a priori no processo de cognição. (Assim está em: ÁVILA, Humberto. *Teoria dos Princípios*: da definição à aplicação dos princípios jurídicos. 19ª ed. São Paulo: Malheiros, 2019, pp. 51-52).

[44] Remetemos aos critérios propostos por ÁVILA, Humberto. *Teoria dos Princípios*: da definição à aplicação dos princípios jurídicos. 19ª ed. São Paulo: Malheiros, 2019, p. 51-55.

[45] ÁVILA, Humberto. *Teoria dos Princípios*: da definição à aplicação dos princípios jurídicos. 19ª ed. São Paulo: Malheiros, 2019, p. 104.

norma jurídica –, sendo dotados de seus atributos: incidência, caráter deôntico (prescritividade) e vinculatividade aos seus destinatários. Seu caráter deôntico está na indicação de um modo de comportamento que *deve ser*, como é, *v.g.*, claramente perceptível quando se trata da boa-fé objetiva, como no art. 422 do Código Civil. Nesse caso, o seu destinatário deve concretizar o "estado ideal de coisas" visado pelo princípio[46] a fim de que o tráfego negocial se desenvolva corretamente, assegurando-se – como já estava em centenários brocardos – ser a boa-fé "indispensável ao comércio", sendo "tão necessária que, sem ela, não pode subsistir qualquer sociedade"[47].

Se o enunciado em comento fosse realmente um princípio jurídico, restariam em aberto várias questões, por exemplo: qual o "estado ideal de coisas" que se quer ver promovido? Que deveres são gerados pelo princípio? Quais são as condutas devidas? Porém, essas perguntas não são sequer cogitáveis em face de um enunciado que não tem caráter deôntico, que aponta a um *estado de fato*, como o indicado pela expressão boa-fé subjetiva, no qual a pesquisa sobre subjetividade ou é realizada no plano do mero conhecimento ou é apanhada por uma presunção: o sujeito está de boa-fé apenas porque não tem conhecimento de lesar os direitos alheios, ou por acreditar que titula, ele mesmo, o direito em causa, ou por confiar na credibilidade de determinada situação que lhe é apresentada.

De fato, não há comando de dever-ser retirável do inciso II do art. 2º ao enunciar como *princípio* "a boa-fé do particular perante o poder público". A Lei não está a determinar diretamente nem que o particular, nas suas relações com a Administração Pública, aja segundo a boa-fé – ou seja, com correção e lealdade – nem o inverso, *i.e.*, que o Poder Público, na sua relação com o particular, atue de acordo com a boa-fé. Não está, igualmente, a prescrever nenhum comportamento, quer à Administração, quer ao particular.

---

[46] ÁVILA, Humberto. *Teoria dos Princípios*: da definição à aplicação dos princípios jurídicos. 19ª ed. São Paulo: Malheiros, 2019, p. 104; MARTINS-COSTA, Judith. De princípios, regras, ficções e presunções. (e de algumas desastrosas confusões). In: MITIDIERO, Daniel; ADAMY, Pedro (Coords.). *Direito, Razão e Argumento*. Liber Amicorum Professor Humberto Ávila. São Paulo: Malheiros, 2021, p. 356.

[47] "Bôa-Fé é indispensável no Commercio"(Alv. De 29 de Julho de 1758; e Alv. 30 de Maio de 1759); "Boa-Fé é tão necessária, que sem ella não pode subsistir qualquer Sociedade". (Lei de 16 de Novembro de 1771). Brocardos reunidos por TEIXEIRA DE FREITAS, Augusto. *Regras de Direito*. Rio de Janeiro, Garnier, 1882, p. 274.

Só se poderia empregar o termo "princípio" em sentido latíssimo e atécnico, como espécie não propriamente normativa. Assim, *e.g.*, como "causa geradora", "fundamento", "razão de ser" (de uma regra ou instituto), "finalidade", "premissa", "axioma", "verdade ética inquestionável", "recomendação" ou "conselho ao intérprete", "característica" ou similares[48].

Esmiuçado o significado da expressão boa-fé constante do enunciado, examinada criticamente a sua qualificação como princípio e como presunção, conclui-se não haver função a lhe ser conotada: trata-se de um texto "sem sentido", como já registrado por comentarista da LLE[49], configurando-se como outros enunciados da LLE – um *nonsense* jurídico ou "palavra encantada", porque destituída de função[50]. E, como se pensa ter acima demonstrado, a função do princípio da boa-fé, quando relacionado à relação entre Poder Público e particulares, é a de *atribuir ao Poder Público o dever de agir segundo a boa-fé* (objetiva) e, assim, corresponder ao *poder confiar* (gerado pela sua posição de supremacia e pela presunção de legalidade e legitimidade dos atos

---

[48] Não se pode concordar, assim, com Caio Loureiro de Souza ao afirmar que o inciso II do art. 2º contemplaria um princípio para "reiterar pressupostos mínimos de garantia dos particulares na sua relação com o Estado" e se prestaria, juntamente com o inciso IV do mesmo artigo, a "tornar a relação entre o Estado e os particulares mais equânime, mitigando as potestades estatais" (LOUREIRO, Caio de Souza. Princípios na Lei de Liberdade Econômica. In: *Comentários à Lei de Liberdade Econômica*. In: MARQUES NETO, Floriano Peixoto; RODRIGUES JR., Otavio Luiz; LEONARDO, Rodrigo Xavier (Coords.). *Comentários à Lei da Liberdade Econômica* (Lei 13.874/2019). São Paulo: Revista dos Tribunais, 2020, p. 92-93).

[49] BERCOVICI, Gilberto. As inconstitucionalidades da "Lei da Liberdade Econômica". In: SALOMÃO, Luis Felipe. CUEVA, Ricardo Villas Boas; e FRAZÃO, Ana. *Lei de Liberdade Econômica e seus impactos no Direito brasileiro*. São Paulo: Revista dos Tribunais, 2020, p. 135. Registramos, todavia que, embora concordemos com esse autor ao afirmar o "sem sentido" do enunciado, o fazemos por distintas razões. No nosso modo de ver, a modalidade de boa-fé inscrita no art. 422 do Código Civil, dizendo respeito às relações obrigacionais de fonte contratual, não é invocável para os fins de aplicar-se o art. 2º, inc. II da LLE; também não pensamos que a boa-fé sempre seja presumida, havendo vários exemplos na legislação brasileira que apontam em direção contrária, como bem apontou PARGENDLER, Mariana. Alcance e Limites da "Presunção de Boa-Fé": custos probatórios e normas profiláticas no Direito Privado. In: BENETTI, Giovana *et al* (Orgs.). *Direito, Cultura, Método*: Leituras da Obra de Judith Martins-Costa. São Paulo: GZ, 2019.

[50] COHEN, Felix. S. *El método funcional en el derecho*. Tradução espanhola de Genaro Carriò. Buenos Aires: Abeledo-Perrot, 1961, p. 54. (No original: Transcendental Nonsense and the functional approach. *Columbia Law Review*, v. XXXV, n. 6, 1935). Disponível em: http://moglen.law.columbia.edu/LCS/cohen-transcendental.pdf

que edita) investido pelos cidadãos. Nesses casos, confia-se porque há um justificado *poder confiar* ou, como sintetizado por Paul Kirchof, "O cidadão ganha confiança no Direito que lhe é confiado"[51].

A LLE, infelizmente, confunde significados e posições jurídicas: ao atribuir ao particular um "estado de boa-fé" perdeu a oportunidade de determinar ao Poder Público uma "ação segundo a boa-fé".

4. Conexões Intrassistemáticas

Art. 3, inc. V.

5. Conexões Intersistemáticas

Consideradas, exemplificativamente, as conexões intersistemáticas no Direito Privado, tem-se: os artigos 309, 523, 686 e 1.201 do Código Civil.
Vide, ainda, a Lei 9.784/99, art. 2º; IV, art. 54.

6. Jurisprudência

Decisões do STF e do STJ tratam da proteção da boa-fé (crença) do particular, na medida em que existe uma interação entre confiança e crença / confiança e fé, aparecendo a confiança como "elemento constante" ora da proteção da boa-fé, ora como uma de suas "concretizações" ou "manifestações particulares. Exemplificativamente: STF: Questão Ordinária em Petição n. 2900-3/RS. Segunda Turma. Relator Min. Gilmar Mendes. Julgamento em 27.05.2003. DJ de 01.08.2003 (ora referindo a boa-fé, ora o princípio da segurança jurídica); STJ. REsp 944325/RS. Segunda Turma. Relator Min. Humberto Martins. Julgamento em 04.11.2008. DJ de 21.11.2008 (com as antes apontadas indistinções entre boa-fé, confiança e segurança jurídica). No mesmo sentido, *v.g*:

---

[51] A frase está citada em ÁVILA, Humberto. *Teoria da Segurança Jurídica*. 5ª ed. São Paulo: Malheiros, 2021, p. 345, fazendo referência a KIRCHHOF, Paul. *Rückwirkung von Steuergesetzen*, StuW, 2000, p. 22.

STJ. RMS 27566/CE. Quinta Turma. Relator Min. Jorge Mussi. Relatora para Acórdão Min. Laurita Vaz. Julgamento em 17.11.2009. DJ de 22.02.2010.

Referências

ARAÚJO, Francisco Rossal de. *A Boa-Fé no Contrato de Emprego*. São Paulo: LTR, 1996.
ÁVILA, Humberto. *Segurança Jurídica*. Entre permanência, mudança e realização no Direito Tributário. São Paulo: Malheiros, 2011.
_____. *Teoria da Segurança Jurídica*. 5ª ed. São Paulo: Malheiros, 2021.
_____. *Teoria dos Princípios*: Da definição à aplicação dos princípios jurídicos. 19ª ed. São Paulo: Malheiros, 2019.
_____. *Teoria dos Princípios*: da definição à aplicação dos princípios jurídicos. 19ª ed. São Paulo: Malheiros, 2019.
BERCOVICI, Gilberto. As inconstitucionalidades da "Lei da Liberdade Econômica". In: SALOMÃO, Luis Felipe. CUEVA, Ricardo Villas Boas; e FRAZÃO, Ana. *Lei de Liberdade Econômica e seus impactos no Direito brasileiro*. São Paulo: Revista dos Tribunais, 2020.
CALMES, Sylvia. Du *Principe de la Protection de la Confiance Légitime en Droits Allemand, Communautaire et Français*. Paris, Dalloz, 2001.
CARDILLI, Riccardo. *Bona Fides tra Storia e Sistema*. Turim: Chiapielli, 2004.
COHEN, Felix. S. *El método funcional en el derecho*. Tradução espanhola de Genaro Carriò. Buenos Aires: Abeledo-Perrot, 1961, p. 54. (No original: Transcendental Nonsense and the functional approach. *Columbia Law Review*, v. XXXV, n. 6, 1935). Disponível em: http://moglen.law.columbia.edu/LCS/cohen-transcendental.pdf.
CORDOBA, Marcos; GARRIDO, Lidia e KLUGER, Viviana. *Tratado de la buena fe em el Derecho* (2 vol). Buenos Aires: La Ley, 2005.
COUTO E SILVA, Almiro do. O princípio da segurança jurídica (proteção à confiança) no direito público brasileiro e o direito da Administração Pública de anular os seus próprios atos administrativos: o prazo decadencial do art. 54 da lei do processo administrativo da União (lei nº 9.784/99). *Cadernos de Direito Público*, nº 57, dezembro/2003.
COUTO E SILVA. Clóvis V. do. *Estudos de Direito Civil Brasileiro e Português*. São Paulo: Revista dos Tribunais, 1980.
DIDIER, Fredie Jr. Princípio da Boa Fé Processual no Direito Processual Civil Brasileiro e seu Fundamento Constitucional. *Revista do Ministério Público do Rio de Janeiro* n. 70, out./dez. 2018.
GAROFALO, Luigi. (org). *Il ruolo dela buona fede oggetiva nell'esperienza giuridica storica e contemporanea*. (4 vol). Pádua: CEDAM, 2003.
GIACOMUZZI, José Guilherme. *A Moralidade Administrativa e a Boa-Fé da Administração Pública*. O conteúdo dogmático da moralidade administrativa. São Paulo: Malheiros, 2002.

LARENZ, Karl. *Metodologia da Ciência do Direito*. Tradução de José Lamego. 3ª ed. Lisboa: Fundação Calouste Gulbenkian, 1997.
LOUREIRO, Caio de Souza. Princípios na Lei de Liberdade Econômica. In: MARQUES NETO, Floriano Peixoto; RODRIGUES JR., Otavio Luiz; LEONARDO, Rodrigo Xavier (Coords.). *Comentários à Lei da Liberdade Econômica* (Lei 13.874/2019). São Paulo: Revista dos Tribunais, 2020.
MAFFINI, Rafael. *Princípio da Proteção Substancial da Confiança no Direito Administrativo Brasileiro*. Porto Alegre: Verbo Jurídico, 2006.
MARTINS-COSTA, Judith. *A Boa-Fé no Direito Privado*: Critérios para a sua aplicação. 2ª ed. São Paulo: Saraiva, 2018.
_____. Almiro do Couto e Silva e a Re-Significação do Princípio da Segurança Jurídica. In: ÁVILA, Humberto Bergmann (Org.). *Fundamentos do Estado de Direito* – Estudos em Homenagem ao Professor Almiro do Couto e Silva. São Paulo: Malheiros, 2005.
_____. Art. 3º, V: presunção de boa-fé. In: MARQUES NETO, Floriano Peixoto; RODRIGUES JR., Otavio Luiz; LEONARDO, Rodrigo Xavier (Orgs.). *Comentários à Lei da Liberdade Econômica*. São Paulo: Revista dos Tribunais, 2019.
_____. Critérios para aplicação do princípio da boa-fé objetiva (com ênfase nas relações empresariais). In: MARTINS-COSTA, Judith; FRADERA, Véra Jacob de (Orgs.). *Estudos de direito privado e processual civil em homenagem a Clóvis do Couto e Silva*. São Paulo: Revista dos Tribunais, 2014.
_____. De princípios, regras, ficções e presunções. (e de algumas desastrosas confusões). In: MITIDIERO, Daniel; ADAMY, Pedro (Coords.). *Direito, Razão e Argumento*. *Liber Amicorum* Professor Humberto Ávila. São Paulo: Malheiros, 2021.
MENEZES CORDEIRO, António. *Da boa-fé*. 4. reimpressão. Coimbra: Almedina, 2011.
MITIDIERO, Daniel. *Colaboração no processo civil*. Do modelo ao princípio. 4ª ed. São Paulo: Thomson Reuters Brasil, 2019.
MOREIRA ALVES, José Carlos. A Boa-Fé Objetiva no Sistema Contratual Brasileiro. In: *Rivista Roma e America*, n. 7, Modena, Mucchi, 1999.
PARGENDLER, Mariana. Alcance e Limites da "Presunção de Boa-Fé": custos probatórios e normas profiláticas no Direito Privado. In: BENETTI, Giovana *et al* (Orgs.). *Direito, Cultura, Método*: Leituras da Obra de Judith Martins-Costa. São Paulo: GZ, 2019.
PEREZ, Jesus Gonzalez. El principio general de la buena fe em el derecho administrativo. In: CORDOBA, Marcos; GARRIDO, Lidia e KLUGER, Viviana. *Tratado de la buena fe em el Derecho*. Tomo II. Buenos Aires: La Ley, 2005.
RACCA, Gabriella. *La Responsabilitá Precontrattuale dela Pubblica Ammnistrstrazione tra Autonomia e Correttezza*. Nápoles: Jovene, 2000.
REALE, Miguel. *História do Novo Código Civil*. São Paulo: Revista dos Tribunais, 2005.
SILVEIRA, Alípio. *A Boa-Fé no Código Civil*: Doutrina e Jurisprudência. Vol. I. São Paulo: Forense, 1972.
STOLFI, Emanuele. *Bonae Fidei Interpretatio*. Richerche sull'interpretazione di buona fede fra esperienza romana e tradizione romanística. Nápoles: Jovene, 2004.

TEIXEIRA DE FREITAS, Augusto. *Regras de Direito*. Rio de Janeiro, Garnier, 1882,
TEIXEIRA DE FREITAS, A. *Código Civil*: Esbôço. Vol. III. Rio de Janeiro: Ministério da Justiça e Negócios Ínteriores – Serviço de Documentação, 1952.
VILLARREAL, Matha Lucia Neme. La buena fe em el derecho romano. Bogotá: Ed. Universidade Esternado, 2010.

3. COMENTÁRIO AO ARTIGO 2º, INCISO III: O PRINCÍPIO DA "INTERVENÇÃO SUBSIDIÁRIA E EXCEPCIONAL DO ESTADO SOBRE O EXERCÍCIO DE ATIVIDADES ECONÔMICAS"

Judith Martins-Costa
Giovana Benetti

> "Art. 2º. São princípios que norteiam o disposto nesta Lei:
> [...]
> III – a intervenção subsidiária e excepcional do Estado sobre o exercício de atividades econômicas; e
> [...]".

1. História da Norma

O papel do Estado em face do domínio econômico privado e o espaço deferido à sua atuação nas relações econômicas sofrem contínuas transformações bem metaforizadas pela imagem de um pêndulo, ora inclinado para a atuação estatal mais incisiva, ora indicando a sua retração, ampliando-se, em consequência, o espaço do setor privado[1]. O pêndulo não oscila apenas no

---

[1] A metáfora foi empregada por: COUTO E SILVA, Almiro do. Os Indivíduos e o Estado na Realização de Tarefas Públicas. *Revista de Direito Administrativo*, v. 209, Rio de Janeiro, 1997, p. 62. Também é utilizada, em perspectiva de Direito Comparado acerca das espécies de

tempo, mas, igualmente, no espaço geográfico e cultural. Como em outros setores, nesse também peculiaridades da formação histórica e econômica brasileira fazem o pêndulo oscilar do Estado para o privado; deste para o Estado; e novamente, do setor público para o setor privado.

Deixando de lado, por necessidade de síntese, os imprescindíveis dados de ordem histórica[2], fixe-se apenas o período transcorrido desde a Era Vargas até o momento atual. Desde o primeiro governo de Getúlio Vargas (1930-1945), o pêndulo balançou vigorosamente para lado do setor público[3]: sob o signo do "nacional-desenvolvimentismo"[4], o novo modelo de substituição de importações baseou-se em incentivos à indústria nascente[5]; acrescidas a esse modelo, no aspecto social, as diretrizes que passaram a pautar as relações sociais (especialmente entre assalariados e empregadores) geraram o arcabouço institucional do Brasil moderno.

No período da Ditadura militar (1964-1985), o pêndulo fixou-se ainda mais no polo do Estado, desta feita, porém, com base em diverso modelo de

---

regulação da atividade econômica, por: SALOMÃO FILHO, Calixto. *Regulação da Atividade Econômica*. Princípios e Fundamentos Jurídicos. 3ª ed. São Paulo: Quartier Latin, 2021, p. 192.

[2] Mesmo para uma análise que se quer dogmática, parece imprescindível a atenção aos dados históricos não apenas pelo fato de o conhecimento jurídico ser valorativo, e não apenas descritivo, mas, fundamentalmente, porque "origens criam raízes e se perpetuam nos sistemas econômicos", com bem percebe SALOMÃO FILHO, Calixto. *Regulação da Atividade Econômica*. Princípios e Fundamentos Jurídicos. 3ª ed. São Paulo: Quartier Latin, p.225, 2021. Para uma síntese, vide: AGUIAR, Flávio *et al*. *Intérpretes do Brasil*. São Paulo: Martins Fontes, 2014. Dentre as obras fundamentais: PRADO JR, Caio. *História Econômica do Brasil*. São Paulo: Braziliense, 2012; FURTADO, Celso. *Formação Econômica do Brasil*. São Paulo: Companhia Editora Nacional, 2004; PRADO JR, Caio. *Formação do Brasil Contemporâneo*. São Paulo: Brasiliense, 2004; FAUSTO, Boris. *História do Brasil*. São Paulo: EDUSP, 1996; BUARQUE DE HOLLANDA, Sergio. *Raízes do Brasil*. 26ª ed. São Paulo. Companhia das Letras, 2004.

[3] Por exemplo, com o estabelecimento da política pública pela qual os grandes empreendimentos, de interesse estratégico para o desenvolvimento nacional, deveriam ficar retidos em mãos estatais. Criaram-se, entre outras, a Companhia Siderúrgica Nacional, a Companhia Vale do Rio Doce e, no segundo Governo Vargas, a Petrobras e o banco antecessor do atual BNDES. (vide https://cpdoc.fgv.br/producao/dossies/AEraVargas1/anos37-45/EstadoEconomia/CVRD; https://cpdoc.fgv.br/producao/dossies/AEraVargas2/artigos/EleVoltou/Petrobras. Acesso em 01.09.2021).

[4] Vide: A Era Vargas: dos anos 20 a 1945. FGV. CPDOC. https://cpdoc.fgv.br/producao/dossies/AEraVargas1/anos37-45/EstadoEconomia. Acesso em: 01.09.2021.

[5] V.g; FONSECA, Pedro Cezar Dutra. A Revolução de 1930 e a Economia Brasileira. *Revista Economia*. Braslia, v. 13, n. 3 b, p. 843-866. Disponível em http://www.anpec.org.br/revista/vol13/vol3n3bp843_866.pdf. Acesso em: 01.09.2021.

3. COMENTÁRIO AO ARTIGO 2º, INCISO III: O PRINCÍPIO DA "INTERVENÇÃO SUBSIDIÁRIA...

crescimento econômico, privilegiando as exportações, e não o mercado interno[6], embora houvesse, também, uma política de substituição das importações, como, exemplificativamente, no setor de informática. Estatizou-se fortemente a economia brasileira com a criação de entidades estatais ou paraestatais nos mais variados setores econômicos, já não apenas os estratégicos, como na Era Vargas.

Com o pêndulo pendendo para o polo do Estado, a sua atuação direta no domínio econômico justificava-se no *interesse público*, noção traduzida, então, como o interesse do Estado-Nação[7]. Criou-se verdadeiramente um *setor público empresarial*[8]. A atuação do Estado no mercado visava, então, atender interesses estratégicos e objetivos de segurança nacional, de desenvolvimento nacional e de promoção de atividades dotadas de relevância pública[9]. Consequentemente, se tinha por incompatíveis a atuação dos particulares e interesse público, reservando-se aos entes estatais a exploração exclusiva de determinados setores da atividade econômica[10].

---

[6] KLEIN, Herbert S.; LUNA, Francisco Vidal. Transformações econômicas no período militar (1964-1985). In: FILHO, Daniel Aarão Reis; RIDENTI, Marcelo; MOTTA, Rodrigo Patto Sá. *A ditadura que mudou o Brasil*: 50 anos do golpe militar de 1964. Rio de Janeiro: Zahar, 2014.

[7] As diversas noções de interesse público também estão sujeitas às variáveis do tempo e do espaço. Pode se identificar com a soma dos interesses individuais, como no utilitarismo clássico; ou com o interesse estatal, como no hegelianismo; ou com o interesse da coletividade (*populus*, na acepção romana, ou ainda, na mesma acepção, *publicus* como o povo dotado de capacidade política). Vide: SALOMÃO FILHO, Calixto. *Regulação da Atividade Econômica*. Princípios e Fundamentos Jurídicos. 3ª ed. São Paulo: Quartier Latin, 2021, pp. 267-269).

[8] Os entes da Administração Pública distinguem-se conforme estejam direcionados finalisticamente a atuar no domínio econômico, situando-se na esfera do setor público empresarial, ou, então, no setor público administrativo. A dicotomia entre setor público empresarial e setor público administrativo é tratada por OTERO, Paulo. *Vinculação e liberdade de conformação jurídica do setor empresarial do Estado*. Coimbra: Coimbra Editora, 1998, em especial, p. 79 e ss. Na doutrina brasileira, dentre vários estudos surgidos a propósito das privatizações nos anos 90, vide: SUNDFELD, Carlos Ari. *Direito Administrativo Ordenador*. São Paulo: Malheiros, 1993 e MARQUES NETO, Floriano de Azevedo. *Agências reguladoras independentes*. Fundamentos e seu regime jurídico. Belo Horizonte: Fórum, 2005.

[9] MARQUES NETO, Floriano de Azevedo. *Agências reguladoras independentes*. Fundamentos e seu regime jurídico. Belo Horizonte: Fórum, 2005, p. 24-25; GRAU, Eros. *A Ordem Econômica na Constituição de 1988*. 11ª ed. São Paulo: Malheiros, 2006, p. 127.

[10] MARQUES NETO, Floriano de Azevedo. *Agências reguladoras independentes*. Fundamentos e seu regime jurídico. Belo Horizonte: Fórum, 2005, p. 34.

A reação veio com o fim do ciclo militar e com o novo marco político traduzido na Constituição Federal de 1988, cujos artigos 170, 173 e 174 demarcam o núcleo do sistema de controles sobre a atividade econômica, pois reservam ao Estado a função precípua de agente *organizador* das relações sociais econômicas. Tendo se mostrado insuficientes tanto a *ingerência direta* na atividade econômica (dita "intervenção", admitida pela Constituição Federal apenas em caráter excepcional, *ex vi* art. 173[11]) quanto o Estado constrito à vigilância do mercado por meio, meramente, do exercício do poder de polícia, desenhou-se, no plano constitucional, o Estado regulador, isto é: o detentor da competência para o exercício da garantia institucional da correção e do equilíbrio do processo de interação econômica, para tanto, atuando, ativamente, para assegurar as condições básicas de concorrência e informação sobre o mercado[12] com vistas a concretizar, na maior medida possível, os objetivos traçados no art. 3º do texto constitucional.

No governo José Sarney (1985-1990), deflagrou-se o processo de privatizações de atividades econômicas até então afetas à Administração Pública. Ainda tímidas no primeiro governo pós redemocratização, as privatizações acentuaram-se no subsequente governo de Fernando Collor (1990-1992). O pêndulo inclinava-se para o setor privado, privatizando-se grandes companhias estatais e abrindo-se a porta às importações[13].

Os governos Itamar Franco (1992-1995) e Fernando Henrique Cardoso (1995-2002) mantiveram e acresceram o movimento do pêndulo, especialmente o segundo, com a implementação do Conselho Nacional de Desestatização (Lei n. 9.491, de 1997)[14]. O pêndulo balançou em direção ao setor público no governo de Lula da Silva (2002-2010) – neste com menor intensidade e, com

---

[11] Constituição Federal, art. Art. 173. Ressalvados os casos previstos nesta Constituição, a exploração direta de atividade econômica pelo Estado só será permitida quando necessária aos imperativos da segurança nacional ou a relevante interesse coletivo, conforme definidos em lei.

[12] Sobre o papel do Estado como regulador vide, por todos: SALOMÃO FILHO, Calixto. *Regulação da Atividade Econômica*. Princípios e Fundamentos Jurídicos. 3ª ed. São Paulo: Quartier Latin, 2021.

[13] Vide, exemplificativamente, a Lei n. 8.031. de 1990, que instaurou o PND – Programa Nacional de Desestatização

[14] Essa Lei define o objetivo de a União Federal de alienar "direitos que lhe assegurem, diretamente ou através de outras controladas, preponderância nas deliberações sociais e o poder de eleger a maioria dos administradores da sociedade", transferir "para a iniciativa privada, da execução de serviços públicos explorados pela União, diretamente ou através de

maior vigor, no governo de Dilma Rousseff (2010-2016). Comprovam-no, por exemplo, as iniciativas no âmbito do PAC (energia e infraestrutura, principalmente); a substituição dos investimentos em infraestrutura por políticas de redução de impostos e desvalorização do Real para estimular exportações, já no governo Dilma e, a certa altura, direta gestão de preços, exemplificada com o dos combustíveis e o da energia elétrica. Porém, em direção oposta, verificou-se a concessão, à iniciativa privada, da exploração de rodovias federais; de grandes obras de infraestrutura, como as hidroelétricas de Santo Antônio e do Jirau.

Já no Governo Bolsonaro, o pêndulo ainda está fortemente fixado no polo do setor privado, dando testemunho não apenas as privatizações realizadas quanto leis, como a ora comentada, que visam, declaradamente, o "empoderamento (sic)" do particular em face do Estado[15].

As transformações havidas na direção do pêndulo desde os anos 1990 são mais complexas, todavia, do que o mero movimento pendular estaria a indicar. Em primeiro lugar, porque são muitas as espécies de *atuação estatal* na ordem econômica, algumas delas (não todas!) importando em intervenção, palavra reservada, na Constituição Federal, à atuação direta do Estado na ordem econômica privada, isto é, no mercado. A variedade pode se verificar conforme a sua fonte (tem-se a Administração Pública intervencionista, que pode retirar matérias da área de atuação privada; ou o Poder Legislativo intervencionista, a promulgar leis "dirigistas", e não apenas orientadoras da atividade econômica; e o Poder Judiciário intervencionista, ao pretender, fora dos limites da interpretação e da aplicação do Direito, gerir o conteúdo dos contratos); a variedade pode cambiar conforme a sua espécie, valendo recordar a distinção, proposta por Gérard Farjat[16], entre as diferentes espécies

---

entidades controladas, bem como daqueles de sua responsabilidade"; e transferir ou outorgar os "direitos sobre bens móveis e imóveis da União".

[15] Assim o item n. 8 da Exposição de Motivos da Medida Provisória 881/2019, a qual deu origem à LLE. Disponível em: https://www2.camara.leg.br/legin/fed/medpro/2019/medidaprovisoria-881-30-abril-2019-788037-exposicaodemotivos-157846-pe.html. Último acesso em 01.09.2021 (Constituição Federal, art. 170, II).

[16] FARJAT, Gérad. *L'ordre public économique*. Paris, LGDJ, 1963, em especial pp. 306-309. Muito sinteticamente, a ordem pública econômica é o conjunto de prerrogativas estatais para a organização das relações econômicas, em vista da necessidade de preservação ou desenvolvimento dos mercados sob a condução de decisões políticas. A ordem pública econômica de direção

da ordem pública econômica: a ordem pública econômica de direção, voltada a organizar, em alguma medida, as relações econômicas, e a ordem pública econômica de proteção, que se revela por meio de normas protetivas à parte fraca em contratos assimétricos, hoje se agregando – pela proeminência e pela urgência do tema – a noção de ordem pública ecológica[17].

A retirada do Estado com mais forte atuação no mercado não significou, ao menos até recentemente, a emergência de um Estado absenteísta enucleado numa ideia ingênua da livre iniciativa[18]. Na Reforma Administrativa dos anos 1990, buscou-se traçar uma nova configuração à relação entre poder estatal e domínio econômico: no lugar do intervencionismo direto, assistiu-se à passagem para os particulares de atividades até então submetidas diretamente ao Estado por meio dos entes da Administração Pública Direta e Indireta. Adotou-se um modelo de associação entre Estado e atividade econômica privada, espelhado, por exemplo, na criação de empresas subsidiárias, nas quais a União ou detém o controle ou participa como acionista minoritária, sem prejuízo de outros mecanismos. Observou-se, de fato, a criação de uma multiplicidade de mecanismos de atuação estatal no domínio econômico predispostos em estrutura graduada, abrindo-se as portas, no plano legislativo, à regulação do Estado.

Regulação é termo conotado, fundamentalmente, à função de organização das relações sociais e econômicas. Engloba "toda forma de organização da atividade econômica através do Estado, seja a intervenção através da concessão de serviço público ou o exercício do poder de polícia". O Estado regula a atividade econômica "tanto quando concede ao particular a prestação de serviços públicos e regula a sua atuação – impondo preços, quantidade produzida, etc – como quando edita regras no exercício do poder de polícia

---

tende a estabelecer a organização da economia, enquanto a ordem pública de proteção tem como fim proteger, em certos contratos, a parte economicamente mais fraca.

[17] MORAND-DEVILLER, Jacqueline. Ordre public économique, ordre public écologique. In: *Revista de Direito Econômico e Socioambiental*, vol. 9, n. 1 (2018).

[18] "Longe de significar um ambiente livre de regras, a noção de livre iniciativa – que é também um princípio constitucional – traduz sobretudo a ideia de que o Estado não deve criar, a não ser por meio de lei, exigências ou limites para as relações econômicas. Isso está longe de significar absenteísmo ou "Estado mínimo", contudo". (Assim: COUTINHO, Diogo R. A mão invisível e a faca no pescoço: considerações críticas sobre o 'abuso de poder regulatório na Lei 13.874/2019. In: SALOMÃO, Luis Felipe. CUEVA, Ricardo Villas Boas; e FRAZÃO, Ana. *Lei de Liberdade Econômica e seus impactos no Direito brasileiro*. São Paulo: Revista dos Tribunais, 2020, p. 169).

administrativa"[19]. Relaciona-se, fundamentalmente, com àqueles setores em que a prestação dos serviços não é feita diretamente pelo Estado, por não ser admitida a sua prestação exclusivamente pelos particulares. Nos setores não regulamentáveis, há prestação direta do serviço pelo Estado.

Embora tímida, no país, a reflexão doutrinária acerca da regulação[20], o fato é que, na realidade, o modelo regulatório avançou desde a década de 1990, com o implemento de formas de regulação marcadas pela separação entre o ente regulador e o ente gestor dos serviços prestados[21]. A fórmula da regulação como *due process clause* transparece com clareza em alguns setores, como no de telecomunicações, visando garantir um sistema de concorrência[22]; em outros, foi mantida a exploração de atividades econômicas diretamente pelos entes estatais (setores não regulamentáveis), porque a prestação pelo particular importaria em efeitos distributivos perversos; soma-se a esse modelo a introdução de marcos regulatórios, como no setor de energia elétrica ou de petróleo[23], modificando-se, assim, o modelo de "regras mandamentais" para um modelo formado precipuamente por regras institucionais e procedimentais[24].

---

[19] Assim: SALOMÃO FILHO, Calixto. *Regulação da Atividade Econômica*. Princípios e Fundamentos Jurídicos. 3ª ed. São Paulo: Quartier Latin, 2021, p. 17-19 e 35-36.

[20] Como observa Calixto Salomão, "no sistema brasileiro jamais houve tentativa de formulação de uma teoria geral da regulação", atribuindo a lacuna à dicotomia entre esfera pública e esfera privada, tal qual formulada pela concepção tradicional do Estado. Vide: SALOMÃO FILHO, Calixto. *Regulação da Atividade Econômica*. Princípios e Fundamentos Jurídicos. 3ª ed. São Paulo: Quartier Latin, 2021, p. 17.

[21] Vide MARQUES NETO, Floriano de Azevedo. A nova regulação estatal e os agentes independentes. In: SUNDFELD (org.). *Direito Administrativo Econômico*. 1. ed. São Paulo: Malheiros, 2007, pp. 76-77.

[22] Conforme explicita Calixto Salomão Filho, o fundamento jurídico da regulação estatal, incidente sobre os setores aos quais não está reservada a tutela direta do Estado, "está exatamente na procedimentalização da atividade econômica". Se desenvolve, sob essa ótica, a ideia de uma *due process clause* em matéria econômica para os setores reguláveis, visando "a garantia efetiva da correção e da lealdade da integração dos vários agentes econômicos no mercado e de sua igualdade material em termos concorrenciais". Trata-se de "garantia institucional da correção e equilíbrio do processo de interação econômica", consistindo sua utilidade pública "na efetiva criação de um sistema de concorrência'. (SALOMÃO FILHO, Calixto. *Regulação da Atividade Econômica*. Princípios e Fundamentos Jurídicos. 3ª ed. São Paulo: Quartier Latin, 2021, p. 36-39).

[23] MARQUES NETO, Floriano de Azevedo. *Agências reguladoras independentes*. Fundamentos e seu regime jurídico. Belo Horizonte: Fórum, 2005, p. 30.

[24] SALOMÃO FILHO, Calixto. *Regulação da Atividade Econômica*. Princípios e Fundamentos Jurídicos. 3a ed. São Paulo: Quartier Latin, 2021, p.220.

Vários são os instrumentos que operacionalizam esse modelo no qual ressaltam, todavia, as Agências Reguladoras[25]. Estas são os órgãos criados para o exercício da regulação estatal sobre a atividade econômica dos setores concernentes à prestação de serviços públicos, bem como a fiscalização de sua exploração pelos concessionários, permissionários ou autorizados[26], além das atribuições vinculadas ao campo da atividade econômica em sentido estrito[27]. Há sociedades de economia mista fundadas, como organização societária que são, num modelo de cooperação entre interesses (*nostra res agitur*). Há setores em que a regulamentação visa apenas a corrigir (e não a substituir) a atividade econômica privada, com vistas ao asseguramento da livre concorrência e da informação (ao mercado, aos consumidores, aos utentes). E há, por fim, a hipótese de planejamento econômico impositivo, prevista no art. 174 da Constituição Federal.

Este "modelo brasileiro" de regulação, não-idêntico ao modelo norte-americano (conquanto a similitude da denominação), compreende, portanto, distintas formas de o Estado estar presente na regulação das estruturas econômicas que formam o mercado, bem como de distribuir o poder dentro deles.

Em face dessas distintas formas de regulação da atividade econômica, há, evidentemente, distinções entre os pressupostos, os objetivos e os instrumentos da atividade estatal de regulação (isto é, normatização e fiscalização) da atividade econômica e os que marcam a intervenção estatal direta – esta sendo reservada àqueles setores em que as externalidades negativas atingiriam áreas sensíveis, como a educação, ou a saúde.

---

[25] Floriano de Azevedo Marques Neto elenca os problemas conceituais do termo "agência" e defende a utilização da expressão "Autoridades Reguladoras Independentes" (MARQUES NETO, Floriano de Azevedo. *Agências reguladoras independentes*. Fundamentos e seu regime jurídico. Belo Horizonte: Fórum, 2005, pp. 53-55).

[26] MEDAUAR, Odete. *Direito Administrativo moderno*. 9. ed. São Paulo: Revista dos Tribunais, 2004, p. 83 e ss.; MORAES, Alexandre de. Agências reguladoras. *Revista da Procuradoria Geral do Estado*, n. 55/56, São Paulo, jan./dez. 2001, p. 181; PINHEIRO, Ivan. A condição de autarquia especial das agências reguladoras e das agências executivas e as expectativas sobre a qualidade da sua gestão. *Revista Tributária e de Finanças Públicas*, n. 44, São Paulo, maio/jun. 2002, p. 226; AZEVEDO MARQUES, Floriano, Neto. Aspectos jurídicos do exercício do poder de sanção por órgão regulador do setor de energia elétrica. *Boletim de Direito Administrativo*, n. 12, São Paulo, dez. 2002, p. 946.

[27] Para a distinção entre atividade em sentido amplo e em sentido estrito, vide item 3 abaixo.

3. COMENTÁRIO AO ARTIGO 2º, INCISO III: O PRINCÍPIO DA "INTERVENÇÃO SUBSIDIÁRIA...

No tocante aos pressupostos, a atividade regulatória é marcada pela interação entre a autoridade e os regulados, promovendo-se a cooperação entre os interesses e as necessidades dos regulados[28]. Relativamente aos objetivos, busca-se incentivar e coordenar a atuação dos particulares. Assim, a atuação em prol dos interesses do Estado-Nação desloca-se para a consideração dos interesses da sociedade, aí estando incluídos os interesses dos consumidores e os da concorrência.

Compreendida sob esse prisma, a atividade regulatória demanda a criação de mecanismos aptos a propiciar as novas formas de relacionamento entre os agentes econômicos[29], atendendo, de modo dinâmico, aos novos desafios, como, exemplificativamente, os criados pelos oligopólios na área da tecnologia da informação. É aqui que reside o desafio da atividade regulatória, a qual deve observar a evolução tecnológica e as transformações experimentadas na sociedade e nos setores regulados, sempre amoldada aos comandos constitucionais[30], para além de infletir nas estruturas do modelo econômico (por exemplo, favorecendo ou não a concentração de mercados).

As características desse modelo de regulação estatal ilustram a mudança de perspectiva quanto ao papel desempenhado pelo Estado regulador e fiscalizador no exercício desta atividade: não se trata de um perfil autoritário, mas sim equalizador das relações econômicas e sociais[31]. Neste sentido, o fortalecimento do Estado regulador implica perspectiva diversa daquelas traçadas quer pelo Estado Liberal (a qual incentiva a ausência de controle sobre as relações de mercado), quer pelo Estado Social (centrada em modelos redistributivistas, visando ao atendimento de necessidades coletivas por via

---

[28] MARQUES NETO, Floriano de Azevedo. *Agências reguladoras independentes*. Fundamentos e seu regime jurídico. Belo Horizonte: Fórum, 2005, p. 31.
[29] MARQUES NETO, Floriano de Azevedo. *Agências reguladoras independentes*. Fundamentos e seu regime jurídico. Belo Horizonte: Fórum, 2005, p. 33.
[30] Constituição Federal, art. 177 e art. 21, inciso XXIII. Conforme Eros Grau, tais dispositivos concretizam a ressalva contida no artigo 173 aos "casos previstos nesta constituição" (GRAU, Eros. *A Ordem Econômica na Constituição de 1988*. 11ª. ed. São Paulo: Malheiros, 2006, p. 127).
[31] MARQUES NETO, Floriano de Azevedo. A nova regulamentação dos serviços públicos. *Revista Eletrônica de Direito Administrativo Econômico*, n. 1, fev./mar./abr. 2005, p. 04. Disponível em: http://www.agersa.es.gov.br/arquivos/relatorios/A%20Nova%20Regulamentacao%20 dos%20Servicos%20Publicos.pdf. Acesso em: 01.09.2021.

da atuação estatal), pois privilegia a composição entre os diferentes interesses dos atores no mercado[32].

Em face desses modelos, plasmados sob o traçado nos artigos 170, 173 e 174 da Constituição Federal, a previsão da "intervenção subsidiária e excepcional do Estado sobre o exercício de atividades econômicas" como *princípio norteador*[33] da LLE tem um caráter meramente retórico, mais sonoro do que substancial, característica que, em outras passagens, também marca essa Lei. Há pelos menos trinta anos, como acima se buscou sumarizar, o caminho já é o da regulação a fim de assegurar a livre concorrência (por exemplo, assegurando a efetividade do princípio do livre compartilhamento de bens instrumentalizados a certos serviços, como o de telecomunicações de interesse coletivo[34]) e o da intervenção subsidiária e excepcional do Estado, no sentido de a sua atuação na economia estar direcionada e limitada pelo texto constitucional, ao qual cabe determinar o papel do Estado na ordem econômica. Não se deve, pois, apreender o preceito contido no artigo 2º, inciso III, como a inauguração de uma nova Era acerca do Estado regulador. A este continuam intactos os poderes de normatização e fiscalização que concretizam a expressão "regulação da atividade econômica".

---

[32] MARQUES NETO, Floriano de Azevedo. A nova regulamentação dos serviços públicos. *Revista Eletrônica de Direito Administrativo Econômico*, n. 1, fev./mar./abr. 2005, p. 05. Disponível em: http://www.agersa.es.gov.br/arquivos/relatorios/A%20Nova%20Regulamentacao%20dos%20Servicos%20Publicos.pdf. Acesso em: 01.09.2021.

[33] Conforme Humberto Ávila, "os princípios [...] instituem o *dever* de adotar comportamentos necessários à realização de um determinado estado de coisas" (*Teoria dos princípios*. Da definição à aplicação dos princípios jurídicos. 18. ed. São Paulo: Malheiros, 2018, p. 161).

[34] Os prestadores de serviços de telecomunicações de interesse coletivo são obrigados a permitir que outros prestadores de serviços de telecomunicações de interesse coletivo utilizem seus postes, dutos, condutos, para instalar suas redes, como está no Regulamento Geral de Interconexão, art. 8º, do Regulamento aprovado pela Resolução ANATEL 683, de 17.7. 2018 e no art. 155 da Lei 9.472/97, Lei Geral de Telecomunicações. O mesmo princípio se encontra, *e.g.*, em matéria de fornecimento de petróleo, Lei 9.478/97, art. 58 (vide: SALOMÃO FILHO, Calixto. *Regulação da Atividade Econômica*. Princípios e Fundamentos Jurídicos. 3ª ed. São Paulo: Quartier Latin, 2021, p. 89).

2. Comparação Jurídica

O inciso III versa sobre a atuação regulatória do Estado. A construção do modelo brasileiro do Estado Regulador ocorreu predominantemente pós Constituição Federal de 1988, sendo marcado pela criação de entidades públicas com autonomia para disciplinar setores antes monopolizados por empresas estatais[35]. Esses entes são denominados Agências Reguladoras, por influência dos ordenamentos anglo-saxônicos. A similaridade entre os nomes não significa identidade de substância, nem dos fatores que levaram ao surgimento de Agências no Direito norte-americano e em nosso ordenamento. Do mesmo modo, não se pode simplesmente equiparar o tratamento conferido a essas figuras[36].

Na Inglaterra, entes autônomos foram criados pelo Parlamento a fim de concretizar medidas previstas em lei e resolver controvérsias resultantes desses textos. Por influência inglesa, os Estados Unidos criaram a *Interstate Commerce Comission* e, desde então, proliferaram entes designados como *Agencies* para a regulação de atividades, imposição de deveres e aplicação de sanções[37].

No Direito norte-americano, a primeira Agência foi criada no final do século XIX, em razão da necessidade de intervenção governamental em setor específico da economia, mas a consolidação dessa figura se deu a partir do período do *New Deal*. As Agências eram voltadas à implementação de programas estatais de cunho intervencionista[38]. Já por essa breve contextualização percebe-se ser muito diverso o contexto que levou ao surgimento da nova regulação no Brasil: as Agências Reguladoras foram criadas em período marcado

---

[35] MARQUES NETO, Floriano; KLEIN, Aline Lícia. Funções Administrativas do Estado. In: DI PIETRO, Maria Sylvia Zanella (Coord.). *Tratado de Direito Administrativo*. 2ª ed. São Paulo: Thomson Reuters Brasil, 2019, p. 533.

[36] GOMES, Joaquim Barbosa. Agências Reguladoras: a metamorfose do Estado e da Democracia. In: *Revista de Direito da Associação dos Procuradores do Novo Estado do Rio de Janeiro*, v. XI, 2002, p. 89-123.

[37] MEDAUAR, Odete. *Direito Administrativo Moderno*. 21 ed. São Paulo: Revista dos Tribunais, 2018, p. 66.

[38] GOMES, Joaquim Barbosa. Agências Reguladoras: a metamorfose do Estado e da Democracia. In: *Revista de Direito da Associação dos Procuradores do Novo Estado do Rio de Janeiro*, v. XI, 2002, p. 96 e 110. Vide, ainda: OLIVEIRA, Rafael Carvalho Rezende. O Modelo Norte-Americano de Agências Reguladoras e sua Recepção pelo Direito Brasileiro. In: *Revista da EMERJ*, v. 12, nº 47, 2009, p. 161.

pela redução do intervencionismo com a transferência a atores privados de atividades antes desempenhadas quase exclusivamente pelo Estado, voltando-se a atuação estatal ao papel de normatizador e de fiscalizador[39].

Além da diversidade de contexto, há peculiaridades que distinguem o regime jurídico das Agências norte-americanas e brasileiras. Comumente, refere-se terem as Agências reguladoras brasileiras sido inspiradas nas *Independent Regulatory Agencies* norte-americanas[40]. É importante, porém, ter em mente que, no Direito norte-americano, o termo "agencies" é empregado para designar tanto as *"Independent Regulatory Agencies"* ou *"Independent Regulatory Comission"* quanto as *"Executive Agencies"*.

A *Independent Regulatory Comission* é um ente autônomo, com estrutura colegiada, e submetido ao controle do Chefe do Poder Executivo; a *Executive Agency*, por sua vez, é um ente encarregado de gerenciar e conduzir um programa específico, de forma destacada da Administração Central[41]. Para o Direito brasileiro, a Agência Reguladora é um órgão público, criado por lei, dotado de independência e voltado ao exercício da função de regulação no âmbito de determinado setor da atividade econômica[42]. Essas diferenciações, especialmente no tocante à relação entre as Agências e outros entes da Administração Pública, são importantes para se evitar a simples "importação de um conceito, de um formato e de um modo específico de estruturação do Estado"[43], de modo acrítico e sem as necessárias acomodações ao nosso sistema.

---

[39] GOMES, Joaquim Barbosa. Agências Reguladoras: a metamorfose do Estado e da Democracia. In: *Revista de Direito da Associação dos Procuradores do Novo Estado do Rio de Janeiro*, v. XI, 2002, p. 96 e 110. Vide, ainda: OLIVEIRA, Rafael Carvalho Rezende. O Modelo Norte-Americano de Agências Reguladoras e sua Recepção pelo Direito Brasileiro. In: *Revista da EMERJ*, v. 12, nº 47, 2009, p. 164.

[40] OLIVEIRA, Rafael Carvalho Rezende. O Modelo Norte-Americano de Agências Reguladoras e sua Recepção pelo Direito Brasileiro. In: *Revista da EMERJ*, v. 12, nº 47, 2009, p. 174.

[41] GOMES, Joaquim Barbosa. Agências Reguladoras: a metamorfose do Estado e da Democracia. In: *Revista de Direito da Associação dos Procuradores do Novo Estado do Rio de Janeiro*, v. XI, 2002, p. 93.

[42] GOMES, Joaquim Barbosa. Agências Reguladoras: a metamorfose do Estado e da Democracia. In: *Revista de Direito da Associação dos Procuradores do Novo Estado do Rio de Janeiro*, v. XI, 2002, p. 94; MARQUES NETO, Floriano de Azevedo. *Agências reguladoras independentes*. Fundamentos e seu regime jurídico. Belo Horizonte: Forum, 2005, p. 55.

[43] GOMES, Joaquim Barbosa. Agências Reguladoras: a metamorfose do Estado e da Democracia. In: *Revista de Direito da Associação dos Procuradores do Novo Estado do Rio de Janeiro*, v. XI, 2002, p. 94.

3. Conteúdo e Função da Norma

A redação do inciso III é marcada, assim como ocorre em outras passagens da LLE, pela vaguidade, intuito meramente declamativo ou retórico e ausência de clareza. Além de não explicitar a espécie de intervenção que está a tratar – se a atuação do Estado como agente econômico no domínio do setor privado ou a intervenção de natureza regulatória –, o novo texto não contextualiza o que seria a "intervenção excepcional" nem esclarece como compatibilizar este dispositivo com os ditames constitucionais, em especial o artigo 174 da Constituição[44] ao qual está o legislador ordinário adstrito. Ademais, o texto do referido inciso não contribui para esclarecer se o fim visado é a *desregulação* ou a *desregulamentação*, o que ilustra problemas na técnica legislativa. Para o fim de superar suas deficiências, é preciso ter em mente a noção normativa de mercado, bem como relevantes distinções sobre termos pares, a saber: as diferentes formas de *intervenção* e de *atuação* estatal; intervenção *na* economia e intervenção *sobre* a economia.

Tenha-se presente, primeiramente, que a noção de mercado não é naturalista, mas jurídica: não há mercado fora das escolhas legislativas de uma sociedade[45], razão pela qual o mercado é "o regime normativo da atividade econômica" ou, mais amplamente, o estatuto jurídico das relações econômicas[46]. O mercado, bem diz Eros Grau, é "instituição jurídica, constituída pelo direito posto pelo Estado"[47]. Rege-se, pois, por normas que o ordenam e não derivam, como no passado se metaforizou, de "mãos invisíveis", mas das mãos *publicamente visíveis* que o atuam[48].

---

[44] Constituição Federal, art. 174, *caput*: "Como agente normativo e regulador da atividade econômica, o Estado exercerá, na forma da lei, as funções de fiscalização, incentivo e planejamento, sendo este determinante para o setor público e indicativo para o setor privado".
[45] Tratou-se do tema em: MARTINS COSTA, Judith. Mercado e solidariedade social entre cosmos e taxis: a boa-fé nas relações de consumo. In: MARTINS COSTA, Judith (org.) *A Reconstrução do Direito Privado*. São Paulo, Revista dos Tribunais, 2002, pp. 611- 662.
[46] Assim, IRTI, Natalino. Concetto giuridico di mercato e dovere di solidarietà. In: IRTI, Natalino. *L'ordine giuridico del mercato*. Roma -Bari, Laterza, 1998, p. 82.
[47] GRAU, Eros. *A Ordem Econômica na Constituição de 1988*. 11ª. ed. São Paulo: Malheiros, 2006, p. 36.
[48] MARTINS-COSTA, Judith. Mercado e solidariedade social: entre *cosmos* e *taxis*: a boa-fé nas relações de consumo. In: MARTINS-COSTA, Judith (org.). *A Reconstrução do Direito*

Em vista dessa noção fácil é perceber que "livre mercado" e "livre iniciativa" não significam, de modo algum, a ausência de intervenção e de atuação estatal, antes se concretizando em um quadro normativo que traça "o tamanho, abrangência, profundidade" da atuação e da intervenção do Estado no domínio econômico[49].

Ademais, *intervenção* e *atuação* estatal são expressões que não se podem tomar como sinônimas em virtude das diferentes funções que lhes são conotadas.

O termo *intervenção* remete à atuação estatal em área de titularidade que não é sua, pois compete ao setor privado. Já a expressão *atuação estatal* indica a ação do Estado em sentido amplo, compreendendo tanto a sua participação em área de titularidade própria quanto na do setor privado[50]. Não é correta, pois, a utilização do termo *intervenção* ao tratar da atividade estatal vinculada aqueles serviços que, por sua elevada densidade social não são reguláveis, já que, se entregues exclusivamente à iniciativa privada, importariam em efeitos distributivos perversos. O termo de maior generalidade é *atuação*, devendo reservar-se *intervenção* para o campo da denominada atividade econômica em *sentido estrito*, isto é: atividade desempenhada diretamente pelo Estado na qualidade de agente econômico em área de titularidade do setor privado[51].

Considerando ter o inciso III empregado o termo *intervenção*, duas interpretações são possíveis: ou o enunciado visa determinar o papel do Estado na esfera econômica; ou se limita a repetir o que já está na Constituição Federal. A seguir-se a primeira interpretação, o dispositivo seria inconstitucional, pois "o papel maior ou menor do Estado na esfera econômica é determinado

---

Privado: Reflexos dos princípios, diretrizes e direitos fundamentais constitucionais no direito privado. São Paulo: Revista dos Tribunais, 2002, p. 618-619.
[49] BERCOVICI, Gilberto. As inconstitucionalidades da "Lei da Liberdade Econômica". In: SALOMÃO, Luis Felipe; CUEVA, Ricardo Villas Boas; e FRAZÃO, Ana. *Lei de Liberdade Econômica e seus impactos no Direito brasileiro*. São Paulo: Revista dos Tribunais, 2020, p. 137.
[50] GRAU, Eros. *A Ordem Econômica na Constituição de 1988*. 11ª. ed. São Paulo: Malheiros, 2006, p. 94.
[51] GRAU, Eros. *A Ordem Econômica na Constituição de 1988*. 11ª. ed. São Paulo: Malheiros, 2006, pp. 93, 94, 102-104, onde se lê: "a expressão atividade econômica em sentido amplo é gênero indicativo das duas espécies: serviço público e atividade econômica em sentido estrito".

pela Constituição, particularmente, mas não exclusivamente, pelos artigos 173 e 175"[52].

Se adotada a segunda interpretação, importará observar que o legislador utilizou a preposição "sobre", e não "na" ao referir a *intervenção* "*sobre* o exercício de atividades econômicas", sendo essa a segunda distinção relevante a considerar.

A doutrina administrativista diferencia a atuação *sobre* a economia e a atuação *na* economia[53]. A primeira desdobra-se na atuação por *direção*, quando há imposição de comandos a serem seguidos pelos agentes econômicos, ou por *indução*, quando o Estado dinamiza instrumentos de intervenção à luz do funcionamento do mercado[54]. A atuação *na* economia, por sua vez, verifica-se por meio da ação por *absorção*, isto é, o Estado exerce o controle de determinada atividade no regime de monopólio, ou por *participação*, quando a atuação não é reservada, mas partilhada com os particulares[55], em regime de cooperação econômica. Essas distinções ilustram que, ao atuar *sobre* a economia, tem-se o Estado como regulador do processo econômico; já ao agir *na* economia, está-se diante do Estado como agente econômico[56].

O emprego dessas distinções não tem valia apenas doutrinária, tendo reflexos práticos importantes: ao referir a *intervenção* estatal *sobre* o exercício de atividades econômicas, conclui-se estar o dispositivo voltado ao papel do Estado como regulador do processo econômico, o que, efetivamente, é o seu papel, constitucionalmente determinado. Logo, se a regra não for inconstitucional, ela é meramente reiterativa do que já está na Constituição Federal.

A ausência de clareza na redação do enunciado suscita, ainda, outra dificuldade interpretativa: sabendo-se que o Estado promove a regulação de

---

[52] Assim, BERCOVICI, Gilberto. As inconstitucionalidades da "Lei da Liberdade Econômica". In: SALOMÃO, Luis Felipe; CUEVA, Ricardo Villas Boas; e FRAZÃO, Ana. *Lei de Liberdade Econômica e seus impactos no Direito brasileiro*. São Paulo: Revista dos Tribunais, 2020, p. 135.
[53] GRAU, Eros. *O direito posto e o direito pressuposto*. 7. ed. São Paulo: Malheiros, 2008, p. 27. MARQUES NETO, Floriano de Azevedo. A nova regulamentação dos serviços públicos. *Revista Eletrônica de Direito Administrativo Econômico*, n. 1, fev./mar./abr. 2005, p. 2. Disponível em: http://www.agersa.es.gov.br/arquivos/relatorios/A%20Nova%20Regulamentacao%20 dos%20Servicos%20Publicos.pdf. Acesso em: 01.09.2021.
[54] GRAU, Eros. *O direito posto e o direito pressuposto*. 7. ed. São Paulo: Malheiros, 2008, p. 27.
[55] GRAU, Eros. *O direito posto e o direito pressuposto*. 7. ed. São Paulo: Malheiros, 2008, p. 27.
[56] GRAU, Eros. *O direito posto e o direito pressuposto*. 7. ed. São Paulo: Malheiros, 2008, p. 27.

atividades econômicas em *sentido amplo*, o preceito é direcionado exclusivamente à regulação de atividades desenvolvidas sob a titularidade do setor privado (*i.e.*, atividades econômicas em *sentido estrito*) ou também abrange a regulação de serviços públicos? Mais especificamente, objetiva-se afirmar o caráter subsidiário e excepcional apenas da regulação sobre atividades econômicas em *sentido estrito* ou em sentido amplo? A busca por essas respostas demanda recordar a noção de regulação, já acima apontada.

Contraposta à autorregulação interna do domínio econômico (participação direta do Estado), a regulação, compreende "toda forma de organização da atividade econômica através do Estado"[57], podendo ser definida como o termo indicativo dos "vários instrumentos e atividades com lastro no texto constitucional como a de fiscalizar, planejar, coordenar, orientar, coibir condutas nocivas, regulamentar e fomentar atividades econômicas"[58], abarcando funções coercitivas, adjudicatórias, de coordenação e organização, bem como as funções de fiscalização, sancionatórias, recomendatórias e conciliatórias cometidas aos entes de regulação. Nessa acepção, *atividade de regulação* se distingue de *atividade de regulamentação*[59], essa atinente à função normativa do Estado, como se depreende do art. 174 da Constituição Federal, que distingue claramente ambas as funções[60]. Regulamenta-se, em sentido amplo, por meio da edição de leis e, em sentido estrito, por via de atos que explicitam os comandos legais. A primeira é gênero da qual a segunda é espécie.

---

[57] SALOMÃO FILHO, Calixto. *Regulação da Atividade Econômica*. Princípios e Fundamentos Jurídicos. 3ª ed. São Paulo: Quartier Latin, 2021, p. 19.

[58] MARQUES NETO, Floriano de Azevedo. A nova regulamentação dos serviços públicos. *Revista Eletrônica de Direito Administrativo Econômico*, n. 1, fev./mar./abr. de 2005, p. 02. Disponível em: http://www.agersa.es.gov.br/arquivos/relatorios/A%20Nova%20Regulamentacao%20dos%20Servicos%20Publicos.pdf. Acesso em: 01.09.2021.

[59] Esse baralhamento leva alguns doutrinadores a reduzir a atividade de regulação estatal ao seu caráter meramente normativo, estando na base do entendimento que identifica o processo de reforma regulatória com os processos de desregulamentação ou desregulação – o que é positivamente equívoco, como demonstra MARQUES NETO, Floriano de Azevedo. *Agências reguladoras independentes*. Fundamentos e seu regime jurídico. Belo Horizonte: Forum, 2005, p. 37 e ss.

[60] Constituição Federal, art. 174, *caput*, *in verbis*: "Como agente *normativo e regulador* da atividade econômica, o Estado exercerá, na forma da lei, as funções de fiscalização, incentivo e planejamento, sendo este determinante para o setor público e indicativo para o setor privado." (Grifou-se).

3. COMENTÁRIO AO ARTIGO 2º, INCISO III: O PRINCÍPIO DA "INTERVENÇÃO SUBSIDIÁRIA...

É nesse quadro normativo (traçado pela Constituição) e semântico (apontado em doutrina), que deve ser entendido o *princípio da subsidiariedade*[61] sobre a regulação estatal, previsto no inciso III do art. 2º, o qual enseja duas linhas de concreção: (i) sem dispensar a atuação regulatória, fundamental para viabilizar a livre concorrência numa economia de mercado, o Estado intervirá na ordem econômica apenas quando os particulares não puderem atuar, porque sua atuação implicaria externalidades negativas[62]; (ii) a intervenção no domínio econômico somente é admitida de forma supletiva e complementar em relação à atuação dos particulares, naquilo que a iniciativa privada não puder prover satisfatoriamente. Logo, nas atividades econômicas desempenhadas por entes privados, o Estado só poderá atuar em concorrência com os particulares quando a produção de bens ou os serviços desses entes forem insuficientes, ou inadequados, para as exigências do mercado[63].

A distinção conceitual entre atuação e intervenção auxilia a clarear esse ponto: ao Estado é própria a atividade regulatória, consistente em sua *atuação* ordenadora e fiscalizadora da ordem econômica. E é excepcional a *intervenção*, a qual deve se ater aos lindes acima destacados. No âmbito da atividade regulatória, o Estado deve realizar uma "mediação ativa de interesses", no sentido de buscar conciliar interesses de atores sociais e econômicos fortes, sem descuidar da coordenação de atividades voltadas a assegurar interesses

---

[61] O princípio de subsidiariedade nada mais seria do que "a expressão jurídica formalizada da noção de subsidiariedade", a qual, por sua vez, contém mais de um significado: quer "idéia de secundária", quer "idéia de supletividade" (BARACHO, José Alfredo de Oliveira. O princípio de subsidiariedade: conceito e revolução. *Revista de Direito Administrativo*, v. 200, abr./jun. 1995, pp. 36 e 39).

[62] Conclusão semelhante foi alcançada por Caio de Souza Loureiro: "Parece-me claro que o intuito do princípio é o de restringir não a participação do Estado na economia, como prestador direito (*sic*) ou mesmo agente econômico, mas, sim, o de constranger a atuação desmedida do aparato estatal nas atividades econômicas desempenhadas pelos particulares". (LOUREIRO, Caio de Souza. Princípios na Lei de Liberdade Econômica. In: MARQUES NETO, Floriano de Azevedo; RODRIGUES JR., Otávio Luiz; LEONARDO, Rodrigo Xavier. *Comentários à Lei de Liberdade Econômica*. Lei 13.874/2019. São Paulo: Revista dos Tribunais, 2019, p. 91).

[63] Nesse sentido; MENDES, Gilmar Ferreira. Liberdade Econômica e Alienação de Empresas Estatais. In: SALOMÃO, Luis Felipe. CUEVA, Ricardo Villas Boas; e FRAZÃO, Ana. *Lei de Liberdade Econômica e seus impactos no Direito brasileiro*. São Paulo: Revista dos Tribunais, 2020, pp. 37-38.

de atores hipossuficientes (como os consumidores)⁶⁴, bem como a higidez da concorrência.

4. Conexões Intrassistemáticas

Diversos são os dispositivos da LLE que versam sobre o papel do Estado como agente regulador da ordem econômica. De acordo com o artigo 1º, § 4º, da LLE, o disposto no artigo 2º é considerado como "norma geral de direito econômico", nos termos do artigo 24, *caput*, inciso I e §§ 1º a 4º, da Constituição Federal, e "será observado para todos os atos públicos de liberação da atividade econômica executados pelos Estados, pelo Distrito Federal e pelos Municípios, nos termos do § 2º deste artigo".

A definição de *atos públicos de liberação da atividade econômica* está no § 6º do artigo 1º: "consideram-se atos públicos de liberação a licença, a autorização, a concessão, a inscrição, a permissão, o alvará, o cadastro, o credenciamento, o estudo, o plano, o registro e os demais atos exigidos, sob qualquer denominação, por órgão ou entidade da administração pública na aplicação de legislação, como condição para o exercício de atividade econômica, inclusive o início, a continuação e o fim para a instalação, a construção, a operação, a produção, o funcionamento, o uso, o exercício ou a realização, no âmbito público ou privado, de atividade, serviço, estabelecimento, profissão, instalação, operação, produto, equipamento, veículo, edificação e outros".

A LLE também confere aos particulares o direito de "desenvolver atividade econômica de baixo risco", sendo desnecessários "quaisquer atos públicos de liberação da atividade econômica" (conforme artigo 3º, inciso I). Dada a indeterminação do termo "baixo risco", estabeleceu-se que ato do Poder Executivo federal versará sobre a classificação de atividades de baixo risco a ser observada na ausência de legislação específica (conforme artigo 3º, §1º, I). Na ausência, porém, de tal ato do Poder Executivo federal, haveria a aplicação

---

⁶⁴ MARQUES NETO, Floriano de Azevedo. A nova regulamentação dos serviços públicos. *Revista Eletrônica de Direito Administrativo Econômico*, n. 1, fev./mar./abr. de 2005, p. 05. Disponível em: http://www.agersa.es.gov.br/arquivos/relatorios/A%20Nova%20Regulamentacao%20 dos%20Servicos%20Publicos.pdf. Acesso em: 01.09.2021.

de normas já existentes⁶⁵, nos termos do §1º, II. Neste sentido, o Decreto nº 10.178, de 18 de dezembro de 2019, foi editado justamente para "dispor sobre os critérios e os procedimentos para a classificação de risco de atividade econômica". Interpretando-se esses dispositivos, tem-se a dispensabilidade de qualquer ato público voltado à liberação da atividade econômica de baixo risco a ser desenvolvida pelo particular, o que, de modo algum significa "a absoluta liberdade para explorar atividades econômicas", especialmente quando houver efeitos nocivos à saúde pública, à segurança e a outros interesses tutelados pelo Estado⁶⁶.

Por fim, cabe destacar o teor dos artigos 4º e 5º. O primeiro dirige-se ao regulamentador da legislação relativa à liberdade econômica e à livre-iniciativa⁶⁷ e objetiva coibir o abuso do poder regulatório⁶⁸, com vistas a evitar a introdução de limites à livre formação de sociedades empresariais ou ao exercício de atividades econômicas (inciso VII). Já o *caput* do artigo 5º⁶⁹ prevê a realização prévia de análise de impacto regulatório para a edição ou a alteração de atos normativos de "interesse geral de agentes econômicos ou de usuários dos serviços prestados" a fim de verificar "a razoabilidade do seu impacto econômico". Basicamente, determinou-se a realização de procedimento

---

⁶⁵ O artigo 3º, §1º, II, remete para a resolução do Comitê para Gestão da Rede Nacional para a Simplificação do Registro e da Legalização de Empresas e Negócios (CGSIM), independentemente da aderência do ente federativo à Rede Nacional para a Simplificação do Registro e da Legalização de Empresas e Negócios (Redesim).

⁶⁶ ISSA, Rafael Hamze. Atividades de baixo risco. In: MARQUES NETO, Floriano de Azevedo; RODRIGUES JR., Otávio Luiz; LEONARDO, Rodrigo Xavier. *Comentários à Lei de Liberdade Econômica*. Lei 13.874/2019. São Paulo: Revista dos Tribunais, 2019, p. 195.

⁶⁷ MENDONÇA, José Vicente Santos de. Art. 4º: requisitos para regulação pública. In: MARQUES NETO, Floriano de Azevedo; RODRIGUES JR., Otávio Luiz; LEONARDO, Rodrigo Xavier. *Comentários à Lei de Liberdade Econômica*. Lei 13.874/2019. São Paulo: Revista dos Tribunais, 2019, p. 210-211.

⁶⁸ Lei de Liberdade Econômica, art. 4º: "É dever da administração pública e das demais entidades que se vinculam a esta Lei, no exercício de regulamentação de norma pública pertencente à legislação sobre a qual esta Lei versa, exceto se em estrito cumprimento a previsão explícita em lei, evitar o abuso do poder regulatório de maneira a, indevidamente".

⁶⁹ Lei de Liberdade Econômica, art. 5º, *caput*: "As propostas de edição e de alteração de atos normativos de interesse geral de agentes econômicos ou de usuários dos serviços prestados, editadas por órgão ou entidade da administração pública federal, incluídas as autarquias e as fundações públicas, serão precedidas da realização de análise de impacto regulatório, que conterá informações e dados sobre os possíveis efeitos do ato normativo para verificar a razoabilidade do seu impacto econômico".

administrativo preparatório ao exercício do poder regulamentar, o qual se baseia na coleta de informações e na análise sistemática de efeitos decorrentes da edição ou da alteração de regulamentos[70].

O artigo 5º previu, em seu parágrafo único[71], a edição de Regulamento para determinar aspectos essenciais à implementação da análise de impacto regulatório, quais sejam, a data de início desta exigência, o conteúdo, a metodologia de análise, os quesitos mínimos submetidos a exame e a determinação das hipóteses em que tal procedimento se qualifica como obrigatório ou não.

Percebe-se, da leitura do artigo 5º, a ausência de parâmetros mínimos e a vagueza dos dados necessários para a realização da análise de impacto regulatório, além da indefinição dos critérios a serem levados em consideração para a aferição da "razoabilidade do impacto econômico" do exercício do poder regulamentar. A explicitação desses dados no Regulamento a ser editado será fundamental para averiguar se esta norma contribuirá, de fato, para a eficiência almejada pela LLE quanto ao papel regulamentador do Estado ou se, ao contrário, contribuirá para uma maior burocratização, sendo um entrave à edição e à modificação de textos regulamentares.

6. Conexões Intersistemáticas

Consideradas, exemplificativamente, as conexões intersistemáticas no Direito Privado, tem-se: art. 421 Código do Civil[72]; Lei nº 14.010, que dispõe sobre o "Regime Jurídico Emergencial e Transitório das relações jurídicas de Direito

---

[70] BINEMBOJM, Gustavo. Art. 5º: análise de impacto regulatório. In: MARQUES NETO, Floriano de Azevedo; RODRIGUES JR., Otávio Luiz; LEONARDO, Rodrigo Xavier. *Comentários à Lei de Liberdade Econômica*. Lei 13.874/2019. São Paulo: Revista dos Tribunais, 2019, p. 229.

[71] Lei de Liberdade Econômica, art. 5º, parágrafo único: "Parágrafo único. Regulamento disporá sobre a data de início da exigência de que trata o caput deste artigo e sobre o conteúdo, a metodologia da análise de impacto regulatório, os quesitos mínimos a serem objeto de exame, as hipóteses em que será obrigatória sua realização e as hipóteses em que poderá ser dispensada".

[72] Código Civil, art. 421, *in verbis*: "A liberdade contratual será exercida nos limites da função social do contrato.
Parágrafo único. Nas relações contratuais privadas, prevalecerão o princípio da intervenção mínima e a excepcionalidade da revisão contratual".

Privado (RJET) no período da pandemia do coronavírus (Covid-19)"[73] e a Lei nº 14.195/21, a qual, além de alterar diversas outras leis, versa sobre "sobre a facilitação para abertura de empresas, sobre a proteção de acionistas minoritários, sobre a facilitação do comércio exterior, sobre o Sistema Integrado de Recuperação de Ativos (Sira), sobre as cobranças realizadas pelos conselhos profissionais, sobre a profissão de tradutor e intérprete público, sobre a obtenção de eletricidade, sobre a desburocratização societária e de atos processuais e a prescrição intercorrente na Lei nº 10.406, de 10 de janeiro de 2002 (Código Civil)".

7. Jurisprudência

O STF tratou do princípio da subsidiariedade quando do julgamento do Referendo da Medida Cautelar na Ação Direta de Inconstitucionalidade nº 5.624/DF em junho de 2019[74]. Discutia-se, dentre outras questões, a inconstitucionalidade do art. 29, inciso XVIII, da Lei nº 13.303/2016, segundo o qual "É dispensável a realização de licitação por empresas públicas e sociedades de economia mista: [....] XVIII – na compra e venda de ações, títulos de crédito e de dívida e de bens que produzam ou comercializem".

Como apontado no voto do Min. Gilmar Mendes, há dois argumentos para sustentar a incompatibilidade da referida norma com a Constituição: (i) o texto constitucional exigiria autorização legislativa para a alienação de ações das sociedades de economia mista ou de suas subsidiárias ou controladas, quando se tratar de alienação de controle acionário e (ii) a dispensa

---

[73] Apesar de algumas regras constantes do RJET apresentarem como termo final a data de 30 de outubro de 2020 (*v.g.*, artigos 3º, 4º e 5º), não consta revogação expressa para as demais (vide: https://legislacao.presidencia.gov.br/atos/?tipo=LEI&numero=14010&ano=2020&ato=2lek3Z65EMZpWT9e3. Acesso em 01.09.2021).

[74] ADI 5.624 MC-Ref. Rel. Min. Ricardo Lewandowski. Tribunal Pleno. J. Em 06.06.2019. O julgamento da referida ação se deu em conjunto com as ADI 5.846/DF, 5.924/MG e 6.029/MG, nas quais são impugnados diversos artigos da Lei 13.303/2016 (Estatuto das Estatais). O aresto vem comentado em: MENDES, Gilmar Ferreira. Liberdade Econômica e Alienação de Empresas Estatais: Reflexões a Partir do Julgamento da ADI n. 5.624. In: SALOMÃO, Luis Felipe. CUEVA, Ricardo Villas Boas; e FRAZÃO, Ana. *Lei de Liberdade Econômica e seus impactos no Direito brasileiro.* São Paulo: Revista dos Tribunais, 2020, p. 33-45.

de licitação, como previsto no inciso XVIII, da Lei nº 13.303/2016, violaria o princípio licitatório.

A seu ver, a necessidade de "lei autorizativa para a criação de empresas estatais ou para a definição das hipóteses de relevante interesse coletivo e segurança nacional deve ser entendida como uma verdadeira *cláusula de garantia do princípio da subsidiariedade*. Ou seja, é justamente por ser excepcional ao Estado a intervenção no domínio econômico que essa excepcionalidade deve ser autorizada em lei"[75]. Daí concluir que "a medida cautelar proferida na ADI 5.624/DF deve ser apenas parcialmente referendada, para que se afirme que a venda de ações de empresas públicas e sociedades de economia mista exige prévia autorização legislativa, sempre que se cuidar de alienação de controle acionário. Por outro lado, a necessidade de autorização legislativa específica é desnecessária para a alienação de ações de entidades subsidiárias, mesmo havendo perda de controle acionário, quando a própria lei criadora da empresa estatal já prever autorização para criação de subsidiárias". Segundo o Min. Ricardo Lewandowski (Relator), a Constituição "exige sempre a aquiescência do Poder Legislativo aos processos de criação de entidade governamental dessa espécie [*i.e.*, empresa pública e sociedade de economia mista], ainda que tenha sido criada para explorar atividade econômica em sentido estrito". Por isso, em seu entender, a alienação de ações de empresas públicas, sociedades de economia mista ou de suas subsidiárias ou controladas exige prévia autorização legislativa quando implicar alienação do controle acionário. Ou seja, a dispensa de licitação apenas poderia ocorrer quando a operação não importar a perda de controle acionário dessas entidades.

Tendo em vista os debates entre os Ministros e a constatação da existência de divergências, adotou-se o voto médio e o Tribunal entendeu por conferir ao art. 29, *caput*, inc. XVIII, da Lei nº 13.303/2016 interpretação conforme à Constituição Federal, nos seguintes termos: "i) a alienação do controle acionário de empresas públicas e sociedades de economia mista exige autorização legislativa e licitação; e ii) a exigência de autorização legislativa, todavia, não se aplica à alienação do controle de suas subsidiárias e controladas. Nesse caso, a operação pode ser realizada sem a necessidade de licitação, desde que siga procedimentos que observem os princípios da administração pública

---

[75] Destaques nossos.

inscritos no art. 37 da Constituição, respeitada, sempre, a exigência de necessária competitividade".

Também merece destaque ter o STF, ao tratar de "tema de enorme repercussão social e econômica", julgado procedente a arguição para declarar inconstitucional Lei Municipal de Fortaleza proibitiva do uso de carros particulares para o transporte remunerado de passageiros. A este respeito, os Ministros, em Sessão Plenária, decidiram que "medida proibitiva do exercício privado da atividade de transporte por meio de aplicativos não pode se fundamentar na tutela dos interesses de agentes tradicionais do mercado – sejam detentores de licença, sejam taxistas em geral –, sob pena de evidente inconstitucionalidade. A captura regulatória torna suspeito o critério para a limitação de entrantes no mercado de prestadores de serviço de transporte de passageiros, violando os princípios constitucionais da igualdade (art. 5º, *caput*), da liberdade profissional (art. 5º, XIII) e da livre iniciativa (art. 1º, IV, e 170, *caput*)"[76].

Referências

AGUIAR, Flávio *et al*. *Intérpretes do Brasil*. São Paulo: Martins Fontes, 2014.
ÁVILA, Humberto. *Teoria dos princípios*. Da definição à aplicação dos princípios jurídicos. 18ª ed. São Paulo: Malheiros, 2018.
BARACHO, José Alfredo de Oliveira. O princípio de subsidiariedade: conceito e revolução. *Revista de Direito Administrativo*, v. 200, abr./jun. 1995.
BINEMBOJM, Gustavo. Art. 5º: análise de impacto regulatório. In: MARQUES NETO, Floriano de Azevedo; RODRIGUES JR., Otávio Luiz; LEONARDO, Rodrigo Xavier. *Comentários à Lei de Liberdade Econômica*. Lei 13.874/2019. São Paulo: Revista dos Tribunais, 2019.
BUARQUE DE HOLLANDA, Sergio. *Raízes do Brasil*. 26ª ed. São Paulo. Companhia das Letras, 2004.
COUTO E SILVA, Almiro do. Os Indivíduos e o Estado na Realização de Tarefas Públicas. *Revista de Direito Administrativo*, v. 209, Rio de Janeiro, 1997.
FARJAT, Gérad. *L 'ordre public économique*. Paris, LGDJ, 1963.
FAUSTO, Boris. *História do Brasil*. São Paulo: EDUSP, 1996.

---

[76] STF. ADPF nº 449 – DF. Rel. Min. Luiz Fux. J. 08.05.2019. Trechos entre aspas contidos no voto do Min. Relator.

FONSECA, Pedro Cezar Dutra. A Revolução de 1930 e a Economia Brasileira. *Revista Economia*. Brasília, v. 13, n. 3 b, p. 843-866. Disponível em: http://www.anpec.org.br/revista/vol13/vol13n3bp843_866.pdf. Acesso em: 01.09.2021.

GRAU, Eros. *A Ordem Econômica na Constituição de 1988*. 11ª. ed. São Paulo: Malheiros, 2006.

GRAU, Eros. *O direito posto e o direito pressuposto*. 7ª ed. São Paulo: Malheiros, 2008.

ISSA, Rafael Hamze. Atividades de baixo risco. In: MARQUES NETO, Floriano de Azevedo; RODRIGUES JR., Otávio Luiz; LEONARDO, Rodrigo Xavier. *Comentários à Lei de Liberdade Econômica*. Lei 13.874/2019. São Paulo: Revista dos Tribunais, 2019.

KLEIN, Herbert S.; LUNA, Francisco Vidal. Transformações econômicas no período militar (1964-1985). In: FILHO, Daniel Aarão Reis; RIDENTI, Marcelo; MOTTA, Rodrigo Patto Sá. *A ditadura que mudou o Brasil*: 50 anos do golpe militar de 1964. Rio de Janeiro: Zahar, 2014.

LOUREIRO, Caio de Souza. Princípios na Lei de Liberdade Econômica. In: MARQUES NETO, Floriano de Azevedo; RODRIGUES JR., Otávio Luiz; LEONARDO, Rodrigo Xavier. *Comentários à Lei de Liberdade Econômica*. Lei 13.874/2019. São Paulo: Revista dos Tribunais, 2019.

MARQUES NETO, Floriano de Azevedo. A nova regulação estatal e os agentes independentes. In: SUNDFELD, Carlos Ari. (org.). *Direito Administrativo Econômico*. São Paulo: Malheiros, 2007.

MARQUES NETO, Floriano de Azevedo. A nova regulamentação dos serviços públicos. *Revista Eletrônica de Direito Administrativo Econômico*, n. 1, fev./mar./abr. de 2005, p. 04. Disponível em: http://www.agersa.es.gov.br/arquivos/relatorios/A%20Nova%20Regulamentacao%20dos%20Servicos%20Publicos.pdf. Acesso em: 01.09.2021.

MARQUES NETO, Floriano de Azevedo. *Agências reguladoras independentes:* Fundamentos e seu regime jurídico. Belo Horizonte: Fórum, 2005.

MARTINS-COSTA, Judith. Mercado e solidariedade social: entre *cosmos* e *taxis*: a boa-fé nas relações de consumo. In: MARTINS-COSTA, Judith (org.). *A Reconstrução do Direito Privado*: Reflexos dos princípios, diretrizes e direitos fundamentais constitucionais no direito privado. São Paulo: Revista dos Tribunais, 2002.

MEDAUAR, Odete. *Direito Administrativo Moderno*. 9. ed. São Paulo: Revista dos Tribunais, 2004.

MENDES, Gilmar Ferreira. Liberdade Econômica e Alienação de Empresas Estatais: Reflexões a Partir do Julgamento da ADI n. 5.624. In: SALOMÃO, Luis Felipe. CUEVA, Ricardo Villas Boas; e FRAZÃO, Ana. *Lei de Liberdade Econômica e seus impactos no Direito brasileiro*. São Paulo: Revista dos Tribunais, 2020, pp. 33-45.

MENDONÇA, José Vicente Santos de. Art. 4º: requisitos para regulação pública. In: MARQUES NETO, Floriano de Azevedo; RODRIGUES JR., Otávio Luiz; LEONARDO, Rodrigo Xavier. *Comentários à Lei de Liberdade Econômica*. Lei 13.874/2019. São Paulo: Revista dos Tribunais, 2019.

MORAES, Alexandre de. Agências reguladoras. *Revista da Procuradoria Geral do Estado*, n. 55/56, São Paulo, jan./dez. 2001.

MORAND-DEVILLER, Jacqueline. Ordre public économique, ordre public écologique. In: *Revista de Direito Econômico e Socioambiental*, vol. 9, n. 1 (2018).

OTERO, Paulo. *Vinculação e liberdade de conformação jurídica do setor empresarial do Estado.* Coimbra: Coimbra Editora, 1998.

PINHEIRO, Ivan. A condição de autarquia especial das agências reguladoras e das agências executivas e as expectativas sobre a qualidade da sua gestão. *Revista Tributária e de Finanças Públicas*, n. 44, São Paulo, maio/jun. 2002.

PRADO JR, Caio. *Formação do Brasil Contemporâneo.* São Paulo: Brasiliense, 2004.

PRADO JR, Caio. *História Econômica do Brasil.* São Paulo: Braziliense, 2012.

SALOMÃO FILHO, Calixto. *Regulação da Atividade Econômica.* Princípios e Fundamentos Jurídicos. 3ª ed. São Paulo: Quartier Latin, 2021.

SUNDFELD, Carlos Ari. *Direito Administrativo Ordenador.* São Paulo: Malheiros, 1993.

4. COMENTÁRIO AO ART. 2º, INCISO IV: O "RECONHECIMENTO DA VULNERABILIDADE DO PARTICULAR PERANTE O ESTADO[1]"

Giovana Benetti
Rafael Branco Xavier
Pietro Benedetti Teixeira Webber

> "Art. 2º São princípios que norteiam o disposto nesta Lei:
> [...]
> IV – o reconhecimento da vulnerabilidade do particular perante o Estado.
> Parágrafo único. Regulamento disporá sobre os critérios de aferição para afastamento do inciso IV do *caput* deste artigo, limitados a questões de má-fé, hipersuficiência ou reincidência."

1. História da Norma

O histórico legislativo evidencia o vazio da proposição do art. 2º, IV. A Exposição de Motivos da Medida Provisória nº 881 indica que entre as finalidades da LLE estaria "empoderar o Particular e expandir sua proteção contra a

---

[1] Os Autores agradecem a leitura e as sugestões da Professora Judith Martins-Costa, bem como o auxílio de Giovana Machado Etcheverry na pesquisa.

intervenção estatal"[2], para tanto propondo "inverter o instrumento de ação, [...] considerando que os mais vulneráveis aguardam por uma solução"[3].

É digno de nota que o texto da Medida Provisória nº 881 não contemplava o reconhecimento da vulnerabilidade do particular dentre o rol de princípios previstos no art. 2º. O inciso IV do art. 2º da LLE teve origem em Emenda ao Projeto de Lei de Conversão nº 17/2019[4], cuja justificativa considerava que "o cidadão é vulnerável perante um ente que tem monopólio da força e pode, com o seu peso e força, prejudicar os cidadão [sic]"[5]. A inclusão da regra ora em comento seria necessária, na visão do seu proponente, para "evidencia[r] os impactos da regulamentação especialmente em favor dos mais vulneráveis"[6].

O artigo inaugura a noção de vulnerabilidade como princípio jurídico no âmbito das relações entre a administração pública e os particulares. Modo geral, as relações jurídicas entre Administração Pública e os particulares são tradicionalmente marcadas pela assimetria de poderes diante da imposição, pela Administração, "de condutas, de ônus, de encargos, de sanções, e [d]a restrição ao exercício de direitos e atividades"[7], observados os fundamentos legais para tanto.

O Estado tem poder de império, o que não resta afastado pela introdução do novo conceito. O poder de império do Estado se sobressai, por exemplo, em contratos administrativos – isto é, contratos voltados à "consecução de fins públicos, segundo regime jurídico de direito público"[8]. Tal assimetria

---

[2] Exposição de Motivos da Medida Provisória n. 881, datada de 11 de abril de 2019, EMI nº 00083/2019 ME AGU MJSP, § 8.

[3] Exposição de Motivos da Medida Provisória n. 881, datada de 11 de abril de 2019, EMI nº 00083/2019 ME AGU MJSP, § 8.

[4] Projeto de Lei de Conversão nº 17, de 2019, aprovado pela Comissão Mista da MPV 881/2019 em 11 de julho de 2019.

[5] Emenda Aditiva nº 251 à Medida Provisória nº 881/2019, proposta pelo Deputado Federal Alexis Fonteyne em 06 de maio de 2019.

[6] Emenda Aditiva nº 251 à Medida Provisória nº 881/2019, proposta pelo Deputado Federal Alexis Fonteyne em 06 de maio de 2019.

[7] MEDAUAR, Odete. *Direito Administrativo Moderno*. 21. ed. Belo Horizonte: Fórum, 2018, p. 102.

[8] DI PIETRO, Maria Sylvia Zanella. *Direito Administrativo*. 34ª ed. Rio de Janeiro: Grupo GEN, 2021, p. 284. Acesso Minha Biblioteca.

4. COMENTÁRIO AO ART. 2º, INCISO IV: O "RECONHECIMENTO DA VULNERABILIDADE...

pode vir a ser atenuada quando a Administração Pública celebra contratos de direito privado[9].

Não há clareza a respeito das razões que justifiquem a inauguração conceitual. Ao que tudo indica, a regra em comento introduz a pressuposição geral e abstrata da existência de disparidade na relação entre a Administração Pública e os particulares. Pode-se cogitar que está fundamentada em crítica ao controverso "princípio" da supremacia do Poder Público sobre os cidadãos. Como parte da doutrina administrativista argumenta, a supremacia é assentada na prevalência dos interesses coletivos sobre os individuais, daí resultando "inegáveis privilégios e prerrogativas para o Poder Público". Seria este, portanto, o fundamento apontado para a "desigualdade jurídica entre a Administração e os administrados"[10]. Como medida a enfrentar a desigualdade, com olhos voltados ao particular, estaria a introjeção da vulnerabilidade presumida nesse tipo de relação.

Tal "princípio" da supremacia do Poder Público não é, porém, imune a críticas. Há muito tempo a doutrina comenta que não se poderia reconhecer a existência desse "princípio", sendo impossível a invocação da alegada "supremacia" do interesse público sem referência a uma situação concreta[11]. É dizer: o interesse público sequer é definível em abstrato, sendo noção que apenas se verifica mediante concretização. Ademais, "[e]sse princípio, se algum dia existiu, está ultrapassado", pois a Constituição Federal de 1988 prioriza os

---

[9] DI PIETRO, Maria Sylvia Zanella. *Direito Administrativo*. 34ª ed. Rio de Janeiro: Grupo GEN, 2021, p. 284. Acesso Minha Biblioteca.

[10] Todos os trechos entre aspas estão em MEIRELLES, Hely Lopes. *Direito administrativo brasileiro*. 42ª ed. Atualizado por José Emmanuel Burle Filho. São Paulo: Malheiros, 2016, p. 52. Vide, ainda, DI PIETRO, Maria Sylvia Zanella. *Direito Administrativo*. 34ª ed. Rio de Janeiro: Grupo GEN, 2021, p. 112. Acesso Minha Biblioteca, para quem "as normas de direito público, embora protejam reflexamente o interesse individual, têm o objetivo primordial de atender ao interesse público, ao bem-estar coletivo. Além disso, pode-se dizer que o direito público somente começou a se desenvolver quando, depois de superados o primado do Direito Civil (que durou muitos séculos) e o individualismo que tomou conta dos vários setores da ciência, inclusive a do Direito, substituiu-se a ideia do homem como fim único do direito (própria do individualismo) pelo princípio que hoje serve de fundamento para todo o direito público e que vincula a Administração em todas as suas decisões: o de que os interesses públicos têm supremacia sobre os individuais".

[11] ÁVILA, Humberto. Repensando o "Princípio da Supremacia do Interesse Público sobre o Particular". *Revista Diálogo Jurídico*, vol. I, n. 7, out./2001, p. 1-29.

direitos fundamentais dos particulares, "soa[ndo] ilógico e incoerente à diretriz constitucional invocá-lo como princípio do direito administrativo"[12]. Não caberia, "invent[ar] para o direito administrativo um princípio da antítese ao privado"[13]. Portanto, a rigor, "à Administração cabe realizar a ponderação de interesses presentes em determinada situação, para que não ocorra sacrifício *a priori* de nenhum interesse"[14]. Não sendo correto presumir a vulnerabilidade, a inauguração do conceito parece vazia desde o nascedouro.

2. Conteúdo e Função da Norma

Assim como outros "princípios" arrolados no art. 2º[15], o inciso IV incorre na vagueza e na ausência de clareza. Outros comentaristas também apontam a sua inocuidade, por simplesmente reforçar normas constitucionais cuja aplicação bastaria para atingir a finalidade buscada pelo legislador[16].

Recorde-se serem os princípios jurídicos normas eminentemente finalísticas, estabelecendo um "estado ideal de coisas a ser atingido"[17], sem descrever diretamente o comportamento devido para atingi-lo[18]. Por isso, os princípios

---

[12] MEDAUAR, Odete. *Direito Administrativo Moderno*. 21ª ed. Belo Horizonte: Fórum, 2018, p. 128.

[13] SUNDFELD, Carlos Ari. *Direito Administrativo para Céticos*. 2ª ed. São Paulo: Malheiros, 2017, p. 142.

[14] MEDAUAR, Odete. *Direito Administrativo Moderno*. 21ª ed. Belo Horizonte: Fórum, 2018, p. 128. No mesmo sentido: ÁVILA, Humberto. Repensando o "Princípio da Supremacia do Interesse Público sobre o Particular". *Revista Diálogo Jurídico*, vol. I, n. 7, out./2001, p. 28-29.

[15] Vide, *e.g.*, MARTINS-COSTA, Judith; BENETTI, Giovana. Comentário ao art. 2º, inciso III, nesta obra.

[16] Assim, LOUREIRO, Caio de Souza. Princípios na Lei de Liberdade Econômica. In: MARQUES NETO, Floriano Peixoto; RODRIGUES JR., Otavio Luiz; LEONARDO, Rodrigo Xavier (Orgs.) *Comentários à Lei da Liberdade Econômica*. Lei 13.874/2019. São Paulo: Thompson Reuters Brasil, 2019. Acesso Proview, item 3; DINIZ, Thales Janguiê Silva; FINKELSTEIN, Maria Eugênia Reis. A Lei da Liberdade Econômica e suas Implicações nas Sociedades Anônimas de Capital Aberto. *Revista de Direito Bancário e do Mercado de Capitais*, vol. 90/2020, outubro-dezembro de 2020, pp. 43-59.

[17] ÁVILA, Humberto. *Teoria dos Princípios*: da definição à aplicação dos princípios jurídicos. 19ª ed. São Paulo: Malheiros, 2019, p. 95.

[18] MARTINS-COSTA, Judith. *A Boa-Fé no Direito Privado*: Critérios para a sua aplicação. 2ª ed. São Paulo: Saraiva, 2018, p. 166.

devem "atuar sobre normas do mesmo sistema jurídico, especialmente definindo-lhes o seu sentido e o seu valor"[19]. Com base nessas noções, percebe-se não ter o legislador estabelecido um *estado ideal de coisas*, nem mesmo fixado o sentido e o valor de outras normas. A utilização da categoria "princípios", no *caput* do art. 2º da LLE, é atécnica[20].

O conteúdo do art. 2º, IV, aparenta qualificar-se como a *presunção* – e não o princípio – de vulnerabilidade do particular perante o Estado. A presunção constitui raciocínio lógico abstrato, pelo qual se deduz, a partir da existência de um fato, a ocorrência de outro[21]. Não se conhece o fato inferido, mas este é deduzido por fato conhecido, efetivamente existente e verdadeiro. Entendemos não ser adequado qualificar a norma em comento como ficção[22]: pois enquanto as presunções atuam no cenário de incerteza para estabelecer uma verdade[23], as ficções jurídicas tratam como verdade aquilo que reconhecidamente é falso.

---

[19] ÁVILA, Humberto. *Teoria dos Princípios*: da definição à aplicação dos princípios jurídicos. 18ª ed. São Paulo: Malheiros, 2018, p. 122.

[20] Nesse sentido, veja-se também MARTINS-COSTA, Judith; BENETTI, Giovana. Comentário ao art. 2º, inciso II, nesta obra.

[21] Nesse sentido, vide MARTINS-COSTA, Judith. De princípios, regras, ficções e presunções (e de algumas desastrosas confusões). In: MITIDIERO, Daniel; ADAMY, Pedro (Coords.). *Direito, Razão e Argumento*: a reconstrução dos fundamentos democráticos do Direito Público com base na Teoria do Direito. *Liber Amicorum* Professor Humberto Ávila. Salvador: Jus Podivm, 2021, p. 353-366.

[22] Neste particular, rogamos vênia para discordar-se do entendimento do Professor Paulo Lôbo, que, ao tratar da "vulnerabilidade contratual" (embora sem referir diretamente o art. 2º, IV, da Lei da Liberdade Econômica), a qualifica como presunção legal absoluta, com natureza de ficção jurídica (LÔBO, Paulo. Vulnerabilidade jurídica do contratante. In: EHRHARDT JR., Marcos; LOBO, Fabíola (Orgs.). *Vulnerabilidade e sua compreensão no Direito Brasileiro*. Indaiatuba: Foco, 2021, p. 5).

[23] CAIRE, Anne-Blandine. Fictions et présomptions. In: CAIRE, Anne-Blandine (Dir.). *Les fictions en Droit*. Paris: LGDJ, 2015, p. 138; GAMA, Raymundo. Presumptions and Fictions: a Collingwoodian approach. In: DEL MAR, Maksymilian; TWINING, William (Eds.). *Legal fictions in theory and practice*. Cham: Springer, 2015, p. 348.

Ademais, a polissemia da palavra vulnerabilidade[24], bem como as diferentes aplicações do conceito[25], prejudicam o estabelecimento da presunção pretendida pelo legislador. Etimologicamente, a vulnerabilidade associa-se à susceptibilidade de ser ferido[26]. Essa acepção é corroborada por recente pesquisa empírica no ramo da bioética conduzida pelo Hospital de Clínicas de Porto Alegre, a qual buscou compreender os significados usualmente atribuídos ao signo *vulnerabilidade*. Os entrevistados mencionaram, principalmente, doenças ou problemas de saúde, falta de autonomia, bem como fragilidades[27].

O conceito de vulnerabilidade passou a adquirir significado ético e jurídico no final da década de 1970, em questões relacionadas à saúde pública[28], especialmente no âmbito da pesquisa biomédica[29]. Nesse contexto, pessoa

---

[24] Para Yann Favier, "na esfera das relações de direito privado, a noção de vulnerabilidade não é propriamente jurídica. [...] O direito fazendo uso de noções apriorísticas – as "qualificações" jurídicas – recebe dificilmente esta noção, pois é muito difícil de definir *a priori* a vulnerabilidade. [...] Isto resulta em uma dificuldade de qualificação geral, partindo-se da impossibilidade de definir uma categoria jurídica autônoma em torno de não mais que uma noção indeterminada, desprovida de utilidade" (FAVIER, Yann. A inalcançável definição de vulnerabilidade aplicada ao Direito: abordagem francesa. *Revista de Direito do Consumidor*, vol. 85, p. 15-23, jan./fev. 2013. Acesso RT Online).

[25] GIFFONI DE MELLO, Daisy; BRAZ, Marlene. Vulnerabilidade, autonomia e ética em pesquisa. *Revista Brasileira de Bioética*, vol. 4, 2008, p. 51 ("O conceito de vulnerabilidade é polissêmico. Suas diferentes aplicações refletem os diferentes pontos de vista de autores ou de documentos que o utilizam. Paira no ar certa imprecisão sobre os destinatários deste termo e, conseqüentemente, suas diferentes aplicações tornam confuso o entendimento sobre seu real significado e aplicação").

[26] MARTINS-COSTA, Judith. *A Boa-Fé no Direito Privado*: Critérios para a sua aplicação. 2ª ed. São Paulo: Saraiva, 2018, p. 322; PATRÃO NEVES, C. Sentidos da vulnerabilidade: característica, condição, princípio. *Revista Brasileira de Bioética*, vol. 2, n. 2, 2006, p. 158.

[27] BAJOTTO, Alethéia Peters; GARCIA, Lucas França; GOLDIM, José Roberto. What is vulnerability? A qualitative study about the perception of vulnerability in adults and older adults. *Journal of Clinical Research & Bioethics*, vol. 8, n. 2, 2017, p. 3-4. A acepção de "fragilidade" também consta do Dicionário Michaelis. Disponível em: <https://michaelis.uol.com.br/busca?r=0&f=0&t=0&palavra=vulnerabilidade>. Acesso em 03.11.2021.

[28] KONDER, Carlos Nelson. Vulnerabilidade patrimonial e vulnerabilidade existencial: por um sistema diferenciador. *Revista de Direito do Consumidor*, vol. 99, p. 101-123, mai./jun. 2015. Acesso RT Online.

[29] Como relata MARTINS-COSTA, Judith. *A Boa-Fé no Direito Privado*: Critérios para a sua aplicação. 2ª ed. São Paulo: Saraiva, 2018, p. 322. Vide, ainda, MALAGÓN OVIEDO, Rafael Antônio; CZERESNIA, Dina. O conceito de vulnerabilidade e seu caráter biossocial. *Interface*, vol. 19, 2015, p. 240.

vulnerável é o ser "de relativa ou absoluta incapacidade de proteger seus proveitos ou que não tenh[a] poder, inteligência, educação, recursos, forças ou outros atributos necessários a garantir suas conveniências", ou seja, a pessoa vulnerável é dotada de "liberdade limitada para consentir ou recusar-se a participar" da pesquisa[30].

Estudos referem a projeção da vulnerabilidade a dois planos: em sua *função nominal*, a "vulnerabilidade universal" representa uma condição humana, "remetendo à concepção antropológica como fundamento da ética"; em sua *função adjetiva*, apreende-se a "vulnerabilidade secundária"[31], como característica individual[32]. Grosso modo, pode-se reconhecer ou a vulnerabilidade de um indivíduo singularmente considerado, ou a de um grupo de pessoas, que apresentem fragilidade em "alguma circunstância física, psíquica ou social (incluindo também o aspecto econômico)"[33]. Reconhecida a fragilidade, mister será a adoção de medidas para promover a proteção dos indivíduos (ou grupos de indivíduos) considerados especificamente vulneráveis[34]. Todavia, a generalização da vulnerabilidade em grupos pode ser inadequada, por desconsiderar as especificidades de cada indivíduo[35].

---

[30] GIORGIS, José Carlos Teixeira. Temas Bioéticos – A pessoa vulnerável. In: *A Paternidade Fragmentada* – Família, Sucessões e Bioética. Porto Alegre: Livraria do Advogado, 2007, p. 149 *apud* MARTINS-COSTA, Judith. Capacidade para consentir e esterilização de mulheres tornadas incapazes pelo uso de drogas: aproximação entre a técnica jurídica e a reflexão bioética. In: MARTINS-COSTA, Judith; MÖLLER, Letícia Ludwig (Orgs.). *Bioética e Responsabilidade*. Rio de Janeiro: Forense, 2009, p. 324, nota de rodapé 57.
[31] As citações entre aspas quanto às funções nominal e adjetiva estão em GIFFONI DE MELLO, Daisy; BRAZ, Marlene. Vulnerabilidade, autonomia e ética em pesquisa. *Revista Brasileira de Bioética*, vol. 4, 2008, p. 52.
[32] PATRÃO NEVES, C. Sentidos da vulnerabilidade: característica, condição, princípio. *Revista Brasileira de Bioética*, vol. 2, n. 2, 2006, p. 167. No mesmo sentido: DUARTE DE ALMEIDA, Leonor. Suscetibilidade: novo sentido para a vulnerabilidade. *Revista Bioética*, vol. 18, n. 3, 2010, p. 538.
[33] DUARTE DE ALMEIDA, Leonor. Suscetibilidade: novo sentido para a vulnerabilidade. *Revista Bioética*, vol. 18, n. 3, p. 2010, p. 537.
[34] DUARTE DE ALMEIDA, Leonor. Suscetibilidade: novo sentido para a vulnerabilidade. *Revista Bioética*, vol. 18, n. 3, 2010, p. 539.
[35] GIFFONI DE MELLO, Daisy; BRAZ, Marlene. Vulnerabilidade, autonomia e ética em pesquisa. *Revista Brasileira de Bioética*, vol. 4, 2008, pp. 64-65.

Em relações negociais, ainda subsistem dificuldades na utilização do conceito de vulnerabilidade[36], o qual é "relativamente recente"[37]. Diante de relações contratuais em que verificada assimetria estrutural, em virtude do desequilíbrio dos poderes fáticos reconhecidos aos seus sujeitos, confere-se "proteção jurídica especial" à parte em situação de vulnerabilidade[38]. O perigo está na "falta de cuidado na definição de seus contornos científicos", como alerta Carlos Nelson Konder. Tendo em vista relações de Direito Privado, o Autor adverte para a banalização de sua invocação, "transformando-a de importante instrumento jurídico de alteração da realidade em mera invocação retórica, sem força normativa efetiva"[39].

A falta de técnica legislativa dificulta sobremaneira a compreensão do conteúdo do enunciado legal. Ao reconhecer, de forma ampla e genérica, a vulnerabilidade "do particular perante o Estado", a Lei da Liberdade Econômica desconsidera as individualidades, como, por exemplo, o fato de o particular ser uma pessoa física, um microempresário ou, então, uma sociedade integrante de um grande grupo empresarial, desprezando, igualmente, os diferentes graus de vulnerabilidade[40]. E, ao assim proceder, pode resultar "na concessão de proteções excessivas ou insuficientes"[41], por seu caráter demasiadamente

---

[36] Nesse sentido, BATISTA, Neimar; AMORIM, Ana Rosa Tenório de. A vulnerabilidade no Direito Privado: do conceito às aplicações. *Revista Tuiuti*: Ciência e cultura, n. 57, c. 5, 2018, p. 71.
[37] A expressão é de LÔBO, Paulo. Vulnerabilidade jurídica do contratante. In: EHRHARDT JR., Marcos; LOBO, Fabíola (Orgs.). *Vulnerabilidade e sua compreensão no Direito Brasileiro*. Indaiatuba: Foco, 2021, p. 1.
[38] MARTINS-COSTA, Judith. *A Boa-Fé no Direito Privado*: Critérios para a sua aplicação. 2ª ed. São Paulo: Saraiva, 2018, p. 322.
[39] KONDER, Carlos Nelson. Vulnerabilidade patrimonial e vulnerabilidade existencial: por um sistema diferenciador. *Revista de Direito do Consumidor*, vol. 99, p. 101-123, mai./jun. 2015. Acesso RT Online.
[40] Ao tratar da "parte frágil" (*partie faible*) no direito dos contratos, Marcel Fontaine afirma que "La faiblesse comporte évidemment des degrés. Le droit des personnes connaît des régimes distincts pour les mineurs au sens plein, pour les mineurs émancipés, pour les majeurs dont les facultés mentales sont altérées, pour les 'prodigues'. Un sort à part est souvent fait aux cocontractants professionels, tandis que l'on tend à promouvoir le développement d'un régime spécial adapté aux consommateurs 'leus plus défavorisés' [...]." (FONTAINE, Marcel. Rapport de Synthèse. In: *La protection de la partie faible dans les rapports contractuels*. Paris: LGDJ, 1996, p. 617)
[41] FONTAINE, Marcel. La Rapport de Synthèse. In: *La protection de la partie faible dans les rapports contractuels*. Paris: LGDJ, 1996, p. 617. No original: "Là où la régle est trop générale, elle peut aboutir à l'octroi de protections excessives ou insuffisantes".

geral e, ainda, levar ao surgimento de uma "classe de 'novos fortes'"[42] – *i.e.*, os particulares, de modo indistinto. Na aparente tentativa de balancear essa equação, o legislador traçou exceções à presunção, como se examinará mais detidamente na seção 3, *infra*, logo a seguir. Trata-se de aspecto inovador, já que, em outras searas, a presunção de vulnerabilidade é, via de regra, absoluta, não admitindo prova em sentido contrário[43].

Portanto, o art. 2º, IV, da LLE – ainda que pareça se afastar da ideia de compatibilização entre os interesses coletivos e privados – acaba por "pregar" a vulnerabilidade do particular sem, contudo, explicitar como seria equacionado o desequilíbrio, nem especificar a sua abrangência. Esse tipo de direcionamento não condiz nem mesmo com os controles adotados diante da constatação de uma situação de vulnerabilidade, pois, nessas hipóteses, "o legislador procura, como medida profilática, as situações sociais onde mais comumente ocorrem os abusos decorrentes d[a] desigualdade" e as regula a fim de evitar excessos[44]. É ilógico apregoar a ideia de vulnerabilidade, considerada de modo abstrato e genérico: acaba-se invertendo uma gangorra que deveria estar equilibrada.

3. Conexões Intrassistemáticas

Para alguns autores que se ocuparam da definição em outros âmbitos, o reconhecimento de vulnerabilidade permite a utilização de mecanismos interventivos para promover o reequilíbrio da relação[45] e a proteção dos

---

[42] FONTAINE, Marcel. Rapport de Synthèse. In: *La protection de la partie faible dans les rapports contractuels*. Paris: LGDJ, 1996, p. 652: "La surportection conduit aussi à la modification des rapports de force, créant parfois une classe de 'nouveaux forts' qui s'empressent d'abuser à leur tour de leur position [...]".

[43] LÔBO, Paulo. Vulnerabilidade jurídica do contratante. In: EHRHARDT JR., Marcos; LOBO, Fabíola (Orgs.). *Vulnerabilidade e sua compreensão no Direito Brasileiro*. Indaiatuba: Foco, 2021, p. 5.

[44] CASTRO NEVES, José Roberto de. Princípio da Vulnerabilidade. In: TORRES, Ricardo Lobo; TAKEMI, Eduardo; GALDINO, Flavio (Orgs.). *Dicionário de Princípios Jurídicos*. Rio de Janeiro: Elsevier, 2011, p. 1411.

[45] KONDER, Carlos Nelson. Vulnerabilidade patrimonial e vulnerabilidade existencial: por um sistema diferenciador. *Revista de Direito do Consumidor*, vol. 99, p. 101-123, mai./jun. 2015. Acesso RT Online.

vulneráveis⁴⁶. É dizer: diante da vulnerabilidade como fato, a aplicação do direito deve corrigi-la. Sendo essa faceta transplantada para a seara administrativa, P ao erigir à categoria de princípio jurídico o "reconhecimento de vulnerabilidade do particular", a Lei da Liberdade Econômica promove uma disparidade de tratamento. Se nas "relações contratuais privadas", espaços nos quais a presunção é contrária à existência de vulnerabilidade, pois "os contratos civis e empresariais presumem-se paritários e simétricos até a presença de elementos que justifiquem o afastamento dessa presunção"⁴⁷ deve ocorrer a intervenção mínima⁴⁸; é de se compreender que nas relações entre particulares e o Estado, seria possível – e desejável – a intervenção heterônoma, em favor do particular, tido como vulnerável. O paradoxo é evidente: ao mesmo tempo em que a Lei prevê a suposta liberdade, prevê a intervenção.

É bem verdade que a presunção de vulnerabilidade instituída pelo art. 2º, IV, é excepcionada pelo seu parágrafo único, diante de "questões de má-fé, hipersuficiência ou reincidência". Para tanto, porém, a Lei exige a edição de regulamento – ato normativo de competência privativa da Presidência da República, nos termos do Art. 84, IV, da Constituição Federal –, até o momento não editado⁴⁹, não se verificando notícias publicizadas de que esteja em vias de elaboração.

A rigor, a finalidade do poder regulamentar é afastar eventuais obstáculos práticos na aplicação da lei⁵⁰, estando o Poder Executivo adstrito às balizas fincadas pelo Legislativo⁵¹. Trata-se de "edictar regras que se limitem a adaptar a atividade humana ao texto, e não o texto à activdade humana"⁵².

No entanto, é de extrema dificuldade cogitar como poderia o Poder Executivo editar regulamento no sentido aventado pelo legislador. Embora

---

[46] FAVIER, Yann. A inalcançável definição de vulnerabilidade aplicada ao Direito: abordagem francesa. *Revista de Direito do Consumidor*, vol. 85, p. 15-23, jan./fev. 2013. Acesso RT Online.
[47] Redação atribuída pelo art. 7º da Lei 13.874 ao novel art. 421-A, *caput*, do Código Civil.
[48] Redação atribuída pelo art. 7º da Lei 13.874 ao art. 421, parágrafo único, do Código Civil.
[49] Diferentemente, por exemplo, do regulamento ao art. 3º, X (Decreto nº 10.278, de 18 de março de 2020) e ao art. 5º, *caput* (Decreto nº 10.411, de 30 de junho de 2020).
[50] MORAES, Alexandre de. *Direito Constitucional*. 30ª ed. São Paulo: Atlas, 2014, p. 496.
[51] SILVA, José Afonso da. *Curso de Direito Constitucional positivo*. 25ª ed. São Paulo: Malheiros, 2005, p. 425. No mesmo sentido, TEMER, Michel. *Elementos de Direito Constitucional*. 22ª ed. São Paulo: Malheiros, 2008, p. 161.
[52] PONTES DE MIRANDA, Francisco Cavalcanti. *Comentários à Constituição de 1967*. Tomo III. Rio de Janeiro: Forense, 1987, p. 314.

autores critiquem a possibilidade de "abr[ir-se] uma brecha talvez perigosa, em detrimento da parte mais fraca da relação jurídica"[53], o aspecto central a se apreender é que a noção de vulnerabilidade não se relaciona claramente com qualquer dos três conceitos mencionados na norma legal – má-fé, hipersuficiência e reincidência.

A ocorrência de má-fé do particular, ou verificação de sua "hipersuficiência"[54], não são fatores aptos a se contraporem à vulnerabilidade, estando esta noção ligada, como acima se expôs, à *fragilidade*, ou à *susceptibilidade de ser ferido*. Um sujeito que aja com má-fé deixa de ser vulnerável? O que é um particular hipersuficiente? Na tentativa de responder ao menos uma das perguntas, resta outra: um particular "hipersuficiente", que tenha ampla possibilidade de produção probatória (adotando-se a conotação do termo no Direito do Consumidor) é diferente de outro que não tenha tal poder processual?

Para considerar a presunção passível de afastamento, seria mais adequado ter o legislador indicado elementos mais palpáveis a demonstrar efetiva situação de oposição à vulnerabilidade do particular, isto é, circunstâncias que permitissem identificar a ausência de *fragilidade* do particular em sua relação com o Estado. Como tampouco a Lei indica com clareza o que significaria a adoção do princípio – aqui se realizando esforço hermenêutico na tentativa de compreender o conteúdo legal –, o contrário também resta impossibilitado.

Por fim, a menção à "reincidência" como forma de afastar a presunção de vulnerabilidade sequer torna possível compreender o seu objeto: o suporte fático da regra é preenchido quando o particular reincidir? Se positivo, se o particular reincidir em relação a quê? E, para que se configure a reincidência, é preciso o reconhecimento por meio de decisão judicial transitada em julgado[55]? A falta de diretrizes claras possivelmente fará com que o regulamento mencionado pelo art. 2º, parágrafo único, da LLE, em vez de afastar obstáculos

---

[53] VEZZONI, Marina; PATIÑO, Ana Paula Corrêa. A desconsideração da personalidade jurídica em face da sistemática da lei de liberdade econômica (Lei 13.874/2019). *Revista de Direito Bancário e do Mercado de Capitais*, vol. 88, p. 207-224, abr./jun. 2020. Acesso RT Online.
[54] A respeito da hipossuficiência, vide item 4, *infra*.
[55] A reincidência, para fins penais, é prevista no Código Penal, art. 63: "Verifica-se a reincidência quando o agente comete novo crime, depois de transitar em julgado a sentença que, no País ou no estrangeiro, o tenha condenado por crime anterior".

práticos na aplicação do "princípio" da vulnerabilidade do particular, gere ainda mais dúvidas, incertezas e insegurança sobre o conteúdo da norma.

4. Conexões Intersistemáticas

O Código de Defesa do Consumidor reconhece a vulnerabilidade do consumidor no mercado dentre os "princípios" da Política Nacional das Relações de Consumo (art. 4º, I, da Lei nº 8.078). O CDC também aborda o conceito de hipossuficiência, ao prever como direito básico do consumidor o mecanismo processual de dinamização do ônus da prova (art. 6º, VII, da Lei nº 8.078).

Quiçá em virtude dessas regras, tornou-se corriqueiro tratar-se indistintamente vulnerabilidade e hipossuficiência. Todavia, o conteúdo dos conceitos diferencia-se e não deve ser confundido[56]. Nesse campo de relações, a hipossuficiência (– hipo, pouca; suficiência) é uma questão afeita ao plano processual[57], aplicável aos casos em que o consumidor não dispuser de meios adequados para provar as suas alegações[58]. Já a vulnerabilidade do consumidor indica a assimetria presumida pelo legislador em sua relação com o fornecedor.

5. Jurisprudência

Recente acórdão do Tribunal de Justiça de São Paulo restou fundamentado no art. 2º, incisos II e IV, da Lei da Liberdade Econômica[59]. A Prefeitura de São Bernardo do Campo realizou lançamento tributário, sustentando não ter havido o recolhimento de ISSQN em obra realizada pelo particular. Este, no

---

[56] CAVALIERI, Sergio. *Programa de Direito do Consumidor*. São Paulo: Atlas, 2008, p. 38.

[57] CORREIA JR., José Bastos; ALBUQUERQUE, Paula Falcão. O empresário vulnerável em tempos de simetria contratual. In: EHRHARDT JR., Marcos; LOBO, Fabíola (Orgs.). *Vulnerabilidade e sua compreensão no Direito Brasileiro*. Indaiatuba: Foco, 2021, p. 24; LIMA, Sthéffani Machado de. Vulnerabilidade e hipossuficiência na sistemática do Código de Defesa do Consumidor. *Revista do CAAP*, vol. XVII, nº 2, 2011, p. 243.

[58] AGUIAR JR., Ruy Rosado de. Aspectos do Código de Defesa do Consumidor. *Revista AJURIS*, vol. 52, jul./1991, p. 173.

[59] TJSP. Turma da Fazenda. RI 1024694-12.2019.8.26.0564. Rel. Des. Alexandre Jorge Carneiro da Cunha Filho. J. em 16.07.2021.

entanto, alegava ter realizado a obra por meios próprios, não tendo contratado a prestação dos serviços. O TJSP entendeu que, diante da ausência de provas do fato gerador do tributo, deveria "se prestigiar a palavra do administrado, em favor de quem milita a dúvida"[60], para tanto destacando, em conjunto, os "princípios" da boa-fé do particular e de sua vulnerabilidade.

Referências

AGUIAR JR., Ruy Rosado de. Aspectos do Código de Defesa do Consumidor. *Revista AJURIS*, vol. 52, jul./1991.

ÁVILA, Humberto. Repensando o "Princípio da Supremacia do Interesse Público sobre o Particular". *Revista Diálogo Jurídico*, vol. I, nº 7, out./2001.

ÁVILA, Humberto. *Teoria dos Princípios*: da definição à aplicação dos princípios jurídicos. 18ª ed. São Paulo: Malheiros, 2018.

BAJOTTO, Alethéia Peters; GARCIA, Lucas França; GOLDIM, José Roberto. What is vulnerability? A qualitative study about the perception of vulnerability in adults and older adults. *Journal of Clinical Research & Bioethics*, vol. 8, n. 2, 2017.

BATISTA, Neimar; AMORIM, Ana Rosa Tenório de. A vulnerabilidade no Direito Privado: do conceito às aplicações. *Revista Tuiuti*: Ciência e cultura, nº 57, c. 5, 2018.

CAIRE, Anne-Blandine. Fictions et présomptions. In: CAIRE, Anne-Blandine (Dir.). *Les fictions en Droit*. Paris: LGDJ, 2015.

CASTRO NEVES, José Roberto de. Princípio da Vulnerabilidade. In: TORRES, Ricardo Lobo; TAKEMI, Eduardo; GALDINO, Flavio (Orgs.). *Dicionário de Princípios Jurídicos*. Rio de Janeiro: Elsevier, 2011.

CAVALIERI, Sergio. *Programa de Direito do Consumidor*. São Paulo: Atlas, 2008.

CORREIA JR., José Bastos; ALBUQUERQUE, Paula Falcão. O empresário vulnerável em tempos de simetria contratual. In: EHRHARDT JR., Marcos; LOBO, Fabíola (Orgs.). *Vulnerabilidade e sua compreensão no Direito Brasileiro*. Indaiatuba: Foco, 2021.

DI PIETRO, Maria Sylvia Zanella. *Direito Administrativo*. 34ª ed. Rio de Janeiro: Grupo GEN, 2021. Acesso Minha Biblioteca.

DINIZ, Thales Janguiê Silva; FINKELSTEIN, Maria Eugênia Reis. A Lei da Liberdade Econômica e suas Implicações nas Sociedades Anônimas de Capital Aberto. *Revista de Direito Bancário e do Mercado de Capitais*, vol. 90/2020, outubro-dezembro de 2020.

DONNINI, Rogério. Contratos empresariais e a cláusula *rebus sic stantibus*. In: BRUSCHI, Gilberto *et al* (Orgs.). *Direito Processual Empresarial*. Rio de Janeiro: Elsevier, 2012.

DUARTE DE ALMEIDA, Leonor. Suscetibilidade: novo sentido para a vulnerabilidade. *Revista Bioética*, vol. 18, n. 3, p. 2010.

---

[60] TJSP. Turma da Fazenda. RI 1024694-12.2019.8.26.0564. Rel. Des. Alexandre Jorge Carneiro da Cunha Filho. J. em 16.07.2021.

FAVIER, Yann. A inalcançável definição de vulnerabilidade aplicada ao Direito: abordagem francesa. *Revista de Direito do Consumidor*, vol. 85, p. 15-23, jan./fev. 2013. Acesso RT Online.

FONTAINE, Marcel. Rapport de Synthèse. In: *La protection de la partie faible dans les rapports contractuels*. Paris: LGDJ, 1996.

GAMA, Raymundo. Presumptions and Fictions: a Collingwoodian approach. In: DEL MAR, Maksymilian; TWINING, William (Eds.). *Legal fictions in theory and practice*. Cham: Springer, 2015.

GIFFONI DE MELLO, Daisy; BRAZ, Marlene. Vulnerabilidade, autonomia e ética em pesquisa. *Revista Brasileira de Bioética*, vol. 4, 2008.

GIORGIS, José Carlos Teixeira. Temas Bioéticos – A pessoa vulnerável. In: *A Paternidade Fragmentada* – Família, Sucessões e Bioética. Porto Alegre: Livraria do Advogado, 2007.

KONDER, Carlos Nelson. Vulnerabilidade patrimonial e vulnerabilidade existencial: por um sistema diferenciador. *Revista de Direito do Consumidor*, vol. 99, p. 101-123, mai./jun. 2015. Acesso RT Online.

LIMA, Sthéffani Machado de. Vulnerabilidade e hipossuficiência na sistemática do Código de Defesa do Consumidor. *Revista do CAAP*, vol. XVII, nº 2, 2011.

LÔBO, Paulo. Vulnerabilidade jurídica do contratante. In: EHRHARDT JR., Marcos; LOBO, Fabíola (Orgs.). *Vulnerabilidade e sua compreensão no Direito Brasileiro*. Indaiatuba: Foco, 2021.

LOUREIRO, Caio de Souza. Princípios na Lei de Liberdade Econômica. In: MARQUES NETO, Floriano Peixoto; RODRIGUES JR., Otavio Luiz; LEONARDO, Rodrigo Xavier (Orgs.) *Comentários à Lei da Liberdade Econômica*. Lei 13.874/2019. São Paulo: Thompson Reuters Brasil, 2019. Acesso Proview.

MALAGÓN OVIEDO, Rafael Antônio; CZERESNIA, Dina. O conceito de vulnerabilidade e seu caráter biossocial. *Interface*, vol. 19, 2015.

MARTINS-COSTA, Judith. *A Boa-Fé no Direito Privado*: Critérios para a sua aplicação. 2ª ed. São Paulo: Saraiva, 2018.

_____. Capacidade para consentir e esterilização de mulheres tornadas incapazes pelo uso de drogas: aproximação entre a técnica jurídica e a reflexão bioética. In: MARTINS-COSTA, Judith; MÖLLER, Letícia Ludwig (Orgs.). *Bioética e Responsabilidade*. Rio de Janeiro: Forense, 2009.

_____. De princípios, regras, ficções e presunções (e de algumas desastrosas confusões). In: MITIDIERO, Daniel; ADAMY, Pedro (Coords.). *Direito, Razão e Argumento*: a reconstrução dos fundamentos democráticos do Direito Público com base na Teoria do Direito. *Liber Amicorum* Professor Humberto Ávila. Salvador: Jus Podivm, 2021.

MEDAUAR, Odete. *Direito Administrativo Moderno*. 21ª ed. Belo Horizonte: Fórum, 2018.

MEIRELLES, Hely Lopes. *Direito administrativo brasileiro*. 42ª ed. Atualizado por José Emmanuel Burle Filho. São Paulo: Malheiros, 2016.

MORAES, Alexandre de. *Direito Constitucional*. 30ª ed. São Paulo: Atlas, 2014.

PATRÃO NEVES, C. Sentidos da vulnerabilidade: característica, condição, princípio. *Revista Brasileira de Bioética*, vol. 2, n. 2, 2006.

PONTES DE MIRANDA, Francisco Cavalcanti. *Comentários à Constituição de 1967*. Tomo III. Rio de Janeiro: Forense, 1987.

SILVA, José Afonso da. *Curso de Direito Constitucional positivo*. 25ª ed. São Paulo: Malheiros, 2005.

SUNDFELD, Carlos Ari. *Direito Administrativo para Céticos*. 2ª ed. São Paulo: Malheiros, 2017.

TEMER, Michel. *Elementos de Direito Constitucional*. 22ª ed. São Paulo: Malheiros, 2008.

TJSP. Turma da Fazenda. RI 1024694-12.2019.8.26.0564. Rel. Des. Alexandre Jorge Carneiro da Cunha Filho. J. em 16.07.2021.

VEZZONI, Marina; PATIÑO, Ana Paula Corrêa. A desconsideração da personalidade jurídica em face da sistemática da lei de liberdade econômica (Lei 13.874/2019). *Revista de Direito Bancário e do Mercado de Capitais*, vol. 88, p. 207-224, abr./jun. 2020. Acesso RT Online.

PARTE II
DECLARAÇÃO DE DIREITOS DA LIBERDADE ECONÔMICA

PARTE II

O ABANDONO FORENSE DA TEORIA PURE ECONÓMICA

1. COMENTÁRIO AO ARTIGO 3º, INCISO II, ALÍNEA "B": O DIREITO A "DESENVOLVER ATIVIDADE ECONÔMICA"[1]

Fernanda Mynarski Martins-Costa
Rafael Branco Xavier
Pietro Benedetti Teixeira Webber

> "Art. 3º São direitos de toda pessoa, natural ou jurídica, essenciais para o desenvolvimento e o crescimento econômicos do País, observado o disposto no parágrafo único do art. 170 da Constituição Federal: [...]
>
> II – desenvolver atividade econômica em qualquer horário ou dia da semana, inclusive feriados, sem que para isso esteja sujeita a cobranças ou encargos adicionais, observadas: [...]
>
> b) as restrições advindas de contrato, de regulamento condominial ou de outro negócio jurídico, bem como as decorrentes das normas de direito real, incluídas as de direito de vizinhança."

---

[1] Os Autores agradecem o auxílio de Ana Júlia Schenkel e Giovana Machado Etcheverry na pesquisa, bem como a leitura e as sugestões de Giovana Valentiniano Benetti.

1. História da Norma

O art. 3º, inciso II, "b" da Lei da Liberdade Econômica não representa inovação no Ordenamento jurídico brasileiro: já havia norma geral autorizando as "atividades do comércio em geral" aos domingos, desde que observada a legislação municipal[2]; e aos feriados, caso permitido por convenção coletiva de trabalho[3]. Havia, por outro lado, normas esparsas estabelecendo restrições de horário para o funcionamento de agências bancárias[4] e de estabelecimentos de crédito[5].

De acordo com a Exposição de Motivos da Medida Provisória nº 881 de 2019, não seria "razoável" o Estado "impe[dir] que um empreendedor se restrinja a horários e dias específicos"[6]. Para os idealizadores da Medida Provisória, seria "injusta" a imposição de "restrições a quem está, neste momento, com disposição de investir capital para gerar emprego e renda, em nome de padrões que não encontram respaldo em economias livres e desenvolvidas"[7]. As finalidades do art. 3º, II, seriam, pois, a geração de empregos e o incentivo à produção econômica[8].

Durante o trâmite legislativo, houve alterações na redação da regra. O texto do inciso II da Medida Provisória nº 881 de 2019 reconhecia, como direito de toda pessoa natural ou jurídica, *"produzir, empregar e gerar renda*, assegurada a liberdade para desenvolver atividade econômica em qualquer horário ou dia da semana"[9], condicionado ao cumprimento de "restrições advindas de obrigações do direito privado, *incluídas as situações de domínio de um determinado bem ou de partes de um bem por mais de uma pessoa simultaneamente*" (alínea b); e das "normas referentes ao direito de vizinhança" (alínea c)[10]. Já o texto promul-

---

[2] Lei nº 10.101/2000, art. 6º, *caput*.
[3] Lei nº 10.101/2000, art. 6º-A.
[4] Resolução nº 2.932 do Conselho Monetário Nacional, de 28 de fevereiro de 2002, art. 1º.
[5] Lei nº 4.178/1962, art. 1º.
[6] Exposição de Motivos da Medida Provisória nº 881, datada de 11 de abril de 2019, EMI nº 00083/2019 ME AGU MJSP, § 11.
[7] Exposição de Motivos da Medida Provisória nº 881, datada de 11 de abril de 2019, EMI nº 00083/2019 ME AGU MJSP, § 11.
[8] Exposição de Motivos da Medida Provisória nº 881, datada de 11 de abril de 2019, EMI nº 00083/2019 ME AGU MJSP, § 11.
[9] Medida Provisória nº 881, de 30 de abril de 2019, art. 3º, II. Destacou-se.
[10] Medida Provisória nº 881, de 30 de abril de 2019, art. 3º, II.

gado pela Lei nº 13.874/2019 promoveu supressões e acréscimos: passou-se a prever, como direito de toda pessoa, "desenvolver atividade econômica em qualquer horário ou dia da semana, inclusive feriados, *sem que para isso esteja sujeita a cobranças ou encargos adicionais*". Ademais, foram conjugadas as alíneas (b) e (c), cabendo o respeito às "restrições advindas de contrato, de regulamento condominial ou de outro negócio jurídico, bem como as decorrentes das normas de direito real, incluídas as de direito de vizinhança"[11].

Mais recentemente, o art. 43 da Lei nº 14.195/2021 acrescentou o parágrafo 3º ao artigo 1.142 do Código Civil, com o seguinte teor: "quando o local onde se exerce a atividade empresarial for físico, a fixação do horário de funcionamento competirá ao Município, observada a regra geral do inciso II do *caput* do art. 3º da Lei nº 13.874, de 20 de setembro de 2019"[12]. O Projeto de Conversão de Lei foi parcialmente vetado pelo Presidente da República, na Mensagem de Veto nº 415, de 26 de agosto de 2021, nesta não havendo, porém, menção às mudanças ao art. 1.142 promovidas pela Lei[13].

2. Comparação Jurídica

A experiência jurídica estrangeira indica disparidade na apreciação do tema. Há Ordenamentos mais rígidos ao estabelecimento de horários para o exercício da atividade econômica, como o da Alemanha; outros estabelecem restrições mais brandas, como o do Reino Unido; e outros, como Portugal, revogaram as limitações nacionais, regulando a competência legislativa para impor limitações.

No Direito alemão, a *Gesetz über den Ladenschluß*, expedida em 1956, determina o fechamento de estabelecimentos comerciais em domingos e feriados[14];

---

[11] Lei nº 13.874/2019, art. 3º, II, "b".
[12] Lei nº 14.195/2021.
[13] Até o fechamento desta edição, o site oficial do Governo Federal que divulga o texto oficial do Código Civil não continha o § 3º do art. 1.142. Como o art. 66, § 2º, da Constituição Federal estabelece que "§ 2º O veto parcial somente abrangerá texto integral de artigo, de parágrafo, de inciso ou de alínea", a modificação ao Código Civil foi vetada.
[14] *Gesetz über den Ladenschluß*, § 3(1). Disponível em: <www.gesetze-im-internet.de/ladschlg/BJNR008750956.html>. Os Autores agradecem o auxílio de Gabriela Barcellos Scalco na tradução das regras atinentes ao Direito alemão.

e estabelece restrições de horários entre segunda-feira e sábado[15]. A Lei também indica exceções pontuais, a respeito do funcionamento de, *e.g.*, farmácias[16], bancas de jornal e revistas[17] e postos de gasolina[18].

No Reino Unido, o *Shops Act 1950* continha detalhada regulamentação sobre o horário de encerramento das atividades comerciais[19]. Após a revogação dessa norma[20], o *Sunday Trading Act 1994*, aplicável ao território da Inglaterra e do País de Gales[21], passou a estabelecer restrições orientadas pelo tamanho das lojas[22]: aos domingos, os grandes estabelecimentos (cuja área exceda 280m^2)[23], apenas podem funcionar pelo período máximo de seis horas[24]. Estabelecimentos com área inferior a 280m^2 podem exercer sua atividade em qualquer horário, independentemente do dia[25].

Portugal também impunha restrições ao horário de funcionamento de estabelecimentos comerciais[26], conferindo aos municípios a possibilidade

---

[15] *Gesetz über den Ladenschluß*, § 3(2). Disponível em: <www.gesetze-im-internet.de/ladschlg/BJNR008750956.html>.
[16] *Gesetz über den Ladenschluß*, § 4. Disponível em: <www.gesetze-im-internet.de/ladschlg/BJNR008750956.html>.
[17] *Gesetz über den Ladenschluß*, § 5. Disponível em: <www.gesetze-im-internet.de/ladschlg/BJNR008750956.html>.
[18] *Gesetz über den Ladenschluß*, § 6. Disponível em: <www.gesetze-im-internet.de/ladschlg/BJNR008750956.html>.
[19] *Shops Act 1950*, S. 1-16. Disponível em: <www.legislation.gov.uk/ukpga/Geo6/14/28/enacted>.
[20] *Deregulation and Contracting Out Act 1994*, S. 23. Disponível em: <www.legislation.gov.uk/ukpga/1994/40/contents>.
[21] *Sunday Trading Act 1994*, S. 9(4). Disponível em: <www.legislation.gov.uk/ukpga/1994/20/contents>.
[22] Há uma lista de atividades excepcionais, sobre as quais não incide a restrição (*Sunday Trading Act 1994*, Schedule 1, S. 3. Disponível em: <www.legislation.gov.uk/ukpga/1994/20/contents>).
[23] *Sunday Trading Act 1994*, Schedule 1, S. 1. Disponível em: <www.legislation.gov.uk/ukpga/1994/20/contents>.
[24] *Sunday Trading Act 1994*, Schedule 1, S. 2(3). Disponível em: <www.legislation.gov.uk/ukpga/1994/20/contents>.
[25] House of Commons. BRIEFING PAPER CBP 5522, 11 June 2020. Shop opening hours and Sunday trading. Disponível em: <https://researchbriefings.files.parliament.uk/documents/SN05522/SN05522.pdf>. Último acesso em 17.09.2021.
[26] Decreto-Lei nº 75-T/77, de 28 de fevereiro de 1977, art. 1º; Decreto-Lei nº 417/83, de 25 de novembro de 1983, art. 1º; Decreto-Lei nº 86/95, de 25 de novembro de 1995, art. 1º; Decreto-Lei nº 48/96, de 15 de maio de 1996, art. 1º.

de decidirem sobre a modulação dessas restrições[27]. No entanto, o Decreto-Lei nº 10/2015 revogou a restrição nacional: ao registrar expressamente, na motivação do ato legislativo, a intenção de descentralizar a decisão acerca dos horários para o exercício da atividade comercial[28], passou-se a permitir que os estabelecimentos comerciais tivessem "horário de funcionamento livre"[29], mantendo-se, contudo, a competência municipal para impor restrições[30].

3. Conteúdo e Função da Norma

O art. 3º, inciso II, da Lei nº. 13.874/2019 estabelece ampla liberdade de horários para o desenvolvimento de atividade econômica. O texto define que a regra geral seria a "flexibilidade" de horários, devendo haver justificativa para as limitações impostas pelo Estado[31]. Conquanto a regra geral seja a da "flexibilidade", as restrições devem ser cuidadosamente respeitadas, pois, além de serem referidas também de forma ampla no próprio texto da Lei, devem ser consentâneas às normas constitucionais, de hierarquia superior, principalmente àquelas que dizem respeito à distribuição de competência dos entes federados.

À medida que a Constituição Federal confere aos municípios a prerrogativa de fixar os horários de funcionamento de estabelecimentos comerciais[32], há potencial conflito de normas entre a legislação municipal e a propalada flexibilização genérica pela Lei da Liberdade Econômica. A esse respeito, o exame da fixação de horários por Lei Municipal não está necessariamente sujeito aos critérios da Lei nº 13.874/2019, pois pode ser do interesse local a

---

[27] Decreto-Lei nº 75-T/77, de 28 de fevereiro de 1977, art. 3º, § 1º; Decreto-Lei nº 268/82, de 09 de julho de 1982, artigo único; Decreto-Lei nº 417/83, de 25 de novembro de 1983, art. 3º, § 1º; Decreto-Lei nº 48/96, de 15 de maio de 1996, art. 3º, § 1º; Decreto-Lei nº 111/2010, de 15 de maio de 2010, art. 1º.
[28] Decreto-Lei nº 10/2015, de 16 de janeiro de 2015. *Diário da República*, 1ª série, n. 11, p. 456.
[29] Decreto-Lei nº 10/2015, de 16 de janeiro de 2015, art. 3º.
[30] Decreto-Lei nº 10/2015, de 16 de janeiro de 2015, art. 3º.
[31] GOERGEN, Jerônimo. Liberdade para empreender. In: SALOMÃO, Luís Felipe; CUEVA, Ricardo Villas Bôas; FRAZÃO, Ana (Orgs.). *Lei de Liberdade Econômica e seus impactos no Direito brasileiro*. São Paulo: Thomson Reuters, 2020. Acesso Proview.
[32] A Súmula Vinculante n. 38 do Supremo Tribunal Federal indica ser "competente o Município para fixar o horário de funcionamento de estabelecimento comercial".

restrição específica (art. 30, I da Constituição Federal), por exemplo em relação a questões urbanísticas, de saúde pública, ou de fluxo de trânsito local[33]. Entender o contrário seria subverter o conteúdo da Súmula Vinculante n. 38, retirando a competência dos Municípios para legislar sobre a matéria. A Lei da Liberdade Econômica, portanto, não modificou o conteúdo de qualquer ato normativo municipal, mesmo que a limitação estabelecida não se encontre abalizada nos critérios expressamente abarcados pelo art. 3º, inciso II, da Lei nº 13.874/2019.

O texto da Medida Provisória previa que as "as atividades do comércio em geral" seriam abrangidas pelo conteúdo da norma. No texto da Lei, a regra passou a dizer respeito ao exercício da "atividade econômica". O termo adotado pela Lei nº 13.874/2019, em referência expressa ao parágrafo único do art. 170 da Constituição Federal, é mais amplo do que o da Medida Provisória: o comércio é um dos eixos da atividade econômica, a qual consiste em "atividade que tenha por fim a criação ou circulação de riquezas, bens ou serviços"[34].

Assim, a regra promulgada pela Lei da Liberdade Econômica também contempla as atividades do setor bancário. Comentários anteriores ao dispositivo jogam luzes sobre o debate acerca do funcionamento do setor financeiro aos sábados[35]. Conquanto tradicionalmente tenham sido editados atos normativos que vedam o funcionamento dos bancos (o art. 1º da Lei nº 4.178/1962[36]; e o art. 5º, *caput*, da Resolução 2.932/2002 do Conselho Monetário Nacional[37]),

---

[33] REGULES, Luis Eduardo Patrone. Reflexões sobre a Lei da Liberdade Econômica (Lei Federal nº 13.874/2019) e a Autonomia Municipal. In: CUNHA FILHO, Alexandre Jorge Carneiro da; PICCELLI, Roberto Ricomini; MACIEL, Renata Mota (Coord.). *Lei da Liberdade Econômica Anotada*. Lei n. 13.874, de 2019. Vol. I. São Paulo: Quartier Latin, 2020, p. 287-288.

[34] WALD, Arnoldo. *Comentários ao Novo Código Civil*. Vol. XIV. 2ª ed. Rio de Janeiro: Forense, 2010, p. 39. Em sentido semelhante, ASCARELLI, Tulio. A Atividade do Empresário. *Revista de Direito Mercantil, Industrial, Econômico e Financeiro*, n. 132, out.-dez./2003, p. 203.

[35] THAMAY, Rennan Faria Krüger; JUNIOR, Vanderlei Garcia; TAMER, Maurício. *A Liberdade Econômica*: Uma análise material e processual da Lei n. 13.874/2019. São Paulo: Thomson Reuters, 2020, seção 2.3. Acesso Proview; COUTO NETO, José de Lima. Liberdade econômica no setor financeiro: primeiras impressões sobre a Lei nº 13.874. Disponível em: <www.conjur.com.br/2019-out-17/jose-couto-lei-13874-liberdade-economica-setor-financeiro>. Último acesso em: 13.09.2021.

[36] *In verbis*: "Art. 1º Os estabelecimentos de crédito não funcionarão aos sábados, em expediente externo ou interno".

[37] *In verbis*: "Art. 5º Não são considerados dias úteis, para fins de operações praticadas no mercado financeiro e de prestação de informações ao Banco Central do Brasil, os sábados,

iniciativas recentes buscaram superar esse entendimento. Assim ocorreu com a Medida Provisória nº 905/2019, que, ao revogar a restrição à atividade bancária aos sábados[38], alinhou-se à finalidade da Lei da Liberdade Econômica. É discutível que a mudança do conteúdo da norma prevista, desde a década de 1960, pela Lei nº 4.178 ocorra mediante Medida Provisória, especialmente em vista da Súmula 19 do Superior Tribunal de Justiça, que fixa a competência federal para legislar sobre horário de funcionamento bancário[39].

4. Conexões intersistemáticas

O art. 3º, II, "b" da Lei nº 13.874 aponta exceções à regra geral de flexibilidade no horário disponível para o exercício da atividade econômica, dentre as quais estão as normas de regulamento condominial e as de direito de vizinhança.

As normas atinentes ao condomínio em geral estão previstas entre os artigos 1.314 e 1.358-U do Código Civil. Esses dispositivos podem ter pontos de contato com a regra da flexibilidade de horários.

Por exemplo, embora a questão dos horários não tenha sido o foco central de discussão, o Superior Tribunal de Justiça recentemente prolatou decisão a respeito da força normativa da convenção condominial em relação aos contratos de locação comercial por temporada, conhecido como *caso AirBNB*[40]. O Tribunal entendeu, por maioria, que a convenção condominial proibitiva desse contrato qualificado como atípico prevalece sobre o direito individual de propriedade do condômino sobre sua fração individualizada. Se existir na "Convenção de Condomínio regra impondo destinação residencial, mostra-se indevido o uso de unidades particulares que, por sua natureza, implique o desvirtuamento daquela finalidade (CC/2002, arts. 1.332, III, e 1.336, IV)".

---

domingos e feriados de âmbito nacional, bem como: I – a segunda-feira e a terça-feira de Carnaval; II – o dia dedicado a *Corpus Christi*; III – o dia 2 de novembro". Essa regra foi expedida pelo Conselho Monetário Nacional com fundamento no art. 4º, VIII, da Lei nº.4.595/1964.

[38] Cf. art. 51, XII, da Medida Provisória nº 905.

[39] *In verbis*: "A fixação do horário bancário, para atendimento ao público, é da competência da União".

[40] STJ. Quarta Turma. REsp 1.819.075/RS. Relator Ministro Luís Felipe Salomão. J. em 20.04.2021.

A prevalecer o entendimento da maioria neste julgado, por lógica consequência, à luz da LLE, também se afiguraria como eficaz a norma condominial que eventualmente restringisse os momentos nos quais a unidade condominial pode ser explorada economicamente nessa modalidade contratual junto a terceiros. Não haverá maiores dificuldades em se enxergar a restrição condominial sobre o *quando* como uma das exceções expressamente aludidas pela Lei no art. 3º, II, "b".

Outro ponto de contato vem regrado no Capítulo V, Título III, do Livro III do Código Civil (artigos 1.277 a 1.313). Dentre essas regras, constam, por um lado, limitações ao exercício do direito de propriedade[41], isto é, "mecanismos para evitar a turbulência entre esferas legais, decorrentes da possibilidade de um prédio ser atingido por interferências que emanam de outro prédio"[42]. Permite-se, por outro lado, interferências justificadas pelo interesse público, sendo o seu causador responsável por pagar, ao vizinho, "indenização cabal" (art. 1.278)[43].

Trata-se de regras que consagram a doutrina de San Tiago Dantas, segundo a qual toda a sistemática dos direitos de vizinhança em nossa experiência jurídica é informada pelo princípio da coexistência dos direitos e pelo – controverso[44] – princípio da supremacia do interesse público[45]. Do princípio da coexistência dos direitos emana o dever, para cada proprietário, de suportar as imissões *ex-vicino* na medida das necessidades da coexistência. Do princípio da supremacia do interesse público decorre o dever de vizinhos suportarem os incômodos que o funcionamento de estabelecimento lhe causar – quando

---

[41] Cf. PONTES DE MIRANDA, Francisco Cavalcanti. *Tratado de Direito Privado.* Tomo XIII. Atualizado por Luciano Godoy. São Paulo: Revista dos Tribunais, 2012, § 1.540, 1, p. 461-469.
[42] VIANA, Marco Aurélio S. *Comentários ao Novo Código Civil.* Vol. XVI. Rio de Janeiro: Forense, 2003, p. 206.
[43] Assim, "caracterizado interesse público será possível o uso anormal da propriedade como forma de harmonização do conflito de vizinhança, todavia, com a integral reparação dos danos" (NANNI, Giovanni Ettore. *Comentários ao Código Civil*: Direito Privado Contemporâneo. 2ª ed. São Paulo: Saraiva, 2021, p. 1.033). Em sentido contrário, sustentando ser possível a tutela inibitória mesmo se comprovado o interesse público, *vide* VIANA, Marco Aurélio S. *Comentários ao Novo Código Civil.* Vol. XVI. Rio de Janeiro: Forense, 2003, p. 221.
[44] A esse respeito, permita-se a remissão a BENETTI, Giovana; XAVIER, Rafael; WEBBER, Pietro. Comentário ao art. 2º, inciso IV, nesta obra.
[45] DANTAS, Francisco Clementino de San Tiago. *O conflito de vizinhança e sua composição.* 2ª ed. Rio de Janeiro: Forense, 1972, p. 273-275.

este for de interesse geral –, mesmo se excessivos, reparando o dano[46]. O critério para determinar se os incômodos são, ou não, excessivos, não deve dizer respeito à pessoa concreta do proprietário, mas ao do *proprietário médio* – i.e., "do proprietário do imóvel como um personagem algébrico, formado pela superposição de quantos se encontram naquela coletividade"[47].

As exceções previstas pelo art. 3º, II, "b" da LLE – dentre as quais, as normas condominiais e de direito de vizinhança – não obstam a edição de normas especiais a estabelecer restrições ao exercício da atividade econômica, especialmente diante da competência dos Municípios para estabelecer restrições fundadas no interesse local (art. 30, I da Constituição Federal). Por isso, acompanha-se o entendimento de que "a previsão legal ou é desnecessária [...] ou é ineficaz"[48].

5. Jurisprudência

A jurisprudência atinente às restrições de horário para o exercício da atividade econômica não é pacífica.

No ARE 1.338.436/SP, a Ministra Carmen Lúcia examinou Lei municipal que estabelecia restrições de horário ao funcionamento de estabelecimentos comerciais[49]. Instaurada discussão acerca da constitucionalidade da legislação e de sua compatibilidade com a Lei da Liberdade Econômica, decidiu-se que a competência legislativa seria do município, "por se tratar de matéria de interesse local". Foi, assim, desprovido o pedido de um *shopping*, que suscitava violação do direito à livre concorrência e do princípio da livre iniciativa para manter-se aberto fora dos limites traçados pelo município.

---

[46] DANTAS, Francisco Clementino de San Tiago. *O conflito de vizinhança e sua composição*. 2ª ed. Rio de Janeiro: Forense, 1972, p. 276.
[47] DANTAS, Francisco Clementino de San Tiago. *O conflito de vizinhança e sua composição*. 2ª ed. Rio de Janeiro: Forense, 1972, p. 275.
[48] GARCIA, Fábio Henrique Falcone. A Vitória de Pirro? – Comentários sobre o Art. 3º Declaração de Direitos de Liberdade Econômica. In: CUNHA FILHO, Alexandre Jorge Carneiro da; PICCELLI, Roberto Ricomini; MACIEL, Renata Mota (Coords.). *Lei da Liberdade Econômica Anotada*. Lei n. 13.874, de 2019. Vol. I. São Paulo: Quartier Latin, 2020, p. 269.
[49] STF. ARE 1.338.436/SP. Decisão monocrática da Min. Cármen Lúcia. J. em 19.08.2021.

Já no AgRg na RCl 35.075/RS, o Ministro Luís Roberto Barroso consignou que a constitucionalidade formal de normas municipais não afastaria a competência do Poder Judiciário para analisar a sua constitucionalidade material[50]. Seguindo esse entendimento em outro julgado, decidiu o Ministro Kassio Nunes Marques, no RE 1.295.385/SP, que a competência municipal para estabelecer o horário de funcionamento de estabelecimentos comerciais não legitimaria "toda e qualquer restrição de horário desprovida de razoabilidade". Justificando ser a finalidade do regime de plantão de farmácias assegurar aos cidadãos que pelo menos um estabelecimento estaria à disposição, não se poderia *proibir* o exercício da atividade empresarial de estabelecimento que, embora não contemplado pelo regime de plantão, desejasse exercer a sua atividade. Por essa razão, foi acolhida pretensão de farmácia para exercer sua atividade 24 horas por dia, a despeito de lei municipal determinar o regime de plantão em domingos e feriados[51].

Essa decisão não é isolada: o Tribunal de Justiça da Bahia já havia aplicado o art. 3º, II, da Lei de Liberdade Econômica ao examinar lei municipal que restringia, em domingos e feriados, o funcionamento de estabelecimentos comerciais de alimentos com área superior a 30 m². Deu-se provimento a mandado de segurança dos empresários, permitindo o exercício da sua atividade "nos dias e horários da semana como lhes convier"[52], afastando os efeitos da legislação municipal que estabelecia restrições com base no tamanho do estabelecimento.

Referências

ASCARELLI, Tulio. A Atividade do Empresário. *Revista de Direito Mercantil, Industrial, Econômico e Financeiro*, n. 132, out.-dez./2003.

COUTO NETO, José de Lima. Liberdade econômica no setor financeiro: primeiras impressões sobre a Lei nº 13.874. Disponível em: <www.conjur.com.br/2019-out-17/jose-couto-lei-13874-liberdade-economica-setor-financeiro>. Último acesso em: 13.09.2021.

---

[50] STF. Primeira Turma. AgRg na Rcl 35.075/ES. Rel. Min. Roberto Barroso. J. em 27.09.2019.
[51] STF. RE 1.295.385/SP. Decisão monocrática do Min. Nunes Marques. J. em 21.06.2021.
[52] TJBA. Quarta Câmara Cível. AI 8001707-51.2020.8.05.0000. Rel. Desa. Gardênia Pereira Duarte. J. em 21.01.2021.

DANTAS, Francisco Clementino de San Tiago. *O conflito de vizinhança e sua composição*. 2. ed. Rio de Janeiro: Forense, 1972.

GARCIA, Fábio Henrique Falcone. A Vitória de Pirro? – Comentários sobre o Art. 3º Declaração de Direitos de Liberdade Econômica. In: CUNHA FILHO, Alexandre Jorge Carneiro da; PICCELLI, Roberto Ricomini; MACIEL, Renata Mota (Coords.). *Lei da Liberdade Econômica Anotada*. Lei n. 13.874, de 2019. Vol. I. São Paulo: Quartier Latin, 2020.

GOERGEN, Jerônimo. Liberdade para empreender. In: SALOMÃO, Luís Felipe; CUEVA, Ricardo Villas Bôas; FRAZÃO, Ana (Orgs.). *Lei de Liberdade Econômica e seus impactos no Direito brasileiro*. São Paulo: Thomson Reuters, 2020. Acesso Proview.

House of Commons. BRIEFING PAPER CBP 5522, 11 June 2020. Shop opening hours and Sunday trading. Disponível em: <https://researchbriefings.files.parliament.uk/documents/SN05522/SN05522.pdf>. Último acesso em 17.09.2021.

NANNI, Giovanni Ettore. *Comentários ao Código Civil*: Direito Privado Contemporâneo. 2. ed. São Paulo: Saraiva, 2021.

REGULES, Luis Eduardo Patrone. Reflexões sobre a Lei da Liberdade Econômica (Lei Federal nº 13.874/2019) e a Autonomia Municipal. In: CUNHA FILHO, Alexandre Jorge Carneiro da; PICCELLI, Roberto Ricomini; MACIEL, Renata Mota (Coord.). *Lei da Liberdade Econômica Anotada*. Lei n. 13.874, de 2019. Vol. I. São Paulo: Quartier Latin, 2020.

PONTES DE MIRANDA, Francisco Cavalcanti. *Tratado de Direito Privado*. Tomo XIII. Atualizado por Luciano Godoy. São Paulo: Revista dos Tribunais, 2012.

STF. Primeira Turma. AgRg na Rcl 35.075/ES. Rel. Min. Roberto Barroso. J. em 27.09.2019.

STF. RE 1.295.385/SP. Decisão monocrática do Min. Nunes Marques. J. em 21.06.2021.

STF. ARE 1.338.436/SP. Decisão monocrática da Min. Cármen Lúcia. J. em 19.08.2021.

STJ. Quarta Turma. REsp 1.819.075/RS. Relator Ministro Luis Felipe Salomão. J. em 20.04.2021.

THAMAY, Rennan Faria Krüger; JUNIOR, Vanderlei Garcia; TAMER, Maurício. *A Liberdade Econômica:* Uma análise material e processual da Lei n. 13.874/2019. São Paulo: Thomson Reuters, 2020.

TJBA. Quarta Câmara Cível. AI 8001707-51.2020.8.05.0000. Rel. Desa. Gardênia Pereira Duarte. J. em 21.01.2021.

VIANA, Marco Aurélio S. *Comentários ao Novo Código Civil*. Vol. XVI. Rio de Janeiro: Forense, 2003.

WALD, Arnoldo. *Comentários ao Novo Código Civil*. Vol. XIV. 2. ed. Rio de Janeiro: Forense, 2010.

2. COMENTÁRIO AO ARTIGO 3º, INCISO III: O DIREITO DE DEFINIR PREÇOS

Érica Gorga

> "Art. 3º São direitos de toda pessoa, natural ou jurídica, essenciais para o desenvolvimento e o crescimento econômicos do País, observado o disposto no parágrafo único do art. 170 da Constituição Federal:
>
> [...]
>
> III – definir livremente, em mercados não regulados, o preço de produtos e de serviços como consequência de alterações da oferta e da demanda;"

Introdução

O art. 3º, inc. III da Lei Federal nº 13.874/2019, também conhecida como Lei da Liberdade Econômica, estipula que: "São direitos de toda pessoa, natural ou jurídica, essenciais para o desenvolvimento e o crescimento econômicos do País, observado o disposto no parágrafo único do art. 170 da Constituição Federal: (...) III – definir livremente, em mercados não regulados, o preço de produtos e de serviços como consequência de alterações da oferta e da demanda".

O § 3º do art. 3º dispõe que: "O disposto no inciso III do caput deste artigo não se aplica: I – às situações em que o preço de produtos e de serviços seja utilizado com a finalidade de reduzir o valor do tributo, de postergar a sua arrecadação ou de remeter lucros em forma de custos ao exterior; e II – à legislação de defesa da concorrência, aos direitos do consumidor e às demais disposições protegidas por lei federal."

Este artigo visa discutir tais dispositivos legais, avaliando sua inclusão e redação na "Declaração de Direitos de Liberdade Econômica". Para isso, a seção II faz breve revisão histórica da intervenção do Estado na economia brasileira e da doutrina jurídica que a amparou ao interpretar a Constituição Federal de maneira a legitimar os mais variados tipos de intervenções que prejudicaram os princípios constitucionais da livre iniciativa, da livre concorrência, do livre exercício de qualquer atividade econômica e até da propriedade privada, previstos no art. 170 da Constituição Federal.

A seção III comenta a inclusão do direito de livre definição do preço de produtos e serviços na Lei da Liberdade Econômica e analisa questões da sua hermenêutica e integração no ordenamento jurídico nacional.

A importância e atualidade do tema são incontestáveis, ainda mais quando, no momento da redação do presente artigo, a disparada do preço da gasolina no pós-pandemia ressuscita questionamentos e ímpetos em diversos políticos brasileiros que defendem a intervenção na política de preços da empresa Petróleo Brasileiro S.A. (Petrobras). A questão continua ligada a problemas recorrentes da ordem econômica latino-americana, como mostra a recente implementação do congelamento de preços de cerca de 1500 itens pelo governo argentino em outubro de 2021.[1]

I – A história e a cultura jurídica da intervenção do Estado no domínio econômico

A história brasileira é marcada pelo desenvolvimento de cultura jurídica que se habituou a defender a legalidade e a constitucionalidade do controle estatal

---

[1] Ver CARMO, Marcia. Com inflação anual de 52%, Argentina volta a congelar preços. *Clarín em Portugues*, 18/10/2021. Disponível em <https://www.clarin.com/clarin-em-portugues/com-infla-ao-anual-52-argentina-volta-congelar-pre_0_jvqUmGFhH.html>. Acesso em 1/12/2021.

2. COMENTÁRIO AO ARTIGO 3º, INCISO III: O DIREITO DE DEFINIR PREÇOS

de preços, aí incluídos o acompanhamento e a limitação de preços, o tabelamento, o congelamento e outros.[2]

A realidade econômica nacional alimentou e foi alimentada por sistema de forte intervenção pública na formação de preços no mercado. A promulgação da Constituição Federal de 1988 se deu em época caracterizada por inflação inercial, políticas de estabilização econômica, propostas de choques heterodoxos e de indexação monetária, fracassadas tentativas ortodoxas de estabilização, planos de estabilização heterodoxos (planos Cruzado, Bresser e Verão), abertura comercial dos anos 90, planos Collor I e II até a implementação do plano Real em 1994, que conseguiu estabilizar a moeda e controlar a inflação.[3] Todos esses planos resultaram em "costume constitucional" que justificou a sua aceitação no plano jurídico.[4]

Eros Grau chegou a cunhar a expressão "ordenamento jurídico dos preços", para explicar que "a política econômica decompõe-se em uma série de subpolíticas, cujo desenvolvimento envolve, necessariamente, a utilização de formas, instrumentos e mecanismos de Direito. Sobrepostos a cada uma dessas subpolíticas – ou políticas específicas – é possível discernir conjuntos de disposições jurídicas que se pode identificar como a elas relacionados. É conseqüente, pois, à referência a uma política de preços – que compõe

---

[2] Ver COUTINHO, Diogo R., ROCHA, Jean-Paul Veiga da. Regulação e controle de preços do setor privado no direito brasileiro: hipóteses de possibilidade – parâmetros jurídicos – a irretroatividade das normas no campo regulatório – formas e limites de atuação do Poder Judiciário. *Revista de Direito Administrativo*, vol. 272, maio/ago. 2016, p. 253, comentando sobre a cultura jurídica que se acostumou a essas formas de intervenção estatal. GRAU, Eros Roberto. Tabelamento de preços. *Revista de Direito Público*, n. 85, jan./mar. 1988, p. 102-103, para a diferenciação das diferentes técnicas.

[3] ANDRADE, Rogério Emilio de. *O preço na ordem ético-jurídica*. Campinas: Edicamp, 2003, p. 245.

[4] Ver FERRAZ JR., Tercio Sampaio. Congelamento de preços – tabelamentos oficiais. *Revista de Direito Público*, n. 91, 1989, p. 76. Disponível em <https://www.terciosampaioferrazjr.com.br/publicacoes/congelamento-de-precos>. Acesso em 30/11/2021: "O congelamento ocorre pela terceira vez na vida constitucional brasileira. As eventuais dúvidas sobre a sua estrita constitucionalidade, ainda sob o regime da Constituição de 1967/69, foram levadas de roldão, por ocasião do "Plano Cruzado", sob a alegação de uma legitimidade popular explícita, ainda que difusa. Criou-se, com isso, uma espécie de costume constitucional, que fez admitir o "Plano Bresser" e acabou por induzir a uma espécie de reconhecimento por omissão no caso do "Plano Verão", já sob o regime da nova Constituição." O autor aponta inconstitucionalidades do "Plano Verão", notadamente a restauração da Lei Delegada 4/62.

parcela da política econômica global – a visualização de um conjunto de normas e institutos jurídicos que podemos mencionar como integrados no ordenamento jurídico dos preços."[5]

Assim, tal período de grande experimentação econômica foi acompanhado de enorme produção normativa que proveu o arcabouço legal para a execução das diversas tentativas de planos econômicos fracassados, com a criação de legislação[6] e doutrinas que buscavam justificar a intervenção do Estado na economia, ao mesmo tempo em que almejavam impor limites para que tal atuação se desse de acordo com o regramento constitucional.

A ingerência na iniciativa privada pelo poder estatal chegou ao ponto de as empresas terem que demonstrar a elevação de seus custos operacionais sempre que pretendessem aumentar preços, para que se evitassem os aumentos denominados "meramente especulativos."[7] O grau de interferência e controle do Estado brasileiro no sistema de preços da atividade empresarial tomou tal proporção, que, em diversos momentos, tornaram letra morta na Constituição Federal os princípios previstos no art. 170, da livre iniciativa (caput), da livre concorrência (inc. IV), do livre exercício de qualquer atividade econômica (parágrafo único), sendo lícito questionar até mesmo acerca dos abalos causados na propriedade privada (inc. II).

Os danos aos negócios e à atividade privada foram de tal monta, que chegaram a ser reconhecidos pelo Superior Tribunal de Justiça (STJ) e pelo Supremo Tribunal Federal (STF). Assim, paradoxalmente, ao mesmo tempo em que considerou constitucional a política de controle de preços, o Judiciário também legitimou o direito a indenizações pelas perdas dela resultantes.

O STJ conferiu o direito da massa falida da Viação Aérea de São Paulo (VASP) de ser indenizada pelos prejuízos decorrentes do controle de preços pelo governo federal. No caso da Viação Aérea Rio-Grandense (Varig), apesar

---

[5] GRAU, Eros Roberto. Tabelamento de preços. *Revista de Direito Público*, n. 85, jan./mar. 1988, p. 102.

[6] Posição unânime entre os estudiosos é que a intervenção estatal só poderá ser realizada por meio de lei. Ver SUNDFELD, Carlos Ari Vieira. Controle dos preços escolares. Intervenção do Estado na economia – Legalidade – Competência – Dec.-lei 532/69 – Decs. 93.893/87 e 93.911/87 – Portaria 4/87 do Ministro da Educação. *Revista de Direito Público*, n. 85, jan./mar. 1988, p. 115.

[7] GRAU, Eros Roberto, *op. cit.*, p. 103. Apud "Conselho Interministerial de Preços", verb. In Enciclopédia Saraiva do Direito, v. 18/215 e 216.

2. COMENTÁRIO AO ARTIGO 3º, INCISO III: O DIREITO DE DEFINIR PREÇOS

de adotar como premissa a licitude dos planos econômicos que estabeleceram o congelamento das tarifas aéreas, o STF, com os mesmos fundamentos do caso Vasp, condenou a União a indenizar a empresa.[8] Os casos das companhias áreas, que incluem a Transbrasil, também indenizada, avolumaram os prejuízos bilionários estimados em cerca de R$ 10 bilhões aos contribuintes brasileiros pelas intervenções estatais que acabaram gerando a falência das empresas citadas, durante a saga para se tentar domar a inflação.[9] É evidente que além dos casos das companhias áreas, muitas outras empresas sofreram perdas estrondosas.

Renomados doutrinadores desenvolveram novas teses jurídicas para justificar a intervenção estatal no domínio econômico, legitimando-a. Fábio Konder Comparato bradou "o novo Direito Constitucional", que inovava não só em termos de matéria jurídica, mas também em metodologia interpretativa.[10] O autor adotou a visão de que a busca de certos objetivos constitucionais justificaria os meios a serem empregados pelo Estado, "que teria a obrigação de agir para alcançá-los."[11]

Comparato defendeu que os princípios e diretrizes constitucionais "impõem, também, tanto ao administrador público quanto ao próprio legislador, um comportamento positivo, dirigido à consecução de objetivos determinados e ao desenvolvimento de programas de ação no campo social e econômico. Nesse sentido, já não cabe tratar a regulação estatal das atividades empresariais como mera intervenção – excepcional e temporária – do Estado no campo econômico privado, mas como o desempenho ordinário de um dever constitucional."[12] Assim, nesta lógica, o Estado tem o dever constitucional de intervir na economia para que sejam atingidos certos objetivos constitucionais como, por exemplo, a justiça social e a valorização do trabalho humano.

---

[8] COUTINHO, Diogo R., ROCHA, Jean-Paul Veiga da, *op. cit.*, pp. 270-271.
[9] COUTINHO, Diogo R., ROCHA, Jean-Paul Veiga da, *op. cit.*, p. 272.
[10] COMPARATO, Fábio Konder. Regime constitucional do controle de preços no mercado. *Revista de Direito Público*, n. 97, jan./mar. 1991, p. 17.
[11] COMPARATO, Fábio Konder, *op. cit.*, p. 18: "o intérprete já não pode limitar a sua tarefa intelectual ao trabalho de pôr em foco o pensamento do constituinte (...)", porque, na sua visão, "não faz sentido afetar uma posição de prudente neutralidade diante de textos que apontam agora, claramente, para objetivos a serem obrigatoriamente alcançados (...)."
[12] COMPARATO, Fábio Konder, *op. cit.*, p. 18.

Nesse sentido, a competência estatal para o controle de preços com a restrição da liberdade empresarial passa a ser justificada nas mais numerosas situações: seja para estabelecer valores mínimos, preços máximos, ou para estabilizar forçadamente os preços de mercadorias e serviços sob a alegação do intuito de se proteger o consumidor final.[13] Trata-se de hermenêutica jurídica da Constituição que serve à defesa de verdadeiro dirigismo estatal sobre a economia,[14] quiçá beirando o sistema extremo de planificação estatal.

Ocorre que, o pressuposto da interpretação constitucional adotada por Comparato é *a visão de que a ação estatal seria o melhor meio para se alcançar os fins constitucionais*,[15] o que, em nenhum momento, o jurista sequer tentou ou logrou demonstrar que seria o caso. Para refutar a adequação do "novo Direito Constitucional" defendido pelo autor à consecução dos fins constitucionais, bastaria adotar raciocínio exatamente inverso, o de que as ações estatais propiciam resultados piores que se afastam dos objetivos constitucionais mencionados. Aliás, a literatura econômica é repleta de análises acadêmicas que demonstram que a ação estatal, em muitos casos, diminui o bem-estar social, piorando o atendimento dos mesmos princípios constitucionais citados pelo autor para embasar sua análise.

Não foi positivado na Constituição Federal que a única maneira pela qual os princípios constitucionais elencados seriam alcançados é a partir do dever de ação positiva do Estado, podendo-se igualmente defender, *ad argumentandum tantum*, com o mesmo grau de persuasão, que tais objetivos poderiam ser melhor alcançados por meio da inação do Estado.

O art. 170, que elenca os princípios gerais da atividade econômica, não descreve a forma como estes deverão ser realizados, se por ação do Estado ou por inação. A própria jurisprudência do STF, aliás, ao reconhecer a obrigação do Estado brasileiro de indenizar empresas prejudicadas com intervenções

---

[13] Ver COMPARATO, Fábio Konder, *op. cit.*, p. 19, defendendo todas essas formas de intervenções no domínio econômico.

[14] Ver BARROSO, Luiz Roberto. A ordem econômica constitucional e os limites à atuação estatal no controle de preços. *Revista de Direito Administrativo*, n. 226, out./dez. 2001, p. 208: "Deve-se assinalar, de plano, que o controle prévio de preços é medida própria de dirigismo econômico e não meio legítimo de disciplina do mercado."

[15] Segundo o autor, a Constituição brasileira de 1988 se apartaria, nitidamente, do modelo liberal clássico, devendo "pautar suas decisões legislativas pelos princípios e diretrizes constantes do texto constitucional." COMPARATO, Fábio Konder, *op. cit.*, p. 18.

2. COMENTÁRIO AO ARTIGO 3º, INCISO III: O DIREITO DE DEFINIR PREÇOS

econômicas fracassadas, como no caso das companhias aéreas anteriormente mencionadas que chegaram à falência, prejudicando seus trabalhadores, consumidores e acionistas, demonstra claramente que os princípios constitucionais da defesa do consumidor e da busca do pleno emprego, respectivamente elencados no art. 170 V e VIII, foram violados, ao invés de promovidos, por meio da ação estatal.[16]

Desse modo, após o êxito do Plano Real em debelar a inflação desenfreada e estabilizar a moeda nacional, esperava-se que a sanha intervencionista do Estado brasileiro pudesse arrefecer, de modo a ganhar corpo hermenêutica jurídica constitucional que, de fato, promovesse e não relativizasse os princípios da Carta Magna que foram vilipendiados durante o longo tempo de dirigismo estatal vivenciado pela iniciativa privada, beirando a planificação estatal da economia.

Entretanto, não foi o que sucedeu. Parte significativa da doutrina mais recente, ainda inspirada na produção jurídica anterior, continuou a defender que o controle de preços deveria ser exercido em nome da "justiça social"[17] [18], de modo que forçoso é reconhecer que a doutrina jurídica que priorizou a intervenção estatal, em detrimento dos princípios constitucionais consagrados da livre iniciativa, da livre concorrência, do livre exercício de qualquer atividade econômica e da propriedade privada, enraizou-se entre nós.

Essa argumentação jurídica acerca do controle de preços, em larga medida, ignora a compreensão econômica das adversidades e distorções geradas pela intervenção estatal no funcionamento no mercado. Nesse sentido, Luiz

---

[16] Aliás, a Carta Magna também abriga o fundamento da livre iniciativa no art. 1º, IV, como fundamento do Estado Democrático de Direito.

[17] COMPARATO, Fábio Konder, *op. cit.*, p. 27, em nome da "justiça social" defendeu a "restrição ao princípio da liberdade empresarial."

[18] Em artigo bem mais recente, publicado após 20 anos da estabilização da moeda pelo Plano Real, os professores Diogo Coutinho e Jean-Paul Veiga da Rocha ainda normalizam o controle de preços como imbuído de "valor social". Ver COUTINHO, Diogo R., ROCHA, Jean-Paul Veiga da, *op. cit.*, p. 256-257: "No plano constitucional, a liberdade econômica é também referida no art. 1º. IV, que dispõe que os valores sociais do trabalho e da livre-iniciativa compõem os fundamentos da República. A ordem econômica engendrada pela Constituição de 1988, assim, reconhece a livre-iniciativa como direito fundamental, mas não deixa de situá-la no todo social e associá-la ao interesse da coletividade. Nesse sentido é que se pode dizer que a livre-iniciativa – assim com sua restrição na forma de controle de preços – está imbuída de valor social."

Roberto Barroso foi um dos primeiros juristas a reconhecer que "tem amplo curso na teoria econômica e entre seus tradutores jurídicos a tese de que a interferência estatal no preço de bens e serviços não promove justiça social nem protege efetivamente o consumidor, antes pelo contrário: reduz o investimento pelas empresas, diminui a oferta de emprego e torna desinteressante a produção de determinados produtos ou a prestação de serviços. E que a permanente tentação populista do tabelamento e do congelamento de preços foi responsável por mais de uma década de estagnação econômica no país."[19]

Em decorrência, Barroso reconheceu que a intervenção estatal nos preços de mercado não é sequer medida adequada para os fins constitucionais visados,[20] defendendo que nem a valorização do trabalho humano poderia legitimar o controle de preços, já que "não haveria qualquer relação lógica entre controle de preços e valorização do trabalho."[21]

O atual Ministro do STF sustenta que só na hipótese de deterioração extrema do mercado privado como um todo, quando não mais operarem a livre iniciativa e a livre concorrência de forma regular é que, excepcionalmente, poderá a intervenção estatal no sistema de preços se justificar, com o objetivo de reordenar o mercado concorrencial para que a livre iniciativa possa voltar a funcionar de modo efetivo.[22]

Destarte, deixa claro que nem os demais princípios de funcionamento da ordem econômica, como a própria proteção do consumidor, podem justificar o controle prévio de preços, já que essa medida seria incompatível com o princípio básico da livre iniciativa.[23]

---

[19] BARROSO, Luiz Roberto. A ordem econômica constitucional e os limites à atuação estatal no controle de preços. *Revista de Direito Administrativo*, n. 226, out./dez/ 2001, p. 210.
[20] *Id., ibid.*, p. 210.
[21] *Id., ibid.*, p. 207.
[22] *Id., ibid.*, p. 205-206: "À luz da Constituição brasileira, a ordem econômica funda-se, essencialmente na atuação espontânea do mercado. (...) Adotar, portanto, uma política que altere a livre fixação dos preços pelas forças do mercado – sem que se esteja diante de uma deterioração tal do mercado em que esta seja a única medida capaz de restabelecer a livre iniciativa e a livre concorrência – importa, em última instância, a deturpação do modelo instituído pela Constituição de 1988. *Em outras palavras, em condições regulares de funcionamento do mercado concorrencial, não é possível a intervenção estatal que elimine a livre iniciativa e a livre concorrência – de que é exemplo a supressão da liberdade de fixação dos preços –, seja qual for o fundamento adotado para a medida.*"
[23] *Id., ibid.*, p. 209.

2. COMENTÁRIO AO ARTIGO 3º, INCISO III: O DIREITO DE DEFINIR PREÇOS

Neste diapasão, necessário é que a doutrina jurídica finalmente passe a zelar pela plena aplicação dos princípios constitucionais elencados no art. 170 da Constituição, reconhecendo as consequências catastróficas produzidas pelo histórico de intervenções estatais no domínio econômico nacional.

Como se sabe, a doutrina influencia diretamente a visão e a decisão de magistrados. É frequente a contestação judicial de preços no Brasil, que são caracterizados como "abusivos", gerando grande insegurança jurídica e aumento dos custos de transação para realizar negócios no país.[24] Armando Castelar Pinheiro, em pesquisa realizada com juízes, revelou que 73,1% deles têm propensão a fazer "justiça social" ao invés de aplicar a lei para fazer valer contratos.[25] Esse baixo grau de previsibilidade com relação ao cumprimento judicial de contratos e de preços pactuados prejudica o desenvolvimento econômico do país.

II – O direito à livre definição dos preços

A integração de nova lei no ordenamento jurídico e sua hermenêutica é problema jurídico de primária importância, sobre o qual têm se debruçado os maiores juristas do mundo, em inúmeras teses, há séculos.

Assim, confesso que, quando da aceitação do convite para a redação do presente artigo, fui levada ao questionamento hermenêutico mais ordinário: ora, não seria o direito à livre definição do preço de produtos e serviços o corolário natural dos princípios já elencados no art. 170 da Constituição Federal? Direito que decorre logicamente dos princípios da livre iniciativa, da propriedade privada, da livre concorrência e do livre exercício de qualquer atividade econômica positivados na Carta Magna?

---

[24] MATTOS, César. A nova lei da liberdade econômica e o bem-estar social no Brasil. In: SALOMÃO, Luis Felipe, CUEVA, Ricardo Villas Bôas, FRAZÃO, Ana. *Lei da Liberdade Econômica e seus impactos no Direito brasileiro*. São Paulo: Thomson Reuters Revista dos Tribunais, 2020, p. 405, e 397, comentando sobre o comprometimento de cadeias de contratos.
[25] PINHEIRO, Armando Castelar. Judiciário, reforma e economia: a visão dos magistrados. IPEA Texto para discussão nº 966. Rio de Janeiro, 2003, p. 25. Disponível em <https://www.ipea.gov.br/portal/images/stories/PDFs/TDs/td_0966.pdf>. Acesso em 01/12/2021.

A resposta, sem nenhuma surpresa, é evidentemente afirmativa, o que fez com que, em primeiro pensamento, apressadamente concluísse sobre a desnecessidade da inclusão do direito à livre definição dos preços em legislação infraconstitucional, dada a necessária decorrência dos princípios gerais da atividade econômica previstos na ordem econômica e financeira constitucional. De pronto, poderia então manifestar concordância com Gilberto Bercovici, que, em comentário ao mesmo art. 3°, inc. III, em obra sobre a lei da liberdade econômica, escreveu tratar-se de "dispositivo sem sentido."[26]

Mas, em segunda análise, ao pesquisar sobre o tema na doutrina nacional, surpreendeu-me o tratamento jurídico que reconhecidos autores conferem à questão, de maneira a relativizar a aplicação prática e ultimamente desconsiderar o direito à livre definição de preços, como se alicerçado em princípios de secundária importância em relação aos demais princípios constitucionais elencados no art. 170.[27] De acordo com tal visão doutrinária, que conquistou grande influência no debate jurídico, os "ditames da justiça social", "a valorização do trabalho humano" ou a "defesa do consumidor" são princípios que prevaleceriam sobre as liberdades econômicas, como se hierarquicamente superiores. E disso resultaria a plena legalidade do regime de controle de preços. Ocorre que, deve-se frisar que tal hierarquia, sobre a qual assenta suas conclusões doutrinárias, é absolutamente imaginária, posto que o texto da Constituição Federal não a estabelece.

Nesse sentido, em que pese a minha plena convicção sobre a necessidade de regulação do mercado pelo ente estatal,[28] aliás como previsto no art. 174 da Constituição, considero mais do que urgente superar as discussões

---

[26] BERCOVICI, Gilberto. As inconstitucionalidades da "Lei da liberdade econômica" (Lei n° 13.874, de 20 de setembro de 2019). In: SALOMÃO, Luis Felipe, CUEVA, Ricardo Villas Bôas, FRAZÃO, Ana. *Lei da Liberdade Econômica e seus impactos no Direito brasileiro*. São Paulo: Thomson Reuters Revista dos Tribunais, 2020, p. 141.

[27] Aqui, nesse ponto, necessário pontuar nossa divergência em relação à Bercovici, *id., ibid.*, p. 141, que afirma que: "De resto, nunca houve qualquer impedimento jurídico, salvo a alegação de onerosidade excessiva, para que uma parte possa cobrar a mais ou a menos que o preço de mercado por um determinado bem ou serviço." Com a data máxima vênia, a argumentação do professor não faz jus à conturbada história de intervenção do Estado brasileiro na economia, que por inúmeras vezes já tentou obstar, com grande sucesso, a definição livre dos preços nos mais variados segmentos.

[28] Sobre a necessária regulação do mercado e os pressupostos ver GORGA, Érica. *Direito Societário Atual*. Rio de Janeiro: Elsevier, 2013, p. 77 e seguintes.

2. COMENTÁRIO AO ARTIGO 3º, INCISO III: O DIREITO DE DEFINIR PREÇOS

doutrinárias travadas no período da implantação recorrente dos planos econômicos, que tendiam a flexibilizar os princípios ligados à livre iniciativa – do qual resultam o direito à liberdade de precificação – para fazer valer o que consta positivado no texto constitucional, isto é, a livre iniciativa como **fundamento** efetivo da ordem econômica nacional. [29]

Desta feita, tendo a concordar com Ruy Pereira Camilo Jr., que defendeu a necessidade de normatização infraconstitucional sobre o direito à definição livre do preço de produtos e de serviços,[30] a fim de sanar as dúvidas e contradições existentes na exegese jurídica dos dispositivos constitucionais. Necessário consignar que, a esse ponto, melhor seria a condução de nova reforma constitucional para aplacar de vez as perniciosas tendências intervencionistas históricas do Estado brasileiro no sistema de preços. Porém, na ausência de reforma constitucional, mister é reconhecer o acerto da iniciativa de trazer o tema à legislação infraconstitucional, o que contribui para auxiliar o deslinde de casos concretos perante o julgador.[31]

---

[29] ANDRADE, Rogério Emilio de, *op. cit.*, p. 254: "a ênfase hoje, ao contrário do período inaugural da Constituição de 1988, é dada nos instrumentos de intervenção que não visam mais à substituição do mercado como mecanismo de formação de preços, mas sim à proteção e manutenção do próprio mercado como mecanismo de formação de preços, por entender que a competição entre os diversos agentes econômicos é a melhor forma de fomentar indústrias dinâmicas e inovadoras, capazes de atuarem em mercados globalizados e de atenderem às demandas dos consumidores."

[30] CAMILO JUNIOR, Ruy Pereira. Liberdades de precificação e de pactuação. In: *Comentários à Lei da Liberdade Econômica: Lei 13.874/2019*. Coords. Floriano Peixoto Marques Neto, Otavio Luiz Rodrigues Jr., Rodrigo Xavier Leonardo. São Paulo: Thomson Reuters Brasil, 2019, p. 116: "Daí a importância da Declaração de Direitos de Liberdade Econômica, consubstanciada no artigo 3° do estatuto. Mostrava-se imprescindível normatizar, com maior detalhamento e densidade normativa, as múltiplas dimensões da garantia constitucional da livre-iniciativa. Essa maior concretude facilita a impetração de mandado de segurança pelo agente econômico prejudicado e amplia a possibilidade de conhecimento de recursos especiais pelo Superior Tribunal de Justiça, já que mais fácil fica a alegação da violação da lei federal se as cortes locais não tutelarem tal direito."

[31] CAMILO JUNIOR, Ruy Pereira, *id., ibid.*, p. 117: "O destinatário da norma não é apenas a Administração Pública, mas também o Judiciário. Não podem ser tabelados preços em mercados livres e não pode um juiz, em regra, alterar os preços contratados. Em coerência com esse dispositivo, o Estatuto revoga a Lei Delegada n. 4, de 1962, e acresce o artigo 421-A ao Código Civil, para, entre outros pontos, determinar a observância da alocação de riscos feita pelas partes e afirmar o caráter excepcional e limitado da revisão contratual, nas hipóteses legais."

No entanto, entendo que a redação do dispositivo pecou por prever restrições ao direito à livre precificação que não defluem diretamente do texto constitucional. Assim, não se justifica que o inc. III do art. 3º restrinja a definição livre do preço ao universo de "mercados não regulados", o que limita além do necessário o alcance da norma, que restou mais restritiva do que as próprias previsões constitucionais.[32] Aqui, necessário apontar que a estratégia legal adotada suscita questionamentos, pois a redação da lei de natureza infraconstitucional soa mais restritiva do que a redação constitucional, contribuindo para aumentar a insegurança jurídica.

Voltando ao debate atual, significaria, então, que no mercado regulado pela Agência Nacional do Petróleo, Gás Natural e Biocombustíveis (ANP), a Petrobras, enquanto pessoa jurídica, não teria mais o direito de livre precificação dos seus produtos, como a gasolina? A resposta é, evidentemente, negativa: mesmo em se tratando de empresa que opera em mercado regulado, o direito à livre precificação determinada por seus administradores em função das condições da oferta e demanda do petróleo no mercado internacional, bem como dos custos operacionais e margem de lucro empresarial, deve ser plenamente preservado.

O inc. I do § 3º do art. 3º da Lei n° 13.874/2019 excepciona as situações de simulação ou fraude tributária, resguardando o controle dos preços de transferência da remessa de lucros nas formas de custos ao exterior e a competência do fisco para evitar evasão fiscal.[33]

---

[32] CAMILO JUNIOR, Ruy Pereira, id, ibid., p. 199: "Mercados regulados serão aqueles que têm uma matriz regulatória específica, envolvendo a prestação de serviços públicos ou do desenvolvimento de atividade econômica de interesse geral. A regulação setorial tende a focar mercados que se estruturam em redes ou sistemas. Por outro lado, mesmo nos mercados regulados, a liberdade de preços se imporá, caso não haja lei em sentido formal ou contrato administrativo que a exclua."

[33] Para discussão doutrinária ver SCHOUERI, Luís Eduardo. *Preços de transferência no direito tributário brasileiro*. São Paulo: Dialética, 1999, p. 12: "Por preço de transferência entende-se, na doutrina internacional, o valor cobrado por uma empresa na venda ou transferência de bens, serviços ou propriedade intangível, a empresa a ela relacionada. Tratando-se de preços que não se negociaram em um mercado livre e aberto, podem eles desviar-se daqueles que teriam sido acertados entre parceiros comerciais não relacionados, em transações comparáveis nas mesmas circunstâncias. No direito interno brasileiro, a matérias dos preços de transferência estende-se às trocas entre estabelecimentos de uma mesma empresa, situados em diferentes territórios."

2. COMENTÁRIO AO ARTIGO 3º, INCISO III: O DIREITO DE DEFINIR PREÇOS

No mesmo diapasão, o inc. II do § 3º do art. 3º excepciona a aplicação do direito de definir livremente a precificação de produtos e serviços no que tange à incidência da "legislação de defesa da concorrência, aos direitos do consumidor e às demais disposições protegidas por lei federal". O dispositivo, mais uma vez, relativiza o próprio direito enunciado.[34] Também, nesse ponto, as restrições são mais amplas que as previstas no texto constitucional.[35] Poderia a alegação da "defesa do consumidor" ensejar limitação à política de preços praticada por pessoa jurídica? Isso não significaria justamente fazer com que a lei infraconstitucional definisse a superioridade hierárquica do princípio da "defesa do consumidor" em relação aos demais princípios constitucionais do art. 170?

A resposta à primeira indagação é, por tudo o que se argumentou, necessariamente negativa, enquanto à segunda é necessariamente afirmativa. A legislação infraconstitucional não pode pretender alterar a Carta Magna, sendo certo que o direito à livre precificação se situa no mesmo patamar que o da defesa do consumidor. Novamente, nesse aspecto, a Lei nº 13.874/2019 mais confundiu do que esclareceu.

Conclusões

Ainda que parte dos estudiosos considere a inclusão do inc. III no art. 3º um pleonasmo, uma vez que o direito à livre definição de preços, segundo as condições da oferta e da demanda no mercado, decorre logicamente de princípios constitucionais previstos no art. 170 da Carta Magna, a prática doutrinária e judicial nacional, caracterizada por viés intervencionista, conforme o discutido neste artigo, não tutela plenamente a aplicação prática de tal direito.

Tendo em vista essa divergência entre o direito aplicado na realidade e o direito positivado no ordenamento jurídico brasileiro, a inclusão da livre

---

[34] Neste aspecto, concordamos com Gilberto Bercovici, *id.*, *ibid.*, p. 141, que apontou que a lei repetiu, novamente, sem necessidade, a mesma salvaguarda dos "casos previstos em lei" do art. 170, parág. único, da Constituição Federal.

[35] O art. 173 § 4º da Constituição federal assevera que "a lei reprimirá o abuso do poder econômico que vise à dominação dos mercados, à eliminação da concorrência e ao aumento arbitrário dos lucros."

definição de preços na Lei da Liberdade Econômica parece apropriada para dissipar controvérsias e promover segurança jurídica entre as partes e no ambiente judicial nacional. Todavia, conforme aqui realçado, o legislador acabou enfraquecendo o direito à livre precificação ao restringir a sua aplicação em maior extensão do que o estipulado na Constituição Federal. Portanto, a técnica legislativa cambiante, com a inclusão de miríade de exceções, mostra-se inadequada para atender ao fim visado pela própria lei.

Referências

ANDRADE, Rogério Emilio de. *O preço na ordem ético-jurídica*. Campinas: Edicamp, 2003.

BARROSO, Luiz Roberto. A ordem econômica constitucional e os limites à atuação estatal no controle de preços. *Revista de Direito Administrativo*, n. 226, out./dez. 2001, p. 187.

BERCOVICI, Gilberto. As inconstitucionalidades da "Lei da liberdade econômica" (Lei n° 13.874, de 20 de setembro de 2019). In: SALOMÃO, Luis Felipe, CUEVA, Ricardo Villas Bôas, FRAZÃO, Ana. Lei da Liberdade Econômica e seus impactos no Direito brasileiro. São Paulo: Thomson Reuters Revista dos Tribunais, 2020, p. 123.

CAMILO JUNIOR, Ruy Pereira. Liberdades de precificação e de pactuação. In: Comentários à Lei da Liberdade Econômica: Lei 13.874/2019. Coords. Floriano Peixoto Marques Neto, Otavio Luiz Rodrigues Jr., Rodrigo Xavier Leonardo. São Paulo: Thomson Reuters Brasil, 2019.

COMPARATO, FÁBIO Konder. Regime constitucional do controle de preços no mercado. *Revista de Direito Público*, n. 97, jan./mar. 1991, p. 17.

COUTINHO, Diogo R., ROCHA, Jean-Paul Veiga da. Regulação e controle de preços do setor privado no direito brasileiro: hipóteses de possibilidade – parâmetros jurídicos – a irretroatividade das normas no campo regulatório – formas e limites de atuação do Poder Judiciário. *Revista de Direito Administrativo*, vol. 272, maio/ago. 2016.

FERRAZ JR., Tercio Sampaio. Congelamento de preços – tabelamentos oficiais. *Revista de Direito Público*, n. 91, 1989, p. 76. Disponível em <https://www.terciosampaioferrazjr.com.br/publicacoes/congelamento-de-precos>. Acesso em 30/11/2021.

GORGA, Érica. *Direito Societário Atual*. Rio de Janeiro: Elsevier, 2013.

GRAU, Eros Roberto. Tabelamento de preços. *Revista de Direito Público*, n. 85, jan./mar. 1988, p. 100.

GRAU, Eros Roberto. Licitação – preço – congelamento. *Revista de Direito Público*, n. 97, jan./mar. 1991, p. 72.

MATTOS, César. A nova lei da liberdade econômica e o bem-estar social no Brasil. In: SALOMÃO, Luis Felipe, CUEVA, Ricardo Villas Bôas, FRAZÃO, Ana. Lei da Liberdade Econômica e seus impactos no Direito brasileiro. São Paulo: Thomson Reuters Revista dos Tribunais, 2020, p. 395.

2. COMENTÁRIO AO ARTIGO 3º, INCISO III: O DIREITO DE DEFINIR PREÇOS

PINHEIRO, Armando Castelar. *Judiciário, reforma e economia: a visão dos magistrados.* IPEA Texto para discussão n° 966. Rio de Janeiro, 2003. Disponível em <https://www.ipea.gov.br/portal/images/stories/PDFs/TDs/td_0966.pdf>. Acesso em 01/12/2021.

SALOMÃO, Luis Felipe, CUEVA, Ricardo Villas Bôas, FRAZÃO, Ana. Lei da Liberdade Econômica e seus impactos no Direito brasileiro. São Paulo: Thomson Reuters Revista dos Tribunais, 2020.

SCHOUERI, Luís Eduardo. *Preços de transferência no direito tributário brasileiro.* São Paulo: Dialética, 1999.

SUNDFELD, Carlos Ari Vieira. Controle dos preços escolares. Intervenção do Estado na economia – Legalidade – Competência – Dec.-lei 532/69 – Decs. 93.893/87 e 93.911/87 – Portaria 4/87 do Ministro da Educação. *Revista de Direito Público*, n. 85, jan./mar. 1988, p. 109.

3. COMENTÁRIO AO ARTIGO 3º, INCISO V: PRESUNÇÃO DE BOA-FÉ E INTERPRETAÇÃO EM PROL DA AUTONOMIA

Osny da Silva Filho

> "Art. 3º São direitos de toda pessoa, natural ou jurídica, essenciais para o desenvolvimento e o crescimento econômicos do País, observado o disposto no parágrafo único do art. 170 da Constituição Federal: [...]
>
> V – gozar de presunção de boa-fé nos atos praticados no exercício da atividade econômica, para os quais as dúvidas de interpretação do direito civil, empresarial, econômico e urbanístico serão resolvidas de forma a preservar a autonomia privada, exceto se houver expressa disposição legal em contrário; [...]"

Objeto do comentário

Há duas normas jurídicas sobrepostas no texto do artigo 3º, inciso V da Lei 13.874 de 20 de setembro de 2019, a Lei de Liberdade Econômica (LLE). A primeira delas atribui a pessoas naturais e jurídicas indefinidas o direito de "gozar de presunção de boa-fé nos atos praticados no exercício da atividade econômica". A segunda norma, dirigida ao intérprete ou aplicador do direito, determina que "dúvidas de interpretação do direito civil, empresarial, econômico e urbanístico serão resolvidas de forma a preservar a autonomia privada, exceto se houver expressa disposição legal em contrário".

Boa-fé e autonomia são dois dos mais importantes conceitos do direito privado moderno. Surpreende que tenham sido combinados em fragmento legislativo derivado de medida provisória, sobretudo quando consideramos a disparidade epistêmica de suas referências: a boa-fé já se encontra bem estabelecida no plano da doutrina jurídica, dos argumentos orientados pela prática e para a prática, dos modos de racionalização das normas de direito positivo, ao passo que a autonomia, mesmo quando depurada da espessa carga retórica que hoje a acompanha, ainda se assenta em primeiro lugar no âmbito da teoria do direito, das reflexões em torno da validade, da obrigatoriedade e dos métodos de interpretação de normas e comportamentos juridicamente relevantes.[1]

Para lidar com essa disparidade sem perder de vista o entendimento compartilhado a respeito dos conceitos de boa-fé e autonomia, este comentário percorre o conteúdo e função de das normas estabelecidas pelo inciso V em duas seções apartadas. Passa-se em seguida ao exame de questões comparativas, sistemáticas e jurisprudenciais.

1. Presunção de boa-fé: conteúdo e função

A ideia de que a boa-fé deve ser presumida não é nova. Ela circula entre os civilistas desde o tempo do direito romano, mas sempre se conteve no interior de hipóteses normativas específicas. Seu exemplo mais conhecido se encontra no regime jurídico da posse: na ausência de proibição legislativa expressa, deve-se presumir a boa-fé do possuidor com justo título, admitindo, no entanto, prova em sentido contrário, como determina, hoje, o artigo 1.201, parágrafo único do Código Civil.[2]

---

[1] Discussão em JESTAZ, Philippe; JAMIN, Christophe. *La doctrine*, Paris: Dalloz, 2004; SHECAIRA, Fábio Perin. *Legal Scholarship as a Source of Law*, Heidelberg: Springer, 2013; e de modo específico em Judith Martins-Costa, "Autoridade e utilidade da doutrina", *in*: MARTINS-COSTA, Judith (Org.), *Modelos de direito privado*, São Paulo: Marcial Pons, 2014. Procurei esclarecer as diferenças entre os propósitos, métodos e destinatários da doutrina e da teoria na introdução e no último capítulo de DA SILVA FILHO, Osny, *Fundamentos do direito contratual: doutrina, teoria e empiria*, São Paulo: Almedina, 2022.

[2] Código Civil de 2002, artigo 1.201: "É de boa-fé a posse, se o possuidor ignora o vício, ou o obstáculo que impede a aquisição da coisa. Parágrafo único. O possuidor com justo título

3. COMENTÁRIO AO ARTIGO 3º, INCISO V: PRESUNÇÃO DE BOA-FÉ E INTERPRETAÇÃO...

A primeira norma estabelecida no inciso V esgarça o sentido dessa antiga determinação ao enunciar a presunção de boa-fé como um *direito*. Assim qualificada, a presunção de boa-fé pode, em princípio, ser pleiteada em qualquer caso, e inclusive naqueles em sua alegação jamais esteve em jogo; ela pode ser demandada até mesmo em controvérsias para cuja solução sua presença não deveria importar.

1.1 Premissa: referencial da exceção de legalidade

A perplexidade gerada pela qualificação da presunção de boa-fé como direito poderia, talvez, ser contornada se admitíssemos que a exceção de legalidade apresentada na parte final do inciso V diz respeito a ela, à presunção de boa--fé, e não à interpretação em prol da autonomia.[3] Teríamos, nesse caso, ao menos à primeira vista, uma versão generalizada da tradicional hipótese de presunção de boa-fé do possuidor com justo título.

Essa leitura foi defendida por Mariana Pargendler em uma publicação recente.[4] Para a autora, a LLE teria simplesmente reiterado que a boa-fé não pode ser presumida *contra legem*, ou seja, que ela não excetua regras jurídicas cogentes.[5] De acordo com Pargendler, a cláusula "exceto se houver expressa disposição legal em contrário" se refere ao direito à presunção de boa-fé, e não ao dever de interpretar em prol da autonomia: pois "o dito princípio da

---

tem por si a presunção de boa-fé, salvo prova em contrário, ou quando a lei expressamente não admite esta presunção." A redação é quase idêntica à do artigo 490, parágrafo único do Código Civil de 1916. O legislador suprimiu apenas a parte final do *caput*, que se referia à aquisição "do direito possuído."

[3] A leitura majoritária vincula a exceção de legalidade ao poder-dever de interpretar em favor da preservação da autonomia privada. Por todos, MARTINS-COSTA, Judith, "Art. 3º, V: presunção de boa-fé", *in*: MARQUES NETO, Floriano de Azevedo; ROGRIGUES JUNIOR, Otavio Luiz; LEONARDO, Rodrigo Xavier (Orgs.), *Comentários a Lei de Liberdade Econômica: Lei 13.874/2019*, São Paulo: Revista dos Tribunais, 2019, p. 131.

[4] Mariana Pargendler, "Análise econômica e jurídica da 'presunção de boa-fé' no direito privado brasileiro", *Revista Jurídica Luso-Brasileira*, v. 7, n. 1, pp. 841–858, 2021.

[5] Esse entendimento já foi disputado. Os casos mais conhecidos remontam à "jurisprudência da revalorização" estabelecida pelo *Reichsgericht* após a Primeira Guerra Mundial. A presunção de boa-fé foi, ali, sobreposta a normas jurídicas cogentes que impediam a correção monetária de obrigações contratuais esmagadas pela inflação. Discussão em MENEZES CORDEIRO, António Manuel da Rocha e., *Da boa fé no direito civil*, Coimbra: Almedina, 2007, pp. 1022–1031.

presunção de boa-fé", argumenta, "jamais pode conduzir ao afastamento de regras legais expressas em sentido contrário".[6]

Esse entendimento tende, de fato, a permanecer incontestado em períodos de estabilidade econômica.[7] Faz sentido que um legislador razoável cuide de "prescrever com todas as letras que a presunção de boa-fé jamais pode afastar disposição legal expressa", como bem observa Pargendler.[8] Sustentar que a presunção de boa-fé está acima da lei, afinal, é o mesmo que subordinar a manutenção do estado de direito ao arbítrio judicial. Trata-se, na melhor das hipóteses, de uma ideia contraproducente – uma ideia que vai de encontro aos propósitos libertários associados ao texto da LLE.[9]

O problema é que seus autores não se deram conta disso.[10] Neste ponto ao menos, sua intenção foi inequívoca: pretendeu-se conferir estatuto jurídico soberano à presunção de boa-fé. Os responsáveis pelo texto-base da LLE chegaram mesmo a declarar que a exceção de legalidade explicitada no inciso V dizia respeito ao poder-dever de interpretar em prol da autonomia, e não ao direito à presunção de boa-fé. É o que lemos, por exemplo, na Exposição de Motivos da Medida Provisória 881 de 2019:

> "Presume-se a boa-fé nos atos praticados no exercício da atividade econômica, devendo os casos de dúvida, na interpretação do direito, serem [sic] resolvidos no sentido que mais preserva a autonomia de sua

---

[6] PARGENDLER, Mariana. Análise Econômica e Jurídica da "Presunção de boa-fé" no Direito Privado brasileiro in Revista Jurídica Luso-Brasileira, ano 7 (2021), n. 1, pp. 841-858.

[7] Crises inflacionárias sugerem contestação. Exemplo na nota 7 acima e discussão em SALAMA, Bruno Meyerhof; DA SILVA FILHO, Osny. *Elasticity, Incompleteness, and Constitutive Rules*. Disponível em: https://clsbluesky.law.columbia.edu/2013/07/30/elasticity-incompleteness-and-constitutive-rules/

[8] PARGENDLER, Mariana. Análise Econômica e Jurídica da "Presunção de boa-fé" no Direito Privado brasileiro in Revista Jurídica Luso-Brasileira, ano 7 (2021), n. 1, pp. 841-858.

[9] Em suas comunicações, os responsáveis pela LLE se reportam preferencialmente a Ludwig von Mises (1881-1973), Friedrich von Hayek (1899-1992) e Milton Friedman (1912-2006), embora outros autores – como Harry Frankfurt (1929) e Robert Nozick (1938-2002) – tenham sido mais importantes para a conformação filosófico-política do libertarianismo. KYMLICKA, Will. *Contemporary Political Philosophy: An Introduction*, 2. ed. Oxford: Oxford University Press, 2001, p. 102–165.

[10] No mesmo sentido, MARTINS-COSTA, Judith, "Art. 3º, V: presunção de boa-fé", in: MARQUES NETO, Floriano de Azevedo; RODRIGUES JUNIOR, Otavio Luiz; LEONARDO, Rodrigo Xavier (Orgs.), *Comentários a Lei de Liberdade Econômica: Lei 13.874/2019*, São Paulo: Revista dos Tribunais, 2019, p. 132.

vontade, salvo expressa disposição legal em contrário. É uma premissa do Estado de Direito a de que a liberdade impera e a restrição é a exceção. Não se pode, então, permitir que na dúvida sobre a interpretação de um dispositivo, adote-se uma interpretação mais restritiva. Logo, aplicar a regra de interpretação que privilegie a liberdade cria incentivos para que o normatizador [sic] passe a ter maior sofisticação na redação de enunciados, aumentando a segurança jurídica e os pressupostos democráticos. Se em contratos de adesão, no direito do consumidor, a dúvida já privilegia a parte mais vulnerável, não há sentido em que, quando uma cláusula é imposta unilateralmente pelo Estado, este ainda se beneficie de sua dúvida. Ressalvam-se as searas da aplicação da lei em que esse tipo de interpretação já é vedado."[11]

A restrição do poder-dever de sanar "dúvidas de interpretação do direito [...] de forma a preservar a autonomia privada" a hipóteses em que esse expediente não seja proibido é óbvia, mas não deixa de ser correta. Ninguém diria que dúvidas de interpretação do direito aplicável a um contrato de compra e venda de cocaína, por exemplo, devem ser resolvidas de modo mais favorável à preservação da autonomia. Em casos como esse, a suposta autonomia dos contratantes não importa. Trata-se simplesmente de contrato nulo por ilicitude do objeto (artigos 104, inciso II e 166, inciso II do Código Civil).

Mas não precisamos – nem devemos – nos fiar na intenção do legislador (ou dos responsáveis pelo texto originário da legislação) para concluir que a exceção de legalidade estipulada na última parte inciso V não diz respeito ao direito à "presunção de boa-fé", e sim ao dever de sanar dúvidas de interpretação "de forma a preservar a autonomia privada". E não precisamos recorrer à intenção legislativa (ou proto-legislativa) porque a forma dos direitos estatuídos no artigo 3º corrobora a leitura que os responsáveis pelo texto-base da legislação procuraram atribuir ao inciso V.

---

[11] Exposição de Motivos interministerial 83 de 2019, p. 3. A generalidade da presunção de boa-fé seria reforçada em outras comunicações oficiais. O Sumário Executivo da Medida Provisória 881, por exemplo, deixa claro que o propósito de sua edição foi "exigir que o Poder Público dispense tratamento normativo adequado e isonômico aos particulares, livrando-os de incertezas e de injustiças e presumindo-lhes a boa-fé." Sumário Executivo da Medida Provisória 881 de 2019, p. 3.

1.2 Segue: emulação formal de direitos fundamentais

Em onze incisos (um dos quais vetado), o artigo 3º da LLE enuncia um conjunto de "direitos" atribuídos a "toda pessoa, natural ou jurídica". Numa estipulação de causalidade quixotesca,[12] o legislador qualifica esses direitos como "essenciais para o desenvolvimento e o crescimento econômicos do País". Suas disposições emulam, propositadamente, enunciados de normas afirmativas de *direitos fundamentais*.[13]

Normas afirmativas de direitos fundamentais são geralmente estabelecidas através de enunciados absolutos. A lei não diz, por exemplo, que cidadãos brasileiros têm direito ao devido processo legal *exceto* neste ou naquele caso. Ela diz simplesmente: "ninguém será privado da liberdade ou de seus bens sem o devido processo legal" (artigo 5º, inciso LIV da Constituição). Alguém poderia supor, a partir daí, que o devido processo legal é, no Brasil, um direito fundamental ilimitado; ou que seus conceitos de referência se encontram plenamente determinados; ou que sua aplicação é incontroversa.

Mas o fato de um direito fundamental ser enunciado em termos absolutos não autoriza conclusões imediatas sobre seu sentido, tampouco sobre o âmbito de sua aplicação. Enunciados normativos absolutos sugerem, sim, que estejamos diante de um direito fundamental, ou então de um direito que emula a forma de um direito fundamental, como ocorre no caso do direito à presunção de boa-fé estabelecido pela LLE. Mas esses enunciados raramente dizem mais do que isso. Os contornos de um direito fundamental, seja ele autêntico ou emulado, têm de ser estabelecidos na prática, ou seja, através de sua *interpretação*.[14] Sua intepretação não se esgota em seus enunciados.

---

[12] A qualificação é muito apropriadamente sugerida em PARGENDLER, Mariana. Análise Econômica e Jurídica da "Presunção de boa-fé" no Direito Privado brasileiro *in Revista Jurídica Luso-Brasileira*, ano 7 (2021), n. 1, pp. 841-858.

[13] A emulação, neste caso, se evidencia por contraste: autores e entusiastas da LLE frequentemente se referem às suas determinações como uma espécie de "contrapartida" dos direitos fundamentais estabelecidos no artigo 5º da Constituição. Exemplos em LORENZON, Geanluca. A formatação da Lei de Liberdade Econômica como parte de política pública in OLIVEIRA, Amanda Flávio de (Org.), *Lei de liberdade econômica e o ordenamento jurídico brasileiro*, Belo Horizonte: D'Plácido, 2020.

[14] Discussão sobre o vínculo entre interpretação do direito e prática jurídica no item 2.1 adiante.

3. COMENTÁRIO AO ARTIGO 3º, INCISO V: PRESUNÇÃO DE BOA-FÉ E INTERPRETAÇÃO...

Pense no direito à livre manifestação de pensamento (artigo 5º, inciso IV da Constituição). O texto constitucional comunica que "é livre a manifestação do pensamento, sendo vedado o anonimato". Mas todos sabemos que o anonimato não a única limitação do direito à livre manifestação de pensamento. Sabemos, por exemplo, que seu exercício pode ensejar crimes de calúnia, difamação e injúria (artigos 138, 139 e 140 do Código Penal). Esses crimes não precisam estar embutidos no enunciado do direito à livre manifestação de pensamento para compor sua interpretação. Da mesma forma, o direito fundamental de propriedade (artigo 5º, inciso XXII da Constituição) ganha, sem prejuízo de seu enunciado absoluto, contornos mais definidos quando verificamos que o exercício da pretensão proprietária de sequela (o poder de perseguir a coisa, como se costuma dizer) pode ser obstado pelo desatendimento da função social da propriedade (artigo 1.228, § 4º do Código Civil), ou então quando admitimos a validade da renúncia (artigo 1.272, inciso II do Código Civil). Isso não significa, é claro, que qualquer lei infraconstitucional possa simplesmente *abolir* o direito de propriedade, tampouco que seus titulares possam *extingui-lo* a seu bel-prazer. Significa apenas que o estado pode especificar seus contornos, e que os particulares podem controlar seu exercício.

Essas ilustrações reforçam o entendimento de que a cláusula "exceto se houver expressa disposição legal em contrário" não diz respeito à primeira norma estabelecida no inciso V, e por isso não se aplica ao direito à presunção de boa-fé. Não porque esse direito não possa, em um sentido muito genérico, ser objeto de exceção: alguém poderia dizer que direito à presunção de boa-fé tende a ser "excetuado" da mesma forma que o direito à livre manifestação de pensamento é "excetuado" pelos crimes contra a honra, ou então do mesmo modo que o direito fundamental de propriedade é "excetuado" pela determinação de cumprimento de sua função social. Mas a exceção de legalidade enunciada na parte final do inciso V é bem diferente dessas "exceções" legislativas. Ela não diz nada sobre a interpretação da norma a que se reporta – no caso, sobre a segunda norma veiculada pelo inciso V, que estabelece o poder-dever de interpretar os atos de exercício da atividade econômica em prol da autonomia, como voltaremos a discutir.

Se a exceção de legalidade não se reporta ao direito à presunção de boa-fé, podemos, ao menos em princípio, concluir que esse direito se aplica, nos termos do próprio inciso V, a *todos* os "atos praticados no exercício da atividade econômica". Nesse sentido, a norma obrigaria o intérprete a formular juízos prévios a respeito da boa-fé de todos aqueles que porventura decidissem recorrer à jurisdição para garantir o exercício de posições jurídicas vinculadas à sua atividade econômica. O problema salta aos olhos: difícil imaginar resultado mais avesso à ideologia libertária propalada pelos autores da LLE.

Essa aporia não passou despercebida a Judith Martins-Costa:

> "é irônico que a presunção de boa-fé criada no âmbito de uma Lei dita da 'liberdade econômica' possa, ao fim e ao cabo, aumentar entraves à atividade econômica, criando dificuldades à interpretação – é dizer – à execução dos negócios que implementam a atividade econômica."[15]

O problema pode, claro, ser resolvido com a derrogação da primeira norma estabelecida através do inciso V. Essa seria a solução mais simples para o problema que vimos discutindo. Seu sucesso, no entanto, dependeria de circunstâncias alheias a este comentário. Convém, por isso, de explorar as condições de possibilidade de uma solução *de lege lata*,[16] a despeito mesmo de sua inconveniência.

1.3 Indistinção entre boa-fé objetiva e boa-fé subjetiva

Desde estudo de Franz Wieacker a respeito do § 242 do Código Civil alemão de 1900,[17] a literatura jurídica tem reconhecido que o conceito de boa-fé pode assumir ao menos três significados distintos no interior do direito privado. Enunciada como norma, a boa-fé se apresenta como síntese de direitos e deveres, como critério de interpretação e como padrão de conduta.

---

[15] MARTINS-COSTA, Judith, "Art. 3º, V: presunção de boa-fé", *in*: MARQUES NETO, Floriano de Azevedo; RODRIGUES JUNIOR, Otavio Luiz; LEONARDO, Rodrigo Xavier (Orgs.), *Comentários a Lei de Liberdade Econômica: Lei 13.874/2019*, São Paulo: Revista dos Tribunais, 2019, p. 132.

[16] Em contraste com as soluções *de lege ferenda*, soluções *de lege lata* não pressupõem alteração do direito posto. COURTIS, Christian. El juego de los juristas. Ensayo de caracterización de la investigación dogmática *in* COURTIS, Christian (Org.), *Observar la ley: ensayos sobre metodología de la investigación jurídica*, Madrid: Trotta, 2010. A distinção entre proposições *de lege ferenda* e *de lege lata* nem sempre é inequívoca. SMITS, Jan M., *The Mind and Method of the Legal Academic*, Cheltenham: Elgar, 2012.

[17] WIEACKER, Franz. *Zur rechtstheoretischen Präzisierung des § 242 BGB*, Tübingen: Mohr, 1956.

Esses sentidos, exemplificados pelos artigos 422, 113 e 187 do Código Civil brasileiro, compõem aquilo que se convencionou chamar de *boa-fé objetiva*.

Mas o conceito jurídico de boa-fé também parece carregar um sentido mais antigo, preservado desde a disciplina romana da posse. Neste caso, a boa-fé já não se apresenta como norma jurídica, mas como fato juridicamente determinado. Seu enunciado corresponde, no mais das vezes, a uma estimação a respeito do estado psíquico dos destinatários de uma norma: estado psíquico daqueles que, como se costuma dizer, estão ou não de boa-fé em relação a um dado objeto ou circunstância. Essa espécie de boa-fé está presente em uma série de disposições legislativas esparsas, a exemplo dos artigos 309, 686 e 1.201 do Código Civil.[18] Trata-se, na linguagem doutrinária, da *boa-fé subjetiva*.

O inciso V faz tábula rasa dessa distinção. Seu texto aglutina características vinculadas a significados distintos e doutrinariamente incompatíveis de boa-fé.

A boa-fé que se pode presumir "nos atos praticados no exercício da atividade econômica" não é síntese de direitos e deveres, tampouco padrão de conduta ou critério de interpretação: trata-se simplesmente de um juízo de fato, ou seja, de uma instância da boa-fé subjetiva. Tanto assim que sua afirmação pode, ao menos em tese, ser superada pela prova de que o destinatário da norma não estava de boa-fé – a ideia contraproducente mencionada no começo desta seção. O próximo passo seria definir as consequências jurídicas desse fato. A demonstração da ausência de boa-fé do possuidor com justo título, por exemplo, serve de referência para a disciplina da fruição (artigos 1.214 e 1.216 do Código Civil, entre outros), da perda ou deterioração da coisa (artigos 1.217 e 1.218), da indenização de benfeitorias (artigos 1.219 e 1.220) e assim por diante. Algo parecido poderia ser imaginado a partir da hipótese de presunção de boa-fé do inciso V.

Esse raciocínio, no entanto, é interrompido pelo próprio legislador, que decidiu enunciar a presunção de boa-fé como um *direito* – uma emulação de direito fundamental, como vimos –, e nesse sentido, como uma instância de boa-fé objetiva. A inovação contida na primeira norma do inciso V é diluída por essa inconsequência técnica.

---

[18] São os exemplos destacados por MARTINS-COSTA, Judith, "Art. 3º, V: presunção de boa-fé", *in*: MARQUES NETO, Floriano de Azevedo; RODRIGUES JUNIOR, Otavio Luiz; LEONARDO, Rodrigo Xavier (Orgs.), *Comentários a Lei de Liberdade Econômica: Lei 13.874/2019*, São Paulo: Revista dos Tribunais, 2019, p. 126. Há outros.

1.4 Distinções embutidas no conceito de presunção

O texto da primeira disposição do inciso V também passa ao largo de distinções fundamentais embutidas no conceito jurídico de presunção. Na tradição doutrinária civilista, fala-se de *presunção* para designar "a ilação que se tira de um fato conhecido para provar a existência de outro desconhecido."[19] A partir daí, a literatura sugere a distinção entre presunções comuns (na terminologia do direito romano antigo, *hominis*), associadas à afirmação daquilo que ordinariamente ocorre (*id quod plerumque accidit*),[20] e presunções legais (ou *iuris*), estabelecidas pelo direito positivo. As presunções legais, por sua vez, podem ser relativas (*iuris tantum*) ou absolutas (*iuris et de iure*), conforme admitam ou não prova em sentido contrário.[21] Presunções absolutas são frequentemente assimiladas às ficções, embora seus conceitos não sejam idênticos: presunções absolutas são juízos de fato que não se afetam por sua eventual falsidade; ficções são juízos originariamente normativos que apenas eventualmente se reportam a estados de fato.

Essas ideias podem ser lapidadas, a começar pela definição tradicional abrangente reproduzida no parágrafo anterior. Presunções não servem para provar um estado de coisas. Elas funcionam, sim, como critério de determinação do regime probatório, mas não são elas mesmas meios de prova. A inclusão das presunções entre os meios de prova listados no artigo 212 do Código Civil é, nesse sentido, equivocada.[22] Tanto assim que o legislador foi mais cuidadoso em outros lugares: no texto do artigo 374 do Código de Processo Civil, por

---

[19] BEVILÁQUA, Clóvis. *Código Civil dos Estados Unidos do Brasil*, Rio de Janeiro: Francisco Alves, 1921, p. 388.

[20] Código de Processo Civil, artigo 375: "O juiz aplicará as regras de experiência comum subministradas pela observação do que ordinariamente acontece e, ainda, as regras de experiência técnica, ressalvado, quanto a estas, o exame pericial."

[21] MARTINS-COSTA, Judith, "Art. 3º, V: presunção de boa-fé", *in*: MARQUES NETO, Floriano de Azevedo; RODRIGUES JUNIOR, Otavio Luiz; LEONARDO, Rodrigo Xavier (Orgs.), *Comentários a Lei de Liberdade Econômica: Lei 13.874/2019*, São Paulo: Revista dos Tribunais, 2019, pp. 129-130.

[22] Código Civil, artigo 212: "Salvo o negócio a que se impõe forma especial, o fato jurídico pode ser provado mediante: [...] IV – Presunção [...]." O diploma reitera, neste ponto, o artigo 136 do Código Civil de 1916, que por sua vez reflete o entendimento de Clóvis Beviláqua, reproduzido pouco antes.

exemplo, a "presunção legal de existência ou de veracidade" dos fatos já não é apresentada como meio de prova, mas como requisito para sua dispensa.[23]

O vínculo entre presunção e regularidade também precisa ser bem entendido. Presunções envolvem, sim, representações de regularidades. É estranho imaginar que possamos presumir fatos extraordinários. Mas validade de uma presunção não depende da probabilidade de ocorrência dos fatos presumidos, e sim de seu valor.[24] Pense, por exemplo, na presunção segundo a qual o marido ou companheiro é o pai do bebê de sua mulher ou companheira. A validade dessa presunção não depende da verificação empírica de quantos maridos ou companheiros são pais dos filhos de suas mulheres ou companheiras, mas do valor que atribuímos à fidelidade. Podemos estar todos de acordo quanto a esse valor, mas isso não o transforma em fato. Valores compartilhados não são fatos. Ignorar esse aspecto das presunções é naturalizar seu conteúdo normativo.

Esses esclarecimentos se aplicam à presunção de boa-fé estabelecida na primeira disposição do artigo 3º, inciso V. No direito, fatos são provados, e normas, justificadas. Aplicar uma norma, nesse sentido, é o mesmo que justificar seu valor. Normas que veiculam presunções simples não são apenas atalhos para a afirmação de recorrências ou regularidade empíricas: são enunciados de valores. Isso pode soar óbvio diante de uma figura como a presunção de boa-fé, que parece traduzir um valor quase indisputado. Mas o reconhecimento de que não estamos diante de uma simples hipótese de fato tem uma implicação relevante: seu enunciado não pode ser *indeterminado*.

Isso quer dizer que a aplicação da norma prevista na primeira disposição do inciso V não se esgota na referência legislativa a uma presunção genérica de boa-fé. O dever de justificação embutido nas presunções impede que esta específica presunção seja empregada como trunfo argumentativo; esse dever impede, em particular, que a presunção de boa-fé seja oposta à aplicação de regras jurídicas cogentes.

[23] Código de Processo Civil, artigo 374: "Não dependem de prova os fatos: [...] IV – em cujo favor milita presunção legal de existência ou de veracidade." A lei brasileira reflete, neste ponto, o entendimento dos romanos, que tomavam provas e presunções como categorias correlatas, mas não vislumbravam entre elas uma relação de gênero e espécie: por exemplo nos parágrafos de D. 22, 3.

[24] Esse entendimento pode ser traçado à distinção entre regra e regularidade elaborada paradigmaticamente nos capítulos 5 e 7 de HART, Herbert L. A. *The Concept of Law*, 2. ed. Oxford: Clarendon, 1998.

1.5 Interpretação em prol da autonomia: conteúdo e função

A segunda parte do artigo 3º, inciso V da LLE determina que "dúvidas de interpretação do direito civil, empresarial, econômico e urbanístico serão resolvidas de forma a preservar a autonomia privada, exceto se houver expressa disposição legal em contrário". À primeira vista, o texto enuncia um propósito legislativo razoável: se admitirmos que a autonomia é um *bem*, como parece ser o caso, então teremos, de fato, uma boa razão para atribuir ao intérprete do direito um específico *dever* de preservá-la.

Mas a razoabilidade legislativa se dissipa quando examinamos a segunda parte do inciso V com mais cuidado. Primeiro porque seu texto veicula uma noção contraproducente de interpretação; segundo porque a preservação da autonomia envolve desafios que o jusnaturalismo vulgar abraçado pelos entusiastas da LLE não é capaz de resolver.

1.6 Escopo da norma: dúvidas de interpretação do direito

Nem toda disputa jurídica formalizada envolve dúvidas de interpretação do direito. Disputas jurídicas formalizadas também dizem respeito à ocorrência de fatos, ao seu significado, à sua relevância jurídica e à sua eficácia imediata, ou seja, à adequação de seus significados sociais e jurídicos a hipóteses normativas consequentes.[25]

Na prática, a jurisdição é dominada por essas questões, genericamente chamadas de *questões de fato*. Disputas sobre *questões de direito* são, nesse sentido, exceção, e não regra da prática jurídica cotidiana. Disputas sobre *alternativas de interpretação* do direito, portanto, representam não apenas uma exceção, mas a exceção da exceção – podemos, afinal, disputar questões de direito que não envolvem alternativas de interpretação: é o que ocorre, por exemplo, quando controvertemos sobre a vigência de uma norma.

Convém enfatizar essa constatação: disputas sobre (i) questões de direito (ii) envolvendo dúvidas de interpretação que (iii) estejam especificamente relacionadas com o conceito de autonomia privada são incomuns. Não seria

---

[25] Tenho em mente, aqui, a distinção entre relevância jurídica e eficácia proposta em FALZEA, Angelo, "Efficacia giuridica", *in Enciclopedia del diritto*, Milano: Giuffrè, 1965, v. 14.

exagero dizer que são raras. O escopo da segunda norma do inciso V, portanto, mostra-se muito mais restrito do que a retórica grandiloquente dos entusiastas da LLE pode sugerir.²⁶

Mas também é preciso encarar a questão a partir de um ponto de vista positivo. Em que casos podemos dizer que o que está em jogo é a interpretação do direito? No Brasil, uma das respostas mais conhecidas para essa pergunta continua sendo aquela ensaiada por Emilio Betti (1890-1968). Sua referência pode ser útil neste ponto.

Betti distingue três grupos funcionalmente distintos de interpretações: o grupo das interpretações *recognitivas* (também chamadas de *científicas*), o grupo das interpretações *reprodutivas* (ou *representativas*) e o grupo das interpretações *normativas*.²⁷ Interpretações filológicas e históricas são, nessa classificação, exemplos de interpretações recognitivas; interpretações teatrais e musicais, exemplos de interpretações reprodutivas; interpretações teológicas e jurídicas, exemplos de interpretações normativas.

Interpretações recognitivas se distinguem por privilegiar a função compreensiva. Quando estudamos a história e as línguas, buscamos sua compreensão, ainda que esse não seja nosso único objetivo. A função compreensiva também está presente nas outras modalidades de interpretação. Mas interpretações reprodutivas e normativas exigem algo mais: elas não esgotam no entendimento, mas se dirigem à *ação*. E é na ação, entendida como o comportamento dotado de sentido, que as competências básicas do jurista – entre as quais a capacidade de interpretar o direito – se manifestam.

O próximo passo de Betti, poderíamos imaginar, seria identificar critérios de verdade ou correção aplicáveis às interpretações reprodutivas e normativas, e então os critérios de verdade ou correção aplicáveis às interpretações

---

²⁶ Por exemplo: "Uma das características mais importantes do liberalismo clássico, que resultou no florescimento dos países mais desenvolvidos do mundo por todos os continentes, foi a ideia de que o Estado deve ter seu poder limitado, e a supremacia pertence original e residualmente ao indivíduo. Logo, não é o Estado de concede a liberdade econômica, mas sim somente reconhece algo natural ao cidadão [sic], que já a detém." LORENZON, Geanluca. A formatação da Lei de Liberdade Econômica como parte de política pública *in* OLIVEIRA, Amanda Flávio de (Org.), *Lei de liberdade econômica e o ordenamento jurídico brasileiro*, Belo Horizonte: D'Plácido, 2020, pp. 26-27.

²⁷ BETTI, Emilio. *Le categorie civilistiche dell'interpretazione*, Milano: A. Giuffrè, 1948; e *Teoria generale della interpretazione*, 2. ed. Milano: A. Giuffre, 1990.

jurídicas em particular. Isso não apenas contribuiria com o desenvolvimento de uma tradição filosófica em que hermenêutica e razão prática se entrelaçam, mas permitira, na prática, "restaurar o papel da racionalidade no campo do Direito, eliminando equívocos que o logicismo de baixa qualidade espalhou entre nós e reconquistando espaço ao irracionalismo fácil."[28]

Esse não foi, como sabemos, o caminho escolhido por Betti, que preferiu dissolver suas pretensões teóricas no interior do projeto político fascista então disponível.[29]

A boa notícia é que não precisamos ir além deste ponto na reproposição de suas ideias. Basta que estejamos de acordo que a interpretação do direito não serve apenas para *reconhecer* e *reproduzir* normas jurídicas e seus respectivos valores, mas funciona como mecanismo de dotação racional de sentido jurídico, ou seja, como forma de imputar significados jurídicos inteligíveis a comportamentos humanos. Resolver "dúvidas de interpretação [...] de forma a preservar a autonomia", nesse sentido, é mais do que simplesmente reconhecer e reproduzir uma ideia preestabelecida de autonomia: é aplicar o direito de acordo com critérios definidos através da autonomia.

1.7 A moralidade da autonomia: descoberta e individualização

A história do conceito de autonomia é acidentada, e segue caminhos bastante diferentes na filosofia e no direito. O termo foi inventado pelos gregos, mas só passou a ser reconhecido em termos próximos daqueles que hoje o distinguem no final do século 18. Até este ponto da história, falar de autonomia era falar de uma característica de cidades ou organizações capazes de definir suas próprias leis, e não de um atributo individual, tampouco de um princípio moral

---

[28] LIMA LOPES, José Reinaldo de. "Filosofia analítica e hermenêutica: preliminares a uma teoria do Direito como prática", *Revista de Informação Legislativa*, v. 53, n. 212, p. 203–226, 2016, p. 223.

[29] Betti sugere que os valores, como os fatos, podem ser *conhecidos* objetivamente. BETTI, Emilio. *Teoria generale della interpretazione*, p. 11. Essa sugestão, que atendia às suas convicções políticas, seria tomada como ponto de partida da crítica de Hans-Georg Gadamer, "Emilio Betti e a herança idealista", *Cadernos de Filosofia Alemã: Crítica e Modernidade*, n. 1, p. 83–90, 1996 p. 90, nota 4. Discussão em BRUTTI, Massimo. Emilio Betti e l'incontro con il fascismo *in* Birocchi, Italo; Loschiavo, Luca (Orgs.), *I giuristi e il fascino del regime (1918-1925)*, Roma: Roma TrE-Press, 2015.

moderno. Immanuel Kant (1724-1804) é o responsável pela sua descoberta,[30] e continua sendo uma referência central para essa discussão.

Na *Fundamentação da metafísica dos costumes*, Kant define a "autonomia da vontade" como a propriedade da vontade "graças a qual ela", a autonomia, "é para si mesma sua lei." O filósofo também a qualifica como "princípio supremo da moralidade" e "fundamento da dignidade da natureza humana e de toda natureza racional."[31] Sua exposição logo envereda pela conexão entre autonomia e razão prática. Segundo Kant, toda filosofia moral precedente teria se baseado em *imperativos hipotéticos*, comandos condicionados por impulsos e circunstâncias alheias aos desígnios da vontade. Com a descoberta da autonomia, a moralidade poderia ser finalmente redefinida através do *imperativo categórico*, critério de definição do dever incondicionado. A última formulação desse imperativo (Kant propõe outras duas) evidencia a conexão entre esses conceitos: "o princípio da autonomia é, portanto, não escolher senão de modo a que as máximas da escolha estejam incluídas simultaneamente, no querer mesmo, como lei universal."[32]

A discussão kantiana se contém na metafísica. O filósofo não se refere ao princípio da autonomia na *Doutrina do direito*, tampouco em seus panfletos políticos, embora a literatura secundária identifique remissões implícitas a ele em ambos os casos.[33]

No século 19, a autonomia se transforma em conceito-chave daquilo que hoje associamos ao individualismo filosófico e ao consequencialismo. Mesmo sem se referir nominalmente ao conceito, John Stuart Mill (1806-1873) será visto como o principal responsável por essa transformação.[34] Seus textos evi-

---

[30] Em sua história da filosofia moral moderna, Jerome Schneewind (1930) qualifica o conceito moderno de autonomia como uma *invenção* kantiana. SCHNEEWIND, Jerome B. *A invenção da autonomia*, São Leopoldo: Unisinos, 2001, p. 29. O próprio Kant, porém, enxergava o conceito de autonomia como uma *descoberta*, e não como uma invenção, como lembra Henry E. Allison, *Kant's Groundwork for the Metaphysics of Morals: A Commentary*, Oxford: Oxford University Press, 2011 p. 1, nota 1.
[31] KANT, Immanuel. *Fundamentação da metafísica dos costumes*, Lisboa: Edições 70, 2011 p. 90 (BA 87).
[32] *Ibid.*, p. 90 (BA 87).
[33] Exemplos próximos em ALEXY, Robert. "Kant's Non-Positivistic Concept of Law", *Kantian Review*, v. 24, n. 4, p. 497–512, 2019; e Paul Ricoeur, "Autonomia e vulnerabilidade", *in*: RICOEUR, Paul (Ed.), *O justo*, São Paulo: Martins Fontes, 2008, v. 2, 79–100.
[34] Por todos, SKORUPSKI, John. *John Stuart Mill*, London: Routledge, 1989, p. 250.

denciam uma filosofia moral regulada pelas consequências, baseada na ideia de felicidade e orientada por uma concepção abrangente de utilidade. O filósofo reconhece que "deve haver um princípio ou lei fundamental na raiz de toda a moral, ou, se existirem vários, deve haver entre eles uma determinada ordem de precedência; e o princípio, ou a regra para decidir entre os vários princípios quando estes entram em conflito, deve ser auto-evidente."[35]

Stuart Mill ainda é um utilitarista, mas sua filosofia moral envereda por um caminho que não havia sido trilhado por Jeremy Bentham (1748-1832). Sua inovação em relação ao utilitarismo precedente reside no reconhecimento de que a felicidade não deriva da satisfação das inclinações disponíveis, mas é reflexo daquilo que o filósofo chama de *individualidade*. A autonomia se torna, nesse contexto, sua expressão mais evidente. "Alguém cujos desejos e impulsos não são seus", escreve Mill em sua obra de filosofia política, "tem tanto caráter quanto uma máquina a vapor."[36]

O conteúdo moral veiculado através do conceito de individualidade será abandonado em versões posteriores, radicalizadas do individualismo filosófico. Nelas, a autonomia deixa de ser fundamento ou expressão da moralidade para se tornar uma característica geral e indiferenciada da ação humana. Essa radicalização opera em pelo menos duas frentes. Uma corresponde à ontologia atomista elaborada por autores como Harry Frankfurt (1929) e Gerald Dworkin (1937);[37] outra, à ideologia proto-libertária divulgada por economistas como Ludwig von Mises (1881-1973), Friedrich von Hayek (1899-1992) e Milton Friedman (1912-2006),[38] e mais tarde pelo juiz Richard Posner (1939).[39]

---

[35] MILL, John Stuart. *Utilitarismo*, Porto: Porto Editora, 2005, p. 43.
[36] MILL, John Stuart. *Sobre a liberdade*, Lisboa: Edições 70, 2006, p. 112.
[37] FRANKFURT, Harry G. "Freedom of the Will and the Concept of a Person", *in*: *The Importance of What We Care About: Philosophical Essays*, Cambridge: Cambridge University Press, 1988; e DWORKIN, Gerald. *The Theory and Practice of Autonomy*, Cambridge: Cambridge University Press, 1988.
[38] MISES, Ludwig von. *Human Action: A Treatise on Economics*, New Haven: Yale University Press, 1949; HAYEK, Friedrich A. von. *The Road to Serfdom*, Chicago: University of Chicago Press, 1944; e FRIEDMAN, Milton. *Capitalism and Freedom*, Chicago: University of Chicago Press, 1962.
[39] POSNER, Richard. *Economic Analysis of Law*, Boston: Little Brown and Company, 1973. A partir de 1990, Posner passa a se apresentar como um "pragmatista". *The Problems of Jurisprudence*, Cambridge: Harvard University Press, 1990.

Defesas filosoficamente inclinadas do texto e sobretudo do espírito da LLE remetem à ala ideológica do individualismo radical,[40] embora quase nunca em termos específicos e referenciados – coisa que dificulta significativamente sua apreciação. Seus divulgadores se reportam a entendimentos aparentemente compartilhados a respeito das teses articuladas por seus ícones, e às vezes a conjuntos ideias historicamente delimitadas – em particular, a um "liberalismo clássico", que associam ao "florescimento dos países mais desenvolvidos do mundo por todos os continentes [sic]".[41]

1.8 Significados teóricos da autonomia: autoridade e validade

O tratamento dispensado ao conceito de autonomia no direito permanece de modo geral alheio aos seus desdobramentos filosóficos até as últimas décadas do século 20.[42] A grande narrativa a respeito do tema é bem conhecida: ao longo do século 20, a autonomia privada teria deixado a velha autonomia da vontade para trás, e com ela os compromissos positivistas e liberais que marcaram o pensamento jurídico oitocentista, estabelecendo-se como bússola do direito privado no estado social.[43]

Há menos consenso em torno dos desdobramentos dessa narrativa. Para alguns, a socialização da autonomia teria ido longe demais, enfraquecendo o funcionamento dos mercados e dificultando o exercício da liberdade individual; para outros, esses mesmos problemas decorreriam justamente da falta de

---

[40] Crítica em FRAZÃO, Ana. "Liberdade econômica para quem? A necessária vinculação entre a liberdade de iniciativa e a justiça social", *in*: SALOMÃO, Luiz Felipe; CUEVA, Ricardo Villas Bôas; FRAZÃO, Ana (Orgs.), *Lei de liberdade econômica e seus impactos no direito brasileiro*, São Paulo: Revista dos Tribunais, 2020.; exemplos em CUNHA FILHO, Alexandre J. Carneiro da; PICCELLI, Roberto Ricomini; MACIEL, Renata Mota (Orgs.), *Lei da liberdade econômica anotada*, São Paulo: Quartier Latin, 2019.

[41] LORENZON, Geanluca. A formatação da Lei de Liberdade Econômica como parte de política pública *in* OLIVEIRA, Amanda Flávio de (Org.), *Lei de liberdade econômica e o ordenamento jurídico brasileiro*, Belo Horizonte: D'Plácido, 2020, p. 26.

[42] O livro mais conhecido de Charles Fried (1935) é visto como marco da reconexão entre os debates filosóficos e jurídicos sobre o conceito de autonomia, embora não seja sua primeira expressão. *Contract as Promise: A Theory of Contractual Obligation*, Cambridge, Mass.: Harvard University Press, 1982. Discussão em KENNEDY, Duncan. "From the Will Theory to the Principle of Private Autonomy: Lon Fuller's 'Consideration and Form'", *Columbia Law Review*, v. 100, p. 94, 2000.

[43] Por todos, AMARAL, Francisco. A autonomia privada como princípio fundamental da ordem jurídica: perspectivas estrutural e funcional, *Revista de direito civil*, v. 46, p. 7–26, 1988.

alinhamento entre o conteúdo atribuído ao conceito de autonomia privada e as exigências das modernas constituições. De parte a parte, a disputa parece dizer menos sobre os sentidos historicamente assumidos pelo conceito de autonomia no pensamento jurídico que sobre sua mitologia.

A história jurídica do conceito, aliás, não começa no direito privado, mas no direito internacional. Embora suas primeiras referências sejam comumente traçadas a autores como Charles Dumoulin (1500-1566), Ulrik Huber (1636-1694) e William Mansfield (1705-1793), a primeira menção nominal à autonomia se deve a Jean-Jacques Gaspard Foelix (1791-1853), o fundador do direito comparado na França. Em uma obra de 1843, Foelix se reporta a "questões regidas pelo livre arbítrio ou pela autonomia do homem" como o problema central do direito dos contratos no plano internacional.[44] Sua preocupação já não se dirige ao antigo e persistente tema das intenções implícitas, mas à definição autônoma do regime contratual. Essa leitura ganha contornos mais claros na obra de Pasquale Stanislao Mancini (1817-1888),[45] e se estabiliza no interior do direito internacional entre as últimas décadas do século 19 e as primeiras do século 20.

Seu principal divulgador ao longo desse período é André Weiss (1858-1928). Ele será, também, o responsável pela transposição do conceito internacionalista de autonomia para o direito privado – mais especificamente, para a exegese tardia do Código Civil francês de 1804. No quarto volume de seu *Traité théorique et pratique de droit international privé*, publicado em 1892, Weiss reconduz o "princípio da autonomia da vontade" (sem nenhuma referência ao princípio homônimo de Kant, enfatize-se) à primeira parte do artigo 1.134 do diploma, ao qual voltaremos a tratar na última seção deste comentário.[46] O texto da disposição é conhecido: "convenções legalmente estabelecidas

---

[44] FOELIX, Jean-Jacques Gaspard. *Traité du droit international privé: ou, du conflit des lois de différentes nations en matière de droit privé*, Paris: Joubert, 1843, p. 82. Foelix é a referência central de Pimenta Bueno, o primeiro autor a mencionar o conceito de autonomia no Brasil. *Direito internacional privado e applicação de seus principios com referencia ás leis particulares do Brazil*, Rio de Janeiro: Villeneuve, 1863.

[45] MANCINI, Pasquale. "De l'utilité de rendre obligatoire pour tous les États, sous la forme d'un ou de plusieurs traités internationaux, un certain nombre de règles générales de Droit international privé pour assurer la décision uniforme des conflits entre les différentes législations civiles et criminelles", *Journal de droit international*, v. 1, p. 285–304, 1874, p. 302. Como Mill, Mancini não se refere à autonomia pelo seu nome. Erik Jayme, *Pasquale Stanislao Mancini: il diritto internazionale privato tra Risorgimento e attività forense*, Padova: CEDAM, 1988, p. 21.

[46] WEISS, *Traité théorique et pratique de droit international privé*, IV: 348.

têm força de lei entre aqueles que as celebram".[47] A inovação de Weiss é antes teórica que doutrinária: o reconhecimento da autoridade dos contratos é antigo, e remonta ao brocardo segundo o qual contratos têm força de lei entre as partes. Mas até então seu fundamento ainda não havia sido associado ao conceito de autonomia.

Esse não será o único significado assumido pela autonomia no interior do direito privado. Ao longo do século 20, o conceito também será empregado, quase sempre de modo anacrônico, como síntese de critérios de validade estabelecidos em regimes de liberdade contratual. Convém dar alguns passos atrás para avaliar essa projeção.

A ideia de liberdade contratual se estabelece no interior do pensamento jurídico muito antes das primeiras referências jurídicas ao conceito moderno de autonomia, e antes mesmo da descoberta kantiana da autonomia individual. Entre os séculos 16 e 17, fontes romanas e canônicas que compunham o *ius commune*, o direito compartilhado pelos juristas universitários a partir do século 12, passam a ser lidas a partir de novas premissas, que hoje reconduzimos ao pensamento político liberal.[48] É a partir daí que a ideia de consenso, originalmente circunscrita a conjuntos determinados de contratos,[49] passa a ser encarada como requisito geral das obrigações contratuais.[50]

No plano das leis, normas jurídicas antes contidas em ou extraídas de regulamentos sobre contratos *em espécie* passam a ser aglutinadas em capítulos sobre os contratos *em geral*. No plano dos juízos, a exigibilidade das obrigações contratuais deixa de depender de sua adequação a tipos predeterminados para se esgotar na verificação de características do acordo estabelecido entre as partes, seja qual for sua causa. As transformações são profundas, e seus resultados, duradouros.

No final do século 18, regimes de tipicidade estrita que haviam caracterizado o direito dos contratos desde as primeiras referências da *iurisprudentia*

---

[47] Em sua redação original, o *Code* definia "contrato" no artigo 1.321 e "convenção" no artigo 1.101. Com a reforma de 2016, essas definições se integraram através da ideia de "acordo de vontades".
[48] Remeto a LIMA LOPES, José Reinaldo de ; SILVA FILHO, Osny da. "Contratos", *in*: Slemian, Andrea; Aidar, Bruno; Lopes, José Reinaldo de Lima (Orgs.), *Dicionário histórico de conceitos jurídico-econômicos (Brasil, séculos XVIII-XIX)*, São Paulo: Alameda, 2020..
[49] Várias referências no Digesto e síntese em Inst. 3, 22.
[50] Exemplo em DOMAT, Jean. *Les loix civiles dans leur ordre naturel* (1689), 2. ed. Paris: Pierre Auboüin, 1823, p. 25–27.

romana já terão sido abandonados em quase toda parte. O triunfo da liberdade contratual se completa através das grandes codificações do século 19. Ele só será ameaçado a partir das primeiras décadas do século 20, quando leis baseadas em critérios distributivos específicos – trabalho, consumo, infância – passam a disputar espaço com o regime contratual geral.

Referências à autonomia como requisito de validade dos contratos conferem aura normativa aos regimes de liberdade contratual. Isso não é, em si, problemático; mas se torna um problema quando percebemos que regimes de liberdade contratual são perfeitamente compatíveis com a negação do conceito moderno, moralmente adensado de autonomia. Racionalidade, universalidade, individualidade: nada disso importa quando o que está em jogo é simplesmente a possibilidade de contratar sem embargo de modelos legislativos preestabelecidos. E aqui mora o perigo: nada impede que a liberdade contratual seja instituída no interior da mais virulenta teocracia – e isso não é incomum. O problema da redução do conceito de autonomia a uma ideia retoricamente inegociável de liberdade contratual reside, em suma, nos riscos trazidos por sua indiferença moral.

1.9 Perplexidade semântica da autonomia privada na LLE

O legislador infelizmente não cuidou de esclarecer o significado que pretendeu emprestar ao conceito de autonomia privada na segunda parte do inciso V. Ao mencionar a sua *preservação*, no entanto, seu texto nos fornece uma pista importante.

Preservar um objeto, afinal, é pô-lo ao abrigo de algo. Quem preserva um bem, preserva-o contra o mal respectivo. Preservar a saúde é pô-la ao abrigo da doença; preservar a natureza, pô-la ao abrigo da destruição. Ao abrigo de que, então, a autonomia pode ser posta? A primeira alternativa parece ser: ao abrigo da heteronomia. É curioso, no entanto, para não dizer paradoxal, que isso seja afirmado através de uma disposição heterônoma, e mais ainda, que a interpretação em prol da autonomia seja definida como obrigatória apenas nos casos em que a lei não dispuser em sentido contrário.[51]

---

[51] Curioso, mas não inexplicável: como sugerido desde a introdução deste comentário, o legislador tomou um conceito teórico, que é a autonomia, como se doutrinário fosse.

O legislador não reconhece nenhuma carga moral no conceito de autonomia. Sua referência não remete nem à universalidade de Kant, nem à individualidade de Mill. Ela tampouco se presta a evidenciar o caráter vinculante dos contratos — o inciso V, afinal, admite que a lei pode até mesmo *contrariar* a autonomia. Os compromissos filosóficos da LLE são vagos, e seu texto passa ao largo da intrincada história da autonomia no direito. O que está em jogo, portanto, não é a moralidade do conceito, tampouco suas implicações doutrinárias. Trata-se simplesmente de uma instância da velha e empobrecida assimilação teórica da autonomia à liberdade contratual.

Esse entendimento não nos leva longe. O regime contratual geral estabelecido no Brasil – no Código Civil brasileiro, em particular – é um regime de liberdade contratual. Acreditar que limitações específicas à liberdade de contratar (e de definir os termos dos contratos, se quisermos distinguir essas hipóteses) infirmam a generalidade desse regime é confundir seu significado histórico e seus desdobramentos práticos com sua percepção ideológica. Regimes de liberdade contratual podem ser mais ou menos abrangentes; mas só deixam de ser regimes de liberdade contratual quando o estado delimita antecipadamente o rol dos contratos exequíveis – todos eles, e especialmente aqueles estabelecidos entre partes equiparadas. Evidentemente não é o que ocorre no Brasil.

A ironia, uma vez mais,[52] reside no fato de uma norma como essa ter sido estatuída em um diploma alegadamente libertário como a LLE. O poder-dever de resolver "dúvidas de interpretação do direito civil, empresarial, econômico e urbanístico [...] de forma a preservar a autonomia privada" não só impede uma apreciação jurídica rigorosa da autonomia, mas submete a definição de seus contornos ao alvedrio do estado.

2. Questões aplicadas: comparações, conexões e jurisprudência

A discussão de questões aplicadas envolvendo o inciso V é dificultada por pelo menos três razões. A primeira, já sugerida na introdução, é a assimetria epistêmica existente entre os conceitos de boa-fé e autonomia. A boa-fé se

---

[52] A primeira ironia foi identificada por Judith Martins-Costa em sua discussão sobre o tratamento dispensado pela LLE à presunção de boa-fé no direito privado. Referência na nota 15 acima.

estabelece primariamente no campo doutrinário; a autonomia, no campo teórico. Uma sugere limites, razões e critérios de interpretação para o direito; a outra se apresenta como fundamento ou fonte da ação jurídica privada.[53] A segunda razão diz respeito aos destinatários de cada uma das normas. Eles são diferentes. A primeira norma, que enuncia o direito à presunção de boa-fé, dirige-se a um conjunto indeterminado de jurisdicionados; a segunda, relativa ao dever de interpretar em prol da autonomia privada, aponta para os agentes oficialmente encarregados de dizer o direito. Por fim, os sentidos que o legislador procurou emprestar aos conceitos de boa-fé e a autonomia – e de presunção de boa-fé e interpretação em prol da autonomia em particular – são diferentes daqueles que hoje prevalecem na literatura jurídica. Por um lado, a LLE ignora a distinção entre boa-fé subjetiva e boa-fé objetiva; por outro, privilegia uma concepção atomista, juridicamente alienada de autonomia.[54]

Não obstante, o artigo 3º, inciso V da LLE é direito posto: não podemos contar com a declaração de sua inconstitucionalidade, tampouco com sua revogação integral ou mesmo parcial. É prudente supor que seus intérpretes virão a emprestar-lhe algum sentido, mesmo que esse empréstimo não possa ser vinculado de maneira inequívoca ao texto legislativo. Convém, por isso, investigar algumas aproximações: primeiro com o direito estrangeiro, em seguida com outras disposições legislativas e por fim com decisões judiciais dirigidas a assuntos correlatos. Esse exercício, insista-se, não resolve os problemas criados pelo texto legislativo, mas pode contribuir com a sua contenção.

2.1 Comparação com três referências familiares

O texto do inciso V não guarda correspondência precisa com nenhum fragmento relevante do direito estrangeiro. Sem embargo disso, pode haver ganho em compará-lo com três referências familiares: (i) o antigo artigo 1.134 do Código Civil francês de 1804, reduzido e reposicionado pela Ordenação 2016-131; (ii) o entendimento doutrinário e jurisprudencial dominante a respeito do artigo 1.147 do Código Civil Italiano de 1942, ainda vigente nos termos

---

[53] Nesses termos, MARTINS-COSTA, Judith. *A boa-fé no direito privado: critérios para a sua aplicação*, 2.ed. São Paulo: Saraiva, 2018, p. 248–249.
[54] Em contraste, *Ibid.*, p. 249: "Autonomia não é átomo. É a aptidão a dar-se regras numa ordem social *juridicamente conformada*, isto é: numa ordem de relações jurídicas."

em que foi promulgado; e (iii) as chamadas *implied covenants of good faith*, impropriamente traduzidas como *presunções de boa-fé*.

Comecemos pela primeira dessas disposições:

> Código Civil francês, artigo 1.134 (revogado): As convenções legalmente estabelecidas têm força de lei entre aqueles que as celebram. [¶] Elas não podem ser revogadas senão por consentimento mútuo, ou pelas causas que a lei autorizar. [¶] Elas deverão ser executadas de boa-fé.⁵⁵

A primeira alínea do artigo 1.134 diz respeito ao caráter obrigatório dos contratos. Podemos traçá-la a um brocardo antigo, tradicionalmente extraído de dois fragmentos do jurisconsulto romano Ulpiano.⁵⁶ Sua ideia de contrato como *lex privata* seria redescoberta pelos professores universitários medievais, redefinida por teólogos e juristas escolásticos, reelaborada por doutrinadores portugueses, espanhóis e franceses entre os séculos 17 e 18 e só então levada ao texto do Código Napoleão. A partir daí, passaria a ser empregada como justificação de proposições teóricas cada vez mais abrangentes, associando-se, na última década do século 19, ao conceito de autonomia – quando passa a se apresentar, na expressão de um de seus primeiros críticos, como "verdade revelada".⁵⁷

---

⁵⁵ Código Civil francês, artigo 1.134 (revogado pela Ordenação 2016-131). No original: "*Les conventions légalement formées tiennent lieu de loi à ceux qui les ont faites.* [¶] *Elles ne peuvent être révoquées que de leur consentement mutuel, ou pour les causes que la loi autorise.* [¶] *Elles doivent être exécutées de bonne foi.*"

⁵⁶ Ulp. 30 ad ed., D. 16, 3, 1, 6: "*Si convenit, ut in deposito et culpa praestetur, rata est conventio: contractus enim legem ex conventione accipiunt.*" Ulp. 23 ad Sab., D. 50, 17, 23: "*Contractus quidam dolum malum dumtaxat recipiunt, quidam et dolum et culpam. Dolum tantum: depositum et precarium. Dolum et culpam mandatum, commodatum, venditum, pignori acceptum, locatum, item dotis datio, tutelae, negotia gesta: in his quidem et diligentiam. Societas et rerum communio et dolum et culpam recipit. Sed haec ita, nisi si quid nominatim convenit (vel plus vel minus) in singulis contractibus: nam hoc servabitur, quod initio convenit (legem enim contractus dedit), excepto eo, quod Celsus putat non valere, si convenerit, ne dolus praestetur: hoc enim bonae fidei iudicio contrarium est: et ita utimur. Animalium vero casus mortesque, quae sine culpa accidunt, fugae servorum qui custodiri non solent, rapinae, tumultus, incendia, aquarum magnitudines, impetus praedonum a nullo praestantur.*"

⁵⁷ CALEB, Marcel. *Essai sur le principe de l'autonomie de la volonté en droit international privé*, Paris: Sirey, 1927, p. 9.

A segunda alínea do antigo artigo 1.134 informa que as convenções estabelecidas consensualmente só podem ser revogadas (resilidas ou resolvidas, diríamos hoje) de duas maneiras: pelo "consenso mútuo" dos convenentes ou "pelas causas que a lei autorizar". Esta última hipótese pode, com algum esforço, servir de referência para o entendimento da segunda parte do inciso V, segundo a qual "as dúvidas de interpretação do direito civil, empresarial, econômico e urbanístico serão resolvidas de forma a preservar a autonomia privada, exceto se houver expressa disposição legal em contrário."

Por fim, a terceira alínea do artigo 1.134 enuncia a boa-fé como padrão de conduta: *standard* jurídico a ser observado pelos contratantes. Trata-se, aqui, de algo que poderia ser descrito como *o avesso* do inciso V. Neste último, a boa-fé é enunciada como presunção, e portanto como referência que *antecede* a apreciação do comportamento em questão; no artigo 1.134 do Código Civil francês, por outro lado, a boa-fé funciona como norma que *sucede* a apreensão jurídica dos comportamentos a que diz respeito.

Em 2016, no âmbito da reforma do direito das obrigações francês, a primeira alínea do artigo 1.134 foi removida para artigo 1.103. Ali, o termo "convenções" – fóssil dos *nuda pacta* pré-napoleônicos – foi substituído por "contratos".[58] A disciplina da boa-fé, por sua vez, passou a ser contemplada pelos artigos 1.104 e 1.112. O primeiro determina que os contratos devem ser "negociados, formados e executados" de boa-fé, esclarecendo, ainda, que esta é uma norma de ordem pública.[59] O novo artigo 1.112, por sua vez, especifica a disciplina da boa-fé no estágio pré-contratual, dispondo que "[a] iniciativa, o andamento e o término das negociações pré-contratuais são livres", mas devem, não obstante, e de modo imperativo, "satisfazer as exigências da boa-fé."[60]

Um segundo paralelo possível para o artigo 3º, inciso V da LLE pode ser encontrado no artigo 1.147 do Código Civil italiano. Trata-se, neste caso, de

---

[58] Código Civil francês, artigo 1.103. No original: *"Les contrats légalement formés tiennent lieu de loi à ceux qui les ont faits."*

[59] Código Civil francês, artigo 1.104. No original: *"Les contrats doivent être négociés, formés et exécutés de bonne foi.* [¶] *Cette disposition est d'ordre public."*

[60] Código Civil francês, artigo 1.112. No original: *"L'initiative, le déroulement et la rupture des négociations précontractuelles sont libres. Ils doivent impérativement satisfaire aux exigences de la bonne foi.* [¶] *En cas de faute commise dans les négociations, la réparation du préjudice qui en résulte ne peut avoir pour objet de compenser ni la perte des avantages attendus du contrat non conclu, ni la perte de chance d'obtenir ces avantages."*

3. COMENTÁRIO AO ARTIGO 3º, INCISO V: PRESUNÇÃO DE BOA-FÉ E INTERPRETAÇÃO...

norma relativa *prima facie* à boa-fé subjetiva. Comecemos outra vez pelo seu texto:

> Código Civil italiano, artigo 1.147: "Posse de boa-fé. O possuidor de boa-fé é aquele que possui ignorando a violação de direito alheio. [¶] A boa-fé não é benéfica se a ignorância decorrer de culpa grave. [¶] Presume-se a boa-fé e basta que estivesse presente no momento da compra."[61]

A aproximação, aqui, é evidenciada pela referência à presunção de boa-fé. O Código Civil brasileiro de 2002 conta com norma semelhante, já citada no começo deste comentário. Trata-se do artigo 1.201, *caput*, segundo o qual "[é] de boa-fé a posse, se o possuidor ignora o vício, ou o obstáculo que impede a aquisição da coisa."

Há duas diferenças textuais e uma diferença doutrinária importante entre essas disposições. A primeira diferença textual diz respeito a ignorância decorrente de culpa grave, exceção explicitada pelo artigo 1.147 do Código Civil italiano. O diploma brasileiro não admite esta exceção, embora reconheça, em seu artigo 1.102, que a boa-fé pode ser descaracterizada se e quando "as circunstâncias façam presumir que o possuidor não ignora que possui indevidamente." Trata-se, neste caso, de inferência circunstancial, não de avaliação subjetiva da conduta. A segunda diferença textual diz respeito à correlação entre boa-fé e justo título, que é mencionada na lei brasileira apenas.

É uma diferença doutrinária entre o artigo 1.147 do Código Civil italiano e o artigo 1.102 do Código Civil brasileiro, no entanto, que nos interessa mais de perto neste ponto. O contraste, neste caso, diz respeito (i) ao caráter subjetivo da boa-fé e (ii) aos limites de sua disciplina. No Brasil, não há dúvida a respeito desses pontos: a boa-fé mencionada no artigo 1.102 (i) corresponde a um estado psicológico e (ii) se contém no interior da disciplina da posse.[62] Na Itália, as respostas contrárias prevaleceram, e no ano 2000 a Corte de

---

[61] Código Civil italiano, artigo 1.147. No original: *"Possesso di buona fede.* [¶] *È possessore di buona fede chi possiede ignorando di ledere l›altrui diritto.* [¶] *La buona fede non giova se l'ignoranza dipende da colpa grave.* [¶] *La buona fede è presunta e basta che vi sia stata al tempo dell'acquisto."*

[62] Por todos, PENTEADO, Luciano de Camargo. *Direito das coisas*, 3ª ed. São Paulo: Revista Dos Tribunais, 2014, p. 617–621.

Cassação chegou a reconhecer que "[o] princípio da presunção de boa-fé tem sentido geral, não limitado ao instituto da posse em relação ao qual é enunciado".[63]

O entendimento abraçado pela Corte de Cassação italiana poderia, com algum esforço, sugerir um caminho para o entendimento do artigo 3º, inciso V da LLE. Nos dois casos – alguém poderia argumentar –, estamos diante de presunções de caráter geral, que não se esgotam em hipóteses específicas de reconhecimento da boa-fé subjetiva. Esse entendimento submete-se, porém, à crítica teórica elaborada na primeira seção deste comentário: não é possível conceber um princípio *geral* de presunção de boa-fé, que equivaleria a uma dispensa arbitrária de atendimento do direito posto.

A última comparação a ser feita diz respeito àquilo que em sistemas de *common law* se convencionou chamar de *implied covenant of good faith*, ou *garantia implícita de boa-fé*. Traçada à opinião de Mansfield no famoso caso Boone v. Eyre, de 1777,[64] a figura se difundiria sobretudo a partir da decisão do Tribunal de Apelação de Nova Iorque no caso Kirke La Shelle Co. v. Paul Armstrong Co., de 1933:

> "Em todo contrato há uma garantia implícita segundo a qual a nenhuma das partes é dado fazer nada que possa violar ou prejudicar o direito da outra parte a receber as vantagens do contrato. Em outras palavras, todo contrato contém uma garantia implícita de boa-fé e negociação justa [*good faith and fair dealing*]."[65]

---

[63] Cass. civ. 6648, Sez. 2, Bolmida c. De Lorenzo, julgado em 22.5.2000. No original: *"Il principio della presunzione di buona fede ha portata generale non limitata all'istituto del possesso in relazione al quale è enunciato."*

[64] Boone v. Eyre, (1777) 126 Eng. Rep. 160 (K.B.); 1 H. Bl. 273. O caso é conhecido especialmente pela qualificação do adimplemento substancial e das chamadas *conditions precedent*. A associação com o regime das cláusulas implícitas de boa-fé é sugerida por Daniel Markovits, "Good Faith as Contract's Core Value", *in*: Klass, Gregory; Letsas, George; Saprai, Prince (Orgs.), *Philosophical Foundations of Contract Law*, Oxford: Oxford University Press, 2014, p. 272.

[65] Kirke La Shelle Co. v. Paul Armstrong Co., 188 N.E. 163, 167 (N.Y. 1933). No original: *"In every contract there is an implied covenant that neither party shall do anything, which will have the effect of destroying or injuring the right of the other party, to receive the fruits of the contract. In other words, every contract has an implied covenant of good faith and fair dealing."*

Mencionada em inúmeros julgados posteriores, a garantia implícita de boa-fé seria incorporada ao texto da seção 1-203 (atual seção 1-304) do Uniform Commercial Code (UCC) de 1952 e depois à versão de 1979 (publicada em 1981) da seção 231 (atual seção 205) do Restatement (Second) of Contracts, editado originalmente em 1932.[66]

Não parece correto qualificar essa garantia como uma presunção – "ilação que se tira de um fato conhecido para provar a existência de outro desconhecido", se quisermos retomar a definição reproduzida na primeira seção do comentário.[67] Trata-se, mais propriamente, daquilo que os medievais chamavam de *naturalia negotii*: um mecanismo de *preenchimento de lacunas contratuais*, diríamos hoje.[68] A boa-fé desempenha, aqui, uma *função integrativa* equivalente àquela estabelecida pelo artigo 422 do Código Civil brasileiro, segundo o qual "[o]s contratantes são obrigados a guardar, assim na conclusão do contrato, como em sua execução, os princípios de probidade e boa-fé." A norma, como lembra Judith Martins-Costa, estabelece uma correlação variável entre boa-fé (entendida em seu sentido objetivo) e autonomia:

> "A atividade integrativa tanto será *menor* naqueles campos em que a autonomia privada *mais pode ser* expandida, sendo mais diminuto o campo da heteronomia. Inversamente, será maior nos contratos formados por adesão, nas relações contratuais entre desiguais e, dentre essas, as relações de consumo, em que maior é o número de regras cogentes, nenhuma dúvida havendo quanto à integração contratual por meio da incidência *de normas cogentes*, como, exemplificativamente, a do inciso III do art. 6º do Código de Defesa do Consumidor."[69]

---

[66] Uniform Commercial Code, seção 1-304, *Obligation of good faith:* "Every contract or duty within the Uniform Commercial Code imposes an obligation of good faith in its performance and enforcement."
[67] Nota 20 acima.
[68] Referências em PARGENDLER, Mariana. "Modes of Gap Filing: Good Faith and Fiduciary Duties Reconsidered", *Tulane Law Review*, v. 82, n. 4, pp. 1315–1354, 2007. Uma análise abrangente e doutrinariamente rigorosa da chamada "lacunosidade contratual" é elaborada na tese de NITSCHKE, Guilherme Carneiro Monteiro. *Lacunas contratuais e interpretação*, São Paulo: Quartier Latin, 2019.
[69] MARTINS-COSTA, Judith. *A boa-fé no direito privado: critérios para a sua aplicação*, 2.ed. São Paulo: Saraiva, 2018, pp. 568-569.

Este raciocínio infelizmente não pode ser traçado ao inciso V, cujo texto estabelece, ao invés, incentivos para aquilo que Martins-Costa chama de "emprego puramente formal" da boa-fé,[70] – e neste caso, acrescente-se, também do conceito de autonomia.

2.2 Conexões intrassistemáticas: princípios e projeções

O artigo 3º da LLE enuncia um rol de "direitos" que o legislador reputou "essenciais para o desenvolvimento e o crescimento econômicos do País, observado o disposto no parágrafo único do art. 170 da Constituição Federal". Esses direitos podem ser encarados como glosas mais ou menos específicas ao artigo 170 da Constituição, cujo *caput* vincula a "ordem econômica" a dois fundamentos: a "valorização do trabalho humano" e a "livre-iniciativa", ambos destinados a "assegurar a todos existência digna, conforme os ditames da justiça social". O parágrafo único da disposição esclarece que "[é] assegurado a todos o livre exercício de qualquer atividade econômica, independentemente de autorização de órgãos públicos, salvo nos casos previstos em lei."

Podemos encarar o inciso V como uma tentativa de especificação dos quatro princípios estabelecidos no artigo 2º da LLE: "I – a liberdade como uma garantia no exercício de atividades econômicas; [¶] II – a boa-fé do particular perante o poder público; [¶] III – a intervenção subsidiária e excepcional do Estado sobre o exercício de atividades econômicas; e [¶] IV – o reconhecimento da vulnerabilidade do particular perante o Estado." Esse princípios fornecem indícios sobre a origem de dois equívocos apontados anteriormente: a indistinção entre boa-fé subjetiva e objetiva, sugerida pela referência à boa-fé do particular *perante* o poder público, e a confusão entre autonomia e liberdade contratual, insinuada pelas referências a "liberdade como uma garantia", "intervenção subsidiária e excepcional" e "vulnerabilidade do particular perante o Estado."

Os demais incisos do artigo 3º se assemelham ao inciso V na medida em que (i) remetem a enunciados primariamente retóricos (ii) desprovidos de precisão técnica e (iii) marcados por extensões e exceções ambíguas. O inciso VIII, por exemplo, dá conta de uma "garantia de que os negócios jurídicos empresariais

---

[70] *Ibid.*, p. 569.

paritários serão objeto de livre estipulação das partes pactuantes [enunciado ideológico], de forma a aplicar todas as regras de direito empresarial apenas de maneira subsidiária ao avençado [imprecisão técnica], exceto normas de ordem pública [ambiguidade]."

As normas estabelecidas pelo inciso V do artigo 3º também se projetam sobre as alterações cometidas pela LLE no texto do Código Civil. O dever de interpretar o direito em prol da autonomia, em particular, pode ser vinculado aos novos incisos IV e V do artigo 421 do Código Civil, conforme os quais "A interpretação do negócio jurídico deve lhe atribuir o sentido que [...] IV – for mais benéfico à parte que não redigiu o dispositivo, se identificável; e [¶] V – corresponder a qual seria a razoável negociação das partes sobre a questão discutida, inferida das demais disposições do negócio e da racionalidade econômica das partes, consideradas as informações disponíveis no momento de sua celebração." O primeiro inciso exemplifica extensão indevida da disciplina dos contratos de adesão; o segundo, articulação superficial do modelo teórico da barganha hipotética, entendido genericamente como um "achado" da análise econômica do direito.[71]

2.3 Conexões intersistemáticas: aproximações

Para além das normas estabelecidas pela própria LLE, as primeiras conexões sistemáticas sugeridas pelo texto do inciso V dizem respeito aos princípios da presunção de inocência (artigo 5º, inciso LVII da Constituição) e da legalidade (artigo 5º, inciso II da Constituição). Mas essas conexões não resistem a um exame mais cuidadoso. O direito à presunção de boa-fé e o dever de interpretar em prol da autonomia encontram-se estabelecidos no campo do direito privado, e não do direito público (constitucional ou penal). Sua aproximação com os princípios da presunção de inocência e da legalidade se explica por afinidades retóricas, e não por convergências doutrinárias ou teóricas.

Conexões mais fiéis ao repertório técnico do direito podem ser buscadas na legislação infraconstitucional. Algumas delas foram mencionadas

---

[71] Referências básicas em CHARNY, David. "Hypothetical Bargains: The Normative Structure of Contract Interpretation", *Michigan Law Review*, v. 89, n. 7, p. 1815–1879, 1991; discussão em AYRES, Ian. "Empire or Residue: Visions of the Contractual Canon", *Florida State University Law Review*, v. 26, n. 4, p. 897, 1999.

anteriormente, como as hipóteses de verificação da boa-fé subjetiva do possuidor (artigos 1.201 e 1.202 do Código Civil) e do benfeitor (artigos 1.219 e 1.220, sempre do Código Civil). Mas é possível identificar outras, de prescrições de conduta específicas (como o dever reforçado de boa-fé do segurado e do segurador, nos termos do artigo 765) ao enunciado abrangente da liberdade contratual (estabelecido no *caput* do artigo 421, ora alterado pela LLE).

Vimos na primeira seção deste comentário que exceção de legalidade estabelecida na última parte do inciso V não se dirige à sua primeira norma, que estabelece o direito à presunção de boa-fé, mas à segunda, que enuncia o dever de interpretar o direito em prol da autonomia. Essa conclusão nos impede de identificar em seu texto uma formulação abrangente da disciplina aplicável ao seguro de vida em caso de suicídio (nos termos do artigo 798 do Código Civil) e aos efeitos jurídicos do conflito de interesses para fins de impedimento de voto (regulados pelo artigo 115 da Lei das Sociedades por Ações).[72]

2.4 Nota sobre a jurisprudência

As bases de dados do Superior Tribunal de Justiça (STJ) e de três dos principais tribunais de justiça brasileiros (TJ-SP, TJ-RS e TJ-MG) ainda não registram decisões envolvendo o artigo 3º, inciso V da LLE. A busca por palavras-chave relacionadas sugere a existência de dois grupos de casos. No primeiro deles, a presunção de boa-fé surge como artifício primariamente retórico. Em uma decisão proferida na Primeira Seção do STJ em 2018, por exemplo, lemos que "a presunção de boa-fé é princípio geral de direito universalmente aceito, sendo milenar a parêmia: a boa-fé se presume; a má-fé se prova."[73] No segundo grupo de casos, a autonomia é referida como fundamento teórico de entendimentos doutrinários amparados pela legislação. Compreensivelmente, a maioria de suas referências se encontra em decisões monocráticas. Esses resultados são consistentes com as posições epistêmicas assumidas pelos conceitos de boa-fé e autonomia – bem como de presunção e interpretação – no pensamento jurídico brasileiro.

---

[72] PARGENDLER, Mariana. Análise Econômica e Jurídica da "Presunção de boa-fé" no Direito Privado brasileiro *in Revista Jurídica Luso-Brasileira*, ano 7 (2021), n. 1, pp. 841-858.
[73] STJ, REsp 1769209/AL, Primeira Seção, Relator Ministro Benedito Gonçalves, julgado em 10.03.2021.

Conclusões

O texto do artigo 3º, inciso V da LLE desafia entendimentos básicos a respeito de conceitos fundamentais do direito privado. Sua primeira norma não apenas faz tábula rasa da distinção entre boa-fé subjetiva e objetiva, mas depõe contra a tradicional aversão legislativa a presunções relativas de conteúdo indeterminado. A segunda norma, por sua vez, empresta sentido excessivamente vago à ideia de interpretação do direito, além de ignorar a carga moral embutida no conceito de autonomia. As duas normas contrariam, cada uma a seu modo, as pretensões libertárias associadas à LLE.

Referências

ALEXY, Robert. "Kant's Non-Positivistic Concept of Law". *Kantian Review*, v. 24, n. 4, p. 497–512, 2019.
ALLISON, Henry E. *Kant's Groundwork for the Metaphysics of Morals: A Commentary*. Oxford: Oxford University Press, 2011.
AMARAL, Francisco. "A autonomia privada como princípio fundamental da ordem jurídica: perspectivas estrutural e funcional". *Revista de direito civil*, v. 46, p. 7–26, 1988.
AYRES, Ian. "Empire or Residue: Visions of the Contractual Canon". *Florida State University Law Review*, v. 26, n. 4, p. 897, 1999.
BETTI, Emilio. *Le categorie civilistiche dell'interpretazione*. Milano: A. Giuffrè, 1948.
BETTI, Emilio. *Teoria generale della interpretazione*. 2. ed. Milano: A. Giuffre, 1990.
BEVILÁQUA, Clóvis. *Código Civil dos Estados Unidos do Brasil*. Rio de Janeiro: Francisco Alves, 1921.
BRUTTI, Massimo. "Emilio Betti e l'incontro con il fascismo". *In*: Birocchi, Italo; Loschiavo, Luca (Orgs.). *I giuristi e il fascino del regime (1918-1925)*. Roma: Roma TrE-Press, 2015.
BUENO, José Antônio Pimenta. *Direito internacional privado e applicação de seus princípios com referencia ás leis particulares do Brazil*. Rio de Janeiro: Villeneuve, 1863.
CALEB, Marcel. *Essai sur le principe de l'autonomie de la volonté en droit international privé*. Paris: Sirey, 1927.
CHARNY, David. "Hypothetical Bargains: The Normative Structure of Contract Interpretation". *Michigan Law Review*, v. 89, n. 7, p. 1815–1879, 1991.
CORDEIRO, António Manuel da Rocha e Menezes. *Da boa fé no direito civil*. Coimbra: Almedina, 2007.
COURTIS, Christian. "El juego de los juristas. Ensayo de caracterización de la investigación dogmática". *In*: Courtis, Christian (Org.). *Observar la ley: ensayos sobre metodología de la investigación jurídica*. Madrid: Trotta, 2010.

CUNHA FILHO, Alexandre J. Carneiro da; Piccelli, Roberto Ricomini; Maciel, Renata Mota (Orgs.). *Lei da liberdade econômica anotada*. São Paulo: Quartier Latin, 2019.

DOMAT, Jean. *Les loix civiles dans leur ordre naturel (1689)*. 2. ed. Paris: Pierre Auboüin, 1823.

DWORKIN, Gerald. *The Theory and Practice of Autonomy*. Cambridge: Cambridge University Press, 1988. (Cambridge Studies in Philosophy).

FALZEA, Angelo. "Efficacia giuridica". *In: Enciclopedia del diritto*. Milano: Giuffrè, 1965, v. 14.

FOELIX, Jean-Jacques Gaspard. *Traité du droit international privé: ou, du conflit des lois de différentes nations en matière de droit privé*. Paris: Joubert, 1843.

FRANKFURT, Harry G. "Freedom of the Will and the Concept of a Person". *In: The Importance of What We Care About: Philosophical Essays*. Cambridge: Cambridge University Press, 1988.

FRAZÃO, Ana. "Liberdade econômica para quem? A necessária vinculação entre a liberdade de iniciativa e a justiça social". *In*: Salomão, Luiz Felipe; Cueva, Ricardo Villas Bôas; Frazão, Ana (Orgs.). *Lei de liberdade econômica e seus impactos no direito brasileiro*. São Paulo: Revista dos Tribunais, 2020.

FRIED, Charles. *Contract as Promise: A Theory of Contractual Obligation*. Cambridge, Mass.: Harvard University Press, 1982.

FRIEDMAN, Milton. *Capitalism and Freedom*. Chicago: University of Chicago Press, 1962.

GADAMER, Hans-Georg. "Emilio Betti e a herança idealista". *Cadernos de Filosofia Alemã: Crítica e Modernidade*, Trad. Abdul-Nour, Soraya Dib; Pessôa, Leonel Cesarino. n. 1, p. 83–90, 1996.

HART, Herbert L. A. *The Concept of Law*. 2. ed. Oxford: Clarendon, 1998.

HAYEK, Friedrich A. von. *The Road to Serfdom*. Chicago: University of Chicago Press, 1944.

JAYME, Erik. *Pasquale Stanislao Mancini: il diritto internazionale privato tra Risorgimento e attività forense*. Padova: CEDAM, 1988.

JESTAZ, Philippe; Jamin, Christophe. *La doctrine*. Paris: Dalloz, 2004. (Méthodes du droit).

KANT, Immanuel. *Fundamentação da metafísica dos costumes*. Trad. Quintela, Paulo. Lisboa: Edições 70, 2011.

KENNEDY, Duncan. "From the Will Theory to the Principle of Private Autonomy: Lon Fuller's 'Consideration and Form'". *Columbia Law Review*, v. 100, p. 94, 2000.

KYMLICKA, Will. *Contemporary Political Philosophy: An Introduction*. 2. ed. Oxford: Oxford University Press, 2001.

LOPES, José Reinaldo de Lima. "Filosofia analítica e hermenêutica: preliminares a uma teoria do Direito como prática". *Revista de Informação Legislativa*, v. 53, n. 212, p. 203–226, 2016.

LOPES, José Reinaldo de Lima; Silva Filho, Osny da. "Contratos". *In*: Slemian, Andrea; Aidar, Bruno; Lopes, José Reinaldo de Lima (Orgs.). *Dicionário histórico de conceitos jurídico-econômicos (Brasil, séculos XVIII-XIX)*. São Paulo: Alameda, 2020.

LORENZON, Geanluca. "A formatação da Lei de Liberdade Econômica como parte de política pública". *In*: OLIVEIRA, Amanda Flávio de (Org.). *Lei de liberdade econômica e o ordenamento jurídico brasileiro*. Belo Horizonte: D'Plácido, 2020.

MANCINI, Pasquale Stanislao. "De l'utilité de rendre obligatoire pour tous les États, sous la forme d'un ou de plusieurs traités internationaux, un certain nombre de règles générales de Droit international privé pour assurer la décision uniforme des conflits entre les différentes législations civiles et criminelles". *Journal de droit international*, v. 1, p. 285-304, 1874.

MARKOVITS, Daniel. "Good Faith as Contract's Core Value". *In*: Klass, Gregory; Letsas, George; Saprai, Prince (Orgs.). *Philosophical Foundations of Contract Law*. Oxford: Oxford University Press, 2014, 272-293.

MARTINS-COSTA, Judith. *A boa-fé no direito privado: critérios para a sua aplicação*. 2.ed. São Paulo: Saraiva, 2018.

MARTINS-COSTA, Judith. "Art. 3o, V: presunção de boa-fé". *In*: Marques Neto, Floriano de Azevedo; RODRIGUES JUNIOR, Otavio Luiz; Leonardo, Rodrigo Xavier (Orgs.). *Comentários a Lei de Liberdade Econômica: Lei 13.874/2019*. São Paulo: Revista dos Tribunais, 2019.

MARTINS-COSTA, Judith. "Autoridade e utilidade da doutrina". *In*: Martins-Costa, Judith (Org.). *Modelos de direito privado*. São Paulo: Marcial Pons, 2014.

MILL, John Stuart. *Sobre a liberdade*. Trad. Madeira, Pedro. Lisboa: Edições 70, 2006.

MILL, John Stuart. *Utilitarismo*. Trad. Galvão, Pedro. Porto: Porto Editora, 2005.

MISES, Ludwig Von. *Human Action: A Treatise on Economics*. New Haven: Yale University Press, 1949.

NITSCHKE, Guilherme Carneiro Monteiro. *Lacunas contratuais e interpretação*. São Paulo: Quartier Latin, 2019.

PARGENDLER, Mariana. "Análise econômica e jurídica da 'presunção de boa-fé' no direito privado brasileiro". *Revista Jurídica Luso-Brasileira*, v. 7, n. 1, p. 841-858, 2021.

PARGENDLER, Mariana. "Modes of Gap Filing: Good Faith and Fiduciary Duties Reconsidered". *Tulane Law Review*, v. 82, n. 4, p. 1315-1354, 2007.

PENTEADO, Luciano de Camargo. *Direito das coisas*. 3a ed. São Paulo: Revista Dos Tribunais, 2014.

POSNER, Richard. *Economic Analysis of Law*. Boston: Little Brown and Company, 1973.

POSNER, Richard A. *The Problems of Jurisprudence*. Cambridge: Harvard University Press, 1990.

RICOEUR, Paul. "Autonomia e vulnerabilidade". *In*: Ricoeur, Paul (Ed.). *O justo*. São Paulo: Martins Fontes, 2008, v. 2, 79-100.

SALAMA, Bruno Meyerhof; Silva Filho, Osny da. "Elasticity, Incompleteness, and Constitutive Rules". Disponível em: <https://clsbluesky.law.columbia.edu/2013/07/30/elasticity-incompleteness-and-constitutive-rules/>. Acesso em: 16 jul. 2021.

SCHNEEWIND, Jerome B. *A invenção da autonomia*. Trad. Lopes, Magda França; Valls, Álvaro Montenegro. São Leopoldo: Unisinos, 2001.

SHECAIRA, Fábio Perin. *Legal Scholarship as a Source of Law*. Heidelberg: Springer, 2013. (SpringerBriefs in Law). Disponível em: <http://link.springer.com/10.1007/978-3-319-00428-0_4>. Acesso em: 7 jul. 2021.

SILVA FILHO, Osny da. *Fundamentos do direito contratual: doutrina, teoria e empiria*. São Paulo: Almedina, 2022.

SKORUPSKI, John. *John Stuart Mill*. London: Routledge, 1989.
SMITS, Jan M. *The Mind and Method of the Legal Academic*. Cheltenham: Elgar, 2012.
WEISS, André. *Traité théorique et pratique de droit international privé*. 2. ed. Paris: L. Larose & Forcel, 1890.
WIEACKER, Franz. *Zur rechtstheoretischen Präzisierung des § 242 BGB*. Tübingen: Mohr, 1956.

4. COMENTÁRIO AO ARTIGO 3º, INCISO VIII: A GARANTIA DE LIVRE ESTIPULAÇÃO DOS NEGÓCIOS JURÍDICOS EMPRESARIAIS

Otavio Luiz Rodrigues Jr.
Rodrigo Xavier Leonardo

> "Art. 3º São direitos de toda pessoa, natural ou jurídica, essenciais para o desenvolvimento e o crescimento econômicos do País, observado o disposto no parágrafo único do art. 170 da Constituição Federal: [...] VIII – ter a garantia de que os negócios jurídicos empresariais paritários serão objeto de livre estipulação das partes pactuantes, de forma a aplicar todas as regras de direito empresarial apenas de maneira subsidiária ao avençado, exceto normas de ordem pública;"

Introdução

O inciso VIII do art. 3º da Lei n. 13.874, de 20 de setembro de 2019 (Lei da Liberdade Econômica – LLE) é um dos dispositivos mais controversos dessa lei, embora sua redação atual haja sido bastante alterada em relação ao texto da Medida Provisória n. 881, de 30 de abril de 2019, que lhe deu origem.

Esse dispositivo é uma regra jurídica que pretende, no âmbito dos negócios jurídicos empresariais paritários, determinar o predomínio da *autonomia privada* em relação à *heteronomia* estatal, com exceção às normas de ordem pública.

Segundo determina a regra sob comentário, portanto, em um específico grupo de negócios jurídicos (ditos "empresariais paritários") um determinando conjunto de normas jurídicas (regras de Direito Empresarial) deveria ser aplicado apenas de maneira subsidiária.

A partir dessas considerações iniciais, torna-se possível concluir que o inciso VIII do art. 3º da Lei Federal n. 13.874/2019 não é uma *regra jurídica* que estatui uma conduta. Trata-se de uma autêntica *norma de sobredireito*, dado que seu objeto é relativo à *aplicação* de outras regras jurídicas aos negócios jurídicos empresariais.[1]

O comando normativo é, portanto, dirigido diretamente àqueles que, no exercício da jurisdição (estatal ou arbitral), aplicam o direito. Indiretamente, todavia, pretende-se criar uma restrição ao próprio Poder Legislativo: ressalvada a *elaboração de normas de ordem pública*, as demais regras de Direito Empresarial seriam, necessariamente, dispositivas.

É interessante notar que, para determinar a aplicação subsidiária das regras de Direito Empresarial, o texto legislativo serviu-se de uma *garantia*, termo que tradicionalmente compreende um limite ao poder estatal.

Ao passo em que, explicitamente, a norma dirige-se ao *aplicador do direito*, implicitamente, o próprio legislador ordinário tentou restringir a atividade legislativa em Direito Empresarial. Ainda que se cuide de uma norma ordinária, a LLE, no inciso VIII de seu art.3º, delimitou genericamente o campo de atuação legislativa nesse setor do Direito Privado: qualquer regra superveniente, que não revogue o inciso VIII do art.3º, ou que não lhe faça ressalva

---

[1] VASCONCELOS, Arnaldo. (*Teoria da norma jurídic*. 3. ed. São Paulo: Malheiros, 1993. p. 163), as normas podem ser classificadas pelo critério da destinação como "normas de direito" e "normas de sobredireito". Estas últimas, ainda conforme o autor, apresentam-se na ordem jurídica sob diferentes modalidades como as normas processuais, as normas de interpretação, as normas de direito intertemporal, as normas de direito interespacial. Por definição, ao menos em regra, uma norma de sobredireito é de ordem pública. Nesse sentido, o inciso VIII do art.3º. da LLE efetivamente é de ordem pública, só podendo ser confrontado por outra norma de igual natureza ou de hierarquia superior. E, evidentemente, outra forma de superá-la é simplesmente revogá-la.

expressa, terá de se adstringir aos contornos dessa *garantia* de imunidade da autonomia privada dos negociantes.

I. O contexto antecedente ao art. 3º, inciso VIII da Lei Federal n. 13.874/2019: a MP n. 881/2019 e suas circunstâncias

Poucos anos após a vigência do Código Civil de 2002, tornou-se evidente um movimento acadêmico e político orientado a isolar o Direito Empresarial do restante do ordenamento jurídico ou a conferir-lhe um nível de singularidade incompatível com a nova codificação.[2] Para esse movimento, por suas peculiaridades, o Direito Empresarial deveria possuir um regime jurídico distinto. Para além disso, o Direito Empresarial haveria de vencer um suposto atraso dogmático da disciplina, que não reagira com a velocidade necessária à centralidade dos princípios na ordem jurídica, deixando-a isolada[3].

---

[2] A nova codificação não eliminou o Direito Empresarial, muito menos subtraiu-lhe seu estatuto epistemológico. Em doutrina já se afirmou corretamente que: "O Código acompanha, portanto, a tese da *autonomia substancial* do direito mercantil e adota o processo de unificação parcial do direito privado, na parte relativa ao direito das obrigações, deixando para leis esparsas as matérias que reclamam disciplina especial autônoma (*in primis*, falência, concorrência etc.), certo de que os institutos do chamado direito comercial, ainda que normatizados em um Código único, conjuntamente com os de direito civil, ou incorporados a legislações extravagantes, sempre serão substancialmente distintos dos de direito civil, posto que informados por princípios próprios. Como salientou Sylvio Marcondes em notável conferência produzida na Câmara dos Deputados, ao discorrer sobre a parte do projeto a seu encargo, as razões expostas por Vivante na sua famosa retratação para sustentar a autonomia do direito mercantil continuam válidas, 'mas nem por isso excluem a coordenação unitária de atos jurídicos concernentes ao fenômeno econômico'" (LEÃES, Luiz Gastão Paes de Barros. A disciplina do Direito de Empresa no novo Código Civil brasileiro. *Revista de Direito Bancário e do Mercado de Capitais*, vol.21, p.48-63, jul.-set. 2003).

[3] "Ao longo da última década do século anterior, espraiou-se, nos diversos ramos do direito público e na maioria dos ramos do direito privado, o paradigma dos princípios. As regras passaram a ser estudadas e fundamentadas em princípios, que são normas de extenso âmbito de incidência, aptas a abrigarem os valores sociais de maior difusão e, portanto, de percepção imediata. Mas a este portentoso movimento não aderiu o direito comercial. Nós comercialistas demoramos a perceber a radical transformação em curso. Resistimos a introduzir a disciplina juscomercialista no ambiente argumentativo do novo paradigma; lamentavelmente, não nos preocupamos com a enunciação, estudo e difusão dos princípios próprios da nossa disciplina. Descuidamos do cultivo dos valores sociais afetos à nossa área, assistindo, de modo incompreensivelmente passivo, a corrosão, entre os profissionais do direito, destes valores"

Talvez com uma aparente contradição interna quanto a esses dois objetivos (*garantir a autonomia disciplinar* e *franquear a entrada dos princípios* no Direito Empresarial), essa tendência pode ser identificada na redação primitiva do art.5º (então art.8º) do anteprojeto de Código Comercial[4]: "Nenhum princípio, expresso ou implícito pode ser invocado para afastar a aplicação de qualquer disposição deste Código".[5] Os defensores dessa orientação político-acadêmica costumam justificar esse objetivo em razão da necessidade de imunização do Direito Empresarial ante determinados movimentos jurisprudenciais, legislativos e doutrinários, cujo efeito foi o de enfraquecer o nível de segurança jurídica nas relações empresariais. A preservação do Direito Empresarial prefigurar-se-ia também como uma necessidade ante à influência negativa do Direito Civil e de seus princípios sobre essa disciplina,[6] a "unificação obrigacional" trazida pelo Código Civil veio acompanhada de diversos prejuízos econômicos e à posição do Brasil no *ranking* internacional do ambiente de negócios[7].

Em certa medida, a MP n. 881/2019 retomou parte dessas premissas no inciso VIII do art. 3º, que se bem lido, era ainda mais ambicioso do que o projeto de Código Comercial.[8] A redação original do inciso VIII do art. 3º da MP 881/2019 era esta:

(COELHO, Fabio Ulhoa. O projeto do novo Código Comercial. *Revista do Instituto dos Advogados de São Paulo*, vol.29, p.201-207, jan.-jun. 2012).

[4] Na Câmara dos Deputados, trata-se do Projeto de Lei nº 1.572, de 2011, de autoria do Deputado Vicente Cândido (PT-SP), apresentado em 14 de junho de 2011, arquivado desde 31 de janeiro de 2019. Baseado no mesmo anteprojeto, mas com algumas diferenças de texto, no Senado Federal tem-se o Projeto de Lei nº 487, de 2013, de autoria do Senador Renan Calheiros (MDB-AL), apresentado em 22 de novembro de 2013, ainda em tramitação, sob relatoria da Senadora Soraya Thronicke. O anteprojeto, que é a base para ambas as iniciativas legislativas, foi elaborado por Fabio Ulhoa Coelho.

[5] O anteprojeto original, no qual essa proposição estava expressa, pode ser lido em: COELHO, Fábio Ulhoa. *O futuro do direito comercial*. São Paulo: Saraiva, 2011, p.16.

[6] FARIA, Marina Zava de. A autonomia do Direito Comercial. *Revista de Direito Privado*, vol.86, p.65-84, fev.2018.

[7] PASSOS, Fernando. A necessidade imperiosa de um novo Código Comercial para o Brasil. *Revista de Direito Recuperacional e Empresa*, vol. 2, out.-dez. 2016.

[8] Até o presente momento, o Código Comercial não avançou, até pela crítica muito incisiva de parte considerável da doutrina nacional (cf. BRANCO, Gerson Luiz Carlos. As obrigações contratuais civis e mercantis e o projeto de Código Comercial. *Revista de Direito Civil Contemporâneo*, vol. 1, pp. 75-101, out.-dez. 2014; VERÇOSA, Haroldo Malheiros Duclerc; SZTAJN,

4. COMENTÁRIO AO ARTIGO 3º, INCISO VIII: A GARANTIA DE LIVRE ESTIPULAÇÃO...

"Art. 3º São direitos de toda pessoa, natural ou jurídica, essenciais para o desenvolvimento e o crescimento econômicos do País, observado o disposto no parágrafo único do art. 170 da Constituição:

III- ter a garantia de que os negócios jurídicos empresariais serão objeto de livre estipulação das partes pactuantes, de forma a aplicar todas as regras de direito empresarial apenas de maneira subsidiária ao avençado, hipótese em que nenhuma norma de ordem pública dessa matéria será usada para beneficiar a parte que pactuou contra ela, exceto se para resguardar direitos tutelados pela administração pública ou de terceiros alheios ao contrato".

É possível traçar linhas de conexão entre o texto original do inciso VIII do art. 3º da MP n. 881/2019 e o projeto de Código Comercial. Elas se evidenciam em certa convergência de propósitos, a qual, todavia, se dissocia da tradição jurídico-privatística brasileira. Tal se afirma por existir uma *consolidada compreensão sobre a aplicação das normas dispositivas e injuntivas aos negócios jurídicos*, bem como pelos limites ao isolamento total de setores no ordenamento jurídico.

A leitura do inciso VIII do art. 3º da MP n. 881/2019 justificaria fosse formulada uma questão: seria possível uma teoria da norma jurídica específica para o Direito Empresarial, que criasse uma relação singular entre o *negócio jurídico*, as *normas dispositivas*, as *normas injuntivas* e as *normas de ordem pública*?

Segundo a tradição do Direito brasileiro, mesmo nos setores em que o âmbito de liberdade negocial é mais amplo, tal como se dá nos negócios jurídicos empresariais, o exercício da *autonomia* desenvolve-se *entre as teias* de normas com diferentes níveis de injunção.[9]

Rachel. O projeto de novo Código Comercial e a (ir)responsabilidade do legislador. *Revista de Direito Empresarial*, v.1, p.13-22, nov.-dez. 2013). Observa-se, contudo, a tentativa de se avançar em alguns de seus objetivos, como se verifica, por exemplo, nos acréscimos ao texto da Medida Provisória no 1.040, de 29 de março de 2021 (MP do Ambiente de Negócios), que avançaram sobre temas como o fim da sociedade simples.

[9] A metáfora provém da explicação de Francisco Cavalcanti Pontes de Miranda a respeito do espaço interior "às linhas traçadas pelas regras jurídicas cogentes, como espaço em branco cercado pelas regras que o limitam" (*Tratado de Direito Privado*: Parte Especial, Negócios jurídicos. Representação. Conteúdo. Forma. Prova. Atualizado por Marcos Bernardes de Mello e Marcos Ehrhardt Jr. 3 ed. São Paulo : Revista dos Tribunais, 2012. t.3., p.109-110).

Exemplo dessa tradição está no *Code Civil* (1804), geralmente identificado como símbolo de codificação *liberal* e influência relevante para o Código Civil brasileiro de 1916. Em seu art. 6º, debaixo do Título Preliminar, que contêm normas de sobredireito, encontra-se a seguinte redação: "Não se pode derrogar, por convenções particulares, as leis que interessam à ordem pública e aos bons costumes".[10]

O Código Civil português (1967), que inspirou o codificador civil de 2002, é também depositário dessa tradição. Em seu art. 280, apartado 2, lê-se: "É nulo o negócio contrário à ordem pública, ou ofensivo dos bons costumes".[11]

O Código Civil brasileiro, a justificar a existência dessa tradição no direito positivo nacional, no parágrafo único do art. 2035, dispõe que "nenhuma convenção prevalecerá se contrariar preceitos de ordem pública, tais como os estabelecidos por este Código para assegurar a função social da propriedade e dos contratos."

É evidente a diferença entre as normas codificadas francesas, portuguesas e brasileiras, que integram um conjunto de experiências jurídicas comuns, em relação ao que foi previsto pela MP n. 881/2019. E, naturalmente, e por razões de variada ordem, o inciso VIII do art. 3º, em sua redação original, recebeu críticas de segmentos preocupados com esse movimento legislativo[12].

Na rápida fase de tramitação da MP n. 881/2019, deu-se uma intensa atuação de privatistas para alterar seu conteúdo. Sob a liderança do então presidente da Câmara dos Deputados, Rodrigo Maia, o texto da MP n. 881/2019 teve diversos de seus artigos alterados no Congresso Nacional, na fase de

---

[10] "*On ne peut déroger, par des conventions particulières, aux lois qui intéressent l'ordre public et les bonnes moeurs*" (Redação original de 15 de março de 1803). Extraído do portal oficial Légifrance. Disponível em: https://www.legifrance.gouv.fr/codes/section_lc/LEGITEXT000006070721/LEGISCTA000006089696/#LEGISCTA000006089696. Acesso em 1º-5-2021.

[11] Extraído do Diário da República Eletrónico da República Portuguesa. Disponível em: https://dre.pt/web/guest/legislacao-consolidada/-/lc/147103599/202107112213/73905750/diploma/indice. Acesso em 1º-5-2021.

[12] João Accioly observou que, em sua origem, o dispositivo procurava aproximar o direito positivo brasileiro do modelo encontrado no Estado de Delaware, Estados Unidos da América. O objetivo dos autores de medida provisória era resolver o problema da reconhecidamente reduzida quantidade de normas cogentes em direito empresarial (cf. ACCIOLY, João. Hermenêutica *pro libertatem*. In: MARQUES NETO, Floriano Peixoto; RODRIGUES JR, Otavio Luiz; LEONARDO, Rodrigo Xavier. *Comentários à Lei da Liberdade Econômica*. São Paulo : Revista dos Tribunais, 2019, p.50).

4. COMENTÁRIO AO ARTIGO 3º, INCISO VIII: A GARANTIA DE LIVRE ESTIPULAÇÃO...

conversão da medida provisória na Lei 13.874/2019, com especial assessoramento dos autores deste comentário e de Judith Martins-Costa e de Jorge Cesa Ferreira da Silva.[13]

Essa intervenção fica evidente na comparação do inciso VIII do art.3º da MP n. 881/2019 e o inciso VIIII do art. 3º da Lei Federal n. 13.874/2019:

MP 881/2019	Lei 13.874/2019
Art.3º. São direitos de toda pessoa, natural ou jurídica, essenciais para o desenvolvimento e o crescimento econômicos do País, observado o disposto no parágrafo único do art. 170 da Constituição:	Art. 3º São direitos de toda pessoa, natural ou jurídica, essenciais para o desenvolvimento e o crescimento econômicos do País, observado o disposto no parágrafo único do art. 170 da Constituição Federal:
....	....
VIII- ter a garantia de que os negócios jurídicos empresariais serão objeto de livre estipulação das partes pactuantes, de forma a aplicar todas as regras de direito empresarial apenas de maneira subsidiária ao avençado, hipótese em que nenhuma norma de ordem pública dessa matéria será usada para beneficiar a parte que pactuou contra ela, exceto se para resguardar direitos tutelados pela administração pública ou de terceiros alheios ao contrato.	VIII- ter a garantia de que os negócios jurídicos empresariais paritários serão objeto de livre estipulação das partes pactuantes, de forma a aplicar todas as regras de direito empresarial apenas de maneira subsidiária ao avençado, exceto normas de ordem pública"

A comparação é relevante.

---

[13] A respeito do momento histórico da tramitação da LLE: "O coordenador Otavio Luiz Rodrigues Jr. participou, por solicitação do Presidente da Câmara dos Deputados, de diversas reuniões com autoridades do Poder Executivo, particularmente do Ministério da Economia, levando uma série de proposições, acompanhadas das respectivas exposições de motivos, para alterar o texto original da MP 881 (...) Na elaboração das proposições relativas ao Código Civil, foi essencial a participação dos professores Otavio Luiz Rodrigues Jr., Rodrigo Xavier Leonardo, Judith Martins-Costa e Jorge Cesa Ferreira da Silva. Nem tudo foi obtido, mas os avanços são inegáveis" (MARQUES NETO, Floriano Peixoto; RODRIGUES JR., Otavio Luiz; LEONARDO, Rodrigo Xavier. *Comentários à Lei da Liberdade Econômica*. São Paulo: Revista dos Tribunais, 2019, p.10).

Ainda que o dispositivo possa ser analisado com reservas, o texto da LLE, resultado dos ofícios das casas legislativas e do trabalho "possível" da academia, é evidentemente melhor do que a redação original da MP n. 881/2019.

Quando se adjetiva esse trabalho da academia como "possível", pretende-se referenciar duas limitações intrínsecas ao processo legislativo com medidas provisórias.

A primeira limitação é temporal. O processo legislativo quando se parte de uma medida provisória é muito mais célere e com fases de tramitação reduzidas em se comparando aos projetos de lei. Na MP n. 881/2019, foram menos de 5 meses transcorridos entre a edição da medida provisória (30 de abril de 2019) e a promulgação da lei (20 de setembro de 2019), sem se considerar o recesso legislativo de julho.

A *segunda é a limitação* decorrente de uma técnica normativa que já parte de um fato consumado – as regras jurídicas passam a incidir imediatamente, ao reverso do que se dá nos projetos de lei – e, por tal razão, passam a gozar de uma espécie de tolerância do sistema, traduzida na experimentação prática de seus efeitos no mundo fático. Essa estratégia é reveladora do uso da teoria dos jogos no caso da MP n. 881/2019, dado que se amortece o poder de paralisação congressual, um expediente das minorias parlamentares, que é bastante enfraquecido quando se está diante de uma medida provisória. É muito raro uma medida provisória caducar. Daí ser mais racional trabalhar com seu texto e, no máximo, adaptá-lo. O nível de intervenção, nessa hipótese, é muito menor do que se houvesse de lidar com um projeto de lei.

II. O suporte fático da regra: os negócios jurídicos "empresariais paritários" e o limite à aplicação das regras de Direito Empresarial. A exceção às regras de ordem pública

Na Teoria Geral do Direito Privado, especialmente em Portugal, é ordinária a distinção entre *normas dispositivas* e *normas injuntivas*. As normas dispositivas só incidem se as partes suscitarem ou não afastarem sua aplicação. As normas injuntivas caracterizam-se por sua imunidade em face dos atos de autonomia privada. Este últimos sobre elas não podem prevalecer, dado que sua incidência e sua aplicação ocorrem *independentemente da manifestação dos sujeitos envolvidos e, inclusive, contrariamente às estipulações em sentido diverso.*[14]

Assim, as manifestações negociais contrárias às normas injuntivas seriam nulas ou ineficazes, conforme o caso, e sobre elas não poderiam prevalecer. Haveria normas jurídicas, no entanto, que seriam ainda mais impositivas do que as injuntivas: as normas de ordem pública.

As particularidades das *normas de ordem pública* são especialmente discutidas no âmbito do Direito Internacional Privado[15]. No âmbito do Direito Privado interno, os negócios jurídicos contrários às normas de ordem pública não apenas seriam vedados, com repercussão no plano da validade e no plano da eficácia, como ainda contariam com um especial reforço em sua aplicação[16].

---

[14] ASCENSÃO, José de Oliveira. *O Direito:* introdução e teoria geral. Uma perspectiva luso-brasileira. Rio de Janeiro : Renovar, 1994, p.440; CRISTAS, Assunção; CARVALHO, Jorge Morais; RAMOS, Alice; PEREIRA, Cícero Roberto. *Incumprimento dos contratos*: Avaliação legislativa e perspectivas de desenvolvimento. Coimbra: Almedina, 2013. Item 2.2; SAMPAIO, Sofia Vaz; CORTEZ, Francisco. Breve síntese do acórdão do Supremo Tribunal de Justiça (STJ) português de 03.04.2017, que confirma acórdão do Tribunal da Relação de Lisboa de 02.06.2016. *Revista de arbitragem e mediação*, v. 14, n. 54, pp. 471-506, jul./set. 2017.

[15] Referencia-se, aqui, a relação entre a aplicação do direito estrangeiro e a proteção da ordem pública interna (especialmente importante, *v.g.*, na homologação de decisões estrangeiras). Sobre o tema, cf. BASSO, Maristela. *Curso de direito internacional privado*. São Paulo: Atlas, 2019, p.210 e a recente tese de: HASSON, Felipe. *Direito internacional e liberdades* (tese). Curitiba: Universidade Federal do Paraná, 2018, p.198 e seguintes. Cite-se ainda: RAMOS, André de Carvalho. Justiça sistêmica e justiça material no direito internacional privado. *Revista de Direito Civil Contemporâneo*, v. 7, n. 25, pp. 225-249, out./dez. 2020.

[16] Os efeitos jurídicos da qualificação de uma norma de ordem pública em relação às normas simplesmente injuntivas não são precisos no Direito Privado. Alguns autores defendem, além da vedação à validade e à eficácia jurídica das disposições contrárias às normas de ordem pública, que estas poderiam ter aplicação *ex officio* e imediata. Com isso, elas atingiriam as relações jurídicas *em curso*, ainda que *originadas de contratos anteriores*. Orlando Gomes e Antunes Varela acentuavam haver, como consequência das normas de ordem pública sobre os contratos, além da nulidade das convenções particulares em sentido oposto ao da regra, a *adaptação imperativa do contrato*, pela qual eventual cláusula ilícita seria automaticamente substituída pela disposição legal violada. Outro efeito, defendido pelos autores, seria o de sua aplicação imediata até mesmo aos contratos celebrados anteriormente que, além disso, ficariam sujeitos à ampla revisão judicial diante de normas desta espécie (GOMES, Orlando; VARELA, Antunes. *Direito Econômico*. São Paulo : Saraiva, 1977, pp.58-59). É fato, todavia, que a jurisprudência não aplica de maneira uniforme tais orientações doutrinárias. Assim, a despeito de o Código de Defesa do Consumidor ser expressamente qualificado como norma de ordem pública e de interesse social (art. 1º, Lei 8.078, de 11 de setembro de 1990), o Superior Tribunal de Justiça afastou a possibilidade da aplicação *ex officio* do art. 51 da Lei 8.078/1990

Em sua literalidade, o inciso VIII do art. 3º, LLE, à exceção das normas de ordem pública, pretende qualificar todas as demais normas de Direito Empresarial como *dispositivas*. Bem entendido, as assim consideradas em face dos ditos negócios jurídicos empresariais paritários.

As efetivas possibilidades dessa particular relação entre as normas jurídicas estatais e os negócios jurídicos precisam ser avaliadas, todavia, *não apenas em seu aspecto abstrato*. Hão de se considerar as potenciais colisões entre os conteúdos negociais e as normas jurídicas injuntivas, a fim de se avaliar a regra sob comentário. Na dinâmica que é própria aos negócios jurídicos empresariais e, sobretudo, no trato dos litígios envolvendo esses fatos jurídicos, há uma pletora de regras de outros setores do ordenamento jurídico que são simultaneamente aplicadas, *a começar pelas normas de Direito Civil*, que segue como o direito comum.

Seriam estas normas igualmente presumivelmente dispositivas perante um negócio jurídico empresarial paritário?

A resposta positiva poderia gerar inconvenientes insuperáveis.

Suponha-se um contrato de compra e venda de participações societárias. Trata-se de um evidente negócio jurídico empresarial que, conforme as regras de experiência, corresponde àquilo que ordinariamente se estabelece entre

---

em contratos bancários ao estilo da Súmula STJ nº 381: "Nos contratos bancários, é vedado ao julgador conhecer, de ofício, da abusividade das cláusulas". O STJ, contudo, em acórdãos mais recentes, tem anotado que: "O foro de eleição contratual cede em favor do local do domicílio do devedor, sempre que constatado ser prejudicial à defesa do consumidor, podendo ser declarada de ofício a nulidade da cláusula de eleição pelo julgador" (AgInt no AREsp 1.337.742/DF, Rel. Ministro Luis Felipe Salomão, Quarta Turma, julgado em 02/04/2019, DJe de 08/04/2019). Ainda a revelar a complexidade do tema, veja-se que continua a ser referência o precedente do Supremo Tribunal Federal, de relatoria do Ministro Moreira Alves, que expressamente afasta até mesmo a *retroatividade mínima*, inclusive da lei de ordem pública: "Se a lei alcançar os efeitos futuros de contratos celebrados anteriormente a ela, será essa lei retroativa (retroatividade mínima) porque vai interferir na causa, que é um ato ou fato ocorrido no passado. O disposto no artigo 5º, XXXVI, da Constituição Federal se aplica a toda e qualquer lei infraconstitucional, sem qualquer distinção entre lei de direito público e lei de direito privado, ou entre lei de ordem pública e lei dispositiva" (STF. ADI 493-0 DF. Pleno. Rel. Min. Moreira Alves. J. 25.06.1992). O reforço eficacial de aplicação das leis de ordem pública, portanto, não é uniforme e muito menos evidente, em matéria de Direito Privado, na jurisprudência brasileira.

contratantes em posição de paridade.[17] Neste hipotético contrato, a quase totalidade das regras de direito estatal aplicáveis à relação jurídica subjacente seriam de Direito Civil. Pela literalidade do inciso VIII do art. 3º, da Lei Federal n. 13.874/2019, nenhuma consequência prática adviria deste exemplo, dado que as regras aplicáveis ao contrato empresarial seriam de Direito Civil. A finalidade do inciso VIII não seria atingida em razão da natureza peculiar das regras de Direito Empresarial por ele regidas.

Poder-se-ia dizer algo semelhante em relação às regras de Direito Civil, cuja presença nos contratos empresariais é inevitável. São exemplos as regras que tratam das *condições,* da *exceção do contrato não cumprido,* da *mora,* do *inadimplemento absoluto,* da *cláusula penal* e tantas outras. Ressalvadas as espécies muito restritas de contratos empresariais subordinados (quase que exclusivamente) à legislação específica, é o Direito Civil, como direito comum, o *locus* privilegiado das regras de direito positivo aplicáveis a esses negócios jurídicos.

Imagine-se, em outro sentido, um contrato constitutivo de uma sociedade limitada, celebrado entre sócios em condições paritéticas. Seriam apenas as regras de ordem pública qualificadas como cogentes à aplicação a este contrato? Um exemplo pode auxiliar o argumento. O art. 1.061 do Código Civil determina que "a designação de administradores não sócios dependerá de aprovação da unanimidade dos sócios, enquanto o capital não estiver integralizado, e de 2/3 (dois terços), no mínimo, após a integralização"[18]. Não se verifica do art. 1.061 qualquer fundamento para qualificá-lo no rol de *normas de ordem pública.* Trata-se de escolha legislativa, dentre inúmeras outras possíveis, mediante *norma injuntiva* de Direito Societário e, portanto, de Direito Empresarial.[19] Aqui também não há margem para dúvidas de que o contrato

---

[17] Há diferentes espécies de assimetrias e de desequilíbrios no poder contratual. Por essa razão é que o termo "contratos paritários" exige uma interpretação mais cuidadosa, a qual se mostra necessária, ainda mais, em outros setores da Lei 13.874/2019, como, v.g., o relativo ao art. 421-A. Sobre o tema, cf. TOMASETTI JR., Alcides. Abuso do poder econômico e abuso de poder contratual: regime jurídico particularizado; denunciabilidade restrita da relação contratual a tempo indeterminado; contrato de fornecimento, aumento arbitrário de lucros ilícitos, constitucionais e de direito comum; providências processuais corretivas. *Revista dos Tribunais,* v. 84, n. 715, p. 87-107, maio 1995; MARTINS-COSTA, Judith. *A boa-fé no direito privado.* 2.ed. São Paulo : Saraiva, 2019, p. 628 e seguintes.

[18] Com a redação dada pela Lei nº 12.375, de 30 de dezembro de 2010.

[19] "O art. 1.061 traz apenas uma regra geral que deverá ser aplicada quando as partes nada deliberarem sobre a matéria. Não se trata, a toda vista, de um direito indisponível, inexistentes

constitutivo de uma sociedade empresária se qualifica como negócio jurídico empresarial.

Veja-se outro exemplo. O art.1.062, *caput*, do Código Civil, afirma que "o administrador designado em ato separado investir-se-á no cargo mediante termo de posse no livro de atas da administração". Seria possível o contrato de sociedade afastar a aplicação do art. 1.062, *caput*, do Código Civil, determinando que a investidura do sócio ocorreria por intermédio de um ato diverso daquele fixado pelo legislador?

O art. 983 do Código Civil dispõe que "a sociedade empresária deve constituir-se segundo um dos tipos regulados nos arts. 1.039 a 1.092". O parágrafo único do art. 983 assinala algumas exceções, como é o caso das sociedades sem personalidade jurídica, das sociedades cooperativas, das sociedades de economia mista e das instituições financeiras, cuja liberdade de escolha é limitada por normas especiais. No geral, portanto, o Direito Societário brasileiro optou pelo modelo da tipicidade das sociedades empresárias.

Mais uma vez, está-se diante de uma regra de direito empresarial *injuntivo*. Não há nada que justifique sua qualificação como sendo de *ordem pública*. Trata-se de escolha legislativa que hipoteticamente poderia ser totalmente oposta, sem qualquer repercussão para a ordem pública.

A partir da Lei Federal n. 13.874/2019, como direito positivo injuntivo seria possível constituir sociedades empresárias diversas dos tipos regulados? A resposta é negativa.

Em relação aos dois exemplos de Direito Societário, a aplicação do inciso VIII do art. 3º, da Lei Federal n. 13.874/2019, não poderia ser exitosa, *senão mediante uma alteração sistêmica no ordenamento jurídico*. A qualificação de todas as regras de Direito Societário como *dispositivas* envolveria uma necessária transformação completa do ordenamento jurídico.

Esses exemplos e as conclusões subjacentes indicam que o inciso VIII do art. 3º, da Lei Federal n. 13.874/2019, pode conduzir, ainda que parcialmente, a uma armadilha. Diante das regras de Direito Empresarial *dispositivas*, a norma tem baixa utilidade: não é necessário esclarecer legislativamente que

os elementos para tal caracterização" (MAMEDE, Gladston. *Direito empresarial brasileiro*: Direito societário, sociedades simples e empresária. 12. ed., rev. e atual. São Paulo: Atlas, 2020. vol. 2. p.229).

as regras dispositivas têm uma aplicação subsidiária. Em face das regras de Direito Privado *que não se qualificam como "direito positivo empresarial"*, a norma não é aplicável, dado que extrapolam o suporte fático em sentido abstrato, descrito no inciso VIII do art. 3º, da Lei Federal n. 13.874/2019. Pelo mesmo raciocínio, em face das regras de Direito Empresarial qualificadas como *regras de ordem pública*, não haveria espaço de aplicação.

E o que restaria? Apenas as regras *injuntivas* de Direito Empresarial, que, de algum modo, atingissem os negócios jurídicos empresariais. Sobre estas, identicamente, não se encontram possibilidades reais de aplicação: as normas injuntivas de Direito Empresarial comunicam-se com outros setores do Direito Privado. Sendo certo que a genérica determinação do inciso VIII do art. 3º, LLE, não seria suficiente para modificar a ordem jurídica como um todo.

III. O inciso VIII do art. 3º e suas possibilidades hermenêuticas (ou os gansos da lenda do Capitólio)

O comentado inciso VIII do art. 3º tem a limitada função de servir de reforço argumentativo à orientação, dispersa em toda a LLE, no sentido de que os negócios jurídicos empresariais paritários são tendencialmente imunes a *toda e qualquer atuação judicial para modificá-los*. Dito de outro modo, a intervenção judicial nesses negócios deverá ser excepcional.

Nesse sentido, as críticas à LLE – quando necessárias – não podem ser confundidas com a miopia diante de um fenômeno jurisprudencial identificável após uma pesquisa empírica com metadados elementares: a intervenção judicial nos contratos empresariais cresceu a níveis insuportáveis. A esse respeito, já se teve a oportunidade de escrever:

> "O Congresso Nacional, durante a conversão da Medida Provisória 811, de 30 de abril de 2019 na Lei da Liberdade Econômica (Lei 13.874, de 20 de setembro de 2019), acabou por manter o modelo legislativo de revisão dos contratos previsto no Código Civil, ainda que sob a advertência da intervenção externa aos contratos, judicial ou arbitral ser excepcional (art. 421-A, III, CCB). Nesse aspecto, registre-se o intenso trabalho dos autores deste capítulo junto ao Congresso Nacional, por

delegação do presidente da Câmara dos Deputados, para se controlar essas alterações e impedir a desfiguração do modelo revisional do Código Civil. É, todavia, necessário entender esse autêntico 'efeito rebote' da Lei da Liberdade Econômica à luz dos impressionantes números que inauguram os comentários ao art. 7º: os excessos revisionais foram tão longe que a legislatura de 2019-2022 compreendeu ser necessário contê-los pela via da mudança do Código Civil. Esses movimentos pendulares – e democráticos – dos parlamentos nacionais são inevitáveis, embora se possa criticá-los ou tentar aperfeiçoá-los. Não se pode, todavia, ignorar suas causas e elas formaram-se ao longo dos últimos 20 anos".[20]

O reconhecimento e a valorização da autonomia nos negócios jurídicos empresariais paritários, inclusive pela restrição à heteronomia neste setor, não podem ser alcançados adequadamente por meio de uma regra isolada, *que não se comunica com os demais setores do ordenamento jurídico* e com a cultura jurídica nacional. Ainda que seja justificável o reconhecimento de um regime jurídico próprio aos negócios jurídicos empresariais, tal não se pode dar mediante a adoção de regras setoriais que ignorem a complexidade da hermenêutica contratual.

Essas pequenas possibilidades interpretativas do inciso VIII do art. 3º da LLE são demonstráveis por seu baixo impacto na jurisprudência, a despeito de se completar 2 anos de vigência da lei.

Em pesquisa nos tribunais estaduais e no STJ, encontrou-se apenas um julgado que se referia ao inciso VIII do art.3º.[21] Na linha do que se afirma nestes

---

[20] FERREIRA, Antonio Carlos; RODRIGUES JR., Otavio Luiz; LEONARDO, Rodrigo Xavier. Revisão judicial dos contratos no regime jurídico emergencial e transitório das relações jurídicas de direito privado na pandemia de 2020 (Lei 14.010, de 10 de junho de 2020). *Revista de Direito Civil Contemporâneo*, v. 7, n. 25, pp. 311-337, out./dez. 2020.

[21] "APELAÇÃO. AÇÃO DE OBRIGAÇÃO DE FAZER E NÃO FAZER C/C DE COBRANÇA DE MULTA. Preliminar de cerceamento de defesa ante o julgamento antecipado da lide. Inocorrência. Caso em que a prova dos autos era suficiente para a elucidação dos fatos controvertidos. Existência de confissão quanto ao pagamento de parcelas pactuadas no instrumento particular de confissão de dívidas. Interrupção do fornecimento de mercadorias pela franqueadora que configura exercício regular de direito. *Exceptio non adimpleti contractus*. Inteligência do artigo 476 do Código Civil. Extinção de fiança. Descabimento. Legalidade da renúncia ao benefício de ordem. Inaplicabilidade do Código de Defesa do Consumidor aos

comentários, o acórdão do Tribunal de Justiça de São Paulo apreciou recurso de apelação em ação ordinária, com pedido de cumprimento de obrigações de fazer e não fazer, cumulado com cobrança de multa, cujas partes eram uma grande companhia têxtil e empresa franqueada, cuja relação contratual perdurara por 12 anos. O tribunal afastou a incidência do Código de Defesa do Consumidor ao caso e reconheceu a natureza empresarial do negócio. A utilização do inciso VIII do art. 3º da LLE deu-se como reforço argumentativo:

> "Em consequência, não há falar de vulnerabilidade ou de hipossuficiência da franqueada e a análise contratual deve ser pautada pelo princípio da liberdade contratual e à luz da força obrigatória do pactuado. (...) Confira-se, ainda, a norma do artigo 3º, inciso VIII, da Lei n.º 13.874 de 2019: 'ter a garantia de que os negócios jurídicos empresariais paritários serão objeto de livre estipulação das partes pactuantes, de forma a aplicar todas as regras de direito empresarial apenas de maneira subsidiária ao avençado, exceto normas de ordem pública'".[22]

O inciso VIII do art. 3º da LLE faz recordar a antiga lenda dos gansos do monte Capitolino, uma das sete colinas de Roma, o centro do poder na República e durante parte do Império. No século IV a.C., a colina foi assaltada, antes do alvorecer, pelo gaulês Breno, chefe da tribo dos Sênones, que já havia tomado boa parte da cidade. A queda total de Roma só não ocorreu graças aos gansos do Capitólio, que acordaram os defensores da colina com sua algazarra. A resistência local, as negociações posteriores e o ataque organizado por Marco Fúrio Camilo permitiram que a civilização romana não fosse destruída.

Se algo pode ser dito sobre o inciso VIII do art. 3º é que ele lembra os gansos capitolinos em relação à estabilidade dos negócios empresariais de natureza paritética. Pobre Direito Privado que precisa dos gansos capitolinos e de Marco Fúrio Camilo para se proteger dos bárbaros.

---

contratos empresariais. Recurso desprovido." (TJSP – ApCiv 1101477-16.2018.8.26.0100 – 1ª Câmara Reservada de Direito Empresarial – j. 24/6/2020 – rel. des. Eduardo Azuma Nishi – DJe 24/6/2020).

[22] TJSP – ApCiv 1101477-16.2018.8.26.0100 – 1ª Câmara Reservada de Direito Empresarial – j. 24/6/2020 – rel. des. Eduardo Azuma Nishi – DJe 24/6/2020.

PARTE III
ALTERAÇÕES À DISCIPLINA DA PESSOA JURÍDICA

1. COMENTÁRIO AO ARTIGO 49-A DO CÓDIGO CIVIL: A AUTONOMIA PATRIMONIAL DA PESSOA JURÍDICA

Mariana Pargendler

> "Art. 49-A. A pessoa jurídica não se confunde com os seus sócios, associados, instituidores e administradores.
>
> Parágrafo único. A autonomia patrimonial da pessoa jurídica é um instrumento lícito de alocação e segregação de riscos, estabelecido pela lei com a finalidade de estimular empreendimentos, para a geração de empregos, tributo, renda e inovação em benefício de todos."

1. História da norma

Ao estabelecer que a pessoa jurídica não se confunde com os seus sócios, associados, instituidores e administradores, o art. 49-A nada mais faz do que explicitamente articular noção tradicionalíssima desde a origem do instituto. Conforme clássica lição de Hans Kelsen, o conceito jurídico de pessoa (tanto natural como jurídica) liga-se justamente à criação de um distinto centro de imputação de direitos e deveres jurídicos.[1] Para Pontes de Miranda, "ser pessoa

---

[1] KELSEN, Hans. *Introduction to the Problems of Legal Theory: A Translation of the First Edition of the Reine Rechtslehre or Pure Theory of Law*. Oxford: Oxford University Press, 1997, p. 50. Tecnicamente, o centro de imputação se refere não apenas a direitos e deveres em sentido

jurídica é ser capaz de direitos e deveres, separadamente: isto é, distinguidos o seu patrimônio e os patrimônios dos que a compõem, ou dirigem".[2]

A constituição de um distinto nexo de imputação de direitos e deveres jurídicos – ora explicitada pela Lei da Liberdade Econômica, mas há muito reconhecida pela doutrina e prática nacionais e internacionais – consiste verdadeiramente no cerne do instituto, representando conceito elementar cujo reconhecimento independe de consagração legal expressa. Sabe-se que o celebrado *Code civil* francês de 1804 sequer previa o conceito de pessoa jurídica, mas evidentemente desde a época já se considerava, por exemplo, que as sociedades anônimas (*sociétés anonymes*) por ele reguladas se distinguiam juridicamente de seus membros.[3]

Se é possível depreender (bem como questionar) a *ratio* do art. 49-A, a sua inserção e peculiar redação parecem decorrer das vicissitudes do processo legislativo. A Medida Provisória que deu origem à Lei da Liberdade Econômica não continha semelhante dispositivo. Durante o processo legislativo, foi proposta emenda alternativa, sugerida pelo Professor Fábio Ulhôa Coelho, que previa dispositivo próprio (com múltiplos incisos e parágrafos) dedicado à autonomia patrimonial, bem como a reformulação de diversos artigos referentes à desconsideração da personalidade jurídica na legislação esparsa em função do conceito de autonomia patrimonial.[4] Ao final, a proposta de redação alternativa para o art. 50 do Professor Fábio Ulhoa Coelho foi rejeitada, de sorte que sua nova redação segue *ipsis litteris*, com uma única notável

---

estrito, mas também às demais categorias "hohfeldianas". Cf. HOHFELD, Wesley Newcomb. Some Fundamental Legal Conceptions as Applied in Judicial Reasoning. *Yale Law Journal*, v. 23, n. 1, p. 16-59, 2013.

[2] PONTES DE MIRANDA, Francisco Cavalcanti. *Tratado de Direito Privado*. Tomo I. Atualizado por Judith Martins-Costa, Gustavo Haical e Jorge Cesa Ferreira da Silva. São Paulo: Revista dos Tribunais, 2012, p. 406.

[3] A omissão das pessoas jurídicas do Código napoleônico não foi acidental. Era, ao contrário, um reflexo da concepção individualista então reinante, a qual desconfiava de entidades coletivas que se interpusessem entre o indivíduo e o Estado. Justamente por isso, a constituição de sociedades anônimas – pessoa jurídica por excelência – era então sujeita a rigoroso regime de autorização estatal. WEBER, Max. *Economy and Society*. Vol II. Berkeley: University of California Press, 1978, p. 724.

[4] Cf. COELHO, Fábio Ulhoa. Novos Contornos da Desconsideração da Personalidade Jurídica no Direito Brasileiro. In: BARBOSA, Henrique; FERREIRA, Jorge Cesa (eds.). *A Evolução do Direito Empresarial e Obrigacional: 18 Anos do Código Civil*. São Paulo: Quartier Latin, 2021.

exceção,⁵ a dicção da Medida Provisória. Porém, como resquício da emenda substitutiva, houve a incorporação do art. 49-A, que não introduz qualquer mudança substancial e tampouco contribui para esclarecer os diferentes efeitos jurídicos decorrentes da personificação.

2. Distinção entre separação patrimonial e separação regulatória

A separação entre a pessoa jurídica e os seus sócios e administradores referida no *caput* do art. 49-A produz duas ordens de efeitos jurídicos que não têm sido devidamente diferenciados pela doutrina. De um lado, verifica-se a separação entre o patrimônio detido pela pessoa jurídica e aquele dos sócios (separação patrimonial). De outro, a pessoa jurídica opera como um centro distinto de imputação de demais direitos e deveres na ordem jurídica (separação regulatória). Conquanto a separação patrimonial seja a forma mais saliente e costumeiramente estudada de separação entre as esferas da pessoa jurídica e de seus membros, certamente não é a única. Conforme tivemos a oportunidade de examinar detidamente em monografia dedicada ao tema, a personalidade jurídica também oferece, *prima facie*, separação para fins de imputação (*regulatory partitioning*) quanto aos demais direitos e deveres jurídicos, segregando a esfera jurídica da pessoa jurídica daquela de seus membros.⁶

A fim de ilustrar este ponto, vejamos o exemplo de Laura, acionista minoritária de uma dada Companhia aberta Y. Embora Laura seja francesa, a

---

⁵ Como se verá, no que tange à nova redação do art. 50 do Código Civil, que versa sobre a desconsideração da personalidade jurídica, a única alteração substancial da Lei da Liberdade Econômica relativamente ao texto da Medida Provisória concerne à eliminação do requisito de dolo para a caracterização do desvio de finalidade consubstanciado na utilização da pessoa jurídica com o propósito de lesar credores e na prática de atos ilícitos.

⁶ PARGENDLER, Mariana. Veil Peeking: The Corporation as a Nexus for Regulation, *University of Pennsylvania Law Review*, v. 160, n. 3, p. 717-781, 2021. Ver também PARGENDLER, Mariana. Regulatory Partitioning as a Key Role of Corporate Personality. In: POLLMAN, Elizabeth; THOMPSON, Robert (eds.). *Research Handbook on Corporate Purpose and Personhood*. Cheltenham: Edgar Elgar Publishing, 2021. Esta seção baseia-se em trabalho que sintetiza essas conclusões e sua aplicação ao direito brasileiro: PARGENDLER, Mariana. Apontamentos sobre a desconsideração regulatória da personalidade jurídica (*veil peeking*): função e critérios. In: BARBOSA, Henrique; FERREIRA, Jorge Cesa. *A Evolução do Direito Empresarial e Obrigacional: 18 Anos do Código Civil*. São Paulo: Quartier Latin, 2021.

Companhia Y, constituída no Brasil e controlada por brasileiros, é brasileira. Não se imputa à Companhia Y a nacionalidade de Laura. Da mesma forma, a Companhia Y igualmente não se vincula em razão de obrigação de não concorrência pactuada por Laura em favor de certa contraparte contratual. Se Laura comete ilícito contra a Administração Pública brasileira e é sancionada com a proibição de participar em processos licitatórios, a sanção não se aplica à Companhia Y. Ou seja, não apenas os patrimônios titulados por Laura e pela Companhia Y são distintos, mas também são distintas as respectivas esferas regulatórias no que concerne à imputação de direitos, deveres ou situações jurídicas.

Como bem demonstra o exemplo acima, a separação regulatória complementa a função econômica da separação patrimonial, mas com ela não se confunde. A existência de empresas de grande porte ficaria evidentemente inviabilizada caso se pudesse imputar à sociedade, sem mais, os atributos ou deveres jurídicos aplicáveis a cada um de seus numerosos sócios. Para além de permitir a estabilidade do regime jurídico de companhia cujas ações são detidas por acionistas numerosos e transitórios, a separação regulatória também permite o uso da forma societária como mecanismo de escolha de regime jurídico mais favorável – fenômeno conhecido como arbitragem regulatória (*regulatory arbitrage*). A bem da verdade, expressiva parcela das pessoas jurídicas existentes na realidade empresarial (incluindo as centenas ou mesmos milhares de sociedades subsidiárias em grandes grupos societários) são criadas em razão da separação regulatória, e não da separação patrimonial.[7] É bastante comum, na realidade brasileira, a utilização da técnica da personificação com o intuito de obter vantagens regulatórias ou tributárias, conduzindo ao fenômeno conhecido como "pejotização". Portanto, a pessoa jurídica é melhor descrita como um "nexo de imputação" que serve tanto como

---

[7] São bastante comuns na prática empresarial as garantias cruzadas no interior de grupos societários, as quais mitigam por via contratual a separação patrimonial conferida por lei. HANSMANN, Henry; SQUIRE, Richard. External and Internal Asset Partitioning: Corporations and Their Subsidiaries. In: GORDON, Jeffrey N.; RINGE, Wolf-Georg (eds). *Oxford Handbook of Corporate Law and Governance*. Oxford University Press, Oxford, 2018, p. 252.

um "nexo para contratos", expressão amplamente difundida na literatura econômica, quanto como um "nexo para regulação".⁸

A separação regulatória compartilha com a separação patrimonial o principal benefício de promover a livre circulação das ações, a liquidez e o mercado de controle societário. Ao blindar o regime jurídico aplicável à pessoa jurídica e sua situação regulatória relativamente às vicissitudes jurídicas de seus sócios ou administradores, a separação regulatória permite que as sociedades anônimas sejam precificadas independentemente da identidade do sócio ou administrador. A separação regulatória também traz benefícios e custos distintos daqueles decorrentes da separação patrimonial. Ao assegurar a separação entre as esferas jurídicas da companhia e de seus sócios não controladores, a separação regulatória é verdadeiramente essencial para o funcionamento de empresas com acionistas numerosos e transitórios. Ao permitir a estabilidade e previsibilidade do regime jurídico aplicável à pessoa jurídica, esta forma de blindagem da esfera da pessoa jurídica relativamente às intempéries da vida jurídica dos sócios é tão fundamental para a viabilidade de empresas com muitos sócios como a blindagem patrimonial da pessoa jurídica relativamente aos credores particulares dos sócios.

Os distintos custos e benefícios da separação patrimonial e da separação regulatória redundam em distintos critérios jurídicos para a desconsideração da personalidade jurídica como exceção a cada uma dessas dimensões. Tal é o padrão adotado pelo direito comparado e também pelo direito brasileiro no art. 50 do Código Civil e na legislação especial sobre a matéria, conforme exposto nos comentários ao art. 50.

3. Comparação jurídica

Ao explicitar a separação entre as esferas jurídicas da pessoa jurídica e de seus membros, inclusive no que concerne à dimensão patrimonial, o art. 49-A mostra-se absolutamente trivial e, portanto, desnecessário.⁹ Não oferece inova-

---

⁸ PARGENDLER, Mariana. Veil Peeking: The Corporation as a Nexus for Regulation. *University of Pennsylvania Law Review*, v. 160, n. 3, p. 717-781, 2021.

⁹ Divergimos respeitosamente neste ponto dos renomados juristas que celebram a inclusão do dispositivo pelo seu potencial como cânone interpretativo. Cf. RODRIGUES JR., Otavio

ção substantiva ou aprimoramento técnico à redação do Código Civil, valendo observar que as codificações alemã, francesa, italiana e portuguesa (para citar apenas os modelos usualmente mais influentes entre nós em matéria de Direito Civil) não contêm disposição semelhante.

Sob perspectiva mais ampla, o art. 49-A pode ser compreendido como tentativa de resposta – ainda que pouco técnica e, por conseguinte, pouco eficaz – à conhecida expansão nas últimas décadas da desconsideração da personalidade jurídica no direito brasileiro para fins de responsabilização de sócios ou administradores da pessoa jurídica em questão. São tão flexíveis e frequentes as hipóteses de desconsideração da personalidade jurídica consagradas por lei especial ou por via jurisprudencial que, em 2014, Bruno Meyerhof Salama diagnosticou "o fim da responsabilidade limitada no Brasil".[10] Ao permitir a amplíssima aplicação da desconsideração da personalidade jurídica – especialmente em matéria ambiental, consumerista e trabalhista –, o direito brasileiro mostra-se excepcional relativamente ao padrão observado no direito comparado.[11]

No entanto, o art. 49-A não conduz ao afastamento ou mitigação da desconsideração da personalidade jurídica, por duas razões: (i) a separação patrimonial absolutamente não se confunde com responsabilidade limitada; e (ii) a alargada aplicação do instituto da desconsideração da personalidade jurídica no direito brasileiro decorre, em larga medida, de leis especiais que preveem critérios próprios e distintos, conforme descrito nos comentários a seguir ao art. 50. Ademais, diferentemente do presumido por muitos comentadores, a causa da hipertrofia da desconsideração da personalidade jurídica no direito brasileiro não reside primordialmente na ignorância dos julgadores

---

Luis; LEONARDO, Rodrigo Xavier. A desconsideração da pessoa jurídica e os 18 anos do Código Civil. In: BARBOSA, Henrique; FERREIRA, Jorge Cesa (eds.). *A Evolução do Direito Empresarial e Obrigacional: 18 Anos do Código Civil*. São Paulo: Quartier Latin, 2021; COELHO, Fábio Ulhoa. Novos Contornos da Desconsideração da Personalidade Jurídica no Direito Brasileiro. In: BARBOSA, Henrique; FERREIRA, Jorge Cesa (eds.). *A Evolução do Direito Empresarial e Obrigacional: 18 Anos do Código Civil*. São Paulo: Quartier Latin, 2021.

[10] SALAMA, Bruno Meyerhof. *O Fim da Responsabilidade Limitada no Brasil: História, Direito e Economia*. São Paulo: Malheiros, 2014.

[11] PARGENDLER, Mariana. How Universal Is the Corporate Form? Reflections on the Dwindling of Corporate Attributes in Brazil. *Columbia Journal of Transnational Law*, v. 58, n. 1, pp. 1-57, 2019.

relativamente ao conceito da separação patrimonial ou de responsabilidade limitada. Ao contrário, conforme suscitamos em outra oportunidade, as crescentes exceções à responsabilidade limitada também podem ser entendidas como tentativa de adaptação do sistema jurídico a outras peculiaridades do contexto institucional brasileiro, como fragilidades no sistema de regulação que agravam as externalidades; a ampla incidência de confusão patrimonial *in concreto* em razão de deficiências na proteção aos investidores pelo Direito Societário; a mitigação da blindagem patrimonial da pessoa jurídica relativamente aos sócios e aos credores; e a preocupações com a justiça social em face das desigualdades vigentes.[12]

A correta apreensão da separação entre as esferas jurídicas trazida pela personificação exige diversas distinções. Em primeiro lugar, conforme já aludido, a separação patrimonial (demarcação entre os bens de titularidade da pessoa jurídica e de seus membros) não se confunde com a separação regulatória (segregação para fins de imputação de direitos e deveres jurídicos). Em segundo lugar, a separação patrimonial opera de forma bilateral, servindo para proteger tanto o patrimônio dos membros frente aos credores da pessoa jurídica, como para proteger o patrimônio da pessoa jurídica relativamente aos credores particulares dos seus membros. Em terceiro lugar, a separação patrimonial admite gradações quanto aos seus efeitos: apenas alguns tipos de pessoa jurídica apresentam separação patrimonial forte ou perfeita, conferindo responsabilidade limitada aos seus membros pelas dívidas sociais e blindando o patrimônio da pessoa jurídica de demandas imotivadas dos seus membros ou dos respectivos credores.

4. Conteúdo e função da norma

A regra contida no *caput* do novo art. 49-A remonta à previsão do art. 20 do Código Civil de 1916, segundo o qual "[a]s pessoas jurídicas têm existência distinta de seus membros". Semelhante dispositivo não havia sido repetido na versão original do Código Civil de 2002, mas a omissão tampouco produziu qualquer alteração no regime jurídico aplicável. A distinção entre a

[12] *Id.*

esfera jurídica da pessoa jurídica relativamente à de seus sócios, associados, instituidores e fundadores, assim como de outras pessoas que igualmente têm com ela relação jurídica – como empregados, consumidores e credores – é mesmo basilar, embora multifacetada. A segregação entre a esfera jurídica da pessoa jurídica e de seus membros apresenta duas dimensões: (i) a separação patrimonial, relativa à demarcação entre os bens titulados pela pessoa jurídica e àqueles titulados pelos seus sócios ou administradores, e (ii) a separação regulatória, concernente à distinção entre esferas jurídicas para fins de imputação de demais direitos e deveres atribuídos pelo ordenamento, como já aludido acima.

O parágrafo único do art. 49-A refere-se à *autonomia* patrimonial da pessoa jurídica, acolhendo expressão corrente na doutrina nacional, francesa e italiana. Contudo, trata-se tecnicamente de *separação* patrimonial, e não propriamente de autonomia patrimonial, conforme nomenclatura corrente na literatura alemã (*Trennungsprinzip*) e norte-americana (*asset partitioning*). Autonomia denota a imposição de regramento (*nomos*) a si próprio (*auto*); seu oposto é a heteronomia. Não há propriamente "autonomia do patrimônio" (*autonomie du patrimoine*), como querem os franceses, pois o patrimônio é objeto de direito, e não sujeito de direito. Já a autonomia da pessoa jurídica relativamente à gestão de seu patrimônio pode ser mais ou menos ampla – a depender, por exemplo, de eventuais restrições legais ou exigências de autorização governamental para a alienação de determinados bens – sem que isso afete de qualquer modo a separação patrimonial resultante da personificação. Conquanto a técnica da personificação seja o mecanismo jurídico por excelência para a separação patrimonial, certamente não é o único, valendo lembrar os *trusts* do direito anglo-saxônico e o patrimônio de afetação do direito brasileiro.[13]

Outro ponto central é que separação patrimonial absolutamente não se confunde com limitação da responsabilidade dos sócios. Todas as pessoas jurídicas apresentam algum grau de separação patrimonial no direito brasileiro, mas a responsabilidade limitada não é ínsita à personificação: há diversos tipos de sociedades personificadas com responsabilidade subsidiária ou solidária dos sócios, como é o caso da sociedade em nome coletivo e da sociedade de

---

[13] Cf. art. 31-A da Lei 4.591 de 1964, alterado pela Lei 10.931 de 2004.

advogados.¹⁴ Para citar a feliz metáfora de Rudolf von Ihering, a personificação jurídica no direito desempenha a mesma função dos parênteses na álgebra: da mesma forma que estes indicam a operação matemática a ser obrigatoriamente realizada em primeiro lugar, a personalidade jurídica confere prioridade aos credores da pessoa jurídica, relativamente aos bens desta, e aos credores pessoais dos sócios, quanto aos bens particulares destes.¹⁵

Mesmo os tipos de sociedades que não proporcionam responsabilidade limitada aos seus sócios oferecem separação patrimonial com nítidos efeitos jurídicos relativamente às prerrogativas conferidas pelo direito de propriedade, bem como à prioridade dos respectivos credores. Para sublinhar a distinção entre as hipóteses de separação patrimonial com e sem limitação da responsabilidade, a doutrina italiana refere a primeira como "perfeita" (*autonomia patrimoniale perfetta*) e a segunda como "imperfeita" (*autonomia patrimoniale imperfetta*), ao passo que autores estadunidenses as rotulam como hipóteses de separação patrimonial "forte" ou "fraca", respectivamente.¹⁶ Além disso, como se verá a seguir, a separação patrimonial pode ser qualificada como forte ou fraca não apenas no que tange à proteção dos bens dos sócios conferida pela responsabilidade limitada, mas também em razão da proteção dos bens da pessoa jurídica decorrente da blindagem em sentido reverso.

Por certo, a separação de esferas jurídicas entre pessoas naturais ou jurídicas não importa necessariamente na absoluta incomunicabilidade entre as respectivas esferas jurídicas. Há, por exemplo, diversas hipóteses legais de responsabilidade por ato de terceiro, tanto no Código Civil,¹⁷ como na legislação especial,¹⁸ as quais não guardam qualquer incompatibilidade com o art. 49-A. A separação patrimonial decorrente da personificação jurídica

---

¹⁴ Ver, exemplificativamente, o art. 17 da Lei 8.906 de 1994 (Estatuto da Advocacia), que impõe responsabilidade subsidiária aos sócios pelos danos causados aos clientes, e o art. 1.039 do Código Civil, que impõe responsabilidade solidária aos sócios de sociedade em nome coletivo pelas obrigações sociais.
¹⁵ ASCARELLI, Tulio. *Problemas das Sociedades Anônimas e Direito Comparado*. Campinas: Bookseller, 2001, p. 384.
¹⁶ HANSMANN, Henry; KRAAKMAN, Reinier. The Essential Role of Organizational Law. *Yale Law Journal*, v. 110, n. 3, p. 387-440, 2000, p. 395.
¹⁷ Ver, *e.g.*, art. 932 do Código Civil.
¹⁸ Ver, *e.g.*, Consolidação das Leis do Trabalho (CLT), art. 2º, § 2º; Lei 12.486 de 2003, art. 4º, § 2º.

evidentemente não impede a imposição, por lei, de responsabilidade por ato de terceiro em situações excepcionais, mecanismo que não se confunde com a técnica da desconsideração da personalidade jurídica tipificada pelo art. 50, nem com outros mecanismos de afastamento da separação patrimonial, como a hipótese de consolidação substancial prevista expressamente pela recente reforma da Lei de Recuperação Judicial e Falência.[19]

Sobre as funções e gradações da separação patrimonial conferida pela personalidade jurídica, a literatura norte-americana de Direito e Economia oferece valiosas distinções. Em estudo clássico, Henry Hansmann e Reinier Kraakman sublinham que a separação patrimonial consagrada pela personalidade jurídica opera de forma bilateral, elemento central para a apreensão de sua função econômica.[20] A separação patrimonial instituída pela pessoa jurídica apresenta dupla eficácia: (i) os credores da pessoa jurídica têm acesso prioritário – e, em se tratando de pessoas jurídicas de responsabilidade limitada, exclusivo – ao patrimônio da pessoa jurídica; e (ii) os credores particulares dos sócios, por sua vez, têm acesso prioritário ou exclusivo, conforme o caso, ao patrimônio destes individualmente considerados. É justamente por afetar direitos de terceiros que não anuíram à constituição da pessoa jurídica – notadamente, os credores particulares dos sócios e os credores extracontratuais da pessoa jurídica – que o direito exige a publicidade, mediante o registro, para a constituição das pessoas jurídicas, assim como acolhe a desconsideração da personalidade jurídica para coibir a utilização disfuncional da técnica da personificação (vide comentários ao art. 50).

A separação patrimonial conferida pela personalidade jurídica tem o condão de afetar a esfera jurídica de terceiros mediante eficácia *erga omnes*, não podendo ser obtida, portanto, exclusivamente por via contratual.[21] O papel do direito estatal é, assim, crucial para o funcionamento das grandes companhias como elemento central do capitalismo moderno, fator que vem

---

[19] Cf. Arts. 69-J, 69-K e 69-L da Lei 11.101 de 2005, conforme alterada pela Lei 14.112 de 2020.
[20] Hansmann e Kraakman efetivamente examinam o conceito de entidades jurídicas sob o ponto de vista funcional, e não estritamente jurídico, igualmente tratando de organizações dotadas de separação patrimonial mesmo que não personificadas pelo Direito, como é o caso do *trust* e do casamento. HANSMANN, Henry; KRAAKMAN, Reinier. The Essential Role of Organizational Law. *Yale Law Journal*, v. 110, n. 3, p. 387-440, 2000, pp. 398 e 416.
[21] *Id.*, p. 422.

sendo reiteradamente enfatizado na literatura contemporânea de Direito e Economia.²² Tal ponto bem ilustra a ideia de que o princípio da "intervenção subsidiária e excepcional do Estado sobre o exercício de atividades econômicas" previsto pelo art. 2º, III, da Lei da Liberdade Econômica não pode significar intervenção mínima ou inexistente. O papel do direito estatal é essencial à operação de institutos jurídicos que a mesma lei busca valorizar, como é o caso da separação patrimonial decorrente da personalidade jurídica.

Embora o atributo da responsabilidade limitada seja tradicionalmente o mais celebrado pela doutrina, nas últimas décadas se passou a reconhecer que a blindagem do patrimônio da pessoa jurídica quanto aos credores particulares dos sócios representa a maior contribuição do ordenamento jurídico à viabilização de empresas de grande porte.²³ Conforme demonstrado por Hansmann e Kraakman, a blindagem da pessoa jurídica (*entity shielding*) representa dimensão da separação patrimonial que opera em sentido reverso ao da responsabilidade limitada (*owner shielding*), servindo para impedir ou dificultar que os credores particulares dos sócios recorram aos bens da pessoa jurídica para satisfazer suas dívidas.²⁴ Na ausência de blindagem patrimonial da pessoa jurídica, a sobrevivência da empresa estaria constantemente ameaçada em razão das dívidas pessoais de seus sócios, cujos credores poderiam, a qualquer momento, valer-se do patrimônio da sociedade.²⁵ A blindagem patrimonial da pessoa jurídica seria a dimensão mais importante da separação patrimonial sob o prisma econômico, porque, diferentemente da responsabilidade limitada, não poderia ser obtida por via contratual, em razão dos altos custos de transação correspondentes.²⁶ Na ausência da blindagem da pessoa jurídica conferida por lei, restaria extremamente dificultada a constituição de empresas com grande número de sócios, pois os credores particulares

---

[22] Cf. *id.*; DEAKIN, Simon; GINDIS, David; HODGSON, Geoffrey; KAINAN, Huang; PISTOR, KATHARINA. Legal institutionalism: Capitalism and the constitutive role of law. *Journal of Comparative Economics*, v. 45, n. 1, pp. 188-200, 2017.
[23] HANSMANN, Henry; KRAAKMAN, Reinier; SQUIRE, Richard. Law and the Rise of the Firm. *Harvard Law Review*, v. 119, n. 5, p. 1333-1403, 2006.
[24] *Id.*, p. 430
[25] *Id.*
[26] *Id.*

de cada um deles poderiam inviabilizar a atividade empresarial mediante a penhora dos bens sociais.[27]

A separação patrimonial pode ser forte ou fraca. A separação patrimonial fraca, ou imperfeita, baseia-se na regra de prioridade, segundo a qual os credores da pessoa jurídica têm prioridade sobre o patrimônio da pessoa jurídica para a satisfação das suas dívidas relativamente aos credores particulares dos sócios, e vice-versa. Até mesmo sociedades sem responsabilidade limitada, como a sociedade em nome coletivo ou similares apresentam tal atributo.

Em sua modalidade forte, ou perfeita, verificada, por exemplo, nas sociedades anônimas abertas, a separação patrimonial apresenta três facetas distintas[28]: (i) os credores pessoais dos acionistas não podem recorrer aos bens da pessoa jurídica para a satisfação de seu crédito (blindagem da pessoa jurídica); (ii) os credores da companhia não podem recorrer aos bens pessoais dos acionistas (responsabilidade limitada); e (iii) os acionistas não podem retirar unilateralmente bens da companhia antes da sua liquidação, atributo conhecido como bloqueio de capital (*capital lock-in*).[29] Um corolário jurídico relevante da separação patrimonial forte – amplamente reconhecido no direito alemão embora pouco explorado no direito brasileiro – é o princípio da vinculação patrimonial.[30] Ligado à intangibilidade do capital social, a vinculação patrimonial veda qualquer distribuição da sociedade aos acionistas para além da distribuição de lucros apurada em balanço.[31]

---

[27] HANSMANN, Henry; KRAAKMAN, Reinier. The Essential Role of Organizational Law. *Yale Law Journal*, v. 110, n. 3, p. 387-440, 2000, p. 435.

[28] Do ponto de vista técnico, separação patrimonial não é sinônimo de responsabilidade limitada, blindagem da pessoa jurídica ou bloqueio de capital, embora muitas das pessoas jurídicas mais frequentes e importantes na prática empresarial – como a sociedade limitada, a sociedade anônima e as empresas individuais de responsabilidade limitada (EIRELI) – apresentem também o atributo da responsabilidade limitada.

[29] Sobre a importância do bloqueio de capital (*capital lock-in*) cf. BLAIR, Margaret M. Locking in Capital: What Corporate Law Achieved for Business Organizers in the Nineteenth Century. *UCLA Law Review*, v. 51, n. 2, p. 387-455, 2003. STOUT, Lynn. On the Nature of Corporations. *University of Illinois Law Review*, v. 2005, n. 1, p. 253-267, 2005.

[30] Sobre a vinculação patrimonial no direito alemão e brasileiro, VON ADAMEK, Marcelo. Aumento de Capital, por meio de Capitalização de Crédito, com a Concessão de Garantia de Cotação de Ações: Afronta ao Regime de Vinculação Patrimonial. In: GOUVÊA, Carlos Portugal; PARGENDLER, Mariana; LEVI-MINZI, Maurizio (coord.). *Disputas em M&A: Pareceres*. Vol. I. São Paulo: Almedina, 2022.

[31] *Id.*

5. Conexões intersistemáticas e intrassistemáticas

No direito brasileiro, percebe-se que a blindagem do patrimônio da pessoa jurídica relativamente aos seus sócios e aos credores destes se revela bastante enfraquecida em comparação ao padrão dominante no direito comparado, por diferentes razões. Em primeiro lugar, o Código de Processo Civil de 2015 mitiga sobremaneira a blindagem patrimonial de sociedades limitadas e de companhias fechadas ao permitir a liquidação das quotas ou ações para atender dívidas de credores dos sócios ou acionistas.[32] Em segundo lugar, os tribunais brasileiros há muito reconhecem a possibilidade de o sócio de sociedade limitada se retirar a qualquer tempo da sociedade, mediante a sua dissolução parcial.[33] Semelhante possibilidade inexiste nas sociedades limitadas de outros países, que conferem forte blindagem à pessoa jurídica.[34] Em terceiro lugar, desde meados da década de 2000, o Superior Tribunal de Justiça pacificou o entendimento pretoriano de que os acionistas minoritários de companhias fechadas formadas *intuitu personae* têm o direito de requerer,

---

[32] *In verbis*: "Art. 861. Penhoradas as quotas ou as ações de sócio em sociedade simples ou empresária, o juiz assinará prazo razoável, não superior a 3 (três) meses, para que a sociedade: I – apresente balanço especial, na forma da lei; II – ofereça as quotas ou as ações aos demais sócios, observado o direito de preferência legal ou contratual; III – não havendo interesse dos sócios na aquisição das ações, proceda à liquidação das quotas ou das ações, depositando em juízo o valor apurado, em dinheiro. § 1º Para evitar a liquidação das quotas ou das ações, a sociedade poderá adquiri-las sem redução do capital social e com utilização de reservas, para manutenção em tesouraria. § 2º O disposto no caput e no § 1º não se aplica à sociedade anônima de capital aberto, cujas ações serão adjudicadas ao exequente ou alienadas em bolsa de valores, conforme o caso. § 3º Para os fins da liquidação de que trata o inciso III do caput, o juiz poderá, a requerimento do exequente ou da sociedade, nomear administrador, que deverá submeter à aprovação judicial a forma de liquidação. § 4º O prazo previsto no caput poderá ser ampliado pelo juiz, se o pagamento das quotas ou das ações liquidadas: I – superar o valor do saldo de lucros ou reservas, exceto a legal, e sem diminuição do capital social, ou por doação; ou II – colocar em risco a estabilidade financeira da sociedade simples ou empresária. § 5º Caso não haja interesse dos demais sócios no exercício de direito de preferência, não ocorra a aquisição das quotas ou das ações pela sociedade e a liquidação do inciso III do caput seja excessivamente onerosa para a sociedade, o juiz poderá determinar o leilão judicial das quotas ou das ações".
[33] PARGENDLER, Mariana. How Universal Is the Corporate Form? Reflections on the Dwindling of Corporate Attributes in Brazil, *Columbia Journal of Transnational Law*, v. 58, n. 1, p. 1-57, 2019, p. 14.
[34] *Id.*

a qualquer tempo, a sua dissolução parcial por quebra da *affectio societatis*.[35] Tal regime, nitidamente heterodoxo, foi posteriormente positivado pelo Código de Processo Civil.[36] Assim, verifica-se que, no atual direito brasileiro, não obstante dicção da lei societária em sentido contrário, apenas as companhias abertas gozam de blindagem patrimonial relativamente aos seus acionistas e aos credores destes.[37]

Percebe-se, assim, que a tendência de flexibilização da responsabilidade limitada (já aludida e discutida mais detalhadamente nos comentários ao art. 50 a seguir) não é a única forma de mitigação da separação patrimonial observada no direito brasileiro contemporâneo. Ao contrário, o fenômeno integra tendência mais ampla de esmaecimento da separação patrimonial – com a transmutação de sua versão forte para sua versão fraca. Aliás, a mitigação da blindagem da pessoa jurídica relativamente aos sócios mediante a expansão do instituto da dissolução parcial, de um lado, e a ampla aplicação da desconsideração da personalidade jurídica para responsabilizar os sócios, de outro, podem ser vistas como fenômenos complementares que se retroalimentam.[38] O favorecimento da dissolução parcial relativamente à dissolução total de sociedade, cujo reconhecimento é celebrado em nome do princípio da conservação da empresa, pode prejudicar direitos dos credores, sujeitos à redução do capital social (sua principal garantia) antes do pagamento das dívidas. Por outro lado, o risco de responsabilização dos sócios, até mesmo minoritários, por dívidas sociais representa forte argumento para que se permita a retirada de sócios ou acionistas insatisfeitos com a gestão social. Embora anuncie a importância econômica da separação patrimonial, o art. 49-A pouco contribui para o seu fortalecimento no direito brasileiro, porquanto, como regra geral, não tem o condão de afastar as diversas normas especiais que mitigam a vertente forte ou perfeita da separação patrimonial no País.

---

[35] *Id.*, p. 16 *et seq.*
[36] Código de Processo Civil de 2015, art. 599, § 2º: "A ação de dissolução parcial de sociedade pode ter também por objeto a sociedade anônima de capital fechado quando demonstrado, por acionista ou acionistas que representem cinco por cento ou mais do capital social, que não pode preencher o seu fim".
[37] PARGENDLER, Mariana. How Universal Is the Corporate Form? Reflections on the Dwindling of Corporate Attributes in Brazil. *Columbia Journal of Transnational Law*, v. 58, n. 1, p. 1-57, 2019, p. 52.
[38] *Id.*, p. 40-47.

Segundo o parágrafo único do art. 49-A, "a autonomia patrimonial da pessoa jurídica é um instrumento lícito de alocação e segregação de riscos, estabelecido pela lei com a finalidade de estimular empreendimentos, para a geração de empregos, tributo, renda e inovação em benefício de todos". Trata-se de dispositivo que, ao elucidar os objetivos do legislador quanto ao fim econômico do instituto, apresenta finalidade hermenêutica, auxiliando o intérprete na aplicação das regras legais que mitigam a separação patrimonial, sem, contudo, afastá-las.

Ao estipular a promoção de empreendimentos para a geração de empregos, tributo e renda em benefício de todos como objetivo do legislador, o art. 49-A observou técnica de redação menos quixótica do que aquela seguida em outros dispositivos da Lei da Liberdade Econômica. Em seu art. 3º, a Lei da Liberdade Econômica efetivamente *legislou* sobre a relação de causa e efeito entre determinados direitos de liberdade econômica e o desenvolvimento e crescimento econômico do País,[39] ignorando extenso e controvertido debate travado entre economistas sobre as causas do crescimento e desenvolvimento econômico.

Se a separação patrimonial em modalidade fraca e a blindagem patrimonial da pessoa jurídica são tidas como essenciais para o funcionamento de empresas com grande número de investidores, o papel da responsabilidade limitada no florescimento do capitalismo moderno e do mercado de capitais é ainda controvertido na literatura. Se, por um lado, o advento da limitação da responsabilidade e a expansão do capitalismo são, *grosso modo*, contemporâneos (datando ambos do século XIX), por outro lado não faltam exemplos de empresas de grande porte que se desenvolveram com o regime de responsabilidade ilimitada dos sócios ou acionistas.[40] O atributo da responsabilidade limitada tornou-se traço universal das sociedades anônimas apenas

---

[39] Ver, *in verbis*: "Art. 3º. São direitos de toda pessoa, natural ou jurídica, *essenciais para o desenvolvimento e o crescimento econômicos do País*, observado o disposto no parágrafo único do art. 170 da Constituição Federal (...)" (destacou-se).

[40] Cf. os exemplos históricos da American Express, sociedade negociada em bolsa nos anos 1950 sem ter responsabilidade limitada, bem como do Goldman Sachs, importante banco de investimentos que operava, até meados dos anos 1990, como sociedade em nome coletivo (*partnership*). Sobre o caso da American Express, ver GROSSMAN, Peter. The Market for Shares of Companies with Unlimited Liability: The Case of American Express, *Journal of Legal Studies*, v. 24, n. 1, p. 63-85, jan. 1995.

no século XX, o que não impediu o desenvolvimento do mercado de ações em períodos anteriores.[41] Os bancos norte-americanos impunham "dupla responsabilidade" aos acionistas no período entre a Guerra Civil e a Grande Depressão.[42] Surpreendentemente, quando o estado da Califórnia passou a reconhecer a responsabilidade limitada das companhias em 1931, a mudança sequer impactou o preço das respectivas ações em bolsa.[43]

A despeito da controvérsia acadêmica existente, o Supremo Tribunal Federal já se posicionou sobre o tema ao julgar inconstitucional a lei que impunha responsabilidade solidária aos sócios de sociedade limitada pelos débitos desta junto à Seguridade Social.[44] Na ocasião, o Tribunal alçou a limitação da responsabilidade do sócio à condição de regra que, ao circunscrever o "risco da atividade empresarial", se revelaria "inerente à garantia de livre iniciativa" constitucionalmente tutelada. Arrazoou-se que

> [s]ubmeter o patrimônio pessoal do sócio de sociedade limitada à satisfação dos débitos da sociedade para com a Seguridade Social, independentemente de exercer ou não a gerência e de cometer ou não qualquer infração, inibiria demasiadamente a iniciativa privada, descaracterizando tal espécie societária e afrontando os arts. 5°, XIII, e 170, parágrafo único, da Constituição, de modo que o art. 13 da Lei 8.620/93 também se ressente de vício material.[45]

Conquanto o art. 49-A corretamente reconheça que a separação patrimonial serve para promover empreendimentos e a consequente geração de empregos, tributo e renda como objetivos do legislador, cumpre indagar sobre

---

[41] HORWITZ, Morton J. *The Transformation of American Law, 1870-1960*. Cambridge: Harvard University Press, 1992, p. 94 ("[T]ruly limited shareholder liability was far from the norm in America even as late as 1900").

[42] MACEY, Jonathan R.; MILLER, Geoffrey P. Double Liability of Bank Shareholders: History and Implications. *Wake Forest Law Review*, v. 27, n. 1, p. 31-62, 1992. Diferentemente do regime de responsabilidade limitada ou ilimitada, a dupla responsabilidade (*double liability*) implica a responsabilização dos acionistas até o valor nominal de suas ações.

[43] WEINSTEIN, Mark I. Share Price Changes and the Arrival of Limited Liability in California. *The Journal of Legal Studies*, v. 32, n. 1, p. 1-25, 2013.

[44] BRASIL. Supremo Tribunal Federal. *Recurso Extraordinário nº 562.276-PR*, Rel.: Min. Ellen Gracie, J. 03.11.2010, D.J. 10.02.2011.

[45] *Id.*

os mecanismos pelos quais o atributo contribui para tais resultados. A separação patrimonial sob a forma de responsabilidade limitada e blindagem da pessoa jurídica oferece, reconhecidamente, vários benefícios, que podem ser potencialmente comprometidos pela desconsideração patrimonial (direta ou inversa) da personalidade jurídica a ser analisada nos comentários do art. 50. A responsabilidade limitada (i) reduz os custos de monitoramento de acionistas e credores, (ii) incentiva a delegação da administração e, assim, promove a diversificação dos investimentos, (iii) facilita a circulação das ações, a liquidez e o mercado de controle societário, permitindo que as ações sejam precificadas independentemente da identidade de seus titulares, (iv) preserva o valor de *going-concern* da empresa, (v) facilita a administração dos procedimentos de recuperação judicial e falência e (vi) mitiga os desincentivos causados pelo excesso de dívidas (*debt overhang*).[46] Ao mesmo tempo, porém, a separação patrimonial produz dois tipos de custos relevantes: (i) um maior custo de agência quanto aos credores e (ii) maiores custos contábeis,[47] fatores que motivam a desconsideração da personalidade jurídica em determinadas hipóteses.

Frise-se que a literatura de Direito e Economia traça distinção fundamental quanto aos custos e benefícios da separação patrimonial (i) frente a credores voluntários e involuntários, questionando o benefício da responsabilidade limitada relativamente a esses últimos e, mais recentemente, (ii) entre o contexto interno e externo ao grupo societário, demonstrando que os benefícios da separação patrimonial são menores, e os custos maiores, para as sociedades integrantes de um mesmo grupo de sociedades.

Comecemos pela distinção entre credores contratuais (voluntários) e extracontratuais (involuntários). Para tanto, é imperativo reconhecer que as vantagens conferidas pela responsabilidade limitada aos sócios correspondem a desvantagens aos credores da pessoa jurídica, embora haja ganho de eficiência decorrente da redução do custo de monitoramento dos credores e, consequentemente, do custo do capital arcado pela sociedade. No que concerne

---

[46] HANSMANN, Henry; SQUIRE, Richard. External and Internal Asset Partitioning: Corporations and Their Subsidiaries. In: GORDON, Jeffrey N.; RINE, Wolf-Georg (org.). *Oxford Handbook of Corporate Law and Governance*. Oxford University Press, Oxford, 2018, p. 254 e seguintes.
[47] Id.

aos credores voluntários ou contratuais da pessoa jurídica, a limitação da responsabilidade conferida por determinados tipos societários configura, em substância, regra de natureza meramente dispositiva, já que pode ser, e frequentemente é, livremente afastada pelas partes. É, aliás, costumeiramente o que acontece na prática negocial quando a parte credora exige garantias pessoais, tal como fiança ou aval, dos sócios ou acionistas – dinâmica, aliás, especialmente comum no Brasil.[48]

A aplicação da responsabilidade limitada aos credores extracontratuais (ditos involuntários) da pessoa jurídica é fortemente questionada por estudiosos de *Law and Economics*.[49] Sugere-se que a responsabilidade limitada incentiva a imposição de externalidades negativas a terceiros, pois os acionistas se beneficiam com as vantagens das atividades de risco, mas não são responsáveis por certos custos (*e.g.* de natureza sistêmica ou ambiental) que venham a se materializar. Em razão disso, estudiosos do campo têm se insurgido contra a proteção limitação da responsabilidade dos sócios em casos de responsabilidade civil extracontratual da sociedade.[50] Por sua vez, Lucian Bebchuk e Jesse Fried traçaram uma distinção mais geral entre credores com e sem capacidade de ajuste ou precificação. Sustentam os autores que até mesmo credores contratuais como empregados e consumidores podem não ter capacidade de precificar o risco de insolvência da pessoa jurídica, sendo, portanto, funcionalmente equiparáveis a vítimas de ato ilícito extracontratual sob perspectiva econômica.[51] Tal argumento, portanto, sublinha os custos da responsabilidade limitada relativamente a consumidores, trabalhadores e vítimas de dano ambiental, explicando a racionalidade econômica das hipóteses mais amplas (conhecidas como "teoria menor") da desconsideração da personalidade

---

[48] Cf. NEIVA, Tomás. *Project Finance no Brasil: Análise Crítica e Propostas de Aperfeiçoamento*. São Paulo: Almedina, 2020.

[49] Ver, *e.g.*, POSNER, Richard A. The Rights of Creditors of Affiliated Corporations. *University of Chicago Law Review*, v. 43, n. 3, p. 499-526, 1976 (observa que constituir sociedades distintas a fim de escapar à responsabilidade civil permite a externalização de custos e é socialmente ineficiente).

[50] HANSMANN, Henry; KRAAKMAN, Reinier. Toward Unlimited Shareholder Liability for Corporate Torts. *Yale Law Journal*, v. 100, n. 7, p. 1879-1934, 1991.

[51] BEBCHUK, Lucian; FRIED, Jesse M. The Uneasy Case for the Priority of Secured Claims in Bankruptcy. *Yale Law Journal*, v. 105, n. 4, p. 857-934, 1996.

jurídica analisadas nos comentários ao art. 50.⁵² No que concerne aos credores extracontratuais (ou contratuais hipossuficientes por ausência de capacidade de precificação), a responsabilidade limitada assume verdadeiro caráter de subsídio à atividade empresarial a ser custeado por terceiros.⁵³

Além disso, os argumentos econômicos para a aplicação da separação patrimonial forte são menos robustos relativamente às sociedades integrantes de um mesmo grupo societário sob controle comum.⁵⁴ A separação patrimonial dentro do grupo de sociedades – denominada por Hansmann e Squire de "separação interna" – produz custos maiores, mas proporciona apenas uma fração dos benefícios comparativamente à "separação externa" frente aos sócios pessoas naturais.⁵⁵ Alguns dos benefícios da responsabilidade limitada e da blindagem patrimonial da pessoa jurídica, como liquidez e menor necessidade de monitorar outros acionistas, geralmente inexistem em grupos de sociedades não piramidais. Outros benefícios, como o menor custo de monitoramento dos credores, são comumente afastados pelo uso generalizado de garantias cruzadas por companhias integrantes do mesmo grupo.⁵⁶ Por outro lado, os custos da separação patrimonial são mais altos em razão do incentivo ao comportamento oportunista do devedor para realocar bens entre diferentes companhias do grupo.⁵⁷ Tal análise assume relevância para fins de

---

⁵² PARGENDLER, Mariana. How Universal Is the Corporate Form? Reflections on the Dwindling of Corporate Attributes in Brazil, *Columbia Journal of Transnational Law*, v. 58, n. 1, p. 1-57, 2019, p. 40.
⁵³ Daí a crítica à limitação da responsabilidade das pessoas jurídicas relativamente a ilícitos extracontratuais por elas cometidos, bem como a credores que não tenham efetiva capacidade de negociação com a sociedade. Ver, *e.g.*, HANSMANN, Henry; KRAAKMAN, Reinier. Toward Unlimited Shareholder Liability for Corporate Torts, *Yale Law Journal*, v. 100, n. 7, 1991; e, entre nós, COMPARATO, Fábio Konder; SALOMÃO FILHO, Calixto. *O Poder de Controle na Sociedade Anônima*. 4ª ed. Rio de Janeiro: Forense, 2005, p. 488-9.
⁵⁴ EASTERBROOK, Frank H; FISCHEL, Daniel R. Limited Liability and the Corporation. *University of Chicago Law Review*, v. 52, p. 89-117, 1985, p. 111; HANSMANN, Henry; SQUIRE, Richard. External and Internal Asset Partitioning: Corporations and Their Subsidiaries. In: GORDON, Jeffrey N.; RINGE, Wolf-Georg (eds.). *The Oxford Handbook of Corporate Law and Governance*. Oxford: Oxford University Press, 2018.
⁵⁵ HANSMANN, Henry; SQUIRE, Richard. External and Internal Asset Partitioning: Corporations and Their Subsidiaries. In: GORDON, Jeffrey N.; RINGE, Wolf-Georg (eds.). *The Oxford Handbook of Corporate Law and Governance*. Oxford: Oxford University Press, 2018.
⁵⁶ *Id.*
⁵⁷ *Id.*

desconsideração da personalidade jurídica no interior do grupo societário, conforme examinado nos comentários ao art. 50.

6. Jurisprudência

Vide comentários ao art. 50.

Referências

ASCARELLI, Tulio. *Problemas das Sociedades Anônimas e Direito Comparado*. Campinas: Bookseller, 2001.

BEBCHUK, Lucian; FRIED, Jesse M. The Uneasy Case for the Priority of Secured Claims in Bankruptcy. *Yale Law Journal*, v. 105, n. 4, p. 857-934, 1996.

BLAIR, Margaret M. Locking in Capital: What Corporate Law Achieved for Business Organizers in the Nineteenth Century. *UCLA Law Review*, v. 51, n. 2, p. 387-455, 2003.

COELHO, Fábio Ulhoa. Novos Contornos da Desconsideração da Personalidade Jurídica no Direito Brasileiro. In: BARBOSA, Henrique; FERREIRA, Jorge Cesa (eds.). *A Evolução do Direito Empresarial e Obrigacional: 18 Anos do Código Civil*. São Paulo: Quartier Latin, 2021.

COMPARATO, Fábio Konder; SALOMÃO FILHO, Calixto. *O Poder de Controle na Sociedade Anônima*. 4ª ed. Rio de Janeiro: Forense, 2005.

DEAKIN, Simon; GINDIS, David; HODGSON, Geoffrey; KAINAN, Huang; PISTOR, KATHARINA. Legal institutionalism: Capitalism and the constitutive role of law. *Journal of Comparative Economics*, v. 45, n. 1, p. 188-200, 2017.

EASTERBROOK, Frank H; FISCHEL, Daniel R. Limited Liability and the Corporation. *University of Chicago Law Review*, v. 52, n. 1, p. 89-117, 1985.

GROSSMAN, Peter. The Market for Shares of Companies with Unlimited Liability: The Case of American Express. *Journal of Legal Studies*, v. 24, n. 1, p. 63-85, jan. 1995.

HANSMANN, Henry; KRAAKMAN, Reinier. Toward Unlimited Shareholder Liability for Corporate Torts. *Yale Law Journal*, v. 100, n. 7, p. 1879-1934, 1991.

HANSMANN, Henry; KRAAKMAN, Reinier. The Essential Role of Organizational Law. *Yale Law Journal*, v. 110, n. 3, p. 387-440, 2000.

HANSMANN, Henry; KRAAKMAN, Reinier; SQUIRE, Richard. Law and the Rise of the Firm. *Harvard Law Review*, v. 119, n. 5, p. 1333-1403, 2006.

HANSMANN, Henry; SQUIRE, Richard. External and Internal Asset Partitioning: Corporations and Their Subsidiaries. In: GORDON, Jeffrey N.; RINGE, Wolf-Georg (eds.). *The Oxford Handbook of Corporate Law and Governance*. Oxford: Oxford University Press, 2018.

HOHFELD, Wesley Newcomb. Some Fundamental Legal Conceptions as Applied in Judicial Reasoning. *Yale Law Journal*, v. 23, n. 1, p. 16-59, 2013.

HORWITZ, Morton J. *The Transformation of American Law, 1870-1960*. Cambridge: Harvard University Press, 1992.

KELSEN, Hans. *Introduction to the Problems of Legal Theory: A Translation of the First Edition of the Reine Rechtslehre or Pure Theory of Law*. Oxford: Oxford University Press, 1997.

MACEY, Jonathan R.; MILLER, Geoffrey P. Double Liability of Bank Shareholders: History and Implications. *Wake Forest Law Review*, v. 27, n. 1, p. 31-62, 1992.

NEIVA, Tomás. *Project Finance no Brasil: Análise Crítica e Propostas de Aperfeiçoamento*. São Paulo: Almedina, 2020.

PARGENDLER, Mariana. How Universal Is the Corporate Form? Reflections on the Dwindling of Corporate Attributes in Brazil. *Columbia Journal of Transnational Law*, v. 58, n. 1, p. 1-57, 2019.

PARGENDLER, Mariana. Apontamentos Sobre a Desconsideração Regulatória da Personalidade Jurídica (*Veil Peeking*): Função e Critérios. In: BARBOSA, Henrique; FERREIRA, Jorge Cesa (eds.). *A Evolução do Direito Empresarial e Obrigacional: 18 Anos do Código Civil*. São Paulo: Quartier Latin, 2021.

PARGENDLER, Mariana. Regulatory Partitioning as a Key Role of Corporate Personality. In: POLLMAN, Elizabeth; THOMPSON, Robert (eds.). *Research Handbook on Corporate Purpose and Personhood*. Cheltenham: Edgar Elgar Publishing, 2021.

PARGENDLER, Mariana. Veil Peeking: The Corporation as a Nexus for Regulation, *University of Pennsylvania Law Review*, v. 160, n. 3, p. 717-781, 2021.

PONTES DE MIRANDA, Francisco Cavalcanti. *Tratado de Direito Privado*. Tomo I. Atualizado por Judith Martins-Costa, Gustavo Haical e Jorge Cesa Ferreira da Silva. São Paulo: Revista dos Tribunais, 2012.

POSNER, Richard A. The Rights of Creditors of Affiliated Corporations. *University of Chicago Law Review*, v. 43, n. 3, p. 499-526, 1976.

RODRIGUES JR., Otavio Luis; LEONARDO, Rodrigo Xavier. A desconsideração da pessoa jurídica e os 18 anos do Código Civil. In: BARBOSA, Henrique; FERREIRA, Jorge Cesa (eds.). *A Evolução do Direito Empresarial e Obrigacional: 18 Anos do Código Civil*. São Paulo: Quartier Latin, 2021.

SALAMA, Bruno Meyerhof. *O Fim da Responsabilidade Limitada no Brasil: História, Direito e Economia*. São Paulo: Malheiros, 2014.

SUPREMO TRIBUNAL FEDERAL. *Recurso Extraordinário nº 562.276-PR*, Rel.: Min. Ellen Gracie, J. 03.11.2010, D.J. 10.02.2011.

STOUT, Lynn. On the Nature of Corporations. *University of Illinois Law Review*, v. 2005, n. 1, p. 253-267, 2005.

VON ADAMEK, Marcelo. Aumento de Capital, por meio de Capitalização de Crédito, com a Concessão de Garantia de Cotação de Ações: Afronta ao Regime de Vinculação Patrimonial. In: GOUVÊA, Carlos Portugal; PARGENDLER, Mariana; LEVI-MINZI, Maurizio (coord.). *Disputas em M&A: Pareceres*. Vol. I. São Paulo: Almedina, 2022.

WEINSTEIN, Mark I. Share Price Changes and the Arrival of Limited Liability in California. *The Journal of Legal Studies*, v. 32, n. 1, p. 1-25, 2013.

2. COMENTÁRIO AO ARTIGO 50 DO CÓDIGO CIVIL: A DESCONSIDERAÇÃO DA PERSONALIDADE JURÍDICA

Mariana Pargendler

"Art. 50. Em caso de abuso da personalidade jurídica, caracterizado pelo desvio de finalidade ou pela confusão patrimonial, pode o juiz, a requerimento da parte, ou do Ministério Público quando lhe couber intervir no processo, desconsiderá-la para que os efeitos de certas e determinadas relações de obrigações sejam estendidos aos bens particulares de administradores ou de sócios da pessoa jurídica beneficiados direta ou indiretamente pelo abuso.

§ 1º Para os fins do disposto neste artigo, desvio de finalidade é a utilização da pessoa jurídica com o propósito de lesar credores e para a prática de atos ilícitos de qualquer natureza.

§ 2º Entende-se por confusão patrimonial a ausência de separação de fato entre os patrimônios, caracterizada por:

I – cumprimento repetitivo pela sociedade de obrigações do sócio ou do administrador ou vice-versa;

II – transferência de ativos ou de passivos sem efetivas contraprestações, exceto os de valor proporcionalmente insignificante; e

III – outros atos de descumprimento da autonomia patrimonial.

§ 3º O disposto no caput e nos §§ 1º e 2º deste artigo também se aplica à extensão das obrigações de sócios ou de administradores à pessoa jurídica.

§ 4º A mera existência de grupo econômico sem a presença dos requisitos de que trata o caput deste artigo não autoriza a desconsideração da personalidade da pessoa jurídica.

§ 5º Não constitui desvio de finalidade a mera expansão ou a alteração da finalidade original da atividade econômica específica da pessoa jurídica."

1. História da norma

A separação entre as esferas jurídicas da pessoa jurídica e dos seus sócios e administradores é corolário lógico da técnica da personificação. Porém, a experiência jurídica demonstra que a separação patrimonial e a regulatória conferidas pela personalidade jurídica também pode ser utilizada para fins antijurídicos, como evadir regra legal cogente ou lesar credores. É assim que, com a expansão no uso de sociedades personificadas para a atuação comercial a partir do século XIX, as cortes passaram, em determinadas hipóteses, a desconsiderar a separação jurídica – de natureza regulatória ou patrimonial – para imputar características dos sócios à pessoa jurídica ou responsabilizar os sócios pelas dívidas sociais, e vice-versa.

Nos Estados Unidos, a temática foi originalmente tratada por Maurice Wormser em 1912, em artigo que cunhou o termo *veil piercing* (perfuração do véu), empregado pelo autor de forma ampla para designar tanto hipóteses de desconsideração da separação patrimonial como de desconsideração da separação regulatória.[1] Em 1955, Rolf Serick desenvolveu trabalho pioneiro de sistematização do instituto da desconsideração da personalidade jurídica na tradição romano-germânica.[2] No Brasil, cumpre referir o artigo pioneiro de Rubens Requião, seguido pelas monografias dedicadas ao tema de J. Lamartine Corrêa de Oliveira e, mais recentemente, de Bruno Meyerhof Salama.[3] O trabalho de Bruno Salama trata primordialmente do "fim da responsabilidade limitada", mas os estudos de Requião e Lamartine abordam tanto hipóteses de desconsideração patrimonial como de desconsideração regulatória, embora de forma indistinta. Destacam-se também os estudos doutrinários de Fábio Konder Comparato, jurista que, segundo narrado pelo Relator Geral

---

[1] WORMSER, Maurice. Piercing the Veil of Corporate Entity. *Columbia Law Review*, v. 12, n. 6, p. 496-518, 1912.
[2] SERICK, Rolf. *Apariencia y Realidad de las Sociedades Mercantiles: El Abuso de Derecho por Medio de La Persona Jurídica*. Trad. Jose Puig Brutau. Barcelona: Ariel, 1958.
[3] REQUIÃO, Rubens. Abuso de Direito e Fraude Através da Personalidade Jurídica (*Disregard Doctrine*). *Revista dos Tribunais*, ano 58, n. 410, p. 12-24, dez. 1969; OLIVEIRA, J. Lamartine Corrêa de. *A Dupla Crise da Pessoa Jurídica*. São Paulo: Saraiva, 1979; SALAMA, Bruno Meyerhof. *O Fim da Responsabilidade Limitada no Brasil: História, Direito e Economia*. São Paulo: Malheiros, 2014.

no Senado Federal Josaphat Marinho, contribuiu diretamente para a redação original do art. 50 do Código Civil de 2002.[4]

Os principais países que usualmente servem de referência ao Brasil em matéria civil e comercial – França, Alemanha, Itália, Portugal, Estados Unidos, Inglaterra e Itália – há muito reconhecem e aplicam a desconsideração da personalidade jurídica, mas até hoje não apresentam regra legal positivando o instituto. No Brasil, a primeira norma sobre desconsideração da personalidade jurídica remonta ao art. 28 do Código de Defesa do Consumidor de 1990 (CDC). A Consolidação das Leis do Trabalho (CLT) de 1943 já impunha a responsabilização solidária por dívidas trabalhistas às sociedades integrantes de um mesmo grupo econômico (CLT, art. 2º, § 2º). O regime da CLT é por vezes referido erroneamente como hipótese de desconsideração da personalidade jurídica,[5] mas com ela tecnicamente não se confunde, embora igualmente tenha como efeito prático a mitigação dos benefícios da separação patrimonial.

É notável que o Direito brasileiro tenha primeiro positivado no Código de Defesa do Consumidor hipótese irrestrita de desconsideração da personalidade jurídica, a qual, até onde sabemos, é inovadora na experiência internacional.[6] Diferentemente do modelo tradicional do instituto, que impõe requisitos exigentes como desvio de finalidade ou confusão patrimonial, a modalidade contemplada pelo art. 28, § 5°, do CDC permite a desconsideração de forma ampla "sempre que sua personalidade for, de alguma forma, obstáculo ao ressarcimento de prejuízos causados aos consumidores."[7]

---

[4] COMPARATO, Fábio Konder. *O Poder de Controle na Sociedade Anônima*. 5ª ed. revista e atualizada por Calixto Salomão Filho. Rio de Janeiro: Forense, 2008; REALE, Miguel. *História do Novo Código Civil*. São Paulo: Revista dos Tribunais, 2005, p. 148. Cf. a versão original: "Art. 50. Em caso de abuso da personalidade jurídica, caracterizado pelo desvio de finalidade, ou pela confusão patrimonial, pode o juiz decidir, a requerimento da parte, ou do Ministério Público quando lhe couber intervir no processo, que os efeitos de certas e determinadas relações de obrigações sejam estendidos aos bens particulares dos administradores ou sócios da pessoa jurídica."
[5] Incorre nesta impropriedade o estudo clássico de Rubens Requião. REQUIÃO, Rubens. Abuso de Direito e Fraude Através da Personalidade Jurídica (*Disregard Doctrine*). *Revista dos Tribunais*, ano 58, n. 410, dez. 1969.
[6] PARGENDLER, Mariana. How Universal Is the Corporate Form? Reflections on the Dwindling of Corporate Attributes in Brazil. *Columbia Journal of Transnational Law*, v. 58, n. 1, p. 1-57, 2019.
[7] Lei 8.078, de 1990, art. 28, § 5°.

Curiosamente, conforme já examinamos em outra ocasião, a regra do art. 28, § 5°, do CDC não estava presente no anteprojeto redigido por eminentes consumeristas brasileiros. Ao contrário, foi incluída no processo legislativo como emenda proposta por deputados do Partido da Frente Liberal (PFL) e do Partido Trabalhista Brasileiro (PTB).[8] Além disso, conforme narram os autores do anteprojeto, a promulgação da curiosa norma do CDC parece ter sido acidental:[9] o Presidente da República teria cometido erro tipográfico e referido inadvertidamente o § 1º do mesmo artigo, em vez do § 5°, conforme sugere a mensagem de veto.[10]

A maior parte da doutrina brasileira, incluindo os autores do anteprojeto do CDC, clamava por uma interpretação teleológica do § 5° do art. 28, a fim de vedar a desconsideração da personalidade jurídica na ausência de fraude ou abuso.[11] Não obstante, os tribunais adotaram a interpretação literal do referido dispositivo legal. O *leading case* na matéria tratou de uma trágica explosão num *shopping center* de Osasco, que matou e feriu numerosos consumidores.[12] Em decisão por maioria, o Superior Tribunal de Justiça (STJ) desconsiderou a personalidade jurídica da sociedade limitada que operava o shopping center, assim como a de sua sociedade controladora, com fundamento no § 5° do art. 28 do CDC, de modo a responsabilizar os administradores pelos danos causados.[13] Desde então, diversas outras decisões acolheram semelhante in-

---

[8] PARGENDLER, Mariana. How Universal Is the Corporate Form? Reflections on the Dwindling of Corporate Attributes in Brazil. *Columbia Journal of Transnational Law*, v. 58, n. 1, p. 1-57, 2019, p. 24.

[9] GRINOVER, Ada Pellegrini *et al*. *Código de Defesa do Consumidor: Comentado pelos Autores do Anteprojeto*. 8ª ed. Rio de Janeiro: Forense, 2005.

[10] Segundo a mensagem de veto, "[o] caput do art. 28 já contém todos os elementos necessários à aplicação da desconsideração da personalidade jurídica, que constitui, conforme doutrina amplamente dominante no direito pátrio e alienígena, técnica excepcional de repressão a práticas abusivas."

[11] Art. 28, § 5°, CDC: "Também poderá ser desconsiderada a pessoa jurídica sempre que sua personalidade for, de alguma forma, obstáculo ao ressarcimento de prejuízos causados aos consumidores." Cf. GRINOVER, Ada Pellegrini *et al*. *Código de Defesa do Consumidor: Comentado pelos Autores do Anteprojeto*. 8ª ed. Rio de Janeiro: Forense, 2005.

[12] *Id*., p. 239.

[13] BRASIL. Superior Tribunal de Justiça. *Recurso Especial nº 279.273-SP*, Rel. Min. Ari Pargendler, Rel. p/ Acórdão: Min. Nancy Andrighi, J. 02.12.2003, D.J. 03.03.2004.

2. COMENTÁRIO AO ARTIGO 50 DO CÓDIGO CIVIL: A DESCONSIDERAÇÃO...

terpretação para alcançar os bens dos sócios e administradores em matéria consumerista.[14]

Eis o mais notável: embora possivelmente decorra de um acidente histórico, a ampla autorização para a desconsideração da personalidade jurídica acolhida pelo § 5º do art. 28 do CDC rapidamente se expandiu para outros contextos. Em primeiro lugar, a Justiça do Trabalho passou a recorrer à legislação consumerista por analogia para amplamente desconsiderar a personalidade jurídica em benefício dos empregados.[15] Lembre-se que, embora a CLT impusesse a responsabilidade solidária às empresas integrantes do mesmo grupo econômico, o diploma trabalhista não previa hipótese de responsabilização de sócio pessoa natural ou administrador. Em segundo lugar, o acolhimento da teoria menor pelo CDC inspirou a reprodução de dispositivos semelhantes em diplomas legais subsequentes. Destaca-se, por exemplo, o regime da Lei 9.605 de 1998, que cuida de sanções penais administrativas por ilícitos ambientais. Embora ausente do anteprojeto da lei, a versão final do art. 4º da lei ambiental segue a teoria menor ao dispor que "[p]oderá ser desconsiderada a pessoa jurídica sempre que sua personalidade for obstáculo ao ressarcimento de prejuízos causados à qualidade do meio ambiente."

Paralelamente ao reconhecimento por lei especial da desconsideração da personalidade jurídica independentemente de fraude ou abuso, bem como de outras hipóteses de mitigação da separação patrimonial, a jurisprudência vinha buscando restringir a hipertrofia na aplicação da desconsideração da personalidade jurídica nas demais relações civis e comerciais. Em contraste com sua postura em outras áreas, os tribunais já relutavam em desconsiderar a personalidade jurídica nos contextos civil e comercial, a ponto de impor requisitos que vão além daqueles prescritos pelo art. 50 do Código Civil. Por exemplo, importante decisão da Segunda Seção do STJ de 2013 consignou que a desconsideração da personalidade jurídica em casos de dissolução irregular exige fraude ou dolo,[16] embora a dissolução irregular propicie a confusão

---

[14] BRASIL. Superior Tribunal de Justiça. *Agravo Regimental no Recurso Especial nº 1.106.072-MS*, Rel.: Min. Marco Buzzi, J. 02.09.2014, D.J. 18.09.2014.
[15] SALAMA, Bruno Meyerhof. *O Fim da Responsabilidade Limitada no Brasil: História, Direito e Economia*. São Paulo: Malheiros, 2014.
[16] BRASIL. Superior Tribunal de Justiça. *Embargos de Divergência em Recurso Especial nº 1.306.553-SC*, Rel.: Min. Maria Isabel Gallotti, J. 10.12.2014, D.J. 12.12.2014 (decisão

patrimonial. Tal posicionamento excessivamente restritivo, porém, merece ser questionado.

Os requisitos de desvio de finalidade e confusão patrimonial previstos pelo art. 50 do Código Civil têm caráter nitidamente objetivo, inexistindo qualquer exigência legal de dolo ou fraude como requisito para a desconsideração da personalidade jurídica no direito brasileiro. Ademais, a exigência, por via jurisprudencial, de dolo ou fraude caminha nitidamente na contramão da tendência do direito comparado no sentido da superação da concepção subjetivista da desconsideração da personalidade jurídica em prol da objetivação de suas hipóteses de incidência, à semelhança do que ocorreu com a boa-fé.[17]

---

unânime), em acórdão assim ementado: "EMBARGOS DE DIVERGÊNCIA. ARTIGO 50, DO CC. DESCONSIDERAÇÃO DA PERSONALIDADE JURÍDICA. REQUISITOS. ENCERRAMENTO DAS ATIVIDADES OU DISSOLUÇÃO IRREGULARES DA SOCIEDADE. INSUFICIÊNCIA. DESVIO DE FINALIDADE OU CONFUSÃO PATRIMONIAL. DOLO. NECESSIDADE. INTERPRETAÇÃO RESTRITIVA. ACOLHIMENTO. 1. A criação teórica da pessoa jurídica foi avanço que permitiu o desenvolvimento da atividade econômica, ensejando a limitação dos riscos do empreendedor ao patrimônio destacado para tal fim. Abusos no uso da personalidade jurídica justificaram, em lenta evolução jurisprudencial, posteriormente incorporada ao direito positivo brasileiro, a tipificação de hipóteses em que se autoriza o levantamento do véu da personalidade jurídica para atingir o patrimônio de sócios que dela dolosamente se prevaleceram para finalidades ilícitas. Tratando-se de regra de exceção, de restrição ao princípio da autonomia patrimonial da pessoa jurídica, a interpretação que melhor se coaduna com o art. 50 do Código Civil é a que relega sua aplicação a casos extremos, em que a pessoa jurídica tenha sido instrumento para fins fraudulentos, configurado mediante o desvio da finalidade institucional ou a confusão patrimonial. 2. O encerramento das atividades ou dissolução, ainda que irregulares, da sociedade não são causas, por si só, para a desconsideração da personalidade jurídica, nos termos do Código Civil. 3. Embargos de divergência acolhidos".

[17] GONÇALVES, Diogo Costa. Apontamentos Sobre a Desconsideração da Personalidade Jurídica no Projeto de Código Comercial Brasileiro. *Revista de Direito das Sociedades*, v. VII, n. 2, p. 297-324, 2005, p. 315-316. Confira-se na íntegra: "A primeira orientação que podemos identificar, é a denominada teoria subjetiva. Está associada à ideia geral de abuso de personalidade, mas põe a tónica nos elementos subjetivos: a vontade ou consciência do sujeito de, com aquela conduta, invocar de modo juridicamente reprovável a personalidade coletiva. A orientação subjetivista estava, contudo, destinada a ser uma dogmática de transição: pretendia carregar as tintas da desconformidade com sistema dos abusos de personalidade, mas abria o flanco a inevitáveis críticas. Com efeito, como recordaria Karsten Schmidt, à relevância jurídica do abuso de personalidade basta a desconformidade objetiva com o escopo de utilização da pessoa coletiva (*objektiv-zweckwidrige Verwendung der juristischen Person*). A jurisprudência encarregar-se-ia de corrigir a derivação subjetivista de Serick e obter uma sistemática integrada: o levantamento sofreria uma objetivação paralela à conhecida pelos institutos que

Vale recordar que a única alteração na nova redação do art. 50 conferida pela Lei da Liberdade Econômica relativamente ao texto da medida provisória foi justamente a eliminação da exigência de dolo para fins da definição do desvio de finalidade nos termos do § 1º do art. 50, o que sem dúvida representou aprimoramento relevante na dicção do dispositivo.

2. Comparação jurídica

Sob diferentes nomenclaturas e nuances, o instituto da desconsideração da personalidade jurídica é componente típico do Direito Societário moderno. Embora a desconsideração da personalidade jurídica tenha chegado de forma comparativamente tardia na América Latina,[18] não se tem notícia de ordenamento jurídico atual que desconheça ou repudie o mecanismo, embora seja raramente aplicado em muitos contextos.[19] Trata-se de instituto avesso à positivação na maior parte dos ordenamentos, conquanto haja exemplos pontuais de países que, tal como o Brasil, contêm regra legal a respeito.[20]

Há verdadeira escassez de trabalhos que buscam mensurar a relativa prevalência *in concreto* da desconsideração da personalidade jurídica em diferentes ordenamentos. Embora por vezes se aluda à alta incidência da desconsideração da personalidade jurídica como característica peculiar da prática brasileira,

---

gravitam em torno da boa-fé. Fruto desta correção jurisprudencial surgiu a denominada teoria institucionalista (ou objetiva), segundo a qual há lugar ao levantamento quando 'a segregação entre a corporação e os seus membros contradiz a ordem jurídica', independentemente das disposições internas dos sujeitos."

[18] Estudos recentes descrevem que a aplicação da desconsideração da personalidade jurídica na Espanha e na América Hispânica teria alcance relativamente estreito. NAVARRO, José Maria. *Piercing the Corporate Veil in Latin American Jurisprudence: a comparison with the Anglo-American method*. New York: Routledge, 2016; FIGUEROA, Dante. Comparative Aspects of Piercing the Corporate Veil in the United States and Latin America. *Duquesne Law Review*, v. 50, n. 4, p. 683-797, 2012.

[19] BAINBRIDGE, Stephen; HENDERSON, Todd. *Limited Liability: A Legal and Economic Analysis*. New York: Edgar Elgar Publishing, 2016, p. 234 (observam que todas as economias avançadas permitem a desconsideração da personalidade jurídica em um número limitado de circunstâncias).

[20] Referimos abaixo o exemplo paradigmático da legislação israelense, que inclusive distingue implicitamente entre a desconsideração patrimonial e a desconsideração regulatória da personalidade jurídica.

diversos autores já denunciaram a aplicação do *veil piercing* nos Estados Unidos como altamente litigiosa,[21] confusa,[22] controversa e até mesmo alarmante.[23] Em 2005, o maior especialista norte-americano sobre o tema cogitava que a desconsideração da personalidade jurídica "ocorre com mais frequência nos Estados Unidos do que em qualquer outro lugar", característica que ele atribuía às peculiaridades do sistema de *common law*.[24] Estudos posteriores demonstraram que a incidência da desconsideração da personalidade jurídica é maior na China do que nos Estados Unidos.[25] A nosso ver, até onde já documentado pela literatura internacional, a (questionável) liderança na aplicação da desconsideração da personalidade jurídica deve ser atribuída ao Brasil. Ao passo que autores estadunidenses encontraram em torno de 9.000 a 11.000 casos de desconsideração da personalidade jurídica em bases

---

[21] THOMPSON, Robert B. Piercing the Corporate Veil: An Empirical Study. *Cornell Law Review*, v. 76, n. 5, p. 1036-1074, 1991, p. 1036 ("A desconsideração da personalidade jurídica é a questão mais litigiosa do direito societário"). Em sentido contrário, OH, Peter. Veil Piercing. *Texas Law Review*, v. 89, n. 1, p. 81-145, 2010 (observa que a desconsideração da personalidade jurídica é erroneamente rotulada como a questão mais polêmica do direito societário). Embora os casos de desconsideração da personalidade jurídica sejam numerosos, os pedidos de dissolução e responsabilização de administradores parecem ser mais comuns. *Id*. p. 90-91.
[22] BOYD, Christina L.; HOFFMAN, David. Disputing Limited Liability. *Northwestern University Law Review*, v. 104, n. 3, p. 853-916, 2010, p. 904-916 (constatam que influências extrajurídicas têm papel importante nos casos de desconsideração da personalidade jurídica); MACEY, Jonathan; MITTS, Joshua. Finding Order in the Morass: The Three Real Justifications for Piercing the Corporate Veil. *Cornell Law Review*, v. 100, n. 1, p. 99-155, 2014 (descrevem a postura aparentemente incoerente dos tribunais estadunidenses ao aplicar os tradicionais motivos doutrinários para desconsideração da personalidade jurídica e propõem uma taxonomia alternativa).
[23] BAINBRIDGE, Stephen M. Abolishing Veil Piercing. *Journal of Corporation Law*, v. 26, n. 3, p. 479-535, 2001, p. 481; PRESSER, Stephen B. Thwarting the Killing of the Corporation: Limited Liability, Democracy, and Economics. *Northwestern University Law Review*, v. 87, n. 1, p. 148-179, 1992.
[24] THOMPSON, Robert B. Piercing the Veil: Is the Common Law the Problem? *Connecticut Law Review*, v. 37, n. 3, p. 619-635, 2005, p. 619.
[25] HUANG, Hui. Piercing the Corporate Veil in China: Where is it Now and Where is it Heading? *American Journal of Comparative Law*, v. 60, n. 3, p. 743-774, 2012, p. 774 (constata que os tribunais chineses desconsideraram a personalidade jurídica em 63% dos 99 casos julgados desde a lei de 2005, "uma proporção significativamente mais alta que nos Estados Unidos, Reino Unido e Austrália"); YU, Kimberly Bin; KREVER, Richard. The High Frequency of Piercing the Corporate Veil in China. *Asia Pacific Law Review*, v. 23, n. 2, p. 63-87, 2015.

de dados eletrônicas dos EUA,[26] buscas do termo apenas nos *sites* do Tribunal de Justiça do estado de São Paulo (TJSP) e do Tribunal Regional do Trabalho da 2ª Região (TRT) levantaram mais de 46.000 e 17.000 decisões judiciais sobre o assunto, respectivamente.[27]

Por certo, a comparação na incidência da desconsideração da personalidade jurídica entre diferentes ordenamentos exige cautela. Pode haver, sobretudo em países desenvolvimento, diferenças substanciais entre o "direito nos livros" (*law in the books*) e o "direito em ação" (*law in action*). Como exemplo anedótico, um proeminente advogado argentino nos reportou ser comum a responsabilização de sócios ou administradores por dívidas trabalhistas, não obstante a ausência de autorização legal para tanto. Também em países desenvolvidos a responsabilização de sócios pode ser mais comum na prática do que se imaginaria com o estudo do direito nos livros, especialmente para as grandes companhias.[28] No caso do catastrófico desastre ambiental envolvendo a gigante petrolífera Exxon Valdez, a pressão do governo norte-americano e preocupações reputacionais levaram a sociedade controladora a arcar integralmente com os custos do acidente causado por sua subsidiária.[29]

Alguns critérios para a desconsideração da personalidade jurídica referidos pelo direito comparado – como a subcapitalização – não encontram paralelo no direito brasileiro e, de qualquer sorte, têm tido pouca aplicação prática nos seus contextos de origem.[30] Por outro lado, mesmo regras jurídicas semelhantes podem levar a diferentes graus de incidência da desconsideração da

---

[26] MACEY, Jonathan; MITTS, Joshua. Finding Order in the Morass: The Three Real Justifications for Piercing the Corporate Veil. *Cornell Law Review*, v. 100, n. 1, p. 99-155, 2014, p. 141; OH, Peter. Veil Piercing. *Texas Law Review*, v. 89, n. 1, p. 81-145, 2010, p. 100.

[27] Segundo pesquisa realizada em abril de 2021 usando a expressão de busca única "desconsideração da personalidade jurídica" para evitar resultados duplicados. É provável que isso subestime o número de decisões, especialmente porque nem todas as decisões são publicadas nos *sites* dos tribunais.

[28] VAN LOO, Rory. The Revival of Respondeat Superior and Evolution of Gatekeeper Liability. *Georgetown Law Journal*, v. 109, n. 1, p. 141-189, 2020, p. 169 (no original: "*For large oil companies, there is sometimes a gap between liability in practice and liability in the law*").

[29] *Id.*

[30] MACEY, Jonathan; MITTS, Joshua. Finding Order in the Morass: The Three Real Justifications for Piercing the Corporate Veil. *Cornell Law Review*, v. 100, n. 1, p. 99-155, 2014, p. 103 (não encontram qualquer caso de desconsideração da personalidade jurídica fundamentado exclusivamente na subcapitalização, fator habitualmente referido pela doutrina especializada).

personalidade jurídica se o contexto for distinto. Por exemplo, a lei societária brasileira é bastante leniente quanto ao controle das transações entre partes relacionadas, o que facilita sobremaneira a verificação de confusão patrimonial *in concreto*.[31] Tal diferença nos contornos fáticos e jurídicos mais recorrentes em diferentes países talvez possa ajudar a explicar a maior frequência na aplicação da desconsideração da personalidade jurídica em grupos de sociedades no Brasil relativamente ao observado em outros ordenamentos.[32]

Além disso, cumpre lembrar lição clássica de direito comparado, segundo a qual mecanismos jurídicos distintos podem conduzir a resultado prático semelhante. Trata-se do que Tullio Ascarelli denomina de "fungibilidade dos instrumentos jurídicos relativamente ao fim econômico".[33] Percebe-se, nesta matéria, que outros ordenamentos jurídicos têm recorrido a institutos distintos para a superação da segregação patrimonial, especialmente para a responsabilização de controladoras por atos de sociedades controladas. O direito inglês, por exemplo, aplica princípios gerais de responsabilidade civil para reconhecer o dever de cuidado (*duty of care*) da sociedade controladora por ato da sociedade subsidiária quando há controle substancial de suas operações, ensejando contencioso pujante contra sociedades controladoras inglesas por abusos de direitos humanos e degradação ambiental por suas subsidiárias em países em desenvolvimento.[34] Já o direito alemão tem responsabilizado os sócios perante a companhia em caso de apropriação dos bens da sociedade

[31] Para um estudo empírico que sugere a deficiência na proteção aos investidores externos, fator que estimula a confusão patrimonial, cf. DYCK, Alexander; ZINGALES, Luigi. Private Benefits of Control: An International Comparison. *Journal of Finance*, v. 59, n. 2, p. 537-600, 2004. O Brasil ocupou a lamentável primeira posição neste conhecido estudo que buscou quantificar os níveis de benefícios particulares do controle em 39 países nos anos 1990. O estudo mais limitado e recente de Tomás Alvarenga confirmou a estimativa de altíssimos níveis de benefícios particulares do controle em companhias abertas brasileiras nos anos 2000. ALVARENGA, Tomás. Benefícios Particulares do Controle no Brasil: o que mudou nos últimos 10 anos? *Revista de Direito Mercantil, Industrial, Econômico e Financeiro*, v. 168/169, p. 117-140, agosto 2014/julho 2015.
[32] MARGONI, Anna Beatriz Alves. *A Desconsideração da Personalidade Jurídica nos Grupos de Sociedades*. 2011. Dissertação (Mestrado em Direito Comercial) – Faculdade de Direito, Universidade de São Paulo, São Paulo, 2011.
[33] ASCARELLI, Tullio. *Principios y Problemas de las Sociedades Anónimas*. México: Imprenta Universitaria, 1951, p. 49-50.
[34] Cf. as decisões recentes da Suprema Corte do Reino Unido: Vedanta Resources PLC and another (Appellants) v. Lungowe and others (Respondents), [2019] UKSC 20, J. 10.4.2019;

em prejuízo de sua solvência.³⁵ Há, ainda, diversas leis especiais que impõem responsabilidade das sociedades controladoras ou *holding companies* por atos das subsidiárias.³⁶ Frise-se, aliás, que figuras afins aptas a servir como substitutos funcionais à desconsideração da personalidade jurídica também existem no direito brasileiro, conforme examinado na seção 4 *infra*.

Um problema central que dificulta o estudo dogmático e empírico da desconsideração da personalidade jurídica em perspectiva comparada é a tradicional ausência de distinção doutrinária e jurisprudencial entre a desconsideração da separação patrimonial ("perfuração do véu" ou *veil piercing*) e a desconsideração da separação regulatória ("espiada pelo véu" ou *veil peeking*), tema sobre o qual nos debruçamos detidamente em trabalhos anteriores.³⁷ Do ponto de vista histórico, a desconsideração regulatória até mesmo precedeu a desconsideração patrimonial – o que sequer deve surpreender, diante do tardio acolhimento do instituto da responsabilidade limitada.³⁸ Na célebre decisão de 1897 no caso *Solomon v. A. Solomon & Co.*³⁹, a Câmara dos Lordes do Reino Unido se recusou veementemente a perfurar o véu da pessoa jurídica para responsabilizar o acionista controlador pelas dívidas sociais. Já a Suprema Corte dos Estados Unidos procedeu à desconsideração da separação

Okpabi and others (Appellants) v. Royal Dutch Shell Plc and another (Respondents), [2021] UKSC 3. J. 12.2.2021.

³⁵ TAN, Cheng-Han; WANG, Jiangyu; HOFMANN, Christian. Piercing the Corporate Veil: Historical, Theoretical & Comparative Perspectives. *Berkeley Business Law Journal*, v. 16, n. 1, p. 140-204, 2019, p. 179.

³⁶ Cf., *e.g.*, VAN LOO, Rory. The Revival of Respondeat Superior and Evolution of Gatekeeper Liability. *Georgetown Law Journal*, v. 109, n. 1, p. 141-189, 2020, p. 169 (referindo a legislação federal dos EUA que expandiu a responsabilidade de companhias petrolíferas por atos de suas subsidiárias após o acidente de Exxon Valdez); ZENG, James Si. Internal and External Shareholder Liability in the Financial Industry: A Comparative Approach. *Review of Banking and Finance*, v. 37, n. 1, p. 285-358, 2017, p. 290 (descreve como os Estados Unidos impõem responsabilidade às *bank holding companies* por atos de suas controladas ao menos desde o Dodd-Frank Act de 2009, senão antes).

³⁷ PARGENDLER, Mariana. Veil Peeking: The Corporation as a Nexus for Regulation. *University of Pennsylvania Law Review*, v. 160, n. 3, p. 717-781, 2021; PARGENDLER, Mariana. Regulatory Partitioning as a Key Role of Corporate Personality. In: POLLMAN, Elizabeth; THOMPSON, Robert (eds.). *Research Handbook on Corporate Purpose and Personhood*. Cheltenham: Edgar Elgar Publishing, 2021.

³⁸ PARGENDLER, Mariana. Veil Peeking: The Corporation as a Nexus for Regulation. *University of Pennsylvania Law Review*, v. 160, n. 3, p. 717-781, 2021.

³⁹ Salomon v. A. Salomon & Co. Ltd., [1897] A.C. 22 (H.L.) 38.

regulatória ainda em 1809 no caso *Bank of the United States v. Deveaux*.[40] Na ocasião, o Chief Justice Marshall decidiu "olhar para a característica dos indivíduos que compõem a companhia", que eram cidadãos do estado da Pennsylvania, para reconhecer a competência dos tribunais federais por diversidade de jurisdição, nos termos da Constituição dos EUA.[41]

As cortes britânicas, geralmente relutantes em recorrer à desconsideração patrimonial para responsabilizar acionistas por dívidas da companhia,[42] acolheram a desconsideração regulatória em decisão célebre de 1916. A pergunta perante a *House of Lords* no famoso caso *Daimler Co., Ltd. v. Continental Tyre e Rubber Co. (Great Britain) Ltd.*[43] era a seguinte: uma companhia constituída na Inglaterra, cujos administradores e praticamente todos os acionistas eram alemães e residiam na Alemanha, deveria ser qualificada como inimiga para fins das proibições comerciais decretadas durante a Primeira Guerra Mundial? Citando a decisão do Justice Marshall da Suprema Corte dos EUA em *Deveaux*, a Câmara dos Lordes considerou que era compatível com os princípios do *common law* "olhar, ao menos para alguns propósitos, para além da companhia e considerar a característica de seus membros".[44]

Apenas a doutrina alemã distingue conceitualmente entre a desconsideração (literalmente, em alemão, "penetração") para fins de imputação (*Zurechnungsdurchgriff*) e a desconsideração para fins de responsabilidade patrimonial (*Haftungsdurchgriff*), sem, contudo, definir critérios distintos para uma e outra hipótese.[45] A distinção conceitual foi, entre nós, difundida por Calixto Salomão Filho, que traduz a *Zurechnungsdurchgriff* como

---

[40] Bank of the United States v. Deveaux, 9 EUA 61 (1809).

[41] *Id.*

[42] TAN, Cheng; WANG, Jiangyu; HOFMANN, Christian. Piercing the Corporate Veil: Historical, Theoretical and Comparative Perspectives. *Berkeley Business Law Journal*, v. 16, n. 1, p. 140-204, 2019. Os autores descrevem a abordagem restritiva à desconsideração patrimonial (*veil piercing*) no Reino Unido.

[43] Daimler Co., Ltd. v. Continental Tyre e Rubber Co. (Great Britain) Ltd., [1916] 2 AC 307 (Lord Parker of Waddington).

[44] *Id.*, p. 342 (no original: "*it is plain that great judges, trained in the principles of the English common law, have not found it contrary to principle to look, at least for some purposes, behind the corporation and consider the quality of its members*").

[45] Literalmente, os termos significam, respectivamente, "penetração para imputação" e "penetração para responsabilidade." WIEDEMANN, Herbert. *Gesellschaftsrecht: Ein Lehrbuch des Unternehmens- und Verbandsrechts*. Mnchen: Beck, 1980.

"desconsideração atributiva", e é também bastante corrente na doutrina portuguesa, que rotula a hipótese como "levantamento da imputação"[46] ou "grupo de casos de imputação".[47] Como se verá adiante, o art. 50 do Código Civil (tanto em sua redação anterior como em sua dicção atual), bem como quase toda a legislação especial sobre a matéria no Brasil, cuidam exclusivamente da desconsideração patrimonial,[48] sujeitando-se a desconsideração regulatória a critérios próprios derivados dos cânones de interpretação legal e contratual. Temos notícia de que apenas a atual legislação israelense apresenta regra própria sobre a desconsideração regulatória, inspirada pelo caso inglês *Daimler*, distinguindo-a da desconsideração patrimonial, embora sem estabelecer nomenclatura distinta. Ao passo que o art. 6(a) da Lei de Companhias israelense exige fraude ou subversão da finalidade social para a responsabilização dos acionistas (desconsideração patrimonial), o art. 6(b) permite ao juiz atribuir certas características, direitos ou obrigações à companhia (ou vice-versa) "quando for justo e apropriado assim fazê-lo, considerando a intenção da lei ou do contrato que se aplica no caso".[49]

Embora países como China e Israel também contemplem regra legal sobre a desconsideração da personalidade jurídica, não conhecemos ordenamento que apresente regramento tão detalhado como o previsto pela nova redação do art. 50, a qual, porém, não traz inovações relevantes quanto ao regime anterior. Conquanto pouco sublinhada pela doutrina, a maior distinção do regime previsto pelo art. 50 (desde a sua redação original) quanto ao padrão

---

[46] GONÇALVES, Diogo Costa. Apontamentos Sobre a Desconsideração da Personalidade Jurídica no Projeto de Código Comercial Brasileiro. *Revista de Direito das Sociedades*, v. VII, n. 2, p. 297-324, 2005, p. 314 (distinguindo entre o "*levantamento da imputação (Zurechnungsdurchgriff)*" e o "*levantamento da responsabilidade (Haftungsdurchgriff)*".

[47] ABREU, Jorge Manuel Coutinho de. *Curso de Direito Comercial: Das Sociedades*. Vol. II. 6ª ed. Coimbra: Almedina, 2019.

[48] Como exceção, tem-se o art. 160 da nova Lei de Licitações (Lei 14.133 de 2021) permitindo a desconsideração da personalidade jurídica por abuso de direito a fim de que "todos os efeitos das sanções aplicadas à pessoa jurídica" sejam estendidos a administradores, sócios ou sociedades sob controle comum. Como as sanções administrativas não tem natureza exclusivamente patrimonial, incluindo a inexigibilidade para participar de licitações, percebe-se que a nova regra legal contempla, embora implicitamente, a desconsideração regulatória da personalidade jurídica no Brasil.

[49] Para a tradução em inglês, cf. GREENFIELD, Aryeth. *Companies Law*. (Full English Translation Completely Revised and Up to Date as of February 1, 2015). A.G. Publications, 2015.

observado no direito comparado consiste na referência à responsabilização de administradores, e não apenas de sócios. No direito estrangeiro, a responsabilidade dos administradores como tais usualmente decorre de culpa, dolo ou violação de lei, não sendo alcançada mediante o instituto da desconsideração da personalidade jurídica.

3. Conteúdo e Função da Norma

A. Delimitação da incidência do art. 50

A desconsideração da personalidade jurídica liga-se à "crise de função" do instituto da personalidade jurídica, entre nós tratada por obra clássica de J. Lamartine Corrêa de Oliveira.[50] Como referido nos comentários ao art. 49-A, a separação entre as esferas jurídicas instituída pela personificação importa não apenas na separação patrimonial (a segregação entre o patrimônio da pessoa jurídica e de seus sócios e administradores, entre outras partes), mas também na separação regulatória (reconhecimento da pessoa jurídica como centro distinto de imputação de outros direitos e deveres segundo a ordem jurídica). Visto que a separação patrimonial e a separação regulatória desempenham diferentes funções, a desconsideração de uma e outra dimensão também se sujeita a critérios distintos.

O art. 50 cuida exclusivamente da desconsideração da separação patrimonial.[51] Segundo o *caput* do dispositivo, a desconsideração da personalidade

---

[50] OLIVEIRA, J. Lamartine Corrêa de. *A Dupla Crise da Pessoa Jurídica*. São Paulo: Saraiva, 1979.
[51] A doutrina usualmente trata da desconsideração da personalidade jurídica como sinônimo de desconsideração patrimonial, sem cogitar da desconsideração regulatória, que igualmente se afigura bastante comum na prática jurídica e nos tribunais. Como exemplo dessa equiparação, cf., *e.g.*, RODRIGUEZ JUNIOR, Otavio Luiz. A Lei da Liberdade Econômica e as Transformações do Código Civil Brasileiro. In: GOERGEN, Jerônimo (org.). *Liberdade Econômica: o Brasil Livre para Crescer*. Coletânea de artigos jurídicos, 2019. p. 124, *in verbis*: "Por desconsideração da personalidade jurídica compreende-se a decisão, judicial ou administrativa, *que restringe a separação patrimonial*, permitindo que o efeito de certas e determinadas obrigações originalmente imputadas à pessoa jurídica possam alcançar os seus sócios ou associados (modalidade direta) ou, inversamente, que o efeito de certas e determinadas obrigações imputadas aos sócios ou associados possam atingir a pessoa jurídica que integram (modalidade inversa)" (destacou-se).

jurídica ali prevista opera exclusivamente para que "os efeitos de certas e determinadas relações de obrigações sejam estendidos *aos bens particulares* de administradores ou de sócios da pessoa jurídica beneficiados direta ou indiretamente pelo abuso" (destacou-se). Assim, os comentários que seguem destrincharão o regime previsto pelo art. 50 e seus novos parágrafos relativamente à desconsideração patrimonial (*veil piercing*) para, ao final, apresentar os critérios próprios que devem reger a desconsideração regulatória (*veil peeking*).

Conquanto o art. 50 fale em "abuso" da personalidade jurídica, trata-se tecnicamente de aplicação disfuncional da separação patrimonial conferida pelo instituto, que é aferida objetivamente, tal como ocorre com o controle do exercício disfuncional de direito subjetivo nos termos do art. 187 do Código Civil. A desconsideração da personalidade jurídica não se restringe, portanto, a hipóteses de emulação. A lei brasileira prevê duas modalidades de invocação disfuncional da separação patrimonial: (i) a confusão patrimonial e (ii) o desvio de finalidade. A nova redação conferida pelo art. 50, decorrente da Lei da Liberdade Econômica, não altera substancialmente o regime vigente por força da dicção original, mas serve precipuamente para detalhar conceitos jurídicos relevantes – mas antes não definidos em lei – para a aplicação do instituto e, assim, incrementar a segurança jurídica na matéria.

A primeira mudança atinge o próprio *caput* do art. 50, que passa a restringir o alcance da desconsideração patrimonial aos sócios e administradores da pessoa jurídica "beneficiados direta ou indiretamente pelo abuso" (*rectius*: aplicação disfuncional). O critério do benefício direto ou indireto acolhido pelo legislador é bastante amplo e não restringe demasiadamente a incidência do instituto. A obtenção de benefício direto ou indireto apta a autorizar a desconsideração não exige qualquer ação ou omissão, culposa ou não, por parte do beneficiário da aplicação disfuncional da personificação. Ainda assim, a mudança indica relevante critério para a aplicação da desconsideração da personalidade jurídica, com efeitos práticos ponderáveis. Segundo a nova dicção, veda-se que a desconsideração patrimonial atinja bens de sócios minoritários ou determinados administradores sempre que o recurso disfuncional à separação patrimonial se der em benefício exclusivo de sócio controlador ou de outros administradores. É o que ocorre, por exemplo, quando a confusão patrimonial se reverte em benefício exclusivo do sócio controlador, lesando não apenas os credores, mas também os acionistas minoritários e demais *stakeholders* da companhia.

Constata-se, assim, elemento central na aplicação da desconsideração da personalidade jurídica: esta não opera na modalidade "tudo ou nada", mas, ao contrário, tem aplicação circunscrita conforme as características do caso. A ineficácia da separação patrimonial decorrente da desconsideração se restringe aos "efeitos de certas e determinadas obrigações" e opera seletivamente com relação aos bens de diferentes sócios e administradores da pessoa jurídica conforme tenham ou não se beneficiado com o seu uso disfuncional.

A desconsideração da personalidade jurídica acolhida pelo *caput* do art. 50 difere do padrão observado em outros ordenamentos ao autorizar que se ataquem não apenas os bens de sócios da pessoa jurídica, mas também os bens de seus administradores. A inovação da lei brasileira quanto à inclusão dos administradores deve-se provavelmente à prevalência da propriedade concentrada na realidade empresarial brasileira, o que conduz à frequente sobreposição *in concreto* entre as figuras dos sócios e administradores. Quando não há sobreposição entre as figuras de sócios e administradores, a exigência de benefício direto ou indireto tende a ser satisfeita com menor frequência em relação aos administradores comparativamente aos sócios. Contudo, vale lembrar que a desconsideração da personalidade jurídica absolutamente não constitui remédio jurídico genérico para atos ilícitos dos administradores ou sócios, que se sujeitam a regime de responsabilidade próprio, previsto pelos arts. 153 *et seq.* e 116 da Lei 6.404 de 1976, entre outros.

B. Desconsideração inversa

O novo § 3º do art. 50 contempla expressamente a chamada *desconsideração inversa* ou *reversa* da personalidade jurídica, hipótese que há muito já vinha sendo reconhecida pela jurisprudência nacional, especialmente em matéria de Direito de Família.[52] A desconsideração reversa é assim chamada

---

[52] Para acórdão posterior à Lei da Liberdade Econômica que se baseia na jurisprudência anterior, cf. BRASIL. Superior Tribunal de Justiça. *Agravo Interno no Agravo em Recurso Especial nº 2018/0025511-7*, Rel. Min. Luis Felipe Salomão, J. 8.6.2020, D.J. 12.6.2020, *in verbis*: "2. O posicionamento do Tribunal de origem está em harmonia com o entendimento consolidado em julgados desta Corte Superior que, acerca da temática, entenderam, em situações análogas à deste processo (união estável), ser "possível a desconsideração inversa da personalidade jurídica sempre que o cônjuge ou companheiro empresário valer-se de pessoa jurídica por ele controlada, ou de interposta pessoa física, a fim de subtrair do outro cônjuge

porque opera no sentido oposto à desconsideração tradicional descrita no *caput*, permitindo o recurso aos bens da pessoa jurídica para a satisfação de obrigações de sócios. O § 3º explicitamente condiciona a desconsideração inversa à satisfação dos mesmos requisitos quanto ao desvio de finalidade ou confusão patrimonial exigidos para a desconsideração direta. Isto é, enquanto a modalidade tradicional de desconsideração mitiga a separação patrimonial para afastar a responsabilidade limitada, a desconsideração inversa excepciona outra faceta da separação patrimonial abordada nos comentários ao art. 49: a blindagem da pessoa jurídica.

A moderna literatura de Direito e Economia reconhece a maior importância da blindagem da pessoa jurídica relativamente à responsabilidade limitada,[53] razão pela qual a desconsideração reversa exige extrema cautela se a sociedade em questão contar com participação significativa de sócios minoritários ou de relevantes credores sociais. Como se viu, a desconsideração patrimonial tradicional pode ser direcionada para atingir tão somente os bens dos sócios que se beneficiaram do uso disfuncional da personificação. Já a desconsideração reversa atinge os bens da pessoa jurídica, afetando negativa e indistintamente também os interesses de seus eventuais credores bem como de eventuais sócios minoritários que não tenham se beneficiado da confusão patrimonial ou do desvio de finalidade.

C. Confusão patrimonial

A mais evidente disfunção da separação patrimonial ocorre quando esta é invocada relativamente a credores ao mesmo tempo em que é efetivamente desrespeitada pelos sócios ou administradores da pessoa jurídica. Dito de outro modo, a separação patrimonial de direito apenas pode desempenhar sua relevante função econômica de reduzir os custos de monitoramento dos

---

ou companheiro direitos oriundos da sociedade afetiva. 3. A jurisprudência desta Corte admite a aplicação da desconsideração inversa da personalidade jurídica toda vez que um dos cônjuges ou companheiros utilizar-se da sociedade empresária que detém controle, ou de interposta pessoa física, com a intenção de retirar do outro consorte ou companheiro direitos provenientes da relação conjugal. REsp 1522142/PR, Rel. Ministro Marco Aurélio Bellizze, Terceira Turma, julgado em 13/06/2017, DJe 22/06/2017."

[53] Cf. comentários ao art. 49-A.

credores quando vier acompanhada da separação patrimonial de fato. É por isso que a *confusão patrimonial* – entendida como a ausência de separação patrimonial de fato – impede o reconhecimento da separação patrimonial de direito, autorizando a desconsideração da personalidade jurídica para atingir os bens de sócios e/ou administradores que se beneficiaram com a ausência de segregação patrimonial.

A nova redação do art. 50, § 2º, define a confusão patrimonial como a "ausência de separação de fato entre os patrimônios" e lista as seguintes modalidades nos seus incisos: (i) cumprimento repetitivo pela sociedade de obrigações do sócio ou do administrador ou vice-versa, (ii) transferência de ativos ou de passivos sem efetivas contraprestações, exceto os de valor proporcionalmente insignificante e (iii) outros atos de descumprimento da autonomia (*rectius*: separação) patrimonial. A dicção bastante abrangente do inciso III no estilo *"catch all"* não deixa dúvidas de que os requisitos previstos pelos incisos do art. 50 são alternativos e não cumulativos. O inciso III também deve inspirar a interpretação dos incisos anteriores em sua modalidade teleológica, de modo a abarcar hipóteses correlatas de violação da separação patrimonial que não sejam literalmente capturadas pela redação dos incisos I e II. Por exemplo, embora o inciso I refira o cumprimento *repetitivo* de obrigações do sócio ou do administrador pela sociedade, o cumprimento isolado de uma única obrigação relevante do ponto de vista financeiro igualmente afronta a segregação patrimonial. De modo semelhante, ainda que os ativos ou passivos transferidos da pessoa jurídica a seus sócios ou administradores sejam individualmente insignificantes, nos termos do inciso II, haverá violação da separação patrimonial de fato caso os valores sejam apreciáveis quando conjuntamente considerados.

D. O *"desvio de finalidade"*

Os novos parágrafos 1º e 5º definem o significado do desvio de finalidade apto a ensejar a mitigação pontual da separação patrimonial. Os acréscimos são muito bem-vindos. A expressão desvio de finalidade é típica do Direito Administrativo, sendo utilizada para controlar o desvio de poder da Administração Pública – cuja atuação é muito mais fortemente delimitada por lei, em comparação às pessoas jurídicas de direito privado.[54] Em verdade, a expressão desvio de finalidade busca de forma pouco técnica referir a utilização *disfuncional* da separação patrimonial conferida pela personificação jurídica relativamente ao fim econômico e social do instituto – não se confundindo, de modo algum, com o desvio de finalidade no sentido consagrado pelo direito público. A distinção é absolutamente relevante pois, enquanto a discricionariedade da Administração Pública é bastante restrita, o Direito Societário caracteriza-se por conferir ampla discricionariedade aos administradores.[55]

O § 1º define desvio de finalidade para fins do art. 50 como "a utilização da pessoa jurídica com o propósito de lesar credores e para a prática de atos ilícitos de qualquer natureza". O mero prejuízo aos interesses dos credores não oferece, por si só, fundamento suficiente para a desconsideração da personalidade jurídica, já que, por definição, a separação patrimonial tem por efeito segregar e delimitar o patrimônio disponível para os credores. Busca-se, portanto, vedar que as formas jurídicas sejam manipuladas de modo a lesar interesses *legítimos* dos credores.

Sabe-se que a técnica da personificação é frequentemente utilizada de forma consensual e deliberada para escalonar a prioridade de diferentes credores. Trata-se da técnica conhecida como subordinação estrutural (*structural subordination*), segundo a qual os credores de uma determinada sociedade operacional gozam de prioridade relativamente aos credores da sociedade controladora. Tal técnica é frequentemente utilizada na prática empresarial por credores sofisticados e é plenamente lícita, pois à menor prioridade dos credores da sociedade controladora corresponde uma maior taxa de juros em contrapartida pelo risco mais elevado.

Situação nitidamente distinta ocorre quando pessoas jurídicas são criadas deliberadamente para evitar a responsabilidade por danos causados a vítimas de atos ilícitos extracontratuais, denominadas pela literatura de Direito

---

[54] A expressão aparece, por exemplo, no art. 2º, *e*, da Lei de Ação Popular (Lei 4.717, de 29 de junho de 1965), o qual comina de nulidade os atos lesivos ao patrimônio público nos casos de desvio de finalidade. Para uma exposição sobre o histórico e evolução dos conceitos de "desvio de poder" e "desvio de finalidade" no Direito Administrativo, cf. MELLO, Rafael Munhoz de. O Desvio de Poder. *Revista de Direito Administrativo*, n. 228, p. 31-66, abr./jun. 2002.

[55] Cf. PARGENDLER, Mariana. Responsabilidade dos Administradores e *Business Judgment Rule* no Direito Brasileiro. *Revista dos Tribunais*, v. 953, pp. 51-74, 2015.

e Economia como "credores involuntários". A literatura internacional cita diversos exemplos de reorganizações societárias com o intuito precípuo de evitar a responsabilidade perante credores extracontratuais, como vítimas de produtos nocivos à saúde e de danos ambientais.[56] Nesses casos, a personificação é utilizada primordialmente para a externalização dos riscos da atividade empresarial – fim vedado pelo ordenamento jurídico pátrio, que consubstancia utilização disfuncional da personalidade jurídica e, portanto, desvio de finalidade nos termos do art. 50, § 1º, do Código Civil.[57] É também disfuncional o uso da personalidade jurídica para a prática de ilícitos, hipótese esta que enseja tanto a desconsideração patrimonial como a desconsideração regulatória, conforme examinado adiante.

O novo § 5º do art. 50 bem aponta que "[n]ão constitui desvio de finalidade a mera extensão ou a alteração da atividade econômica específica da pessoa jurídica." No caso das sociedades, a atividade econômica específica da pessoa jurídica nada mais é do que o seu objeto social previsto no contrato ou estatuto social. Isso quer dizer que nem a violação do objeto nem a sua alteração subsequente constituem abuso de finalidade. Não poderia ser diferente: o Direito Societário moderno tem caminhado no sentido de restringir a repercussão *externa corporis* dos atos *ultra vires societatis*, isto é, aqueles que extrapolam o objeto social delimitado no contrato social ou estatuto.[58]

Observe-se, também, que eventual excesso de poderes dos administradores relativamente ao previsto pelo estatuto ou contrato social não configura desvio de finalidade para fins de desconsideração da personalidade jurídica. Tampouco enseja a desconsideração da personalidade jurídica a mera

---

[56] ANDERSON, Helen. Parent Company Liability for Asbestos Claims: Some International Insights. *Legal Studies*, v. 31, n. 4, p. 547-569, 2011; BAKER, Andrew; LARCKER, David F.; TAYAN, Brian. *Environmental Spinoffs: The Attempt to Dump Liability through Spin and Bankruptcy*. Rock Center for Corporate Governance at Stanford University Closer Look Series: Topics, Issues and Controversies in Corporate Governance No. CGRP-87, nov. 2020. Disponível em: https://papers.ssrn.com/sol3/papers.cfm?abstract_id=3727550. Acesso em: 12 mai. 2021.

[57] Em matéria ambiental, o direito brasileiro contempla amplíssima possibilidade de aplicação da desconsideração da personalidade jurídica em lei especial para fins de reparação do prejuízo, conforme analisado a seguir.

[58] Sobre o progressivo esmaecimento da doutrina *ultra vires* no direito comparado, cf. HANSMANN, Henry; PARGENDLER, Mariana. The Evolution of Shareholder Voting Rights: Separation of Ownership and Consumption. *Yale Law Journal*, v. 123, n. 4, p. 948-1013, 2014.

aparência de representação por sócio ou administrador.⁵⁹ A infração do objeto social e o excesso de poderes por parte dos administradores ensejam a responsabilização destes perante a companhia e terceiros, conforme o caso – responsabilização essa que se sujeita a critérios próprios e distintos daqueles previstos para a desconsideração patrimonial.

E. Grupo econômico e grupo de sociedades

O novo § 4º do art. 50 do Código Civil dispõe que "[a] mera existência de grupo econômico sem a presença dos requisitos de que trata o caput deste artigo não autoriza a desconsideração da personalidade da pessoa jurídica." O conceito de grupo econômico vem previsto em diversas áreas do direito brasileiro, como o Direito do Trabalho, que impõe responsabilidade solidária pelas dívidas trabalhistas às empresas integrantes de grupo econômico (CLT, art. 2º, § 2º)⁶⁰, e o Direito Concorrencial, que prevê responsabilidade solidária dos integrantes de grupos econômicos por infrações à ordem econômica (art. 33 da Lei 12.529 de 2011).⁶¹ Ambas as hipóteses trazem mitigação funcional, mas não jurídica, da separação patrimonial por meio de instituto diverso da responsabilidade solidária.⁶² A fim de coibir interpretações excessivamente amplas e disfuncionais do conceito de grupo econômico na esfera trabalhista, a reforma de 2017 da CLT explicitou, por meio do novo § 3º ao art. 2º, que "[n]ão caracteriza grupo econômico a mera identidade de sócios, sendo necessárias, para a configuração do grupo, a demonstração do interesse integrado,

---

⁵⁹ Para uma crítica à "aparência de representação", cf. COMPARATO, Fábio Konder. Aparência de Representação: A Insustentabilidade de uma Teoria. *Revista de Direito Mercantil, Industrial, Econômico e Financeiro*, v. 36, n. 111, p. 39-44, jul./set. 1998.
⁶⁰ *In verbis*: "Sempre que uma ou mais empresas, tendo, embora, cada uma delas, personalidade jurídica própria, estiverem sob a direção, controle ou administração de outra, ou ainda quando, mesmo guardando cada uma sua autonomia, integrem grupo econômico, serão responsáveis solidariamente pelas obrigações decorrentes da relação de emprego."
⁶¹ *In verbis*: "Serão solidariamente responsáveis as empresas ou entidades integrantes de grupo econômico, de fato ou de direito, quando pelo menos uma delas praticar infração à ordem econômica."
⁶² *In verbis*: "Sempre que uma ou mais empresas, tendo, embora, cada uma delas, personalidade jurídica própria, estiverem sob a direção, controle ou administração de outra, ou ainda quando, mesmo guardando cada uma sua autonomia, integrem grupo econômico, serão responsáveis solidariamente pelas obrigações decorrentes da relação de emprego."

a efetiva comunhão de interesses e a atuação conjunta das empresas dele integrantes."

Já a Lei 6.404 de 1976 (Lei das Sociedades por Ações ou "LSA") disciplina o conceito correlato, porém distinto, de grupos de sociedades, que será sempre formado por sociedade controladora e suas controladas. O conceito de grupo de sociedades difere do conceito de grupo econômico ao exigir *sociedade* controladora, ao passo que grupo econômico também abarca o controle e direção comuns por meio de pessoas naturais ou de mecanismos não societários. No Brasil, tal como na Alemanha (ordenamento que mais se dedicou explicitamente ao Direito Societário grupal), predominam os grupos de fato, sendo raros os grupos de direito constituídos por convenção grupal nos termos do art. 258 da LSA. Mesmo nos grupos de direito, porém, as sociedades integrantes do grupo igualmente conservam sua personalidade e patrimônios distintos (LSA, art. 266). Isto é, a lei acionária não reconhece exceções à separação patrimonial nos grupos societários. O novo § 4º, portanto, diz estritamente o óbvio: a desconsideração da personalidade jurídica no contexto de grupos econômicos – como, aliás, em qualquer outro contexto – sujeita-se aos respectivos pressupostos. Dito de outro modo, a existência de grupo econômico não conduz, por si só, à superação da separação patrimonial conferida pela personificação.

É certo que a enunciação do óbvio pelo § 4º do art. 50 foi introduzida em um contexto de aplicação jurisprudencial frequente – e possivelmente excessiva – da desconsideração da personalidade jurídica em sede de grupos de sociedade. Estudo empírico conduzido por Anna Beatriz Alves Margoni examinou os casos de desconsideração da personalidade jurídica pelo Tribunal de Justiça de São Paulo entre 2005 e 2010 que não envolviam legislação especial. Detectou-se que houve a desconsideração da personalidade jurídica em 134 de um total de 214 decisões levantadas, compreendendo quase dois-terços do total de casos.[63] A autora constatou que tais decisões vinham alicerçadas

---

[63] MARGONI, Anna Beatriz Alves. A Desconsideração da Personalidade Jurídica nos Grupos de Sociedades. 2011. Dissertação (Mestrado em Direito Comercial) – Faculdade de Direito, Universidade de São Paulo, São Paulo, 2011. Os resultados contrastam com os achados de estudo sobre *veil piercing* publicado em 1991 nos Estados Unidos, segundo o qual a desconsideração era concedida em apenas 37% dos casos envolvendo grupos societários. THOMPSON,

exclusivamente na configuração de grupo econômico – fundamento esse hoje expressamente vedado pela regra do art. 50, § 4º.

Não obstante, os grupos de sociedades podem constituir terreno especialmente fértil para a incidência da desconsideração patrimonial, desde que comprovados os respectivos requisitos legais da confusão patrimonial ou desvio de finalidade. A literatura de Direito e Economia atual reconhece que a separação patrimonial interna ao grupo de sociedades apresenta benefícios menores e custos maiores que a separação patrimonial externa relativamente aos sócios pessoas naturais.[64] Até mesmo os críticos mais ferrenhos à desconsideração da personalidade jurídica limitam o seu clamor pela abolição do instituto à desconsideração patrimonial externa para atingir o patrimônio dos sócios pessoas naturais, reconhecendo que a justificativa econômica para a separação patrimonial no interior do grupo societário é comparativamente menos robusta, especialmente com relação aos credores extracontratuais.[65]

Frise-se que a existência de grupo econômico absolutamente não acarreta, por si só, confusão patrimonial. Ao contrário, uma das funções precípuas da personificação é permitir a separação patrimonial não obstante o controle comum. Ainda assim, é plausível que a confusão patrimonial seja observada com frequência relativamente alta em grupos de sociedades no Brasil, tendo em vista as notórias deficiências do Direito Societário brasileiro no controle das relações entre partes relacionadas.[66] Ainda assim, para fins de aplicação do art. 50, a ausência de separação patrimonial de fato não pode ser presumida, mas, ao contrário, depende de prova.

Robert B. Piercing the Corporate Veil: An Empirical Study. *Cornell Law Review*, v. 76, n. 5, p. 1036-1074, 1991, p. 1055.

[64] HANSMANN, Henry; SQUIRE, Richard. External and Internal Asset Partitioning: Corporations and Their Subsidiaries. In: GORDON, Jeffrey N.; RINGE, Wolf-Georg (eds.). *The Oxford Handbook of Corporate Law and Governance*. Oxford: Oxford University Press, 2018. Para um exame mais detalhado deste ponto, cf. os comentários ao art. 49-A.

[65] BAINBRIDGE, Stephen; HENDERSON, Todd. *Limited Liability: A Legal and Economic Analysis*. New York: Edgar Elgar Publishing, 2016, p. 293 ("*from a policy perspective, the considerations justifying limited liability insofar as individual shareholders are concerned seem far less powerful when applied to corporate shareholders*").

[66] Sobre este aspecto, cf. PARGENDLER, Mariana. How Universal Is the Corporate Form? Reflections on the Dwindling of Corporate Attributes in Brazil. *Columbia Journal of Transnational Law*, v. 58, n. 1, p. 1-57, 2019, p. 46.

F. Desconsideração regulatória[67]

A personificação também opera para isolar a esfera jurídica da pessoa jurídica daquela de seus sócios e administradores para além da segregação patrimonial. Ao mesmo tempo, há numerosas regras jurídicas que excepcionam a separação regulatória para imputar qualidades, direitos ou deveres de sócios à pessoa jurídica. Por exemplo, o art. 254-A da LSA exige obrigação de oferta pública de ações aos acionistas minoritários (norma conhecida como *tag along*) em caso de alienação direta *ou indireta* do controle, de modo a abarcar a alienação do controle por intermédio de sociedade controladora com personalidade jurídica distinta. Já a lei tributária que regula o regime do Simples Nacional considera atributos dos sócios para a concessão do benefício, vedando a concessão do benefício à sociedade que tenha como sócio pessoa simultaneamente sócia de outra sociedade beneficiada pelo programa quando a receita total bruta ultrapassar o limite legal.[68] Tais hipóteses de expressa *consideração* e atributos jurídicos dos sócios para imputá-los à pessoa jurídica são tradicionalíssimas e não geram maiores dificuldades se explicitamente previstas em lei.

As controvérsias referentes à desconsideração regulatória da personalidade jurídica têm lugar justamente quando a regra jurídica em questão é silente quanto ao tratamento de sócios controladores ou de sociedades sob controle comum. É o que se deu com relação à redação original do art. 254 da LSA antes de sua reforma, o qual mencionava apenas "a alienação do controle de companhia aberta" sem contemplar expressamente a hipótese de alienação indireta do controle societário por sociedade controladora. A matéria foi objeto do Parecer CVM SJU nº 86 de 1982, que recorreu expressamente à teoria

---

[67] Discorre-se sobre o tema com maior detalhamento em: PARGENDLER, Mariana. Veil Peeking: The Corporation as a Nexus for Regulation. *University of Pennsylvania Law Review*, v. 160, n. 1, p. 717-781, 2021. Ver também PARGENDLER, Mariana. Regulatory Partitioning as a Key Role of Corporate Personality. In: POLLMAN, Elizabeth; THOMPSON, Robert (eds.). *Research Handbook on Corporate Purpose and Personhood*. Cheltenham: Edgar Elgar Publishing, 2021; e PARGENDLER, Mariana. Apontamentos Sobre a Desconsideração Regulatória da Personalidade Jurídica (*Veil Peeking*): Função e Critérios. In: BARBOSA, Henrique; FERREIRA, Jorge Cesa (eds.). *A Evolução do Direito Empresarial e Obrigacional: 18 Anos do Código Civil*. São Paulo: Quartier Latin, 2021.

[68] Ver, por exemplo, Lei Complementar 123, de 14 de dezembro de 2006, Art. 3º, § 4º, III.

da desconsideração da personalidade jurídica (*disregard of legal entity*) para exigir a oferta pública obrigatória quando a alienação do controle ocorreu de forma indireta por meio de sociedade *holding*. Citou-se, na ocasião, lição de Tullio Ascarelli, segundo a qual "[a] constituição da sociedade e a teoria da pessoa jurídica não devem constituir um meio para iludir o funcionamento normal das normas jurídicas."[69] Concluiu a autarquia que "a 'disregard doctrine' não tem por fim anular a personalidade jurídica, mas apenas resulta em desconsiderá-la, no caso concreto, reputando ineficazes os atos praticados com a interposição de pessoa jurídica, cujos efeitos tendam a frustrar a incidência de determinada norma legal".[70] De modo semelhante, mesmo antes da promulgação de regra expressa sobre desconsideração da personalidade jurídica no âmbito da nova Lei de Licitações (art. 160 da Lei 14.133 de 2021), a jurisprudência já vinha estendendo a sanção de inidoneidade para licitar aplicada a uma dada sociedade a outras sociedades constituídas pelos mesmos sócios e com o mesmo objeto social da sociedade sancionada.[71]

Como bem ilustrado pelos exemplos acima, as hipóteses de desconsideração regulatória consubstanciam problemas de interpretação e integração de regras jurídicas silentes sobre o seu alcance quanto a pessoas jurídicas

---

[69] PARGENDLER, Mariana. Veil Peeking: The Corporation as a Nexus for Regulation. *University of Pennsylvania Law Review*, v. 160, n. 3, p. 717-781, 2021, p. 729.

[70] COMISSÃO DE VALORES MOBILIÁRIOS. *CVM/SJU nº 086 de 9.12.82*.

[71] Cf., *e.g.*, BRASIL. Superior Tribunal de Justiça. *Recurso Ordinário em MS nº 15.166*, Rel. Min. Castro Meira. J. 7.8.2003, D.J. 8.9.2003 ("ADMINISTRATIVO. RECURSO ORDINÁRIO EM MANDADO DE SEGURANÇA. LICITAÇÃO. SANÇÃO DE INIDONEIDADE PARA LICITAR. EXTENSÃO DE EFEITOS À SOCIEDADE COM O MESMO OBJETO SOCIAL, MESMOS SÓCIOS E MESMO ENDEREÇO. FRAUDE À LEI E ABUSO DE FORMA. DESCONSIDERAÇÃO DA PERSONALIDADE JURÍDICA NA ESFERA ADMINISTRATIVA. POSSIBILIDADE. PRINCÍPIO DA MORALIDADE ADMINISTRATIVA E DA INDISPONIBILIDADE DOS INTERESSES PÚBLICOS. A constituição de nova sociedade, com o mesmo objeto social, com os mesmos sócios e com o mesmo endereço, em substituição a outra declarada inidônea para licitar com a Administração Pública Estadual, com o objetivo de burlar à aplicação da sanção administrativa, constitui abuso de forma e fraude à Lei de Licitações Lei n. 8.666/93, de modo a possibilitar a aplicação da teoria da desconsideração da personalidade jurídica para estenderem-se os efeitos da sanção administrativa à nova sociedade constituída. A Administração Pública pode, em observância ao princípio da moralidade administrativa e da indisponibilidade dos interesses públicos tutelados, desconsiderar a personalidade jurídica de sociedade constituída com abuso de forma e fraude à lei, desde que facultado ao administrado o contraditório e a ampla defesa em processo administrativo regular. Recurso a que se nega provimento").

controladoras ou sob controle comum. Embora até recentemente não tenha recebido tratamento diferenciado pela doutrina, a desconsideração regulatória não é nova. Ao contrário, seu emprego precedeu historicamente o da desconsideração patrimonial.[72]

Note-se que a desconsideração patrimonial e a desconsideração regulatória operam, na maior parte dos casos, em direções opostas: enquanto a primeira permite acesso aos bens do sócio por obrigações da sociedade, a segunda permite que obrigações, estados ou características dos sócios sejam imputados à sociedade. Ou seja: a desconsideração regulatória mais usual segue a direção da desconsideração patrimonial reversa.

O mais importante, porém, é distinguir os critérios aplicáveis a uma e outra figura: a desconsideração regulatória não exige demonstração de confusão patrimonial ou desvio de finalidade. Requer-se tão somente que a separação regulatória conferida *prima facie* pela personificação seja invocada para frustrar os objetivos da lei ou do contrato em questão. Tal pressuposto absolutamente não se confunde com as hipóteses de desconsideração patrimonial reguladas pelo art. 50 e, por conseguinte, não se sujeita às exigências de desvio de finalidade ou confusão patrimonial por ele previstos.

Tanto é assim que muitas decisões sobre desconsideração regulatória (*veil peeking*) sequer mencionam o instituto da desconsideração da personalidade jurídica. Tome-se o seguinte exemplo: se a LSA proíbe o administrador de votar como acionista em assembleia geral para aprovar as suas contas como administrador, pode sociedade anônima controlada pelo mesmo administrador exercer o direito de voto para aprovar as contas? A CVM entendeu corretamente que não, sem jamais referir expressamente a desconsideração da personalidade jurídica.[73] Consignou a decisão da autarquia que a sociedade constitui "centro autônomo de imputação de efeitos jurídicos" e que não se está a "relativizar um dos mais importantes corolários do aludido princípio, que é a separação entre o patrimônio da sociedade e o de seus sócios, em virtude do qual, em via de regra, aquela responde apenas com os seus bens."[74] Porém, "se a norma procura afastar da deliberação a vontade do administrador,

---

[72] Ver texto que acompanha as notas 38-41 *supra*.
[73] BRASIL. Comissão de Valores Mobiliários. *Processo Administrativo Sancionador RJ2014/10556*, J. 24.10.17.
[74] *Id.*

não é lógico nem razoável admitir que essa vontade se manifeste por meio diverso, mas com a mesma efetividade."[75]

O Direito Societário moderno tem nitidamente evoluído no sentido de ampliar as hipóteses de desconsideração regulatória em benefício da proteção dos investidores externos, impedindo que a personificação seja utilizada de modo a frustrar as salvaguardas legais conferidas aos acionistas a fim de mitigar os problemas de agência ínsitos à sociedade anônima. É assim que o Direito Societário vigente em países como Estados Unidos e Japão passaram a permitir que acionistas da sociedade controladora proponham ação derivada (conhecida como *double derivative action*) contra administradores de sociedades controladas e aprovem vendas de ativos relevantes por sociedades controladas.[76] Entre nós, a Medida Provisória 1.040 de 2021 introduz no direito brasileiro a exigência de aprovação por acionistas de alienações de ativos relevantes, mas é silente quanto ao tratamento de alienações por sociedades subsidiárias. Entende-se que, a exemplo do histórico relativo à redação original do art. 254 da LSA sobre o *tag-along* referido acima, cabe a desconsideração regulatória para estender a exigência de aprovação quando a operação relevante em questão é realizada por sociedade subsidiária.

Questões relativas à desconsideração regulatória da personalidade jurídica são também bastante frequentes em matéria contratual. O cenário mais corriqueiro concerne à extensão dos deveres contratualmente pactuados a sócios controladores ou sociedades integrantes do mesmo grupo. Em importante parecer em matéria de fusões e aquisições, Judith Martins-Costa recorreu à desconsideração atributiva ou regulatória para reconhecer que o dever contratualmente assumido por sociedade *holding* de não exercer seu direito de preferência para subscrição de novas ações em aumento de capital deve ser estendido aos acionistas controladores da *holding* e às sociedades por eles controladas, tendo em vista o fim contratualmente ajustado de permitir, na maior medida possível, o pagamento do preço da venda para a contraparte contratual em ações.[77] Além disso, pode-se recorrer à desconsideração regu-

---

[75] *Id.*
[76] Cf. GEORGIEV, George; PARGENDLER, Mariana. *The Decline of Entity Formalism in Corporate Law: Shareholder Rights in Corporate Groups* (*working paper* não publicado, 2021).
[77] MARTINS-COSTA, Judith. Obrigação de Abstenção do Direito de Preferência: Violação do Direito de Crédito por "Terceiro Cúmplice" e Desconsideração da Personalidade Jurídica.

latória para – em contexto de contratos coligados pactuados por sociedade controladora e subsidiárias com contraparte, sujeitos a "termos definidos" comuns – imputar-se a interpretação defendida por uma das subsidiárias à controladora ou coligada, e vice-versa, visto que o grupo se sujeita a direção comum e, portanto, há uma única vontade em sentido econômico.[78]

4. Conexões intersistemáticas e intrassistemáticas

No atual direito brasileiro, as normas contidas no art. 50 do Código Civil refletem a disciplina da desconsideração da personalidade jurídica aplicável na ausência de lei especial. O regime brasileiro difere do padrão internacional não apenas por positivar a desconsideração da personalidade jurídica no Código Civil, mas também por prever diferentes regimes de desconsideração da personalidade jurídica por lei especial, com requisitos distintos e, via de regra, menos rigorosos. Sempre que os critérios para a aplicação da desconsideração da personalidade jurídica em lei especial diferirem daqueles previstos pelo art. 50, prevalece o regime previsto pela lei especial. É o que diz o art. 2º, § 2º, da Lei de Introdução às Normas do Direito Brasileiro (Decreto-lei 4.657 de 1942),[79] seguindo o tradicional brocardo *lex specialis derogat generali*.

Conforme já aludido, a positivação da desconsideração da personalidade jurídica no Brasil foi inaugurada em legislação especial, especificamente no art. 28, § 5º, do CDC, que admite a superação da separação patrimonial conferida pela personificação, de forma amplíssima. Em manifesta tensão com os requisitos mais rigorosos previstos pelo *caput* e demais parágrafos do art. 28, o § 5º prevê que "[t]ambém poderá ser desconsiderada a pessoa jurídica sempre que sua personalidade for, de alguma forma, obstáculo ao ressarcimento de prejuízos causados aos consumidores". Conquanto a sua promulgação tenha

---

In: GOUVÊA, Carlos Portugal; PARGENDLER, Mariana; LEVI-MINZI, Maurizio. *Fusões e Aquisições: Pareceres*. Vol. I. São Paulo: Almedina, 2022.

[78] Sobre este exemplo, cf. PARGENDLER, Mariana. Veil Peeking: The Corporation as a Nexus for Regulation. *University of Pennsylvania Law Review*, v. 160, n. 1, p. 717-781, 2021, p. 778-779.

[79] *In verbis*: "A lei nova, que estabeleça disposições gerais ou especiais a par das já existentes, não revoga nem modifica a lei anterior."

sido um acidente histórico,⁸⁰ o regramento heterodoxo previsto pelo art. 28, § 5º do CDC demonstrou verdadeira *vis expansiva*, sendo posteriormente reproduzido em dois outros diplomais legais nos anos 1990: a Lei de Crimes Ambientais⁸¹ e a Lei do Sistema Nacional de Combustíveis.⁸²

Há, ainda, diversas leis especiais que adotam critérios mais rigorosos para a desconsideração da personalidade jurídica, distintos daqueles previstos pelo art. 50 do Código Civil, mas que não se confundem com a modalidade irrestrita prevista pelo CDC e pela Lei de Crimes Ambientais. É o que ocorre, por exemplo, na Lei de Defesa da Concorrência (Lei 12.529 de 2011)⁸³ e na nova Lei de Licitações (Lei 14.133 de 2021).⁸⁴ A promulgação de nova modalidade de desconsideração da personalidade jurídica na Lei de Licitações – que inclusive abarca implicitamente não apenas a desconsideração patrimonial mas também a desconsideração regulatória – demonstra que o furor legislativo sobre a desconsideração da personalidade jurídica não foi estancado pelos novos artigos 49-A e 50 introduzidos pela Lei da Liberdade Econômica.

Se, de um lado, os *requisitos* para a desconsideração da personalidade jurídica previstos pelo art. 50 não solapam aqueles previstos por lei especial, que são frequentemente menos rigorosos, de outro lado, os demais elementos do art. 50 servem para pautar o exercício da discricionariedade do julgador na

---

⁸⁰ Cf. nota 9 *supra*.
⁸¹ Lei 9.695 de 1998, art. 4º: "Poderá ser desconsiderada a pessoa jurídica sempre que sua personalidade for obstáculo ao ressarcimento de prejuízos causados à qualidade do meio ambiente."
⁸² Lei 9.847 de 1999, art. 18, § 3º: "Poderá ser desconsiderada a personalidade jurídica da sociedade sempre que esta constituir obstáculo ao ressarcimento de prejuízos causados ao abastecimento nacional de combustíveis ou ao Sistema Nacional de Estoques de Combustíveis."
⁸³ *In verbis*: "Art. 34. A personalidade jurídica do responsável por infração da ordem econômica poderá ser desconsiderada quando houver da parte deste abuso de direito, excesso de poder, infração da lei, fato ou ato ilícito ou violação dos estatutos ou contrato social. Parágrafo único. A desconsideração também será efetivada quando houver falência, estado de insolvência, encerramento ou inatividade da pessoa jurídica provocados por má administração."
⁸⁴ *In verbis*: "Art. 160. A personalidade jurídica poderá ser desconsiderada sempre que utilizada com abuso do direito para facilitar, encobrir ou dissimular a prática dos atos ilícitos previstos nesta Lei ou para provocar confusão patrimonial, e, nesse caso, todos os efeitos das sanções aplicadas à pessoa jurídica serão estendidos aos seus administradores e sócios com poderes de administração, a pessoa jurídica sucessora ou a empresa do mesmo ramo com relação de coligação ou controle, de fato ou de direito, com o sancionado, observados, em todos os casos, o contraditório, a ampla defesa e a obrigatoriedade de análise jurídica prévia."⁹

conformação dos efeitos das hipóteses de desconsideração da personalidade jurídica previstas em lei especial, quando não afastados por regra específica. Em particular, a restrição da desconsideração patrimonial às partes que se beneficiaram direta ou indiretamente do uso disfuncional da personalidade jurídica pode e deve nortear a aplicação da legislação especial, mesmo nas modalidades amplas previstas pelas legislações consumerista e ambiental.

Para além das hipóteses de desconsideração da personalidade jurídica previstas em lei especial, cumpre ainda apontar e distinguir outras hipóteses que funcionalmente se assemelham à desconsideração da personalidade jurídica por mitigar os benefícios da separação patrimonial, mas que com ela não se confundem. Vale reiterar: a desconsideração da personalidade jurídica não se confunde com a responsabilização de sócios ou administradores por ato próprio, como a violação à lei ou estatuto ou contrato social, nem com a imposição, por lei ou contrato, de responsabilidade solidária por atos ilícitos. Já referimos acima a tradicional hipótese de responsabilidade solidária de sociedades integrantes do mesmo grupo econômico por dívidas trabalhistas, prevista pela CLT desde 1943. A técnica da imposição de responsabilidade solidária a pessoas integrantes do mesmo grupo econômico ou grupo de sociedades permanece comum na legislação brasileira recente, como bem ilustra a Lei da Defesa da Concorrência de 2011[85] e a Lei Anticorrupção de 2013 (Lei nº 12.846 de 2013).[86] Embora juridicamente distintas das hipóteses de desconsideração da personalidade jurídica, a imposição legal de solidariedade tem igualmente o condão de restringir substancialmente os benefícios econômicos advindos da separação patrimonial no interior de grupos econômicos, como a redução dos custos de monitoramento de credores.

Para além de hipóteses de responsabilização de sócios ou administradores com fundamento em lei, o Direito das Empresas em Crise no Brasil tem ainda minado significativamente a separação patrimonial no âmbito de processos

---

[85] Lei 12.529 de 2011, art. 33: "Serão solidariamente responsáveis as empresas ou entidades integrantes de grupo econômico, de fato ou de direito, quando pelo menos uma delas praticar infração à ordem econômica".

[86] Lei 12.846 de 2013, art. 4º, § 2º: "As sociedades controladoras, controladas, coligadas ou, no âmbito do respectivo contrato, as consorciadas serão solidariamente responsáveis pela prática dos atos previstos nesta Lei, restringindo-se tal responsabilidade à obrigação de pagamento de multa e reparação integral do dano causado".

de recuperação judicial e falência por meio do recurso ao instituto da consolidação substancial. Originalmente concebida no Direito da Insolvência estadunidense, onde é aplicada de forma criteriosa e excepcional, a consolidação substancial (*substantive consolidation*) conduz à eliminação da separação patrimonial no interior de grupos societários em processos de recuperação judicial ou falência. Embora igualmente se embase na ausência de separação patrimonial de fato e importe na superação da separação patrimonial, a consolidação substancial não se confunde com a desconsideração da personalidade jurídica.[87]

Em 2016, Sheila Cerezetti e Francisco Satiro diagnosticaram a "silenciosa consolidação da consolidação substancial no Brasil", demonstrando a utilização frequente e indiscriminada do instituto mesmo em face da ausência de previsão legal e de provas quanto à configuração da confusão patrimonial.[88] Já a reforma da Lei de Recuperação Judicial e Falências de 2020 – posterior, portanto, à Lei da Liberdade Econômica – passou a expressamente permitir a consolidação substancial sob critérios amplíssimos, que não exigem necessariamente confusão patrimonial ou uso disfuncional da forma societária. Na ausência de aplicação restritiva e criteriosa pela jurisprudência, ter-se-á mais uma manifestação institucional da erosão da separação patrimonial no Brasil com sede legislativa.

Por fim, cumpre observar que, paralelamente às recorrentes medidas legislativas no sentido da mitigação da separação patrimonial, o legislador brasileiro recentemente previu regramento processual para a desconsideração da personalidade jurídica, a fim de garantir o devido processo legal. O Código de Processo Civil de 2015 passou a exigir a abertura de incidente de desconsideração da personalidade jurídica sempre que esta não tenha sido requerida na petição inicial.[89] O incidente de desconsideração da personalidade jurídica também se aplica no Direito do Trabalho, segundo disposição expressa do art. 854-A da CLT, introduzido pela Lei 13.467 de 2017.

---

[87] CEREZETTI, Sheila C. Neder. Reorganization of Corporate Groups in Brazil: Substantive Consolidation and the Limited Liability Tale. *International Insolvency Review*, p. 1-22, 2021.
[88] CEREZETTI, Sheila C. Neder; SATIRO, Francisco. A Silenciosa 'Consolidação' da Consolidação Substancial: Resultados de Pesquisa Empírica sobre Recuperação Judicial de Grupos Empresariais. *Revista da AASP*, p. 216-223, 2016.
[89] Lei 13.105 de 2015, arts. 133-137.

Referências

ABREU, Jorge Manuel Coutinho de. *Curso de Direito Comercial: Das Sociedades*. Vol. II. 6ª ed. Coimbra: Almedina, 2019.

ALVARENGA, Tomás. Benefícios Particulares do Controle no Brasil: o que mudou nos últimos 10 anos? *Revista de Direito Mercantil, Industrial, Econômico e Financeiro*, v. 168/169, p. 117-140, agosto 2014/julho 2015.

ANDERSON, Helen. Parent Company Liability for Asbestos Claims: Some International Insights. *Legal Studies*, v. 31, n. 4, p. 547-569, 2011.

ASCARELLI, Tullio. *Principios y Problemas de las Sociedades Anónimas*. México: Imprenta Universitaria, 1951.

BAINBRIDGE, Stephen M. Abolishing Veil Piercing. *Journal of Corporation Law*, v. 26, n. 3, p. 479-535, 2001.

BAINBRIDGE, Stephen; HENDERSON, Todd. *Limited Liability: A Legal and Economic Analysis*. New York: Edgar Elgar Publishing, 2016.

BAKER, Andrew; LARCKER, David F.; TAYAN, Brian. *Environmental Spinoffs: The Attempt to Dump Liability through Spin and Bankruptcy*. Rock Center for Corporate Governance at Stanford University Closer Look Series: Topics, Issues and Controversies in Corporate Governance No. CGRP-87, nov. 2020. Disponível em: https://papers.ssrn.com/sol3/papers.cfm?abstract_id=3727550. Acesso em: 12 mai. 2021.

BOYD, Christina L.; HOFFMAN, David. Disputing Limited Liability. *Northwestern University Law Review*, v. 104, n. 3, p. 853-916, 2010.

CEREZETTI, Sheila C. Neder. Reorganization of Corporate Groups in Brazil: Substantive Consolidation and The Limited Liability Tale. *International Insolvency Review*, p. 1-22, 2021.

CEREZETTI, Sheila C. Neder; SATIRO, Francisco. A Silenciosa 'Consolidação' da Consolidação Substancial: Resultados de Pesquisa Empírica sobre Recuperação Judicial de Grupos Empresariais. *Revista da AASP*, p. 216-223, 2016.

COMISSÃO DE VALORES MOBILIÁRIOS. *Parecer CVM/SJU nº 086 de 9.12.82*.

COMISSÃO DE VALORES MOBILIÁRIOS. *Processo Administrativo Sancionador RJ2014/10556*, J. 24.10.2017.

COMPARATO, Fábio Konder. Aparência de Representação: A Insustentabilidade de uma Teoria. *Revista de Direito Mercantil, Industrial, Econômico e Financeiro*, v. 36, n. 111, p. 39-44, jul./set. 1998.

COMPARATO, Fábio Konder. *O Poder de Controle na Sociedade Anônima*. 5ª ed. revista e atualizada por Calixto Salomão Filho. Rio de Janeiro: Forense, 2008.

DYCK, Alexander; ZINGALES, Luigi. Private Benefits of Control: An International Comparison. *Journal of Finance*, v. 59, n. 2, p. 537-600, 2004.

ESTADOS UNIDOS DA AMÉRICA. *Bank of the United States v. Deveaux*, 9 EUA 61 (1809).

FIGUEROA, Dante. Comparative Aspects of Piercing the Corporate Veil in the United States and Latin America. *Duquesne Law Review*, v. 50, n. 4, p. 683-797, 2012.

GEORGIEV, George; PARGENDLER, Mariana. *The Decline of Entity Formalism in Corporate Law: Shareholder Rights in Corporate Groups* (working paper não publicado, 2021).

GONÇALVES, Diogo Costa. Apontamentos Sobre a Desconsideração da Personalidade Jurídica no Projeto do Código Comercial Brasileiro. *Revista de Direito das Sociedades*, v. VII, n. 2, p. 297-324, 2005.

GREENFIELD, Aryeth. *Companies Law*. (Full English Translation Completely Revised and Up to Date as of February 1, 2015). A.G. Publications, 2015.

GRINOVER, Ada Pellegrini *et al*. *Código de Defesa do Consumidor: Comentado pelos Autores do Anteprojeto*. 8ª ed. Rio de Janeiro: Forense, 2005.

HANSMANN, Henry; PARGENDLER, Mariana. The Evolution of Shareholder Voting Rights: Separation of Ownership and Consumption. *Yale Law Journal*, v. 123, n. 4, p. 948-1013, 2014.

HANSMANN, Henry; SQUIRE, Richard. External and Internal Asset Partitioning: Corporations and Their Subsidiaries. In: GORDON, Jeffrey N.; RINGE, Wolf-Georg (eds.). *The Oxford Handbook of Corporate Law and Governance*. Oxford: Oxford University Press, 2018.

HUANG, Hui. Piercing the Corporate Veil in China: Where is it Now and Where is it Heading? *American Journal of Comparative Law*, v. 60, n. 3, p. 743-774, 2012.

MACEY, Jonathan; MITTS, Joshua. Finding Order in the Morass: The Three Real Justifications for Piercing the Corporate Veil. *Cornell Law Review*, v. 100, n.1, p. 99-155, 2014.

MARGONI, Anna Beatriz Alves. A Desconsideração da Personalidade Jurídica nos Grupos de Sociedades. 2011. Dissertação (Mestrado em Direito Comercial) – Faculdade de Direito, Universidade de São Paulo, São Paulo, 2011.

MARTINS-COSTA, Judith. Obrigação de Abstenção do Direito de Preferência: Violação do Direito de Crédito por "Terceiro Cúmplice" e Desconsideração da Personalidade Jurídica. In: GOUVÊA, Carlos Portugal; PARGENDLER, Mariana; LEVI-MINZI, Maurizio. *Fusões e Aquisições: Pareceres*. Vol. I. São Paulo: Almedina, 2022.

MELLO, Rafael Munhoz de. O Desvio de Poder. *Revista de Direito Administrativo*, n. 228, p. 31-66, abr./jun. 2002.

NAVARRO, José Maria. *Piercing the Corporate Veil in Latin American Jurisprudence: a comparison with the Anglo-American method*. New York: Routledge, 2016.

OH, Peter, Veil Piercing. *Texas Law Review*, v. 89, n. 1, p. 81-145, 2010.

OLIVEIRA, J. Lamartine Corrêa de. *A Dupla Crise da Pessoa Jurídica*. São Paulo: Saraiva, 1979.

PARGENDLER, Mariana. Responsabilidade dos Administradores e *Business Judgment Rule* no Direito Brasileiro. *Revista dos Tribunais*, v. 953, p. 51-74, 2015.

PARGENDLER, Mariana. How Universal Is the Corporate Form? Reflections on the Dwindling of Corporate Attributes in Brazil. *Columbia Journal of Transnational Law*, v. 58, n. 1, p. 1-57, 2019.

PARGENDLER, Mariana. Apontamentos Sobre a Desconsideração Regulatória da Personalidade Jurídica (Veil Peeking): Funções e Critérios. In: BARBOSA, Henrique; FERREIRA, Jorge Cesa (eds.). *A Evolução do Direito Empresarial e Obrigacional: 18 Anos do Código Civil*. São Paulo: Quartier Latin, 2021.

PARGENDLER, Mariana. Regulatory Partitioning as a Key Role of Corporate Personality. In: POLLMAN, Elizabeth; THOMPSON, Robert (eds.). *Research Handbook on Corporate Purpose and Personhood*. Cheltenham: Edgar Elgar Publishing, 2021.

PARGENDLER, Mariana. Veil Peeking: The Corporation as a Nexus for Regulation. *University of Pennsylvania Law Review*, v. 160, n. 3, p. 717-781, 2021.

PRESSER, Stephen B. Thwarting the Killing of the Corporation: Limited Liability, Democracy, and Economics. *Northwestern University Law Review*, v. 87, n.1, p. 148-179, 1992.

REALE, Miguel. *História do Novo Código Civil*. São Paulo: Revista dos Tribunais, 2005.

REQUIÃO, Rubens. Abuso de Direito e Fraude através da Personalidade Jurídica (*Disregard Doctrine*). *Revista dos Tribunais*, ano 58, n. 410, p. 12-24, dez. 1969.

SALAMA, Bruno Meyerhof. *O Fim da Responsabilidade Limitada no Brasil: História, Direito e Economia*. São Paulo: Malheiros, 2014.

SERICK, Rolf. *Apariencia y Realidad de las Sociedades Mercantiles: El Abuso de Derecho por Medio de La Persona Juridica*. Trad. Jose Puig Brutau. Barcelona: Ariel, 1958.

RODRIGUEZ JUNIOR, Otavio Luiz. A Lei da Liberdade Econômica e as Transformações do Código Civil Brasileiro. In: GOERGEN, Jerônimo (org.). *Liberdade Econômica: O Brasil Livre para Crescer*. Coletânea de artigos jurídicos, 2019.

BRASIL. Superior Tribunal de Justiça *Recurso Ordinário em MS nº 15.166*, Rel. Min. Castro Meira. J. 7.8.2003, D.J. 8.9.2003

BRASIL. Superior Tribunal de Justiça *Recurso Especial nº 279.273-SP*, Rel. Min. Ari Pargendler, Rel. p/ Acórdão: Min. Nancy Andrighi, J. 02.12.2003, D.J. 03.03.2004.

BRASIL. Superior Tribunal de Justiça *Agravo Regimental no Recurso Especial nº 1.106.072-MS*, Rel. Min. Marco Buzzi, J. 02.09.2014, D.J. 18.09.2014.

BRASIL. Superior Tribunal de Justiça *Embargos de Divergência em Recurso Especial nº 1.306.553-SC*, Rel. Min. Maria Isabel Gallotti, J. 10.12.2014, D.J. 12.12.2014.

BRASIL. Superior Tribunal de Justiça *Recurso Especial nº 1522142/PR*, Rel. Ministro Marco Aurélio Bellizze, J. 13.06.2017, D.J. 22.06.2017.

SUPERIOR TRIBUNAL DE JUSTIÇA. *Agravo Interno no Agravo em Recurso Especial nº 2018/0025511-7*, Rel. Min. Luis Felipe Salomão, J. 8.6.2020, D.J. 12.6.2020.

TAN, Cheng; WANG, Jiangyu; HOFMANN, Christian. Piercing the Corporate Veil: Historical, Theoretical and Comparative Perspectives. *Berkeley Business Law Journal*, v. 16, n. 1, p. 140-204, 2019.

THOMPSON, Robert B. Piercing the Corporate Veil: An Empirical Study. *Cornell Law Review*, v. 76, n. 5, p. 1036-1074, 1991.

THOMPSON, Robert B. Piercing the Veil: Is the Common Law the Problem? *Connecticut Law Review*, v. 37, n. 3, p. 619-635, 2005.

VAN LOO, Rory. The Revival of Respondeat Superior and Evolution of Gatekeeper Liability. *Georgetown Law Journal*, v. 109, p. 141-189, 2020.

WIEDEMANN, Herbert. *Gesellschaftsrecht: Ein Lehrbuch des Unternehmens- und Verbandsrechts*. Mnchen: Beck, 1980.

WORMSER, Maurice. Piercing the Veil of Corporate Entity. *Columbia Law Review*, v. 12, n. 6, p. 496-518, 1912.

YU, Kimberly Bin; KREVER, Richard. The High Frequency of Piercing the Corporate Veil in China. *Asia Pacific Law Review*, v. 23, n. 2, p. 63-87, 2015.

ZENG, James Si. Internal and External Shareholder Liability in the Financial Industry: A Comparative Approach. *Review of Banking and Finance*, v. 37, n. 1, p. 285-358, 2017.

PARTE IV
ALTERAÇÕES À DISCIPLINA DOS CONTRATOS

1. COMENTÁRIO AO ARTIGO 113 §§1º E 2º DO CÓDIGO CIVIL: INTERPRETAÇÃO CONTRATUAL A PARTIR DA LEI DA LIBERDADE ECONÔMICA[1]

Guilherme Carneiro Monteiro Nitschke

"Art. 113. [...]

§ 1º A interpretação do negócio jurídico deve lhe atribuir o sentido que:
I – for confirmado pelo comportamento das partes posterior à celebração do negócio;
II – corresponder aos usos, costumes e práticas do mercado relativas ao tipo de negócio;
III – corresponder à boa-fé;
IV – for mais benéfico à parte que não redigiu o dispositivo, se identificável; e
V – corresponder a qual seria a razoável negociação das partes sobre a questão discutida, inferida das demais disposições do negócio e da racionalidade econômica das partes, consideradas as informações disponíveis no momento de sua celebração.

§ 2º As partes poderão livremente pactuar regras de interpretação, de preenchimento de lacunas e de integração dos negócios jurídicos diversas daquelas previstas em lei."

---

[1] Muito agradeço a revisão, as sugestões e o diálogo constante sobre interpretação contratual que mantenho com Luis Renato Ferreira da Silva.

PARTE 1 – A DISCIPLINA DA INTERPRETAÇÃO CONTRATUAL NO DIREITO PRIVADO BRASILEIRO

Não há como examinar as alterações produzidas na disciplina da interpretação contratual sem compreender, com antecedência, estrutura e função dessa mesma disciplina. Tal implica percebê-la como produto de um localizado histórico que a faz não se esgotar no relevo aparente da lei, mas que encontra camadas por debaixo que a explicam e expandem (Cap. 1.1), à diferença e semelhança de outras experiências jurídicas cuja comparação evidenciará suas peculiaridades (Cap. 1.2). O terreno estará, aí, pronto para adentrar-se no exame da disciplina propriamente dita, a principiar pela identificação de suas fontes (Cap. 1.3.1); seguir com as distinções que se estabelecem entre "regras de interpretação" e "regras interpretativas" (Cap. 1.3.2); demarcar o âmbito de sua incidência, assim percebendo, dentro da genérica disciplina, o recorte que atine aos contratos (Cap. 1.3.3); destacar a função da interpretação contratual no direito brasileiro, explicitada no postulado normativo da intenção comum das partes (Cap. 1.3.4); e ao final desta exposição, listar os critérios (ou meios) de interpretação por que essa sua função se exerce (Cap. 1.3.5).

1.1 Histórico da Disciplina

1.1.1 A disciplina original do Código Civil

O art. 113, aliado ao 112 que o precede, consolidam as duas únicas regras gerais de interpretação do negócio jurídico que o Código Civil de 2002 acolheu em seu texto. Para além delas, há, apenas, regras ligadas a categorias específicas de negócios jurídicos (os arts. 114, referente aos negócios benéficos e à renúncia, e 423, referente a contratos por adesão) e outras que, discretamente e conectadas a certos tipos legais, dispõem sobre como se devem interpretar negócios específicos (os arts. 819, referente à fiança, e 843, referente à transação) e colmatar lacunas típicas (veja-se Cap. 1.3.1).

Tal avareza do legislador é consequência mais direta da irreflexão sobre o tema da interpretação negocial durante a redação do Código Civil de 2002. Uma consulta aos seus trabalhos preparatórios revela o silêncio eloquente das vozes que se pronunciaram sobre os temas tratados pelo projeto, tendo os debates se centrado noutras facetas do papel do aplicador que maiores polêmicas geravam, tais como as da função social do contrato[2] ou as que consolidavam o emprego de cláusulas gerais e conceitos indeterminados[3]. Diante da desatenção dos elaboradores do Anteprojeto e da doutrina – que raríssimos trabalhos monográficos sobre interpretação negocial produziu na última centúria, antes de 2002[4] –, restou àqueles empregar a diretriz da tradição, expressada por Miguel Reale em prol da "preservação do Código vigente sempre que possível"[5]. O resultado final foi uma disciplina esparsa (i.e. em parcelas diferentes do Código), assistemática (i.e. sem organização e escalonamento) e avara (i.e. com poucos dispositivos sobre a matéria).

Mas a causa mais remota da avareza do legislador repousa em dois fatores que, ao longo do tempo, sustentaram a desatenção às regras de interpretação contratual e, tanto assim, a pregação de sua futilidade. O primeiro deles é

---

[2] Sobretudo a partir das críticas de Caio Mário da Silva Pereira ao art. 420 do Projeto e, assim, à vinculação da liberdade de contratar à função social (PEREIRA, Caio Mário da Silva. 3ª Reunião. Conferência do Professor Caio Mário da Silva Pereira. In: MENCK, José Theodoro Mascarenhas (Org.). *Código Civil Brasileiro no Debate Parlamentar: elementos históricos da elaboração da Lei n. 10.406, de 2002.* Brasília: Câmara dos Deputados, 2012, t. 1, p. 147).

[3] Em defesa da técnica legislativa, REALE, Miguel. Estrutura e espírito do novo Código Civil brasileiro. In: *História do Novo Código Civil.* São Paulo: RT, 2005, pp. 37-39. Um balanço crítico sobre as "mútuas (e polarmente opostas) vantagens e desvantagens das técnicas de legislar pelo método casuístico e pelo método das cláusulas gerais (e dos princípios)" encontra-se em MARTINS-COSTA, Judith. *A Boa-Fé no Direito Privado: critérios para sua aplicação.* São Paulo: Marcial Pons, 2015, p. 175 e ss.

[4] Com exceção dos seguintes: FRANCO, Vera Helena de Mello. *Aspectos da Integração dos Contratos no Direito Comercial.* São Paulo: Pioneira, 1979; e MIRANDA, Custódio da Piedade Ubaldino. *Interpretação e Integração dos Negócios Jurídicos.* São Paulo: RT, 1989.

[5] REALE, Miguel. Estrutura e espírito do novo Código Civil brasileiro. In: *História do Novo Código Civil.* São Paulo: RT, 2005, p. 35. Bem se diga que tal também fora a diretriz de outras iniciativas legislativas, como, por exemplo, o Projeto de Código de Obrigações, de Caio Mário da Silva Pereira (1963), que mantinha-se econômico quanto a regras de hermenêutica contratual (arts. 22 a 26), ainda que trazendo alguns avanços, como a revigoração da boa-fé e dos usos como critérios de interpretação (*Projeto de Código de Obrigações.* Brasília: Serviço de Reforma de Códigos, 1964, p. 5). No caso de Caio Mário, tal não era mera repetição impensada, mas opção explícita, como se lê do relatório por ele elaborado, ao descrever o Projeto enquanto "[s]em os excessos de minúcias do código francês que convertera em outros tantos artigos as famosas regras de hermenêutica de Pothier" (PEREIRA, Caio Mário da Silva. Relatório (Elaborado pelo Professor Caio Mário da Silva Pereira). In: *Projeto de Código de Obrigações.* Brasília: Serviço de Reforma de Códigos, 1964, p. XIII).

quanto à natureza que se passou a atribuir a essas regras. O segundo é quanto ao papel que se passou a reconhecer, crescentemente, ao aplicador em face da norma positiva.

O primeiro fator é já da época em que se redigiu o Código Civil de 1916, plasmando verdadeira quebra em face do que antes se consolidara na tradição luso-brasileira. Em prol de uma percepção de doutrina importada de autores franceses e de posicionamentos da *Cour de Cassation* da época, que tinham as regras de interpretação como meras *sugestões* ao intérprete – destituindo-as, em verdade, da própria dignidade de "regras"[6] –, abandonou-se a ideia de Código que as trouxesse listadas, como antes havia no Código Comercial 1850 (arts. 130 a 133) e nos sucessivos projetos de Código Civil (v.g. projetos de Felício dos Santos e Coelho Rodrigues). Tal abandono foi deliberado, tanto que objeto de específico registro quando dos debates para a aprovação do Projeto de Código[7], e manteve-se como opinião corrente de boa parte da doutrina jusprivatista brasileira do século XX[8].

[6] É o que narra Eduardo Espínola, ao fazer alusão a entendimento circulante na virada do séc. XIX para o séc. XX (ESPÍNOLA, Eduardo. *Manual do Código Civil Brasileiro. Parte Geral. Dos Factos Jurídicos.* 2. ed. Rio de Janeiro: Jacintho Ribeiro dos Santos, 1929, v. 3, parte I, p. 171). Apanhe-se, apenas como exemplo, o caso do influente Marcel Planiol, que sustentava serem as regras de interpretação contratual (os originais arts. 1.156 a 1.164 do *Code Civil*) "de peu d'usage dans la pratique", de modo que a *Cour de Cassation* considerava que "l'erreur des juges sur l'interprétation d'un contrat n'est qu'un simple mal jugé qui ne donne pas ouverture à cassation", exceto na rara hipótese de desnaturação de uma cláusula contratual "claire et précise" (PLANIOL, Marcel. *Traité Élémentaire de Droit Civil conforme au programme officiel des facultés de droit.* Paris: Librarie Cotillon, 1900, t. 2, pp. 370-371).

[7] "O juiz deve sempre agir de accôrdo com o que houverem apurado a sagacidade de seu espirito, a experiencia adquirida no exercício de suas melindrosas funções e a cultura jurídica de sua razão", não podendo "ficar coacto pelas regras, nem adstricto a elas" (Parecer de Oliveira de Figueiredo. Pareceres parciaes dos membros da Comissão. In: *Codigo Civil Brasileiro: trabalhos relativos á sua elaboração.* Rio de Janeiro: Imprensa Nacional, 1917, v. 2, p. 929).

[8] V.g. as observações de Manoel Ignacio Carvalho de Mendonça: "[n]um Código não devem ter lugar definições nem regras de interpretação das obrigações e contractos. Quando muito deve-se estabelecer que sejam interpretados de acordo com a boa fé e os usos, como fez o alemão. [...] Nas decisões a proferir deve elle fazer entrar em contribuição sua experiência e seu saber em todos os pontos de doutrina sujeitos á controvérsia. Dae a essas definições e a essas regras o caracter legislativo e tereis tirado ao juiz sua liberdade, restringindo a sagacidade de seu espirito, obliterado sua experiência de julgar e aniquillado toda a sua responsabilidade" (CARVALHO DE MENDONÇA, Manoel Ignacio. *Doutrina e Pratica das Obrigações ou Tratado Geral dos Direitos de Credito.* Curitiba: Typ. e Lith. a vapor Imp. Paranaense, 1908, p. 739; mesmo entendimento aparece em CARVALHO DE MENDONÇA, Manoel Ignacio. *Contractos*

1. COMENTÁRIO AO ARTIGO 113 §§1º E 2º DO CÓDIGO CIVIL: INTERPRETAÇÃO...

A quebra que aqui se destaca foi face à tradição oitocentista de se pretender consolidar em lei regras mais desenvolvidas sobre interpretação negocial. Tal constava do Código Comercial de 1850 (especialmente, arts. 130 a 133), que reproduzia parte das "Regras de Pothier"[9] por sua vez antes incorporadas pelo *Code Civil* de 1804 (arts. 1156 a 1164). O mesmo se pode dizer das tentativas de codificação civil na mesma metade de século, em especial os projetos de Felício dos Santos (art. 265)[10], Coelho Rodrigues (arts. 353 a 356)[11] e, pouco depois, Inglez de Souza (arts. 714 e 715)[12], que propunham regras minudenciadas de interpretação. O Código Civil de 1916 produziu quebra a essa tradição, portanto, que se tentou retomar, sem sucesso, com o "Ante-Projeto de Código de Obrigações" de 1941[13], e que se manteve com o Código Civil de 2002.

O segundo fator se transfigurou, no âmbito contratual, não somente enquanto dirigismo do Estado-juiz, ao lado do Estado-lei, mas de um dirigismo com fraca ancoragem objetiva. Por "dirigismo" quer-se conotar a admissão da interferência estatal no âmbito privado de espectro mais amplificado, que

---

no Direito Civil Brazileiro. Rio de Janeiro: Francisco Alves, 1911, t. 1, pp. 29-34). Também nesse exato sentido: PEREIRA, Caio Mário da Silva. *Instituições de Direito Civil*. 19. ed. Rio de Janeiro: Forense, 2001, v. 1, pp. 316-317; SERPA LOPES, Miguel Maria de. *Curso de Direito Civil (fontes das obrigações e contratos)*. 2. ed. Rio de Janeiro: Freitas Bastos, 1957, v. 3, p. 29; WALD, Arnoldo. *Direito Civil: direito das obrigações e teoria geral dos contratos*. 19. ed. São Paulo: Saraiva, 2010, v. 2, p. 245. Contra essa visão, entendendo pelo cogência, para o aplicador, das regras de interpretação negocial, pode-se registrar a posição de ao menos dois autores de mesmo período: CARVALHO DE MENDONÇA, J. X. *Tratado de Direito Comercial Brasileiro*. 6. ed. Rio de Janeiro: Freitas Bastos, 1960, v. 6, 1ª parte, p. 209; e PONTES DE MIRANDA, F. C. *Tratado de Direito Privado*. 4. ed. São Paulo: RT, 1983, t. 1, p. 65.

[9] Circulantes, no Brasil dos oitocentos, por conta da seguinte tradução: POTHIER, Robert-Joseph. Regras da interpretação dos contractos. In: ALMEIDA, Cândido Mendes de. *Auxiliar Juridico servindo de appendice à décima quarta edição do Codigo Philippino ou Ordenações do Reino de Portugal*. Rio de Janeiro: Typographia do Instituto Philomathico, 1869, pp. 482-485.

[10] SANTOS, Joaquim Felício dos. *Projecto do Codigo Civil da Republica dos Estados Unidos do Brazil*. Rio de Janeiro: Imprensa Nacional, 1891, pp. 30-31.

[11] RODRIGUES, Coelho. *Projeto do Código Civil Brasileiro*. Brasília: Departamento de Imprensa Nacional, 1980, pp. 86-87.

[12] INGLEZ DE SOUZA, Herculano Marcos. *Projecto de Codigo Commercial*. Rio de Janeiro: Imprensa Nacional, 1912, v. 2, p. 225.

[13] De Orozimbo Nonato, Philadelpho Azevedo e Hahnemann Guimarães, que resgatava na Seção IV a tradição do Código Comercial de 1850 e trazia seis regras de interpretação (arts. 65 a 70) (*Ante-Projeto de Código de Obrigações (Parte Geral)*. Rio de Janeiro: Imprensa Nacional, 1943).

ganhou corpo a partir da década de 1930[14] e que, no direito contratual, consistiu, de um lado, na edição de uma miríade de leis[15] com intenção compressiva e expansiva, buscando, respectivamente, limitar a liberdade das partes por meio da "esterilização" de certas cláusulas e incrementar o conteúdo contratual obrigatório com disposições cogentes não previstas ou não queridas pelas partes[16]. De outro lado, consistiu na defesa de um dirigismo via Estado-juiz, de modo a conceder-se ao aplicador poderes interventivos (moduladores e criativos), pelo que a lei passa a ser um *"obstáculo* a ultrapassar" por "generosidade de alguns espíritos, preocupados com uma Justiça mais efetiva", mas também, de outro turno, por "ambição política de outros, menos altruístas,

---

[14] Por todos: BOSI, Alfredo. A arqueologia do Estado-providência: sobre um enxerto de idéias de longa duração. In: *Dialética da Colonização*. São Paulo: Companhia das Letras, 1992, pp. 273-307; e SCHWARTZMAN, Simon. *São Paulo e o Estado Nacional*. São Paulo: Difel, 1975, pp. 113-115 e 119-120. A mentalidade estatal-intervencionista das décadas de 1920 e 1930 se manteve perene por veredas diversas, como no caso do Integralismo (a destacar autores como Gustavo Barroso, que pregava intervir nos contratos internacionais para revisá-los, haja vista que, transbordando antissemitismo, os via como benéficos apenas aos judeus que estariam se assenhorando do capital brasileiro – SOUZA, Francisco Martins de. O integralismo. In: BARRETO, Vicente; PAIM, Antonio (Orgs.). *Evolução do Pensamento Político Brasileiro*. São Paulo: Itatiaia, 1989, p. 334); e do golpe de 1964, doutrinariamente escorado em autores como Alberto Torres e Oliveira Vianna, cânones da Escola Superior de Guerra (PAIM, Antonio. Correntes e temas políticos contemporâneos. In: BARRETO, Vicente; PAIM, Antonio (Orgs.). *Evolução do Pensamento Político Brasileiro*. São Paulo: Itatiaia, 1989, pp. 439-444).

[15] E.g. Decreto-Lei n°. 4.598/42, Lei Federal n°. 1.300/50, Lei Federal n°. 6.649/79 e Lei Federal n°. 4.494/64 (os quatro sobre locações), Lei Federal n°. 2.313/54 (sobre a extinção dos contratos de depósito e o destino dos bens depositados), Lei Federal n°. 4.290/64 (sobre o sistema financeiro de habitação), Lei Federal n°. 4.864/65 (de estímulo à construção civil), Decreto-Lei n°. 911/69 (sobre alienação fiduciária), Lei Federal n°. 6.194/74 (sobre o seguro obrigatório de responsabilidade para veículos automotores) e Código de Defesa do Consumidor (Lei Federal n°. 8.078/90). A história econômica pós-varguismo demonstra que essa intervenção foi uma constante, ao ponto de, por exemplo, ter-se por naturalizada a taxação de preços pelo Governo, no que a produção legislativa foi o principal vetor por que a intervenção estatal foi levada a cabo.

[16] A classificação de dirigismo *compressivo* e *expansivo* é de SERPA LOPES, Miguel Maria de. *Curso de Direito Civil (fontes das obrigações: contratos)*. 2. ed. Rio de Janeiro: Freitas Bastos, 1957, v. 3, p. 21, inspirado em JOSSERAND, Louis. Le contrat dirigé. *Dalloz. Recueil Hebdomadaire*. Paris: Dalloz, 1933, n. 32, pp. 89-91. Sobre a influência de Josserand no direito brasileiro, veja-se FRADERA, Vera Maria Jacob de. L'influence de la doctrine française dans l'actuel Code Civil brésilien. In: *Liber Amicorum. Mélanges en l'honneur de Camille Jauffret-Spinosi*. Paris: Dalloz, 2013, pp. 659-670.

desejosos de ver o Estado agindo sem peias", como percebe Antônio Junqueira de Azevedo[17].

Contribuíram para esse segundo fator, promovendo dirigismo com frágil ancoragem objetiva, uma diversidade de abordagens e posturas de doutrina, tais como as assumidas por autores de teoria e filosofia do direito, em "discurso intuicionista e emotivista em torno da "sensibilidade interpretativa" dos juízes"[18], a exemplo do que ainda hoje se encontra, entre nós, naqueles que sustentam carcomido discurso antipositivista – ou melhor: antípoda ao que caricaturizam como positivismo –; e de seu reforço com retalhos mal cosidos de teorias estrangeiras, a compor o que recebeu nomes como "pós-positivismo" ou "neoconstitucionalismo"[19]. O produto é um relaxamento normativo e metodológico, que cede o espaço vazio a reocupações diversas[20] – e, especialmente no Brasil recente, a teorias consequencialistas, como é o caso da Análise Econômica do Direito, que encontrou frestas para entrar e se consolidar num e noutro dispositivos da LLE, como em frente se verá.

Especificamente no direito privado, nota-se ressonância em doutrina já das décadas de 1930 e 1940, como é o caso de Nehemias Gueiros, para quem, inspirado em Georges Ripert, sustentava estar em curso uma crescente "decadência da soberania contratual", que vai "cedendo terreno às expansões intervencionistas do estado moderno, para dar lugar à concepção do contrato dirigido"[21]. Gueiros pregava que a revisão dos contratos por impossibilidade e imprevisão daí decorrente plasmava "uma forma de interpretação construtiva em torno da intransigência dos textos ainda existentes", tomando, sem qualquer censura, o direito alemão da época (portanto, nacional-socialista

---

[17] AZEVEDO, Antônio Junqueira de. O direito pós-moderno e a codificação. *Revista da Faculdade de Direito da Universidade de São Paulo*. São Paulo: USP, 1999, v. 94, p. 7.
[18] LIMA LOPES, José Reinaldo de. *Naturalismo Jurídico no Pensamento Brasileiro*. São Paulo: Saraiva, 2014, p. 269.
[19] Como bem demonstra o balanço crítico de DIMOULIS, Dimitri. *Positivismo Jurídico: teoria da validade e da interpretação do direito*. 2. ed. Porto Alegre: Livraria do Advogado, 2018, especialmente pp. 179-192.
[20] O diagnóstico é de CAMPOS, Ricardo Resende. A fórmula Barroso e as frágeis fundações do (neo)constitucionalismo. *Revista de Direito Civil Contemporâneo*. São Paulo: RT, 2019, v. 20, pp. 362-363.
[21] GUEIROS, Nehemias. *A Justiça Comutativa no Direito das Obrigações*. Recife: Jornal do Commercio, 1940, pp. 17 e 25.

em matéria de direito privado) enquanto paradigma[22]. Para além de outras obras da mesma época, todas tendo por pano de fundo debater o modo e os limites da intervenção estatal nos contratos[23], nota-se persistência em autores posteriores, quando destacavam a "transformação do direito das obrigações" conduzida por uma "política legislativa para vigorosa limitação da autonomia privada"[24]; ou o reconhecimento de que "[o]s princípios tradicionais, individualistas e severos, sofrem frequentes derrogações, em proveito da justiça contratual e da interdependência das relações entre os homens"[25]; ou, ainda, a tentativa de adaptação ao direito privado do intuicionismo típico do *legal realism* norte-americano, pregando um "necessário arbítrio do juiz ante a imprecisão dos conceitos"[26]. Tal contexto discursivo de liberdade do intérprete tornou desinteressante à doutrina dissertar sobre hermenêutica negocial, sobre interpretação e colmatação de lacunas contratuais, sobre critérios e cânones hermenêuticos que, no fim do dia, não passariam de meras sugestões, de recomendações não vinculativas ao aplicador.

Regras de interpretação amputadas da lei, mais dirigismo contratual via Estado-juiz, mais pregação de soltura do aplicador, foi equação que resultou na dormência do legislador do Código de 2002 em propor o debate quanto

---

[22] Idem, p. 109. É interessante contrastar a obra de Gueiros com outro autor de mesma época, Arthur Rocha, e que lia a obra de Ripert sob lentes bastante mais críticas, destacando o risco de, adotando-a acriticamente, "negar o principio da autonomia da vontade" (ROCHA, Arthur. *Da Intervenção do Estado nos Contractos Concluidos (a revisão dos negósio privados e o Codigo Civil)*. Rio de Janeiro: Irmãos Pongetti, 1932, pp. 76-77).

[23] Assim as obras de Pedro Batista Martins sobre abuso de direito, Arnoldo Medeiros da Fonseca sobre teoria da imprevisão e caso fortuito, Luiz da Cunha Gonçalves sobre contrato de compra e venda comercial, Agostinho Alvim sobre locação predial, dentre outras.

[24] GOMES, Orlando. *Transformações Gerais do Direito das Obrigações*. 2. ed. São Paulo: RT, 1980, p. 6.

[25] BESSONE, Darcy. *Aspectos da Evolução da Teoria dos Contratos*. São Paulo: Saraiva, 1949, p. 112. Ou noutro trecho, quando sustenta que se o legislador dirige o contrato, limitando ou expandindo seu conteúdo, ao aplicador concede-se "contorna[r] os textos por processos engenhosos, por vias oblíquas", fazendo "sair da convenção" obrigações não avençadas pelas partes; revisando os contratos, atenuando "o seu rigor", protegendo e amparando "os fracos"; adaptando "o direito às realidades que desafiam a sua decisão, para as quais os Códigos não fornecem soluções adequadas"; construindo "à margem da lei, sedutoras teorias, como a do abuso de direito, criação nitidamente jurisprudencial" (idem ibidem).

[26] E.g. capítulo "O juiz e a regra" de RODRIGUES, Sílvio. *Dos Defeitos dos Atos Jurídicos. Do Erro. Do Dolo*. 2. ed. São Paulo: Max Limonad, 1963, pp. 73-82.

à disciplina da interpretação, e, por consequência, em desenvolvê-la na estrutura do Projeto. Da falta de reflexão resultou a insuficiência, que se avalia como presente não em exercício de anacronismo histórico, mas em contraste com a própria tradição luso-brasileira na matéria e sob o ponto de vista da comparação jurídica, como em frente se verá (veja-se Cap. 1.2).

1.1.2 A disciplina enxertada pela Lei da Liberdade Econômica

Mas à insuficiência, a LLE costurou a deficiência; e aquilo que no direito positivo já se apresentava como parco, então se desorganizou ao pretexto da reorganização. Ainda assim, os parágrafos insertos ao art. 113 não chegam a inovar, de modo que, apesar das redundâncias, imprecisões e desordens de todo tipo, o esforço interpretativo é capaz de reconduzi-los, em exercício de depuração, ao que já se tinha na tradição jurídica. O detalhamento desses aspectos se deixará para quando da análise de cada um dos dispositivos insertos.

Por ora (uma vez que alusões mais alentadas quanto à história da norma encontram-se na Introdução deste livro), o que se deve destacar, genericamente, é, primeiro, a *matriz ideológica* por detrás dos dispositivos enxertados, que é a do ultraliberalismo, de jaez anti-estatalista[27], e que vaza incontida da disciplina inserta e se revela, inteira, na Exposição de Motivos da MP – não

---

[27] O ultraliberalismo de base vai explícito na Exposição de Motivos da Medida Provisória N. 881/2019, quando destaca, e.g., que "[o] objetivo desta Medida Provisória diferencia-se das tentativas do passado por inverter o instrumento de ação, ao empoderar o Particular e expandir sua proteção contra a intervenção estatal, ao invés de simplesmente almejar a redução de processos que, de tão complexos, somente o mapeamento seria desgastante e indigno, considerando que os mais vulneráveis aguardam por uma solução" (§8); uma proteção que se consolida em um rol de "direitos do brasileiro contra um Estado irracionalmente controlador" (§9) (vide em: https://www2.camara.leg.br/legin/fed/medpro/2019/medidaprovisoria-881--30-abril-2019-788037-exposicaodemotivos-157846-pe.html). É um dos 'polos de combate' de uma mais ampla "batalha discursiva" que, na expressão de Mariana Mazzucato, se tem travado entre aqueles que defendem "uma retirada massiva do Estado" justificada "como forma de tornar a economia mais 'dinâmica', 'competitiva' e 'inovadora'"; e aqueles que têm procurado mostrar a simplificação grosseira dessa imagem, em prol de uma narrativa que tem o Estado – quando "organizado eficientemente", com "mão firme mas não pesada" – enquanto ente que proporciona "a visão e o impulso dinâmico" para que aconteçam "coisas que de outra forma não aconteceriam" (MAZZUCATO, Mariana. *O Estado Empreendedor. Desmascarando o mito do setor público vs. setor privado* (trad. Elvira Serapicos). São Paulo: Portfolio-Penguin, 2014, pp. 23 e 28-29).

por acaso, ancorada no até então inédito "princípio da intervenção mínima do Estado"[28] –; e que, no tangente ao direito contratual, aparece na intenção de esvaziar ou, ao menos, mitigar o dirigismo contratual exercido, a um, pelo Estado-lei, quando pretendia, a golpe de tacape, colocar abaixo todas as regras legais cogentes em matéria de direito contratual (conforme original texto do art. 3º, inc. VIII, da Medida Provisória[29]); e, a dois, pelo Estado-juiz, quando pretendia limitar sua atividade e estabelecer que a intervenção em contratos e sua revisão serão sempre excepcionais (e.g. arts. 421, Parágrafo Único, e 421-A, inc. III, do Código Civil).

À revelia das críticas gerais a essas diretrizes que já se teve oportunidade de fazer noutra feita[30], esse duplo ataque ao dirigismo contratual gera impor-

---

[28] Tido como *princípio* pela LLE no art. 2º, incisos I ("a liberdade como uma garantia no exercício de atividades econômicas") e III ("a intervenção subsidiária e excepcional do Estado sobre o exercício de atividades econômicas"). Tal já constava da MP na enumeração de princípios do art. 2º, seja no inc. I ("a presunção de liberdade no exercício de atividades econômicas"), seja no inc. III ("a intervenção subsidiária, mínima e excepcional do Estado sobre o exercício de atividades econômicas").

[29] Na Exposição de Motivos ao original inc. VIII se lê: "Garante que os negócios jurídicos empresarias serão objeto de livre estipulação das partes pactuantes, aplicando-se as regras de direito empresarial apenas de maneira subsidiária ao avençado. Mais de 60% das 500 maiores empresas do mundo estão registradas especificamente no Estado de Delaware, EUA. Isso se dá em razão de aquela jurisdição constituir um dos melhores ambientes para o desenvolvimento e preservação do direito empresarial. Para o Brasil caminhar nesse sentido, propõe-se de maneira emergencial permitir que qualquer cláusula contratual seja vigente entre os sócios privados e capazes que assim a definiram, inclusive aquelas que, atualmente, parecem ir em sentido contrário a normas de ordem pública, estritamente, do direito empresarial, contanto que não tenham efeitos sobre o Estado ou terceiros alheios à avença. Essa medida rapidamente permitirá que grandes empresas sintam-se seguras para investir e produzir no Brasil, gerando emprego e renda para os milhões de brasileiros que hoje se encontram desempregados, e que os empresários terão respeitados os termos que acertarem entre si, sem prejudicar a soberania nos assuntos que de fato afetem terceiros e a coletividade como um todo" (vide em: https://www2.camara.leg.br/legin/fed/medpro/2019/medidaprovisoria-881-30-abril-2019--788037-exposicaodemotivos-157846-pe.html). Um dos auto-proclamados redatores da MP n. 881/2019 confirma que "as alterações sobre as regras gerais no direito privado sobre contratos visavam finalmente proteger as opções redacionais adotadas pelas partes, em detrimento de escolhas externas de julgadores, quando na interpretação de instrumentos de autonomia privada" (LORENZON, Gianluca. A formatação da Lei de Liberdade Econômica como parte de política pública. In: OLIVEIRA, Amanda Flávio de (Org.). *Lei de Liberdade Econômica e o Ordenamento Jurídico Brasileiro*. Belo Horizonte, São Paulo: D'Plácido, 2020, p. 27).

[30] Confira-se NITSCHKE, Guilherme Carneiro Monteiro. Colmatação de lacunas contratuais: insuficiências do Código Civil, deficiências da Lei da Liberdade Econômica e o trabalho

tantes repercussões para a matéria da interpretação negocial. De um lado, porque a tentativa de esvaziamento do dirigismo legal (i.e. ao Estado-lei), se não conseguiu fazer prevalecer no texto legal definitivo o que se tinha no art. 3º, inc. VIII, da Medida Provisória, logrou inserir, contudo, o §2º ao art. 113 do Código Civil, que ensaia (mas apenas ensaia, como em frente se tratará) esvaziar de cogência todas as normas de interpretação contratual. E de outro, porque a tentativa de ataque ao dirigismo aplicativo (i.e. ao Estado-juiz) se centrou em uma fixação mais alentada de critérios de interpretação negocial no §1º ao art. 113 do Código Civil, fazendo-o, contudo, com a mais censurável técnica legislativa e, em alguns casos, verdadeiramente ampliando os riscos de uma atuação aplicativa ainda mais interventora.

Daí que o segundo destaque genérico a fazer é quanto à *atecnia* dos novos dispositivos, mal redigidos e deficientes sob o ponto de vista científico (com sequência de palavras que obscurece a compreensão, organização assistemática de matérias, uso de expressões importadas que não encontram desenvolvimento jurídico em nossa ambiência, dentre outros problemas). Tal é consequência da escassa participação da comunidade jurídica em sua redação e do curto tempo que se teve para revisões, o que se deve tanto ao fato de as alterações se terem procedido, originalmente, por Medida Provisória (nada obstante ser de duvidoso preenchimento os requisitos "relevância e urgência", exigidos pelo art. 62 da Constituição, para se alterarem dispositivos de um Código Civil em matéria de interpretação negocial, sem contar a contradição de, via Medida Provisória, propugnar-se a intervenção mínima do Estado...), quanto aos "menos de 5 meses transcorridos entre a edição da medida provisória (30 de abril de 2019) e a promulgação da lei (20 de setembro de 2019), sem se considerar o recesso legislativo de julho"[31].

Essa atecnia é tanto de forma quanto de conteúdo, e se consolida em alguns pecados capitais que se notam dos enxertos ao art. 113.

---

de doutrina. In: BARBOSA, Henrique; FERREIRA DA SILVA, Jorge Cesa (coords.). *A Evolução do Direito Empresarial e Obrigacional. 18 anos do Código Civil. Volume 2. Obrigações & Contratos*. São Paulo: Quartier Latin, 2021, pp. 365-368.

[31] Como relata texto encartado nesta obra coletiva dos professores RODRIGUES JR., Otávio Luiz; LEONARDO, Rodrigo Xavier. Comentário ao artigo 3o, inciso VIII: a garantia de livre estipulação dos negócios jurídicos empresariais.

O primeiro pecado capital é o de o legislador reformador pretensamente estar inovando quando, em verdade, a maior parte dos incisos do §1º nada mais faz do que consolidar critérios de interpretação antigos em nossa tradição jurídica. Tal se verá com maior destaque nos Capítulos que seguem, valendo, porém, adiantar que esse é o caso do "comportamento posterior" do inc. I, dos "usos", "costumes" e "práticas" do inc. II, da "boa-fé" do inc. III, da regra da *interpretatio contra proferentem* do inc. IV e da permissão às partes de pactuar livremente regras de interpretação contratual prevista no §2º. O verniz de novidade não passa disso: um verniz.

O segundo pecado capital é o da redundância. Nota-se desnecessária repetição em alguns dos dispositivos, tal sendo o caso dos usos e costumes (inc. II) e da boa-fé (inc. III), a reiterar o que já consta do *caput* do art. 113. Isso decorre de má técnica legislativa e, mais do que forma, enseja insegurança quanto ao conteúdo dos dispositivos, uma vez que inaugura indagação sobre se os incisos estão a tratar, repetidamente, do mesmo que vem no guarda-chuva do *caput* (situação em que o pecado seria apenas formal), ou se querem referir a outras funcionalidades que não as abarcadas pela regra geral (situação em que o pecado seria também substantivo, haja vista a parca clareza do que se quis orientar). Tal também será objeto de abordagem específica nos itens que seguem.

O terceiro pecado capital em tema de forma e conteúdo é mais grave: o de, excepcionalmente, tentar inovar em potencial contradição à disciplina da interpretação negocial que se tem na ordem jurídica brasileira. Certamente decorrente da escassa participação da comunidade jurídica na redação dos dispositivos, tal perigo de erosão se encontra, por exemplo, já no *caput* do §1º, ao ditar que a interpretação do negócio jurídico "atribui" sentido, quando, em verdade, "extrai"; no inc. IV, ao permitir uma interpretação *contra proferentem* de contratos paritários mais concessiva que a regra protetiva ao aderente do art. 423; e no inc. V, a mais profunda depressão dentre as inserções, por misturar interpretação sistemática com outros critérios e aludir à "racionalidade econômica das partes" como enigmático parâmetro. Tal há de ser remediado pelo trabalho de doutrina, em sua vocação de organizar e consolidar modelos jurídicos, e pela jurisprudência, quando tornar definitivo, em norma concreta (e necessariamente a partir das orientações de doutrina), o texto mal redigido pelo legislador.

O quarto pecado capital é o da omissão, pois se o legislador quis reinserir ao direito positivo regras de interpretação mais alentadas, deveria tê-lo feito de maneira a resgatar a tradição que se tinha a respeito, sendo mais completo e cuidadoso. O inc. I, nesse sentido, faz alusão ao comportamento posterior das partes – critério não assimilável nem ao comportamento concludente, nem às práticas pretéritas –, mas perde a oportunidade de também referir ao comportamento *anterior*, referente à fase das negociações, que é critério relevante de interpretação negocial. Também teria sido pertinente inserir, ao menos, regras claras de interpretação sistemática (interpretar umas cláusulas pelas outras e uns contratos pelos outros, em havendo conexidade[32]), de interpretação consonante ao fim do negócio jurídico (nada obstante tal poder ser extraído do inc. V, em algum esforço de construção) e de colmatação de lacunas. Perdeu a oportunidade e, assim, pecou pela falta.

O quinto pecado capital que se vai aqui destacar (nada obstante a tentação de chegar ao cabalístico número sete) é o da desordem: o legislador reformador perdeu a oportunidade de organizar o processo de interpretação contratual e de orientar o aplicador acerca de quais critérios deve considerar com prioridade no processo hermenêutico. Tal não é de desprezar, uma vez que há relativa tranquilidade, dentre os que estudam a matéria, sobre a sequência "literalidade", "contexto verbal", "contexto situacional" e "fim do negócio jurídico"[33], como em frente se verá (Cap. 1.3.5). Certo, porém, é que não se pode considerar a lista de incisos do §1º enquanto o correto escalonamento desses critérios, senão em implosão da disciplina que se tem no ordenamento brasileiro: mais uma vez, é na doutrina que se terá de buscar e construir a ordem na desordem.

---

[32] Como já constava do Código Comercial de 1850, art. 131, 2: "as cláusulas duvidosas serão entendidas pelas que o não forem, e que as partes tiverem admitido; e as antecedentes e subseqüentes, que estiverem em harmonia, explicarão as ambíguas"; e, mais recentemente, do *Code Civil* pós-reforma de 2016 (Ordonnance nº 2016-131, de 10 de fevereiro de 2016), art. 1189: "Toutes les clauses d'un contrat s'interprètent les unes par rapport aux autres, en donnant à chacune le sens qui respecte la cohérence de l'acte tout entier. Lorsque, dans l'intention commune des parties, plusieurs contrats concourent à une même operation, ils s'interprètent en function de celle-ci".

[33] Sistemática abordagem desses quatro blocos de critérios se encontra em MARINO, Francisco Paulo De Crescenzo. *Interpretação do Negócio Jurídico*. São Paulo: Saraiva, 2011, pp. 102-143.

O percurso de (re)construção, porém, há de passar por mais uma instância que agrava os pecados do legislador reformador: o olhar por sobre os ordenamentos jurídicos estrangeiros em matéria de interpretação contratual.

1.2 Comparação jurídica

É incontroverso que o legislador reformador foi orientado por certa fixação desmedida em parcela da doutrina norte-americana da Análise Econômica do Direito, como se pode notar de vários dos dispositivos insertos à LLE[34]. Não se trata, porém, de uma fixação no *direito* estrangeiro que faz sugerir *modelos jurídicos* de proveniência anglo-americana, e sim uma fixação naquilo que autores como Ugo Mattei chamam de "imperial law", para destacar aquele que é produzido puramente em função de interesses econômicos sob a capa discursiva de preservação à "democracia" e ao "rule of law"[35]. A ficção em que se apoia tal movimento é de um certo "falidismo" do direito latino-americano, que se descreve "como uma versão falida, ou uma implementação falida, do direito ocidental"[36]. Tal diagnóstico atua como estratégia discursiva – uma espécie de "talismã da política jurídica"[37] – que abre caminho para "projetos de reforma"[38] voltados à transformação desse ficcionado cenário desolador;

---

[34] Assim confirmam: FRANCO, Gustavo H. B.; BUCCINI, Evandro. Prefácio. In: OLIVEIRA, Amanda Flávio de (Org.). *Lei de Liberdade Econômica e o Ordenamento Jurídico Brasileiro*. Belo Horizonte, São Paulo: D'Plácido, 2020, p. 10; YEUNG, Luciana L. Friedrich Hayek, liberdade econômica, a MP e a Lei da Liberdade Econômica: por que é necessária? In: SALOMÃO, Luis Felipe; CUEVAS, Ricardo Villas Bôas; FRAZÃO, Ana (Coord.). *Lei de Liberdade Econômica e seus Impactos no Direito Brasileiro*. São Paulo: RT, 2020, pp. 65-88.
[35] MATTEI, Ugo. A Theory of Imperial Law: a study on U.S. hegemony and the Latin Resistance. *Indiana Journal of Global Legal Studies*. Bloomington: Indiana University, 2003, v. 10, p. 383.
[36] ESQUIROL, Jorge L. Ficções do direito latino-americano. In: *Ficções do Direito Latino-Americano. Ensaios traduzidos*. Trad. Renan Barbosa Fernandes. São Paulo: Saraiva, 2016, p. 33. O autor assinala que tal discurso se situa sob o guarda-chuva dos projetos de "Direito e Desenvolvimento" ("Law and Development") nascidos nas décadas de 1960 e 1970, e em marcha até hoje.
[37] ESQUIROL, Jorge L. O direito fracassado da América Latina. In: MACEDO JR., Ronaldo Porto; BARBIERI, Catarina Helena Cortada (Orgs.). *Direito e Interpretação. Racionalidades e instituições*. Trad. Carla Henriete Bevilacqua Piccolo. São Paulo: Saraiva, 2011, p. 452.
[38] Idem, p. 440.

projetos, estes, ancorados no desmantelamento do dirigismo estatal, no enxugamento do formalismo jurídico frente a um almejado pragmatismo e na promoção de "mercados abertos"[39].

Não admira que tal cenário seja exatamente o descrito na Exposição de Motivos da MP n. 881/2019, identidade que radiografa, assim, a ossatura ideológica da norma positiva e o tipo de transplantação que se procurou levar a cabo com a reforma; não uma transplantação de modelos jurídicos estrangeiros, mas de um ideário que se orienta pela lógica econômica, e que, no direito contratual, corresponde a uma defesa monocórdica e hipertrofiada da não-intervenção estatal e da liberdade contratual[40]. No art. 113, é o que se nota mais flagrantemente do §1º, inc. V, ao inserir a "racionalidade econômica das partes" como critério (no que vai explícito o enxerto da bússola econômica como prevalecente), e do §2º, ao procurar esvaziar a heteronomia em tema de regras de interpretação face à autonomia privada que se exerce pela clausulação concreta.

Essa obsessão pela lógica econômica como guia, em certa desatenção à tradição local sobre a matéria e mesmo às experiências estrangeiras que se poderiam apanhar como exemplos, produziu incongruências flagrantes e exemplares normativos atípicos. Comece-se pelo *distinguo* daquilo que se encontra noutras paragens, advertindo-se desde logo que se fará – à diferença do intencionado pelo reformador sob o véu da lei positiva – comparação *jurídica*: "observar e explicar similaridades tanto quanto diferenças"[41], com o fito de melhor compreender, nos contrastes e nos distanciamentos, os modelos jurídicos locais; e, se pertinente, flagrar proposições que possam servir de aprimoramento ao ordenamento de destino via transplantação de modelo

---

[39] Idem ibidem.
[40] Idem, pp. 475-477. Mais especificamente para o Direito e Economia, que o autor destaca como "tecnologia acadêmica" de apoio ao discurso do "direito falido", "as instituições governamentais são substituídas por critérios de aprimoramento do mercado – *laissez-faire* por falta de outra opção e instituições da esfera estadunidense por delegação – mas pouco têm a ver com as escolhas que seriam apoiadas por muitas sociedades nacionais. Não verdade, essas instituições são reformadas de acordo com interesses transnacionais preponderantes. [...] Seus efeitos, no entanto, têm sido o de promover a substituição das instituições jurídicas latino-americanas por modelos que favoreçam o livre mercado e o investimento estrangeiro no lugar de todo o resto" (idem, p. 487).
[41] SCHLESINGER, Rudolf B. The past and future of comparative law. *The American Journal of Comparative Law*. Michigan: The American Society of Comparative Law, 1995, n. 455, p. 477.

estrangeiro, quando *necessário* e *oportuno* (ou útil)[42], desde que submetido a prévio e indispensável exercício de "cremação" e "aclimatação"[43]. Daí que o exercício a ser feito é por tomar os modelos jurídicos de países que tradicionalmente se invocam como paradigmas para o fito de verificar de que modo prestam solução à disciplina da interpretação contratual. Adiante-se que o foco estará centrado nas fontes legislativas, ainda que com acréscimos de doutrina local, sempre que pertinentes.

Principie-se pela ordem jurídica historicamente mais próxima, que é a portuguesa. O Código Civil português traz quatro dispositivos na matéria (arts. 236º. a 239º.), situados na seção que trata da declaração negocial[44] e na Subseção IV intitulada "Interpretação e Integração". O art. 236º. fixa guia geral da disciplina, por estipular que a interpretação se deve orientar pelo "sentido que um declaratário normal, colocado na posição do real declaratário, possa deduzir do comportamento do declarante" (parte 1), exceto se o declaratário conhecer a vontade real do declarante, caso em que esta vale como declaração emitida (parte 2). A doutrina sustenta que o legislador português tentou equilibrar subjetivismo e objetivismo no art. 236º.[45], na primeira parte

---

[42] Assim já era a lição de Rudolph von Jhering ao tratar das transplantações: "L'adoption d'institutions juridiques étrangères n'est point une question de nationalité, mais bien d'opportunité et de nécessité. Personne n'ira chercher au loin ce qu'il peut rencontrer à un degré de perfection égal ou même supérieur chez lui. Un fou seul refusera des oranges, sous prétexte qu'elles n'ont pas mûri dans son jardin" (JHERING, Rudolph von. *L'Esprit du Droit Romain dans les diverses phases de son développement* (trad. O. de Meulenaere). 3. ed. Paris: A. Marescq, 1877, t. 1, p. 9).

[43] AZULAY, Fortunato. *Os Fundamentos do Direito Comparado*. Rio de Janeiro: A Noite, 1946, p. 38.

[44] Segundo Pedro Pais de Vasconcelos, isso se deve ao acumulado de doutrina que recepcionou o entendimento alemão de a interpretação se voltar para as *declarações* negociais, permitindo, assim, o exame do que é emanado unilateralmente por cada um dos polos da relação, o que traz algumas dificuldades em termos contratuais por ter-se declarante e declaratário em ambos os lados (VASCONCELOS, Pedro Pais de. *Teoria Geral do Direito Civil*. 8. ed. Coimbra: Almedina, 2015, p. 481).

[45] Assim destacam: ASCENSÃO, José de Oliveira. *Teoria Geral do Direito Civil. Volume III. Acções e Factos Jurídicos*. Lisboa: [s.n.], 1992, p. 285; VASCONCELOS, Pedro Pais de. *Teoria Geral do Direito Civil*. 8. ed. Coimbra: Almedina, 2015, p. 481. Boa parte das regras de interpretação do Código português decorre da visão de A. Ferrer Correia, que publicou tese em 1939 (*Erro e interpretação* na teoria do negócio jurídico, conforme a seguir citado) recepcionando doutrina alemã da época sobre a matéria, como fez, em geral, a literatura jurídica portuguesa a partir dos anos 1940, conforme narram: DUARTE, Rui Pinto. *A Interpretação dos Contratos*.

1. COMENTÁRIO AO ARTIGO 113 §§1º E 2º DO CÓDIGO CIVIL: INTERPRETAÇÃO...

combinando circunstancialidade com tipicidade, e na segunda incorporando a conhecida regra da *falsa demonstratio non nocet*, em que tradicionalmente prevalecente o sentido subjetivo. A interpretação há de priorizar "aquele sentido objetivo que se obtenha do ponto de vista do declaratário concreto, mas supondo-o uma pessoa razoável (e não mais do que isso)", como resume Manuel A. Domingues de Andrade, deixando nítida a tentativa de combinação entre subjetivismo e objetivismo que influenciou o legislador português de 1966, mas pendendo para uma visão mais objetivada que toma em conta a "impressão do destinatário"[46]. Segundo esta, tutela-se a confiança do destinatário da declaração, privilegiando-se "o sentido que seria considerado por uma pessoa normalmente diligente, sagaz e experiente em face dos termos da declaração e de todas as circunstâncias situadas dentro do horizonte concreto do declaratário"[47], desde que seja sentido imputável ao declarante[48]. O sentido

---

Coimbra: Almedina, 2017, pp. 50-51; e MENEZES CORDEIRO, António. *Tratado de Direito Civil. II. Parte Geral. Negócio Jurídico. Formação. Conteúdo e Interpretação. Vícios da Vontade. Ineficácias e Invalidades*. 4. ed. Coimbra: Almedina, 2017, p. 715.

[46] ANDRADE, Manuel A. Domingues de. *Teoria Geral da Relação Jurídica*. Coimbra: Almedina, 1983, v. 2, p. 312; ASCENSÃO, José de Oliveira. *Teoria Geral do Direito Civil. Volume III. Acções e Factos Jurídicos*. Lisboa: [s.n.], 1992, pp. 277-278; FERREIRA DE ALMEIDA, Carlos. *Contratos IV. Funções. Circunstâncias. Interpretação*. Coimbra: Almedina, 2014, pp. 261-262; MOTA PINTO, Carlos Alberto da; MONTEIRO, António Pinto; MENEZES CORDEIRO, António. *Tratado de Direito Civil. II. Parte Geral. Negócio Jurídico. Formação. Conteúdo e Interpretação. Vícios da Vontade. Ineficácias e Invalidades*. 4. ed. Coimbra: Almedina, 2017, p. 715 e ss., falando de "horizonte do declaratário"; MOTA PINTO, António. *Teoria Geral do Direito Civil*. 4. ed. Coimbra: Coimbra Editora, 2005, pp. 443-444; SANTOS JÚNIOR, E. *Sobre a Teoria da Interpretação dos Negócios Jurídicos. Estudo de direito privado*. Lisboa: A.A.F.D.L., 1988, p. 141.

[47] MOTA PINTO, Carlos Alberto da; MONTEIRO, António Pinto; MOTA PINTO, António. *Teoria Geral do Direito Civil*. 4. ed. Coimbra: Coimbra Editora, 2005, p. 444. Com semelhantes observações: SANTOS JÚNIOR, E. *Sobre a Teoria da Interpretação dos Negócios Jurídicos. Estudo de direito privado*. Lisboa: A.A.F.D.L., 1988, pp. 141-142; TELLES, Inocêncio Galvão. *Manual dos Contratos em Geral*. 4. ed. Coimbra: Coimbra Editora, 2002, p. 445.

[48] A imputabilidade decorre da parte final do art. 236º e, se não presente, gera a nulidade do negócio. É ideia trabalhada por CORREIA, A. Ferrer. *Erro e interpretação na teoria do negócio jurídico*. Coimbra: Almedina, 1985, p. 205. Algumas críticas hoje se fazem a ela, porque de alcance escasso e raramente aplicável: MOTA PINTO, Carlos Alberto da; MONTEIRO, António Pinto; MOTA PINTO, António. *Teoria Geral do Direito Civil*. 4. ed. Coimbra: Coimbra Editora, 2005, pp. 444-445, Nota 562.

objetivo só há de ceder caso o entendimento comum das partes prevaleça sobre os termos da declaração que saiu imperfeita, conforme parte 2 do art. 236º.[49]

Da interpretação distingue-se a integração derivada do art. 239º., que dispõe: "[n]a falta de disposição especial, a declaração negocial deve ser integrada de harmonia com a vontade que as partes teriam tido se houvessem previsto o ponto omisso, ou de acordo com os ditames da boa fé, quando outra seja a solução por eles imposta". Se a interpretação do art. 236º. "tem como objeto a declaração negocial e como finalidade a compreensão do seu conteúdo e sentido", a integração do art. 239º. pretende "a determinação e preenchimento das suas lacunas"[50].

Por fim, há os arts. 237º. e 238º., que tratam, respectivamente, da interpretação para os casos duvidosos e da interpretação de negócios formais. O art. 237º. fixa que, "[e]m caso de dúvida sobre o sentido da declaração, prevalece, nos negócios gratuitos, o menos gravoso para o disponente e, nos onerosos, o que conduzir ao maior equilíbrio das prestações". Sua aplicação dá-se, somente, em *ultima ratio*, quando esgotados os demais critérios de interpretação, senão estar-se-ia buscando "a todo custo" um indesejado "equilíbrio das prestações [...] como regra limitativa da autonomia privada"[51]. O art. 238º., por sua vez, estabelece atrelamento da interpretação ao que o negócio formal dispuser, não podendo "a declaração valer com um sentido que não tenha um

---

[49] ASCENSÃO, José de Oliveira. *Teoria Geral do Direito Civil. Volume III. Acções e Factos Jurídicos.* Lisboa: [s.n.], 1992, p. 279: "Se usaram a expressão "toda a vida" querendo significar, não que a vinculação seria vitalícia, mas que se prolongaria por toda a duração do contrato, será com esse sentido que o contrato deverá ser interpretado. [...] Se o declarante se referiu por exemplo "às suas pérolas", quando o destinatário sabia que ele designava assim as éguas, é com este sentido comum que o negócio vale".

[50] VASCONCELOS, Pedro Pais de. *Teoria Geral do Direito Civil.* 8. ed. Coimbra: Almedina, 2015, p. 482. Esse mesmo autor critica a separação absoluta que o Código parece estabelecer entre ambos os processos, segundo ele uma herança da mesma distinção que se tem para a interpretação da lei, e que o mais apropriado seria dividir entre "interpretação declarativa" e "interpretação integrativa", por tratar-se de processos hermenêuticos unitários (idem ibidem).

[51] MENEZES CORDEIRO, António. *Tratado de Direito Civil. II. Parte Geral. Negócio Jurídico. Formação. Conteúdo e Interpretação. Vícios da Vontade. Ineficácias e Invalidades.* 4. ed. Coimbra: Almedina, 2017, p. 743. Há de se destacar, também, a advertência de que tal é "uma regra sobre a superação de dúvidas – e não uma regra que permita ao tribunal equilibrar contratos que tenham por desequilibrados. Os desequilíbrios contratuais que repugnem ao Direito hão de ser corrigidos com recurso a outras normas, pois o alcance da do art. 237 não é esse" (DUARTE, Rui Pinto. *A Interpretação dos Contratos.* Coimbra: Almedina, 2017, p. 57).

mínimo de correspondência no texto do respectivo documento, ainda que imperfeitamente expresso" (parte 1); mas logo a seguir produz certa mitigação, para o caso de tal sentido não aderente ao escrito "corresponder à vontade real das partes e as razões determinantes da forma do negócio se não opuserem a essa validade" (parte 2). Tal significa que, à partida, deve-se priorizar a *littera* nos contratos formais, a que correspondeu, na jurisprudência portuguesa, a construção de duas regras de apoio: a "teoria do indício", segundo a qual não se pode validar "uma solução interpretativa que não tenha, na letra do documento requerido, um mínimo de correspondência"; e a "presunção de plenitude", segundo a qual tem, nos negócios formais, a presunção de "que toda a matéria relevante consta do respectivo documento"[52].

No direito italiano, cujo *Codice Civile* de 1942 inspirou em parte o legislador brasileiro de 2002, a interpretação contratual vem prevista nos arts. 1.362 a 1.371, sob o Título IV, "Dell'interpretazione del contratto". O art. 1.362, na primeira parte, estabelece a bússola da interpretação, que é a busca pela intenção comum das partes não limitada ao "sentido literal das palavras" e nem correspondente à vontade dos contratantes: a "comune intenzione dele parti" é a que se consolida no "programa dos comportamentos" estabelecido pelas partes a partir do que "disseram, escreveram ou fizeram"[53]; "interpretamos declarações que exprimem regras", como destaca Aurelio Gentili[54]. Na segunda parte do dispositivo, por sua vez, há remissão, já, ao critério do "comportamento complessivo", posterior à conclusão do contrato[55].

---

[52] MENEZES CORDEIRO, António. *Tratado de Direito Civil. II. Parte Geral. Negócio Jurídico. Formação. Conteúdo e Interpretação. Vícios da Vontade. Ineficácias e Invalidades*. 4. ed. Coimbra: Almedina, 2017, pp. 751-752. Tal presunção faz com que caiba "ao interessado fazer a prova da existência de outros fatores relevantes, com sujeição à teoria do indício" (idem, p. 752).
[53] SCALISI, Antonino. *La Comune Intenzione dei Contraenti. Dall'interpretazione letterale del contratto all'interpretazione secondo buona fede*. Milano: Giuffrè, 2003, p. 11.
[54] GENTILI, Aurelio. *Senso e Consenso. Storia, teoria e tecnica dell'interpretazione dei contratti*. Torino: Giappichelli, 2015, v. 1, p. 310.
[55] "Art. 1362. Intenzione dei contraenti. Nell'interpretare il contratto si deve indagare quale sia stata la comune intenzione delle parti e non limitarsi al senso letterale delle parole. Per determinare la comune intenzione delle parti, si deve valutare il loro comportamento complessivo anche posteriore alla conclusione del contratto".

Demais critérios se encontram nos arts. 1.363, ao aludir à interpretação sistemática[56]; 1.364 e 1.365, que consolidam orientações à interpretação literal (gramatical) a se proceder, quando diante de termos gerais e indicações exemplificativas[57]; 1.366, que alude à boa-fé[58]; 1.367, que fixa a regra do *favor negotii*[59]; 1.368, quando remete às "pratiche generali interpretative" do lugar em que o contrato é celebrado ou em que há sede da empresa, quando parte[60]; e 1.369, que remete à "natureza" e ao "objeto" do contrato como critérios[61]. O art. 1.370, por sua vez, aplica-se apenas aos casos em que se tem "condizioni gerais da contratação" ou "formulário" redigidos por uma parte e aderidos pela outra, ocasião em que, caso haja dúvida, se deve proceder à interpretação a favor de quem adere[62]. Por fim, o art. 1.371 é a *ultima ratio* do processo interpretativo ("regole finali"), ao mandar que, caso não solvida a interpretação pela aplicação dos demais critérios, se entenda o contrato "nel senso meno gravoso per l'obbligato, se è a titolo gratuito, e nel senso che realizzi l'equo contemperamento degli interessi delle parti, se è a titolo oneroso"[63].

[56] "Art. 1363. Interpretazione complessiva delle clausole. Le clausole del contratto si interpretano le une per mezzo delle altre, attribuendo il senso che risulta dal complesso dell'atto".
[57] "Art. 1364. Espressioni generali. Per quanto generali siano le espressioni usate nel contratto, questo non comprende che gli oggetti sui quali le parti si sono proposte di contrattare. Art. 1365. Indicazioni esemplificative. Quando in un contratto si è espresso un caso al fine di spiegare un patto, non si presumono esclusi i casi non espressi, ai quali, secondo ragione, può estendersi lo stesso patto".
[58] "Art. 1366. Interpretazione di buona fede. Il contratto deve essere interpretato secondo buona fede".
[59] "Art. 1367. Conservazione del contratto. Nel dubbio, il contratto o le singole clausole devono interpretarsi nel senso in cui possono avere qualche effetto, anziché in quello secondo cui non ne avrebbero alcuno".
[60] "Art. 1368. Pratiche generali interpretative. Le clausole ambigue s'interpretano secondo ciò che si pratica generalmente nel luogo in cui il contratto è stato concluso. Nei contratti in cui una delle parti è un imprenditore, le clausole ambigue s'interpretano secondo ciò che si pratica generalmente nel luogo in cui è la sede dell'impresa".
[61] "Art. 1369. Espressioni con più sensi. Le espressioni che possono avere più sensi devono, nel dubbio, essere intese nel senso più conveniente alla natura e all'oggetto del contratto".
[62] "Art. 1370. Interpretazione contro l'autore della clausola. Le clausole inserite nelle condizioni generali di contratto o in moduli o formulari predisposti da uno dei contraenti s'interpretano, nel dubbio, a favore dell'altro"
[63] "Art. 1371. Regole finali. Qualora, nonostante l'applicazione delle norme contenute in questo capo, il contratto rimanga oscuro, esso deve essere inteso nel senso meno gravoso per l'obbligato, se è a titolo gratuito, e nel senso che realizzi l'equo contemperamento degli interessi delle parti, se è a titolo oneroso".

1. COMENTÁRIO AO ARTIGO 113 §§1º E 2º DO CÓDIGO CIVIL: INTERPRETAÇÃO...

Costuma-se ler esses dispositivos como se fixassem uma gradação no processo interpretativo, que começa por uma interpretação subjetiva (arts. 1.362 a 1.365) e caminha, subsidiariamente, a uma interpretação objetiva do contrato (arts. 1.366 a 1.371). Esse tradicional entendimento vem sofrendo algumas fraturas por ação de parcela da doutrina, que prega não se poder mais compreender tal operação em compartimentos, com o "gradualismo" que o *Codice Civile* prevê, mas entregue ao aplicador para que, à luz das circunstâncias do caso, "selecione e adote os oportunos critérios de interpretação sem prender-se diante de uma ordem normativa aparentemente imóvel", sob pena de "não poder mais dar conta da modificada realidade não apenas econômica e social, mas também legislativa"[64].

Sobre a disciplina italiana ainda se poderia falar muito, porque influenciou e influencia, com marcas profundas, as fontes jurídicas brasileiras, sobretudo a doutrina. De destaque final geral, porém, há de se remeter à distinção inconstante entre as operações "interpretação", "integração" e "interpretação integrativa", como em frente se tratará em apartado (Cap. 2.7). Se há alguma cacofonia de um lado, por outro há intenso amadurecimento do debate, não à toa tão influente a autores brasileiros (alguns, porém, apanhando a "fotografia" de parcela dos autores italianos sem, contudo, perceber seu desenvolvimento anterior e posterior). Mas siga-se no exercício comparativo, pois, adiante, se voltará a alusões pontuais à experiência italiana.

Do direito francês se colhe o benefício da reforma recente do *Code Civil* e, assim, das discussões que a inspiraram. Em matéria de interpretação contratual, a reforma via "Ordonnance n° 2016-131 du 10 février 2016" atribuiu ao aplicador maiores poderes de intervenção no contrato do que o texto original possibilitava, ao fazer inserir uma série de *standards* que antes não se viam no diploma ("boa-fé" para a formação do contrato e as negociações, "razoabilidade" em onze dispositivos, e "abusivo", "anormal" e "excessivo" em pelo menos outras oito oportunidades[65]), não sem buscar algum equilíbrio que

---

[64] PENNASILICO, Mauro. *Contratto e Interpretazione. Lineamenti di ermeneutica contrattuale.* 2. ed. Torino: Giappichelli, 2015, p. 39.

[65] Arts. 1.104 e 1.112 ("bonne foi"), 1.116, 1.117, 1.123, 1.158, 1.211, 1.226, 1.307-1, 1.188, 1.197, 1.218 e 1.122 ("raisonnable"), e 1.141, 1.143 ("manifestement excessif"), 1.148 ("conditions normales"), 1.171 ("déséquilibre significatif"), 1.195 ("excessivement onéreux"), 1.221

torne excepcional e extrema essa intervenção[66]. Isso de certo modo se reflete na redução do número de dispositivos que agora tratam da interpretação contratual, passando de nove do antigo texto (os originais arts. 1.156 a 1.164) para apenas cinco (arts. 1.188 a 1.192)[67], estrutura que se aproxima do que se vê nos Princípios UNIDROIT e nos PECL[68] mas que segue sendo entendida como mera sugestão ao aplicador[69].

Foram mantidos, com modificações, os antigos arts. 1.156 ("commune intention des parties"), 1.157 (interpretação que privilegia o melhor efeito), 1.161 (interpretação sistemática) e 1.162 (interpretação *contra proferentem*), insertos no capítulo do direito dos contratos intitulado "L'interprétation du contrat", respectivamente nos noveis arts. 1.188, que manteve a intenção comum como finalidade, mas agregou que, subsidiariamente, deve-se fazer uso do critério objetivo da "personne raisonnable placé dans la même situation"[70]; 1.191, que privilegia o efeito útil na interpretação[71]; 1.189, acrescentando a interpretação

---

("disproportion manifeste") e 1.165 e 1.165 ("abus dans la fixation du prix"). Veja-se AYNÈS, Laurent. Le juge et le contrat: nouveaux rôles? *Revue des Contrats*. Paris: Lextenso, 2016, p. 14.

[66] CHANTEPIE, Gael; LATINA, Mathias. *La Réforme du Droit des Obligations. Commentaire théorique et pratique dans l'ordre du Code civil*. Paris: Dalloz, 2016, p. 33. Como indica Lauren Aynès, o número de oportunidades de intervenção do juiz em verdade diminuiu, mas, "en contrapartie, les modalités de l'intervention judiciaire sont devenues plus souples et indetérminées, de sorte qu'une nouvelle imprévisibilité de la règle de droit pourrait être le fruit amer de l'ordonnance, si l'on n'y veille" (AYNÈS, Laurent. Le juge et le contrat: nouveaux rôles? *Revue des Contrats*. Paris: Lextenso, 2016, p. 14).

[67] *Code Napoléon. Édition originale et seule officielle*. Paris: De L'Imprimerie Impériale, 1808, p. 209.

[68] FAGES, Bertrand. *Droit des Obligations*. 6. ed. Paris: LGDJ, 2016, p. 227.

[69] FABRE-MAGNAN, Muriel. *Droit des Obligations. I – Contrat et engagement unilatéral*. 4. ed. Paris: PUF, 2016, p. 562.

[70] Essa a característica mais importante da reforma em termos de disciplina da interpretação, porque prevendo a objetivação como etapa subsidiária, i.e.: caso a intenção comum das partes seja de impossível desvelamento (=interpretação subjetiva, que tem por finalidade buscar a vontade das partes por detrás do declarado), o aplicador deverá interpretar o contrato "de acordo com sentido que daria uma pessoa razoável colocada na mesma situação" (art. 1.188, segunda parte). Ainda que agora bifásico, o processo interpretativo no direito francês tem por objeto apenas o que foi declarado, sendo "proibido ao juiz descobrir vontades tácitas, já que a vontade deve estar manifestada" (MALAURIE, Philippe; AYNÈS, Laurent. *Droit des Obligations*. 8. ed. Paris: LGDJ, 2016, p. 418).

[71] "Art. 1.191. Lorsqu'une clause est susceptible de deux sens, celui qui lui confère un effet l'emporte sur celui qui ne lui en fait produire aucun".

sistemática também em vista das coligações contratuais[72]; e 1.190, melhor distinguindo a regra do *contra proferentem* para contratos paritários e para contratos por adesão[73]. A estes se acresceu, por fim, o antes inexistente art. 1.192, que trata do *in claris cessat interpretatio*[74].

Por fim, há de se advertir que, diferentemente do processo interpretativo, a "forçage" ou o "comblement" do contrato, extraído do art. 1.194[75], é operação que objetiva "consolidar certos contratos lacunosos", "completando seu conteúdo"[76]. Há alguma variação a mais na doutrina quanto ao nome

---

[72] "Art. 1.189. Toutes les clauses d'un contrat s'interprètent les unes par rapport aux autres, en donnant à chacune le sens qui respecte la cohérence de l'acte tout entier. Lorsque, dans l'intention commune des parties, plusieurs contrats concourent à une même opération, ils s'interprètent en fonction de celle-ci".

[73] "Art. 1.190. Dans le doute, le contrat de gré à gré s'interprète contre le créancier et en faveur du débiteur, et le contrat d'adhésion contre celui qui l'a proposé".

[74] "Art. 1.192. On ne peut interpréter les clauses claires et précises à peine de dénaturation". Segundo a doutrina que o reverbera, só há interpretação quando houver obscuridade, isto é, ambiguidade ou contradição entre suas cláusulas (FAGES, Bertrand. *Droit des Obligations*. 6. ed. Paris: LGDJ, 2016, p. 226; MALAURIE, Philippe; AYNÈS, Laurent. *Droit des Obligations*. 8. ed. Paris: LGDJ, 2016, p. 417). Esse, a propósito, é um dos dois controles da *Cour de Cassation* apostos ao juiz e que plasmam, assim, o limite de sua atividade: o de não desnaturar o contrato, que se dá quando se interpreta um negócio que já é claro, e o controle quanto à qualificação do contrato, que pode ser modificada pelo juiz caso as partes se tenham equivocado nessa atribuição (MALAURIE, Philippe; AYNÈS, Laurent. *Droit des Obligations*. 8. ed. Paris: LGDJ, 2016, pp. 419-420).

[75] A primeira denominação – "forçage" – é a mais conhecida e utilizada, remontando a Louis Josserand, ao passo que a segunda – "comblement", que pode ser traduzida por "completamento" – é a sugerida por parte da doutrina para que não se entenda que o aplicador pode efetivamente *forçar* a disciplina do contrato (FAGES, Bertrand. *Droit des Obligations*. 6. ed. Paris: LGDJ, 2016, p. 230). A observação é relevante vez que destaca atuar a "forçage" dentro dos quadrantes do contrato: "L'article 1135 du Code civil n'est donc pas une règle qui permet la modification du contrat. [...] Elle est une règle qui a trait à la réalisation du contrat et n'est pas autonome. Par où elle satisfait aux critères distinctifs de la règle d'exécution. Sur la base du contrat, elle détermine la prestation qu'il faut réaliser pour satisfaire à la norme juridique qui est née à la suite de la formation du contrat" (PENIN, Olivier. *La Distinction de la Formation et de l'Exécution du Contrat. Contribution à l'étude du contrat acte de prévision*. Paris: LGDJ, 2012, p. 27). O texto atual do dispositivo é o seguinte: "Art. 1.194. Les contrats obligent non seulement à ce qui y est exprimé, mais encore à toutes les suites que leur donnent l'équité, l'usage ou la loi".

[76] DRAPIER, Sandrine. *Les Contrats Imperfaits*. Aix-en-Provence: Presses Universitaires d'Aix-Marseille, 2001, p. 315.

da operação, por vezes aparecida como "interpretação construtiva"[77]; mas o conceito, de servir para o preenchimento de lacunas, tende a aparecer de maneira invariável nos autores mais recentes.

O direito alemão, por seu turno, possui perfil um pouco distinto do italiano e do francês. No que tange à interpretação, o BGB não possui dispositivos gerais que a disciplinem[78], mas traz marcada nos §§133 e 157 a conjugação entre interpretação subjetiva (*wirliche Wille*, "intenção atual") e interpretação objetiva (*Treu und Glauben* e *Verkehrssitte*, "boa-fé" e "prática comum") respectivamente, voltadas ao "esclarecimento do sentido que uma declaração encerra"[79]; e que não funcionam de maneira bifásica, mas de modo complementar, referidas por jurisprudência e doutrina em conjugação, por proporcionarem, conjuntamente, a proteção dos interesses de ambas as partes[80]. Ainda assim, caso manifesta a "comum intenção das partes" com base no §133, o §157 não poderá ser manejado para o fito de contrariá-la[81]. Há de se referir,

---

[77] Assim FABRE-MAGNAN, Muriel. *Droit des Obligations. I – Contrat et engagement unilatéral.* 4. ed. Paris: PUF, 2016, p. 561.

[78] Werner Flume explica que isso decorre de uma desimportância atribuída pelos autores do BGB às regras gerais de interpretação, conforme refletido na Exposição de Motivos cujo trecho vale transcrever, tal qual consta de Flume: "Los preceptos de esta clase son esencialmente reglas del pensamiento sin ningún contenido jurídico-positivo: al juez se le dan lecciones de lógica práctica. En ello existe el peligro de considerar a estas disposiciones como verdaderas normas jurídicas y que el sentido de las palabras sea valorado como la pauta principal, del cual sólo sea admisible apartarse cuando la Ley lo haya permitido expresamente, mientras que precisamente se ha excluido la enumeración de todas las demás circunstancias posiblemente revelantes" (*apud* FLUME, Werner. *El Negócio Juridico* (trad. José María Miquel González e Esther Gómez Calle). Madri: Fundación Cultural del Notariato, 1998, pp. 369-370).

[79] VON TUHR, Andreas. *Tratado de las Obligaciones* (trad. W. Roces). Madri: Reus, 1934, t. 1, p. 193. No mesmo sentido: DANZ, Erich. *La interpretación de los negócios jurídicos (contratos, testamentos, etc.)* (trad. Francisco Bonet Ramon). 3. ed. Madrid: Editorial Revista de Derecho Privado, 1955, p. 179; LARENZ.

[80] É o que mostra KORNET, Nicole. *Contract Interpretation and Gap Filling: comparative and theoretical perspectives.* Oxford: Intersentia Antwerpen, 2006, p. 97, citando abundante doutrina alemã. A tradução oficial para o inglês dos referidos dispositivos é a seguinte: "Section 133. Interpretation of a declaration of intent. When a declaration of intent is interpreted, it is necessary to ascertain the true intention rather than adhering to the literal meaning of the declaration"; "Section 157. Interpretation of contracts. Contracts are to be interpreted as required by good faith, taking customary practice into consideration" (disponível em https://www.gesetze-im-internet.de/englisch_bgb/).

[81] FLUME, Werner. *El Negócio Juridico* (trad. José María Miquel González e Esther Gómez Calle). Madri: Fundación Cultural del Notariato, 1998, p. 370; KORNET, Nicole. *Contract*

ainda, às técnicas da "lei supletiva" e da "interpretação construtiva" (*ergänzende Vertragsauslegung*) para as situações em que não houver disposição expressa pelo concreto contrato, e que, respectivamente, compreendem o acréscimo à disciplina, caso as partes não tenham disposto, e o preenchimento da lacuna, para a hipótese de nem autonomia e nem heteronomia terem informado a regra necessária ao caso.

Caso lancemos um rápido olhar sobre a legislação sul-americana, vê-se, no geral, grande influência do texto original do *Code Civil* francês e, portanto, das regras de interpretação de Robert-Joseph Pothier. O Código Civil e Comercial argentino (2015)[82] estabelece que a interpretação se dê "conforme a la intención común de las partes y al principio de la buena fe" (art. 1.061)[83], também remetendo aos usos para entender-se o sentido das palavras (art. 1.063), à interpretação sistemática (art. 1.064), às circunstâncias de sua celebração (art. 1.065, a), à conduta das partes anterior e posterior à celebração do contrato (art. 1.065, b), e à natureza e finalidade do negócio (art. 1.065, c); acolhendo o princípio da conservação do contrato, ao privilegiar a interpretação que resguarde o efeito útil (*favor negotii*) (art. 1.066); impondo que a interpretação deva "proteger la confianza y la lealtad que las partes se deben recíprocamente", assim dizendo inadmissíveis os comportamentos contraditórios (art. 1.067); disciplinando a interpretação restritiva, quando estabelecida por lei ou contrato, salvo em contratos por adesão e de consumo (art. 1.062); e, ainda, como regra final, dispondo sobre a interpretação no sentido menos gravoso ao obrigado, quando se tratar de contrato gratuito, e

---

Interpretation and Gap Filling: comparative and theoretical perspectives. Oxford: Intersentia Antwerpen, 2006, p. 101; OERTMANN, Paul. *Introducción al Derecho Civil* (trad. Luis Sancho Seral). Barcelona: Labor, 1933, p. 271.

[82] Que findou por inserir regras mais alentadas de interpretação que o Código anterior não continha, "salvo contadas excepciones, [...] talvez por entender, no sin razón, que ellas debían ser por su própia índole más que obra del legislador, de la ciencia del derecho", como alertava LLAMBÍAS, Jorge Joaquín. *Tratado de Derecho Civil. Parte General.* Buenos Aires: Perrot, 1997, t. 2, p. 337.

[83] No que, desde o texto do anterior Código (art. 1.198), se via autorização, "en ciertas hipóteses [...] que él intérprete llegue a una conclusión distinta del critério que tuvieron ambas partes en el momento de contratar" (ALTERINI, Atilio Anibal. *Contratos Civiles – Comerciales – de Consumo. Teoría General.* Buenos Aires: Abeledo-Perrot, 1999, p. 412).

no sentido mais equitativo aos interesses das partes, se o contrato for oneroso (art. 1.068)[84].

De sua vez, o Código Civil Uruguaio (1994) começa por tratar da interpretação ao aludir que as palavras se devem entender "en el sentido que les da el uso general" (art. 1.297); alude à busca da intenção comum, em prioridade ao sentido literal dos termos (art. 1.298); refere à interpretação sistemática (art. 1.299), ao efeito útil (art. 1.300), ao comportamento posterior das partes (art. 1.301), aos usos e costumes (art. 1.302) e à abrangência do significado das partes pela do todo (art. 1.306) como critérios; acolhe a regra do *favor debitoris* como *ultima ratio* do processo interpretativo, salvo se for cláusula ditada por uma das partes, ocasião em "se interpretarán contra ella, siempre que la ambigüedad provenga de su falta de explicación" (art. 1.304);

---

[84] "ARTICULO 1061.- Intención común. El contrato debe interpretarse conforme a la intención común de las partes y al principio de la buena fe. ARTICULO 1062.- Interpretación restrictiva. Cuando por disposición legal o convencional se establece expresamente una interpretación restrictiva, debe estarse a la literalidad de los términos utilizados al manifestar la voluntad. Este artículo no es aplicable a las obligaciones del predisponente y del proveedor en los contratos por adhesión y en los de consumo, respectivamente. ARTICULO 1063.- Significado de las palabras. Las palabras empleadas en el contrato deben entenderse en el sentido que les da el uso general, excepto que tengan un significado específico que surja de la ley, del acuerdo de las partes o de los usos y prácticas del lugar de celebración conforme con los criterios dispuestos para la integración del contrato. Se aplican iguales reglas a las conductas, signos y expresiones no verbales con los que el consentimiento se manifiesta. ARTICULO 1064.- Interpretación contextual. Las cláusulas del contrato se interpretan las unas por medio de las otras, y atribuyéndoles el sentido apropiado al conjunto del acto. ARTICULO 1065.- Fuentes de interpretación. Cuando el significado de las palabras interpretado contextualmente no es suficiente, se deben tomar en consideración: a) las circunstancias en que se celebró, incluyendo las negociaciones preliminares; b) la conducta de las partes, incluso la posterior a su celebración; c) la naturaleza y finalidad del contrato. ARTICULO 1066.- Principio de conservación. Si hay duda sobre la eficacia del contrato, o de alguna de sus cláusulas, debe interpretarse en el sentido de darles efecto. Si esto resulta de varias interpretaciones posibles, corresponde entenderlos con el alcance más adecuado al objeto del contrato. ARTICULO 1067.- Protección de la confianza. La interpretación debe proteger la confianza y la lealtad que las partes se deben recíprocamente, siendo inadmisible la contradicción con una conducta jurídicamente relevante, previa y propia del mismo sujeto. ARTICULO 1068.- Expresiones oscuras. Cuando a pesar de las reglas contenidas en los artículos anteriores persisten las dudas, si el contrato es a título gratuito se debe interpretar en el sentido menos gravoso para el obligado y, si es a título oneroso, en el sentido que produzca un ajuste equitativo de los intereses de las partes".

e estabelece as regras de integração das "cláusulas de uso", implícitas nos contratos (art. 1.303)[85].

O Código Civil chileno (1857), de sua vez, principia priorizando a intenção comum "conocida claramente" por sobre o sentido literal das palavras (art. 1.560); arrola como critérios de interpretação a "la naturaleza de contrato" (art. 1.563, primeira parte), as demais cláusulas, os contratos com afinidade ao interpretado e a conduta das partes (art. 1.564); dispõe que as "cláusulas de uso común" se presumem, mesmo inexpressas (art. 1.563, segunda parte); ainda, traz regras quanto à abrangência das disposições apenas ao que contratado (art. 1.561), ao efeito útil do negócio (*favor negotii*) (art. 1.562), à função dos exemplos insertos que explicam a regra (art. 1.565); e, por fim, a regra derradeira, aplicável quando não se possa aplicar nenhuma das precedentes e que determina a interpretação *in favor debitoris* (art. 1.566, primeira parte), salvo quando houver clareza quanto a quem tiver redigido a disposição em tela, ocasião em que a interpretação se dará *contra proferentem* (art. 1.566, segunda

---

[85] "Artículo 1297 Las palabras de los contratos deben entenderse en el sentido que les da el uso general, aunque el obligado pretenda que las ha entendido de otro modo. Artículo 1298 Habiendo ambigüedad en las palabras, debe buscarse más bien la intención común de las partes que el sentido literal de los términos. Artículo 1299 Las cláusulas equívocas o ambiguas deben interpretarse por medio de los términos claros y precisos empleados en otra parte del mismo escrito, cuidando de darles no tanto el significado que en general les pudiera convenir, cuanto el que corresponde por el contexto general. Artículo 1300 Las cláusulas susceptibles de dos sentidos, del uno de los cuales resultare la validez y del otro la nulidad del acto, deben entenderse em el primero. Si ambos dieren igualmente validez al acto, deben tomarse en el sentido que más convenga a la naturaleza del contrato y a las reglas de la equidad. Artículo 1301 Los hechos de los contrayentes, posteriores al contrato, que tengan relación con lo que se discute, servirán para explicar la intención de las partes al tiempo de celebrar el contrato. Artículo 1302 Las cláusulas ambiguas se interpretan por lo que es de uso y costumbre en el lugar del contrato. Artículo 1303 Las cláusulas de uso común deben suplirse en los contratos, aun cuando no se hallen expresadas en ellos. Artículo 1304 En los casos dudosos que no puedan resolverse según las bases establecidas, las cláusulas ambiguas deben interpretarse a favor del deudor. Pero las cláusulas ambiguas que hayan sido extendidas o dictadas por una de las partes, sea acreedora o deudora, se interpretarán contra ella, siempre que la ambigüedad provenga de su falta de explicación. Artículo 1305 Por generales que sean los términos de un contrato, sólo se aplicarán a la materia sobre que se ha contratado. Artículo 1306 Cuando el objeto de un contrato es un compuesto de diversas partes, la denominación dada al todo comprende todas las partes que lo forman. Artículo 1307 La expresión de un caso se estima hecha por vía de ejemplo, a no ser que aparezca claramente haberse hecho con el objeto de restringir la obligación a ese caso".

parte)[86]. Tais regras são vistas por parte da doutrina como não vinculativas ao aplicador, "sino que tienen carácter de verdadeiros consejos dado por el legislador al juez"[87].

O Código Civil colombiano (1873), de sua vez, tem nos arts. 1.618 a 1.624, praticamente a mesma *littera* do Código Civil chileno.

Para ficar-se com um último exemplar sul-americano, o Código Civil peruano (1984) é bastante econômico quanto a regras de interpretação, situando-as no tópico "interpretação de atos jurídicos"[88]. O art. 168 estabelece que se deva proceder, apenas, à "interpretación objetiva" do ato jurídico, que se dá "de acuerdo com lo que se haya expresado en él y según el principio de la buena fe". É de referir que, nada obstante a telegrafia do dispositivo, entende-se fazer parte da interpretação objetiva a verificação de "todo lo que las partes

---

[86] "Art. 1560. Conocida claramente la intención de los contratantes, debe estarse a ella más que a lo literal de las palabras. Art. 1561. Por generales que sean los términos de un contrato, sólo se aplicarán a la materia sobre que se ha contratado. Art. 1562. El sentido en que una cláusula puede producir algún efecto, deberá preferirse a aquel en que no sea capaz de producir efecto alguno. Art. 1563. En aquellos casos en que no apareciere voluntad contraria deberá estarse a la interpretación que mejor cuadre con la naturaleza del contrato. Las cláusulas de uso común se presumen aunque no se expresen. Art. 1564. Las cláusulas de un contrato se interpretarán unas por otras, dándose a cada una el sentido que mejor convenga al contrato en su totalidad. Podrán también interpretarse por las de otro contrato entre las mismas partes y sobre la misma materia. O por la aplicación práctica que hayan hecho de ellas ambas partes, o una de las partes con aprobación de la otra. Art. 1565. Cuando en un contrato se ha expresado un caso para explicar la obligación, no se entenderá por sólo eso haberse querido restringir la convención a ese caso, excluyendo los otros a que naturalmente se extienda. Art. 1566. No pudiendo aplicarse ninguna de las reglas precedentes de interpretación, se interpretarán las cláusulas ambiguas a favor del deudor. Pero las cláusulas ambiguas que hayan sido extendidas o dictadas por una de las partes, sea acreedora o deudora, se interpretarán contra ella, siempre que la ambigüedad provenga de la falta de una explicación que haya debido darse por ella".

[87] RODRÍGUEZ, Arturo Alessandri. *Derecho Civil. De los Contratos*. Santiago: Ediar-Conosur, 1988, p. 65. E completa: "Por eso se ha dicho que habria sido mejor no consignar estas reglas y dejar a los jueces con más libertad para estos efectos. Si el Código Civil las consignó fue por imitación del Código francés, el cual no hizo más que repetir lo que decía Pothier a este respecto" (idem ibidem).

[88] Como adverte Coaguila, o ordenamento peruano "sólo ha establecido reglas para la interpretación de los actos jurídicos en general. Como todo contrato es un acto jurídico (bilateral o plurilateral), entonces, *mutatis mutandis*, se aplican las reglas de lacto jurídico para su interpretación" (COAGUILA, Carlos A. Soto. Las reglas de interpretación de los contratos en el derecho peruano. In: COAGUILA, Carlos Alberto Soto (Coord.). *Teoría General del Contrato. Homenaje al Profesor Doctor Ricardo L. Lorenzetti*. Buenos Aires: La Ley, 2012, t. 2, p. 1172).

han hecho antes, durante y después de la formación del contrato", afastando a impressão de se ter uma mal adaptada doutrina do *four corners* no direito peruano[89]. Ato seguinte, atrelado ao primeiro critério – i.e. o expressado pelas partes –, o Código remete à interpretação sistemática (art. 169), para finalizar com a interpretação conforme "a la naturaleza y al objeto del acto" (art. 170)[90]. Há de se referir, ainda, ao art. 1.401 do Código, que trata da interpretação *contra stipulatorem* de dispositivos insertos em cláusulas gerais da contratação ou formulários redigidos por uma das partes[91].

Por fim, alguns comentários hão de merecer certos diplomas da seara transnacional.

A "Convenção das Nações Unidas Sobre Contratos de Compra e Venda Internacional de Mercadorias" ("CISG" ou "Convenção de Viena", celebrada em 1980), hoje direito interno[92], prevê regras de interpretação contratual no art. 8º, estabelecendo dupla fase do processo[93]: uma primeira voltada à interpretação "segundo a intenção" da parte declarante (art. 8(1)), e uma segunda que remete ao "sentido que lhes teria dado uma pessoa razoável, com a mesma qualificação e nas mesmas circunstâncias da outra parte" (art. 8(2)), aqui remetendo à "intenção hipotética"[94]. Em qualquer das hipóteses, a CISG

---

[89] COAGUILA, Carlos A. Soto. Las reglas de interpretación de los contratos en el derecho peruano. In: COAGUILA, Carlos Alberto Soto (Coord.). *Teoría General del Contrato. Homenaje al Profesor Doctor Ricardo L. Lorenzetti*. Buenos Aires: La Ley, 2012, t. 2, p. 1173.

[90] "Artículo 168.- Interpretación objetiva El acto jurídico debe ser interpretado de acuerdo con lo que se haya expresado en él y según el principio de la buena fe. Artículo 169.- Interpretación sistemática Las cláusulas de los actos jurídicos se interpretan las unas por medio de las otras, atribuyéndose a las dudosas el sentido que resulte del conjunto de todas. Artículo 170.- Interpretación integral Las expresiones que tengan varios sentidos deben entenderse en el más adecuado a la naturaleza y al objeto del acto".

[91] "Artículo 1401.- Interpretación de las estipulaciones Las estipulaciones insertas en las cláusulas generales de contratación o en formularios redactados por una de las partes, se interpretan, en caso de duda, en favor de la otra".

[92] Em vigência no Brasil desde 1º de abril de 2014, via Decreto Legislativo nº 528/2012 e Decreto Presidencial nº 8.327, de 16 de outubro de 2014.

[93] Que serve, também, para o preenchimento de lacunas, compreendido pelos comentaristas como dentro da disciplina do art. 8 (SCHMIDT-KESSEL, Martin. Arts. 8, 9. In: SCHLECHTRIEM, Peter; SCHWENZER, Ingeborg (Orgs.). *Commentary on the UN Convention on the International Sale of Goods (CISG)*. 3. ed. Oxford: Oxford University Press, 2010, p. 152).

[94] SCHMIDT-KESSEL, Martin. Arts. 8, 9. In: SCHLECHTRIEM, Peter; SCHWENZER, Ingeborg (Orgs.). *Commentary on the UN Convention on the International Sale of Goods (CISG)*. 3. ed. Oxford: Oxford University Press, 2010, p. 155.

remete a "todas as circunstâncias pertinentes ao caso", incluindo "negociações, práticas adotadas pelas partes entre si, usos e costumes e qualquer conduta subsequente" (art. 8(3)), relevando destacar, para o direito brasileiro, ter, assim, inaugurado na disciplina positiva a remissão às práticas, antes constante de enunciado vinculado ao art. 113 *caput* e que, na LLE, veio aludida pelo art. 113 §1º, inc. II, conforme em frente se verá (Cap. 2.3 infra). Importante notar que o âmbito de incidência dessa disciplina é restrito a casos que envolvam contratos de compra e venda internacional de mercadorias.

Jurisprudência referente à CISG, bem como doutrina, ainda veem como compreendidos na disciplina do art. 8º, apesar de inexpressos, os critérios do fim do contrato, das demais cláusulas e dos grupos de contratos (interpretação sistemática), de todas as circunstâncias atinentes à formação do negócio – no que se tem como não recepcionada a "parol evidence rule" do direito anglo-americano, inclusive como enseja o art. 11[95] – e do *favor negotii*. Também é tido por compreendida na disciplina da Convenção a regra da *interpretatio contra proferentem*, "fundada no princípio básico de que a parte que redigiu ou forneceu a formulação de certo termo deve assumir o risco da sua possível ambiguidade"; desde que seja inequívoco o autor da redação e somente em *ultima ratio* aplicativa, tendo-se esgotado os demais critérios[96]. De outro lado, a boa-fé, em geral, não é tida como princípio-guia para a interpretação

---

[95] "Artigo 11. O contrato de compra e venda não requer instrumento escrito nem está sujeito a qualquer requisito de forma. Poderá ele ser provado por qualquer meio, inclusive por testemunhas". A "parol evidence rule" foi objeto de específica rejeição pela "Advisory Council Opinion No. 3": "1. The Parol Evidence Rule has not been incorporated into the CISG. The CISG governs the role and weight to be ascribed to contractual writing" (CISGAC Opinion no 3, Parol Evidence Rule, Plain Meaning Rule, Contractual Merger Clause and the CISG, 23 October 2004. Rapporteur: Professor Richard Hyland, Rutgers Law School, Camden, NJ, USA).

[96] SCHMIDT-KESSEL, Martin. Arts. 8, 9. In: SCHLECHTRIEM, Peter; SCHWENZER, Ingeborg (Orgs.). *Commentary on the UN Convention on the International Sale of Goods (CISG)*. 3. ed. Oxford: Oxford University Press, 2010, p. 170. A doutrina também radiografa que a regra da *interpretatio contra proferentem* se extrai do art. 8 por conta de este se dirigir à interpretação das declarações de cada parte: "In fact, unless the recipient knows the actual intent of the declaring party (Art. 8(1) CISG, first alternative), the interpretation will Always have to be made according to an objective standard from the perspective of the recipient. If the statement is not clear, this will usually not lead to the understanding that is more favourable to the declaring party" (HUBER, Peter; MULLIS, Alastair. *The CISG. A new textbook for students and practitioners*. [s.n.]: Sellier, 2007, p. 15).

contratual na CISG, nada obstante a intensa controvérsia que há a esse respeito (vide Cap. 2.4.3)[97].

Também os "Princípios UNIDROIT Relativos aos Contratos Comerciais Internacionais" ("UNIDROIT Principles of International Commercial Contracts", "Princípios UNIDROIT", com última versão em 2016) estabelecem um processo bifásico para a interpretação contratual, ao preverem, primeiro – e enquanto "regra de ouro"[98] –, a interpretação "conforme a intenção comum das partes" (art. 4.1(1)) e, depois, caso tal intenção não possa ser verificada, a interpretação conforme "o significado que pessoas razoáveis do mesmo tipo das partes dariam nas mesmas circunstâncias" (art. 4.1(2)). Tal se repete no art. 4.2 para a regra atinente a declarações unilaterais – no que os Princípios UNIDROIT são mais completos que a CISG –, e é completado pelo art. 4.3, que estabelece os critérios de interpretação[99], que devem compreender "todas as circunstâncias", incluindo negociações preliminares, práticas pretéritas, a conduta posterior à conclusão do contrato, a natureza e o fim do negócio, o significado usual dos termos, e os usos. A estes acrescem as regras da interpretação sistemática (art. 4.4), do efeito útil (art. 4.5), da preferência ao idioma em que o contrato foi originalmente redigido, se houver versões em mais de uma língua (art. 4.7) e do *contra proferentem* quando identificável a parte redatora (art. 4.6) e apenas como "last resort"[100]. Destaque especial merece o art. 4.8, que, em rara previsão sob o ponto de vista comparativo, trata do suprimento de lacunas contratuais ("Supplying an omitted term"), seja por declarar admitida a possibilidade (art. 4.8(1)), seja por fixar critérios

---

[97] SCHMIDT-KESSEL, Martin. Arts. 8, 9. In: SCHLECHTRIEM, Peter; SCHWENZER, Ingeborg (Orgs.). *Commentary on the UN Convention on the International Sale of Goods (CISG)*. 3. ed. Oxford: Oxford University Press, 2010, p. 160.
[98] Expressão de GAMA JR., Lauro. *Contratos Internacionais à luz dos Princípios UNIDROIT 2004. Soft law, arbitragem e jurisdição*. Rio de Janeiro: Renovar, 2006, p. 354.
[99] Não exaustivos, como destaca a doutrina: BRÖDERMANN, Eckart. *UNDROIT Principles of International Commercial Contracts: an article-by-article commentary*. The Hague: Kluwer Law International, 2018, pp. 113-114; KOMAROV, Alexander. Contract interpretation and gap filling from the prospect of the UNIDROIT Principles. *Uniform Law Review*. Oxford: University of Oxford, 2017, p. 36.
[100] KOMAROV, Alexander. Contract interpretation and gap filling from the prospect of the UNIDROIT Principles. *Uniform Law Review*. Oxford: University of Oxford, 2017, p. 42.

para tanto (art. 4.8(2)): a intenção das partes como prioridade[101], a natureza e o fim do contrato, a boa-fé e a razoabilidade (alíneas 'a' a 'd').

Os "Princípios Europeus de Direito Contratual" ("Principles of European Contract Law", "PECL", com última versão em 2002) contêm regras expressas de interpretação que começam priorizando a intenção comum das partes (art. 5:101(1)), inclusive sobre a *littera* (art. 5:101(2)), e remetem, em segunda etapa – e em repetição à CISG e aos Princípios UNIDROIT –, ao critério da "pessoa razoável" (art. 5:101(3)). A seguir, listam como critérios não exaustivos de interpretação as circunstâncias em que concluído o contrato, a incluir as negociações; a conduta das partes, inclusive posterior; a natureza e o fim do negócio; a interpretação que anteriormente já se tiver dado ao mesmo contrato, tanto quanto as práticas pretéritas que as partes tenham estabelecido; o significado usual dos termos; os usos; e a boa-fé e "fair dealing" (art. 5:102). A estes acrescem as regras da preferência ao que foi expressamente negociado (art. 5:104), da interpretação sistemática (art. 5:105), do efeito útil (art. 5:106) e da prioridade ao idioma original do contrato, caso haja versões em diferentes línguas (art. 5:107). Por fim, também os PECL trazem a regra da interpretação *contra proferentem*, em detrimento de quem redigiu (art. 5:104).

Por derradeiro, o "Draft Common Frame of Reference" ("DCFR", 2009) praticamente repete a disciplina dos PECL, adicionando a vigência da regra da interpretação conforme ao *standard* da "pessoa razoável" também em face daquele que não é parte do contrato mas por ele é afetada (art. 8:101(3)(b)), modulando a tal, igualmente, os critérios de interpretação aplicáveis (art. 8:102(2)). A regra da interpretação *contra proferentem* também se apresenta com modificações, fazendo-a valer tanto para as situações em que uma parte, claramente, forneceu a redação de específica cláusula, sem que esta tenha sido produto da negociação (art. 8:103(1)); mas também para aquelas situações em que houve negociação da cláusula, porém com "dominant influence" de uma parte sobre a outra (art. 8:103(2)).

---

[101] É o que destacam os comentários oficiais em *UNIDROIT Principles of International Commercial Contracts. 2016*. Rome: International Institute for the Unification of Private Law, 2016, pp. 149-150, adicionando logo a seguir: "If the intention of the parties cannot be ascertained, the term to be supplied may be determined in accordance with the nature and purpose of the contract, and the principles of good faith and fair dealing and reasonableness" (idem, p. 150).

A comparação recém levada a efeito revela algumas semelhanças tanto quanto diferenças entre as fontes analisadas. A destacar, há inegável herança francesa na maior parte dos Códigos Civis sul-americanos, caudatários da original redação do *Code Civil* de 1804 e das regras de interpretação de Pothier; há centralidade, em todos os diplomas analisados (à exceção do Código Civil peruano), da intenção comum das partes como objetivo da indagação hermenêutica ou, ao menos, como etapa primeira e prioritária no processo interpretativo, a que se segue alguma variação entre diplomas que acatam um sistema bifásico (interpretação subjetiva – interpretação objetiva) e outros que não; há diversidade marcada no emprego de certos critérios, como o das práticas pretéritas e do fim do negócio jurídico, presentes em nem todos os diplomas, tanto quanto (e destacadamente) da regra da *interpretatio contra proferentem*, que varia tanto no que tange à sua presença quanto no que concerne ao conteúdo da norma; e há nos Princípios UNIDROIT a excepcional abordagem, em regras positivas gerais, do preenchimento de lacunas, o que não vem inserto em nenhum dos outros diplomas estudados.

Logicamente que o exercício comparativo só tem serventia se colocado em contraste com a ordem jurídica brasileira. É o que se principiará a fazer no Capítulo que segue, sempre que pertinente reinvocando as semelhanças e diferenças do que, comparativamente, aqui se sumarizou.

1.3 Conteúdo e função

1.3.1 Fontes da disciplina da interpretação

As fontes da disciplina de um contrato, no direito brasileiro, são em número de quatro: autonomia privada, lei, costumes e boa-fé objetiva[102]. Tal quer dizer

---

[102] Ao contrário de outros países (como no *Codice Civile* italiano, art. 1.374, ou no *Code Civil* francês, art. 1.194), em que a equidade também figura como fonte do conteúdo contratual, no Brasil tal não ocorre. A explicação normativa para tal ausência foi dada pelo próprio artífice da Parte Geral do Código Civil, quando diante de proposição de Clóvis do Couto e Silva de que se repetisse, aqui, o dispositivo constante dos diplomas italiano e francês, prevendo a equidade. Moreira Alves rejeitou-a por entender que ela "entraria em choque com o art. 108 do Anteprojeto" (correspondente ao art. 112 vigente), permitindo "ir além da intenção das partes" e, por isso, com ele não encontrando compatibilidade (MOREIRA ALVES, José Carlos. *A Parte*

que o conteúdo contratual (i.e. a disciplina concreta de determinado negócio) não se forma, apenas, daquilo que deriva do acordo das partes, no exercício de sua autonomia, mas igualmente da incidência de regras derivadas de fontes heterônomas, algumas se agregando mesmo sem a específica intenção dos contratantes, outras passando pelo filtro da intenção comum. O conjunto dessas regras forma o compósito a que, abstrata e unitariamente, se atribui o nome de conteúdo. Daí falar que o conteúdo do contrato não se compõe apenas de regras que as partes desenharam, mas também de regras que, por incidência, se agregaram (i.e. se *integraram*) à disciplina geral da particular relação, sendo, por isso, o complexo de regras informado por um conjunto de fontes, em autorregulação (fonte: declaração de vontade) e heterorregulação (fontes: lei, costumes e boa-fé)[103]. Formalmente, o conteúdo é o "conjunto

---

Geral do Projeto de Código Civil Brasileiro, com análise do texto aprovado pela Câmara dos Deputados. São Paulo: Saraiva, 1986, pp. 43-44). Não se pense, porém, que a proposta aparecia apenas em Clóvis do Couto e Silva, uma vez que presente em autores como Francisco de Paula Lacerda de Almeida que sustentava obrigar o contrato "não sómente ao que nelle está expresso, mas ainda a tudo o que é consequente e decorrente segundo a lei, a equidade, os usos e estylos seguidos" (LACERDA DE ALMEIDA, Francisco de Paula. *Obrigações*. Rio de Janeiro: Revista dos Tribunais, 1916, p. 266). Ela também constava do Projeto de Coelho Rodrigues em dois parágrafos do art. 353, §§4º e §5º (RODRIGUES, Coelho. *Projeto do Código Civil Brasileiro*. Brasília: Departamento de Imprensa Nacional, 1980, pp. 86-87). Na França, a manutenção da equidade pela reforma de 2016, em reiteração ao antigo art. 1.135, tem sido criticada por parte da doutrina: CHANTEPIE, Gael; LATINA, Mathias. *La Réforme du Droit des Obligations. Commentaire théorique et pratique dans l'ordre du Code civil*. Paris: Dalloz, 2016, p. 439.

[103] Esta é a definição partilhada por uma série de autores, dentre eles: ASCENSÃO, José de Oliveira. *Teoria Geral do Direito Civil. Volume III*. Acções e Factos Jurídicos. Lisboa: [s.n.], 1992, p. 66, apesar de não falar de *regras*, mas de *preceitos*; CATAUDELLA, Antonino. *Sul Contenuto del Contratto*. Milano: Giuffrè, 1966, p. 18; FERREIRA DE ALMEIDA, Carlos. *Contratos II. Conteúdo. Contratos de Troca*. 4. ed. Coimbra: Almedina, 2016, pp. 9-10; FLUME, Werner. *El Negócio Jurídico* (trad. José María Miquel González e Esther Gómez Calle). Madri: Fundación Cultural del Notariato, 1998, p. 110; GABRIELLI, Enrico. Il contratto e il suo oggetto nel diritto italiano. *Rivista Trimestrale di Diritto e Procedura Civile*. Milano: Giuffrè, 2012, n. 1, p. 41; GALGANO, Francesco. *Il Negozio Giuridico*. Milano: Giuffrè, 1988, p. 103; TELLES, Inocêncio Galvão. *Manual dos Contratos em Geral*. 4. ed. Coimbra: Coimbra Editora, 2002, p. 253; GERI, Lina Bigliazzi. *L'interpretazione del contratto. Artt. 1362-1371*. Milano: Giuffrè, 2013, p. 196; IBARBIA, Francisco de Elizalde. *El Contenido del Contrato*. Navarra: Thomson Reuters Aranzadi, 2015, pp. 37-38; MENEZES CORDEIRO, António. *Tratado de Direito Civil. II. Parte Geral. Negócio Jurídico. Formação. Conteúdo e Interpretação. Vícios da Vontade. Ineficácias e Invalidades*. 4. ed. Coimbra: Almedina, 2017, p. 537; MIRANDA, Custódio da Piedade Ubaldino. *Interpretação e integração dos negócios jurídicos*. São Paulo: RT, 1989, p. 78; ROPPO, Enzo.

das cláusulas negociais" e das regras que se agregam por derivação de fontes heterônomas; substancialmente, é a própria auto e hetero "regulação de interesses", no sentido de ser uma combinação de "elementos normativos" e "elementos voluntários"[104].

Pertencem a esse conteúdo também as regras de interpretação contratual, seja porque, às vezes, produto da disposição expressa das partes, seja porque derivadas da incidência da lei (cogente e dispositiva, a depender de que regra positiva se esteja a tratar) e dos costumes.

Comece-se pela legislação. A lei é fonte de regras do conteúdo contratual por incidir cogente ou dispositivamente. Há, assim, regras injuntivas e regras dispositivas de interpretação contratual (como em frente se dissecará, Cap. 2.7), de modo que, no primeiro caso, tem-se moldura à autonomia privada, esta se inserindo dentro das bordas daquilo que cogentemente deriva da lei[105]; e no segundo caso, tem-se supletividade à autonomia privada, no sentido de que a incidência das regras legais dispositivas, em matéria de interpretação, se dá presuntivamente: são regras agregadas *por presunção* ao conteúdo contratual, só se as afastando se a intenção comum das partes as rejeitar. Cogentes, as regras se aplicam ainda que haja disposição contratual diversa; dispositivas, as regras incidem no silêncio da declaração, se compatíveis à intenção comum das partes.

Em tema de normas de interpretação, a lei não é tão abundante e nem sistemática, mas estabelece marcadamente ao menos quatro disciplinas diversas:

O Contrato (trad. Ana Coimbra e M. Januário C. Gomes). Coimbra: Almedina, 1988, p. 126. Sobre o negócio jurídico como regra, tanto quanto trazendo um aporte crítico aos autores que a negam, mas também àqueles que veem no negócio fonte de direito objetivo (crítica com a qual concordamos inteiramente), veja-se CASTRO Y BRAVO, Federico de. *El Negocio Jurídico*. Madri: Instituto Nacional de Estudios Juridicos, 1971, p. 31-33.

[104] MENEZES CORDEIRO, António. *Tratado de Direito Civil. II. Parte Geral. Negócio Jurídico. Formação. Conteúdo e Interpretação. Vícios da Vontade. Ineficácias e Invalidades*. 4. ed. Coimbra: Almedina, 2017, pp. 538-539, indicando que os primeiros correspondem ao derivado da heteronomia (sejam injuntivos, sejam supletivos) e os segundos, ao que vem da autonomia.

[105] As "linhas traçadas pelas regras jurídicas cogentes" deixam o "espaço em branco" para o exercício do "auto-regramento da vontade" (PONTES DE MIRANDA, F. C. *Tratado de Direito Privado*. 4. ed. São Paulo: RT, 1983, t. 3, p. 55). Ou ainda: "Não há autonomia absoluta ou ilimitada de vontade; a vontade tem sempre limites, e a alusão à autonomia é alusão ao que se pode *querer* dentro dêsses limites" (PONTES DE MIRANDA, F. C. *Tratado de Direito Privado*. 3. ed. São Paulo: RT, 1984, t. 38, p. 39).

uma geral e três especiais. O critério precípuo de seccionamento dessas disciplinas já foi flagrado por Cristiano de Souza Zanetti como ancorado no exercício maior ou mais limitado da liberdade negocial na fase das tratativas[106]. Isto é, quanto menor a possibilidade de exercício da liberdade negocial por uma das partes nessa etapa, maior a necessidade de uma disciplina interpretativa que proteja o polo frágil.

Sob esse critério, há três blocos de disciplinas que se podem identificar: uma disciplina geral do Código Civil, encontrada nos arts. 112 e 113, que se aplica a todos os negócios jurídicos e que, por ser geral, é complementar e subsidiária às eventuais disciplinas especiais; um conjunto de regras especiais de interpretação constantes do próprio Código Civil, ligadas a certas categorias ou tipos negociais (i.e. os negócios benéficos e a renúncia, art. 114; os contratos por adesão, art. 423; a fiança, art. 819, e a transação, art. 843); e a disciplina especial do Código de Defesa do Consumidor, aplicável apenas a contratos de consumo, e que vem fixada pelo art. 47, impondo interpretação mais favorável ao consumidor. A estas disciplinas se agrega uma quarta, decorrente da internalização da CISG ao direito brasileiro em 2014, e que fixa normativa específica para a interpretação dos contratos de compra e venda internacional de mercadorias no art. 8(1), (2) e (3).

Sobre essas regras legais de interpretação, releva ter em mente duas circunstâncias que, em frente, se revisitarão. Primeiro, que tais regras são efetivamente regras (ainda que, para as partes, cogentes em alguns casos e dispositivas noutros), e não meras orientações ao intérprete, de modo que, quando compondo o conteúdo contratual, são cogentes ao aplicador. E segundo, que a disciplina da interpretação contratual nem se esgota nas normas legais, uma vez que há outras fontes de que sua normativa pode derivar, como a seguir se tratará; nem é orientada pela pura e simples sequência lógica do que a lei estabelece, especialmente, em considerando as inserções da LLE (redundantes, obscuras, incompletas e desordenadas, como acima já explicitado). Para fazer uso de metáfora geológica, as normas legais são como que o relevo externo de camadas de disciplina mais profundas: nem sua total disciplina, nem seu escalonamento se esgotam no seu relevo legal aparente.

---

[106] ZANETTI, Cristiano de Souza. *Direito Contratual Contemporâneo. A liberdade contratual e sua fragmentação.* São Paulo: Forense, 2008, pp. 271-278.

1. COMENTÁRIO AO ARTIGO 113 §§1º E 2º DO CÓDIGO CIVIL: INTERPRETAÇÃO...

Daí que também haja regras de interpretação que derivam dos costumes. Por estes se quer conotar as práticas coletivas alçadas ao *status* de regras, daí por que também chamados de "usos-regras"[107], formativos do direito consuetudinário. Como se verá em frente (Cap. 2.3), a distinção é marcada em face dos usos do tráfico, tanto quanto das práticas pretéritas, não-coletivas e, assim, de relevo somente às partes concretas[108].

Apesar de não previstas em lei, é possível identificar uma série de regras costumeiras de interpretação empregadas com alguma frequência pela jurisprudência. Tal se deve à tradição antiga sobre o tema, sendo de destaque os arts. 130 a 133 do Código Comercial de 1850 que só foram revogados expressamente pela entrada em vigência do Código Civil de 2002. Eram regras presentes no *Code Civil* francês de 1804, de sua vez apanhadas das célebres "Regras de Pothier", consistentes na reformulação e atualização de trechos do Digesto, e que circularam como paradigma da disciplina sobre a matéria não só no cenário brasileiro[109], mas, comparativamente, em diversas outras paragens (em especial, nos países sul-americanos, como já abordado acima).

---

[107] PONTES DE MIRANDA, F. C. *Tratado de Direito Privado*. 3. ed. São Paulo: RT, 1984, t. 38, p. 83.

[108] Esboçando tal distinção entre *modelo normativo* e *modelo hermenêutico* dos usos e costumes, sem, contudo, marcar a diferença entre costumes e usos do tráfico, veja-se: MAXIMILIANO, Carlos. *Hermenêutica e Aplicação do Direito*. 9. ed. Rio de Janeiro: Forense, 1980, pp. 188-194; REALE, Miguel. *Fontes e Modelos do Direito. Para um novo paradigma hermenêutico*. São Paulo: Saraiva, 2002, pp. 105-108. Procuramos mostrar o refinamento da distinção que não está no Código Civil, mas em evolução na doutrina, em NITSCHKE, Guilherme Carneiro Monteiro. Usos e costumes no direito contratual brasileiro (ou, sobre a precisão da doutrina face à imprecisão do legislador). In: BENETTI, Giovana; CORRÊA, André Rodrigues; FERNANDES, Márcia Santana; NITSCHKE, Guilherme Carneiro Monteiro; PARGENDLER, Mariana; VARELA, Laura Beck (Orgs.). *Direito, Cultura, Método. Leituras da obra de Judith Martins-Costa*. Rio de Janeiro: GZ, 2019, p. 618 e ss.

[109] Os sinais da influência de Pothier na experiência jurídica brasileira durante o séc. XIX aparecem por canais diversos e paralelos, havendo aqueles indiretos, como as do Código Comercial português de 1833 e do Código Comercial espanhol de 1829, de sua vez inspirados no *Code Civil* de 1804, e que, também em específico quanto às regras de interpretação, foram quase que "colados" ao Código brasileiro de 1850 (vejam-se os arts. 256 e 257 do *Codigo Commercial Portuguez*. Lisboa: Imprensa Nacional, 1833, p. 43; e os arts., 249, 250 e 252 do *Código de Commercio, Decretado, Sancionado y Promulgado em 30 de Mayo de 1829*. Madri: Imprenta Real, 1829, pp. 75-76); e os canais diretos, como a da tradução das "Regras de Pothier" para o português, publicada por Cândido Mendes de Almeida em 1869 (POTHIER, Robert-Joseph. Regras da interpretação dos contractos. In: ALMEIDA, Cândido Mendes de. *Auxiliar Juridico*

Exemplo marcante do que se refere é a regra que manda interpretar *sistematicamente* certa disposição contratual, não constante do Código Civil, antes presente no art. 131, 2 do Código Comercial de 1850 e, de sua vez, inspirada na Sexta Regra de Pothier: "Huma cláusula deve interpretar-se pelas outras do mesmo contracto, ou estas sejão precedentes, ou consequentes"[110]. Tal, hoje, ainda vai enriquecido pela consolidação da interpretação unitária de contratos conexos[111]. Na jurisprudência, a interpretação sistemática vem largamente empregada, bastando exemplificar com caso em que, citando inclusive a Sexta Regra de Pothier, a decisão se preocupava em analisar ação declaratória de inexistência de propriedade imobiliária, em que se buscava reconhecer a posição de não-donatária de certo cônjuge, seja com base no regime de bens (separação obrigatória), seja com base em cláusula de incomunicabilidade. O Tribunal de Justiça entendeu, contudo, que também a esposa partilhava da condição de donatária, nada obstante expressa cláusula de incomunicabilidade, uma vez que, empregada a interpretação sistemática e considerado, assim, o contexto de cláusulas que fazia referência invariável à cônjuge também como donatária, o direito de propriedade a ela se estendia[112].

Também é assim a regra do *favor contractus*, resumida pela Segunda Regra de Pothier nos seguintes termos: "Quando huma clausula he susceptível de dous sentidos, deve entender-se naquelle em que ella póde ter efeito, e não no em que não pode ter effeito algum"[113]. Trata-se de mandamento que impõe

---

servindo de appendice à décima quarta edição do Codigo Philippino ou Ordenações do Reino de Portugal. Rio de Janeiro: Typographia do Instituto Philomatico, 1869, pp. 482-485).

[110] POTHIER, Robert-Joseph. Regras da interpretação dos contractos. In: ALMEIDA, Cândido Mendes de. *Auxiliar Juridico servindo de appendice à décima quarta edição do Codigo Philippino ou Ordenações do Reino de Portugal*. Rio de Janeiro: Typographia do Instituto Philomatico, 1869, p. 483.

[111] Acerca da interpretação conjunta de contratos coligados, a impor que um se interprete à luz dos outros, e em harmonia como um todo unitário, veja-se MARINO, Francisco Paulo De Crescenzo. *Contratos Coligados no Direito Brasileiro*. São Paulo: Saraiva, 2009, p. 224.

[112] TJSP, AC 1001591-60.2020.8.26.0072 SP 1001591-60.2020.8.26.0072, 9ª Câmara de Direito Privado, Rel. Des. Edson Luiz de Queiróz, j. em 22.06.2021.

[113] POTHIER, Robert-Joseph. Regras da interpretação dos contractos. In: ALMEIDA, Cândido Mendes de. *Auxiliar Juridico servindo de appendice à décima quarta edição do Codigo Philippino ou Ordenações do Reino de Portugal*. Rio de Janeiro: Typographia do Instituto Philomatico, 1869, p. 482. Tal fora acolhido pelo original art. 1.157 do *Code Civil* e correspondia a antiga regra romana: "Quoties in stipulationibus ambigua oratio est, commodissimum est id accipi, quo res de qua agitur, in tuto sit. L. 80 ff. *de verb. oblig.*".

ao intérprete preservar o negócio tanto quanto possível, resumido por alguns no chamado "princípio da conservação do negócio jurídico", que, no plano da eficácia, alça-se à regra costumeira para interpretar o negócio jurídico[114]. Comparativamente presente em vários diplomas estrangeiros, no Brasil ela encontra reconhecimento não na letra da lei, mas nos costumes, transfigurados em doutrina e jurisprudência, valendo referir, como exemplo, uma série de casos julgados pelo Superior Tribunal de Justiça em que se buscava a nulidade de contratos de mútuo decorrentes de agiotagem por se terem praticado juros abusivos[115]. Em todos, o Tribunal manteve a declaração de nulidade da cláusula, seja pelo fundamento de que *utile per inutile non vitiatur*, seja por interpretação à luz do princípio da conservação do negócio jurídico.

Outras regras de interpretação, que antes se encontravam consolidadas como costumeiras, agora com a LLE vieram insertas no Código Civil, tais como a *interpretatio contra proferentem* do art. 113, §1º, inc. IV, ainda que com feição distinta e mais ampliativa do que se tem na tradição da matéria, que a empregava tal qual sumarizava o art. 131, 5, do Código Comercial, a dispor (de maneira bastante mais limitada e clara, adotando o viés do *favor debitoris*, que é peculiar face à interpretação *contra proferentem*, como no Cap. 2.5 se analisará): "nos casos duvidosos, que não possam resolver-se segundo as bases estabelecidas, decidir-se-á em favor do devedor"[116]; e a atenção ao fim e ao objeto do negócio jurídico, que se pode extrair, agora, do confuso inc. V do mesmo art. 113, §1º, quando remete à economia das partes (que deve ser lida como "do contrato" – vide Cap. 2.6).

Por fim, as regras de interpretação também podem ser produto da autonomia privada, que é fonte por excelência do conteúdo contratual, ao se

---

[114] AZEVEDO, Antonio Junqueira de. *Negócio Jurídico. Existência, validade e eficácia*. São Paulo: Saraiva, 2002, p. 70.
[115] Por todos, veja-se o caso STJ – AgInt no REsp: 1244217 ES 2011/0050344-6, Relator: Ministro LÁZARO GUIMARÃES (DESEMBARGADOR CONVOCADO DO TRF 5ª REGIÃO), Data de Julgamento: 28/11/2017, T4 – QUARTA TURMA, Data de Publicação: DJe 04/12/2017.
[116] Destacando, com acerto, a distinção marcada entre a regra da *interpretatio contra proferentem* e a interpretação *in favorem debitoris*, veja-se SILVA, Luis Renato Ferreira da. A interpretação contratual e sua sistemática no Código Civil de 2002 após o advento da Lei 13.874/2019. In: BARBOSA, Henrique; FERREIRA DA SILVA, Jorge Cesa (coords.). *A Evolução do Direito Empresarial e Obrigacional. 18 anos do Código Civil. Volume 2. Obrigações & Contratos*. São Paulo: Quartier Latin, 2021, pp. 412-413.

manifestar enquanto liberdade contratual[117], encontrando como ancoragem mais genérica, em nosso sistema, o art. 425 do Código Civil. Em específico, o §2º do art. 113, inserido pela LLE, reafirmou a longa tradição desta norma: "As partes poderão livremente pactuar regras de interpretação, de preenchimento de lacunas e de integração dos negócios jurídicos diversas daquelas previstas em lei".

Sobre isso se tratará com mais atenção no Cap. 2.7 infra, valendo, apenas, adiantar que tal autorização não pode ser lida como se afastasse a regência de regras cogentes de interpretação[118], tal sendo o caso dos arts. 112, 113 *caput* e 423. O exercício da liberdade negocial se contém dentro da moldura da injuntividade legal, plasmada nas excepcionais regras cogentes de interpretação.

1.3.2 Regras de interpretação e regras interpretativas

Adicional distinção a visitar, e que pode ser objeto de alguma confusão quando lançados os olhos sobre o direito positivo, é a que se estabelece entre "regras de interpretação" e "regras interpretativas". É Pontes de Miranda quem, entre nós, delimita cada categoria, por destacar que, de um lado, as "regras jurídicas interpretativas" são "coloridoras do espaço cinzento que a dúvida deixa à vista", esclarecendo a imprecisão que se revela e, assim, *atribuindo* significado, ditando qual é o conteúdo do negócio (i.e. qual é o significado da disciplina concreta); ao passo que, de outro lado, as "regras jurídicas de interpretação" são operatórias, pois dirigidas ao intérprete, ditando como deve proceder para extrair significado do conteúdo negocial em questão[119].

Para maior clareza, as "regras jurídicas interpretativas" atribuem à manifestação de vontade "o sentido que a lei determinou", não se buscando o que a

---

[117] FLUME, Werner. *El Negócio Jurídico* (trad. José María Miquel González e Esther Gómez Calle). Madri: Fundación Cultural del Notariato, 1998, pp. 35-36.

[118] Também é essa a compreensão de LEONARDO, Rodrigo Xavier; RODRIGUES JR., Otavio Luiz. A interpretação dos negócios jurídicos na Lei da Liberdade Econômica. In: CUNHA FILHO, Alexandre J. Carneiro da; PICCELLI, Roberto Ricomini; MACIEL, Renata Mota (Coords.). *Lei da Liberdade Econômica Anotada. Vol. 2. Lei nº 13.874, de 2019*. São Paulo: Quartier Latin, 2020, p. 226.

[119] PONTES DE MIRANDA, F. C. *Tratado de Direito Privado*. 4. ed. São Paulo: RT, 1983, t. 1, pp. 64-65. No mesmo sentido, CARVALHO DE MENDONÇA, J. X. *Tratado de Direito Comercial Brasileiro*. 6. ed. Rio de Janeiro: Freitas Bastos, 1960, v. 6, 1ª Parte, p. 209.

parte ou as partes intencionaram[120]. Trata-se de espécie de regra que "sòmente incide, se o sentido daquilo, que o interessado ou os interessados estabeleceram, é duvidoso"[121]; é interpretatividade que "revela-se pelas expressões "...havendo dúvida", "...em caso de dúvida" e outras semelhantes"[122]. A observação é importante também para que fique bem estabelecida a distinção entre regras interpretativas e regras dispositivas, que é igualmente marcada: "Ali [nas regras dispositivas], o direito evita o vazio, o não-regramento; aqui [nas regras interpretativas], a ambiguidade, a vacilação no entendimento do que se pôs como vontade. [...] O direito interpretativo não supre, nem suplementa. Com ele, apenas se fixa o que o manifestante da vontade (possivelmente, o manifestante ou comunicante do conhecimento ou do sentimento, mas raramente) exprimiu. Tem-se, com ele, o conteúdo da vontade (ou do enunciado de conhecimento, ou de sentimento), legalmente interpretada aquela vontade, ou aquele enunciado de conhecimento, ou aquele sentimento. Não há algo a mais; há, apenas, operação revelatória"[123].

Exemplo de "regra jurídica interpretativa" está no art. 484, Parágrafo Único, do Código Civil, que determina, na venda por amostras, protótipos ou modelos, prevalecer "a amostra, o protótipo ou o modelo, se houver contradição ou diferença com a maneira pela qual se descreveu a coisa no contrato". Veja-se que a regra não estabelece um *modus agendi* para o intérprete, nem supre heteronomamente falta de disciplina derivada da declaração das partes, mas

---

[120] PONTES DE MIRANDA, F. C. *Tratado de Direito Privado*. 3. ed. São Paulo: RT, 1984, t. 38, p. 74.

[121] PONTES DE MIRANDA, F. C. *Tratado de Direito Privado*. 4. ed. São Paulo: RT, 1983, t. 1, p. 59. Ou como ensina noutro tomo: "O suporte fáctico da regra jurídica interpretativa do negócio jurídico é a manifestação de vontade, declarativa ou adeclarativa, que precisa ser entendida em operação mediata (=é ela obscura) e para a qual a regra jurídica dá a solução dessa operação" (PONTES DE MIRANDA, F. C. *Tratado de Direito Privado*. 4. ed. São Paulo: RT, 1983, t. 3, p. 10).

[122] PONTES DE MIRANDA, F. C. *Tratado de Direito Privado*. 4. ed. São Paulo: RT, 1983, t. 3, p. 62.

[123] PONTES DE MIRANDA, F. C. *Tratado de Direito Privado*. 4. ed. São Paulo: RT, 1983, t. 1, pp. 59-60. Nesse exato sentido: CARVALHO DE MENDONÇA, J. X. *Tratado de Direito Comercial Brasileiro*. 6. ed. Rio de Janeiro: Freitas Bastos, 1960, v. 6, 1ª Parte, p. 210; e a denotar a provável inspiração alemã de Pontes de Miranda no ponto, é VON TUHR, Andreas. *Derecho Civil. Teoria General del Derecho Civil Aleman* (trad. Tito Ravà). Buenos Aires: Depalma, 1947, v. 2, t. 1, pp. 207-209.

dita o próprio sentido que deve ser atribuído ao contrato quando seu conteúdo, presente, contiver contradição. Outros exemplos se podem encontrar no art. 610 §1º, que dita o que *não* se pode presumir inserto no conteúdo do contrato de empreitada: "[a] obrigação de fornecer os materiais não se presume; resulta da lei ou da vontade das partes"; no art. 658, ao dizer que o mandato que não seja claro a respeito se presume gratuito; dentre outros.

Da "regra jurídica interpretativa" distingue-se a "regra jurídica de interpretação", que é "operatória, em vez de coloridora do espaço cinzento", e que impõe cogência ao aplicador, o que não se vê nas "regras jurídicas interpretativas"[124]. Nas regras jurídicas de interpretação, o destinatário é o operador: elas dão ao intérprete a bússola, o método de que necessita, para extrair o significado do concreto contrato que se tornou controverso. Nas regras jurídicas interpretativas, de outro lado, são as partes as destinatárias, pois trata-se de ditar o significado da disciplina que, quando pouco claro, há de reger a relação concreta. Quando há regra interpretativa, não há interpretação, pois o significado já é ditado pela legislação. Quando há regra de interpretação, não há significado previamente estipulado, pois é a operação que vai disciplinada, e não o resultado, que pode ser variado. A regra de interpretação dá os caminhos, que podem levar a vários destinos; a regra interpretativa preestabelece o destino, independentemente do caminho que se siga.

Daí dizer, outrossim – como se verá no Cap. 2.7 –, que a "regra jurídica de interpretação" é sempre cogente para o intérprete: ela se destina ao aplicador, sendo partícula da disciplina contratual de que, portanto, não se pode distanciar. Sob o ponto de vista das partes, contudo, há variação, pois há regras legais cogentes de interpretação, que não podem ser derrogadas pela declaração dos contratantes, e há regras legais dispositivas de interpretação, que, de sua vez, incidem apenas se não derrogadas. Tal significa dizer que as cogentes comporão a disciplina contratual por incidência injuntiva da lei, pertencendo,

---

[124] PONTES DE MIRANDA, F. C. *Tratado de Direito Privado*. 4. ed. São Paulo: RT, 1983, t. 1, pp. 64-65. "Onde a dúvida se revela, incide a regra jurídica interpretativa; onde manifestação de vontade não houve, mas o legislador entendeu que era indispensável, a regra juridica dispositiva incide. A regra jurídica de interpretação, essa, não, incide cogentemente; não é dispositiva, nem se confunde com a regra jurídica interpretativa. [...] A regra jurídica interpretativa é subsidiária, completante, em *menos* do que a dispositiva, [...]; a regra jurídica de interpretação é cogente" (idem, p. 65).

assim, ao conteúdo implícito do contrato, ao passo que as dispositivas farão parte da disciplina concreta apenas se não houver previsão em sentido diverso ou derrogação pela intenção comum das partes. Em qualquer hipótese, sob o ponto de vista do aplicador, toda regra de interpretação que componha o conteúdo contratual será para ele cogente, não havendo liberdade do intérprete para acessar disposições que não pertençam à disciplina do contrato[125].

Já as regras jurídicas interpretativas não partilham de cogência, pois elas incidem em caso de ambiguidade, contradição, obscuridade. A lei vem esclarecer o significado que não está evidente no conteúdo contratual *in concreto*, pelo que a presunção aqui é de que as partes podem derrogar o significado legal, desde que dispondo de maneira indubitável.

Finalize-se, por fim, com alguns exemplos de regras jurídicas de interpretação que ficaram faltando mencionar, nada obstante ser este o objeto principal deste trabalho. São assim os arts. 112 e 113, mas também os arts. 114, 819 e 843, que plasmam o bloco das disciplinas especiais da interpretação no Código Civil; tanto quanto, tratando da "interpretação completativa" (ou preenchimento de lacunas)[126], os arts. 485, 596, 628, Parágrafo Único, 658, Parágrafo Único, 701 e 724.

1.3.3 Âmbito de aplicação

1.3.3.1 Diferenciação da disciplina da interpretação da lei

Frente à rarefação de trabalhos no direito brasileiro que estabeleçam as semelhanças e diferenças entre interpretação da lei e interpretação do contrato, e, portanto, diante de alguma dúvida que tal comparação é capaz de gerar,

---

[125] A regra de interpretação "incide cogentemente" para o aplicador; "não é dispositiva, nem se confunde com a regra jurídica interpretativa" (PONTES DE MIRANDA, F. C. *Tratado de Direito Privado*. 4. ed. São Paulo: RT, 1983, t. 1, p. 65). Também assim: CARVALHO DE MENDONÇA, J. *Tratado de Direito Comercial Brasileiro*. 6. ed. Rio de Janeiro: Freitas Bastos, 1960, v. 6, 1ª Parte, p. 209; MARINO, Francisco Paulo De Crescenzo. *Interpretação do Negócio Jurídico*. São Paulo: Saraiva, 2011, pp. 70-74.

[126] A expressão é de PONTES DE MIRANDA, F. C. *Tratado de Direito Privado*. 3. ed. Rio de Janeiro: Borsoi, 1970, t. 3, p. 342, por nós adotada e desenvolvida em NITSCHKE, Guilherme Carneiro Monteiro. *Lacunas Contratuais e Interpretação. História, conceito e método*. São Paulo: Quartier Latin, 2019, *passim*.

ocorre estabelecer alguns contornos a respeito. Tal rarefação tem algo de surpreendente quando invocada a clássica abordagem de Emilio Betti sobre o tema, em se tratando de autor que muito circulou na doutrina brasileira[127]. Era de se esperar, assim, que algo houvesse de mais refletido entre nós. Pontuais exceções, bastante expeditas no tema, findaram por destacar mais as aproximações do que as diferenças entre os processos[128]. A matéria merece, pois, alguma abordagem, ainda que sumária, para fins de evitar sobreposição de disciplinas[129]. Essa abordagem pode se dar sob duas perspectivas: uma *material* e outra *formal*.

Materialmente, a indagação que surge é sob o ponto de vista dos métodos de interpretação que se preveem para uma e outra hipóteses. As diferenças são, aí, marcantes.

Elas começam, primeiro, quanto ao escopo de uma e de outra interpretações, decorrentes da genética marcadamente diversa de seu objeto (i.e. a lei, resultante do intrincado processo legislativo em que concorrem interesses e *lobbies* diversos; e o contrato, resultante da comunhão de intenções individuais naquilo que conseguem ser intersubjetivas e se consolidam, assim, em uma "intenção comum", i.e. uma disciplina unitária que se conseguiu consensar): se na interpretação da lei o sentido buscado há de ser único e para todos, na interpretação do contrato o significado buscado é para as partes, mantendo-se "tal qual foi"[130], ou "tal qual haveria de ser", se as partes tivessem previsto.

---

[127] BETTI, Emilio. *Interpretazione della Legge e degli Atti Giuridici (Teoria Generale e Dogmatica)*. 2. ed. Milano: Giuffrè, 1971, *passim*.

[128] FRANCO, Vera Helena de Mello. *Aspectos da Integração dos Contratos no Direito Comercial*. São Paulo: Livraria Pioneira, 1979, p. 27; FRANCO, Vera Helena de Mello. *Teoria Geral do Contrato. Confronto com o direito europeu futuro*. São Paulo: RT, 2011, pp. 205-212; MIRANDA, Custódio da Piedade Ubaldino. *Interpretação e Integração dos Negócios Jurídicos*. São Paulo: RT, 1989, pp. 134-135. Mais recentemente, com base na doutrina de Pietro Perlingieri, KONDER, Carlos Nelson. Interpretação dos contratos, interpretação da lei e qualificação: superando fronteiras. *Scientia Iuris*. Londrina, 2015, v.19, n.1, pp. 47-62.

[129] Os aspectos que aqui vão sumarizados estão mais alentadamente abordados em NITSCHKE, Guilherme Carneiro Monteiro. *Lacunas Contratuais e Interpretação. História, conceito e método*. São Paulo: Quartier Latin, 2019, pp. 188-212.

[130] Assim observa PONTES DE MIRANDA, F. C. *Tratado de Direito Privado*. 3. ed. Rio de Janeiro: Borsoi, 1970, t. 3, p. 324.

A segunda diferença, daí decorrente, se estabelece quanto ao postulado normativo de cada interpretação[131], que na contratual é a intenção comum das partes, não presente enquanto tal para a interpretação da lei. Para esta, é há muito abandonada a noção de "intenção do legislador" (seja enquanto *voluntas legislatoris*, seja enquanto *voluntas legis*), pois esta pressuporia um "autor determinado" e uma "vontade unívoca fundadora do texto", circunstâncias estranhas ao processo legislativo, por não se submeter a "um autor individual, nem a uma vontade específica"[132]. A lei sempre se desprende de sua vontade criadora – apesar da importância de se consultar, como um dos critérios da interpretação, sua história genética, inclusive em respeito ao processo democrático que fez eclodir a lei em questão[133] –, ao passo que o contrato jamais: sua disciplina *é* a intenção comum das partes, que é intenção de conteúdo.

A terceira diferença entre interpretação da lei e do contrato se estabelece quanto ao seu objeto. Ao passo que a lei é sempre escrita e o que se interpreta é o escrito, o contrato pode ou não ser instrumentalizado, sendo que o que se interpreta é mais que o escrito: "também se interpreta o que está fora dele,

---

[131] Tomada aqui a noção de postulado normativo desenvolvida por ÁVILA, Humberto. *Teoria dos Princípios: da definição à aplicação dos princípios jurídicos*. 13. ed. São Paulo: Malheiros, 2012, p. 142 e ss., como se aprofundará no Cap. 1.3.4.

[132] ÁVILA, Humberto. *Teoria dos Princípios: da definição à aplicação dos princípios jurídicos*. 13. ed. São Paulo: Malheiros, 2012, p. 34. No mesmo sentido: CARVALHO DE MENDONÇA, J. X. *Tratado de Direito Comercial Brasileiro*. 6. ed. Rio de Janeiro: Freitas Bastos, 1960, v. 6, 1ª Parte, p. 208; PONTES DE MIRANDA, F. C. *Sistema de Ciência Positiva do Direito*. 2. ed. Rio de Janeiro: Borsoi, 1972, t. 2, p. 200. Com mais sofisticação, Joseph Raz e Andrei Marmor atualizaram essa *voluntas legis* a partir da noção de "intenção legislativa", com o fito de criticar o intrerpretativismo de Ronald Dworkin, recaindo, porém, em alguns dos mesmos problemas que se notam nos entendimentos clássicos a respeito. Veja-se: MARMOR, Andrei. *Interpretation and Legal Theory*. 2. ed. Oxford/Portland: Hart Publishing, 2005, p. 120 e ss.; e para uma suma das críticas a tal modelo, BIX, Brian. *Jurisprudence. Theory and Context*. 6. ed. Durham: Carolina Academic Press, 2012, pp. 161-162; e LIFANTE, Isabel. Interpretación y modelos de derecho. Sobre el papel de la intención en la interpretación jurídica. *Doxa. Cuadernos de Filosofía del Derecho*. Alicante: Marcial Pons, 1999, n. 22, p. 171 e ss.

[133] ESPÍNOLA, Eduardo. *Sistema do Direito Civil Brasileiro*. 4. ed. Rio de Janeiro: Conquista, 1960, v. 1, p. 181, nota 14. A título comparativo, a discussão sobre a possibilidade ou não de se acessarem os trabalhos legislativos é tida muito intensamente nos Estados Unidos. Para um resumo a respeito, consulte-se BIX, Brian. *Jurisprudence. Theory and Context*. 6. ed. Durham: Carolina Academic Press, 2012, pp. 163-167.

porque o negócio jurídico é um todo, mesmo quando a dúvida se refere a um dos pontos, ou a alguns dos pontos"[134].

Tudo isso faz com que os métodos de interpretação (i.e. sua disciplina, suas regras) sejam distintos, previstos em diferentes esteios do direito positivo, e com critérios e peculiaridades diversos. Ao passo que a interpretação das leis vem versada, em linhas gerais, na Lei de Introdução às Normas do Direito Brasileiro ("LINDB", a antiga Lei de Introdução ao Código Civil, Decreto-Lei n. 4.657/42, reformada amplamente pela Lei Federal n. 12.376/2010), a disciplina legal da interpretação contratual vem versada no Código Civil (arts. 112 e 113). Tem atualidade a já antiga lição de Pontes de Miranda a respeito: "A palavra *interpretação*, aplicável, em Direito, às *leis* e aos *atos jurídicos*, teve, por consequência, lamentável confusão entre as regras, que se haviam de seguir no entendimento das *regras jurídicas*, e as que disciplinariam a inteligência dos negócios. Os critérios são assaz diferentes"[135].

Por fim, *formalmente*, a semelhança que se tem é quanto à estrutura normativa de lei e de contrato. Tal repousa no fato de ambos – lei e contrato – serem fontes jurídicas: a lei enquanto tal e o contrato como especificação da fonte negocial. Mesmo com tal aproximação, há diferenças marcadas, pois ao passo que a lei plasma fonte de direito *objetivo*, o negócio jurídico é fonte de direitos *subjetivos*[136]. Portanto, mesmo na semelhança que toma como critério a mais redutora normatividade de um e outro fenômenos, há pouco que aproxime interpretação da lei e interpretação do contrato.

1.3.3.2 Negócios jurídicos, em geral, e contratos, em específico

Os arts. 112 e 113 do Código Civil vão situados no Título I do Livro III, que trata "Do Negócio Jurídico", sendo partículas do primeiro capítulo que visa a trazer "Disposições Gerais" a respeito. Por sua geografia, presumir-se-ia,

---

[134] PONTES DE MIRANDA, F. C. *Tratado de Direito Privado*. 3. ed. São Paulo: RT, 1984, t. 38, pp. 78-79. Também assim FERREIRA DE ALMEIDA, Carlos. *Texto e Enunciado na Teoria do Negócio Jurídico*. Coimbra: Almedina, 1992, v. 1, p. 622.

[135] PONTES DE MIRANDA, F. C. *Tratado de Direito Privado*. 3. ed. São Paulo: RT, 1984, t. 56, p. 331.

[136] BETTI, Emilio. *Interpretazione della Legge e degli Atti Giuridici (Teoria Generale e Dogmatica)*. 2. ed. Milano: Giuffrè, 1971, p. 259.

então, que referidos dispositivos se aplicam a quaisquer espécies de negócios jurídicos, aqui incluídos os bilaterais e unilaterais, *inter vivos* e *mortis causa*. Tal presunção, contudo, não estaria inteiramente correta.

Primeiro, é bem verdade que, pela topografia do art. 112, este não faz referência a "contrato", nem à intenção comum dos contratantes, haja vista abranger também declarações unilaterais e atos não contratuais. Entretanto, a leitura que tradicionalmente se tem feito é de que se trata, em caso de contratos, de declarações que são bilaterais. Para estes, portanto, a busca da intenção não deve ser a do declarante ou a do declaratário isoladamente, mas conjugadas em intenção comum. Há que se separar, assim, a leitura aplicativa que se faz do art. 112 para os contratos e para os negócios jurídicos unilaterais. Para os primeiros, tem-se que ele remete à intenção *comum* das partes, e não às unilaterais manifestações de vontade, ao contrário do que se tem, por exemplo, noutras paragens jurídicas em que, mesmo nos contratos, o que se manda interpretar é a declaração unilateral (como, e.g., no direito português ao ensejo do art. 236º. do Código Civil de lá). Já para os negócios jurídicos unilaterais, tem-se que o art. 112 remete – aqui sim – à intenção unilateralmente manifestada, uma vez que não há nestes comunhão de vontades.

Segundo, porque o *caput* do art. 113, em decorrência, também sofre mitigações quando em pauta negócio jurídico *mortis causa*. Ao passo que, para os contratos, é coerente proceder-se à sua interpretação em conformidade à boa-fé e aos "usos do lugar de sua celebração", para os negócios *mortis causa* o sentido usual não é buscado nem na expectativa do declaratário e nem na coletividade, e sim na vontade do declarante unilateral e no uso particular empregado pelo *de cujus*, i.e. o sentido que é "o usual do testador. Se à "adega" chamava "biblioteca" e deixou a "biblioteca" a F, o herdeiro ou legatário receberá a "adega""[137]. Daí a mesma doutrina bem destacar que as "circunstâncias do caso" tradicionalmente vinculadas à interpretação dos negócios *inter vivos* tenham menor valor na interpretação dos negócios jurídicos *mortis causa*, uma vez que, nestes, a segurança jurídica (presente pela estabilidade decorrente da boa-fé e dos usos e costumes) não assume papel de relevo: o que se há de

---

[137] PONTES DE MIRANDA, F. C. *Tratado de Direito Privado*. 3. ed. São Paulo: RT, 1984, t. 56, p. 333. No mesmo sentido, MARINO, Francisco Paulo De Crescenzo. *Interpretação do Negócio Jurídico*. São Paulo: Saraiva, 2011, p. 348.

procurar é "a intenção real", de modo que "o beneficiado, em vida, nada tem que exigir, e poderia o testador mudar, livremente, de disposição"[138]. É o que consta do art. 1.899 do Código Civil, que repete o antigo art. 1.666 do Código de 1916: "Quando a cláusula testamentária for suscetível de interpretações diferentes, prevalecerá a que melhor assegure a observância da vontade do testador".

Veja-se bem que tal não significa desprezar a importância das "circunstâncias do caso" para a interpretação dos negócios jurídicos *mortis causa*. Ocorre que tal "contexto situacional" é, apenas, diverso, porque polarizado pelo postulado normativo que, na interpretação dos negócios *mortis causa*, é a declaração unilateral, e não a intenção comum das partes. Tal faz com que o rol de circunstâncias suscetíveis de valoração pelo aplicador seja, inclusive, mais profundo do que o disponível quando se interpreta um contrato, ampliando-se o material interpretativo para "levar em conta até mesmo circunstâncias ocultas, desconhecidas dos interessados"[139]. Daí que o *caput* do art. 113, ainda que aplicável também aos negócios jurídicos *mortis causa*, assim o é *cum granus salis*: modulando ao que estes têm de peculiar, em função de seu postulado normativo, e em conjugação ao que dispõe o art. 1.899.

Terceiro, o §1º do art. 113 traz regras que foram pensadas para aplicação tão-somente a contratos. Assim são as alusões ao comportamento posterior das partes do inc. I, às práticas, aos usos e aos costumes do inc. II, à boa-fé do inc. III, à *interpretatio contra proferentem* do inc. IV e à "razoável negociação" do inc. V. A estas se soma o §2º, que pressupõe a pactuação pelas partes de regras de "interpretação, de preenchimento de lacunas e de integração". Nada há, ali, que se possa cogitar de extensão aos negócios jurídicos unilaterais

---

[138] PONTES DE MIRANDA, F. C. *Tratado de Direito Privado*. 3. ed. São Paulo: RT, 1984, t. 56, pp. 333-334. Tal não significa, porém, dotar a interpretação do negócio jurídico *mortis causa* de caráter subjetivista, pois, como bem advertia o mesmo Pontes de Miranda, há que se ler o antigo art. 1.666 do Código de 1916 (hoje art. 1.899) não como se remetesse a uma vontade subjetiva que criaria uma petição de princípio, e sim à "objetiva apreciação da melhor e mais real consequência da disposição; procurar o que objetivamente é melhor, mais eficaz, e essa eficácia não será só a *econômica*, e sim, por igual, a *jurídica*, a *prática*. A interpretação subjetivista do art. 1.666 seria desaconselhável, porque absurda: [...] 'Assegure a observância da vontade do testador" deve ser lido como "assegure eficácia, bom resultado, à disposição testamentária'. Vale dizer: firmar a interpretação, mediante a qual valha o que o testador dispôs" (idem, p. 341).
[139] MARINO, Francisco Paulo De Crescenzo. *Interpretação do Negócio Jurídico*. São Paulo: Saraiva, 2011, p. 349.

(*mortis causa*)¹⁴⁰, circunstância que faz emergir certa inconsistência sistemática mais ampla com relação à geografia: em sendo aplicáveis os arts. 112 e 113 *caput* a efetivamente todos os negócios jurídicos, ainda que com modulações e adaptações a depender da categoria, os parágrafos inseridos pela LLE ou deveriam destacar seu específico direcionamento aos contratos (por constarem, reitere-se, de Título que trata do negócio jurídico *lato sensu*), ou se deveriam inserir ao Título V do Livro I da Parte Especial do Código Civil, que trata, em particular, dos contratos. Da maneira como insertos, os novos dispositivos podem suscitar alguma confusão, quando a interpretação não se debruçar sobre a obviedade a que se dirigem.

Situados os contornos da disciplina, passemos ao voo panorâmico a partir do direito positivo para, na sequência, adentrar no terreno do que foi modificado pela LLE.

1.3.4 Intenção comum das partes como postulado normativo

A espinha dorsal da disciplina da interpretação contratual é a intenção comum das partes, que vem prevista no art. 112 e que plasma verdadeiro "postulado normativo". A referência à intenção comum das partes tem por debaixo antiga tradição, que se aprofunda nos debates do século XIX sobre a transplantação do anterior art. 1.156 do *Code Civil*¹⁴¹; tem sequência na hermenêutica do Código Comercial de 1850¹⁴²; aparece como proposta de dispositivo no

---

¹⁴⁰ Ainda que em certo truísmo: não se cogita de comportamento posterior do *de cujus*, de práticas, usos e costumes do declaratário (senão que de seu uso particular), da boa-fé como protetora de expectativas geradas pelo que inexpresso, de interpretação contrária ao testador ou, por fim, de negociação em disposição de última vontade, inclusive para modificar regras de interpretação.

¹⁴¹ Assim COSTA, Vicente José Ferreira Cardozo da. *Que he o Codigo Civil?* Lisboa: Typographia de Antonio Rodrigues Galhardo, 1822, p. 76, criticando o art. 1.156 por supostamente impor aos juízes exercício de "adivinhação" sobre as intenções dos contratantes.

¹⁴² BARROSO, J. Liberato. *Contractos e Obrigações Mercantis*. Parte 1ª., Títulos V a *XIV do Codigo Commercial*. Rio de Janeiro: Garnier, 1871, p. 9 ("[h]armonisar a significação dos termos com o espírito da convenção de modo á comprehender a vontade dos contractantes, segundo as circunstancias do lugar, tempo, e outras que acompanhárão a celebração do acto, é a regra do interprete").

Projeto de Código Civil de Joaquim Felício dos Santos[143]; é trabalhado por doutrina diversa[144]; e resistiu mesmo quando da redação do Código Civil de 1916 (que deliberadamente enxugou as regras de interpretação contratual), como fica claro da posição de um dos debatedores da Comissão Especial da Câmara dos Deputados ao anotar que a questão era de dispensarem-se critérios de interpretação, mantendo-se inatingido, porém, o postulado de toda interpretação contratual (ainda que em sua versão subjetivista, em consonância à compreensão da época): "[o]s contraentes as dispensam" – as regras de interpretação – "para a execução de seus compromissos; elles teem na propria consciencia todos os elementos indispensaveis para a fiel interpretação de sua intenção e vontade"[145].

Mantida a referência à intenção comum das partes no art. 112 do Código Civil vigente, ele funciona como "postulado normativo" de toda interpretação contratual. Afirmá-lo significa, a um, sustentar que a intenção comum é critério de aplicação de outras normas (princípios e regras) e "diretriz metódica" que conduz o aplicador na interpretação destas[146]; e a dois, significa

---

[143] O art. 265 §1º, pertencente ao capítulo "Da interpretação dos actos jurídicos", mandava "attender á intenção que os agentes tiveram, de preferencia ao sentido litteral dos termos", quando a expressão fosse duvidosa (SANTOS, Joaquim Felício dos. *Projecto do Codigo Civil da Republica dos Estados Unidos do Brazil*. Rio de Janeiro: Imprensa Nacional, 1891, p. 192).

[144] BORGES, José Ferreira. *Diccionario Juridico-Commercial*. 2. ed. Porto: Typographia de Sebastião José Pereira, 1856, p. 210 (a interpretação deve-se buscar "qual fosse a intenção commum das partes contrahentes" ao invés de se prender à literalidade dos termos); CARVALHO DE MENDONÇA, Manoel Ignacio. *Doutrina e Pratica das Obrigações ou Tratado Geral dos Direitos de Credito*. Curitiba: Typ. e Lith. a vapor Imp. Paranaense, 1908, p. 740 ("Respeitar a vontade das partes é, pois, a regra única de interpretação compatível com a liberdade individual nos contractos"); LACERDA DE ALMEIDA, Francisco de Paula. *Obrigações*. Rio de Janeiro: Revista dos Tribunais, 1916, pp. 272-273 (o "primeiro principio" é ter que "a intenção e a expressão acham-se em necessária correlação e mutua correspondência, de tal sorte que nada vale a expressão sem a correspondente intenção, nem a intenção sem a respectiva expressão"); TEIXEIRA DE FREITAS, Augusto. *Vocabulário Jurídico*. São Paulo: Saraiva, 1983, t. 1, pp. 156-157; TRIGO DE LOUREIRO, Lourenço. *Instituições de Direito Civil Brasileiro*. 5. ed. Rio de Janeiro: Garnier, 1884, t. 2, p. 214 ("attender seriamente á intenção, que as partes tiverão, com preferencia ao sentido litteral das palavras, em que o contracto foi concebido, quando a intenção for claramente conhecida").

[145] Pareceres parciaes dos membros da Commisão. In: *Codigo Civil Brasileiro: trabalhos relativos á sua elaboração*. Rio de Janeiro: Imprensa Nacional, 1917, v. 2, p. 929.

[146] ÁVILA, Humberto. *Teoria dos Princípios: da definição à aplicação dos princípios jurídicos*. 13. ed. São Paulo: Malheiros, 2012, p. 143; no campo contratual, SILVA, Luis Renato Ferreira da.

1. COMENTÁRIO AO ARTIGO 113 §§1º E 2º DO CÓDIGO CIVIL: INTERPRETAÇÃO...

indicar a finalidade da exegese contratual, uma vez que a interpretação tem por objetivo desnudar o sentido do contrato que se tornou turbulento, e que é justamente a intenção comum das partes, enquanto intenção de conteúdo[147].

Dito de outro modo, enquanto diretriz metódica, a intenção comum das partes submete e faz convergir todos os critérios de interpretação: "literalidade", "contexto verbal", "contexto situacional", "objeto e fim do contrato" são acessados para fins de seu desvelamento; são *viae ad res*. Já enquanto finalidade da exegese contratual, procura-se descobrir "a intenção comum que os animou [os contratantes] e que, por inadvertência, inadequada compreensão das próprias expressões ou por outro motivo, ficou expressa de modo a não refletir com rigor aquela intenção"[148]. Se a interpretação por um terceiro é

Autonomia privada e usos negociais empresariais. *Cadernos IEC n. 6. Conversa sobre Autonomia Privada*. Canela: [s.n.], 2015, p. 32.

[147] BETTI, Emilio. *Interpretazione della Legge e degli Atti Giuridici (Teoria Generale e Dogmatica)*. 2. ed. Milano: Giuffrè, 1971, p. 393-394; CANARIS, Claus-Wilhelm; GRIGOLEIT, Hans Christoph. Interpretation of contracts. In: HARTKAMP, Arthur S.; HESSELINK, Martijn W.; HONDIUS, Ewoud H.; et alii (eds.). *Towards a European Civil Code*. 4. ed. Alphen aan den Rijn: Kluwer Law International, 2011, p. 590; FLUME, Werner. *El Negócio Jurídico* (trad. José María Miquel González e Esther Gómez Calle). Madri: Fundación Cultural del Notariado, 1998, p. 370; GENTILI, Aurelio. *Senso e Consenso. Storia, teoria e tecnica dell'interpretazione dei contratti*. Torino: Giappichelli, 2015, v. 1, pp. 322-323; IRTI, Natalino. Principi e problemi di interpretazione contrattuale. In: IRTI, Natalino (org.). *L'interpretazione del contratto nella dottrina italiana*. Padova: CEDAM, 2000, p. 609 e ss.; MESSINEO, Francesco. *Doctrina General del Contrato* (trad. R. O. Fontanarrosa; S. Sentís Melendo; M. Volterra). Buenos Aires: EJEA, 1952, t. 1, pp. 97-98; PENNASILICO, Mauro. *Contratto e Interpretazione. Lineamenti di ermeneutica contrattuale*. 2. ed. Torino: Giappichelli, 2015, p. 5; RODOTÀ, Stefano. *Le fonti di integrazione del contratto*. Milano: Giuffrè, 1970, p. 87 e ss.; SCALISI, Antonino. *La Comune Intenzione dei Contraenti. Dall'interpretazione letterale del contratto all'interpretazione secondo buona fede*. Milano: Giuffrè, 2003, p. 1 e ss.; SCOGNAMIGLIO, Claudio. *Interpretazione del Contratto e Interessi dei Contraenti*. Milano: CEDAM, 1992, p. 309; VIGLIONE, Filippo. *Metodi e Modelli di Interpretazione del Contratto. Prospettive di un dialogo tra common law e civil law*. Torino: Giappichelli, 2011, p. 14. Entre nós, são literais a esse respeito: MIRANDA, Custódio da Piedade Ubaldino. *Interpretação e Integração nos Negócios Jurídicos*. São Paulo: RT, 1989, p. 185; e RODRIGUES, Sílvio. *Direito Civil*. 22. ed. São Paulo: Saraiva, 1994, v. 3, p. 47.

[148] MIRANDA, Custódio da Piedade Ubaldino. *Interpretação e Integração nos Negócios Jurídicos*. São Paulo: RT, 1989, p. 185. E logo em frente, ao analisar o art. 85 do Código Civil de 1916, dele depurando o mesmo postulado a que aqui fazemos menção: "A idéia de que nos contratos a interpretação deve dirigir-se à pesquisa da intenção comum, resulta também da própria formulação do art. 85 quando se refere à intenção das declarações de vontade para o efeito de lhe dar prevalência sobre a forma que a exprime" (idem ibidem). Também RODRIGUES, Sílvio. *Direito Civil*. 22. ed. São Paulo: Saraiva, 1994, v. 3, p. 47. A título comparativo, o

ativada quando de um conflito de opiniões (e, portanto, de interesses), o postulado da intenção comum das partes tem justamente por função colocar o intérprete "em um ponto de vista que esteja por cima do interesse de cada uma das partes"[149].

Disso deriva não existir hierarquia entre os arts. 112 e 113 do Código Civil no sentido de, em primeira fase, perquirir-se a intenção comum das partes e, em fase sucessiva, acessarem-se a boa-fé e os usos do lugar. Não há escalonamento entre "interpretação subjetiva" e "interpretação objetiva" (como se aprofundará no Cap. 2.1 infra), uma vez que a interpretação busca o significado plasmado no que foi intersubjetivamente declarado, isto é, em intenção que não é de um declaratário ou de outro, mas comum e, assim, consolidada no que os contratantes entreteceram, junto às fontes heterônomas, para servir da disciplina à sua relação[150]. O art. 113, ao aludir a alguns dos critérios de

---

mesmo entende a doutrina italiana para os arts. 1.362 a 1.366 do *Codice Civile*, como se pode ver dos seguintes autores: BETTI, Emilio. *Interpretazione della Legge e degli Atti Giuridici (Teoria Generale e Dogmatica)*. 2. ed. Milano: Giuffrè, 1971, pp. 393-394; MESSINEO, Francesco. *Doctrina General del Contrato* (trad. R. O. Fontanarrosa; S. Sentís Melendo; M. Volterra). Buenos Aires: EJEA, 1952, t. 1, pp. 97-98; PENNASILICO, Mauro. *Contratto e Interpretazione. Lineamenti di ermeneutica contrattuale*. 2. ed. Torino: Giappichelli, 2015, p. 5; SCALISI, Antonino. *La Comune Intenzione dei Contraenti. Dall'interpretazione letterale del contratto all'interpretazione secondo buona fede*. Milano: Giuffrè, 2003, p. 1 e ss.; SCOGNAMIGLIO, Claudio. *Interpretazione del Contratto e Interessi dei Contraenti*. Milano: CEDAM, 1992, p. 309; VIGLIONE, Filippo. *Metodi e Modelli di Interpretazione del Contratto. Prospettive di un dialogo tra common law e civil law*. Torino: Giappichelli, 2011, p. 14. Não há que se descurar, porém, que a doutrina italiana não é unívoca a respeito, visto que o cedo movimento de objetivação do conceito de "intenção comum" levou parte da doutrina mais recente até mesmo a enjeitá-la como objeto da interpretação contratual, seja por torná-la função ou mero elemento estrutural do contrato, seja por vê-la como prescindível, sobrelevando-se a boa-fé a precípua lente interpretativa do contrato. A jurisprudência italiana, contudo, e à diferença da doutrina mais recente, mantém-se atrelada ao conceito de intenção comum como finalidade da hermenêutica contratual. Uma suma de todos os posicionamentos, fluxos e contrafluxos, está em GENTILI, Aurelio. *Senso e Consenso. Storia, teoria e tecnica dell'interpretazione dei contratti*. Torino: Giappichelli, 2015, v. 2, pp. 417-425.

[149] MESSINEO, Francesco. *Doctrina General del Contrato* (trad. R. O. Fontanarrosa; S. Sentís Melendo; M. Volterra). Buenos Aires: EJEA, 1952, t. 1, p. 102.

[150] "O objeto da interpretação é a intenção declarada. Evidentemente, desde a superação do psicologismo do papel da vontade na formação dos contratos, substituído por uma atividade mais objetiva da vontade, o que se busca é a intenção constante da declaração, capaz de, por ser conhecida ou cognoscível, ser comungada pela outra parte" (SILVA, Luis Renato Ferreira da. A interpretação contratual e sua sistemática no Código Civil de 2002 após o advento da Lei 13.874/2019. In: BARBOSA, Henrique; FERREIRA DA SILVA, Jorge Cesa (coords.). *A*

interpretação, refere àqueles instrumentos óticos que permitem ao intérprete descobrir essa intenção comum (*rectius* a disciplina que se tornou controversa).

É desses critérios que se tratará no item seguinte.

1.3.5 Critérios (ou "meios") de interpretação

"Critérios" – ou, segundo alguns autores, "meios" – de interpretação são os índices objetivos que guiam o intérprete à consecução da finalidade do processo hermenêutico, que é a compreensão do significado normativo concreto, *rectius* a intenção comum das partes. O intérprete está atrás da regra concreta do contrato, e os caminhos que levam a ela são os critérios de interpretação.

É por isso que se diz que a intenção comum das partes é o postulado normativo de toda interpretação contratual: encontrá-la é o objetivo da indagação hermenêutica. O que se procura descobrir nos contratos é "a intenção comum que os animou e que, por inadvertência, inadequada compreensão das próprias expressões ou por outro motivo, ficou expressa de modo a não refletir com rigor aquela intenção"[151]. A intenção comum das partes não apenas é a finalidade do processo interpretativo, portanto, mas é o que submete e faz convergir seus critérios, resumidos em "literalidade", "contexto verbal", "contexto situacional" e "fim do contrato"[152].

Fale-se um tanto sobre cada um desses blocos de critérios.

Em primeiro lugar, a "literalidade" corresponde à face textual da regra em questão. Como compara certa doutrina alemã, ao passo que um poeta pode e intenciona empregar ambiguidades, as partes de um contrato não: elas têm pretensão de clareza ao redigirem um instrumento contratual, e por isso a

---

Evolução do Direito Empresarial e Obrigacional. 18 anos do Código Civil. Volume 2. Obrigações & Contratos. São Paulo: Quartier Latin, 2021, p. 401).

[151] MIRANDA, Custódio da Piedade Ubaldino. *Interpretação e Integração nos Negócios Jurídicos.* São Paulo: RT, 1989, p. 185.

[152] Quanto ao contexto, aqui está-se a adotar a proposição de Carlos Ferreira de Almeida quando organiza os critérios em "contexto" em sentido estrito, que é o atinente ao "ambiente do termo na frase, da frase no enunciado ou no texto"; e em "contexto" em sentido amplo e pragmático, para referir à "situação do discurso (contexto situacional), isto é, a situação espácio-temporal particular que compreende os interlocutores, a ideia que cada um tem do outro, as acções que realizam nesse momento, os diferentes objetivos e acontecimentos com que se relacionam" (FERREIRA DE ALMEIDA, Carlos. *Texto e Enunciado na Teoria do Negócio Jurídico.* Coimbra: Almedina, 1992, v. 1, p. 299).

face textual é sempre (e pelo menos) o ponto de início do processo interpretativo, quando não suficiente nalgumas vezes[153]. É o que Pontes de Miranda indica como "princípio da fixação genérica", segundo o qual deve dar-se "primeira atenção à textualidade, à letra, ao sentido literal, que é decisivo se se trata de *certa verba* (têrmos exatos e precisos)"[154]. Primariamente, "[é] a manifestação externa da vontade que fornece os elementos pelos quais pode ser compreendida a intenção do declarante; por isso deve-se atender à forma por que é feita a declaração, bem como à acepção em que pelo seu autor foram empregados os têrmos de que se serviu"[155].

Com lição que serve também para o direito brasileiro, Claudio Scognamiglio destaca que a intenção comum das partes é o dado central do processo interpretativo, inclusive em face do teor literal da fórmula[156]. Isso não significa fazer prevalecer a subjetividade interpretativa do juiz, para o que, bem destaca o jurista italiano, o brocardo *in claris cessat interpretatio* talvez ainda tenha alguma utilidade prática que não apenas a platitude de sua total rejeição: "a valoração de elementos estranhos ao teor literal da declaração é preclusa quando, longe de ser um instrumento – o primeiro – de fixação da comum intenção das partes, conduza o juiz a reformular o contrato segundo o próprio

---

[153] CANARIS, Claus-Wilhelm; GRIGOLEIT, Hans Christoph. Interpretation of contracts. In: HARTKAMP, Arthur S.; HESSELINK, Martijn W.; HONDIOUS, Ewoud H.; et alii (Eds.). *Towards a European Civil Code*. 4. ed. Alphen aan den Rijn, 2011, pp. 445-446.

[154] PONTES DE MIRANDA, F. C. *Tratado de Direito Privado*. 4. ed. São Paulo: RT, 1983, t. 3, p. 328. Pertinente a título comparativo o entendimento da *Corte di Cassazione* italiana, que coincide com o que se tem no direito brasileiro: "Secondo questo orientamento, la ricerca della comune intenzione delle parti può dirsi 'conclusa' ma non 'esclusa', quando le espressioni usate siano di chiara e univoca significazione" (GALGANO, Francesco. *Il negozio giuridico*. Milano: Giuffrè, 1988, p. 408). Exemplo adicional é o que está no art. 238º. do Código Civil português, que, para os contratos formais, veda "a declaração valer com um sentido que não tenha um mínimo de correspondência no texto do respectivo documento, ainda que imperfeitamente expresso" (parte 1).

[155] ESPÍNOLA, Eduardo. *Sistema do Direito Civil Brasileiro*. 4. ed. Rio de Janeiro: Conquista, 1961, v. 2, p. 287. Ou ainda, com Pontes de Miranda: "O que foi manifestado é a forma do que se quis, ainda que incompleta ou imperfeita" (PONTES DE MIRANDA, F. C. *Tratado de Direito Privado*. 4. ed. São Paulo: RT, 1983, t. 3, p. 333). Sobre a literalidade como critério de interpretação, veja-se também: MARINO, Francisco Paulo De Crescenzo. *Interpretação do Negócio Jurídico*. São Paulo: Saraiva, 2011, p. 253; MARTINS-COSTA, Judith. *A Boa-Fé no Direito Privado: critérios para a sua aplicação*. São Paulo: Marcial Pons, 2015, p. 453.

[156] SCOGNAMIGLIO, Claudio. *Interpretazione del Contratto e Interessi dei Contraenti*. Milano: CEDAM, 1992, p. 309.

ponto de vista, descurando assim aquele que submetia os contratantes"[157]. Ter a intenção comum das partes como prevalecente importa ver a literalidade como uma das vias para seu acesso, isto é, enquanto um dos critérios para a interpretação contratual, que tem justamente por objetivo desvelar a intenção comum das partes.

Tal poderia parecer que contraria o art. 112 do Código Civil. Mas a literalidade como critério é dada pelo vocábulo "mais" do dispositivo. Dele fica denotado que a regra ali constante não é absoluta quando faz prevalecente a busca pela intenção consubstanciada, mas não no sentido de que haja uma intenção que seja díspare da literalidade, e sim de que, por vezes, a literalidade é bastante *de per se* para indicar a intenção comum das partes. Noutras palavras, a busca pela intenção *subjacente*, ativando-se outros critérios de interpretação, há de prevalecer no mais das ocasiões, havendo casos, porém, em que a literalidade será suficiente. De longa tradição entre nós, era o que já se tinha na Primeira Regra de Pothier: "Nos Contractos deve attender-se mais á intenção das partes, do que ao sentido grammatical das palavras"[158], do que ficava flagrado, como no art. 112 do Código Civil, que o "mais" não estava a excluir o critério inicial de interpretação, que é a *littera*.

Apanhe-se como exemplo certas cláusulas compromissórias arbitrais com erro material em que a literalidade é suficiente para fechar o processo

[157] SCOGNAMIGLIO, Claudio. *Interpretazione del Contratto e Interessi dei Contraenti*. Milano: CEDAM, 1992, p. 307. Pouco antes, o jurista italiano bem explica a sobrevivência que o brocardo talvez tenha, desde que com significação diversa da corrente: "La presenza, di cui si è dato, di un cospicuo e costante indirizzo giurisprudenziale, che fa proprio il principio *in claris*..., induce peraltro, prima di risalenti preconcetti, ad esplorare le possibilità di una razionalizzazione di esso, al fine di scoprirne l'eventuale contenuto condivisibile dall'interprete. Si può allora osservare che il principio in esame, almeno in alcune versioni che ne offre la giurisprudenza, tollera una lettura radicalmente diversa da qualla più scontata, che vi ravvisa la preminenza della lettera sulla comune intenzione delle parti: nel senso, cioè, di precludere all'interprete la sovrapposizione della propria soggettiva opinione a quanto le parti abbiano statuito per disciplinare i propri interessi, attraverso l'utilizzazione di indici interpretativi estranei ad un testo "chiaro". In questa prospettiva, il principio *in claris* può svolgere un ruolo prezioso di garanzia dei contraenti contro possibili estensioni o limitazioni della portata del contratto, estranee al piano degli interessi che le parti avevano complato" (idem, pp. 306-307).
[158] POTHIER, Robert-Joseph. Regras da interpretação dos contractos. In: ALMEIDA, Cândido Mendes de. *Auxiliar Juridico servindo de appendice à décima quarta edição do Codigo Philippino ou Ordenações do Reino de Portugal*. Rio de Janeiro: Typographia do Instituto Philomatoco, 1869, p. 482.

interpretativo. Fala-se das situações de imprecisão que mal encobrem a intenção comum das partes, haja vista que evidente a escolha, apesar da redação não corresponder, com precisão, ao nome da instituição arbitral eleita. Tais são os casos, por exemplo, de cláusula que refere à Câmara da Federação das Indústrias de São Paulo, ao invés do correto Câmara de Conciliação, Mediação e Arbitragem Ciesp/Fiesp; ou à Câmara Brasil-Canadá, ao invés de Centro de Arbitragem e Mediação da Câmara de Comércio Brasil-Canadá; ou, ainda como exemplo, as situações algo correntes em que a cláusula faz remissão à ICC que sediada em cidade onde não há sede ou subsede[159]. Quando o equívoco meramente material for identificável e, assim, a intenção comum das partes foi por igual suscetível de desvelamento, a literalidade é suficiente, ainda que imprecisa.

Mas nem sempre a literalidade será suficiente, pois haverá casos em que ela pouco esclarecerá, e noutros, inclusive, contrariará a intenção comum, devendo esta prevalecer, conforme princípio da ultraliteralidade constante do art. 112. Assim ocorreu no famoso "caso da carne de baleia": ao passo que a descrição do contrato dizia "carne de tubarão" ("Haakjöringsköd") em sua *littera*, o acordado e executado tinha por objeto carne de baleia[160]. Nesses casos, o brocardo que resume a prevalência da intenção comum face à literalidade é *falsa demonstratio non nocet*, ou seja: a descrição incorreta não vicia (vincula) o contrato. Serão os outros critérios de interpretação, assim, e não a *littera*, que nesses casos permitirão descobrir a intenção comum das partes.

O segundo critério é composto, em verdade, por um congregado de indicadores, e que vão resumidos na ideia de "contexto verbal". Trata-se do conjunto

---

[159] DAVIS, Benjamin G. Pathological clauses: Frédéric Eisemann's still vital criteria. *Arbitration International*. London: LCIA, 1991, v. 7, n. 4, p. 368. Em alguns desses casos, como comenta Davis, há a "practice of interpreting a reference to a place other than the location of the ICC to mean that the parties have agreed for the place of arbitration to be in Zurich or London or Geneva or New York as the case may be", porém sob as regras de arbitragem da CCI (idem ibidem). Para os problemas interpretativos especificamente suscitados por cláusulas arbitrais patológicas, remetemos a NITSCHKE, Guilherme Carneiro Monteiro. Cláusulas compromissórias lacunosas. In: NANNI, Giovanni Ettore; RICCIO, Karina; DINIZ, Lucas de Medeiros (Orgs.). *O Comitê Brasileiro de Arbitragem e a Arbitragem no Brasil: obra comemorativa do 20º aniversário do CBAr*. São Paulo: Almedina, 2022 [no prelo].

[160] CANARIS, Claus-Wilhelm; GRIGOLEIT, Hans Christoph. Interpretation of contracts. In: HARTKAMP, Arthur S.; HESSELINK, Martijn W.; HONDIOUS, Ewoud H.; et alii (Eds.). *Towards a European Civil Code*. 4. ed. Alphen aan den Rijn, 2011, pp. 459-460.

de textos de que a regra em questão é partícula, impondo ao intérprete, assim, que proceda à interpretação sistemática do dispositivo. Tal é atuar de acordo com o que a Sexta Regra de Pothier já ditava: "Huma clausula deve interpretar-se pelas outras do mesmo contracto, ou estas sejão precedentes, ou consequentes (Cod. Civ. 1161)"[161]; regra, esta, que veio a se consolidar na tradição jurídica brasileira no art. 131, 2, do Código Comercial de 1850[162], e que é endereçada, com extrema atecnia, no começo do inc. V do art. 113 §1º do Código Civil, inserto pela LLE, ao aludir às "demais disposições do negócio".

Esse segundo congregado de critérios remete não apenas aos elementos textuais do próprio negócio, mas também a contratos conexos, que podem denotar, no conjunto, a intenção comum que não está clara quando da análise apenas da parcela.

Com relação aos elementos textuais do próprio negócio, as possibilidades de exame são variegadas: os considerando, os anexos (que muitas vezes especificam prestações de teor técnico de uma e outra partes; ou, então, estabelecem indicadores, ao modo "níveis de serviço", para avaliar o bom adimplemento do prestador, dentre outros desdobramentos), os apêndices, as demais cláusulas, os documentos da fase pré-negocial que são acostados como parte do instrumento definitivo, etc. Em adição, as chamadas "condições gerais", presentes em alguns contratos, também são elementos textuais que servem de critério para a interpretação das "condições especiais", da mesma maneira como o inverso – naquilo em que as condições especiais aprofundam, desdobram, exemplificam as condições gerais – também opera. Basta pensar em contratos de construção altamente complexa (um EPC entre empresas de diferentes nacionalidades, por exemplo) que se tem uma padronagem ("condições gerais") que vai especificada às peculiaridades do caso ("condições especiais"), estando essas especificações a indicar em quais trechos o documento padrão

---

[161] POTHIER, Robert-Joseph. Regras da interpretação dos contractos. In: ALMEIDA, Cândido Mendes de. *Auxiliar Juridico servindo de appendice* à décima quarta edição do Codigo Philippino ou Ordenações do Reino de Portugal. Rio de Janeiro: Typographia do Instituto Philomathico, 1869, p. 483.

[162] "Art. 131 – Sendo necessário interpretar as cláusulas do contrato, a interpretação, além das regras sobreditas, será regulada sobre as seguintes bases: [...] 2 – as cláusulas duvidosas serão entendidas pelas que o não forem, e que as partes tiverem admitido; e as antecedentes e subseqüentes, que estiverem em harmonia, explicarão as ambíguas".

vai alterado. A depender da cláusula em tormento, a interpretação deve se valer de uma ou de outra das condições para aclarar o sentido obscuro.

Também pertencem ao conglomerado de elementos textuais os chamados "negócios formalmente *per relationem*", que são aqueles cujo conteúdo é determinado noutro lugar, apenas não vindo repetido no instrumento do negócio "por economia". Tal se dá à diferença dos "negócios substancialmente *per relationem*", em que não há disciplina em lugar algum de que o aplicador se possa valer para proceder à interpretação, e sim lacuna contratual[163]. Nos "formalmente *per relationem*", que aqui interessam, as partes fazem menção à disciplina que está noutro lugar que não no instrumento que estão a celebrar, sendo exemplo o contrato de resseguro facultativo com *slip policies* (com cláusula de *terms and conditions as original*), em que se faz remissão ao conteúdo do contrato de seguro direto subjacente; ou em contrato de compra e venda de quotas de uma sociedade de um conglomerado empresarial (*Stock Purchase Agreement*, "SPA") prevendo uma opção de compra de outra das sociedades do mesmo grupo (*Put/Call Option Agreement*), a ser exercida dentro de um prazo especificado e que, se exercida, estará regida pelos termos do SPA.

Por fim, e expandindo-se mais, pertencem ao contexto verbal os chamados "contratos conexos", "grupos de contratos", "redes contratuais" ou "contratos coligados", conforme variações encontradas na doutrina (a que correspondem, diga-se de passagem, diferenças também conceituais que não cabem aqui visitar), nada obstante haver certa prevalência desta última denominação na seara brasileira, em adesão à doutrina italiana[164]. Se houver coligação con-

---

[163] A distinção entre negócios jurídicos formalmente *per relationem* e negócios jurídicos substancialmente *per relationem* vem trabalhada no clássico texto de DI PACE, Pasquale. *Il Negozio Per Relationem*. Torino: Giappichelli, 1940, em especial p. 32 e ss., em que se apoia nossa doutrina para a persistência da diferenciação. No Brasil, é distinção bem flagrada por AZEVEDO, Antônio Junqueira de. *Negócio Jurídico. Existência, Validade e Eficácia*. 4. ed. São Paulo: Saraiva, 2002, p. 137. Caso de "negócio substancialmente *per relationem*" vem estudado por Francisco Paulo De Crescenzo Marino, em que as partes estipularam que, caso exercida opção de venda de ações, o valor seria arbitrado por três avaliadores (STJ, Recurso Especial nº 1.569.422/RJ, Rel. Min. Marco Aurélio Bellizze, julgado em 26.04.2016; vide os comentários em: MARINO, Francisco Paulo De Crescenzo. Arbitramento, arbitragem e *dispute boards*: o papel do terceiro na determinação do preço em opção de venda de ações. *Revista Brasileira de Arbitragem*. São Paulo: CBAr, 2017, v. 14, n. 57, pp. 7-27).

[164] KIRCHNER, Felipe. *Contratos Coligados: conformação teórica e preceitos de responsabilidade civil* (Tese de Doutorado). Porto Alegre: UFRGS, 2021; KONDER, Carlos Nelson. *Contratos*

tratual, a interpretação do conteúdo contratual se deve proceder conjuntamente, uma vez que a explicação da partícula pode vir com a compreensão do todo maior, naquilo que plasmam juntos disciplina para a realização do fim comum[165]. Quer-se dizer: é possível que entre a regra que se examina e as regras de determinados contratos coligados haja relação a permitir clareza do que se perquire, tomando-se em conta aquela "finalidade supracontratual [...] que inspirou a sua celebração"[166]. Essa necessidade vai presente em todas as espécies de coligação contratual[167], pois na coligação *ex lege*, a interpretação "será relevante para a determinação das consequências jurídicas da coligação, quando houver estipulação de preceitos complementares àqueles previstos em lei"; na coligação natural, a interpretação avaliará "eventual discrepância em relação ao valor típico da coligação" e "determinar se as partes preceituaram a influência do contrato acessório em direção ao principal"; e na coligação voluntária, o processo interpretativo buscará a "reconstrução do conteúdo dos contratos" para o fito de "determinar as consequências jurídicas da coligação, raramente previstas pelas partes em toda a sua possível extensão"[168].

Não há no Código Civil qualquer regra que faça referência à coligação contratual e menos ainda à interpretação conjunta em vista de ser parte do "contexto verbal", tendo perdido a oportunidade o legislador da LLE de positivar o que vai tranquilo em doutrina e jurisprudência, e que, sob o

---

Conexos. Grupos de contratos, redes contratuais e contratos coligados. Rio de Janeiro: Renovar, 2006, p. 93 e ss.; LEONARDO, Rodrigo Xavier. *Redes Contratuais no Mercado Habitacional*. São Paulo: RT, 2003, p. 128 e ss.; MARINO, Francisco Paulo De Crescenzo. *Contratos Coligados no Direito Brasileiro*. São Paulo: Saraiva, 2010, p. 99 e ss.; TORRES, Andreza Cristina Baggio. *Teoria Contratual Pós-Moderna. As redes contratuais nas sociedades de consumo*. Curitiba: Juruá, 2007, p. 59 e ss.

[165] A "interpretação conjunta" dos contratos coligados vem bem analisada por: MARINO, Francisco Paulo De Crescenzo. *Contratos Coligados no Direito Brasileiro*. São Paulo: Saraiva, 2010, pp. 146-149; e NANNI, Giovanni Ettore. Contratos coligados. In: LOTUFO, Renan; NANNI, Giovanni Ettore (coords.). *Teoria Geral dos Contratos*. São Paulo: Atlas, 2011, pp. 267-270.

[166] NANNI, Giovanni Ettore. Contratos coligados. In: LOTUFO, Renan; NANNI, Giovanni Ettore (coords.). *Teoria Geral dos Contratos*. São Paulo: Atlas, 2011, p. 267.

[167] Adotando-se para tanto a proposição de classificação explorada, entre nós, por MARINO, Francisco Paulo De Crescenzo. *Contratos Coligados no Direito Brasileiro*. São Paulo: Saraiva, 2010, pp. 104-107.

[168] MARINO, Francisco Paulo De Crescenzo. *Contratos Coligados no Direito Brasileiro*. São Paulo: Saraiva, 2010, pp. 145-146.

ponto de vista comparado, foi e.g. inserto na reforma de 2016 do *Code Civil* francês[169].

Assim é o exemplo já clássico do "caso do posto de gasolina", em que houve pioneiro tratamento da matéria pelo STF[170]. O Tribunal reconheceu a existência "de coligação de contratos" entre promessa de compra e venda de gasolina, óleo e querosene, e comodato de equipamentos e utensílios visando à instalação de posto de gasolina, interpretando-os conjuntamente para, diante do rompimento dos negócios coligados, determinar a aplicação de uma única penalidade contratual, sem cumular a prevista em cada um dos instrumentos. O voto célebre do caso ficou com o Min. Moreira Alves, que, citando doutrina alemã e italiana, reconheceu a existência de coligação contratual com dependência, o descumprimento da "finalidade econômica da coligação contratual" e, assim, a aplicação, apenas, da multa prevista no contrato principal (*rectius* a promessa de compra e venda).

O terceiro bloco de critérios é identificado como "contexto situacional", conglomerado que involucra o que também se conhece por "circunstâncias do negócio" ou "circunstâncias negociais"[171]. Antônio Junqueira de Azevedo ilustrou tal dimensão copiando, para o direito, a lição de Ortega y Gasset, ao ensinar que "o negócio jurídico é o negócio e todas as suas circunstâncias"[172], assim explicando que estas são um "modelo cultural de atitude" que "em dado momento, em determinada sociedade, faz com que os atos sejam vistos

---

[169] "Art. 1.189. Toutes les clauses d'un contrat s'interprètent les unes par rapport aux autres, en donnant à chacune le sens qui respecte la cohérence de l'acte tout entier. Lorsque, dans l'intention commune des parties, plusieurs contrats concourent à une même opération, ils s'interprètent en fonction de celle-ci".

[170] STF, Recurso Extraordinário n. 84.727/RJ, Segunda Turma, Rel. Min. Cordeiro Guerra, j. 27.04.1976.

[171] Sobre a noção de "contexto situacional", veja-se: AZEVEDO, Antônio Junqueira de. *Negócio Jurídico. Existência, Validade e Eficácia*. 4. ed. São Paulo: Saraiva, 2002, pp. 118-125; KIRCHNER, Felipe. *Interpretação Contratual: hermenêutica e concreção*. Curitiba: Juruá, 2016, pp. 228-233; MARINO, Francisco Paulo De Crescenzo. *Interpretação do Negócio Jurídico*. São Paulo: Saraiva, 2011, p. 116; MARTINS-COSTA, Judith. O método da concreção e a interpretação dos contratos: primeiras notas de uma leitura suscitada pelo Código Civil. In: NANNI, Giovanni Ettore (coord.). *Temas Relevantes do Direito Civil Contemporâneo: reflexões sobre os cinco anos do Código civil; estudos em homenagem ao professor Renan Lotufo*. São Paulo: Atlas, 2008, pp. 494-495.

[172] AZEVEDO, Antônio Junqueira de. *Negócio Jurídico. Existência, validade e eficácia*. São Paulo: Saraiva, 2002, p. 120.

como dirigidos à produção de efeitos jurídicos"[173]. Esse "modelo cultural de atitude", por ser modelo, remete àquilo que é externo à textualidade do negócio e que é valorizado enquanto modelo por dada época, em dado lugar, sendo, assim, sempre circunstancial. Por isso falar de *"circunstâncias* negociais": elas remetem aos indicadores da ambiência em que situado o negócio concreto.

A doutrina brasileira reconhece como principais circunstâncias – sobre as quais se há de debruçar o trabalho do intérprete, pois critérios de interpretação – o tempo e lugar da negociação, da celebração e da execução do contrato; as qualidades dos contratantes envolvidos e da coisa que eventualmente é objeto da prestação; a relação pessoal dos contratantes, caso existente; a boa-fé; as práticas pretéritas, os usos do tráfico e os costumes; o tipo negocial; e o comportamento das partes anterior e posterior à celebração do contrato, no que significa acessar tanto a fase das negociações quanto a execução do contrato propriamente dita (*rectius* a dinâmica das prestações)[174].

No direito positivo vigente, é o que se tem no art. 113 *caput*, ao aludir à boa-fé e aos usos do lugar da celebração do negócio, no que já era interpretado ampliativamente para abarcar, por igual, as práticas pretéritas[175]; mas também no §1º inserido pela LLE, ao aludir, no inc. I, ao "comportamento das partes que é posterior à celebração do contrato" (no que é incompleto, pois deveria fazer alusão, também, ao comportamento anterior); no inc. II, aos "usos, costumes e práticas do mercado" (no que é em parte redundante ao *caput* do art. 113, em parte equivocado uma vez que costumes não plasmam critério de interpretação, e em parte com grave atecnia quando vinculam as "práticas" ao mercado, em se tratando de conduta não coletiva, circunscrita,

---

[173] AZEVEDO, Antônio Junqueira de. *Negócio Jurídico. Existência, validade e eficácia* 4. ed. São Paulo: Saraiva, 2002, p. 122.

[174] AZEVEDO, Antônio Junqueira de. *Negócio Jurídico. Existência, Validade e Eficácia.* 4. ed. São Paulo: Saraiva, 2002, pp. 118-125; KIRCHNER, Felipe. *Interpretação Contratual: hermenêutica e concreção.* Curitiba: Juruá, 2016, pp. 228-233; MARINO, Francisco Paulo De Crescenzo. *Interpretação do Negócio Jurídico.* São Paulo: Saraiva, 2011, p. 116.

[175] Conforme Enunciado nº 409 da V Jornada de Direito Civil, elaborado por Véra Maria Jacob de Fradera: "Os negócios jurídicos devem ser interpretados conforme a boa-fé, os usos do lugar de sua celebração e as práticas estabelecidas entre as partes" (FRADERA, Véra Jacob de. Justificativa. In: AGUIAR JÚNIOR, Ruy Rosado de (org.). *V Jornada de Direito Civil.* Brasília: CJF, 2012, pp. 100-101).

apenas, aos concretos contratantes); e no inc. III à boa-fé (no que é algo redundante ao *caput* do art. 113, apesar de algum comentário a mais se poder traçar enquanto critério para o preenchimento de lacunas, como em frente se verá – Cap. 2.4). Também é assim a CISG quanto à específica disciplina dos contratos de compra e venda internacional de mercadorias, que prevê no art. 8(3) a necessidade de se considerarem "todas as circunstâncias pertinentes ao caso, especialmente negociações, práticas adotadas pelas partes entre si, usos e costumes e qualquer conduta subsequente das partes".

Na tradição brasileira, tal já vinha previsto nos arts. 130 e 131 do Código Comercial de 1850 – inclusive com maior precisão e completude –, ao aludir que os contratos se devem compreender de acordo com os usos e costumes do comércio (art. 130)[176], o que vai reiterado pelo art. 131, 4[177]; que se deve interpretar "mais conforme á boa fé, e ao verdadeiro espirito e natureza do contracto", em preferência ao sentido literal das palavras (art. 131, 1)[178]; e que "o facto dos contrahentes posterior ao contracto" configurará a melhor explicação da vontade dos contratantes (art. 131, 3)[179]. Mais uma vez, trata-se de dispositivos caudatários do *Code Civil* francês e, assim, das Regras de Pothier,

---

[176] "Art. 130. As palavras dos contractos e convenções mercantis devem inteiramente entender-se segundo o costume e uso recebido no commercio, e pelo mesmo modo e sentido por que os negociantes se costumão explicar, posto que entendidas de outra sorte possão significar cousa diversa".

[177] "Art. 131. [...] 4. O uso e pratica geralmente observada no commercio nos casos da mesma natureza, e especialmente o costume do lugar onde o contracto deva ter execução, prevalecerá a qualquer intelligencia em contrario que se pretenda dar ás palavras". Este era dispositivo quase idêntico ao art. 256 do Código Comercial português de 1833, e encontrava complemento tanto no art. 218 do Regulamento No. 737, de 25 de novembro de 1850, que disciplinava como se podiam provar os usos do comércio (i.e. por assento ou atestado do Tribunal do Comércio da Praça em questão), quanto nos arts. 25 a 28 do Regulamento No. 738, de 25 de novembro de 1850, que estipulavam requisitos para que determinado fato pudesse ser reconhecido enquanto "costume".

[178] "Art. 131. 1. A intelligencia simples e adequada, que for mais conforme á boa fé, e ao verdadeiro espirito e natureza do contracto, deverá sempre prevalecer á rigorosa e restricta significação das palavras".

[179] "Art. 131. [...] 3. O facto dos contrahentes posterior ao contracto, que tiver relação com o objecto principal, será a melhor explicação da vontade que as partes tiverão no acto da celebração do mesmo contracto".

em especial a Terceira, ao aludir à "natureza do contracto" ao que hoje chamamos de tipo; e a Quarta, ao referir ao "uso, e costume do paiz"[180].

O quarto agregado de critérios vai resumido nas ideias de "objeto" e "fim" do negócio jurídico, e que remetem, respectivamente, ao feixe de prestações (o fazer, o não fazer, o dar, o pagar) – à "operação jurídica concreta" – disciplinado pelo conteúdo contratual[181]; e ao resultado prático pretendido com o contrato, a saber, "o efeito que se visa com os efeitos do negócio", como escreve Antônio Junqueira de Azevedo[182]. Não se entenda, contudo, que com isso o objeto e o fim do negócio se agregam e pertencem ao seu conteúdo: ainda que o objeto seja a dinâmica da disciplina, e que o fim conforme o conteúdo do contrato, fazendo com que as regras convirjam para a sua realização, nem o conjunto de prestações e nem o resultado se misturam à disciplina. O fim e o objeto são externos ao conteúdo do contrato, mas, mesmo sendo externos, são versados objetivamente pelo conteúdo, que regula como as prestações serão implementadas para a realização do fim contratual[183].

[180] POTHIER, Robert-Joseph. Regras da interpretação dos contractos. In: ALMEIDA, Cândido Mendes de. *Auxiliar Juridico servindo de appendice à décima quarta edição do Codigo Philippino ou Ordenações do Reino de Portugal*. Rio de Janeiro: Typographia do Instituto Philomathico, 1869, p. 482-483: "Terceira regra. Quando as palavras de hum contracto são susceptíveis de dous sentidos, devem entender-se naquelle que mais convém á natureza do contracto (Cod. Civ. Art. 1.158) [...] Quarta regra. Hum contracto ambiguo interpreta-se pelo uso, e costume do paiz".
[181] LUCAS-PUGET, Anne-Sophie. *Essai sur la Notion d'Objet du Contrat*. Paris: LGDJ, 2005, p. 279. No mesmo sentido, GABRIELLI, Enrico. Il contratto e il suo oggetto nel diritto italiano. *Rivista Trimestrale di Diritto e Procedura Civile*. Milano: Giuffrè, 2012, n 1, p. 36, Nota 39. Essa definição não é encontrada de maneira explícita na legislação comparada, à exceção do *Code Civil du Québec* (1991), art. 1.412 ("L'objet du contrat est l'opération juridique envisagée par les parties au moment de sa conclusion, telle qu'elle ressort de l'essemble des droits et obligations que le contrat fait naître"). Entre nós, GOMES, Orlando. *Contratos*. 16. ed. Rio de Janeiro: Forense, 1995, p. 56.
[182] AZEVEDO, Antônio Junqueira de. *Negócio Jurídico e Declaração Negocial (noções gerais e formação da declaração negocial)*. São Paulo: [s.n.], 1986, p. 225. No mesmo sentido: AGUIAR JÚNIOR, Ruy Rosado de. *Extinção dos contratos por incumprimento do devedor (resolução)*. Rio de Janeiro: Aide, 1991, p. 151; COGO, Rodrigo Barreto. *A Frustração do Fim do Contrato: o impacto dos fatos supervenientes sobre o programa contratual*. Rio de Janeiro: Renovar, 2012, pp. 168-169; DEL NERO, João Alberto Schützer. *Conversão substancial do negócio jurídico*. Rio de Janeiro: Renovar, 2001, p. 88.
[183] Daí que, sendo externa ao conteúdo do contrato mas por ele versada (que disciplina como as prestações serão implementadas para sua realização), a finalidade do negócio serve de critério hermenêutico para a interpretação do conteúdo, pois como bem observou Pontes de Miranda, "conforme as necessidades e os desejos de cada um, procura-se o negócio jurídico

Exemplo de que a compreensão do objeto é indispensável se teve no "caso de contrato de *built to suit*", em que, em situação de lacuna quanto à penalidade derivada da devolução antecipada do imóvel, se sustentou a aplicação do anterior art. 4.º da Lei de Locações (Lei Federal nº. 8.245/91), que permitia fosse a multa "proporcional ao período de cumprimento do contrato, ou, na sua falta, a que for judicialmente estipulada". Partindo do pressuposto que o contrato de *built to suit* é legalmente atípico e que, portanto, a regra cogente do anterior art. 4.º da Lei de Locações não entra imediatamente em seu conteúdo, admitir uma disciplina da penalidade que permitisse a redução proporcional tomando em conta o tempo que passou seria frontal ao objeto do contrato. Diz-se isso porque a economia do contrato de *built to suit* repousa na amarração de contraprestações que retribuam não apenas o uso do imóvel, mas também (e principalmente) o investido pelo empreendedor para erigi-lo. Essas duas dimensões estão lá indissociadas na contraprestação, de modo que admitir sua redução proporcional, em caso de rompimento antecipado, representaria implodir a economia do contrato: as prestações do empreendedor não seriam devida e integralmente retribuídas pelas contraprestações do ocupante.

De seu lado, exemplo da utilidade do fim para interpretar-se um contrato se acha nos célebres *Coronation Cases* ingleses, em que certos contratos de locação de espaços restaram frustrados porque a coroação do rei Eduardo VII não ocorreu na data aprazada, por razões de doença. Os casos mais famosos e que geraram decisões em sentidos diversos foram *Krell v. Henry* (1903) e *Herne Bay Steamboat Co. v. Hutton* (1903). No primeiro, reconheceu-se a frustração do contrato de locação de espaços para o acompanhamento da procissão que levaria à coroação, uma vez que a razão da locação (*rectius* o fim) seria a coroação que fora cancelada. No segundo, afastou-se a frustração do contrato de locação de um barco para o acompanhamento da revista naval decorrente da

---

de cuja eficácia resulte o que se quer. A manifestação de vontade tem de ter por fim a eficácia que satisfaça essas necessidades e esses desejos. Daí a missão do intérprete quanto a ter de encontrar o conteúdo querido, isto é, a finalidade mesma do negócio jurídico" (PONTES DE MIRANDA, F. C. *Tratado de Direito Privado*. 3. ed. São Paulo: RT, 1984, t. 38, pp. 88-89).

coroação, sob o fundamento de que, neste caso, a revista naval não pertencia à finalidade do negócio, e sim a utilização do barco para navegação[184].

A lei não é explícita quanto ao objeto e o fim do negócio jurídico como critérios de interpretação. Como se verá em frente (Cap. 2.6), certo esforço de construção por sobre o deficiente inc. V do art. 113 §1º, inserido pela LLE, permite remeter a tais critérios. Tampouco a tradição é pródiga: o direito positivo não traz menções a tais indicadores, quando muito a doutrina, valendo exemplificar com antigo comentário à Lei da Boa Razão, em excepcional amarração à interpretação dos negócios, que explicitava regra voltada – dentre outros critérios – à análise do "fim do negocio" enquanto indicador para extrair-se a significação buscada[185].

Amarrando tudo que se explanou, a palavra que resume o rol de critérios de interpretação é: *método*. Quando se fala de interpretação contratual, fala-se do método a ser observado pelo aplicador quando de sua exploração sobre o que foi obra de outros, i.e. sobre o conteúdo de um contrato que se vê produto da autonomia e da heteronomia. Fala-se, noutras palavras, do *dever ser* da interpretação contratual e, portanto, do *modelo jurídico* que submete o intérprete quando no exame da intenção comum das partes. Esse método é dado pela disciplina que se consolida nas fontes jurídicas examinadas, sem o que o intérprete se arrisca a cair na invocação de seu "senso empírico", à revelia de regras e critérios de interpretação[186].

---

[184] Apesar das repercussões, inclusive em termos de circulação de modelos jurídicos, que especialmente o caso *Krell v. Henry* oportunizou, o fato é que seu entendimento foi "scarcely been followed in England. Normally, a contract is not frustrated merely because supervening events have prevented one party from putting the subject matter to the use intended by him, even though that use was also contemplated by the other" (TREITEL, Sir Guenter. *The Law of Contract*. 10. ed. London: Sweet & Maxwell, 1999, p. 825).

[185] CORREA TELLES, José Homem. Commentario Critico à Lei da Boa Razão em data de 18 de agosto de 1769. In: ALMEIDA, Cândido Mendes de. *Auxiliar Juridico servindo de appendice à décima quarta edição do Codigo Philippino ou Ordenações do Reino de Portugal*. Rio de Janeiro: Typographia do Instituto Philomathico, 1869, p. 471.

[186] MOTA PINTO, Carlos Alberto da; MONTEIRO, António Pinto; MOTA PINTO, António. *Teoria Geral do Direito Civil*. 4. ed. Coimbra: Coimbra Editora, 2005, p. 441: "Como actividade ou operação dirigida à fixação do sentido negocial, a interpretação não pode ser abandonada ao senso empírico de cada intérprete, mas deve pautar-se por regras ou critérios cuja formulação é, precisamente, o objeto da *teoria da interpretação dos negócios* ou *hermenêutica negocial*".

Compreendida a disciplina geral e, assim, as camadas que, profundas, se situam por debaixo do relevo legal, é hora de passar a este, a partir das cordilheiras e depressões insertas pela LLE ao art. 113 do Código Civil.

PARTE 2 – A LLE E A DISCIPLINA DA INTERPRETAÇÃO CONTRATUAL NOS §§1º E 2º DO ART. 113 DO CÓDIGO CIVIL

Compreender com antecedência estrutura e função da disciplina da interpretação contratual no direito privado brasileiro permite examinar, à guisa de comentários, o que se inseriu ao art. 113 do Código Civil a partir da vigência da LLE. Tal faz perceber que o relevo legal aparente encontra por debaixo camadas fundas de disciplina, de modo que o esforço conseguinte à edição da lei é de crítica mas sobretudo de significação (ou ressignificação) do que está posto, para que seja coerente ao conjunto. Esse esforço passará sequencialmente pelos dispositivos insertos, a iniciar introdutoriamente pelo *caput* do §1º (Cap. 2.1), tratar do comportamento posterior das partes do inc. I (Cap. 2.2), falar de práticas, usos e costumes do inc. II (Cap. 2.3), adentrar na algo redundante boa-fé do inc. III (Cap. 2.4), examinar a inaugurada regra positiva da *interpretatio contra proferentem* do inc. IV (Cap. 2.5) e passar pela obscura redação do inc. V (Cap. 2.6), finalizando com a liberdade negocial que se reconhece aos contratantes em matéria de regras de interpretação, preenchimento de lacunas e integração, no §2º (Cap. 2.7).

2.1 Interpretação e extração de significado: o *caput* do §1º

2.1.1 Conteúdo e função da norma

O *caput* do §1º, que inaugura a sequência dos novos dispositivos, declara que "[a] interpretação do negócio jurídico deve lhe atribuir o sentido que" se extrair dos critérios subsequentes. A redação é algo imprecisa, pois pode levar a presumir a existência, entre nós, de uma disciplina da interpretação que se desse à revelia da intenção comum das partes, permitindo, por exemplo, que o sentido pudesse corresponder ao que os "usos, costumes e práticas do mercado" (inc. II) assinalassem, independentemente de se os analisar como indicativos de uma concreta intenção comum das partes; ou que o significado pudesse corresponder pura e simplesmente à boa-fé (inc. III), no que seria suficiente acessar o modelo de razoabilidade objetivamente considerado pelo intérprete, e se teria o sentido buscado. Noutras palavras, o perigo que tal pode gerar é a defesa de uma interpretação *à revelia* da intenção comum das partes, por nela se compreender presente um "ranço subjetivista" que a LLE quis superar, sobrepondo "viés objetivista"[187].

Não se pode concordar com essa leitura.

Primeiro, porque o postulado normativo da intenção comum das partes, presente no art. 112 do Código Civil, não funda disciplina subjetivista da interpretação que deva ser superada por um objetivismo agora vencedor. A intenção comum não é o querer subjetivo que se deve acessar por detrás da disciplina, mas uma intenção *intersubjetiva*[188] e, por isso, objetivada no conteúdo contratual; ou, como na clara definição de Eduardo Espínola já da década de 1920: "não se trata mais, em matéria de acto privado, duma investigação integral da vontade psychologica; trata-se de estabelecer a vontade juridica, isto é, a que o autor da declaração creou para servir de lei entre os seus cointeressados e elle"[189]. A intenção, por expressa no conteúdo, é objetiva: o que importa é o que se quis enquanto declarado, isto é, como "manifestação de vontade, no que ela revela da vontade verdadeira do manifestante. É preciso que o *querido* esteja na manifestação; o que não foi manifestado não entra no mundo jurídico"[190].

---

[187] Esta é a expressão empregada por FORGIONI, Paula A. A Interpretação dos negócios jurídicos II – alteração do art. 113 do Código Civil: art. 7º. In: MARQUES NETO, Floriano Peixoto; RODRIGUES JR., Otavio Luiz; LEONARDO, Rodrigo Xavier (Orgs.). *Comentários à Lei da Liberdade Econômica. Lei 13.874/2019*. São Paulo: RT, 2019, p. 382. Semelhante interpretação crítica ao art. 112 já aparecia em FORGIONI, Paula A. A interpretação dos negócios empresariais no novo Código Civil brasileiro. *Revista de Direito Mercantil, Industrial.* São Paulo: Malheiros, 2003, n. 130, p. 32.

[188] "Ogni regola ha le sue ragioni. Ma le regole contrattuali esprimono un particolare assetto di ragioni: *un assetto intersoggettivo*" (GENTILI, Aurelio. *Senso e Consenso. Storia, teoria e tecnica dell'interpretazione dei contratti*. Torino: Giappichelli, 2015, v. 1, p. 321). Também no âmbito italiano: "Oggetto dell'interpretazione non può essere che quanto della volontà si è manifestato nella dichiarazione, e di intenzione, di cui l'aggettivo "commune" sembra delineare la depurazione da ogni fattore psicologico, si può parlare solo come "meta" del processo interpretativo" (ALPA, Guido; FONSI, Gianluca; RESTA, Giorgio. *L'Interpretazione del Contratto*. 2. ed. Milano: Giuffrè, 2001, p. 130).

[189] ESPÍNOLA, Eduardo. *Manual do Codigo Civil Brasileiro. Parte Geral. Dos Factos Juridicos. Arts. 74 a 113*. 2. ed. Rio de Janeiro: Jacintho Ribeiro dos Santos, 1929, v. 3, p. 178. Também PONTES DE MIRANDA, F. C. *Tratado de Direito Privado*. 4. ed. São Paulo: RT, 1983, t. 3, p. 334.

[190] PONTES DE MIRANDA, F. C. *Tratado de Direito Privado*. 4. ed. São Paulo: RT, 1983, t. 3, p. 334.

Isso foi deixado claro pelo próprio redator da Parte Geral do Código Civil, José Carlos Moreira Alves, quando fez alusão às considerações de Eduardo Espínola sobre o art. 85 do Código de 1916 e destacou estar o novel diploma a explicitar "que a regra determina que se atenda à intenção consubstanciada na declaração, e não ao pensamento íntimo do declarante"[191]. Trata-se, portanto, de uma vontade normativa, isto é, voltada à disciplina de uma dada operação para a realização de um certo fim. Isso faz com que a interpretação do contrato busque não a vontade dos contratantes, mas o "programa dos comportamentos" estabelecido pelas partes a partir do que "disseram, escreveram ou fizeram", como bem destaca um jurista italiano ao analisar dispositivos do *Codice Civile* assemelhados ao nosso diploma[192]; uma "vontade real objetivada"[193]. "Interpretamos declarações que exprimem regras"[194]. Deve-se averiguar a vontade real, mas com "inexorável limite no texto da própria declaração, onde aquela vontade terá de encontrar um mínimo de expressão"[195], e do que as fontes heterônomas a ela somam. "A vontade, ainda que buscada segundo o art. 85 [hoje art. 112], há de estar *dentro*, não fora, nem, com maioria de razão, contra o que se manifestou. A descida em profundidade é dentro das raias do manifestado"[196].

Não havia, portanto, subjetivismo que devesse ser superado, nem efetiva mudança no núcleo da disciplina da interpretação que agora tenha ocorrido.

---

[191] MOREIRA ALVES, José Carlos. *A parte geral do Projeto de Código Civil brasileiro, com análise do texto aprovado pela Câmara dos Deputados*. São Paulo: Saraiva, 1986, p. 103.

[192] SCALISI, Antonino. *La Comune Intenzione dei Contraenti. Dall'interpretazione letterale del contratto all'interpretazione secondo buona fede*. Milano: Giuffrè, 2003, p. 11.

[193] MIRANDA, Custódio da Piedade Ubaldino. *Interpretação e Integração nos Negócios Jurídicos*. São Paulo: RT, 1989, p. 177. Com razão Felipe Kirchner, ao sustentar: "Na compreensão de um texto, o intérprete não se transfere para a estrutura espiritual do autor, mas, sim, ao seu pensamento objetivado" (KIRCHNER, Felipe. *Interpretação Contratual: hermenêutica e concreção*. Curitiba: Juruá, 2016, p. 161).

[194] GENTILI, Aurelio. *Senso e Consenso. Storia, teoria e tecnica dell'interpretazione dei contratti*. Torino: Giappichelli, 2015, v. 1, p. 310. Daí ensinar Pontes de Miranda que "[a] interpretação tem por objeto mostrar o conteúdo do que foi bilateralmente acordado, com o significado das manifestações de vontade e da conduta dos figurantes" (PONTES DE MIRANDA, F. C. *Tratado de Direito Privado*. 3. ed. São Paulo: RT, 1984, t. 38, p. 78).

[195] MIRANDA, Custódio da Piedade Ubaldino. *Interpretação e Integração nos Negócios Jurídicos*. São Paulo: RT, 1989, p. 177.

[196] PONTES DE MIRANDA, F. C. *Tratado de Direito Privado*. 4. ed. São Paulo: RT, 1983, t. 3, pp. 334-335.

A leitura do *caput* do §1º deve ser feita em conjugação ao art. 112 e, assim, ao postulado normativo da intenção comum das partes, pelo que os critérios (ou meios) manejados são *viae ad res*.

Em segundo lugar, e por consequência, não se pode ler o agora incrementado art. 113 como se consolidasse uma sorte de "segunda etapa" do processo interpretativo, plasmando interpretação objetiva, que seria antecedida por uma "primeira etapa" supostamente consolidada no art. 112, de viés subjetivo. Essa leitura não seria de todo heterodoxa, uma vez que tal sistema bifásico vai acolhido pelo direito de alguns países[197]. Tal não ocorre, porém, no direito brasileiro, uma vez que o postulado normativo da intenção comum das partes faz da *littera*, do contexto verbal, do contexto situacional, do objeto e do fim do negócio jurídico critérios que otimizam o atendimento do postulado da intenção comum, tanto que sua aplicação não pode jamais contrariá-lo[198].

---

[197] A saber, o italiano (MESSINEO, Francesco. *Doctrina General del Contrato* (trad. R. O. Fontanarrosa; S. Sentís Melendo; M. Volterra). Buenos Aires: EJEA, 1952, t. 1, p. 90); e o francês reformado do art. 1.188 (FAGES, Bertrand. *Droit des Obligations*. 6. ed. Paris: LGDJ, 2016, p. 227; FABRE-MAGNAN, Muriel. *Droit des Obligations. I – Contrat et engagement unilatéral*. 4. ed. Paris: PUF, 2016, pp. 562-563). O alemão aparenta estabelecer sistema bifásico, circunstância que foi interpretada deste modo por doutrina mais tradicional (DANZ, Erich. *La interpretación de los negócios jurídicos (contratos, testamentos, etc.)* (trad. Francisco Bonet Ramon). 3. ed. Madrid: Editorial Revista de Derecho Privado, 1955, p. 179; LARENZ, Karl. *Derecho Civil. Parte General* (trad. Miguel Izquierdo y Macías-Picaea). Madri: Editorial Revista de Derecho Privado, 1978, p. 453; VON TUHR, Andreas. *Tratado de las Obligaciones* (trad. W. Roces). Madri: Reus, 1934, t. 1, p. 193), mas que, em verdade, não é mais lida enquanto tal, hoje prevalecendo a conjugada aplicação dos §§133 e 157 do BGB com vistas ao desvelamento da comum intenção das partes (FLUME, Werner. *El Negócio Juridico* (trad. José María Miquel González e Esther Gómez Calle). Madri: Fundación Cultural del Notariato, 1998, p. 370; KORNET, Nicole. *Contract Interpretation and Gap Filling: comparative and theoretical perspectives*. Oxford: Intersentia Antwerpen, 2006, p. 97).

[198] O mesmo entendimento é partilhado por doutrina estrangeira, a partir das peculiaridades de suas disciplinas da interpretação: ALPA, Guido; FONSI, Gianluca; RESTA, Giorgio. *L'Interpretazione del Contratto*. 2. ed. Milano: Giuffrè, 2001, p. 131; CANARIS, Claus-Wilhelm; GRIGOLEIT, Hans Christoph. Interpretation of contracts. In: HARTKAMP, Arthur S.; HESSELINK, Martijn W.; HONDIOUS, Ewoud H.; et alii (Eds.). *Towards a European Civil Code*. 4. ed. Alphen aan den Rijn, 2011, p. 590; FLUME, Werner. *El Negócio Juridico* (trad. José María Miquel González e Esther Gómez Calle). Madri: Fundación Cultural del Notariato, 1998, p. 370; RODOTÀ, Stefano. *Le fonti di integrazione del contratto*. Milano: Giuffrè, 1970, p. 87 e ss.

Do contrário, admitir-se-ia interpretação, em segunda etapa, à revelia da intenção comum, o que significaria, noutras palavras, *atribuir* sentido, e não *extraí-lo* do conteúdo que se apresenta como objeto do exame; significaria, enfim, admitir que os critérios possam contrariar o postulado, na conclusão que deles se extraísse.

Tudo isso se dá, em terceiro lugar, sem que se esteja ignorando o "ser" da interpretação, que é objeto da hermenêutica filosófica e que se preocupa em identificar "o que acontece além do nosso querer e fazer"[199]. O terreno da interpretação jurídica e, em específico, da interpretação contratual, porém, é o do "dever ser": o que *deve fazer* o intérprete – que método deve seguir – para aplicar o direito corretamente ou, no caso da hermenêutica contratual, para compreender o significado da disciplina concreta que se tornou turbulento[200]. Daí que quando se diga que o sentido não é *atribuído* pela interpretação contratual, e sim por ela *extraído*, não se está falando do "ser" da interpretação, em que poderá haver, em parte, irresistível e conjugada atribuição de sentido; e sim de seu "dever ser", i.e. do método que guia o intérprete na tentativa de

---

[199] GADAMER, Hans-Georg. *Verdade e Método I. Traços fundamentais de uma hermenêutica filosófica* (trad. Flávio Paulo Meurer). São Paulo: Vozes, 2008, pp. 14-15 e 18. O trecho completo é o seguinte: "Não pretendia desenvolver um sistema de regras artificiais capaz de descrever o procedimento metodológico das ciências do espírito. [...] Minha verdadeira intenção, porém, foi e continua sendo uma intenção filosófica: O que está em questão não é o que fazemos, o que deveríamos fazer, mas o que nos acontece além do nosso querer e fazer. Assim, não estamos, aqui, falando dos métodos das ciências do espírito". "O espírito metodológico da ciência impõe-se por toda parte. Assim, longe de mim negar o caráter imprescindível do trabalho metodológico dentro das assim chamadas ciências do espírito. [...] A questão colocada aqui quer descobrir e tornar consciente algo que foi encoberto e ignorado por aquela disputa sobre os métodos, algo que, antes de limitar e restringir a ciência moderna, precede-a e em parte torna-a possível". "[...] o sentido de minhas investigações não é oferecer uma teoria geral da interpretação e uma doutrina que diferencia seus métodos, como fez magistralmente E. Betti. Procuro demonstrar aquilo que é comum a todas as maneiras de compreender [...]".

[200] Vai bem observado o seguinte por Dimitri Dimoulis, em comentário que serve à hermenêutica contratual, *mutatis mutandis*: "Ainda que se comprove que todos os aplicadores do direito brasileiro recorrem a princípios morais para decidir, mesmo assim não teríamos um argumento a favor do moralismo. A pergunta da teoria do direito não é o que fazem os juízes, mas o que devem fazer para aplicar o direito de forma correta (teoria normativa da interpretação)" (DIMOULIS, Dimitri. *Positivismo Jurídico: teoria da validade e da interpretação do direito*. 2. ed. Porto Alegre: Livraria do Advogado, 2018, p. 183, nota 735).

reconstrução do significado concreto[201]. O intérprete pode vir a agregar sentido e não apenas descobri-lo, por conta do "ser" de toda interpretação; mas não deve fazê-lo, ou ao menos deve procurar não fazê-lo; e se o fizer, deverá ater-se às normas, pois o método é o produtor da interpretação, e não o contrário.

No campo contratual, tal se dá, novamente, pela vigência do postulado normativo da intenção comum das partes, que, à diferença da interpretação da lei, estabelece ao aplicador a necessidade de que se atenha, sempre, à reconstrução de um significado que foi por outros atribuído. Se na interpretação da lei o exercício do intérprete é – pelo específico dever ser de sua atividade – uma atualização e concreção de sentido, que há de ser abstrato, atual e para todos, na interpretação do contrato o sentido que deve ser buscado é particular, retrospectivo e para as partes.

São essas as razões da imprecisão do §1º *caput*, que só pode ser lido, por coerência à disciplina de fundo, em simbiose ao art. 112 do Código Civil.

2.1.2 Conexões intrassistemáticas

Art. 112 do Código Civil.

2.1.3 Conexões intersistemáticas

Art. 8º da CISG, que como relatado no Cap. 1.2, apresenta diverso sistema bifásico para a interpretação dos contratos de compra e venda internacional: uma primeira etapa que se volta à intenção da parte declarante (art. 8(1)) e uma segunda etapa que se volta ao sentido que seria dado por "uma pessoa razoável" (art. 8(2)), ambos guiados pelos mesmos critérios de interpretação (art. 8(3)). A vigência de disciplina anômala no direito brasileiro, depois da internalização da CISG, dá-se para os casos específicos de contratos de compra e venda internacional de mercadorias, firmando, assim, campo especial, à diferença das regras gerais dos arts. 112 e 113 do Código Civil.

---

[201] "L'interpretazione fissa il contenuto e ricostruisce il significato di dichiarazioni e comportamenti" (BETTI, Emilio. *Interpretazione della Legge e degli Atti Giuridici (teoria generale e dogmatica)*. Milano: Giuffrè, 1971, p. 384).

2.1.4 Jurisprudência

A jurisprudência registra caso em que o §1º *caput* foi conjugado ao inc. V para produzir interpretação à revelia da intenção comum das partes, fazendo concretos os perigos da má interpretação dos novos dispositivos que se apontaram acima. Trata-se de litígio que chamaremos de "caso da compra e venda resolvida"[202]. Tinha-se contrato de compra e venda de bem imóvel, celebrado em 2016, que fora parcialmente pago com a dação de um automóvel e com o pagamento de algumas parcelas em dinheiro. O contrato previa que "o inadimplemento da obrigação de pagar, após trinta dias da data do seu vencimento", implicaria a "rescisão automática da avença e perda da posse do imóvel pelo comprador". Os compradores deixaram de pagar o valor restante e, depois de trinta dias, os vendedores ingressaram com ação de resolução do contrato por inadimplemento, pretendendo o pagamento de multa pelo impagamento, a fixação de alugueis pelo período de uso do imóvel e sua imediata restituição, conforme previsto no texto negocial.

A sentença deu procedência parcial a tais pretensões, sem determinar, contudo, a imediata restituição do imóvel como mandava o contrato: afirmou que tal entrega só se daria depois que os vendedores devolvessem as quantias que haviam recebido como parte do pagamento. Os vendedores apelaram de tal decisão, querendo fazer prevalecer a *littera* do contrato, mas obtiveram do Tribunal de Justiça de São Paulo a confirmação da sentença. No que interessa, invocando o §1º *caput* e o inc. V, a Corte afastou a previsão contratual em prol do que seria a disciplina concreta "mais razoável": "a parte contrária tornou-se credora dos recorrentes, com a rescisão do contato, porque adimpliu com quantia considerável do preço, fazendo jus ao seu recebimento antes do seu despejo, como medida de igualdade obrigacional. É esse o entendimento do artigo 113, caput, e §1o, V, do Código Civil" – tudo isso "[m]uito embora o contrato de compra e venda objeto dos autos preveja, em sua cláusula nona, que o inadimplemento da obrigação de pagar, após trinta dias da data do seu

---

[202] TJSP; Apelação Cível 1001556-42.2016.8.26.0363; Relator (a): Rogério Murillo Pereira Cimino; Órgão Julgador: 9ª Câmara de Direito Privado; Foro de Mogi Mirim - 3ª Vara; Data do Julgamento: 12/07/2021; Data de Registro: 12/07/2021.

vencimento, implique em rescisão automática da avença e perda da posse do imóvel pelo comprador".

Claro exemplo, portanto, dos perigos que, na aplicação prática, o §1º é capaz de portar à disciplina da interpretação contratual, porque potencialmente apto a fraturar o postulado normativo da intenção comum das partes em prol de um *standard* da razoabilidade que se dilui no olhar do intérprete[203].

2.2. O comportamento posterior das partes: §1º, inc. I

2.2.1 Conteúdo e função da norma

O inc. I dita, como primeiro critério de interpretação, o "sentido que [...] for confirmado pelo comportamento das partes posterior à celebração do negócio". Quando se fala de comportamento, está-se a falar de critério que vai para além do texto e que, assim, pertence ao rol das "circunstâncias negociais", ou do "contexto situacional".

A regra é vetusta na tradição jurídica brasileira, podendo já ser encontrada no art. 131, 3, do Código Comercial de 1850, que mandava interpretar o contrato pelo "fato dos contraentes posterior ao contrato", tanto quanto em projetos de codificação, como o de Felício dos Santos (inclusive com redação mais adequada, porque englobante também do comportamento *anterior*)[204] e o de Inglez de Souza[205]. Mesmo critério também aparece em doutrina de

---

[203] Isso sem falar que a disciplina da resolução contratual, quando houver cláusula expressa, é de sua eficácia *ope legis*, conforme art. 474 do Código Civil: "A cláusula resolutiva expressa opera de pleno direito; a tácita depende de interpelação judicial". Noutras palavras, o contrato é tido por desfeito, a posse dos bens passa a ser precária e a ação é, assim, voltada à imediata restituição dos bens. Veja-se, nesse sentido, NANNI, Giovanni Ettore. *Inadimplemento Absoluto e Resolução Contratual. Requisitos e efeitos*. São Paulo: Thomson Reuters, 2021, pp. 493-498.

[204] "Art. 265. [...] 13. Os factos dos agentes na occasião do acto, ou anteriores ou posteriores, e que tenham relação com a questão, tambem servirão para sua interpretação" (SANTOS, Joaquim Felício dos. *Projecto do Codigo Civil da Republica dos Estados Unidos do Brazil*. Rio de Janeiro: Imprensa Nacional, 1891, p. 31).

[205] "Art. 715. [...] III – o facto dos contrahentes posterior ao contracto, que tiver relação com o objecto principal, será a melhor explicação da vontade que as partes tiveram na occasião de celebrar o mesmo contracto" (INGLEZ DE SOUZA, Herculano Marcos. *Projecto de Codigo Commercial*. Rio de Janeiro: Imprensa Nacional, 1912, v. 2, p. 225).

todas as épocas, valendo destacar, apenas para exemplo, o que vinha na "Nova Consolidação" de Carlos Augusto de Carvalho (art. 286): "[o] facto dos contrahentes posterior ao acto, que tiver relação com o objecto principal, será a melhor explicação da vontade que as partes tiverão na celebração do acto"[206]. Tanto por isso, a LLE não trouxe qualquer inovação no ponto.

Em verdade, a crítica que se pode dirigir ao dispositivo é quanto ao que ele *deixou* de agregar: alusão também ao comportamento *anterior*, referente à fase das tratativas, e que é relevante critério de interpretação contratual na disciplina brasileira. Apesar de ambos (comportamento anterior e posterior) remeterem à conduta das partes, são critérios distintos, pois já bem notado que "os comportamentos anteriores confluem ao acordo e os comportamentos posteriores defluem do acordo"[207]. Disso resulta que, para os comportamentos anteriores, e a partir de um ponto de vista do intérprete que os analisa em retrospecto depois de celebrado o contrato, o que importa é perceber como eles são capazes de aclarar a disciplina que foi consolidada, depois, no conteúdo contratual costurado.

Mas delimite-se bem: o comportamento anterior a que se refere aqui (e a que o inc. I não refere, mas deveria referir) é o da fase das tratativas, que se explicita em documentos e condutas dessa etapa, e não anteriores a esta fase, nem externas a ela[208]. Ter presente tal moldura é deixar de fora tanto o que se qualifica como "práticas pretéritas" (como em frente se verá), quanto o que se consolida em condutas praticadas pelas partes fora do contexto das negociações, no mais das vezes de modo unilateral.

São exemplos de comportamento anterior qualificável como critério de interpretação os documentos preliminares que se redigiram (e.g. *term sheets*, memorandos de entendimentos, protocolos ou cartas de intenções, atas de reuniões, e-mails e correspondências trocadas, minutas em construção, relatórios de auditorias, etc.), e que "configuram "tratos", e ainda não "contratos",

---

[206] CARVALHO, Carlos Augusto de. *Direito Civil Brazileiro Recopilado ou Nova Consolidação das Leis Civis*. Rio de Janeiro: Francisco Alves, 1899, p. 97.
[207] VICENZI, Marcelo. *Interpretação do Contrato: ponderação de interesses e solução de conflitos*. São Paulo: RT, 2011, p. 138.
[208] É a advertência de CARIOTA FERRARA, Luigi. *Il Negozio Giuridico nel Diritto Privato Italiano*. Napoli: Morano, [s.d.], p. 738.

nem negócios jurídicos"[209]; e também os contratos preliminares eventualmente avençados, entendidos como os que têm "por objeto a conclusão de um outro contrato, chamado de definitivo"[210], mas já contendo os elementos essenciais deste[211], e que instrumentalizam diversos interesses das partes (e.g. direito de preferência, promessa de compra e venda, promessa de doação, promessa de cessão de controle societário, promessa de sociedade, etc.[212]). Nem sempre um contrato preliminar estará clara e categoricamente nominado enquanto tal, havendo casos em que, por exceção, os documentos da fase das tratativas adquirem eficácia autônoma, constituindo verdadeiros "contratos preliminares"; ou, então, plasmam "formação progressiva do contrato", em que os documentos da fase pré-negocial vão construindo, aos poucos, o consenso, que também se vai formando por etapas[213].

A circunstância de haver contrato preliminar, por vezes, é valiosa no esclarecimento da regra pertencente ao contrato definitivo que se tornou disputada. Isso se dá, por exemplo, quando o contrato preliminar possui cláusula mais clara que o contrato definitivo, que a contém algo obscura; ou, então,

---

[209] MARTINS-COSTA, Judith. *A Boa-Fé no Direito Privado. Critérios para sua aplicação*. 2. ed. São Paulo: Saraiva, 2018, p. 419.

[210] ZANETTI, Cristiano de Sousa. *Responsabilidade pela Ruptura das Negociações*. São Paulo: Juarez de Oliveira, 2005, p. 24.

[211] Art. 462 do Código Civil: "O contrato preliminar, exceto quanto à forma, deve conter todos os requisitos essenciais ao contrato a ser celebrado".

[212] ALEM, Fabio P. *Contrato Preliminar*. São Paulo: Almedina, 2018, pp. 53-57.

[213] Essa é temática intrincada, que não tem espaço de ser enfrentada à profundidade aqui, fazendo-se remissão a: GOMES, Orlando. Negócios preparatórios. *Revista do Tribunal Federal de Recursos*. Brasília: Tribunal Federal de Recursos, 1987, pp. 139-146; GRECCO, Renato. *O Momento da Formação do Contrato: das negociações preliminares ao vínculo contratual*. São Paulo: Almedina, 2019, p. 59 e ss.; MARTINS-COSTA, Judith. *A Boa-Fé no Direito Privado. Critérios para sua aplicação*. 2. ed. São Paulo: Saraiva, 2018, pp. 430-432; TEPEDINO, Gustavo. Formação progressiva dos contratos e responsabilidade pré-contratual: notas para uma sistematização. In: BENETTI, Giovana; CORRÊA, André Rodrigues; FERNANDES, Márcia Santana; NITSCHKE, Guilherme Carneiro Monteiro; PARGENDLER, Mariana; VARELA, Laura Beck (Orgs.). *Direito, Cultura, Método. Leituras da obra de Judith Martins-Costa*. Rio de Janeiro: GZ, 2019, p. 586 e ss.; ZANETTI, Cristiano de Sousa. *Responsabilidade pela Ruptura das Negociações*. São Paulo: Juarez de Oliveira, 2005, p. 11 e ss. O único comentário que se deve registrar é que, nos casos em que há formação progressiva, o ponto central é saber, no caso concreto, em que momento de tal formação se pode concluir que há verdadeiro "contrato". E tal é uma verificação puramente interpretativa, com a peculiaridade, aqui, de se averiguar não qual é a intenção comum das partes, e sim se ela existe, e em que momento ela se coagulou em contrato.

quando fica evidenciado que as partes esqueceram de fazer inserir no contrato definitivo cláusula sobre a qual houvera consenso no contrato preliminar (e.g. uma cláusula de resolução de disputas), contendo o definitivo uma aparente (e só aparente) lacuna. A interpretação que acessa o comportamento anterior das partes e, assim, encontra no contrato preliminar a luz que falta ao contrato definitivo, desde que não haja antagonismo entre ambos, é capaz de solver a dúvida em hipótese persistente.

A advertência a ter presente, a este último ensejo, é de que nem sempre os comportamentos e documentos da fase das negociações hão de servir como critério de interpretação do conteúdo contratual. Tal ocorre quando houver *contradição* entre os documentos preliminares sob exame e o instrumento contratual que se construiu, nessa hipótese tendo sido superados, portanto, pelas etapas posteriores das tratativas e por seu produto final[214]. Por isso destaca a doutrina que os documentos da fase das tratativas "não servem como meios interpretativos suplementares quando forem *incongruentes* com a declaração negocial posterior"[215], nesta hipótese tendo o valor, apenas, de historiar os estágios iniciais da formação do contrato que ao final se celebrou. Tal se dá, e.g., quando houver oposição entre os termos do contrato preliminar e os termos do contrato definitivo, uma vez que se presume que, firmado o definitivo, o preliminar é tido por inteiramente extinto e superado pela disciplina final[216].

---

[214] Sempre se deverá ter em mente, portanto, a observação de que os documentos preliminares, *a priori*, são mero "programa ou esquema hipotéticos, que poderão eventualmente converter-se em contratos, apenas quando e se a vontade for declarada com a intenção de vincular" (LEÃES, Luiz Gastão Paes de Barros. Protocolo de intenções sem força obrigatória. *Pareceres*. São Paulo: Singular, 2004, v. 1, p. 405).

[215] MARTINS-COSTA, Judith. *A Boa-Fé no Direito Privado. Critérios para sua aplicação*. 2. ed. São Paulo: Saraiva, 2018, p. 436. Isso se dá porque "[...] essas sucessivas declarações e atos integrantes das tratativas (negociações preliminares, *pourparlers*, *Punktation*, *trattative*) não passam de um *programa ou esquema hipotéticos* que poderão, eventualmente, converter-se em contratos se houver, nesse sentido, declaração negocial" (MARTINS-COSTA, Judith. *Comentários ao Novo Código Civil. Do Inadimplemento das Obrigações*. 2. ed. Rio de Janeiro: Forense, 2009, v. 5, t. 2, pp. 45-46). Essa era já a lição de BETTI, Emilio. *Interpretazione della Legge e degli Atti Giuridici (teoria generale e dogmatica)*. Milano: Giuffrè, 1971, pp. 385-386.

[216] Sobre extinção do contrato preliminar mediante a celebração do contrato definitivo: ALEM, Fabio P. *Contrato Preliminar*. São Paulo: Almedina, 2018, p. 86; BARBOSA MOREIRA, Carlos Roberto. Contrato preliminar – substituição pelo contrato definitivo – efeitos – súmula n. 543 do STJ. *Revista Brasileira de Direito Civil*, v. 19, 2019, pp. 204-207; GAGLIARDI, Rafael Villar. Contratos preliminares. In: LOTUFO, Renan; NANNI, Giovanni Ettore (Org.). *Teoria*

Em qualquer das variedades de "comportamento anterior", a omissão da LLE é indesculpável, seja pelo efetivo emprego da conduta anterior como critério de interpretação tanto na tradição quanto, por consequência, na atual disciplina (que não se esgota no texto positivo); seja pelo que se tem no direito estrangeiro (caso se fizesse efetivo exercício de comparação jurídica). Sobre esse último dado, ainda que o Código Civil português (art. 236º) e o Código Civil uruguaio (art. 1.301), por exemplo, falem apenas de "comportamento posterior", há uma série de diplomas recentes que remetem à conduta anterior dos contratantes, como, e.g., o Código Civil e Comercial argentino (art. 1.065, 'b'), a CISG (art. 8(3)), os Princípios UNIDROIT (art. 4.3) e os PECL (art. 5.102); e mesmo o Código Civil italiano, que, ao aludir ao "comportamento complessivo" do art. 1.362, refere à conduta "também posterior", o que tem levado a doutrina daquele país a indagar o papel do comportamento durante as tratativas e na hora da formação do contrato[217].

Seja como for, a falta de alusão ao "comportamento anterior" no novel inc. I não pode ser lida como não recepção do critério, que segue por derivar da tradição na matéria e, assim, da fonte consuetudinária do direito brasileiro.

Mas ande-se à literalidade do inc. I.

Seu texto não deixa dúvidas que o "comportamento das partes posterior à celebração do negócio" é o que atine à fase de execução do contrato. O intérprete deve, então, ao aplicar tal regra, examinar o comportamento dos contratantes que é subsequente à celebração do contrato, para ver como as partes agiram quando invocaram a disciplina contratual em litígio. Essa averiguação, portanto, sai da letra e vai para o comportamento, e, tendo as partes entendido de uma forma anteriormente, ferirá a justa expectativa alterar-se tal entendimento. Tal operação vai também chamada de "interpretação autêntica", na medida em que os declarantes da vontade, ao darem execução ao

---

Geral dos Contratos. São Paulo: Atlas, 2011, p. 578; GOMES, Orlando. *Contratos*, 27. ed. Rio de Janeiro: Forense, 2019, p. 135.

[217] Sendo de destacar que o tema do "comportamento das partes" é "un problema vivacemente dibattuto in dottrina e in giurisprudenza" na Itália, sobretudo porque há um certo dissenso entre o entendimento da maior parte da jurisprudência e o da maior parte da doutrina, pois enquanto os juízes tendem a considerar o comportamento apenas excepcionalmente, quando a *littera* não for clara e unívoca, os autores indicam a necessidade de se aplicar o art. 1.362 do *Codice Civile* de modo unitário. Assim narram ALPA, Guido; FONSI, Gianluca; RESTA, Giorgio. *L'Interpretazione del Contratto*. 2. ed. Milano: Giuffrè, 2001, p. 127.

contrato, o fazem segundo a sua própria compreensão; "[s]ão as próprias partes que, através de atos, revelam a *intenção comum*"[218], de modo que "autêntica" não é, por consequência, a interpretação *das partes* (que não interpretam, mas compreendem a disciplina e a executam, simplesmente), mas *do aplicador*. Sendo a compreensão dos contratantes, até o momento da disputa, uníssona, ainda que divergente da letra, essa é a melhor interpretação a ser dada por quem interpreta.

Não é qualquer conduta posterior, porém, que equivale a tal critério de interpretação. Trata-se, apenas, do comportamento que tiver relação direta com "a disciplina e a execução do contrato a interpretar", como ressalta lição italiana que serve também à disciplina brasileira[219], não se podendo, assim – do mesmo modo que quando se referiu ao comportamento anterior –, considerar condutas externas à execução do contrato como relevantes. Tal é a situação, por exemplo, daquilo que, fora da execução, é arguído por meio de advogados em processo judicial, como se verá abaixo com o exame do "caso da corretagem de elevadores", em que o Tribunal acabou por ler inapropriadamente o critério, em considerando o que sustentado em juízo como "comportamento posterior".

Em acréscimo, não parece que o comportamento exigido para que se tenha critério de interpretação deva ser, necessariamente, intersubjetivo, ou melhor, bilateralmente assumido, ainda que tal seja a regra geral[220]. Haverá hipóteses em que a conduta de um dos contratantes poderá ser tomada para fins de aclarar o significado da regra, quando, por exemplo, tal normativa disser respeito a prestação levada a cabo por uma das partes. O modo como esta executa pode vir a ser lente interpretativa suficiente para confirmar a disciplina que, depois, se tornou duvidosa. Tais comportamentos unilaterais, portanto, ganham relevo em certas situações, especialmente naquelas em que há contrariedade aos interesses de quem os pratica (*contra se declaratio*), mas também quando aceitos pela outra parte "sem dissenso ou também tacitamente"[221].

---

[218] ANDRADE, Darcy Bessone de Oliveira. *Do Contrato*. Rio de Janeiro: Forense, 1960, p. 229.
[219] PENNASILICO, Mauro. *Contratto e Interpretazione. Lineamenti di ermeneutica contrattuale*. 2. ed. Torino: Giappichelli, 2015, p. 12.
[220] É o comentário, do âmbito italiano, de ALPA, Guido; FONSI, Gianluca; RESTA, Giorgio. *L'Interpretazione del Contratto*. 2. ed. Milano: Giuffrè, 2001, p. 131.
[221] PENNASILICO, Mauro. *Contratto e Interpretazione. Lineamenti di ermeneutica contrattuale*. 2. ed. Torino: Giappichelli, 2015, p. 10.

Para delimitar ainda melhor o conceito, calha marcar algumas distinções, também para evitar que se enxergue no inc. I mais do que ele contém.

A primeira distinção é quanto ao comportamento concludente dessumido dos arts. 111 e 432 do Código Civil[222]. Não é deste que o inc. I trata, pois comportamento concludente é o que deriva das ações tácitas (ou silenciosas, como preferem alguns autores) que denotam aceitação[223]; trata-se, noutras palavras, do que também se chama de "manifestações indiretas", "declarações indiretas" ou *facta concludentia* (*facta ex quibus voluntas concludi potest*)[224]. É o clássico exemplo de Karl Larenz do passageiro que toma o bonde mas não paga a passagem na entrada, sendo-lhe exigido o pagamento quando de sua descida. Não pode alegar a não celebração do contrato, pois ainda que não retribuído no início o transporte (como é o costume), seu comportamento é concludente: implica a aceitação do contrato de transporte[225]. O comportamento posterior das partes a que remete o inc. I é de outra natureza, e é o que se cinge à execução (e não à formação) do negócio. Quer dizer que o modo pelo que as partes dão execução às regras é a melhor interpretação de seu conteúdo.

---

[222] "Art. 111. O silêncio importa anuência, quando as circunstâncias ou os usos o autorizarem, e não for necessária a declaração de vontade expressa"; "Art. 432. Se o negócio for daqueles em que não seja costume a aceitação expressa, ou o proponente a tiver dispensado, reputar-se-á concluído o contrato, não chegando a tempo a recusa". Sobre comportamento concludente, remete-se a: MOTA PINTO, Paulo. *Declaração Tácita e Comportamento Concludente no Negócio Jurídico*. Coimbra: Almedina, 1995, *passim*; e, entre nós: RODRIGUES, José Martins. *Elementos geradores do vínculo obrigacional e efeitos jurídicos do silêncio*. Fortaleza: Livraria Humberto, 1934, especialmente p. 88 e ss.; SERPA LOPES, Miguel Maria de. *O silêncio como manifestação da vontade*. 3. ed. Rio de Janeiro: Freitas Bastos, 1961, *passim*.

[223] Pontes de Miranda distingue, com maior precisão, entre "aceitação expressa", "aceitação tácita" (que é a "manifestação de vontade que se compõe com atos, positivos ou negativos, que não sejam por palavras ou sinais compreensíveis") e "aceitação pelo silêncio" ("quer a lei lhe dê suficiência para o suporte fáctico, quer apenas êle se substitua à manifestação expressa ou tácita") (PONTES DE MIRANDA, F. C. *Tratado de Direito Privado*. 3. ed. São Paulo: RT, 1984, t. 38, p. 28).

[224] RODRIGUES, José Martins. *Elementos geradores do vínculo obrigacional e efeitos jurídicos do silêncio*. Fortaleza: Livraria Humberto, 1934, pp. 90-92.

[225] LARENZ, Karl. O estabelecimento de relações obrigacionais por meio de comportamento social típico (1956) (trad. Alessandro Hirata; Flavia Portella Püschel). *Revista DireitoGV*. São Paulo: FGV, 2006, v. 2, n. 1, p. 55 e ss.

A segunda distinção é quanto às práticas pretéritas, especialmente naquilo que o inc. I possa ser entendido como abrangendo também a conduta anterior das partes. Quando se fala de conduta ou comportamento anterior ou posterior, não se pode confundir com o conceito de práticas (pretéritas)[226], que remetem a negócios firmados entre as mesmas partes em ocasiões anteriores, e que podem servir tanto de fonte do conteúdo contratual (em se tratando de contratos de compra e venda internacional, por força do art. 9(1) da CISG), quanto de critério para interpretar o negócio – mas não pela janela do inc. I, e sim pela do inc. II. Sobre o conceito de práticas se tratará logo a seguir, a aclarar mais a diferença aqui marcada (Cap. 2.3).

Como terceira distinção, o inc. I não trata de comportamentos que, mesmo conjuntos, alterem o conteúdo do contrato, em atividade que, se comum e duradoura, impediria um retorno à letra do contrato por incidência da figura do *ne venire contra factum proprium*[227]. A dicção do dispositivo é quanto ao que as partes vinham desenvolvendo na compreensão do que fora estatuído, "confirmando" a regra posta (conforme literalidade do inc. I)[228]. Veja-se que

---

[226] Em sentido contrário, entendendo que do dispositivo se pode extrair também alusão às práticas pretéritas, veja-se: GEDIEL, José Antônio Peres; CORRÊA, Adriana Espíndola. Interpretações – art. 113 do Código Civil. In: MARQUES NETO, Floriano Peixoto; RODRIGUES JR., Otavio Luiz; LEONARDO, Rodrigo Xavier (Orgs.). *Comentários à Lei da Liberdade Econômica. Lei 13.874/2019.* São Paulo: RT, 2019, p. 341; e LEONARDO, Rodrigo Xavier; RODRIGUES JR., Otávio Luiz. A interpretação dos negócios jurídicos na Lei da Liberdade Econômica. In: CUNHA FILHO, Alexandre J. Carneiro da; PICCELLI, Roberto Ricomini; MACIEL, Renata Mota (Coord.). *Lei da Liberdade Econômica Anotada. Vol. 2. Lei nº 13.874, de 2019.* São Paulo: Quartier Latin, 2020, p. 222.

[227] Apontado pela doutrina como presente quanto se adota comportamento posterior e depois se retrocede ao comportamento adotado, "negando ou desdizendo aquilo que o seu comportamento anterior indicara" (MARTINS-COSTA, Judith. *A Boa-Fé no Direito Privado: critérios para a sua aplicação.* 2. ed. São Paulo: Saraiva, 2018, pp. 512-513).

[228] Mas "confirmação" entre aspas porque não se trata de confirmar a *littera*, e sim a disciplina. Quer dizer: se as partes sempre entenderam a disciplina de uma dada maneira, ainda que em distinção à pura literalidade do contrato, a "confirmação" que se tem, e que é exigida pelo inc. I, não é a da cláusula escrita, mas a confirmação da disciplina que compreendida pelas partes. Tanto por isso, a exigência de "confirmação" com relação ao comportamento posterior não é de que este seja "conforme ao contrato", e sim que confirme o significado que as partes atribuíram à regra durante sua execução. Até porque, como chama a atenção uma jurista italiana, seria um tanto quanto ingênuo exigir-se um comportamento "conforme ao contrato" para que se tivesse critério de interpretação manejável: "non si può certo stabilire se una condotta sia conforme o contraria al contratto se il contratto stesso non sia già stato

a diferença está que, em um caso (i.e. no do comportamento posterior que serve como critério de interpretação), a regra sempre foi uma, ainda que compreendida e executada de modo diverso pelas partes; no outro caso (i.e. no da alteração do conteúdo por *venire contra factum proprium*), a regra era uma e se modificou por conduta consorte das partes, protegida pela eficácia da boa-fé objetiva.

Tal não significa dizer que, neste segundo caso, a conduta posterior das partes deixe de ser critério de interpretação. O que se está a dizer é que o "comportamento confirmatório" exigido pela literalidade do inc. I não equivale ao "comportamento normativo" que se qualifica enquanto tal pela incidência do princípio da boa-fé. Este último não vai mencionado expressamente pelo inc. I, mas ainda assim opera como critério de interpretação, em simbiose ao *caput* do art. 113; pois, sendo a boa-fé fonte de conteúdo contratual, sobretudo *in executivis*, ela agrega qualidade normativa ao comportamento consensual que se desviou da anterior disciplina do contrato[229]. Do mesmo modo que o contrato é "evolutivo"[230], assim também a interpretação: ela "é dinâmica e funcional, legada noutras palavras ao desenvolver-se dos interesses representados no regulamento contratual", a implicar "a adequação constante do contrato historicamente concluído à realidade da sua atuação, que poderia ser também muito diversa e afastada no tempo daquela em que celebrado o ato"[231]. Tal não significa descartar a importância do estipulado, que tem presumida prevalência, mas apontar ao fato de que o "comportamento normativo",

---

interpretato" (GERI, Lina Bigliazzi. *L'interpretazione del contratto. Artt. 1362-1371*. Milano: Giuffrè, 2013, p. 141).

[229] Sobre isso disserta FERREIRA DA SILVA, Jorge Cesa. *A Boa-Fé e a Violação Positiva do Contrato*. Rio de Janeiro: Renovar, 2007, p. 96; no direito estrangeiro, é o mesmo que se vê em: D'ANGELO, Andrea. La buona fede ausiliaria del programma contrattuale. In: D'ANGELO, Andrea; MONATERI, Pier Giuseppe; SOMMA, Alessandro. *Buona Fede e Giustizia Contrattuale. Modelli cooperativi e modelli conflituali a confronto*. Torino: Giappichelli, 2005, p. 17; SCOGNAMIGLIO, Claudio. *Interpretazione del Contratto e Interessi dei Contraenti*. Padova: CEDAM, 1992, pp. 372-373; e VASCONCELOS, Pedro Pais de. *Contratos Atípicos*. 2. ed. Coimbra: Almedina, 2009, p. 406.

[230] Essa caracterização aparece em CESARÒ, Vicenzo Maria. *Clausola di rinegoziazione e conservazione dell'equilibrio contrattuale*. Nápoles: ESI, 2002, p. 244.

[231] PENNASILICO, Mauro. *Contratto e Interpretazione. Lineamenti di ermeneutica contrattuale*. 2. ed. Torino: Giappichelli, 2015, p. 6.

magnetizado pela eficácia da boa-fé, é capaz de modificar a disciplina daquilo que originalmente posto.

Por fim, como quarta distinção, há de se contrastar o comportamento posterior daquilo que se conhece por "negócio jurídico de reconhecimento" ou "declarativo", em que as partes, *a posteriori*, declaram o significado do negócio anterior[232]; consolidam "enunciado de fato sobre a existência, estrutura, conteúdo e eficácia da relação ou situação jurídica anterior"[233]. Quando há negócio jurídico de reconhecimento, a conduta posterior dos contratantes, plasmada em tal negócio, é mais do que critério de interpretação do contrato em controvérsia: é a própria significação buscada, porque expressiva, inequivocamente, da intenção comum das partes em hipótese duvidosa. A intenção comum não estará no contrato de origem, acessada a partir do comportamento posterior das partes, que se corporifica no negócio declarativo; é o próprio negócio declarativo que a contém, sendo, assim, não critério de interpretação (*via ad res*), mas a própria clareza que se buscaria com o exercício interpretativo (a *res*). Pode ser que mesmo o negócio declarativo venha a ser duvidoso, mas nessa hipótese ele não passa a ser critério de interpretação, e sim a própria razão da indagação hermenêutica, de modo que os critérios de interpretação serão acessados para que seu conteúdo seja explicitado.

2.2.2 Conexões intrassistemáticas

Arts. 111 e 432, que referem à formação do contrato pelo silêncio ou pelo comportamento concludente, do que se distingue o critério de interpretação do art. 113, §1º, inc. I.

---

[232] PONTES DE MIRANDA, F. C. *Tratado de Direito Privado*. 4. ed. Rio de Janeiro: RT, 1983, t. 3, pp. 128-129. Com ainda mais precisão, e à diferença de outras figuras: "O negócio jurídico declarativo supõe mais: tem a função de declarar, de *de*-clarar, com eficácia sua, independente do que possa haver de obscuridade no negócio declarado. [...] O negócio jurídico declarativo não substitui, nem nova, nem renova, nem prorroga: declara. [...] As duas declarações de vontade têm o mesmo objeto; ao passo que, no negócio jurídico declarativo, uma é objeto da outra" (idem, pp. 129-130).

[233] PONTES DE MIRANDA, F. C. *Tratado de Direito Privado*. 4. ed. Rio de Janeiro: RT, 1983, t. 3, pp. 130-131.

2.2.3 Conexões intersistemáticas

CISG, art. 8(3), que refere que, "[p]ara determinar a intenção de uma parte, ou o sentido que teria dado uma pessoa razoável, devem ser consideradas todas as circunstâncias pertinentes ao caso, especialmente negociações, práticas adotadas pelas partes entre si, usos e costumes e qualquer conduta subsequente das partes"; e CISG, art. 9(1), que trata das práticas, figura distinta do comportamento das partes a que refere o art. 113, §1º, inc. I.

2.2.4 Jurisprudência

O Poder Judiciário já teve a oportunidade de aplicar o inc. I a certas disputas.

No "caso do passivo societário", teve-se a aquisição total do capital social de duas sociedades, cujo contrato, celebrado em 2012, continha cláusula que limitava a indenização dos vendedores quanto a passivos anteriores ao fechamento ao teto de R$ 100 milhões. Tal cláusula só poderia ser excepcionada, assim rompendo o teto indenizatório, se "atos e omissões praticados com fraude, dolo e má-fé" implicassem a não divulgação "da existência de demandas, contratos relevantes, endividamento, garantias e contratos com partes relacionadas". Depois de certo tempo, os compradores ajuizaram ação indenizatória em face dos vendedores, alegando que foram surpreendidos *a posteriori* por passivo não informado, capaz de romper o máximo indenizatório previsto em contrato.

A sentença sobreveio para julgar a ação improcedente. Tal improcedência, parcialmente mantida pelo Tribunal de Justiça de São Paulo, apoiou-se em, pelo menos, três circunstâncias fáticas, qualificadas juridicamente[234]. A primeira: depois de celebrado o contrato, as partes entraram em debate sobre a abrangência da cláusula de limitação de responsabilidade e firmaram três instrumentos de transação, o último deles em 2017, pelo que se davam recíproca e abrangente quitação quanto a "todas e quaisquer perdas, disputas, obrigações ou relações jurídicas relacionadas ao contrato de compra e venda e aos atos subsequentes", "independentemente da data em que for originada, materializada e/ou a que

---

[234] TJSP; Apelação Cível 1101245-04.2018.8.26.0100; Relator (a): Cesar Ciampolini; Órgão Julgador: 1ª Câmara Reservada de Direito Empresarial; Foro Central Cível - 2ª VARA EMPRESARIAL E CONFLITOS DE ARBITRAGEM; Data do Julgamento: 02/12/2020; Data de Registro: 03/12/2020.

se referir o seu fato gerador". A segunda: os atos dos compradores posteriores à celebração do contrato e, assim, à assunção do controle societário denotam ciência inequívoca das ações que constituíam o passivo supostamente oculto, tudo antes de celebrado o último termo de transação, em 2017, que outorgava ampla e irrestrita quitação. E a terceira (e que interessa a este estudo): depois do fechamento, as empresas outorgaram procurações e assinaram cartas de preposição para sua defesa justamente nas ações que, depois, os compradores alegaram desconhecer. Convocando o art. 113 §1º, inc. I, do Código Civil, o acórdão de apelação concluiu: "A respeito desses atos confirmatórios da vontade exprimida quando do contrato, velha regra de hermenêutica, que constava do Código Comercial do Império, foi revogada enquanto direito positivo com o advento do Código Reale (mas, claro, nunca deixou de ser ínsita ao sistema jurídico), e agora veio a ser reescrita neste Código (novo § 1o do art. 113, inc. I), mercê do disposto no art. 7o da Lei 13.874/2019".

No "caso do Sítio Nossa Senhora Aparecida", uma das partes cedeu, em 2012, área rural na cidade de Irapuru, Estado de São Paulo, consistente em dois imóveis (ambos denominados "Sítio Nossa Senhora Aparecida") para a exploração agrícola da outra, via plantio e colheita de cana de açúcar. Arguindo débito de rendas por parte do agricultor, o proprietário ajuizou ação de resolução contratual cominada com pedido de desocupação do imóvel e condenação ao pagamento dos valores inadimplidos desde 2016. O agricultor, por seu turno, sustentou que a *littera* do contrato estabelecia que a partilha dos frutos com o proprietário se daria apenas depois do corte da cana de açúcar, de modo que todos os adiantamentos feitos, entre 2012 e 2016, teriam plasmado mera liberalidade do produtor. A sentença julgou procedente a ação, no que foi confirmada pelo Tribunal de Justiça de São Paulo. Ao apreciar o caso, a Câmara julgadora invocou a figura da *suppressio* e o art. 113 §1º, inc. I, do Código Civil, quando concluiu que o "[c]omportamento da ré, que efetuou pagamentos mensais ao longo de anos, deve preponderar em relação à literalidade do contrato"[235].

O caso merece dois comentários.

---

[235] TJSP; Apelação Cível 1000752-02.2017.8.26.0311; Relator (a): Maria Lúcia Pizzotti; Órgão Julgador: 30ª Câmara de Direito Privado; Foro de Junqueirópolis - Vara Única; Data do Julgamento: 04/03/2020; Data de Registro: 05/03/2020.

O primeiro é uma ponderação crítica, uma vez que a narrativa indica para outra das figuras de rejeição do comportamento contraditório: a *surrectio*. O que a *suppressio* faz é reconhecer que a inércia do titular de uma posição jurídica (um direito subjetivo, uma faculdade) gera uma expectativa na contraparte de que tal posição não será mais exercida, assim a tolhendo e tornando essa amputação estável[236]. De seu turno, a *surrectio* – desdobramento da *suppressio* – provoca resultado diametralmente oposto: ela joga luz àquelas situações em que não há amputação, mas acoplagem de novo direito subjetivo da contraparte que antes inexistia, em razão de expectativa consistentemente gerada quanto a essa nova posição[237]. No "caso do Sítio Nossa Senhora Aparecida", a conduta do agricultor fez surgir na contraparte uma expectativa e um direito subjetivo de exigir adiantamentos mensais pela cessão dos imóveis, expectativa e direito que antes inexistiam, face ao texto do contrato que previam o pagamento das rendas apenas depois de colhida a cana. Ou seja, a conduta da parte não poda uma posição jurídica, mas fá-la surgir, na contraparte.

O segundo comentário é de que o caso, apesar da pequena imprecisão recém flagrada, exemplifica a atuação do princípio da boa-fé objetiva na aplicação das regras de interpretação contratual. Quer-se dizer: uma interpretação que é direcionada, pela regra do inc. I, ao comportamento posterior das partes é também veículo de valoração dessa conduta à luz da boa-fé, que, no caminho de volta, faz concluir pela alteração *in executivis* da disciplina contratual (*rectius* do conteúdo), com base, justamente, na conduta posterior adotada pelos contratantes. A regra de interpretação dirige o olhar do intérprete; a boa-fé ilumina a disciplina do contrato, sobre a qual se deita seu olhar. A primeira atine ao método, ao quefazer do aplicador; a segunda, ao conteúdo contratual. Processa-se a interpretação do comportamento posterior à luz da boa-fé.

O exame de um último caso permite fazer um alerta.

---

[236] Assim: MARTINS-COSTA, Judith. *A Boa-Fé no Direito Privado. Critérios para a sua aplicação*. 2. ed. São Paulo: Saraiva, 2018, p. 710 e ss.; NEVES, Julio Gonzaga Andrade. *A Suppressio (Verwirkung) no Direito Civil*. São Paulo: Almedina, 2016, p. 51 e ss.

[237] Assim: MARTINS-COSTA, Judith. *A Boa-Fé no Direito Privado. Critérios para a sua aplicação*. 2. ed. São Paulo: Saraiva, 2018, p. 722 e ss.; MENEZES CORDEIRO, António M. da Rocha e. *Da Boa Fé no Direito Civil*. Coimbra: Almedina, 2015, pp. 821-823.

O comportamento posterior que o inc. I valora como critério de interpretação é aquele adotado no campo material, i.e. de execução do objeto contratual, em que prestações e contraprestações são colocadas em marcha, plasmando, assim, a compreensão, *na prática*, que as partes têm da disciplina, *em teoria*. É o conteúdo contratual ganhando carnadura, concretude, na sua execução. Não é, contudo, aquilo que se manifesta já no bojo processual, quando instaurado o litígio e na ocasião, então, em que as partes não estão mais compreendendo *in executivis* a disciplina de seu contrato e colocando-a em marcha, mas, por mandatários, sustentando suas teses e exercendo suas pretensões. Ainda que o comportamento das partes, por suas manifestações processuais, possa receber valoração em conformidade à normativa processual (como, por exemplo, as regras da confissão do art. 374 do Código de Processo Civil), não há abertura para se os interpretar como se "comportamento posterior" fossem e, assim, para a esse ensejo aplicar-se o inc. I do art. 113 §1º.

Tal mistura foi levada a cabo no "caso da corretagem de elevadores", em que uma parte – o corretor – ingressou com ação contra um fabricante de elevadores para o fito de cobrar comissões supostamente impagas, sustentando que a relação era mais ampla que o negócio de corretagem (o único formalizado), abrangendo, também, antiga relação de distribuição[238]. Para além de toda a controvérsia levada ao Tribunal de Justiça de São Paulo, e que tinha por ponto focal apreciar incidente de incompetência porque presente cláusula de eleição de foro, um dos itens era saber se a empresa autora exercia pretensões também referentes ao contrato de corretagem ou só as ajuizara com referência ao pretenso contrato de distribuição. Nada obstante as afirmações, em agravo, de que os pedidos eram referentes, apenas, ao negócio mais amplo, a Câmara julgadora flagrou que havia uma série de pretensões igualmente derivadas da relação de corretagem, mas transbordou na qualificação jurídica, invocando o inc. I do art. 113 §1º como se fosse o correto fundamento para decidir pela prevalência da cláusula de eleição de foro. Segundo o acórdão (que não temos como a correta aplicação do dispositivo), "a própria agravante pretendeu a extensão da aplicação desse contrato de corretagem aos demais

---

[238] TJSP; Agravo de Instrumento 2151255-10.2019.8.26.0000; Relator (a): Ana de Lourdes Coutinho Silva da Fonseca; Órgão Julgador: 13ª Câmara de Direito Privado; Foro Regional XI – Pinheiros – 5ª Vara Cível; Data do Julgamento: 09/03/2021; Data de Registro: 09/03/2021.

negócios jurídicos celebrados entre as partes; assim, seu comportamento deve ser considerado, para fins de interpretação do conjunto de sua postulação" – e, na sequência, vem a alusão aos incisos I e V do art. 113 §1º.

A propósito, a invocação do inc. V é ainda mais enigmática, pois vem sem desenvolvimento. Ainda assim, e detendo nossa apreciação quanto ao inc. I, o equívoco não está na apreciação das manifestações da parte, nem na conclusão, mas no dispositivo invocado: o inc. I não se presta para valorar condutas plasmadas em manifestações processuais, portanto unilaterais e externas à execução do contrato.

2.3 Os usos, os costumes e as práticas: §1º, inc. II

2.3.1 Conteúdo e função da norma

O inc. II dita que a interpretação deve atribuir o sentido que "corresponder aos usos, costumes e práticas do mercado relativas ao tipo de negócio". Mais uma vez, tem-se aqui critério de interpretação que pertence ao conjunto das "circunstâncias negociais" ou do "contexto situacional" do negócio jurídico.

Tal dispositivo merece, primeiro, a crítica de nada inovar, seja porque em parte redundante ao *caput* do art. 113, seja porque caudatário de antigas fontes luso-brasileiras. Sua regra é velhíssima na tradição, já constante dos arts. 130, 131, 4, 132 e 133 do Código Comercial de 1850[239], além de ser compreensão

---

[239] "Art. 130. As palavras dos contratos e convenções mercantis devem inteiramente entender-se segundo o costume e uso recebido do comércio, e pelo mesmo modo e sentido por que os negociantes se costumam explicar, posto que entendidas de outra sorte possam significar coisa diversa". "Art. 131. [...] 4 – o uso e prática geralmente observada no comércio nos casos da mesma natureza, e especialmente o costume do lugar onde o contrato deva ter execução, prevalecerá a qualquer inteligência em contrário que se pretenda dar às palavras". Este era dispositivo quase idêntico ao art. 256 do Código Comercial português de 1833, e encontrava complemento tanto no art. 218 do Regulamento No. 737, de 25 de novembro de 1850, que disciplinava como se podiam provar os usos do comércio (i.e. por assento ou atestado do Tribunal do Comércio da Praça em questão), quanto nos arts. 25 a 28 do Regulamento No. 738, de 25 de novembro de 1850, que estipulavam requisitos para que determinado fato pudesse ser reconhecido enquanto "costume". Os demais dispositivos do Código Comercial a que se fez alusão ditavam o seguinte: "Art. 132 – Se para designar a moeda, peso ou medida, se usar no contrato de termos genéticos que convenham a valores ou quantidades diversas,

1. COMENTÁRIO AO ARTIGO 113 §§1º E 2º DO CÓDIGO CIVIL: INTERPRETAÇÃO...

da doutrina antiga que os usos "são os melhores interpretes das convenções", inclusive para "completar o contracto no que não está expresso", por vezes em preferência ao que dispõe a lei civil[240]. Tal se repete nas tentativas de codificação civil do séc. XIX, como no Projeto de Felício dos Santos (que, inclusive, era avançado o suficiente em algumas de suas disposições ao limite de esboçar, em linhas tênues, o conceito de "práticas" e sua função interpretativa)[241], no Projeto de Coelho Rodrigues[242], no Projeto de Inglez de Souza[243], no Ante-Projeto de Código de Obrigações[244] e, mais recentemente, na CISG.

entender-se-á feita a obrigação na moeda, peso de medida em uso nos contratos de igual natureza". "Art. 133 – Omitindo-se na redação do contrato cláusulas necessárias à sua execução, deverá presumir-se que as partes se sujeitaram ao que é de uso e prática em tais casos entre os comerciantes, no lugar da execução do contrato". Esta última repetia quase que *ipsis litteris* a "Quinta Regra" de Pothier, por sua vez inspirada no Digesto, que dispunha ser o uso "de tamanha authoridade na interpretação dos contractos", devendo-se subentender "as cláusulas costumadas, ainda que se não exprimissem: *In contractibus tacite venunt e acquae sunt moris et consuetudinis*" (POTHIER, Robert-Joseph. Regras da interpretação dos contractos. In: ALMEIDA, Cândido Mendes de. *Auxiliar Juridico servindo de appendice à décima quarta edição do Codigo Philippino ou Ordenações do Reino de Portugal*. Rio de Janeiro: Typographia do Instituto Philomathico, 1869, p. 483). Dispositivos semelhantes constavam dos Códigos Comerciais português (art. 259, *Codigo Commercial Portuguez*. Lisboa: Imprensa Nacional, 1833, p. 44) e espanhol (art. 250, *Código de Comércio, Decretado, Sancionado y Promulgado en 30 de Mayo de 1829*. Madri: Imprenta Real, 1829, p. 76), tanto quanto do *Code Napoléon* (art. 1.160, *Code Napoléon. Édition originale et seule officielle*. Paris: De l'Imprimerie Impériale, 1808, p. 209).

[240] BARROSO, J. Librelato. *Contractos e Obrigações Mercantis. Parte 1ª, Título V a XIV do Codigo Commercial*. Rio de Janeiro: Garnier, 1871, p. 10. Também: RIBAS, Antônio Joaquim. *Curso de Direito Civil Brasileiro*. Rio de Janeiro: Garnier, 1880, t. 2, p. 421; TRIGO DE LOUREIRO, Lourenço. *Instituições de Direito Civil Brasileiro*. 5. ed. Rio de Janeiro: Garnier, 1884, t. 2, p. 214 (ambiguidades e obscuridades devem ser solucionadas "segundo o uso do logar, onde o contracto foi feito").

[241] "Art. 205. [...] 5ª. O que é ambíguo, deve ser entendido segundo o uso do logar em que o acto é celebrado; [...] 14. As clausulas e termos de um acto poderão interpretar-se pelas clausulas e termos de outro acto, entre as mesmas partes e sobre o mesmo objecto, ou pela applicação pratica que dellas tenham feito os agentes" (SANTOS, Joaquim Felício dos. *Projecto do Codigo Civil da Republica dos Estados Unidos do Brazil*. Rio de Janeiro: Imprensa Nacional, 1891, pp. 30-31).

[242] "Art. 353. [...] §9º As dúvidas que ocorrerem na execução devem ser resolvidas de acordo com o costume do lugar" (RODRIGUES, Coelho. *Projeto do Código Civil Brasileiro*. Brasília: Departamento de Imprensa Nacional, 1980, pp. 86-87).

[243] "Art. 714. [...] segundo o uso do logar em que foi celebrado [...] e no sentido em que as costumam empregar as pessoas da profissão ou industria a que disser respeito o acto" (INGLEZ DE SOUZA, Herculano Marcos. *Projecto de Codigo Commercial*. Rio de Janeiro: Imprensa Nacional, 1912, v. 2, p. 225).

[244] *Ante-Projeto de Código de Obrigações (Parte Geral)*. Rio de Janeiro: Imprensa Nacional 1943, art. 66.

A segunda crítica é de atecnia do dispositivo, pois mesmo no pouco que tentou consolidar, ele comete erro grave, que carece de resolução pela doutrina. Fala-se aqui da alusão às "práticas" como se pudessem ser "do mercado". As práticas jamais são "do mercado", mas apenas "das partes", por isso também chamadas de "usos individuais"[245], o que remete a duas características que as definem enquanto tal: a *habitualidade* e a *individualidade*. A habitualidade corresponde a certo "padrão de conduta" recorrente, reiterado, plasmando o que os contratantes "costumam fazer, isto é, o ato, ou a série de atos, dotados de uma certa habitualidade", que gera a expectativa da repetição[246]. Mas não se trata de qualquer habitualidade, e sim tanto a que se repete pela celebração de seguidos contratos[247], i.e. a que corresponde à celebração sequencial de contratos entre as mesmas partes, não podendo ser, assim, um negócio circunstancial; quanto de uma habitualidade que, conforme tem entendido a doutrina, se concretize em três ou mais contratos anteriores em sequência, com repetição da disciplina em questão[248]. A segunda característica distintiva das práticas é a individualidade, a conotar que estas não são coletivas ou

---

[245] Esta, denominação de proveniência italiana, v.g.: CATAUDELLA, Antonino. *Sul Contenuto del Contratto*. Milano: Giuffrè, 1966, pp. 150-160; RODOTÀ, Stefano. *Le fonti di integrazione del contratto*. Milano: Giuffrè, 1970, p. 70; e SCOGNAMIGLIO, Claudio. *Interpretazione del Contratto e Interessi dei Contraenti*. Milano: CEDAM, 1992, pp. 396-402.

[246] FERRARI, Franco. Trade usages and practices established between the parties: Article 9. In: FERRARI, Franco; FLECHTNER, Harry; BRAND, Ronald A. (eds.). *The Draft UNCITRAL Digest and Beyond: cases, analysis and unresolved issues in the U.N. Sales Convention*. Munich: Sellier, 2004, p. 195; MARTINS-COSTA, Judith. *A Boa-Fé no Direito Privado: critérios para sua aplicação*. São Paulo: Marcial Pons, 2015, p. 471; SCHLECHTRIEM, Peter; SCHWENZER, Ingeborg. *Commentary on the UN Convention on the International Sale of Goods (CISG)*. 3. Ed. Oxford: University Press, 2010, p. 186.

[247] Daí se falar que "as práticas não podem ser estabelecidas sem que um contrato (no caso da CISG, seria de natureza comercial) precedente tenha sido entre elas entabulado" (FRADERA, Véra Jacob de. Justificativa. In: AGUIAR JÚNIOR, Ruy Rosado de (org.). *V Jornada de Direito Civil*. Brasília: CJF, 2012, p. 101).

[248] GRAFFI, Leonardo. Remarks on trade usages and business practices in international sales law. *Journal of Law and Commerce*. Pittsburgh: University of Pittsburgh School of Law, 2011, vol. 29, p. 279. Assim se deu em dois conhecidos casos estrangeiros: o "caso da ureia branca" (Corte da Basileia, 1997) e o "caso das embalagens de pizza" (Corte de Duisburg, 2000). Vide respectivamente em: Switzerland 3 December 1997 Civil Court Basel (*White urea case*), disponível em http://www.cisg.law.pace.edu/cases/971203s2.html; e Germany 13 April 2000 Lower Court Duisburg (*Pizza cartons case*), disponível em http://cisgw3.law.pace.edu/cases/000413g1.html.

transindividuais (diferentemente dos usos do tráfico e dos costumes): trata-se de hábito particular dos contratantes em tela, só tendo relevância na individualidade de sua relação[249].

O conceito de práticas ingressou no direito positivo brasileiro com a internalização da CISG em 2014[250], nada obstante a doutrina propor, há tempos, que o *caput* do art. 113, ao fazer alusão aos usos, devesse ser lido como compatível à figura (Enunciado n. 409, da V Jornada de Direito Civil[251]); e nada obstante haver direito estrangeiro que as acolha[252]. Sua funcionalidade, para contratos de compra e venda internacional, é dúplice, por derivação dos arts. 8(3) e 9(1) da CISG: há, respectivamente, uma função hermenêutica, de servirem de lente interpretativa para o negócio *in concreto*, e uma função normativa, de serem efetiva fonte de conteúdo contratual, quando as partes tiverem omitido no contrato posterior aquilo que se sedimentou como práticas, em negócios pretéritos[253]. Para os demais contratos que não regulados pela CISG, contudo (e, assim, sob o guarda-chuva do inc. II aqui comentado),

---

[249] É o "comportamento individual, mantido pelas próprias partes, por ocasião de anteriores relações negociais mantidas entre elas" (FRADERA, Véra Jacob de. Justificativa. In: AGUIAR JÚNIOR, Ruy Rosado de (org.). *V Jornada de Direito Civil*. Brasília: CJF, 2012, p. 100).

[250] Decreto n. 8.327, de 16 de outubro de 2014. O art. 8(3) menciona as práticas como critério de interpretação, ao passo que o art. 9(1) as trata como fonte de conteúdo contratual.

[251] O enunciado foi elaborado por Véra Jacob de Fradera e tem o seguinte teor: "Os negócios jurídicos devem ser interpretados conforme a boa-fé, os usos do lugar de sua celebração e as práticas estabelecidas entre as partes" (FRADERA, Véra Jacob de. Justificativa. In: AGUIAR JÚNIOR, Ruy Rosado de (org.). *V Jornada de Direito Civil*. Brasília: CJF, 2012, p. 100).

[252] Assim é o direito alemão (DANZ, Erich. *La interpretación de los negocios jurídicos (contratos, testamentos, etc.)* (trad. Francisco Bonet Ramon). 3. ed. Madrid: Editorial Revista de Derecho Privado, 1955, p. 157), o direito francês mais recente (*Code Civil*, "Art. 1163. L'obligation a pour objet une prestation présente ou future. Celle-ci doit être possible et déterminée ou déterminable. La prestation est déterminable lorsqu'elle peut être déduite du contrat ou par référence aux usages ou aux relations antérieures des parties, sans qu'un nouvel accord des parties soit nécessaire") e o direito italiano (CATAUDELLA, Antonino. *Sul Contenuto del Contratto*. Milano: Giuffrè, 1966, pp. 150-160; RODOTÀ, Stefano. *Le fonti di integrazione del contratto*. Milano: Giuffrè, 1970, p. 70; e SCOGNAMIGLIO, Claudio. *Interpretazione del Contratto e Interessi dei Contraenti*. Milano: CEDAM, 1992, pp. 396-402).

[253] Tanto é assim sob a vigência da CISG que se entende que as práticas pretéritas terão prevalência normativa, caso o contrato posterior se tenha omitido a respeito, seja para confirmá-las, seja para rejeitá-las ou modificá-las, como ocorreu no "caso dos produtos alimentares" (ICC Arbitration Case No. 8817 of December 1997 (*Food products case*), disponível em http://cisgw3.law.pace.edu/cases/978817i1.html).

a funcionalidade parece ser restritamente interpretativa, tendo em vista não se reconhecer genérica capacitação de que as práticas sejam fonte autônoma do conteúdo contratual.

São exemplos de práticas: caso em que as partes, em reiterados contratos, escolheram o mesmo direito material de regência, mas no último celebrado omitiram a escolha, sendo de prevalecer a prática estabelecida em contratações anteriores nada obstante a resistência de uma delas[254]; "condições gerais da contratação" a que as partes fizeram reiterada remissão em sucessivos e diferentes contratos[255]; não necessariamente a repetição literal de cláusulas, mas de significados atribuídos reiteradamente pelas partes a dispositivos similares (ainda que não idênticos)[256]; dentre outros

Bem se nota, assim, a imprecisão técnica do inc. II quando vincula "práticas" e "mercado", deixando sugerir coletividade de que não dispõem.

Registradas as críticas ao inc. II, é de se destacar, de outro lado, que o dispositivo vai bem por distinguir entre "usos" e "costumes", ambos servindo, corretamente, de critério de interpretação. A distinção refinada entre uma e outra categorias vem, vez ou outra, bem versada pela doutrina[257], valendo aqui um esforço de suma. Nada obstante sejam modelos referidos por nomes que variam intensamente, tanto no Brasil (no caso dos "usos", encontra-se "usos-atos", "usos-negócio jurídico", "usos propriamente ditos", "usos contratuais", "usos interpretativos"; no caso dos "costumes", encontra-se "usos-regras", "direito consuetudinário", "usos legais", "usos normativos", "normas

---

[254] O exemplo é trazido por FERRARI, Franco; BISCHOFF, Jan A. Commentary to Article 10. In: FERRARI, Franco (Ed.). *Rome I Regulation. Pocket Commentary*. Munich: Sellier, 2015, p. 375.
[255] BONELL, Michael Joachim. Article 9 In: BIANCA, Cesare Massimo; BONELL, Michael Joachim. *Commentary on the International Sales Law*. Milano: Giuffrè, 1987, p. 106.
[256] SCHLECHTRIEM, Peter; SCHWENZER, Ingeborg. *Commentary on the UN Convention on the International Sale of Goods (CISG)*. 3. Ed. Oxford: University Press, 2010, p. 168.
[257] Por todos, vejam-se: PONTES DE MIRANDA, F. C. *Tratado de Direito Privado*. 3. ed. São Paulo: RT, 1984, t. 38, p. 83; e MARTINS-COSTA, Judith. *A Boa-Fé no Direito Privado: critérios para sua aplicação*. São Paulo: Marcial Pons, 2015, pp. 471-472. Remetemos a uma abordagem mais alentada sobre os conceitos e as funções que tivemos a oportunidade de desenvolver em: NITSCHKE, Guilherme Carneiro Monteiro. Usos e costumes no direito contratual brasileiro (ou, sobre a precisão da doutrina face à imprecisão do legislador). In: BENETTI, Giovana; CORRÊA, André Rodrigues; FERNANDES, Márcia Santana; NITSCHKE, Guilherme Carneiro Monteiro; PARGENDLER, Mariana; VARELA, Laura Beck (Orgs.). *Direito, Cultura, Método. Leituras da obra de Judith Martins-Costa*. Rio de Janeiro: GZ, 2019, p. 618 e ss.

consuetudinárias", "costume regra jurídica") quanto no direito de países estrangeiros (*Verkehrssite* e *Gewohnheitsrecht* no direito alemão, *usages conventionnels* e *usages de droit* no direito francês, *usi negoziali, clausole d'uso* e *usi legali* no direito italiano[258]), as denominações que se tem cada vez mais consolidado são as que separam entre "usos do tráfico" e "costumes"[259].

De um lado, tem-se os "usos do tráfico", condutas habituais e coletivas, adotadas em certos setores, locais ou épocas, que não chegam a consolidar regras jurídicas[260]. Noutras palavras, os usos do tráfico não são fonte de regras jurídicas e, portanto, não compõem o conteúdo contratual, senão quando as partes assim o desejarem, ocasião em que a fonte das regras será não os usos em si, e sim a autonomia privada. São os casos de certos usos do mercado imobiliário, da área médica ou do *merchandising* de cigarros, mas também os consolidados em contratos-modelo como os da FIDIC ou em termos-padrão como os INCOTERMS para transporte e compra de bens[261], dentre outros.

De outro lado, tem-se os "costumes", que correspondem ao estágio jurígeno das práticas habituais e coletivas, alçando-se, assim, ao patamar de "fonte

---

[258] Remetemos a NITSCHKE, Guilherme Carneiro Monteiro. Usos e costumes no direito contratual brasileiro (ou, sobre a precisão da doutrina face à imprecisão do legislador). In: BENETTI, Giovana; CORRÊA, André Rodrigues; FERNANDES, Márcia Santana; NITSCHKE, Guilherme Carneiro Monteiro; PARGENDLER, Mariana; VARELA, Laura Beck (Orgs.). *Direito, Cultura, Método. Leituras da obra de Judith Martins-Costa*. Rio de Janeiro: GZ, 2019, pp. 622-623, notas 16, 17 e 18, para um exame sumário de como tais conceitos aparecem em cada um desses sistemas jurídicos estrangeiros.

[259] PONTES DE MIRANDA, F. C. *Tratado de Direito Privado*. 3. ed. São Paulo: RT, 1984, t. 38, p. 83; e MARTINS-COSTA, Judith. *A Boa-Fé no Direito Privado: critérios para sua aplicação*. São Paulo: Marcial Pons, 2015, pp. 471-472.

[260] PONTES DE MIRANDA, F. C. *Tratado de Direito Privado*. 4. ed. São Paulo: RT, 1983, t. 1, p. 70. Em termos de comparação jurídica, esta é a mesma percepção de: FLUME, Werner. *El Negócio Jurídico* (trad. José María Miquel González e Esther Gómez Calle). Madri: Fundación Cultural do Notariato, 1998, p. 375; e LARENZ, Karl. *Derecho Civil. Parte General* (trad. Miguel Izquierdo y Macías-Picaea). Madri: Editorial Revista de Derecho Privado, 1978, p. 464.

[261] "International Commercial Terms" (INCOTERMS), com versão mais recente de 2020 (em vigência desde 01.01.2020, in: *INCOTERMS 2020 by the International Chamber of Commerce (ICC). ICC Rules for the use of domestic and international trade terms*. Paris: ICC, 2020), que, de acordo com a própria ICC, servem para a interpretação de termos comerciais e só vigem enquanto regras se adotados pelas partes (JOLIVET, Emmanuel. *Incoterms* e técnica contratual. *Revista de Direito Mercantil, Industrial, Econômico e Financeiro*. São Paulo: Malheiros, 2008, n. 149/150, p. 103), no que denota serem usos do tráfico.

jurídico-prescritiva"²⁶²; i.e. de "regras jurídicas por imposição da coletividade, através de uso prolongado e ininterrupto, mediante ato de autoridades administrativas ou de juízes"²⁶³. Os usos que se alçaram a costumes não deixam, porém, de funcionar também como critério de interpretação *stricto sensu*, mantendo sua funcionalidade hermenêutica, ainda que enriquecida com a normativa (i.e. de se tornarem fonte de conteúdo contratual, integrando-o com regras costumeiras). Fique-se com três exemplos da função jurígena dos costumes, dentre tantos que se poderiam dar: os costumes do setor bancário, que, por exemplo, firmam fixarem-se os juros de acordo com a "taxa média do mercado" em caso de falta de previsão pelas partes; os costumes do crédito documentário, que se consolidaram internacionalmente no setor bancário²⁶⁴; e os costumes do setor petrolífero, que deram origem ao que hoje se denomina *lex petrolea*²⁶⁵; dentre tantos outros.

O que importa mencionar aqui, à luz do inc. II, e sem que se vá aprofundar mais sobre a funcionalidade normativa²⁶⁶, é que ambos – "usos do tráfico" e

---

²⁶² MARTINS-COSTA, Judith. *A Boa-Fé no Direito Privado: critérios para sua aplicação*. São Paulo: Marcial Pons, 2015, p. 474; e PONTES DE MIRANDA, F. C. *Tratado de Direito Privado*. 4. ed. São Paulo: RT, 1983, t. 1, p. 70 ("aplicada como lei, então é isso noutro sentido, o de direito costumeiro").

²⁶³ PONTES DE MIRANDA, F. C. *Tratado de Direito Privado*. 4. ed. São Paulo: RT, 1983, t. 1, p. 80. No mesmo sentido: ANTUNES, José Engrácia. A "consuetudo mercatorum" como fonte do direito comercial. *Revista de Direito Mercantil, Industrial, Econômico e Financeiro*. São Paulo: Malheiros, 2007, n. 146, p. 11; HAICAL, Gustavo. Os usos do tráfico como modelo jurídico e hermenêutico no Código Civil de 2002. *Revista de Direito Privado*. São Paulo: RT, 2012, vol. 50, p. 30. Tal vai ao ponto de antigo julgado do STF, já da década de 1950, ter reconhecido que as regras costumeiras equivalem às regras legais dispositivas (STF, 2ª Turma, Recurso Extraordinário n. 12.878-SP, Re. Min. Afrânio Costa, j. 29.12.1959).

²⁶⁴ Trata-se de costumes consolidados desde a década de 1930 nas "Regras e Usos Uniformes relativos aos Créditos Documentários" (RUUCD), depois revisados em seguidas conferências nas décadas de 1950, 1960, 1970, 1980, 1990 e 2000. Isso vem relatado e aprofundado em MENEZES CORDEIRO, António. Créditos documentários. *Revista da Ordem dos Advogados*. Lisboa: Ordem dos Advogados Portugueses, 2007, vol. 1, disponível em https://portal.oa.pt/comunicacao/publicacoes/revista/ano-2007/ano-67-vol-i-jan-2007/doutrina/antonio-menezes-cordeiro-creditos-documentarios/.

²⁶⁵ Por todos, veja-se JESÚS O., Alfredo de. The prodigious story of the *lex petrolea* and the rhinoceros. Philosophical aspects of the transnational legal order of the petroleum society. *TPLI Series on Transnational Petroleum Law*. [s.l.]: Transnational Petroleum Law Institute, 2012, vol. 1, pp. 5-50.

²⁶⁶ Para tanto, refere-se a NITSCHKE, Guilherme Carneiro Monteiro. Usos e costumes no direito contratual brasileiro (ou, sobre a precisão da doutrina face à imprecisão do legislador).

"costumes" – funcionam como modelos hermenêuticos, ainda que os segundos funcionem, também, como modelos normativos[267].

Os usos do tráfico, por não plasmarem fonte de regras jurídicas, atuam como circunstâncias para a interpretação do conteúdo contratual, como mostram seguidos exemplos da jurisprudência: caso em que interpretou-se a expressão "área útil" de promessa de compra e venda como equivalente a "área total", haja vista que, antes da superveniência de normativa específica da ABNT, este era o uso comum no Espírito Santo, à época da celebração do contrato[268]; caso em que cláusula ambígua de fixação de contraprestação em contrato de arrendamento rural foi interpretada a partir dos usos da região para o fim de definir que a retribuição deveria se dar em sacas de soja, e não em valor fixo[269]; dentre tantos outros.

Os costumes, de sua vez, atuam também como critério de interpretação porque lente a partir da qual se analisam as disposições das partes para revelar a inteireza de sua intenção. Isso já fora bem flagrado por Pontes de Miranda: "Os usos e costumes, usos do tráfico, quer se trate de usos e costumes

---

In: BENETTI, Giovana; CORRÊA, André Rodrigues; FERNANDES, Márcia Santana; NITSCHKE, Guilherme Carneiro Monteiro; PARGENDLER, Mariana; VARELA, Laura Beck (Orgs.). *Direito, Cultura, Método. Leituras da obra de Judith Martins-Costa*. Rio de Janeiro: GZ, 2019, pp. 639-646.

[267] Aqui invocando a dupla funcionalidade exposta por MAXIMILIANO, Carlos. *Hermenêutica e Aplicação do Direito*. 9. Ed. Rio de Janeiro: Forense, 1980, pp. 188-194; e REALE, Miguel. *Fontes e Modelos do Direito. Para um novo paradigma hermenêutico*. São Paulo: Saraiva, 2002, pp. 105-108. Mesmo antes dessas proposições, e sem estabelecer a divisão em conformidade à noção de "modelos", e sim a partir das funções que os usos e costumes assumem, Pontes de Miranda já anotava que os usos e costumes podem entrar "no suporte fáctico integrando o conteúdo do negócio jurídico" ou servir para a "interpretação dos negócios jurídicos" (PONTES DE MIRANDA, F. C. *Tratado de Direito Privado*. 3. ed. São Paulo: RT, 1984, t. 38, p. 80).

[268] STJ, 4ª Turma, Recurso Especial nº 1.015.379-ES, Rel. Min. Luis Felipe Salomão, julgado em 16.02.2012.

[269] TJRS, 19ª Câmara Cível, Apelação Cível nº 70068294172, Rel. Des. Voltaire de Lima Moraes, julgado em 16.06.2016. A cláusula do contrato de arrendamento era ambígua porque previa o seguinte: "O preço do arrendamento rural é de R$ 1.840,00 (hum mil, oitocentos e quarenta reais), equivalentes a 80 (oitenta) sacas de soja de 60 kg, pagável no dia 31 de maio de cada ano, e depositado em nome do arrendador ou aonde este indicar". O Tribunal de Justiça, então, colocou em marcha a funcionalidade interpretativa dos usos do tráfico (nada obstante nominá-los desacertadamente de "costumes" no caso) e chegou à conclusão "de que a intenção dos contratantes foi no sentido de estabelecer o valor do arrendamento em sacas de soja e não em dinheiro", por serem os usos da região nesse sentido.

regras jurídicas, quer se trate de simples usos e costumes que enchem conteúdo de negócios jurídicos como elementos do suporte fáctico, podem ser *interpretativos*"[270]. Basta pensar em dispositivo contratual em que os contratantes fizeram consolidar um costume, mas o fizeram de maneira imprecisa, com pouca clareza. O costume a que fez referência implícita a cláusula servirá, então, de critério interpretativo para que se possa extrair a inteireza da disciplina intencionada pelas partes, ou para avaliar que, com a inexatidão ou omissão de parcela da regra derivada do costume, os contratantes intencionaram modular a regra costumeira.

Há que ressaltar, ainda, que a funcionalidade interpretativa dos usos do tráfico e dos costumes se bifurca entre interpretação propriamente dita e interpretação completativa (i.e. para o preenchimento de lacunas). Para a colmatação de lacunas, apenas os usos do tráfico atuam, pois, quanto aos costumes, ou eles já estarão compondo o contrato (e, no máximo, servirão à interpretação propriamente dita, para o fito de aclarar o sentido do que foi mal posto pelos contratantes), ou eles não estarão integrados e, assim, não poderão ser invocados para atuar qualquer funcionalidade, porque sempre agarrados a tipos (legais ou sociais).

Se algo pode ser igualmente reconhecido como positivo no novel inc. II, tal é a alusão que faz ao "mercado" e ao "tipo do negócio" (nada obstante a já criticada atecnia de vincular essas dimensões às "práticas"). Na redação do Código Civil antes do inc. II, as menções sobre "usos e costumes" que se encontram são invariavelmente ligadas ao critério espacial – "usos *do lugar*" –, à exceção do art. 753 §4º que, para o contrato de transporte, dita ser possível ajustar remuneração de acordo com os "usos adotados em cada sistema de transporte". Não raro, são tidos como usos do tráfico e costumes as práticas coletivas não apenas de dado "lugar", mas também de certo "setor" do mercado (e.g. bancários, bolsa de valores, café, cacau, açúcar, petróleo, esportes, etc.)[271] ou do "tempo" que os faz variar, emergindo alguns e submergindo outros, sendo, por isso, apropriada a classificação de Andreas Von Tuhr

---

[270] PONTES DE MIRANDA, F. C. *Tratado de Direito Privado*. 3. ed. São Paulo: RT, 1984, t. 38, p. 81.
[271] PONTES DE MIRANDA, F. C. *Tratado de Direito Privado*. 3. ed. São Paulo: RT, 1984, t. 38, pp. 82-83.

que os via submetidos a uma tridimensionalidade: lugar, setor da atividade (o "mercado" aludido pelo inc. II) e tempo[272].

Tanto por isso, a alusão aos "tipos de negócio" faz destacar que os usos do tráfico e os costumes variam em conformidade a essas três dimensões. Dependendo, assim, do tipo negocial (que se situa em local, atividade e tempo distintos), ter-se-á a atração de usos do tráfico e/ou costumes específicos que poderão servir de critério de interpretação. Isso se dá não apenas para os tipos legais, mas também para os contratos com tipificação social (e.g. contratos de *built to suit,* de EPC, de *factoring,* de viagem turística, de *underwriting,* etc.).

2.3.2 Conexões intrassistemáticas

Arts. 111, 429, 529, inc. I, 695 e seu Parágrafo Único, e 753 §4º, que empregam a expressão "usos"; arts. 445 §2º, 628, Parágrafo Único, 658, Parágrafo Único, 699, 700, 701, 724, 753 §1º e 872, que empregam a expressão "usos do lugar" ou "locais"; arts. 432 e 597, que empregam a expressão "costumes"; e arts. 569, inc. II, 596, 599, 615, 965, inc. I, e 1.297 §1º que empregam a expressão "costumes do lugar". Independentemente dos termos utilizados, há variação quanto às funcionalidades a eles atribuídas, ora como critério de interpretação (arts. 111 e 429), ora como critério para o preenchimento de lacunas (arts. 596, 628, Parágrafo Único, 658, Parágrafo Único, 701 e 724), ora como fonte do conteúdo contratual (arts. 432, 445 §2º, 529, 569, incs. I e II, 597, 599, 615, Parágrafo Único, 699, 700 e 753 §§1º e 4º). Bem se nota não ter havido precisão terminológica do legislador do Código Civil, uma vez ter carecido um maior cuidado com a uniformidade de designações e com a mitigação de certos nós interpretativos como, e.g., a distinção entre "usos" e "costumes", a tridimensionalidade de sua variação (lugar, setor e tempo) e as diferentes funções que assumem.

---

[272] VON TUHR, Andreas. *Derecho Civil. Teoria general del derecho civil alemán* (trad. Tito Ravà). Buenos Aires: Depalma, 1946, v. 1, t. 1, p. 48.

2.3.3. Conexões intersistemáticas

CISG, arts. 8(3), ao tratar das práticas como critério de interpretação, nos seguintes termos: "Para determinar a intenção de uma parte, ou o sentido que teria dado uma pessoa razoável, devem ser consideradas todas as circunstâncias pertinentes ao caso, especialmente negociações, práticas adotadas pelas partes entre si, usos e costumes e qualquer conduta subsequente das partes"; e 9(1), a referi-las como fonte do conteúdo contratual, *in verbis*: "As partes se vincularão pelos usos e costumes em que tiverem consentido e pelas práticas que tiverem estabelecido entre si". É de se referir, a propósito, que a CISG normatiza as práticas e os usos em geral (sem diferenciar entre usos do tráfico e costumes[273]), transformando-os em fontes de regras jurídicas para o contrato em concreto[274], à diferença do que se tem sob o guarda-chuva do Código Civil.

Por fim, faça-se menção, também, ao art. 9(2) da CISG, que dita: "Salvo acordo em contrário, presume-se que as partes consideraram tacitamente aplicáveis ao contrato, ou à sua formação, todo e qualquer uso ou costume geralmente reconhecido e regularmente observado no comércio internacional, em contratos de mesmo tipo no mesmo ramo de comércio, de que tinham ou devessem ter conhecimento". Autores destacam que a expressão "comércio internacional" não deve ser interpretada como se obstasse a consideração de usos locais, devendo, pelo contrário, servir de estímulo também para sua consideração. A única ressalva a fazer, para fins de compatibilidade sistemática, é que, se é bem verdade que o art. 9(2) não restringe de modo algum a consideração dos usos locais, de outro lado também é verdade que ela não modifica sua disciplina. A questão que daí surge, contudo, é quanto a

---

[273] É o que destaca BONELL, Michael Joachim. Article 9 In. BIANCA, Cesare Massimo; BONELL, Michael Joachim. *Commentary on the International Sales Law*. Milano: Giuffrè, 1987, p. 111, com deliberada intenção de evitar que se assimile o conceito trazido pela CISG aos que se encontram em sistemas jurídicos situados.

[274] Tal interpretação vem confirmada pela Nota Explanatória n.º 14, emitida oficialmente pelo Secretariado da UNCITRAL (*United Nations Convention on Contracts for the International Sale of Goods*. New York: United Nations, 2010, p. 36). É tambem o que mostra o *case law* envolvendo a CISG, e.g. CLOUT case No. 579 [U.S. District Court, Southern District of New York, 10 May 2002], http://www.cisg.law.pace.edu/cisg/wais/db/cases2/020510u1.html#vi (mencionado por *UNCITRAL Digest of Case Law on the United Nations Convention on Contracts for the International Sale of Goods. 2012 Edition*. New York: United Nations, 2012, p. 66).

eventual contradição entre um uso internacional e um uso local quando diante de um contrato de compra e venda internacional: o que fazer? Há doutrina que proponha uma análise casuística em que se mostra necessário levar em conta a *prioridade* e a *relevância* entre os usos. A prioridade, via de regra, seria dos usos internacionais, porque de aplicação mais geral que os usos locais, o que pode ser modulado e até mesmo afastado por estes, caso tenham mais relevância para o acordo das partes *in concreto*[275].

2.3.4 Jurisprudência

Os casos referentes a usos e costumes são incontáveis. Tanto por isso, fique-se com exemplo que aplica diretamente o novo inc. III.

No "caso da venda do gado por intermediário", o Tribunal de Justiça de Santa Catarina deparou-se com ação de cobrança ajuizada por produtor de bovinos em face de um frigorífico, em decorrência de um contrato de compra e venda de gado para abate celebrado em 2011 e supostamente não adimplido pelo comprador[276]. Tornou-se incontroverso que o pagamento pelos animais fora realizado pelo frigorífico via emissão de nove cheques nominais ao vendedor, entregues ao terceiro intermediário que acompanhara a pesagem e o carregamento. Toda a controvérsia se centrava em saber, portanto, se o pagamento fora realizado no tempo e no modo exigidos pelo contrato: o vendedor sustentava que não, e por isso cobrava o valor referente à venda; o comprador sustentava que sim, invocando o pagamento a credor putativo que o art. 309 do Código Civil resguarda.

Sobreveio sentença de improcedência invocando, como base, o já referido art. 309. Indo a julgamento a apelação do vendedor, o Tribunal de Justiça de Santa Catarina manteve a decisão, mas por outros fundamentos. Primeiro, afastou a qualificação de que se trataria de pagamento a credor putativo, uma vez que, em sendo nominais os cheques, eles foram direcionados (ainda que via intermediário) ao destinatário correto. Caberia saber se este era um modo

---

[275] PAMBOUKIS, Chalarambos. The concept and function of usages in the United Nations Convention on the International Sale of Goods. *Journal of Law and Commerce*. Pittsburgh: University of Pittsburgh School of Law, 2005/2006, vol. 25, pp. 121-122.

[276] TJSC, Apelação Cível n. 0500319-23.2012.8.24.0073, de Timbó, rel. Haidée Denise Grin, Sétima Câmara de Direito Civil, j. 27-08-2020.

que plasmava inadimplemento; a resposta do acórdão foi no sentido negativo. Interpretando o contrato e a partir da prova colhida, que revelou algumas das circunstâncias negociais, os julgadores concluíram que havia um uso local seja com referência ao intermediário, que usualmente intermediava boa parte dos negócios de venda de gado na região; seja com referência ao modo de pagamento, que, também usualmente, se dava pela emissão de cheques nominais destinados ao produtor e entregues a esse intermediário.

A conclusão daí decorrente, após invocar os incisos II e III do art. 113 §1º, foi de que "a apelada agiu de boa-fé e conforme os usos e costumes do lugar de celebração da avença, de modo que não há se falar em equívoco no pagamento frisa-se: direcionado ao próprio vendedor, real credor do numerário ou inadimplemento contratual por parte da compradora. Na realidade, não tendo o apelante recebido a importância devida pela venda dos seus semoventes, a responsabilização pelo dano patrimonial por si suportado deve ser perseguida em face do terceiro que recebeu os cheques e deixou de os repassar ao devido destinatário, não podendo a recorrida responder, ademais, por eventual fraude no endosso dos títulos, tal como como pretende o recorrente". Ou seja: o Tribunal interpretou que a disciplina contratual quanto ao tempo e o modo de pagamento se esclarecia caso se a interpretasse à luz dos usos locais.

2.4 A boa-fé: §1º, inc. III

2.2.4 Conteúdo e função da norma

O inc. III faz alusão à boa-fé como (aparente) critério de interpretação contratual, no que mais uma vez refere a uma das "circunstâncias negociais", pertencente ao chamado "contexto situacional".

Trata-se de modelo jurídico presente na longa tradição luso-brasileira, nada obstante sua revigoração nas últimas décadas, ao ensejo do trabalho de doutrina[277] e de sua acolhida pelo vigente Código Civil. Antes, alusão à boa-fé

---

[277] Para mencionar apenas os principais trabalhos sobre o tema antes do Código Civil de 2002, em ordem cronológica: SILVEIRA, Alípio. *A Boa-Fé no Código Civil: doutrina e jurisprudência*. São Paulo: Ed. Universitária de Direito, 1972, t. 1 e 2, *passim*; COUTO E SILVA, Clóvis V. do. *A Obrigação como Processo*. São Paulo: Bushatsky, 1976, pp. 27-43; COUTO E SILVA, Clóvis V.

hermenêutica já aparecia no Código Comercial de 1850 (art. 131, 1[278]), nada obstante a dormência do dispositivo que ensejou pouca atenção da doutrina e da jurisprudência por décadas; tanto quanto no Projeto de Código Comercial de 1912 (art. 715, I)[279], no Ante-Projeto de Código de Obrigações de 1943 (art. 66[280]) e no Projeto do Código de Obrigações de 1965 (art. 23[281]). Foram raros os acórdãos que manejaram a boa-fé em qualquer das funcionalidades que hoje se reconhecem a ela, e mais raras ainda as obras doutrinárias que a trabalharam monograficamente[282]. Em contraste a tal cenário, observou-se depois da entrada em vigência do Código Civil, em 2003, uma "explosão do emprego (nem sempre criterioso) da boa-fé", que vai "incessantemente

do. O princípio da boa-fé no Direito brasileiro e português. In: FRADERA, Vera Maria Jacob de (org.). *O Direito Privado brasileiro na visão de Clóvis do Couto e Silva*. Porto Alegre: Livraria do Advogado, 1997, pp. 33-58; e, sobretudo, MARTINS-COSTA, Judith. *A Boa-Fé no Direito Privado: sistema e tópica no processo obrigacional*. São Paulo: RT, 2000, p. 427 e ss.

[278] "Art. 131 – Sendo necessário interpretar as cláusulas do contrato, a interpretação, além das regras sobreditas, será regulada sobre as seguintes bases: 1 – a inteligência simples e adequada, que for mais conforme à boa fé, e ao verdadeiro espírito e natureza do contrato, deverá sempre prevalecer à rigorosa e restrita significação das palavras".

[279] "Art. 715. Sendo necessário interpretar as clausulas do contracto, a interpretação, além da regra do artigo antecedente, será regulada da seguinte maneira: I. A intelligencia, simples e adequada, que for mais conforme á boa fé e ao verdadeiro espirito e natureza do contracto, deverá sempre prevalecer á rigorosa e restricta significação das palavras" (INGLEZ DE SOUZA, Herculano Marcos. *Projecto de Codigo Commercial*. Rio de Janeiro: Imprensa Nacional, 1912, v. 2, p. 225).

[280] "Art. 66. As declarações devem ser interpretadas conforme a boa fé e os usos dos negócios" (*Ante-Projeto de Código de Obrigações (Parte Geral)*. Rio de Janeiro: Imprensa Nacional, 1943, p. 24).

[281] "Art. 23. Devem as declarações de vontade ser interpretadas conforme a boa-fé e os usos dos negócios" (*Projeto de Código de Obrigações*. Brasília: Serviço de Reforma de Códigos, p. 5).

[282] Assim conclui a pesquisa de MARTINS-COSTA, Judith. *A Boa-Fé no Direito Privado: critérios para a sua aplicação*. São Paulo: Marcial Pons, 2015, pp. 7-10. A boa-fé veio versada esporádica e incidentalmente, vinculada a outras temáticas de fundo. Uma de suas defesas mais significativas em autores brasileiros é a de Nehemias Gueiros, que a considerava (na esteira de autores italianos e franceses de sua época) a "alma das relações sociais e que, assim como os pretores romanos se apoiavam nos seus princípios para construir o direito honorário, nós lhe devemos buscar a inspiração, através da qual pesquisaremos qual seria, na verdade, a vontade contratual das partes, no momento da conclusão do negócio" (GUEIROS, Nehemias. *A Justiça Comutativa no Direito das Obrigações*. Recife: Jornal do Commercio, 1940, p. 82).

referida, proclamada ou estigmatizada, mas nem sempre compreendida"[283]. Essa "explosão" da boa-fé lançou estilhaços também à LLE, que a traz em repetição desnecessária ao que já estava no *caput* do art. 113.

Daí que já se possa passar às críticas a tal inciso, que são de duas ordens.

A primeira é quanto à já flagrada atecnia da LLE quando faz parecer que aceita uma interpretação desgarrada da intenção comum das partes, em superação a um viés anterior supostamente subjetivista, no que a janela da boa-fé do inc. III serviria para reforçar que é ela, solitária, passível de "atribuir sentido" ao contrato em concreto, agregando objetivismo ao processo interpretativo (Cap. 2.1)[284]. É algo irônico, a propósito, que, de um lado, os elaboradores da LLE anunciem querer "proteger as opções redacionais adotadas pelas partes, em detrimento de escolhas externas de julgadores, quando na interpretação de instrumentos de autonomia privada"[285], ao passo que, no texto legislado, a abertura que se concede ao enxerto de materiais alheios ou confrontantes à intenção comum das partes é ainda maior do que se tinha.

A segunda crítica é quanto à sua aparente redundância[286], uma vez que o inc. III parece repetir o que já está no *caput* do art. 113. Para testar essa percepção, a indagação central a responder é: o *caput* do art. 113 e o inc. III

---

[283] MARTINS-COSTA, Judith. *A Boa-Fé no Direito Privado: critérios para a sua aplicação.* São Paulo: Marcial Pons, 2015, p. 10.

[284] Bem complementa a doutrina que já comentou o inc. III: "A rigor, a compreensão de que a boa-fé institui veículo de ingerência heterônoma nos instrumentos contratuais, indiferente à vontade das partes, como parece ser a acepção que a Lei n. 13.874/2019 visa combater, não encontra respaldo na aplicação técnica do instituto" (TEPEDINO, Gustavo; CAVALCANTI, Laís. Notas sobre as alterações promovidas pela Lei nº 13.874/2019 nos artigos 50, 113 e 421 do Código Civil. In: SALOMÃO, Luís Felipe; CUEVA, Ricardo Villas Bôas; FRAZÃO, Ana (Coord.). *Lei de Liberdade Econômica e seus impactos no Direito Brasileiro.* São Paulo: RT, 2020, pp. 499-500).

[285] LORENZON, Gianluca. A formatação da Lei de Liberdade Econômica como parte de política pública. In: OLIVEIRA, Amanda Flávio de (Org.). *Lei de Liberdade Econômica e o Ordenamento Jurídico Brasileiro.* Belo Horizonte, São Paulo: D'Plácido, 2020, p. 27.

[286] Como já flagraram alguns comentários à LLE, e.g.: GEDIEL, José Antônio Peres; CORRÊA, Adriana Espíndola. Interpretações – art. 113 do Código Civil. In: MARQUES NETO, Floriano Peixoto; RODRIGUES JR., Otavio Luiz; LEONARDO, Rodrigo Xavier (Orgs.). *Comentários à Lei da Liberdade Econômica. Lei 13.874/2019.* São Paulo: RT, 2019, pp. 346-347; LEONARDO, Rodrigo Xavier; RODRIGUES JR., Otavio Luiz. A interpretação dos negócios jurídicos na Lei da Liberdade Econômica. In: CUNHA FILHO, Alexandre J. Carneiro da; PICCELLI, Roberto Ricomini; MACIEL, Renata Mota (Coords.). *Lei da Liberdade Econômica Anotada. Vol. 2. Lei nº 13.874, de 2019.* São Paulo: Quartier Latin, 2020, p. 223.

do §1º estão aludindo à mesma funcionalidade da boa-fé? Questiona-se isso porque uma coisa é entender a boa-fé objetiva como norma-princípio, como se tem entendido a alusão do art. 113 *caput*, no que sua funcionalidade se estende a todo o processo interpretativo, na aplicação conjugada às regras de interpretação; outra coisa, um pouco diversa, é entender a boa-fé como critério autônomo de interpretação, como parece sugerir o inc. III. Em sendo possível tal distinção, segue-se indagação subsequente: em que hipóteses a boa-fé, sozinha, é suscetível de invocação como critério de interpretação?

Primeiro, faça-se o *distinguo*: a boa-fé indicada no art. 113 *caput* é a que refere à sua funcionalidade hermenêutica, por isso sendo diversa das demais que compõem a tripartição de funções versada comumente pela doutrina[287]: de criação de deveres jurídicos ou "integrativa" (art. 422), corretora (art. 187) e a já mencionada hermenêutica (art. 113). Ao passo que a primeira (i.e. integrativa) atua como fonte do conteúdo contratual, incrementando-o *ab origine* e *in executivis* com regras não previstas pelas partes, a segunda (i.e. corretora) opera corrigindo e direcionando o exercício jurídico, de modo a fazê-lo ajustado à licitude[288]. A este trabalho interessa, apenas, a função hermenêutica, que – note-se bem – atua não na dimensão normativa do contrato, como a integrativa e a corretora o fazem, mas na dimensão interpretativa: ela não direciona a conduta das partes, e sim o olhar do intérprete, quando deita sua análise sobre a concretude do negócio.

Daí que, em segundo lugar, ancore-se a funcionalidade hermenêutica ao *caput* do art. 113, que manda interpretar os negócios jurídicos "conforme a boa-fé", e que é entendida não como critério autônomo de interpretação, mas *princípio*, na acepção de ser norma que orienta a direção aplicativa das

---

[287] COUTO E SILVA, Clóvis V. do. *A Obrigação como Processo*. São Paulo: Bushatsky, 1976, pp. 27-43; COUTO E SILVA, Clóvis V. do. O princípio da boa-fé no Direito brasileiro e português. In: FRADERA, Vera Maria Jacob de (org.). *O Direito Privado brasileiro na visão de Clóvis do Couto e Silva*. Porto Alegre: Livraria do Advogado, 1997, pp. 33-58; MARTINS-COSTA, Judith. *A Boa-Fé no Direito Privado: sistema e tópica no processo obrigacional*. São Paulo: RT, 2000, p. 427 e ss.; MARTINS-COSTA, Judith. *A Boa-Fé no Direito Privado: critérios para a sua aplicação*. São Paulo: Marcial Pons, 2015, p. 509 e ss.

[288] MARTINS-COSTA, Judith. *A Boa-Fé no Direito Privado: critérios para a sua aplicação*. São Paulo: Marcial Pons, 2015, p. 571.

regras de interpretação[289]. Noutras palavras, tal natureza faz com que sua atuação seja quase sempre "complessiva", raramente de modo isolado dos critérios de interpretação contratual: "[a] boa-fé hermenêutica serve, pois, fundamentalmente, como critério para auxiliar a determinação do significado que a operação contratual revela *segundo uma valoração conduzida à luz da conduta conforme a boa-fé*", pelo que sua atuação é "de modo compósito aos demais cânones legais e àqueles filtrados da tradição doutrinária"[290].

Esse breve apanhado conceitual sugere que a menção repetida à boa-fé no inc. III não é, apenas, redundante ao *caput* do art. 113, mas "abundante"[291], pois, sendo a boa-fé hermenêutica uma norma-princípio com "eficácia interna"[292], sua atuação é quase sempre combinada às regras de interpretação. O *caput*, assim, seria o lugar apropriado, sem a repetição do inc. III, para conotar essa "complessividade" da boa-fé. Daí que se possa responder positivamente à primeira indagação, no sentido de afirmar que o *caput* do art. 113 e o inc. III do §1º aludem à mesma funcionalidade da boa-fé – mas apenas parcialmente.

A redundância é parcial porque sobra um específico lugar para a boa-fé como critério autônomo de interpretação e, assim, ao inc. III: quando se tiver de preencher lacuna contratual, entendendo-se esta como a ausência de específica regra contratual (o que significa dizer, a um, que há lacuna quando faltar regra jurídica necessária à relação subjacente; e a dois, que, em sendo o conteúdo contratual informado por um conjunto diverso de fontes

---

[289] É essa a acepção de "princípio" que se encontra em, e.g., ÁVILA, Humberto. *Teoria dos Princípios: da definição à aplicação dos princípios jurídicos*. 13. ed. São Paulo: Malheiros 2012, p. 104: "As normas atuam sobre outras normas do mesmo sistema jurídico, especialmente definindo-lhes o seu sentido e o seu valor. Os princípios, por serem normas imediatamente finalísticas, estabelecem um estado ideal de coisas a ser buscado, que diz respeito a outras normas do mesmo sistema, notadamente das regras. Sendo assim, os princípios são normas importantes para a compreensão do sentido das regras".

[290] MARTINS-COSTA, Judith. *A Boa-Fé no Direito Privado: critérios para a sua aplicação*. São Paulo: Marcial Pons, 2015, pp. 448-489.

[291] Esse o adjetivo empregado por GEDIEL, José Antônio Peres; CORRÊA, Adriana Espíndola. Interpretações – art. 113 do Código Civil. In: MARQUES NETO, Floriano Peixoto; RODRIGUES JR., Otavio Luiz; LEONARDO, Rodrigo Xavier (Orgs.). *Comentários à Lei da Liberdade Econômica. Lei 13.874/2019*. São Paulo: RT, 2019, pp. 346-347.

[292] Expressão de ÁVILA, Humberto. *Teoria dos Princípios: da definição à aplicação dos princípios jurídicos*. 13. ed. São Paulo: Malheiros 2012, p. 104, para conotar justamente a eficácia dos princípios em face de outras normas do mesmo sistema.

– autonomia privada, lei, costumes e boa-fé na funcionalidade integrativa –, lacuna haverá apenas quando o conteúdo total do contrato não apresentar disciplina)[293]. Nessa hipótese, a boa-fé é capaz de atuar sem vinculação imediata à intenção comum das partes, uma vez que, quando se tem lacuna, não se tem regra específica a ser interpretada e, tanto assim, falta a particular intenção no ponto. Se falta conteúdo a ser descoberto pelo intérprete, a aplicação dos critérios de interpretação (que atuam justamente em convergência à intenção comum das partes, para permitir a detecção de seu significado) não tem lugar. A boa-fé resta desacompanhada.

Sob o ponto de vista normativo, portanto, ainda se tem a mesma norma-princípio atuando (i.e. a boa-fé hermenêutica), mas apenas e tão-somente em sua "eficácia externa", que é, como ensina Humberto Ávila, a que se mostra decisiva "para a interpretação dos próprios fatos"[294]. Tal fará com que o intérprete aprecie os fatos sob a lente do princípio, i.e. a partir do modelo normativo sugerido pela boa-fé, e que se extrai do caso concreto como "forma a não permitir que o contrato atinja finalidade oposta ou divergente daquela para o qual foi criado"[295]; um sentido que deve ser mais coerente com a utilidade que seria possível esperar daquele contrato particularmente considerado, em vista de sua finalidade econômico-social"[296]. Esse atrelamento entre boa-fé e interesses econômico-sociais do contrato vai igualmente versado por doutrina

---

[293] Veja-se a minúcia dessas definições em NITSCHKE, Guilherme Carneiro Monteiro. *Lacunas Contratuais e Interpretação. História, conceito e método*. São Paulo: Quartier Latin, 2019, *passim*.

[294] ÁVILA, Humberto. *Teoria dos Princípios: da definição à aplicação dos princípios jurídicos*. 13. ed. São Paulo: Malheiros 2012, p. 107.

[295] MARTINS-COSTA, Judith. *A Boa-Fé no Direito Privado: sistema e tópica no processo obrigacional*. São Paulo: RT, 2000, p. 437.

[296] MARTINS-COSTA, Judith. *A Boa-Fé no Direito Privado: critérios para a sua aplicação*. São Paulo: Marcial Pons, 2015, p. 507. Complementando, em passagem que merece transcrição: (i) que "além de perquirir a intenção consubstanciada na declaração", incumbe ao intérprete sob a luz da boa-fé "buscar o *significado objetivo* de tal regulação de interesses", que se revela "na busca da efetiva 'economia' do contrato, entendida essa expressão como a relação – estabelecida por ambas as declarações de vontade negociais –, entre os riscos e as vantagens, os ganhos e as perdas que cada contrato bilateral traduz"; (ii) e que, portanto, é "nos quadros da economia contratual objetivamente estabelecida por ambas as declarações de vontade – e estabelecida em vista de uma finalidade a ser evidenciada pelo intérprete – que o sentido da disposição deve ser encontrado e a concreta conduta segundo a boa-fé será individualizada", haja vista a boa-fé hermenêutica justamente direcionar o intérprete "ao sentido mais coerente com a finalidade que seria possível esperar daquele contrato particularmente considerado"

estrangeira²⁹⁷, e finda por ser algo redundante ao inc. V, como em frente se analisará (Cap. 2.6).

Seja como for, e em resumo, se na interpretação propriamente dita o modelo serve para avaliar regra contratual existente (em atuação combinada da boa-fé aos critérios de interpretação), na interpretação completativa (*rectius* preenchimento de lacunas) ele atua para agregar regra inexistente. Mas não se pense que o acesso à boa-fé para o preenchimento de lacunas é imediato, pois tal, se admitido, potencialmente ampliaria a intervenção do intérprete para além do desejável. Sua atuação é, assim, regulada por dois indicadores.

O primeiro é ter que a boa-fé na suplementação de lacunas atua em área rigorosamente subsidiária, periférica, como *ultima ratio* de processo que, a um, não detectou como presente no conteúdo total do contrato regra para o caso em questão; e a dois, que não encontrou nos demais critérios de colmatação (i.e. nem nos específicos, vinculados a tipos legais, nem nos gerais, como de outra feita se examinou²⁹⁸) sugestão de regra para a insuficiência. Isso já foi bem destacado por Carlos Ferreira de Almeida no âmbito português, quando respondeu a autores que propunham desfazer da ordem lógica indicada pelo art. 239º. do Código Civil português, a situar a disposição legal, a vontade hipotética e boa-fé como sequência escalonada: "[u]ma regra certa

---

(MARTINS-COSTA, Judith. *A Boa-Fé no Direito Privado: critérios para a sua aplicação*. São Paulo: Marcial Pons, 2015, pp. 464-465).

²⁹⁷ SCOGNAMIGLIO, Claudio. *Interpretazione del Contratto e Interessi dei Contraenti*. Padova: CEDAM, 1992, p. 377. Mesmo na doutrina que tenta aproximar direito e economia se acha algum desenvolvimento a respeito. É assim Massimiliano Granieri, ao sustentar que o recurso à boa-fé "impõe que também o intérprete (juiz ou árbitro) se coloque o problema econômico de determinar, a respeito do caso concreto, qual seja a solução que maximiza a utilidade das partes não com referência ao momento hipotético de conclusão do contrato, mas aquele concreto no qual se evidencia uma razão de contraste" (GRANIERI, Massimiliano. *Il tempo e il contratto. Itinerario storico-comparativo sui contratti di durata*. Milano: Giuffrè, 2007, p. 182). É sob o guarda-chuva da boa-fé, então, que a interpretação atua para "maximizar a utilidade conjunta". Também é esse o destaque de Menezes Cordeiro: "De facto, na reconstrução da vontade hipotética (objetiva) das partes, haverá que ponderar critérios de racionalidade económica, do maior aproveitamento dos custos, e da redução destes, por forma a conseguir uma prossecução ótima dos fins do contrato" (MENEZES CORDEIRO, António. *Tratado de Direito Civil. II. Parte Geral. Negócio Jurídico. Formação. Conteúdo e Interpretação. Vícios da Vontade. Ineficácias e Invalidades*. 4. ed. Coimbra: Almedina, 2017, p. 777).

²⁹⁸ NITSCHKE, Guilherme Carneiro Monteiro. *Lacunas Contratuais e Interpretação. História, conceito e método*. São Paulo: Quartier Latin, 2019, p. 443 e ss.

e presumivelmente coerente é preferível a um juízo hipotético, que inclui sempre um condimento de arbitrariedade"[299]. Transpondo essa percepção para o direito brasileiro, a boa-fé deve ser vista aqui como *last resort* para a colmatação de lacunas, pois, antes dela, figuram critérios mais próximos da intenção comum das partes (em termos de abstração) e que resultam em menor esforço criativo do aplicador (em termos de objetividade).

O segundo indicador, por fim, é por lembrar que qualquer dos critérios empregados se submete à intenção comum das partes e dela não deve se afastar (e muito menos contrariá-la). Essa submissão, a mitigar o risco de uma excessiva interferência externa no conteúdo contratual, passa pela segunda fase da interpretação completativa, que, como tratado também de outra feita[300], impõe verificar o enquadramento da regra ao "contexto verbal", ao "contexto situacional" ao "fim do negócio jurídico". É essa filtragem posterior que garantirá que a regra, mesmo que parcialmente construída pelo aplicador a partir do emprego da boa-fé, não se dissociará da intenção comum das partes.

Uma última distinção calha fazer, para prevenir confusão: a atuação da boa-fé como critério de preenchimento de lacunas não pertence à sua função "integrativa" ou de criação de deveres jurídicos (art. 422), e sim à sua função hermenêutica.

A um, porque, ao exercer sua função integrativa, a boa-fé não preenche lacunas, e sim incrementa (integra) o conteúdo contratual, servindo de fonte heterônoma à disciplina concreta[301]. Daí dizer que ela enriquece os deveres *in concreto*, o que significa que, se as partes nada tiverem disposto sobre o que deriva da natural eficácia jurígena da boa-fé (i.e. deveres de cooperação e lealdade, informativos, de proteção e de colaboração[302]), esta atuará, seja no

---

[299] FERREIRA DE ALMEIDA, Carlos. *Contratos IV. Funções. Circunstâncias. Interpretação.* Coimbra: Almedina, 2014, pp. 330-331.
[300] NITSCHKE, Guilherme Carneiro Monteiro. *Lacunas Contratuais e Interpretação. História, conceito e método.* São Paulo: Quartier Latin, 2019, p. 556 e ss.
[301] Nesse mesmo sentido, MARINO, Francisco Paulo De Crescenzo. *Interpretação do Negócio Jurídico.* São Paulo: Saraiva, 2011, p. 273, ao destacar que os deveres agregados pela boa-fé estão "relacionados ao processo de integração, e não ao de interpretação do negócio jurídico".
[302] MARTINS-COSTA, Judith. *A Boa-Fé no Direito Privado: critérios para a sua aplicação.* São Paulo: Marcial Pons, 2015, p. 522 e ss. No mesmo sentido: COUTO E SILVA, Clóvis V. do. *A Obrigação como Processo.* São Paulo: Bushatsky, 1976, p. 29; COUTO E SILVA, Clóvis V. do. O princípio da boa-fé no Direito brasileiro e português. In: FRADERA, Vera Maria Jacob de (org.). *O Direito Privado brasileiro na visão de Clóvis do Couto e Silva.* Porto Alegre: Livraria

momento genético, seja *in executivis*[303]. A indevida mistura entre integração de regras e colmatação de lacunas (e que se há de desfazer) parece remontar ao direito italiano, que passou a reconhecer que a integração funciona para uma e outra operações[304], mistura que vem sendo reconhecida como incorreta pela própria doutrina de lá[305]. É visão desacertada, pois não há nisso colmatação de lacunas: o conteúdo agregado pela boa-fé "já está lá" quando da interpretação, constituindo-se de modo consentâneo à formação do contrato ou agregando-se *in executivis*, sobretudo em contratos de duração, por decorrência da conduta das partes e das vicissitudes de sua execução.

E a dois, porque, ao funcionar de critério para a colmatação de lacunas, assim enraizando-se nas regras positivas do art. 113 *caput* e, agora, do §1º inc. III, a boa-fé se situa nos quadrantes da disciplina da interpretação. Quer-se dizer: ainda que a intenção comum das partes não seja o postulado que guia, imediatamente, o suplemento de lacunas, ela o faz mediatamente, seja por servir de diretriz a elencar os critérios de preenchimento (colocando a boa-fé em último lugar), seja por atuar como "teste final", na segunda fase da

do Advogado, 1997, p. 37; JUNQUEIRA DE AZEVEDO, Antônio. A boa fé na formação dos contratos. *Revista de Direito do Consumidor*. São Paulo: RT, 1992, v. 3, pp. 78-87.

[303] FERREIRA DA SILVA, Jorge Cesa. *A Boa-Fé e a Violação Positiva do Contrato*. Rio de Janeiro: Renovar, 2007, p. 96. O incremento da disciplina contratual *in executivis*, por eficácia da boa-fé, ocorre sobretudo em contratos de adimplemento duradouro, em que o adimplemento se situa no "período intermístico", isto é, no próprio processo (interim), e não em um ponto específico de realização dos interesses e desamarração das partes; ele repousa na "satisfação continuativa" de um interesse durável (OPPO, Giorgio. I contratti di durata. *Rivista di diritto commerciale*. Milano: Vallardi, 1943, pp. 156-157). Sobre isso, veja-se MARTINS-COSTA, Judith; NITSCHKE, Guilherme Carneiro Monteiro. Contratos duradouros lacunosos e poderes do árbitro: questões teóricas e práticas. *Revista de Arbitragem – GEARB. Edição Especial: Arbitragem – Questões Polêmicas* (coord. do número: Lucila de Oliveira Carvalho). Belo Horizonte: Del Rey, 2012, pp. 74-84.

[304] D'ANGELO, Andrea. La buona fede ausiliaria del programma contrattuale. In: D'ANGELO, Andrea; MONATERI, Pier Giusseppe; SOMMA, Alessandro. *Buona Fede e Giustizia Contrattuale. Modelli cooperativi e modelli conflittuali a confronto*. Torino: G. Giappichelli, 2005, p. 13; PIRAINO, Fabrizio. L'integrazione del contratto e il precetto di buona fede. In: VOLPE, Fabrizio (coord.). *Correzione e Integrazione del Contratto*. Torino: Zanichelli, 2016, pp. 175-243.

[305] BARCELLONA, Mario. *Clausole Generali e Giustizia Contrattuale. Equità e buona fede tra codice civile e diritto europeo*. Torino: Giappichelli, 2006, p. 155: "il presupposto di operatività della buona fede in executivis non è affatto – come tradizionalmente si ripete – l'esistenza di una lacuna, ma, tutt'al contrario, l'insorgenza di una disputa sull'applicabilità puntuale di una regola esecutiva".

interpretação completativa, quando se contrasta a regra sugerida ao pano de fundo do contrato. Nessa última ocasião, os critérios de interpretação voltam a atuar, pois será necessário examinar o enquadramento da regra, que vai colmatar a lacuna, ao contexto verbal, ao contexto situacional e ao fim do negócio jurídico, senão ela resta barrada.

Apenas para ilustração comparatista, essa separação entre as funções "integrativa" ("normativa") e "hermenêutica" (no que situado o preenchimento de lacunas) vem bem versada também no direito estrangeiro. Tal é o caso, por exemplo, da Alemanha, em que se divide entre função hermenêutica (BGB, §157) e integrativa (BGB, §242) da boa-fé (*Treu und Glauben*), atribuindo-se à primeira o preenchimento de lacunas, pelo manejo de "interpretação construtiva" (*ergänzende Vertragsauslegung*) que visa a estabelecer a "intenção hipotética" das partes (*hypothetischer Parteiwille*), qual seja: aquilo que os contratantes não expressaram, "mas teriam expressado em vista do fim do contrato se eles tivessem lidado com o assunto que foi deixado imprevisto por seu contrato"[306]; pois ao preencherem a lacuna, "as partes são vistas como contratantes razoáveis que agem com justiça e razoabilidade um com o outro e que teriam suprido a lacuna com esse espírito"[307]. Também é o caso do direito português, em que, a partir do art. 239º, a boa-fé é tida o critério completativo

---

[306] LARENZ, Karl. *Derecho Civil. Parte General* (trad. Miguel Izquierdo y Macías-Picaea). Madri: Editorial Revista de Derecho Privado, 1978, p. 744. A visão de Larenz é a assumida pela maioria dos juristas alemães, como relatam, a partir de ampla pesquisa: KORNET, Nicole. *Contract Interpretation and Gap Filling: comparative and theoretical perspectives*. Oxford: Intersentia Antwerpen, 2006, p. 142; e MARKESINIS, Sir Basil; UNBERATH, Hannes; JOHNSTON, Angus. *The German Law of Contract. A comparative treatise*. 2. ed. Oxford: Hart Publishing, 2006, p. 141. Tenha-se bem presente, porém, que se trata de uma intenção hipotética *normativa*, e não subjetiva, haja vista que determinada a partir do que "each party, acting reasonably, would have accepted as an appropriate balance of the parties' interests if they would have dealt with the issue at the time of contract formation" (KORNET, Nicole. *Contract Interpretation and Gap Filling: comparative and theoretical perspectives*. Oxford: Intersentia Antwerpen, 2006, p. 138).

[307] KORNET, Nicole. *Contract Interpretation and Gap Filling: comparative and theoretical perspectives*. Oxford: Intersentia Antwerpen, 2006, p. 140. É bom que se diga que "German academics are at pains, however, to emphasise that completive interpretation does not give the judge a 'free mandate' to draw up contract clauses as he pleases and ascribe them to the 'reasonable' intentions of the parties. In filling the gaps, one ought no to apply a general standard of reasonableness, but draw reasonable conclusions from the parties' actual intentions" (MARKESINIS, Sir Basil; UNBERATH, Hannes; JOHNSTON, Angus. *The German Law of Contract. A comparative treatise*. 2. ed. Oxford: Hart Publishing, 2006, p. 141).

sucessivo, caso não seja possível integrar o contrato com a vontade presumida das partes[308]. Por seu emprego se chega ao "consenso negocial hipotético", em considerando a "globalidade dum consenso comum tipicamente sério e honesto", o que leva a tomar em conta, ato contínuo, o "desenvolvimento do negócio, de acordo com o sentido, a compatibilização de interesses que envolve, a equação económica do negócio que nele está contido, o seu plano de distribuição de risco"[309].

Diante de todo esse arrazoado, resta alguma utilidade, afinal, ao inc. III, pois, se de um lado é redundante ao *caput* do art. 113, quando refere à interpretação propriamente dita, não podendo ser lido como se permitisse a inauguração de uma fase interpretativa alheia à intenção comum das partes; de outro lado, atua como critério autônomo de interpretação nas hipóteses em que houver a necessidade de preenchimento de lacunas contratuais ("interpretação completativa"), no que sugere, em *ultima ratio*, a regra a colmatar a lacuna e, em fase subsequente, é testada pelo pano de fundo contratual, tecido pela intenção comum das partes.

2.4.4 Conexões intrassistemáticas

Arts. 187 e 422, a que se costumam conectar, respectivamente, as funcionalidades corretora e normativa (integrativa) da boa-fé objetiva, para distingui-las da funcionalidade hermenêutica (art. 113 *caput* e §1º, inc. III).

---

[308] "Na falta de disposição especial, a declaração negocial deve ser integrada de harmonia com a vontade que as partes teriam tido se houvessem previsto o ponto omisso, ou de acordo com os ditames da boa fé, quando outra seja a solução por eles imposta".

[309] VASCONCELOS, Pedro Pais de. *Teoria Geral do Direito Civil*. 8. ed. Coimbra: Almedina, 2015, p. 495. No mesmo sentido: DOMINGUES DE ANDRADE, Manuel A. *Teoria Geral da Relação Jurídica*. Coimbra: Almedina, 1983, v. 2, p. 325; e FERREIRA DE ALMEIDA, Carlos. *Contratos IV. Funções. Circunstâncias. Interpretação*. Coimbra: Almedina, 2014, pp. 328-329 ("Se a solução encontrada por esta via for inadequada por ser desconforme com os ditames da boa fé, então a lacuna deve ser integrada com a solução que as partes teriam encontrado em conformidade com a boa fé. Reescrevendo o artigo 239º na parte correspondente, 'a declaração negocial deve ser integrada de harmonia com a decisão que as partes *teriam tomado* de acordo com os ditames da boa fé'. Deste modo, o aplicador do direito encarregado de preencher a lacuna reencontra o critério da boa fé como aferidor de uma conduta (a decisão), embora essa conduta seja hipotética, isto é, o que as partes teriam decidido, se houvessem procedido de boa fé, tendo especialmente em conta valores de lealdade e de transparência informativa").

2.4.5 Conexões intersistemáticas

CISG, art. 7(1), que prevê: "Na interpretação desta Convenção ter-se-ão em conta seu caráter internacional e a necessidade de promover a uniformidade de sua aplicação, bem como de assegurar o respeito à boa fé no comércio internacional". A controvérsia é intensa sobre se tal dispositivo faz interna a boa-fé no subsistema da CISG para a interpretação de contratos, uma vez que a regra é direcionada à interpretação da própria convenção, e não dos negócios[310]. A polêmica se incrementa quando tido em conta também o art. 7(2), que abre a CISG ao complemento dos "princípios gerais que a inspiram", em caso de lacuna da convenção. Por essa janela, a boa-fé pode ser esgrimida como "princípio geral" do comércio internacional, assim tendo lugar na interpretação dos contratos de compra e venda internacional de mercadorias[311]. Finalmente, também se poderia ler o art. 8(3) da CISG como aludindo implicitamente a um dos corolários da boa-fé – a razoabilidade –, como propõe Judith Martins-Costa, pois, "[p]or vezes, essa será a via para uma interpretação "segundo a boa-fé", vale dizer: segundo *o que é razoável esperar nas circunstâncias concretas*, pois, um dos significados da boa-fé diz respeito aos valores estabilidade, regularidade e coerência do comportamento contratual"[312].

---

[310] Para um relato dessa controvérsia e um *overview* no estado da questão, consulte-se: MARTINS-COSTA, Judith. *A Boa-Fé no Direito Privado: critérios para a sua aplicação*. São Paulo: Marcial Pons, 2015, pp. 488-499; SCHWENZER, Ingeborg; HACEM, Pascal. Art. 7. In: SCHLECHTRIEM, Peter; SCHWENZER, Ingeborg (Orgs.). *Commentary on the UN Convention on the International Sale of Goods (CISG)*. 3. ed. Oxford: Oxford University Press, 2010, pp. 120-133; e ZELLER, Bruno. The observance of good faith in international trade. In: JANSSEN, André; MEYER, Olaf (Eds.). *CISG Methodology*. Munich: Sellier, 2009, p. 133 e ss.

[311] MAGNUS, Ulrich. Tracing methodology in the CISG: dogmatic foundations. In: JANSSEN, André; MEYER, Olaf (Eds.). *CISG Methodology*. Munich: Sellier, 2009, pp. 42-44; MAYER, Pierre. Le principe de la bonne foi devant les arbitres du commerce international. In: *Fetschrift Pierre Lalive*. Basel e Frankfurt a.M.: Helbing und Lichtenhahn, 1993, p. 543 e ss.; ZELLER, Bruno. The observance of good faith in international trade. In: JANSSEN, André; MEYER, Olaf (Eds.). *CISG Methodology*. Munich: Sellier, 2009, p. 133 e ss.

[312] MARTINS-COSTA, Judith. *A Boa-Fé no Direito Privado: critérios para a sua aplicação*. São Paulo: Marcial Pons, 2015, p. 495. Mesma proposta consta de: DIMATTEO, Larry A.; DHOOGE, Lucien J.; GREENE, Stephanie; MAURER, Virginia G.; PAGNATTARO, Marisa Anne. *International Sales Law. A critical analysis of CISG jurisprudence*. Cambridge: Cambridge University Press, 2005, p. 28.

2.4.6 Jurisprudência

Apesar de serem inúmeros os casos em que a boa-fé vem invocada e reinvocada – muitas vezes naquele exercício de exageração que a doutrina já caracterizou como "superinvocação"[313] –, há que se centrar foco naqueles de destaque que, mais recentemente, aludiram ao art. 113, §1º, inc. III, como direto fundamento para tanto.

No "caso da revogação de doação por inexecução do encargo"[314], o STJ teve de lidar com pleito que visava a revogar doação de imóvel em Campo Grande, com base no descumprimento de suposto encargo consistente na edificação de uma "Arena Cultural". A peculiaridade do caso é que o encargo vinha previsto, apenas, no instrumento particular celebrado entre as partes em 20.11.2012, ao passo que a escritura pública registrara doação "pura e simples" dois dias depois, em 22.11.2012. A isso acresce que, dias depois, em 04.12.2012, os mesmos contratantes aditaram o instrumento particular, prevendo que a doação se fazia "pura e simples", com o recebimento do imóvel "sem qualquer obrigação acessória, não estando vinculada a qualquer exigência, destinação ou encargo presente ou futuro, sendo que a PROPRIETÁRIA, ora doa nessas condições, desde já renunciando a eventual direito de rescisão do cancelamento da doação".

A demanda fora julgada improcedente em primeira instância com base na circunstância de não haver, na escritura de doação, referência ao tal encargo, prevalecendo esta, assim, por sobre o instrumento particular originário. O doador interpôs apelação e obteve provimento pelo Tribunal de Justiça do Mato Grosso do Sul, com fulcro na possibilidade de se celebrar doação também por instrumento particular, na prevalência de regra especial (art. 541 do Código Civil) sobre regra geral (art. 108 do Código Civil) e na interpretação mais favorável ao doador diante de certa contradição da prova documental juntada aos autos do processo. Teve, assim, a procedência de seu pleito revocatório. O donatário, então, interpôs Recurso Especial e sustentou, basicamente: (i) a necessidade de se dar prevalência ao que a sentença

---

[313] MARTINS-COSTA, Judith. *A Boa-Fé no Direito Privado: critérios para a sua aplicação*. São Paulo: Marcial Pons, 2015, *passim*.

[314] STJ, Terceira Turma, Recurso Especial n. 1.938.997-MS, Rel. Min. Marco Aurélio Bellizze, julgado em 28.09.2021.

decidira; (ii) ou, sucessivamente, a necessidade de que se concedesse prazo para a consecução do encargo, haja vista não se tratar de mora *ex re* e uma vez que não fora constituída em mora.

O STJ deu parcial provimento ao recurso do donatário.

Primeiro, considerou que não se aplica a especialidade de disposições legais suscitada pelo TJMS, tendo em vista inexistir conflito entre as regras dos arts. 108 e 541 do Código Civil: "em interpretação sistemática dos arts. 107, 108, 109 e 541 do CC, a doação – por consistir na transferência de bens ou vantagens do patrimônio do doador para o do donatário –, quando recair sobre imóvel cujo valor supere o equivalente a 30 (trinta) salários mínimos, deve observar a forma solene, efetivando-se, com isso, mediante escritura pública".

Segundo, porque a doação "pura e simples" levada a registro plasma "ato de disposição patrimonial do doador", embasada em liberalidade e, assim, gratuidade, convocando a aplicação do art. 114 para sua interpretação[315]. Aplicando-se a interpretação restritiva à escritura pública, o STJ entendeu que "a transferência do imóvel da empresa doadora, ora recorrida, em benefício da sociedade donatária, ora recorrente, se deu "em cumprimento ao instrumento particular firmado entre as partes em data de 22.11.2012", proveniente de doação pura e simples"; e que o "encargo supostamente estabelecido à empresa donatária no referido instrumento particular não subsiste, pois, além de não ter sido reiterado, também, no instrumento público, porquanto indispensável à concretização da respectiva doação (art. 108 do CC), conflita com a disposição explícita de ser a doação pura e simples, ensejando, com isso, a interpretação restritiva das cláusulas do negócio jurídico em comento".

Terceiro – e aqui o ponto que mais interessa a este capítulo –, porque a conduta das partes deve ser avaliada a partir da "real intenção das partes" e sob a lente da boa-fé. Quanto ao primeiro tópico, o tribunal entendeu que "a real intenção das partes, no caso em apreço, era a celebração de doação pura e simples, sem a incidência de nenhum ônus à donatária, porquanto assim constou da escritura pública e foi confirmado, posteriormente, pelo aditivo ao instrumento particular". Quanto ao exame do caso à luz da boa-fé, o tribunal invocou o art. 113 *caput* e seu §1º, inc. III, para concluir que a "vontade

---

[315] "Art. 114. Os negócios jurídicos benéficos e a renúncia se interpretam restritivamente".

manifestada pelas partes – nos 3 (três) instrumentos pactuados, considerando notadamente o último escrito particular no qual se reforçou o teor da escritura pública de que a doação se deu em sua espécie pura e simples, sem alegação de que tenha incidido nenhum vício nesse ato volitivo – somada à posterior pretensão deduzida em juízo pela doadora – de revogação da doação por suposta inexecução de encargo – revela comportamento contraditório de sua parte (*venire contra factum proprium*), o que afronta a boa-fé objetiva". Daí concluir que "a interpretação amparada no primado da boa-fé objetiva impõe a manutenção da doação, por inexistência de encargo à donatária, o que obsta a procedência do pedido de revogação, conforme delineado na sentença de improcedência".

Fica flagrado do caso-exemplo a atuação da boa-fé não como lente solitária, e sim como típica norma-princípio, em concerto complessivo com as regras de interpretação, a dirigir o olhar do intérprete à conduta total das partes e a concluir pela impossibilidade de se acolher pretensão que, se fosse procedente, representaria *venire contra factum proprium*.

2.5 A interpretação *contra proferentem*: §1º, inc. IV

2.5.5 Conteúdo e função da norma

O inc. IV prevê que a intepretação deve atribuir o sentido que "for mais benéfico à parte que não redigiu o dispositivo, se identificável". Essa regra não é suscetível de enquadramento a qualquer dos blocos de critérios de interpretação acima sumarizados (Cap. 1.3.5), o que já diz muito de seu principal problema: o potencial desprezo à intenção comum das partes. Antes de se passar às críticas, porém, há de se ver que a regra, apesar de inédita na tradição brasileira com essa *littera*, vez ou outra foi versada, com espectros diversos, pelo direito outrora vigente e pela doutrina local.

Em tradução que foi influente no Brasil oitocentista, Robert-Joseph Pothier já enunciava, ao comentar a Sétima Regra de interpretação, que "[o] Credor deve imputar a si a culpa de se não ter explicado melhor", regra, esta, que dispunha: "Em duvida deve interpretar-se huma clausula de qualquer contracto, contra o estipulante, em descargo daquelle que se obrigou"³¹⁶. Note-se que, em Pothier, o comentário não corresponde exatamente à regra sugerida, uma vez que esta estabelecia a *interpretatio contra proferentem*, ao passo que aquele se orientava pelo *favor debitoris*. Semelhante concerto entre uma e outra orientações se notava nas práticas tabeliãs do séc. XIX, em que, se de um lado aplicava-se ao contrato de compra e venda a interpretação menos favorável ao estipulador, de outro fazia-se uso da interpretação mais favorável ao devedor (i.e. do locatário) no contrato de arrendamento³¹⁷.

Interessante perceber que dessa ambivalência de regras, o Código Comercial de 1850 optou pelo *favor debitoris* quando, no art. 131, 5, determinava: "nos casos duvidosos, que não possam resolver-se segundo as bases estabelecidas,

---

³¹⁶ POTHIER, Robert-Joseph. Regras da interpretação dos contractos. In: ALMEIDA, Cândido Mendes de. *Auxiliar Juridico servindo de appendice à décima quarta edição do Codigo Philippino ou Ordenações do Reino de Portugal*. Rio de Janeiro: Typographia do Instituto Philomathico, 1869, p. 483. Tal equivale ao antigo art. 1.162 do *Code Civil* e a antiga regra romana: "In stipulationibus cum quaeritur quid actum sit, verba contra stipulatorem interpretanda sunt. L. 38 §18 ff. *de verb. oblig.*". E Pothier complementa a regra com exemplo: "se no arrendamento se não declarou, que o Caseiro levaria a pensão á casa do Locador; tem este obrigação de a mandar buscar a casa daquelle. Se assim não queria, devêra explicar-se quando arrendou" (idem ibidem).

³¹⁷ CORREA TELLES, José Homem. *Manual do Tabellião ou Ensaios de Jurisprudencia Eurematica contendo a colleção de minutas dos contratos e instrumentos mais usuaes, e das cautelas mais precisas nos contratos, e testamentos*. Lisboa: Imprensa Nacional, 1859, respectivamente pp. 24 e 39: "§14º. O vendedor dá as leis d'este contrato; por isso os pactos obscuros interpretam-se contra elle, porque podéra declarar-se melhor. [...] §48º. O locador deve declarar-se bem; elle é o que dá a lei, e por isso todo o pacto obscuro ou ambiguo interpreta-se contra elle". Também assim: ALMEIDA, Cândido Mendes de. Axiomas e brocardos de direito extrahidos da legislação brazileira antiga e moderna. In: ALMEIDA, Cândido Mendes de. *Auxiliar Juridico servindo de appendice à décima quarta edição do Codigo Philippino ou Ordenações do Reino de Portugal*. Rio de Janeiro: Typographia do Instituto Philomathico, 1869, p. 554; CARVALHO, Carlos Augusto de. *Direito Civil Brazileiro Recopilado ou Nova Consolidação das Leis Civis*. Rio de Janeiro: Francisco Alves, 1899, p. 97 ("Art. 288. Nos casos duvidosos, que não possão resolver-se segundo as regras estabelecidas, decidir-se-há a) em favor do devedor; b) em favor da successão legitima"); LOBÃO, Manoel de Almeida e Sousa de. Especialidades de direito nas compras e vendas de vinhos. Exposição especial da Ord., L. 4, t., 8, §§5 e 6 e de outras mais. In: *Fascículo de Dissertações Jurídico-Praticas*. Lisboa: Imprensa Nacional, 1866, t. 1, p. 357 ("E deve fazer-se a interpretação contra aquelle que fez a estipulação, e em favor d'aquelle que tem contrahido a obrigação, Cod. da França, Art. 1162, de que Conf. L. 39, ff. *de Pact*, Boehmer., ad Pand., Exerc. 30, Pacion., *de Locat*. Cap. 23, a n. 130").

decidir-se-á em favor do devedor". Ainda assim, a doutrina seguiu lendo a disposição como se agregasse ambas as linhagens[318].

Em verdade, a opção legislativa se insere em uma tradição longa e de dimensão mais ampla a respeito do *favor debitoris*, que não se cinge, apenas, à matéria da interpretação contratual e que vai marcada por uma humanização paulatina no tratamento da posição do devedor. Isso vem desde, pelo mesmo, as Ordenações Filipinas (1603), com disciplina vigente no Brasil até o Código Civil de 1916, e que previa a figura da "cessão de bens" (*cessio bonorum*) para os devedores de boa-fé que se tornassem insolventes, consistente na entrega de quase todo o seu patrimônio aos credores (exceto o necessário para se alimentar) e tendo por contrapartida uma moratória de cinco anos, mais a garantia de que não seria preso por dívidas (Livro 4, Título LXXIV)[319]. Esse benefício se estendeu a partir de 1774, quando sobreveio lei em Portugal que passou a proibir a prisão por dívidas, a partir do que a doutrina portuguesa passou a sustentar o esvaziamento da *cessio bonorum*[320]. A tradição mais ampla do *favor debitoris* se refletiu em uma série de outros exemplos, relacionados ou não com a eliminação da prisão por dívidas (numa caminhada que tem como marcos o art. 113 §30 da Constituição de 1934[321] e, ao final, o Enunciado da

---

[318] E.g.: "Na duvida, deve interpretar-se uma clausula de qualquer contracto contra o estipulante e em desencargo de quem se obrigou, porque, como diz Segovia, é de presumir que o devedor assumiu menor obrigação, fez a menor renúncia, consentiu na menor restricção do seu direito" (FARIA, Antonio Bento de. *Codigo Commercial Brasileiro (primeiro volume)*. 4. ed. Rio de Janeiro: Jacintho Ribeiro dos Santos, 1929, p. 159).

[319] *Codigo Philippino ou Ordenações e Leis do Reino de Portugal recopiladas por mandado d'El Rey D. Philippe I*. 14. ed. Rio de Janeiro: Typographia do Instituto Philomathico, 1870, pp. 885-890.

[320] É o que narra Cândido Mendes de Almeida em nota às Ordenações: "Mas sobrevindo a Lei de 20 de Junho de 1774, §19 *in fine*, explicada depois pelo Ass. de 18 de Agosto do mesmo anno, cahio em desuso a prisão dos devedores insolváveis, ainda que o supradicto Ass. limitasse o beneficio aos devedores de boa fé, não havendo a largueza, que se tem dado à doutrina do Ass. em questão" (*Codigo Philippino ou Ordenações e Leis do Reino de Portugal recopiladas por mandado d'El Rey D. Philippe I*. 14. ed. Rio de Janeiro: Typographia do Instituto Philomathico, 1870, p. 886).

[321] "30) Não haverá prisão por dívidas, multas ou custas". Nem a Constituição de 1988 foi tão protetiva na sua *littera*, uma vez que o art. 5º, inc. LXVII, prevê: "não haverá prisão civil por dívida, salvo a do responsável pelo inadimplemento voluntário e inescusável de obrigação alimentícia e a do depositário infiel". Essa disposição, porém, foi enfraquecendo a partir da internalização da Convenção Americana sobre Direitos Humanos (Pacto de São José da Costa Rica), de 22 de novembro de 1969, pelo Decreto n. 678, de 6 de novembro de 1992.

Súmula Vinculante do STF n. 25[322]), expandindo-se para outros subcampos do direito privado (como se nota, e.g., do art. 1.531 do Código Civil de 1916[323]).

No recorte específico das regras de interpretação, a opção pelo *favor debitoris* aparece em vários momentos. Tal ocorre no Projeto de Código Civil de Coelho Rodrigues[324], no Projeto de Código Civil de Felício dos Santos[325], no Projeto de Código Comercial de 1912 (com acrescida orientação de que fosse aplicada apenas em *ultima ratio*)[326], no Anteprojeto de Código de Obrigações de 1943[327] e no Projeto do Código de Obrigações de 1965[328]. Mais recentemente, sobrevieram disposições que deslocaram o eixo da figura do devedor para a figura do polo fraco de certas relações, em excepcional dirigismo, de modo a proteger o *status* de consumidor e de aderente. É assim que o Código de Defesa do Consumidor estipulou regra de interpretação "mais favorável ao consumidor" (art. 47); e que o Código Civil, de seu turno, consolidou regra de interpretação favorável ao aderente nos contratos por adesão (art. 423): "Quando houver no contrato de adesão cláusulas ambíguas ou contraditórias, dever-se-á adotar a interpretação mais favorável ao aderente".

---

[322] "É ilícita a prisão civil de depositário infiel, qualquer que seja a modalidade do depósito".

[323] "Art. 1.531. Aquele que demandar por dívida já paga, no todo ou em parte, sem ressalvar as quantias recebidas, ou pedir mais do que for devido, ficará obrigado a pagar o devedor, no primeiro caso, o dobro do que houver cobrado e, no segundo, o equivalente do que lhe exigir, salvo se, por lhe estar prescrito o direito, decair da ação". A disposição veio a se repetir no art. 940 do Código Civil de 2002.

[324] Art. 353, §11: "As dúvidas sobre a existência ou sobre a extensão da obrigação devem ser resolvidas em favor do devedor, e as relativas a extinção ou limitação dela em favor do credor" (RODRIGUES, Coelho. *Projeto do Código Civil Brasileiro*. Brasília: Departamento de Imprensa Nacional, 1980, p. 87).

[325] Art. 265, §9: "Na duvida, a prova de uma obrigação ou de sua extensão se interpreta em favor do devedor, e a prova de sua extincção ou limitação se interpreta a favor do credor" (SANTOS, Joaquim Felício dos. *Projecto do Codigo Civil da Republica dos Estados Unidos do Brazil*. Rio de Janeiro: Imprensa Nacional, 1891, p. 30).

[326] Art. 715, inc. V: "nos casos duvidosos que não possam resolver-se segundo as bases estabelecidas, decidir-se-á em favor do devedor" (INGLEZ DE SOUZA, Herculano Marcos. *Projecto de Codigo Commercial*. Rio de Janeiro: Imprensa Nacional, 1912, v. 2, p. 225).

[327] "Art. 68. Nos casos duvidosos, interpreta-se o ato contra quem estipulou e em benefício de quem assumiu a obrigação" (*Ante-Projeto de Código de Obrigações (Parte Geral)*. Rio de Janeiro: Imprensa Nacional 1943, p. 24).

[328] "Art. 24. Nos casos duvidosos, interpreta-se a declaração em benefício do devedor" (*Projeto de Código de Obrigações*. Brasília: Serviço de Reforma de Códigos, p. 5).

Daí se poder concluir, preliminarmente, que o inc. IV inserido ao art. 113 §1º destoa da tradição, pois, a um, abandona o enfoque da regra geral de outros tempos, e que vinha dirigida à proteção do devedor (*favor debitoris*); a dois, amplifica regra que era protetiva apenas aos aderentes em contratos por adesão, ensejando alargado dirigismo por meio do Estado-juiz; a três, não explicita que sua aplicação deva se dar como último recurso do processo interpretativo; e a quatro, não exige na *littera* sequer o atendimento aos requisitos do art. 423 para que se possa proceder à *interpretatio contra stipulatorem*, senão apenas a identificação do redator da estipulação.

Fale-se apartadamente de cada uma dessas críticas e como, em hipótese, pode-se solvê-las.

O *primeiro* apontamento é de reforço quanto à "quebra" que a LLE produziu não apenas face à tradição luso-brasileira que acima se sumarizou, mas também caso contrastada ao direito estrangeiro. Sobre isso, é curioso notar que uma das mais recentes reformas legislativas levadas a cabo em Códigos de direito privado fez substituir regra idêntica ao inc. IV por uma disciplina de viés *favor debitoris*. Fala-se da reforma do Código Civil francês, ultimada em 2016 (Ordonnance nº 2016-131, de 10 de fevereiro de 2016), e que, no lugar do antigo art. 1.162, inseriu o art. 1.190. O primeiro, hoje revogado, ditava desde 1804: *"Dans le doute, la convention s'interprète contre celui qui a stipulé et en faveur de celui qui a contracté l'obligation"*. O segundo, hoje vigente, dita: *"Dans le doute, le contrat de gré à gré s'interprète contre le créancier et en faveur du débiteur, et le contrat d'adhésion contre celui qui l'a proposé"*[329].

Ou seja, para os contratos paritários (*de gré à gré*), a opção do legislador francês foi por fazer prescindir a avaliação do aplicador quanto a quem redigiu a cláusula duvidosa, impondo regra de interpretação com conteúdo que depende, apenas, de identificar quem é credor e quem é devedor. A intenção foi tanto de ganhar clareza e objetividade, quanto de corrigir a imprecisão

---

[329] Para ficar com outro exemplo recente, é assim o Código Civil chinês, de 1º de janeiro de 2021, que só prevê a possibilidade de interpretação *contra stipulatorem* em contratos por adesão: "Artigo 498: Quando houver disputa sobre o entendimento das cláusulas padrão, deverá ser interpretado de acordo com o entendimento comum. Se houver duas ou mais interpretações das cláusulas padrão, deverá ser feita uma explicação que seja favorável ao aderente. Em eventual disputa entre as cláusulas padrão e as não padronizadas, deverão ser adotadas as não padronizadas" (*Código Civil Chinês* (trad. Larissa Chen Yi Qian). São Paulo: Edulex, 2021, p. 114).

anteriormente presente, uma vez que "não importa distinguir quem é o redator do contrato, situação esta reservada aos contratos por adesão". Isso porque "quando se tem estipulações tendo por objeto uma livre negociação", o que importa à interpretação "não é a identidade do redator do contrato", e sim "o conteúdo das obrigações assumidas e a posição do devedor"[330].

Outra solução que é díspare à do inc. IV e que simplifica a regra, sem expandi-la ao excesso que hoje se tem no Brasil, acha-se no art. 237º. do Código Civil português, que fixa: "[e]m caso de dúvida sobre o sentido da declaração, prevalece, nos negócios gratuitos, o menos gravoso para o disponente e, nos onerosos, o que conduzir ao maior equilíbrio das prestações". A bem da verdade, a proposta portuguesa estaria, inclusive, mais aderente tanto à intenção comum das partes (buscada, no caso, pela análise do objeto do contrato, composto pelo feixe de prestações e contraprestações, e que é capaz de, em alguns casos, revelar o conteúdo encoberto[331]), quanto, mais abstratamente, à preservação da liberdade contratual propagandeada na Exposição de Motivos da originária MP n. 881/2019. Diga-se, em acréscimo, que a doutrina portuguesa registra certas advertências à aplicação do art. 237º., pregando deva ser tomado "com alguma cautela", por não se querer com seu manejo, "a todo custo, um equilíbrio das prestações que, assim, se apresentaria como regra limitativa da autonomia privada". Daí que sua aplicação só se dê "quando o problema interpretativo não possa ser solucionado com recurso às diretrizes do art. 236º.", sendo, assim, a *ultima ratio* do processo[332]; e daí que o conceito do termo "dúvida", encartado no art. 237º. (e que constava expressamente da MP n. 881/2019, para depois permanecer implícita na LLE), "não se" refira "a uma dúvida qualquer", e sim àquela que "seja irredutível e inultrapassável,

---

[330] CHANTEPIE, Gaël; LATINA, Mathias. *La Réforme du Droit des Obligations. Commentaire théorique et pratique dans l'ordre du Code civil*. Paris: Dalloz, 2016, p. 426.

[331] Assim Anne-Sophie Lucas-Puget, para quem, nas situações em que o conteúdo é obscuro, o objeto serve de via para "encontrá-lo", a sugerir uma sorte de "macro-interpretação do contrato" (LUCAS-PUGET, Anne-Sophie. *Essai sur la Notion d'Objet du Contrat*. Paris: LGDJ, 2005, pp. 381-382).

[332] MENEZES CORDEIRO, António. *Tratado de Direito Civil. II. Parte Geral. Negócio Jurídico. Formação. Conteúdo e Interpretação. Vícios da Vontade. Ineficácias e Invalidades*. 4. ed. Coimbra: Almedina, 2017, p. 743.

depois de considerados todos os fatores atendíveis e de esgotados todos os outros critérios legais de interpretação"[333].

Vários outros diplomas estrangeiros, por seu turno, limitam as possibilidades de *interpretatio contra proferentem* apenas a contratos por adesão, e.g. o art. 1.370 do *Codice Civile* italiano, que confina a regra a "condizioni generali di contratto" ou "modulli o formulari predisposti da uno dei contraenti"[334], e o §305c do BGB alemão, atinente, apenas, a contratos *standard*[335]. Outros, ainda, adotam a regra geral apenas sob o viés do *favor debitoris*, como é o caso do art. 1.068 do Código Civil e Comercial argentino[336] e novamente do Código italiano, ao estipular a "regra final" do art. 1.371[337]. E mesmo os Códigos que seguem uma linha semelhante à do inc. IV, apresentam técnica legislativa mais apurada, como é o caso, e.g., do art. 1.304 do Código Civil uruguaio[338] e do art. 1.566 do Código Civil chileno[339].

---

[333] FERREIRA DE ALMEIDA, Carlos. *Contratos IV. Funções. Circunstâncias. Interpretação.* Coimbra: Almedina, 2014, p. 289.

[334] A regra deixa clara, portanto, sua aplicação apenas a "contrattazione standardizzata", voltada ao fito de proteger a parte "fraca" do negócio. Por detrás dela, justificando-a, está o "dever de clareza" de quem redige o contrato "em virtude de um princípio de autorresponsabilidade, a fim de evitar que este, com um comportamento contrário à boa-fé e à tutela da confiança sobre o comum significado das declarações negociais, possa tirar vantagem da ambiguidade das cláusulas unilateralmente redigidas" (PENNASILICO, Mauro. *Contratto e Interpretazione. Lineamenti di ermeneutica contrattuale.* 2. ed. Torino: Giappichelli, 2015, p. 32).

[335] "(2) Any doubts in the interpretation of standard business terms are resolved against the user" (consultado em: https://www.gesetze-im-internet.de/englisch_bgb/englisch_bgb.html#p0930).

[336] "ARTICULO 1068.- Expresiones oscuras. Cuando a pesar de las reglas contenidas en los artículos anteriores persisten las dudas, si el contrato es a título gratuito se debe interpretar en el sentido menos gravoso para el obligado y, si es a título oneroso, en el sentido que produzca un ajuste equitativo de los intereses de las partes".

[337] "Art. 1371. Regole finali. Qualora, nonostante l'applicazione delle norme contenute in questo capo, il contratto rimanga oscuro, esso deve essere inteso nel senso meno gravoso per l'obbligato, se è a titolo gratuito, e nel senso che realizzi l'equo contemperamento degli interessi delle parti, se è a titolo oneroso".

[338] "Artículo 1304 En los casos dudosos que no puedan resolverse según las bases establecidas, las cláusulas ambiguas deben interpretarse a favor del deudor. Pero las cláusulas ambiguas que hayan sido extendidas o dictadas por una de las partes, sea acreedora o deudora, se interpretarán contra ella, siempre que la ambigüedad provenga de su falta de explicación".

[339] "Art. 1566. No pudiendo aplicarse ninguna de las reglas precedentes de interpretación, se interpretarán las cláusulas ambiguas a favor del deudor. Pero las cláusulas ambiguas que hayan sido extendidas o dictadas por una de las partes, sea acreedora o deudora, se interpretarán

Seja como for, eleita a técnica legislativa que se desejasse, o fato é que, em *segundo lugar*, o texto escolhido para constar do inc. IV é potencialmente violador do postulado normativo da intenção comum das partes, haja vista admitir que a interpretação se dê noutros quadrantes que não dentro de sua moldura. Tal foi feito a partir da deliberada e decidida pretensão de universalizar, para todos os contratos, a regra do art. 423, reservada aos contratos por adesão, o que se via já na topografia sintomática da MP n. 881/2019, por propor a inserção de um Parágrafo Único a referido dispositivo; e que era confirmada pelos termos da Exposição de Motivos[340]. Ainda que se quisesse fazê-lo, era evidente que a proposta carecia de consistência topográfica, uma vez que, em se querendo regra geral (aplicável a todos os contratos sem regime especial), sua inserção se deveria dar em dispositivo apartado. Tal motivou, via Emenda Aglutinativa n. 1, a exclusão da regra e sua reinserção, com texto modificado, enquanto inc. IV do art. 113 §1º.

Ainda assim, manteve descompasso com a intenção comum das partes, pois nem sempre a interpretação "menos favorável ao redator" será consonante ao postulado. Para contratos por adesão, tal excepcionalidade se justifica, pois nestes o valor "liberdade" cede ao valor "igualdade", permitindo uma intervenção que, no processo interpretativo, traga alguma equiparação que, nas negociações, não se teve. A intenção comum das partes (que, presume-se, pode não ter sido

contra ella, siempre que la ambigüedad provenga de la falta de una explicación que haya debido darse por ella".

[340] A Exposição assim explicava a inserção da proposta: "Para a expansão da segurança jurídica das relações privadas, está presente a inserção explícita da regra do 'contra proferentem', sobre a interpretação de todos os contratos, antes limitados – explicitamente – aos de adesão. Essa regra estipula que a dúvida sobre a interpretação de um contrato beneficia a parte que não redigiu a cláusula disputada, derivando-se, conforme doutrina comparativa no direito continental (civil law), do princípio de que ninguém será beneficiado pela própria torpeza – regramento já parte do ordenamento jurídico brasileiro, conforme pesquisa presente nas Notas Técnicas. Essa lógica dá amparo à ideia de que quem redige uma cláusula não deve auferir benefício de tê-la feito de maneira dúbia, buscando a eliminação de incentivos perversos, conforme assegura a moderna doutrina da análise econômica do Direito. Essa previsão acaba também por valorizar o papel do advogado, na forma do art. 133 da Constituição, sobre os modernos e sofisticados processos de elaboração de contratos privados. Com essa medida, mais esforços serão destinados a evitar conflitos e, então, menos disputas serão instauradas, reduzindo significativamente os custos que tais conflitos impõem ao Judiciário e ao País em geral" (§16) (vide em: https://www2.camara.leg.br/legin/fed/medpro/2019/medidaprovisoria-881-30-abril-2019-788037-exposicaodemotivos-157846-pe.html).

verdadeiramente *comum*, i.e. intersubjetiva quando da formação do conteúdo) cede à objetiva proteção do aderente[341]. O dirigismo é intenso ao ponto de fazer prevalecer a regra especial (art. 423) por sobre os demais critérios de interpretação, em caso de descompasso, só sendo possível fazer referência, por exemplo, a um uso ou à boa-fé se tal alusão não obtiver resultado menos favorável ao aderente, se em face da direta *interpretatio contra stipulatorem*[342].

Perceba-se a gravidade, portanto – certamente irrefletida quanto a todas as suas possíveis repercussões –, de se pretender a generalização de regra que era específica para os contratos por adesão. É de se indagar a partir disso – e responder negativamente! – se mesma prioridade haveria de se concluir quanto ao inc. IV em face dos demais critérios de interpretação. Em caso positivo, ter-se-ia a inusitada consequência de se privilegiar a "via expressa" da única regra de interpretação que desborda da intenção comum das partes em detrimento das mais próximas desta, paradoxalmente pertencente a disciplina que tem essa mesma intenção comum como o postulado normativo de toda interpretação contratual... A inconsistência dessa conclusão seria manifesta.

Tanto por isso, e em *terceiro lugar*, só se pode cogitar da aplicação do inc. IV como *ultima ratio* do processo interpretativo, depois de esgotados todos os demais critérios sem que fosse possível encontrar o significado concreto visado. Essa característica não vem expressada no dispositivo, mas decorre do sistema, já que representa exceção à geral disciplina que se guia pela intenção

---

[341] "A *ratio* do art. 423 do CC, enunciado explicitamente apenas para os contratos de adesão, visto não se tratar de um princípio geral, mas de regra de aplicação restrita e específica, é proteger a parte economicamente mais fraca das contratações que não possibilitem tratativas, garantindo a equidade nos casos de abuso do poder de predisposição, sempre que utilizado na redação de proposições excessivamente dúbias e polissêmicas" (VICENZI, Marcelo. *Interpretação do Contrato: ponderação de interesses e solução de conflitos*. São Paulo: RT, 2011, pp. 154-155). Custódio da Piedade Ubaldino Miranda vai, inclusive, mais longe e defende que, nos contratos por adesão, "não há que se resolver, pelo menos em princípio, conflitos de interesses entre dois sujeitos de uma relação jurídica determinada, mas entre o estipulante das condições gerais e todos os outros sujeitos com quem, por força da declaração de aceitação destes, na forma de adesão ao conteúdo contratual, aquele firma relações jurídicas"; o que leva que a interpretação não possa se dar "senão de um modo geral e não particularizado, para cada aderente, sob pena de violação da igualdade de posições jurídicas" (MIRANDA, Custódio da Piedade Ubaldino. *Contrato de Adesão*. São Paulo: Atlas, 2002, p. 236).

[342] MARINO, Francisco Paulo De Crescenzo. *Interpretação do Negócio Jurídico*. São Paulo: Saraiva, 2011, p. 277.

comum das partes e que caminha da concretude à abstração, no sentido de partir de critérios presuntivamente mais próximos da intenção intersubjetiva e escalar para aqueles mais abstratos e distantes (i.e. *littera*, contexto verbal, contexto situacional, objeto e fim do negócio jurídico). Atuá-lo como *last resort* vai, ainda, em consonância tanto à tradição quanto ao exame de modelos estrangeiros que se fez no princípio deste Capítulo.

Em *quarto lugar*, e firmado o momento de sua aplicação, resta saber que *standards* se devem preencher para o inc. IV tenha incidência. Sua letra alude a apenas um requisito expresso: a necessidade de se poder identificar a parte que redigiu o dispositivo para, então, haver oportunidade da interpretação contra tal estipulador. Esse requisito é problemático sob inúmeras lentes.

A um, porque, em se tratando de contrato paritário, a proposição de minutas e específicos dispositivos se insere em um todo negocial complexo, com concessões e intransigências de parte a parte, cujo produto é a elaboração de cláusulas neste ou naquele sentido. Esse húmus prático mostra que o prosaico fato de uma das partes ter proposto a redação de certa cláusula não faz presumir unilateralidade na proposição: esta, no mais das vezes, resulta de uma efetiva negociação, um "toma lá dá cá" que não se compadece com o exame atomístico que o inc. IV presume; e que, na mesa das tratativas, no mais das vezes solve-se pela decisão de que um dos lados se incumba de minutar o que fora consensado presencialmente. Se é verdade que tal observação solapa o inteiro fundamento do dispositivo, uma vez que não há polo enfraquecido a resguardar, mais ainda para a detecção do *stipulator*, pois haver clareza quanto a quem redigiu não faz presumir que não houve prévio consenso sobre a redação.

A dois, porque a exigência de se detectar o estipulador pode ocasionar reticências no processo negocial quanto à elaboração de minutas, uma vez que, provado o redator, a futura consequência poderá vir a ser uma interpretação que favoreça a parte adversa. Isso já foi bem apontado pela doutrina, quando observa que a redação do inc. IV "poderia mesmo dar azo à situação em que os contratantes se esquivem de inserir no contrato determinada cláusula, procurando imputar à contraparte tal responsabilidade, mesmo que com ela concordem, para se valer da aludida previsão"[343]. Mais uma vez,

---

[343] TEPEDINO, Gustavo; CAVALCANTI, Laís. Notas sobre as alterações promovidas pela Lei nº 13.874/2019 nos artigos 50, 113 e 421 do Código Civil. In: SALOMÃO, Luís Felipe;

nota-se que faltou ao legislador colocar a realidade como pano de fundo de sua elaboração.

E a três, porque o dispositivo inaugura a necessidade de uma reconstituição frenética de tudo que foi trocado entre as partes na fase das tratativas (minutas, notificações, e-mails, atas de reunião, etc.), tanto quanto de um trabalho de arquivamento e catalogação prévio de modo a não se perder nada que possa constituir possível prova, tudo para que se consiga, num ou noutro indício, encontrar quando necessário o autor da cláusula em agonia. Pelas implicações práticas da regra, porém, há que se aplicá-la com rigidez, até porque configura o único requisito expresso: ou se tem plena e indubitável segurança quanto ao autor da cláusula, ou, na mínima sombra de dúvida, não se há de aplicar a interpretação *contra proferentem*.

A esse requisito, porém, há que se somar outro que não está explícito no inc. IV, mas que é necessariamente implícito pelo sistema. Quer-se destacar, noutros termos, a necessidade de uma leitura sistemática do inc. IV em conjugação ao art. 423, de modo a não se ler no primeiro uma redação que seja mais concessiva que a do segundo. O diverso seria ter regime mais protetivo para contratos paritários do que para contratos por adesão. Tanto por isso, para além de ser a *ultima ratio* do processo interpretativo e para além de só ser aplicável quando a redação unilateral for inequívoca, a regra da *interpretatio contra proferentem* só há de ter lugar quando houver, no contrato, a mesma ambiguidade ou a mesma contradição exigidas pelo art. 423[344]. Não é suficiente a mera "dúvida", antes explícita na redação original que a MP n. 881/2019 propunha, agora implícita na redação do inc. IV que não a menciona, mas que a tem por suposta. Do contrário, o dirigismo protetivo restaria subvertido, inclusive por gerar o efeito contrário do que propagandearam os artífices da LLE.

CUEVA, Ricardo Villas Bôas; FRAZÃO, Ana (Coord.). *Lei de Liberdade Econômica e seus impactos no Direito Brasileiro*. São Paulo: RT, 2020, p. 500.
[344] Também sustenta essa interpretação sistemática do dispositivo KROETZ, Maria Cândida do Amaral (com GEDIEL, José Antônio Peres; CORRÊA, Adriana Espíndola). Interpretações – art. 113 do Código Civil. In: MARQUES NETO, Floriano Peixoto; RODRIGUES JR., Otavio Luiz; LEONARDO, Rodrigo Xavier (Orgs.). *Comentários à Lei da Liberdade Econômica. Lei 13.874/2019*. São Paulo: RT, 2019, p. 351.

Finalize-se com uma consideração que talvez antecipe um "próximo futuro". Alternativa a ter o inc. IV como "regra geral" seria vê-lo aplicável, apenas, ao que alguma doutrina tem chamado de "contratos com dependência econômica". Figure-se contrato entre uma grande prestadora de serviços públicos e uma empresa regional de médio porte, esta contratada para prestar reparos nas estruturas da primeira, dentro de dada zona de atuação. Acrescente-se que essa empresa regional tem a grande prestadora como único cliente, por exigência de exclusividade desta, sendo levada, então, a realizar investimentos elevados para a específica atividade em questão (os chamados "investimentos idiossincráticos" ou "sunk costs"). Adicione-se, por fim, que a grande prestadora exerce sua proeminência durante a fase das tratativas, admitindo alguma negociação, mas sempre fazendo prevalecer, nos pontos mais centrais do contrato, sua posição (e.g. a inserção de uma cláusula que proíbe a empresa regional de acioná-la durante o prazo contratual, sob pena de pronta resolução por inadimplemento da avença).

Em negócios como esse (que vai aqui anonimizado, mas com tantos nomes, rostos e marcas nos foros brasileiros e em tribunais arbitrais), no mais das vezes não se poderá falar de uma perfeita subsunção à categoria dos contratos por adesão, uma vez que negociação existe, ainda que marcada pela supremacia de um dos lados. De outro lado, contudo, soa artificial caracterizá-los como contratos paritários: a paridade se dilui na dependência da empresa regional face à prestadora nacional, ao ponto de, deixando o negócio de existir, a contratada ou encerraria suas atividades, ou tentaria, com grave esforço, se recolocar no mercado (e apenas se conseguisse contornar as tradicionais cláusulas de não-concorrência que se costumam estabelecer por determinado período pós-contratual)[345].

Há hipóteses mais tradicionais em que essa disparidade vem reconhecida pela própria lei, que, em exercício de dirigismo, encorpa alguma disciplina protetiva a um dos polos. Para apanhar-se um único exemplo, tal ocorre no caso dos contratos de representação comercial, regidos pela Lei Federal

---

[345] Daí se detectar que nesses negócios a dependência se caracteriza "por (a) influência decisiva (b) de poder (c) de uma das partes para (d) impor circunstâncias e condições à outra, (e) que as aceita para manter o contrato e (f) se manter no mercado" (DINIZ, Gustavo Saad. Dependência econômica nos acordos verticais. *Revista de Direito Privado*. São Paulo: RT, 2014, v. 59, pp. 93-94).

n. 4.886, de 9 de dezembro de 1965, e que traz diversas regras cogentes protetivas ao representante, *impondo* disciplina (*rectius* elementos categoriais naturais inderrogáveis, componentes do "conteúdo implícito" do negócio) aos concretos contratos.

Mirando essas hipóteses, a doutrina passou a construir uma categoria que se situasse no interstício entre os gêneros dos contratos paritários e dos contratos por adesão e de consumo. O fenômeno passou a receber nomes diversos: "contratos de dependência", "contratos assimétricos" ou a afamada expressão italiana *"terzo contratto"*, usada para indicar a terceira categoria que se estava propondo para distinguir dos paritários (*"primo contratto"*) e dos de consumo (*"secondo contratto"*)[346]. No Brasil, a proposta vem versada por alguma doutrina[347], ainda que em grau preliminar de elaboração, havendo quem defenda, inclusive, que as alusões a "contratos paritários" e "simetria", constantes da LLE (arts. 3º, inc. VIII, da LLE, e 421-A do Código Civil[348]),

---

[346] COLANGELO, Giuseppe. *L'Abuso di Dipendenza Economica tra Disciplina della Concorrenza e Diritto dei Contratti. Un'analisi economica e comparata*. Torino: Giappichelli, 2004; GITTI, Gregorio; VILLA, Gianroberto (Eds.). *Il Terzo Contratto*. Bologna: Il Mulino, 2008, p. 301 e ss.; VIRASSAMY, Georges J. *Les Contrats de Dépendance: essai sur les activités professionnelles exercées dans une dépendance économique*. Paris: LGDJ, 1986.

[347] E.g.: DINIZ, Gustavo Saad. Dependência econômica nos acordos verticais. *Revista de Direito Privado*. São Paulo: RT, 2014, v. 59, p. 91 e ss.; FORGIONI, Paula A. *Contratos Empresariais. Teoria geral e aplicação*. 5. ed. São Paulo: RT, 2019, pp. 66-69; PUGLIESI, Adriana Valéria. O abuso da dependência econômica. *Revista de Direito Recuperacional e Empresa*. São Paulo: RT, 2018, v. 7, p. 1 e ss. Antes disso, sob o viés do abuso do poder econômico: TOMASETTI JR., Alcides. Abuso do poder econômico e abuso de poder contratual. Regime jurídico particularizado. Denunciabilidade restrita da relação contratual a tempo determinado. Contrato de fornecimento interempresarial. Monopólio estatal de sociedade fornecedora. Aumento arbitrário de lucros. Ilícitos constitucionais e de direito comum. Providências processuais corretivas. *Revista dos Tribunais*. São Paulo: RT, 1995, v. 715, p. 87 e ss. Alguns trabalhos de pós-graduação também têm abordado o tema, como e.g. NASI, Filipe Marmontel. *A função corretora da boa-fé objetiva nas relações interempresariais com dependência econômica* (Dissertação de Mestrado). Porto Alegre: UFRGS, 2019.

[348] "Art. 3º São direitos de toda pessoa, natural ou jurídica, essenciais para o desenvolvimento e o crescimento econômicos do País, observado o disposto no parágrafo único do art. 170 da Constituição Federal: [...] VIII – ter a garantia de que os negócios jurídicos empresariais paritários serão objeto de livre estipulação das partes pactuantes, de forma a aplicar todas as regras de direito empresarial apenas de maneira subsidiária ao avençado, exceto normas de ordem pública"; "Art. 421-A. Os contratos civis e empresariais presumem-se paritários e simétricos até a presença de elementos concretos que justifiquem o afastamento dessa

fazem presumir a incorporação da noção no direito positivo brasileiro, a partir de 2019[349].

Para esses casos, uma vez que a parte dependente fica desguarnecida de qualquer disciplina que pudesse, minimamente, equiparar sua posição à da parte proeminente, vigeria a regra da interpretação *contra proferentem* do inc. IV, lida como exclusiva a essa categoria contratual (seja porque os contratos por adesão encontram o agasalho do art. 423, seja porque os contratos paritários não justificam dirigismo protetivo com essa toada). Ter-se-ia, assim, especialidade na disciplina do inc. IV, a se dirigir, apenas, a contratos com dependência econômica (e desde que atendidos, logicamente, todos os *standards* que se analisou supra). É bem verdade que tal delimitação não é dada pelo texto do dispositivo legal, mas se afiguraria, primeiro, consonante à necessidade de se ter uma disciplina diversa que recobrisse a zona cinzenta situada entre contratos paritários e contratos por adesão; e, segundo, coerente sob o ponto de vista sistemático à leitura que se faz da LLE enquanto inserindo, no direito positivo, a distinção entre contratos paritários e contratos com dependência econômica.

A proposição, assim, seria de um recorte bem situado, a excluir a aplicabilidade do inc. IV a contratos paritários (por todas as incongruências que já se procurou flagrar acima), restrito que estaria à novel categoria. Logicamente que tal é "hipótese de trabalho" ainda em desenvolvimento, como é "hipótese de trabalho" a própria construção de uma categoria de contratos com dependência econômica[350], pelo que seria algo temerário defender sua aplicação imediata, hoje e já, a modelo jurídico ainda incerto, de bordas mal traçadas. Seja como for, o exercício que se faz aqui é mirando o horizonte, a partir de dispositivo inserto em um Código que se quer perene e, assim, que encontrará

---

presunção, ressalvados os regimes jurídicos previstos em leis especiais, garantido também que: [...]".

[349] Assim entende, e.g., FORGIONI, Paula A. *Contratos Empresariais. Teoria geral e aplicação.* 5. ed. São Paulo: RT, 2019, p. 68: "Com a entrada em vigor da Lei da Liberdade Econômiac [Lei n. 13.874, de 2019], o ordenamento brasileiro passou a reconhecer a existência de contratos paritários e não paritários [ou de dependência] *na seara empresarial*".

[350] Como bem refere nesta obra MARINO, Francisco Paulo De Crescezo. Comentário ao art. 421-A do Código Civil. Presunção de paridade e simetria em contratos civis e empresariais.

o húmus jurídico sempre em movimento. Se hoje ainda não há oportunidade para tal construção, o futuro é sempre "undiscovered country"[351].

2.5.6 Conexões intrassistemáticas

Art. 423, que estabelece a regra da interpretação *contra stipulatorem* para contratos por adesão: "Quando houver no contrato de adesão cláusulas ambíguas ou contraditórias, dever-se-á adotar a interpretação mais favorável ao aderente". Ainda, o art. 421-A, para a hipótese de se construir, sistematicamente, uma leitura do inc. IV que se restrinja, apenas, à categoria dos contratos com dependência econômica. A distinção que se subentende no art. 421-A deriva da seguinte *littera*: "Os contratos civis e empresariais presumem-se paritários e simétricos até a presença de elementos concretos que justifiquem o afastamento dessa presunção, ressalvados os regimes jurídicos previstos em leis especiais, garantido também que: [...]".

12.5.7 Conexões intersistemáticas

Código de Defesa do Consumidor, art. 47: "As cláusulas contratuais serão interpretadas de maneira mais favorável ao consumidor". Também aqui calha aludir ao art. 3º, inc. VIII, da LLE, pelas mesmas razões que se fez referência ao art. 421-A do Código Civil, caso se entenda a *interpretatio contra proferentem* aplicável, somente, a contratos com dependência econômica: "Art. 3º São direitos de toda pessoa, natural ou jurídica, essenciais para o desenvolvimento e o crescimento econômicos do País, observado o disposto no parágrafo único do art. 170 da Constituição Federal: [...] VIII – ter a garantia de que os negócios jurídicos empresariais paritários serão objeto de livre estipulação das partes pactuantes, de forma a aplicar todas as regras de direito empresarial apenas de maneira subsidiária ao avençado, exceto normas de ordem pública".

---

[351] Na conhecida expressão de SHAKESPEARE, William. The tragedy of Hamlet, Prince of Denmark. In: *William Shakespeare Complete Works*. London: The Royal Shakespeare Company, 2007, Ato 3, Cena 1, p. 1958.

2.5.8 Jurisprudência

Vez ou outra, a jurisprudência tem aplicado o inc. IV em conjugação ao art. 114, que impõe a interpretação restritiva para negócios jurídicos benéficos e a renúncia. Tal ocorreu no "caso da fiança com outorga uxória", julgado pelo Tribunal de Justiça de São Paulo, em que o locatário e seus fiadores foram demandados pelo locador por dívidas derivadas de relação locatícia. Um dos pontos de dúvida era saber se à cônjuge de um dos fiadores, que igualmente subscreveu o instrumento contratual, se estendia a condição de fiadora. O Tribunal de Justiça entendeu que não, uma vez que sua presença como signatária foi para os fins de outorga uxória, garantindo validade ao instrumento (art. 1.647, inc. III, do Código Civil), mas sem que isso a tornasse fiadora, uma vez não haver menção expressa em tal sentido. Ausente tal atribuição, o órgão julgador socorreu-se de três fundamentos jurídicos: o art. 114, por considerar a fiança um contrato benéfico e que, assim, se interpreta estritamente; o art. 113 §1º, inc. IV, pois "em caso de dúvida, de forma mais benéfica à parte que não redigiu o contrato"; e o *favor debitoris*, "regra que prevalece na hermenêutica contratual e outrora fora positivada no Código Comercial, art. 131, '5'"[352].

Um segundo caso a mencionar mostra-se mais problemático.

Comece-se por destacar que, quando se tratar de contrato por adesão, a regra de interpretação que se aplica é a do art. 423 do Código Civil, não havendo ensejo para invocar-se o inc. IV do art. 113 §1º, tendo em vista, a um, a especialização daquele em face da genericidade deste; a dois, a aplicação imediata do art. 423, caso preenchidos seus *standards*, ao passo que o inc. IV do art. 113 §1º deve ser sempre, e invariavelmente, a *ultima ratio* do intérprete; e a três, a diversidade de critérios expressos, aplicando-se o art. 423 quando houver no contrato por adesão cláusulas ambíguas ou contraditórias, ao passo que o inc. IV do art. 113 §1º faz pressupor a simples presença de dúvida quanto ao significado, não solvida pelo emprego de todos os demais critérios de intepretação.

Não foi assim que procedeu o Tribunal de Justiça do Rio de Janeiro, porém, no "caso dos serviços *onshore*", em que, no bojo de contrato por adesão,

---

[352] TJSP, Apelação Cível N. 1002181-69.2017.8.26.0063, Rel. Maria Lúcia Pizzotti, 30ª Câmara de Direito Privado, j. 27/11/2019.

redigido pela Petrobras e produto de certame licitatório, controvertia-se sobre como proceder à medição de serviços *onshore* prestados pela contratada[353]. Sobrepondo a aplicação do inc. IV o art. 423, a Câmara julgadora decidiu: "A interpretação dos negócios jurídicos deve ser a mais benéfica à parte que não redigiu as cláusulas, de acordo com a Lei n. 13.874/2019 (Lei de Liberdade Econômica), que trouxe parâmetros interpretativos ao princípio da boa-fé objetiva, de acordo com a norma contida no art. 113, § 1o, inciso IV, do Código Civil". Assim procedendo, o acórdão findou por padecer de duplo problema, pois ou se aplicava o art. 423 e, então, o inc. IV não seria suscetível de invocação; ou se interpretava o contrato como paritário e, assim, o inc. IV só poderia ser aplicado como *ultima ratio*, depois de esgotados os demais critérios de interpretação.

Daí fica flagrado um dos problemas que o inc. IV, tal como redigido, faz surgir: ele tem potencial de ser visto pelo aplicador como via expressa de sua atividade, simplificando e aplainando processo *de per se* complexo.

2.6 As demais disposições do negócio e a racionalidade econômica: §1º, inc. V

2.6.5 Conteúdo e função da norma

O dispositivo mais preocupante dentre todos os que foram insertos sob a capa do art. 113 §1º é o inc. V, que prevê, ainda entre os critérios, a interpretação que "corresponder a qual seria a razoável negociação das partes sobre a questão discutida, inferida das demais disposições do negócio e da racionalidade econômica das partes, consideradas as informações disponíveis no momento de sua celebração".

Ele não encontra par exato nem na tradição jurídica brasileira, nem em exercício de comparação jurídica. Qualquer tentativa de aproximação ao que antes se teve (exercício, esse, que se terá de fazer, tentando-se dar alguma utilidade e aderência à regra posta) ou ao que se tem no direito estrangeiro

---

[353] TJRJ, 0006632-89.2019.8.19.0028 – APELAÇÃO. Des(a). CELSO SILVA FILHO – Julgamento: 13/07/2021 – VIGÉSIMA TERCEIRA CÂMARA CÍVEL.

padece de algum grau de artificialismo: o dispositivo é inédito com esses termos e, assim, causa angústia aplicativa. O desgarramento da tradição e a ausência de debates anteriores na doutrina e na jurisprudência local sobre tal hipótese já é, *de per se*, motivo para severa crítica à opção do legislador.

Não fosse suficiente o ineditismo, há também uma miscelânea de critérios, colocando em um mesmo cadinho referências a "razoáveis negociações" que as partes, em suposição, entreteriam se pudessem antever o conflito; às "demais disposições" do negócio, assim invocando, numa mesma tacada, o contexto verbal e a interpretação sistemática do dispositivo; à "racionalidade econômica" não do negócio, mas "das partes", de cara subjetivando (*rectius* centrando nos declaratários, e não na intenção comum e nem no negócio objetivamente considerado) a apreciação do intérprete; e a uma reconstituição das "informações disponíveis no momento de sua celebração", o que exigirá do aplicador uma busca desesperada pela reconstituição *a posteriori* (pense-se em contratos de longa duração, há muito distanciados de seu nascedouro) das condições *a priori*. Essa salada de ingredientes de um lado é altamente desafiadora ao intérprete, exigindo-lhe hercúleo esforço, mas, de outro, é, na verdade, porta escancarada ao arbítrio aplicativo, ao juízo de equidade mascarado pelo verniz de critérios supostamente objetivos: qualquer indicador poderá servir para que o intérprete sustente ter encontrado a "razoável negociação" dos contratantes.

Tentando algum exercício de construção a partir desses escombros, o primeiro movimento há de ser por reconduzir o inc. V ao postulado normativo da intenção comum das partes, lendo-o, assim, não como se fizesse referência a elementos que são externos à moldura concreta, o que poderia restar sugerido pela expressão "razoável negociação". Ainda que se pudesse cogitar que há referência a uma suposta "intenção hipotética" – sob uma leitura entortada pela comparação jurídica[354] –, este não parece ser o caso quando se tem em

---

[354] Entortado porque tal leitura viria condicionada por certas experiências locais, como a italiana e a francesa, em que se sustenta haver uma separação entre "interpretação subjetiva" e "interpretação objetiva". Sobre o italiano, veja-se: MESSINEO, Francesco. *Doctrina General del Contrato* (trad. R. O. Fontanarrosa; S. Sentís Melendo; M. Volterra). Buenos Aires: EJEA, 1952, t. 1, p. 90); e sobre o francês reformado do art. 1.188, consulte-se: FAGES, Bertrand. *Droit des Obligations*. 6. ed. Paris: LGDJ, 2016, p. 227; FABRE-MAGNAN, Muriel. *Droit des Obligations. I – Contrat et engagement unilatéral*. 4. ed. Paris: PUF, 2016, pp. 562-563.

mente a sequência do dispositivo, que remete a circunstâncias concretas da relação (apesar de fazê-lo com grave atecnia). O núcleo do inc. V (i.e. "qual seria a razoável negociação das partes sobre a questão discutida") se averigua sob a lente de três índices concretos: as "demais disposições" do negócio, a "racionalidade econômica" concreta e as "informações disponíveis no momento da celebração". Nenhum desses índices é alheio ao contrato e ao postulado normativo da intenção comum, ainda que – há de se convir – a má redação do dispositivo possa sugerir que sim.

Também é pouco duvidoso que o inc. V esteja mais distanciado da intenção comum das partes do que os demais critérios de interpretação, por exigir uma costura de critérios diversos, com graus de abstração distintos, resultando, assim, em um exercício menos seguro e, portanto, mais solto do aplicador. Quer-se dizer: a atecnia da redação é tal que o legislador, em uma casca de noz, quis fazer caber um universo de critérios reconduzíveis a diferentes grupos de lentes interpretativas. Tal não equivale, porém, a vê-lo *fora* da moldura do postulado normativo, mas tê-lo como derradeira opção dentro da escala de critérios de interpretação (e antes, logicamente, de se passar à *ultima ratio* da interpretação *contra stipulatorem* do inc. IV).

Por isso, apesar de alguma semelhança, a letra do inc. V não é equivalente às hipóteses de interpretação puramente objetiva, em suposta (mas inexistente, na disciplina brasileira) segunda fase do processo interpretativo, como se veem em certos sistemas jurídicos estrangeiros. Basta apanhar, por exemplo, o que se tem no art. 1.188 do *Code Civil* francês pós-reforma de 2016, de onde se lê: *"[...] Le contrat s'interprete d'après la commune intention des parties plutôt qu'en s'arrêtant au sens littéral de ses termes. Lorsque cette intention ne peut être décelée, le contrat s'interprète selon le sens que lui donnerait une personne raisonnable placée dans le même situation"*. Perceba-se que a distinção face à parcela final do art. 1.188 é marcada, pois a regra francesa não refere à concretude do negócio, como faz o inc. V brasileiro ao referir a índices internos da relação ("demais disposições", "racionalidade econômica" e "informações do momento da celebração"): o *Code*, diversamente, e inspirado no *common law*[355], alude a elementos

---

[355] Assim refere FABRE-MAGNAN, Muriel. *Droit des Obligations. I – Contrat et engagement unilatéral*. 4. ed. Paris: PUF, 2016, p. 562.

puramente *externos*, quando invoca o modelo da "pessoa razoável" – portanto, externa à contratação – colocada "na mesma situação" dos contratantes[356].

Mas ande-se à dissecação do inc. V, por ora, e fique-se com os três índices que dão recheio ao critério da "razoável negociação das partes".

O *primeiro* deles se refere às "demais disposições do negócio", o que equivale a uma reafirmação heterotópica do critério da interpretação sistemática, própria do contexto verbal. Esse índice já foi objeto de análise em Capítulo anterior (Cap. 1.3.5), valendo relembrar, a um, que se trata de critério com fundas raízes na tradição luso-brasileira, aludido pela Sexta Regra de Pothier, presente no art. 131, 2, do Código Comercial de 1850, no art. 714, II, do Projeto de Código Comercial de 1912[357], no art. 265, 7ª, do Projeto de Código Civil de Felício dos Santos[358], no art. 353 §2º do Projeto de Código Civil de Coelho Rodrigues[359], e também, assim, na doutrina de todas as épocas. A dois, é índice que remete a elementos textuais diversos do negócio (consideranda, anexos, apêndices, demais cláusulas, etc.) e a negócios formalmente *per relationem*, cujo conteúdo é pertencente por endereçamento. E a três, é índice que refere, também, a contratos eventualmente conexos, exigindo, assim, a interpretação conjunta de um elemento textual à luz dos outros. Portanto,

---

[356] Disso deriva uma interpretação subsequente desprendida, por completo, da "commune intention" das partes, como destacam: CHANTEPIE, Gael; LATINA, Mathias. *La Réforme du Droit des Obligations. Commentaire théorique et pratique dans l'ordre du Code civil*. Paris: Dalloz, 2016, p. 422; FAGES, Bertrand. *Droit des Obligations*. 6. ed. Paris: LGDJ, 2016, p. 226; FABRE-MAGNAN, Muriel. *Droit des Obligations. I – Contrat et engagement unilat*éral. 4. ed. Paris: PUF, 2016, p. 563 ("La personne raisonnable est un contractant moyen placé dans les mêmes circonstances de temps et de lieu").

[357] "Art. 714. [...] II, as clausulas duvidosas serão entendidas pelas que o não forem a que as partes tiverem admittido, e as antecedentes e subsequentes, que estiverem em harmonia, explicarão as ambíguas" (INGLEZ DE SOUZA, Herculano Marcos. *Projecto de Codigo Commercial*. Rio de Janeiro: Imprensa Nacional, 1912, v. 2, p. 225). Era com essa exata redação que, antes, se encontrava também em CARVALHO, Carlos Augusto de. *Direito Civil Brazileiro Recopilado ou Nova Consolidação das Leis Civis*. Rio de Janeiro: Francisco Alves, 1899, p. 97, no art. 285.

[358] "7ª As clausulas dos actos interpretam-se umas pelas outras, quer sejam antecedentes, quer consequentes" (SANTOS, Joaquim Felício dos. *Projecto do Codigo Civil da Republica dos Estados Unidos do Brazil*. Rio de Janeiro: Imprensa Nacional, 1891, pp. 30-31).

[359] "§2º Se for claro numas partes e obscuro ou dúbio noutras, estas deverão ser entendidas de acordo com aquelas" (RODRIGUES, Coelho. *Projeto do Código Civil Brasileiro*. Brasília: Departamento de Imprensa Nacional, 1980, p. 86).

nenhuma novidade há em tal critério, não fosse, de fato, a amarração heterodoxa com outros índices.

Dentre estes, o *segundo* é a "racionalidade econômica das partes", deveras problemático se lido em sua crueza literal. A expressão, além de incompatível com a "terminologia tradicional da nossa cultura jurídica", remeteria a um subjetivismo interpretativo inconciliável com a disciplina da interpretação no Brasil, capaz de sugerir a busca por intencionalidades subjetivas ou a motivações que conduziram à celebração do negócio[360]. É necessário dar um sentido à expressão que seja conforme ao sistema, sem fraturá-lo. Os caminhos para tanto são três, que se somam.

A um, há que se interpretar a expressão "racionalidade econômica das partes" como se aludisse à "racionalidade econômica *do contrato*". Apesar de se ter de adaptar a redação insustentável da expressão, essa leitura é compatível com a LLE, seja porque redutora da subjetividade que deseja alegadamente eliminar, seja porque consonante a uma leitura conjunta que se faça do art. 421-A do Código Civil, também inserto pela lei reformadora. Este estabelece, no *caput*, que "[o]s contratos civis e empresariais presumem-se paritários e simétricos", acrescendo, no inc. II, que "a alocação de riscos definida pelas partes deve ser respeitada e observada". Ou seja, ao fazer alusão à "racionalidade econômica" (que dever ser lida como) do contrato, o inc. V remete à "alocação de riscos" do art. 421-A, inc. II, assim fazendo concluir que a interpretação se guia pela "necessidade de incorporar elementos da operação econômica subjacente como balizas para fixação de sentido e alcance dos efeitos vinculantes do negócio"[361].

Ocorre, a dois, que tal descritivo se compatibiliza com dimensões há muito tratadas pela doutrina sob os epítetos de "objeto" e "fim" do negócio, e que, também tradicionalmente, vêm a compor o quarto bloco de critérios da disciplina vigente. Ambos estão indissociados à dimensão econômica do contrato

---

[360] GEDIEL, José Antônio Peres; CORRÊA, Adriana Espíndola. Interpretações – art. 113 do Código Civil. In: MARQUES NETO, Floriano Peixoto; RODRIGUES JR., Otavio Luiz; LEONARDO, Rodrigo Xavier (Orgs.). *Comentários à Lei da Liberdade Econômica. Lei 13.874/2019*. São Paulo: RT, 2019, p. 356.

[361] GEDIEL, José Antônio Peres; CORRÊA, Adriana Espíndola. Interpretações – art. 113 do Código Civil. In: MARQUES NETO, Floriano Peixoto; RODRIGUES JR., Otavio Luiz; LEONARDO, Rodrigo Xavier (Orgs.). *Comentários à Lei da Liberdade Econômica. Lei 13.874/2019*. São Paulo: RT, 2019, p. 357.

em concreto. De um lado, o objeto consolida, em um feixe, a totalidade de prestações e contraprestações envolvidas, não por acaso havendo quem se refira a ele como encapsulando a "operação jurídica concreta"[362]; ou, como descreve com raridade o *Code Civil du Québec* (1991), a "operação jurídica visada pelas partes"[363]. De outro lado, o fim negocial remete ao efeito externo a ser obtido com o contrato[364], à "finalidade econômico-social do negócio"[365], pois a ele está conectada a "utilidade que, em vista do negócio, seria lícito às partes esperar"[366]. Quando se fala de economia do contrato como índice para interpretar, portanto, fala-se de objeto e fim, que dirigem o olhar do intérprete a compreender tanto a concreta operação, quanto "as necessidades e os desejos de cada um" que se procuram atingir com a execução do negócio[367].

---

[362] LUCAS-PUGET, Anne-Sophie. *Essai sur la Notion d'Objet du Contrat*. Paris: LGDJ, 2005, p. 279

[363] Art. 1.412: "L'objet du contrat est l'opération juridique envisagée par les parties au moment de sa conclusion, telle qu'elle ressort de l'ensemble des droits et obligations que le contrat fait naître".

[364] AZEVEDO, Antônio Junqueira de. *Negócio Jurídico e Declaração Negocial (noções gerais e formação da declaração negocial)*. São Paulo: [s.n.], 1986, p. 225. No mesmo sentido: AGUIAR JÚNIOR, Ruy Rosado de. *Extinção dos contratos por incumprimento do devedor (resolução)*. Rio de Janeiro: Aide, 1991, p. 151; COGO, Rodrigo Barreto. *A Frustração do Fim do Contrato: o impacto dos fatos supervenientes sobre o programa contratual*. Rio de Janeiro: Renovar, 2012, pp. 168-169; DEL NERO, João Alberto Schützer. *Conversão substancial do negócio jurídico*. Rio de Janeiro: Renovar, 2001, p. 88.

[365] MARTINS-COSTA, Judith. *A Boa-Fé no Direito Privado: critérios para sua aplicação*. São Paulo: Marcial Pons, 2015, p. 461.

[366] MARTINS-COSTA, Judith. *A Boa-Fé no Direito Privado: critérios para sua aplicação*. São Paulo: Marcial Pons, 2015, p. 461.

[367] Esta a expressão de Pontes de Miranda, ao destacar que a finalidade do negócio serve de critério hermenêutico para a interpretação do conteúdo, pois "conforme as necessidades e os desejos de cada um, procura-se o negócio jurídico de cuja eficácia resulte o que se quer. A manifestação de vontade tem de ter por fim a eficácia que satisfaça essas necessidades e esses desejos. Daí a missão do intérprete quanto a ter de encontrar o conteúdo querido, isto é, a finalidade mesma do negócio jurídico" (PONTES DE MIRANDA, F. C. *Tratado de Direito Privado*. 3. ed. São Paulo: RT, 1984, t. 38, pp. 88-89). Assim também GEDIEL, José Antônio Peres; CORRÊA, Adriana Espíndola. Interpretações – art. 113 do Código Civil. In: MARQUES NETO, Floriano Peixoto; RODRIGUES JR., Otavio Luiz; LEONARDO, Rodrigo Xavier (Orgs.). *Comentários à Lei da Liberdade Econômica. Lei 13.874/2019*. São Paulo: RT, 2019, p. 356; MARTINS-COSTA, Judith. *A Boa-Fé no Direito Privado: critérios para sua aplicação*. São Paulo: Marcial Pons, 2015, p. 465; REALE, Miguel. Diretrizes de hermenêutica contratual. In: *Questões de Direito Privado*. São Paulo: Saraiva, 1997, pp. 4-5.

Em verdade, tal não dista da funcionalidade hermenêutica que se reconhece à boa-fé objetiva, quando complessivamente manejada, tida por dirigir o olhar do intérprete ao objeto e ao fim do negócio jurídico, em que transfigurada a economia do negócio concreto; "exigindo que a interpretação do contrato privilegie o sentido em maior conformidade ao escopo econômico perseguido pelas partes"[368].

A três, há de se ter o inc. V como aplicável enquanto *ultima ratio* daqueles indicadores que pertencem à moldura da intenção comum das partes, i.e. como critério penúltimo, antes de invocada a regra da *interpretatio contra proferentem* do inc. IV. A "racionalidade econômica" atine ao último agrupamento de critérios de interpretação, assim invocando que só se recorra a ele depois de o intérprete ter galgado os degraus da literalidade, do contexto verbal e do contexto situacional, do mesmo modo que a mistura de critérios do inc. V tende a causar mais insegurança e incerteza do que uma aplicação bem ancorada em indicadores objetivos.

Como nota final acerca do fim do negócio jurídico, há de se aludir ao art. 1.065 do Código Civil e Comercial argentino de 2015, um dos raros a inseri-lo como critério de interpretação. Atilio Alterini relata que o Projeto de Código Único de 1987 previa a interpretação tomando em conta "la finalidad y la economia del contrato, de acuerdo con lo que fue intención común de las partes al contratar" (art. 1.197 do Projeto), não tendo, contudo, o Código de 2015 incluído remissão à economia, senão apenas à finalidade. Segundo o jurista argentino, a remissão à economia do contrato (que permaneceu implícita na alusão ao fim) queria denotar "la función que las partes le atribuyeron al celebrarlo", considerando, assim, "arbitraria la interpretación que prescinde de su objeto económico, con desprecio del resultado al que se llega"[369]. De notar que, para além de não ter sido confirmado na redação final do diploma, o proposto art. 1.197 amarrava, categoricamente, o critério à intenção

---

[368] TEPEDINO, Gustavo; CAVALCANTI, Laís. Notas sobre as alterações promovidas pela Lei nº 13.874/2019 nos artigos 50, 113 e 421 do Código Civil. In: SALOMÃO, Luís Felipe; CUEVA, Ricardo Villas Bôas; FRAZÃO, Ana (Coord.). *Lei de Liberdade Econômica e seus impactos no Direito Brasileiro*. São Paulo: RT, 2020, p. 496.

[369] ALTERINI, Atilio Anibal. *Contratos Civiles – Comerciales – de Consumo. Teoría General*. Buenos Aires: Abeledo-Perrot, 1999, p. 416.

comum das partes, não permitindo que fosse janela aberta a permitir a entrada do que, objetivamente, desta desbordasse.

Por fim, o *terceiro* índice que consta do inc. V é o que manda reconstituir as "informações disponíveis no momento" da celebração do contrato para que se possa chegar à conclusão do que seria uma "razoável negociação". Comece-se por dizer da imprecisão do trecho ao fazer referência a "informações", quando, em verdade, a alusão quer ser quanto ao "contexto situacional", às "circunstâncias" em que imersas as partes no momento da celebração do contrato e sobre as quais tinham (ou deveriam ter) ciência. As "informações", sozinhas, não têm relevância para a interpretação (i.e. para o desvelamento do significado de uma regra concreta que se tornou turbulento), senão que para a formação do consentimento (em especial, quando analisando-se eventual presença de defeitos do negócio jurídico) e o adimplemento a deveres fundados na boa--fé. O que releva para a interpretação, assim, é o *contexto*, por debaixo do que era ou deveria ser conhecido pelas partes, enquanto índice do que seria uma "razoável negociação", ao tempo da composição da disciplina contratual.

Em sentido geral, a orientação prestada pelo inc. V (desbastada da imprecisão recém vista) não é incorreta, pois é um *caveat* à circunstancialidade, quer-se dizer: ao contexto situacional total e que há de ser considerado quando se vai interpretar um texto que, naquele contexto, foi produzido. Em sentido específico, contudo, a alusão é insuficiente, pois nem sempre a disciplina negocial é estática e, assim, nem sempre importará o momento originário em que celebrado o contrato. As circunstâncias são igualmente mutantes. É possível e corriqueiro que a disciplina se altere na dinâmica da relação, durante sua execução, de modo que o ponto de início deixa de importar (ou importa menos) à revelação da disciplina agora sob ataque interpretativo. A exigência para o intérprete, diante disso, é de flagrar não necessariamente o momento em que celebrado o contrato e reconstituir todas as circunstâncias para concluir qual seria a "razoável negociação" (o que já seria um desafio), mas fazê-lo, em certas situações, na dinâmica *in executivis* do negócio, já que o momento da "razoável negociação" a ser considerado pode ser outro que não o de origem, em decorrência de a disciplina em questão ser produto de outro momento da vida negocial.

Para concluir: caso se faça o exercício de limpeza que aqui se propôs fazer, o que sobra do inc. V, tirando as aparas de estranheza, é a referência atabalhoada aos critérios do fim e do objeto do negócio, consonantes ao que já consagrado na tradição, dentro dos quadrantes da intenção comum das partes. No mais, há, somente, alusões misturadas e heterotópicas a critérios do contexto verbal e do contexto situacional, como que querendo costurar retalhos diversos em um único pano, a demonstrar que o maior problema do inc. V é, de fato, a atecnia: não há nada de efetivamente novo em sua disciplina, caso desbastado do que deve ser. *Parturiunt montes, nascetur ridiculus mus!*

2.6.6 Conexões intrassistemáticas

Art. 421-A e seu inc. II, inseridos pela LLE, que dispõem: "Os contratos civis e empresariais presumem-se paritários e simétricos até a presença de elementos concretos que justifiquem o afastamento dessa presunção, ressalvados os regimes jurídicos previstos em leis especiais, garantido também que: [...] II – a alocação de riscos definida pelas partes deve ser respeitada e observada". O inc. V do art. 113 §1º deve ser lido complessivamente ao art. 421-A e seu inc. II, de modo a esclarecer que a alusão à "racionalidade econômica", presente no primeiro, respeita não aos contratantes, mas ao *contrato* em concreto, a partir da "alocação de riscos" que as partes definirem.

2.6.7 Conexões intersistemáticas

Não há.

2.6.8 Jurisprudência

Ainda que em parte tateando no breu do inc. V, o Tribunal de Justiça do Paraná, no "caso dos honorários por intermediação de M&A", aplicou-o tendo no horizonte o objeto e o fim do negócio[370]. Tinha-se uma ação de cobrança de honorários advocatícios fulcrada em contrato de prestação de serviços firmado em 2007, pelo que o escritório fora contratado por Rosângela, sócia da sociedade "X", para que intermediasse a venda de sua participação. O texto

---

[370] TJPR – 12ª C.Cível – 0016314-17.2011.8.16.0001 – Curitiba – Rel.: JUIZ DE DIREITO SUBSTITUTO EM SEGUNDO GRAU LUCIANO CAMPOS DE ALBUQUERQUE – J. 05.05.2021.

contratual previa, na cláusula de êxito, dupla remuneração aos advogados: 6% incidentes sobre o valor de negociação da venda, mais 6% incidentes sobre quaisquer outros proveitos obtidos em favor de Rosângela. Depois de pagar algumas das parcelas de êxito, Rosângela passou a não mais adimplir as restantes, o que levou os advogados a ajuizarem referida ação.

Um dos pontos defendidos pela requerida era de que os advogados não realizaram o objeto do contrato: suas ações jamais foram alienadas a terceiros e, portanto, a cláusula de êxito não haveria de incidir. Ocorre, contudo, que o escritório de advocacia, sob o bojo do mesmo e único contrato de prestação de serviços advocatícios, intermediou outros três negócios em benefício de Rosângela que resultaram não na alienação de sua participação societária na sociedade "X", mas tanto em seu aumento, consolidando-a em 99% das ações da companhia, quanto na percepção de dividendos por uma das ex-acionistas de que recebera ações.

Diante desse cenário, e na esteira da sentença de parcial procedência, o acórdão invocou o inc. V do art. 113, §1º, para o fito de interpretar a cláusula contratual, que referia apenas à "venda" da participação de Rosângela, à luz do fim do negócio jurídico: "Deve-se, portanto, realizar uma interpretação baseada nos fins almejados pelas partes, que impulsionaram a realização de um contrato de prestação de serviços advocatícios, cujo objetivo era auxiliar o aporte financeiro de Rosângela". Segundo o entendimento tribunalício, o olhar para o fim ilumina a intenção consubstanciada e a faz prevalecer, "em detrimento do sentido literal da linguagem, de modo que a real intenção das partes no contrato de prestação de serviços advocatícios era o aporte financeiro (não se resumindo pura e simplesmente na venda das ações, pois a vontade das partes concretizou-se com a cessão da participação societária), e conferir tal intepretação ao contrato privilegia as legítimas expectativas criadas pelas partes de boa-fé". Finaliza, arrematando com julgado do STJ: "Assim, o juízo de origem ao mitigar a expressão "venda" no contrato de honorários privilegiou o entendimento de que "o contrato cristaliza uma totalidade de sentido, não compactuando com perspectiva atomizada, isto é, isolado do contexto em que redigido e do restante do conteúdo contratual." (STJ – 4ª Turma. AgInt no AgInt nos EDcl no AGRAVO EM RECURSO ESPECIAL Nº 1.475.627 – SP. Min. Rel. Luis Felipe Salomão. J. 18.02.2020)".

O acórdão ainda invoca o inc. I para valorizar o comportamento posterior das partes, que se consolidou, no caso de Rosângela, no pagamento das primeiras parcelas do êxito contratado. Mesmo assim, o que ganha destaque é o perspicaz manejo do inc. V, amarrando-o (como aqui se propõem) ao objeto e ao fim do contrato.

2.7 Possibilidade de disposição quanto a regras de interpretação, colmatação de lacunas e integração do negócio jurídico: §2º

2.7.5 Conteúdo e função da norma

O último dispositivo inserto ao art. 113 do Código Civil é o §2º, cujo texto dita: "As partes poderão livremente pactuar regras de interpretação, de preenchimento de lacunas e de integração dos negócios jurídicos diversas daquelas previstas em lei".

Mais uma vez, tem-se dispositivo que não encontra par na tradição ou no direito estrangeiro, também porque diz o jamais negado: que as partes podem dispor acerca de critérios de interpretação diversos dos fixados em lei, exceto (e aqui é o destaque complementar que merece o novo dispositivo) quando se tratar de normas cogentes de interpretação. Para fins analíticos, seu texto pode ser fragmentado em duas partes, a ensejar, assim, a abordagem de dois temas separados: primeiro, no que tange à liberdade que ele pretende proteger, que é a de disposição acerca das regras de interpretação negocial; e segundo, no que tange às operações a que o dispositivo faz alusão (interpretação, preenchimento de lacunas e integração), a merecer crítica e explicação.

Comece-se, em *primeiro lugar*, pela norma que o §2º fixa: a de que as partes podem, livremente, fixar regras de interpretação (e aqui empregar-se-á, apenas, "interpretação" para conglobar as três operações listadas pelo dispositivo) em derrogação daquelas que estipuladas em lei. É possível analisar tal aspecto sob dois vieses.

A um, e sob um viés genético, o §2º pertence a uma mais ampla tentativa do elaborador da MP n. 881/2019 de esvaziar de cogência todas as regras legais referentes a contratos. Fala-se da pretensão frustrada de inserir na LLE

1. COMENTÁRIO AO ARTIGO 113 §§1º E 2º DO CÓDIGO CIVIL: INTERPRETAÇÃO...

o art. 3º, inc. VIII, da MP[371], e que intentava a poda de um dos galhos do dirigismo contratual, qual seja, do dirigismo via Estado-lei, por norma que tornaria dispositivas todas as regras legais cogentes, golpeando o conteúdo implícito dos contratos[372]. Tal era uma espécie de "cavalo de Troia" para o direito contratual, pois implodiria o sistema por dentro, confessado pela Exposição de Motivos[373]; e que, fosse acolhido pela LLE, faria evanescer um apanhado sem fim de leis protetivas de polos frequentemente vulneráveis, como o dos representantes comerciais (Lei Federal nº 4.886/65), dos franqueados (Lei Federal nº 13.966/2019), dos locatários (Lei Federal nº 8.245/91), dentre outros.

---

[371] "[...] ter a garantia de que os negócios jurídicos empresariais serão objeto de livre estipulação das partes pactuantes, de forma a aplicar todas as regras de direito empresarial apenas de maneira subsidiária ao avençado, hipótese em que nenhuma norma de ordem pública dessa matéria será usada para beneficiar a parte que pactuou contra ela, exceto se para resguardar direitos tutelados pela administração pública ou de terceiros alheios ao contrato".

[372] "Conteúdo implícito" é a disciplina contratual que deriva de regras cogentes, por sua incidência, independentemente do que as partes tenham declarado. Veja-se, sobre isso, PONTES DE MIRANDA, F. C. *Tratado de Direito Privado*. 3. ed. São Paulo: RT, 1984, t. 38, p. 64 ("as regras jurídicas cogentes em verdade não completam: como que *iniciam*, em vez de *completar*, o conteúdo do negócio jurídico"). Antes disso, Pontes de Miranda bem resume a função do dirigismo quanto à "regulamentação do conteúdo negocial", que a MP quis implodir: "Diz-se, então, que há *regulamentação do conteúdo negocial*. A economia dirigida e a economia controlada provêem a muitos casos, e pode-se dizer que essa é uma das suas técnicas mais usuais. Não se vedou a conclusão do contrato, nem se determinou a figura do outro manifestante de vontade; mas preestabeleceu-se o conteúdo ou parte do conteúdo do negócio jurídico bilateral. [...] Com êsses expedientes, tem-se por fito a *uniformização do conteúdo dos negócios jurídicos* e o *velamento pela justiça social*" (idem, p. 45).

[373] "Garante que os negócios jurídicos empresarias serão objeto de livre estipulação das partes pactuantes, aplicando-se as regras de direito empresarial apenas de maneira subsidiária ao avençado. Mais de 60% das 500 maiores empresas do mundo estão registradas especificamente no Estado de Delaware, EUA. Isso se dá em razão de aquela jurisdição constituir um dos melhores ambientes para o desenvolvimento e preservação do direito empresarial. Para o Brasil caminhar nesse sentido, propõe-se de maneira emergencial permitir que qualquer cláusula contratual seja vigente entre os sócios privados e capazes que assim a definiram, inclusive aquelas que, atualmente, parecem ir em sentido contrário a normas de ordem pública, estritamente, do direito empresarial, contanto que não tenham efeitos sobre o Estado ou terceiros alheios à avença. Essa medida rapidamente permitirá que grandes empresas sintam-se seguras para investir e produzir no Brasil, gerando emprego e renda para os milhões de brasileiros que hoje se encontram desempregados, e que os empresários terão respeitados os termos que acertarem entre si, sem prejudicar a soberania nos assuntos que de fato afetem terceiros e a coletividade como um todo" (disponível em: http://www.planalto.gov.br/ccivil_03/_ato2019-2022/2019/Exm/Exm-MP-881-19.pdf, §11, inc. VIII)".

Essa orientação é criticável por variados motivos, a destacar ao menos um: ela se escora na frágil premissa, advinda de certos autores da Análise Econômica do Direito (seletivamente escolhidos), de que as partes são suficientemente racionais e livres, e, por isso, capazes de modelar contratos complexos, tornando dispensáveis, assim, normas cogentes de qualquer sorte. Tal é visão otimista em demasia, que não coincide com a realidade[374], já tendo sido bastante criticada na ambiência de onde é originária (i.e. o direito anglo-americano) tanto sob o ponto de vista prático quanto sob o ponto de vista ideológico. Pragmaticamente, está a crítica de não se contar, na maioria das contratações, com o modelo ideal de "contratante" com que alguns autores da Análise Econômica trabalham. Ideologicamente, está a crítica de que tal viés tende a privilegiar, de modo subreptício, a parte mais proeminente face à mais enfraquecida, seja sob o verniz da "eficiência" (eficiência que serve ao polo mais forte)[375], seja quando sustenta uma hiperbolia do valor "liberdade" em detrimento do valor "igualdade".

Esse movimento – felizmente fracassado – parece, ainda, ecoar no §2º do art. 113, por sugerir, em leitura que faria ruir a disciplina da interpretação, a possibilidade de que as partes derroguem *quaisquer* regras de interpretação. Tal não se sustenta.

Daí que, a dois, se possa falar sob o ponto de vista normativo a respeito do §2º. A rigor, se lido na sua literalidade (sem os ecos advindos da MP), o dispositivo não faz mais do que declarar que "o sol brilha" e "a chuva cai":

---

[374] POSNER, Eric. Economic analysis of contract law after three decades: success or failure? *Yale Law Journal*. New Haven: Yale University, 2003, p. 863. Entre nós, nesse exato sentido ao comentar o art. 113 §1º, inc. V, do Código Civil: LEONARDO, Rodrigo Xavier; RODRIGUES JR., Otavio Luiz. A interpretação dos negócios jurídicos na Lei da Liberdade Econômica. In: CUNHA FILHO, Alexandre J. Carneiro da; PICCELLI, Roberto Ricomini; MACIEL, Renata Mota (Coords.). *Lei da Liberdade Econômica Anotada. Vol. 2. Lei nº 13.874, de 2019*. São Paulo: Quartier Latin, 2020, p. 224: "Trata-se de regra de interpretação que se baseia em pressuposto que nem sempre é verdadeiro ou que carece de comprovação empírica: a presunção de que todos os negócios jurídicos são fruto de uma efetiva racionalidade econômica".

[375] Assim: KELMAN, Mark. *A Guide to Critical Legal Studies*. Cambridge: Harvard University Press, 1987, pp. 151 e ss.; HORWITZ, Morton J. Law and economics: science or politics? *Hofstra Law Review*. Hempstead: Hofstra University School of Law, 1980, v. 8, especialmente pp. 911-912 ("And once it has been realized that efficiency is, by definition, a function of a particular distribution (invariably the *status quo*), the inherently conservative bias of the definition of efficiency becomes clear").

não há registro na tradição jurídica brasileira de se negar aos contratantes a liberdade de dispor sobre regras de interpretação, isso derivando do fato de que a autonomia privada é uma das fontes (*rectius* a fonte por excelência) do conteúdo contratual[376]. Sua ancoragem mais genérica está no art. 425 do Código Civil, que dita ser "lícito às partes estipular contratos atípicos". Se há permissão à celebração de contratos sem tipicidade legal, o "mais" abrange o "menos": há autorização para que as partes estabeleçam disciplina interna que não coincide com as regras legais típicas.

Essa liberdade é, contudo, situada, porque compreendida dentro da moldura das regras legais injuntivas (como, a rigor, toda e qualquer disciplina que se queira agregar ao conteúdo contratual), que "constituem ilhas no mar do direito dispositivo"[377]: a regra é a liberdade contratual, e o dirigismo a exceção. Elas se fazem presentes "[q]uando nada pode a vontade dos figurantes, ou do figurante único"[378], de modo que limitam seu auto-regramento; "as pessoas têm de fazer ou de não fazer (no sentido mais largo)", "o que elide qualquer escolha"[379]. Tanto por isso, a liberdade que vai reconhecida no §2º é uma liberdade situada; ela não é absoluta, porque inserta dentro das bordas da cogência legal, daí derivando que as partes não podem derrogar a parcela de disciplina da intepretação que for injuntiva[380]. Ler esse dispositivo como

---

[376] FLUME, Werner. *El Negócio Jurídico* (trad. José María Miquel González e Esther Gómez Calle). Madri: Fundación Cultural del Notariato, 1998, pp. 35-36.
[377] GAMBARO, Antonio. Contratto e regole dispositive. *Rivista di Diritto Civile*. Padova: CEDAM, 2004, n. 1, p. 4.
[378] PONTES DE MIRANDA, F. C. *Tratado de Direito Privado*. 4. ed. São Paulo: RT, 1983, t. 3, p. 45.
[379] PONTES DE MIRANDA, F. C. *Tratado de Direito Privado*. 4. ed. São Paulo: RT, 1983, t. 3, p. 60. Ou como pontua em tomo anterior: "[...] é o direito que a *vontade dos interessados* não pode mudar. Uma vez composto o suporte fáctico, a regra jurídica incide, ainda que o interessado ou todos os interessados não no queiram" (PONTES DE MIRANDA, F. C. *Tratado de Direito Privado*. 4. ed. São Paulo: RT, 1983, t. 1, p. 56). "Daí se pode concluir que a margem deixada à vontade pelo sistema jurídico traça os contornos do campo onde se pode exercer o poder do auto-regramento (autonomia). Constitui, portanto, regra fundamental a de que a vontade somente pode ser manifestada quando admitida e sempre de conformidade com as normas jurídicas de natureza cogente" (MELLO, Marcos Bernardes de. *Teoria do Fato Jurídico. Plano da Existência*. 8. ed. São Paulo: Saraiva, 1998, p. 161).
[380] Também é essa a compreensão de LEONARDO, Rodrigo Xavier; RODRIGUES JR., Otavio Luiz. A interpretação dos negócios jurídicos na Lei da Liberdade Econômica. In: CUNHA FILHO, Alexandre J. Carneiro da; PICCELLI, Roberto Ricomini; MACIEL, Renata Mota

se tornasse dispositivas, de uma tacada, todas as regras de interpretação (tal como queria o redator da MP para as regras cogentes, de integração de conteúdo contratual, no felizmente abandonado art. 3º, inc. VIII) seria fazer ruir a disciplina inteira, e promover proteção a uma hiperbólica "liberdade" – pregada pelos arautos da ideologia subjacente à LLE – que, no excesso, não é liberdade: é arbítrio, em sacrifício ao valor "igualdade" e à inteira sistemática da interpretação negocial no direito brasileiro.

Disso decorre distinguir qual parcela da disciplina legal da interpretação é cogente e qual é dispositiva, tendo-se de revisitar, então, os dispositivos legais que tratam da matéria.

O art. 112 é duplamente injuntivo. Primeiro, porque ele consolida o postulado normativo da disciplina interpretativa, que é a intenção comum das partes, e que se impõe seja por ser um "postulado normativo", seja, assim, por ser a argamassa sem a qual rui, sem sentido, a coluna dos princípios e das regras de interpretação subjacentes. Os postulados se situam em um "metanível", e dessa posição "orientam a aplicação dos princípios e das regras sem conflituosidade necessária com outras normas"[381]. Admitir a derrogabilidade da intenção comum das partes, noutras palavras, representaria solapar a inteira disciplina local da interpretação, em prol de "um outro direito" na matéria que não o brasileiro. Segundo, porque o mesmo art. 112 traz um princípio de interpretação: o da ultraliteralidade, que manda dar-se mais atenção ao sentido subjacente do que à *littera* da regra. O direito brasileiro não adota a *parol evidence rule*, de modo que a interpretação contratual não apenas pode, como deve, cogentemente, ir para além dos "quatro cantos" do contrato[382].

(Coords.). *Lei da Liberdade Econômica Anotada. Vol. 2. Lei nº 13.874, de 2019.* São Paulo: Quartier Latin, 2020, p. 226. Por outro viés, há quem sustente que a referência à "livre pactuação" do §2º faz com que sejam indisponíveis, assim, as regras referentes a contratos em que não se pode exercer tal liberdade (FORGIONI, Paula A. A Interpretação dos negócios jurídicos II – alteração do art. 113 do Código Civil: art. 7º. In: MARQUES NETO, Floriano Peixoto; RODRIGUES JR., Otavio Luiz; LEONARDO, Rodrigo Xavier (Orgs.). *Comentários à Lei da Liberdade Econômica. Lei 13.874/2019.* São Paulo: RT, 2019, p. 385).

[381] ÁVILA, Humberto. *Teoria da Segurança Jurídica.* 5. ed. São Paulo: Malheiros, 2019, p. 143.

[382] A título comparativo, nem mesmo em um dos nascedouros da regra, o direito inglês, a *parol evidence rule* se tem mantido intocada, sendo expressiva alguma mitigação do chamado "literalismo" em prol do "contextualismo", de acordo com o que não apenas o texto frio do contrato constitui objeto da interpretação, mas o texto no contexto, entendido este nos moldes em que Lord Hoffmann sumarizou em *Investors Compensation Scheme Ltd. v. West Bromwich*

Esse princípio se desdobra em uma série de critérios de interpretação, alguns deles consolidados em regras, que lhe conferem concretude, uma vez que "ir além do texto" significa ter parâmetros do contexto a considerar, aqui figurando os indicadores do contexto verbal, do contexto situacional, do objeto e do fim do negócio jurídico.

O art. 113 *caput*, por sua vez, é igualmente cogente. No que tange à boa-fé, trata-se de alusão a princípio retor, que atua complessivamente aos demais critérios (como já tratamos no Cap. 2.4), de modo que, conjugado ao princípio da ultraliteralidade, tem-se o seguinte sumário aplicativo: "a atividade deve ser iluminada, finalisticamente, pelo uso de outros meios que não a letra contratual (princípio da ultraliteralidade) e respeitando a justa, leal e legítima expectativa de ambas as partes (princípio da boa-fé)"[383]. Essa principiologia é igualmente estruturante das regras de interpretação que dela se desdobram, sendo contrário a tal arcabouço principiológico que se cogite de alguma regra supletiva que vá afastar os *standards* da boa-fé quando da apreciação das concretas condutas das partes. O mesmo ocorre com a fração do art. 113 que refere aos usos (alusão que deve ser lida como abarcando costumes, usos do tráfico e práticas, como acima já abordado), mas não por pertencerem estes

---

Building Society, de 1998: a "matrix of fact", que compreende absolutamente qualquer circunstância que possa afetar "o modo como a linguagem do documento seria compreendida por um homem razoável" (*Investors Compensation Scheme v. West Bromwich Building Society* [1997] UKHL 28; [1998] 1 All ER 98; [1998] 1 WLR 896 (19 June, 1997), disponível em http://www.bailii.org/uk/cases/UKHL/1997/28.html). Confira-se, sobre isso: MCMEEL, Gerard. *The Construction of Contracts. Interpretation, implication, and rectification*. 2. ed. Oxford: Oxford University Press, 2011, pp. 22-23; VIGLIONE, Filippo. *Metodi e Modelli di Interpretazione del Contratto. Prospettive di un dialogo tra common law e civil law*. Torino: Giappichelli, 2011, pp. 25-90. Ainda assim, o documento escrito segue tendo primazia, e segue vigendo a *exclusionary rule* que não permite ao intérprete socorrer-se das intenções subjetivas das partes, de suas negociações ou de seu comportamento ao longo da execução do pactuado para fins de interpretar os termos do contrato, nada obstante algumas tentativas de promover-se uma revisão geral no mecanismo tradicional e de relativizar-se a *exclusionary rule* (MCMEEL, Gerard. *The Construction of Contracts. Interpretation, implication, and rectification*. 2. ed. Oxford: Oxford University Press, 2011, p. 41; MITCHELL, Catherine. *Interpretation of Contracts*. London: Routledge Cavendish, 2007, pp. 43-47).

[383] SILVA, Luis Renato Ferreira da. A interpretação contratual e sua sistemática no Código Civil de 2002 após o advento da Lei 13.874/2019. In: BARBOSA, Henrique; FERREIRA DA SILVA, Jorge Cesa (coords.). *A Evolução do Direito Empresarial e Obrigacional. 18 anos do Código Civil. Volume 2. Obrigações & Contratos*. São Paulo: Quartier Latin, 2021, pp. 405-406.

ao plano principiológico, e sim porque é regra de interpretação que desdobra o princípio da ultraliteralidade, conferindo-lhe carne. Os usos pertencem à dimensão do contexto situacional, sem cujo acesso o intérprete não conseguirá prestar atendimento à norma do art. 112.

Já os incisos do art. 113 §1º devem ser apreciados com cuidado. Os incisos I, II e V, por se desdobrarem do mesmo princípio da ultraliteralidade, dando-lhe concretude, hão de ser lidos como cogentes: são todos concreções dos arts. 112 e 113, de modo que, sem seu atendimento, desconsiderada estará a principiologia de suporte. O inc. III, que refere à boa-fé, é cogente por redundância ao *caput*. Apenas o inc. IV que se mostra verdadeiramente dispositivo e, portanto, derrogável pela autonomia privada, seja porque a interpretação *contra proferentem* não se situa dentro das bordas da intenção comum das partes (i.e. não é critério para sua averiguação), seja porque não há justificativa protetiva a polo fraco que o inspire. Fosse o inc. IV dirigido a prestar resguardo a alguma categoria de contratantes (como os aderentes, os locatários ou os representantes comerciais são protegidos pelo exercício do dirigismo via Estado-lei), seria de se cogitar injuntividade ao dispositivo legal, mas tal não é o caso.

Daí colher o ensejo e referir que o derradeiro índice de cogência repousa naquelas regras que plasmam esse exercício protetivo, priorizando, circunstancialmente, o valor "igualdade" por sobre o valor "liberdade". Tal é o caso do art. 423, quando se estiver interpretando contrato por adesão, e que manda fazê-lo em benefício do aderente, prestando-lhe proteção. Nessas hipóteses, a injuntividade é manifesta e não cede à autonomia privada, que se deve exercer dentro da moldura.

Todo o mais é composto por disciplina dispositiva, portanto derrogável pelas partes. Para além do caso do art. 113 §1º, inc. IV, que estipula a interpretação *contra proferentem*, essa é a situação, por exemplo, de todas as regras de preenchimento de lacunas previstas em atrelamento a contratos típicos, quais sejam: os arts. 485, 596, 628, Parágrafo Único, 658, Parágrafo Único, 701, 721 e 724. Os próprios dispositivos legais sempre pressupõem, em seu texto, a ausência de estipulação específica dos contratantes[384], de modo que,

---

[384] O art. 485, por exemplo, dispõe que a fixação do preço *"pode* ser deixada ao arbítrio de terceiro"; o art. 596 indica que o critério legal só o art. 596 indica que o critério legal só se

aqui, a liberdade negocial que se exercer estará sobreposta às regras legais de interpretação.

Ter clareza quanto à disciplina da interpretação – à cogência de seus postulados, seus princípios e suas regras – é chave para solucionar problemas espinhosos. Um destes concerne às chamadas "entire agreement clauses", ou "cláusulas de entendimento integral" (ou, ainda, "merger clauses", "four corner clauses" ou "integration clauses"). Estes são dispositivos contratuais que pretendem isolar a disciplina do contrato de algum modo, "criando uma ilusão de exaustividade quanto às obrigações escritas"[385]. Essa tentativa de insularização apresenta variações na doutrina e na prática. Podem aparecer enquanto cláusulas que limitam a disciplina aos termos do contrato definitivo, à exclusão de todos os entendimentos, acordos ou documentos, de qualquer ordem, que lhe sejam anteriores; podem aparecer enquanto dispositivos que limitam a inteira disciplina do contrato àquilo que textualmente disposto no instrumento; ou podem, ainda, aparecer restringindo as possibilidades de que, na interpretação, se acessem critérios outros que não, apenas, o próprio texto do instrumento firmado, internalizando em cláusula contratual a *parol evidence rule*[386]. As variantes são múltiplas, e até mesmo se controverte sobre se todas são, por definição, efetivas cláusulas de entendimento integral[387].

aplica quando não houver estipulação ou acordo das partes; os arts. 628, Parágrafo Único, e 658, Parágrafo Único, fazem aplicáveis as orientações da lei se a retribuição não "resultar de ajuste"; o art. 701 faz pressuposto não ter havido estipulação pelos contratantes; e o art. 724, por fim, só incide em seu critério se a remuneração do corretor não constar do ajuste das partes.
[385] CORDERO-MOSS, Giuditta. Interpretation of contracts in international commercial arbitration: diversity on more than one level. *European Review of Private Law*. Alphen aan den Rijn: Kluwer Law International, 2014, p. 21.
[386] Sobre a relação entre *parol evidence rule* e as "cláusulas de entendimento integral" há casos emblemáticos no Judiciário norte-americano, como e.g. o caso Yocca v. The Pittsburgh Steelers Sports Inc., julgado pela Suprema Corte da Pensilvânia em 20.06.2004 (disponível em: https://caselaw.findlaw.com/pa-supreme-court/1220936.html). Analisando o assunto: BURTON, Steve J. *Elements of Contract Interpretation*. Oxford: Oxford University Press, 2009, p. 78; e, no Brasil, PINTER, Rafael Wobeto. A aplicação da *parol evidence rule* em procedimentos arbitrais. *Revista de Arbitragem e Mediação*. São Paulo: RT, 2018, p. 181 e ss.
[387] Para um sumário da questão no direito inglês, veja-se: MITCHELL, Catherine. *Interpretation of Contracts*. London: Routledge Cavendish, 2007, pp. 43-47; e PEEL, Edwin. The common law tradition: application of boilerplate clauses under English law. In: CORDERO-MOSS, Giuditta (Ed.). *Boilerplate Clauses, International Commercial Contracts and the Applicable Law*. Cambridge: Cambridge University Press, 2011, pp. 136-145.

Seja como for, há intranquilidade quanto à sua aderência ao direito brasileiro, face à disciplina cogente da interpretação contratual. A primeira das hipóteses exemplificadas não traz maior tormento, mas as demais são potencialmente confrontantes a essa disciplina. A segunda, porque, em hipótese, confrontaria dispositivos cogentes quanto à disciplina da relação em concreto, bastando exemplificar com a Lei Federal n. 4.886/65 (Lei de Representação Comercial) que impõe, injuntivamente, uma série de elementos ao negócio concreto, tais como indicação dos produtos, prazo, indicação de zona da representação, previsão de indenização com regras particularizadas, dentre outros tantos (art. 27). Uma cláusula de entendimento integral presente em contrato de representação comercial não barraria a incidência de tais regras cogentes, que se sobreporiam às previsões em sentido contrário eventualmente apostas pelas partes[388], tendo, em hipótese, apenas parcial eficácia. A terceira manifestação de cláusula de entendimento integral, referente às barreiras que em hipótese se estabelecerem à interpretação, não conseguiriam, por igual, derrogar os arts. 112 e 113 do Código Civil, nesse caso produzindo a invalidade do dispositivo contratual que assim o tentasse.

Não se acredite, porém, na aparência de tranquilidade do que aqui se sugere, circunstância que se agrava no campo dos contratos internacionais[389]. É de se mencionar, apenas para exemplo, que jurisprudência e doutrina referentes à CISG se confrontam arduamente sobre se uma "cláusula de entendimento integral" é consonante à disciplina da Convenção, especialmente em

---

[388] A menção não é aleatória, já tendo havido caso em que justamente um contrato de representação comercial foi apreciado quanto à incidência das regras cogentes, tendo-se concluído que elas eram cogentes e incidiam à revelia do que expressado pelo instrumento. Assim em CARMONA, Carlos Alberto. Julgamento por equidade em arbitragem. *Revista de Arbitragem e Mediação*. São Paulo: RT, 2011, v. 30, pp. 243-244, em que o jurista destaca: "as normas que garantem os direitos dos representantes comerciais são dispositivos de ordem pública, de incidência irrenunciável. 65. Portanto, ainda que a cláusula 11.1 dos contratos que examinei não existisse, os preceitos das leis especiais que lidam com os direitos dos representantes comerciais seriam necessariamente observados. No caso concreto, as partes simplesmente realçam (nos contratos) algo que necessariamente deve acontecer, ou seja, devem ser garantidos ao representante comercial todos os direitos estabelecidos em lei (isto é, nas Leis 4.886/1965 e 8.420/1992)".

[389] Assim destaca CORDERO-MOSS, Giuditta. Interpretation of contracts in international commercial arbitration: diversity on more than one level. *European Review of Private Law*. Alphen aan den Rijn: Kluwer Law International, 2014, pp. 20-22.

face dos arts. 8(3) e 11 que estabelecem, respectivamente, as circunstâncias do negócio como critérios de interpretação e qualquer meio de prova como admissível. De um lado, há autores (especialmente anglo-americanos) que sugerem a inserção de tais dispositivos para o fito de compensar a proibição da *parol evidence rule*, em se tratando de CISG. De outro, há quem sugira que somente uma "cláusula de entendimento integral" na primeira acepção (i.e. aquelas que excluem referência a acordos orais, fazendo-os substituídos pelo instrumento contratual escrito) seria aderente à Convenção. O debate é, portanto, intranquilo[390], tendo havido até mesmo "Advisory Council Opinion" que tentou compatibilizar os dois mundos, ao tratar como admissíveis as "merger clauses", mas destacar que, para sua própria interpretação, não há barrar o acesso às circunstâncias negociais pelo aplicador[391].

É debate em curso e que, aqui, só é referido como exemplo.

Para concluir a análise da primeira dimensão do art. 113 §2º, há que se deixar bem marcado: o que é dispositivo para as partes é sempre cogente para o aplicador, de modo que, se os contratantes dispuserem sobre como seu contrato haverá de ser interpretado, o intérprete é obrigado a seguir tais diretrizes. Do mesmo modo, caso as partes nada prevejam e as regras legais dispositivas incidam ao contrato *in concreto*, compondo, assim, seu conteúdo, o intérprete é igualmente obrigado a segui-las, pois é da natureza das regras dispositivas se somarem ao conteúdo contratual, integrando-o por incidência, em caso de não previsão[392]. Para o intérprete, então, não há regras de interpre-

---

[390] SCHMIDT-KESSEL, Martin. Arts. 8, 9. In: SCHLECHTRIEM, Peter; SCHWENZER, Ingeborg (Orgs.). *Commentary on the UN Convention on the International Sale of Goods (CISG)*. 3. ed. Oxford: Oxford University Press, 2010, p. 163.

[391] "3. A Merger Clause, also referred to as an Entire Agreement Clause, when in a contract governed by the CISG, derogates from norms of interpretation and evidence contained in the CISG. The effect may be to prevent a party from relying on evidence of statements or agreements not contained in the writing. Moreover, if the parties so intend, a Merger Clause may bar evidence of trade usages. However, in determining the effect of such a Merger Clause, the parties' statements and negotiations, as well as all other relevant circumstances shall be taken into account" (CISGAC Opinion no 3, Parol Evidence Rule, Plain Meaning Rule, Contractual Merger Clause and the CISG, 23 October 2004. Rapporteur: Professor Richard Hyland, Rutgers Law School, Camden, NJ, USA).

[392] Como já pontuava Darcy Bessone, ainda que considerando dispositivas, todas, as regras de interpretação: "as disposições legais sobre interpretação dos contratos não são imperativas *para as partes*, que podem substituí-las por outras, mas, *para o juiz*, são obrigatórias. E, se as

tação que sejam dispositivas; elas serão sempre injuntivas, sendo-lhe vedado derrogá-las em benefício de outras que entenda mais apropriadas ao caso, ou deixar de observá-las em seu exercício aplicativo[393].

Vá-se adiante para a *segunda* dimensão a explorar no art. 113 §2º: a referência que faz às operações da "interpretação", do "preenchimento de lacunas" e da "integração dos negócios jurídicos". Novamente, aqui, o legislador primou pela obscuridade, pois ao fazer referência à "integração", deixou pairando no ar, a um, se tal seria uma operação diversa da "interpretação" ou do "preenchimento de lacunas" (e se for, em que consiste a integração); e a dois, também ensejou que se considerasse a enigmática inserção como redundante, haja vista a posição sustentada por alguns de que a integração é expediente sinônimo ao preenchimento de lacunas. Ou seja, a escolha é equivocada tanto porque não esclarece a operação a que se refere, quanto porque alude a palavra de significado intranquilo na doutrina brasileira.

Comece-se pela intranquilidade: não há consenso nos autores brasileiros quanto ao significado de "integração", por vezes aparecendo como sinônimo de "preenchimento de lacunas"[394], noutras para designar a composição do conteúdo contratual que não, apenas, o derivado da autonomia privada, também chamando-se, nessa hipótese, de "heterointegração"[395]. Há, ainda, quem fale da integração como fase posterior à interpretação, no que atua para revelar os efeitos do negócio, sendo ela, assim, agregadora não de conteúdo[396].

---

partes não concordam em derrogá-las, também elas sofrem a sua incidência" (ANDRADE, Darcy Bessone de Oliveira. *Do Contrato*. Rio de Janeiro: Forense, 1960, p. 226).

[393] Tal é ensinado PONTES DE MIRANDA, F. C. *Tratado de Direito Privado*. 4. ed. São Paulo: RT, 1983, t. 1, pp. 64-65. No mesmo sentido, CARVALHO DE MENDONÇA, J. X. *Tratado de Direito Comercial Brasileiro*. 6. ed. Rio de Janeiro: Freitas Bastos, 1960, v. 6, 1ª Parte, p. 209.

[394] Assim: MARTINS-COSTA, Judith. *A boa-fé no direito privado: critérios para a sua aplicação*. São Paulo: Marcial Pons, 2015, p. 515.

[395] FRANCO, Vera Helena de Mello. *Aspectos da integração dos contratos no direito comercial*. São Paulo: Pioneira, 1979, p. 35 e ss., inspirada em RODOTÀ, Stefano. *Le fonti di integrazione del contratto*. Milano: Giuffrè, 1970, pp. 5-6 e 31-60. Também assim: MIRANDA, Custódio da Piedade Ubaldino. *Interpretação e Integração dos Negócios Jurídicos*. São Paulo: RT, 1989, p. 207; e a posição, com complementos e desenvolvimentos, assumida em NITSCHKE, Guilherme Carneiro Monteiro. *Lacunas Contratuais e Interpretação. História, conceito e método*. São Paulo: Quartier Latin, 2019, *passim*.

[396] MARINO, Francisco Paulo De Crescenzo. *Interpretação do Negócio Jurídico*. São Paulo: Saraiva, 2011, pp. 220-221.

Toda essa cacofonia é produto de importações variadas, sobretudo do direito italiano em que tampouco é tranquilo o emprego da palavra "integração"[397].

É de se indagar, então, qual desses significados a LLE está a adotar no §2º. A primeira leitura seria de entender que a operação designada é diversa da colmatação de lacunas, uma vez que o dispositivo fala da liberdade de se estabelecerem regras de "interpretação", "preenchimento de lacunas" e "integração", assim presumindo que está a referir a procedimentos diversos. Se esse for o caso, a indagação subsequente é saber se a referência dá-se ao conceito de integração como composição do conteúdo contratual, via incidência de regras derivadas de fontes heterônomas que se somam às elaboradas em exercício de autonomia privada; ou se a alusão é quanto à integração de efeitos, derivados daquilo que as fontes heterônomas preveem enquanto tais.

Em qualquer dessas duas hipóteses, seria uma estranheza declarar que as partes podem estabelecer regras quanto ao conteúdo ou aos efeitos do contrato, seja porque isso seria de uma obviedade acaciana: estaria a declarar o que o art. 425 já declara e a reconfirmar, tautologicamente, a plenitude da liberdade negocial; seja porque tal misturaria "maçãs e laranjas" em unificada regra, pois, afinal, quando se fala de interpretação e de preenchimento de lacunas, se fala da atuação do intérprete, ao passo que, quando se fala de integração nesse último sentido, fala-se da autonomia das partes e da incidência de regras derivadas de fontes heterônomas para a edificação do conteúdo e de seus efeitos.

---

[397] Há quem compreenda que a integração se relaciona ao acréscimo de efeitos ao negócio jurídico, sendo processo posterior à interpretação (CARIOTA FERRARA, Luigi. *Il Negozio Giuridico nel Diritto Privato Italiano*. Napoli: Morano, [s.d.], p. 732; SANTORO-PASSARELLI, Francesco. *Teoria Geral do Direito Civil* (trad. Manuel de Alarcão). Coimbra: Atlântida, 1967, p. 191); há quem fale da integração para o preenchimento de lacunas (ALPA, Guido; FONSI, Gianluca; RESTA, Giorgio. *L'Interpretazione del Contratto. Orientamenti e tecniche della giurisprudenza*. 2. ed. Milano: Giuffrè, 2001, p. 215; MESSINEO, Francesco. *Doctrina General del Contrato* (trad. R. O. Fontanarrosa, S. Sentís Melendo e M. Volterra). Buenos Aires: EJEA, 1952, t. 2, pp. 122-123); há quem correlacione integração ao enriquecimento do conteúdo contratual com regras derivadas de fontes diversas (GALGANO, Francesco. *Il Negozio Giuridico*. Milano: Giuffrè, 1988, pp. 55-57; RODOTÀ, Stefano. *Le fonti di integrazione del contratto*. Milano: Giuffrè, 1970, pp. 96-98); e há, ainda, quem refira à integração tanto ao enriquecimento do conteúdo contratual, quanto à colmatação de lacunas (FRANZONI, Massimo. *Degli Effetti del Contratto. Volume II. Integrazione del contratto. Suoi effetti reali e obbligatori. Artt. 1374-1381.* 2. ed. Milano: Giuffrè, 2013, pp. 6-15).

Seja como for, e apesar da obscuridade do dispositivo, qualquer das leituras que se faça do §2º é inofensiva. Ou ele é tautológico quanto ao preenchimento de lacunas e diz duas vezes a mesma coisa, de maneiras distintas; ou ele refere a uma platitude que não merece maior digressão.

2.7.6 Conexões intrassistemáticas

Art. 421-A, inc. I, no que repete a faculdade conferida no §2º do art. 113, estendendo-a, também, quanto aos pressupostos de revisão e resolução contratuais: "[...] as partes negociantes poderão estabelecer parâmetros objetivos para a interpretação das cláusulas negociais e de seus pressupostos de revisão ou de resolução".

2.7.7 Conexões intersistemáticas

Não há.

2.7.8 Jurisprudência

Não se localizou qualquer decisão, até o momento, que tenha feito uso direto do art. 113 §2º.

Conclusões

Em uma das célebres "Aventuras do Barão de Münchhausen", o protagonista cai com seu cavalo no pântano e se vê afundando inexoravelmente. Não havendo ninguém próximo que lhe pudesse ajudar, o Barão não titubeia: salva a si mesmo puxando-se por seus próprios cabelos, em fuga da morte certa[398].

---

[398] RASPE, Rudolf Erich. *The Adventures of Baron Munchausen. A new and revised edition*. London: Cassell Petter and Galpin, [s.d.], p. 56: "On another occasion I wished to jump accross a lake. When I was in the middle of it, I found it was much larger than I had imagined at first. So I at once turned back in the middle of my leap, and returned to the bank I had just left, to take a stronger spring. The second time, however, I again took off badly, and fell in up to my neck. I should, beyond any doubt, have come to an untimely end, had I not, by the force of my own unaided arm, lifted myself up by my pig-tail, together with my horse, whom I gripped tightly

O trecho famoso do Barão de Münchhausen foi frequentemente suscitado – em especial por teóricos da epistemologia – para aludir ao absurdo da circularidade de uma justificação que só encontra no indivíduo a própria base de apoio, o que equivaleria ao protagonista que se puxa do pântano por seus cabelos[399]. A interpretação contratual sem critérios é o Barão afundando no pântano: seria absurdo cogitar que a salvação pudesse repousar no próprio intérprete, senão que, necessariamente, amparado pelo que de objetivo a tradição consolidou; senão que apoiado em *método* que submeta o exercício de seu ofício. O intérprete de um contrato não dispõe do expediente de, sozinho, no exercício do "abracadabra" de sua equidade[400], salvar-se da dúvida e solucionar o conflito interpretativo que se lhe apresenta.

Disso decorre, *a um*, que os critérios (i.e. postulado, princípios e regras) de interpretação devem ser, injuntivamente, observados pelo aplicador, e devem ser observados também quanto ao seu escalonamento. Com acerto, já se advertiu que a segurança jurídica a ser buscada é uma "segurança de critérios", à finalidade de "fornecer, de antemão, parâmetros prévios e abstratos para problemas interpretativos posteriores e concretos"[401]. Na interpretação

---

with my knees". O trecho não é presente na versão original de Raspe e é atribuído à inclusão de seu tradutor alemão, Gottfried August Bürger.

[399] Primeira correlação entre epistemologia e a história do Barão é atribuída ao filosofo alemão Hans Albert, ao criar o "Trilema de Münchhausen" para ilustrar a dificuldade de o sujeito buscar, em si, justificativa e base para seu próprio conhecimento (ALBERT, Hans. *Treatise on Critical Reason* (trad. Mary Varney Rorty). New Jersey: Princeton University Press, 1985, pp. 16-21). Reaplicando a metáfora para criticar pensadores vinculados ao positivismo, veja-se LÖWY, Michael. *As Aventuras de Karl Marx contra o Barão de Münchhausen. Marxismo e positivismo na sociologia do conhecimento* (trad. Juarez Guimarães e Suzanne Felicie Léwy). 7. ed. São Paulo: Cortez, 2000, pp. 32-46.

[400] Um "abracadabra", uma "palavra sem sentido" – foi com esses termos que Jeremy Bentham definiu a equidade quando desconectada de qualquer circunstância objetiva que lhe dê legitimação e preenchimento (RODOTÀ, Stefano. *Le fonti di integrazione del contratto*. Milano: Giuffrè, 1970, pp. 225-226).

[401] ÁVILA, Humberto. *Teoria da Segurança Jurídica*. 5. ed. São Paulo: Malheiros, 2019, pp. 88-89 ("É precisamente porque há uma fixação doutrinária na busca da certeza jurídica, como solução prévia e abstrata para problemas interpretativos posteriores e concretos, que se deve modificar o foco da "segurança de significado" (*Bedeutungssicherheit*) para a "segurança de critérios" (*Kriteriensicherheit*) a fim de fornecer, de antemão, parâmetros prévios e abstratos para problemas interpretativos posteriores e concretos. [...] A esse respeito, aliás, convém recordar que a afirmação segunda a qual "não há segurança" é um enunciado descritivo de fato, destinado a dizer como a realidade se apresenta, e não como ela deve ou mesmo deveria

contratual, tal impõe não somente prestar observância ao postulado da intenção comum das partes, aos princípios da ultraliteralidade e da boa-fé, e às regras de interpretação (ou seja, em perceber que há, e deve haver, uma teoria *normativa* da interpretação contratual[402]), mas ter em conta que sua organização mínima impõe:

(i) primeiro, e mirando ao que inserto pela LLE, perceber que há subdivisão geral entre, de um lado, os critérios que se orientam pelo postulado da intenção comum das partes (i.e. literalidade, contexto verbal, contexto situacional, objeto e fim do negócio jurídico) e, de outro, a regra excepcional da *interpretatio contra proferentem*, última instância do processo interpretativo; ou seja, sob o ponto de vista do escalonamento, só depois de exauridos os critérios orientados pela intenção comum das partes, sem que disso se tenha podido extrair o concreto significado, é que o aplicador estará autorizado a recorrer à "regra final" do inc. IV do art. 113 §1º;

---

se apresentar. Trata-se de uma assertiva situada no plano do ser e não do dever ser. A declaração de que não pode haver segurança jurídica pela impossibilidade de haver certeza parte do pressuposto de que a segurança jurídica se identifica com a certeza prévia e absoluta a respeito do conteúdo das normas jurídicas").

[402] Como advertido por Dimitri Dimoulis, ao indicar que a construção de uma "teoria normativa da interpretação" no direito brasileiro é tarefa ainda por fazer, quanto mais no campo contratual: "As propostas metodológicas que formulam uma teoria normativa da interpretação pressupõem um amplo e penoso trabalho de mapeamento das práticas interpretativas e dos métodos de interpretação efetivamente utilizados pelos aplicadores. Esse trabalho descritivo, de cunho sistematizador e classificatório, é imprescindível e, infelizmente, não foi ainda iniciado no Brasil. Mas mesmo se for realizado, só terá utilidade operacional se desembocar em uma teoria normativa da interpretação, indicando as opções comparativamente melhores para o intérprete em determinados contextos. Dito de outra forma, o trabalho descritivo-sistematizador-classificatório oferece o necessário embasamento para evitar as generalidades e os esquemas retóricos, típicos dos discursos teóricos sobre a interpretação. Mas só adquire utilidade para o aplicador se se transformar em uma teoria normativa" (DIMOULIS, Dimitri. Sentidos, vantagens cognitivas e problemas teóricos do formalismo jurídico. In: MACEDO JR., Ronaldo Porto; BARBIERI, Catarina Helena Cortada (Orgs.). *Direito e Interpretação. Racionalidades e instituições*. Trad. Carla Henriete Bevilacqua Piccolo. São Paulo: Saraiva, 2011, pp. 233-234). Algum esforço é o que se tem tentado nos trabalhos que comentam as modificações inseridas pela LLE ao art. 113 do Código Civil, ainda carecendo, porém, de elaboração à profundidade necessária ao fito de melhor orientar o aplicador do direito.

(ii) e segundo, ter em conta que, no concernente aos critérios orientados pela intenção comum das partes (i.e. literalidade, contexto verbal, contexto situacional e objeto e fim do negócio jurídico), o intérprete deve acessar todos quando diante de um concreto problema, nada obstante dever priorizar, na solução final do litígio, o significado informado por aqueles que se localizam mais próximos da concreta intenção comum (no que a escala de proximidade é literalidade → contexto verbal → contexto situacional → objeto e fim).

A atenção ao método, a dois, se impõe não apenas na dimensão *aplicativa*, mas por igual na dimensão *legislativa*, para o fito de se buscar estabelecer parâmetros legais objetivos para a interpretação contratual. O Código Civil de 2002 repetiu a escassez do diploma de 1916, demonstrando, assim, insuficiência na matéria (seja em contraste à tradição anterior, seja em comparação ao direito estrangeiro). A LLE sobreveio, então, transformando insuficiência em deficiência, potencializando a insegurança que, no silêncio, se poderia suprir pelo trabalho de doutrina (também escassa sobre a matéria). Agora, tal se mostra ainda mais relevante, pois se deixada à sua própria *littera*, a reforma operada é capaz de subverter a disciplina e diluir, a tudo, na iniciativa baronesca de quem se crê suficiente para, com seu solitário senso empírico, dar "vida à palavra morta"[403].

É conveniente ter regras de interpretação consolidadas em dispositivos de lei. É inconveniente, porém, que se as tenha consolidado como se as consolidou.

---

[403] O trecho é de PONTES DE MIRANDA, F. C. *Sistema de Ciência Positiva do Direito*. 2. ed. Rio de Janeiro: Borsoi, 1972, t. 4, pp. 136-137: "Ator e juiz estão na mesma posição quanto à peça e à lei: ambos não se limitam a simples reprodução do que disse o poeta ou o legislador: dão vida à palavra morta, um pouco da sua própria personalidade. Nisto é que estão os perigos e somente se poderiam diminuir ou afastar pela adoção de rigorosos métodos, que cerceiem a atividade pessoal e fortaleçam a exploração objetiva".

2. COMENTÁRIO AO ARTIGO 113 §1º, INCISO II: "USOS, COSTUMES E PRÁTICAS DO MERCADO RELATIVAS AO TIPO DE NEGÓCIO"

Giovana Cunha Comiran

> "Art. 113. Os negócios jurídicos devem ser interpretados conforme a boa-fé e os usos do lugar de sua celebração.
>
> § 1º A interpretação do negócio jurídico deve lhe atribuir o sentido que: (Incluído pela Lei nº 13.874, de 2019)
>
> [...]
>
> II – corresponder aos usos, costumes e práticas do mercado relativas ao tipo de negócio;"

1. Alterações procedidas pela lei da liberdade econômica

O texto da Lei da Liberdade Econômica que alterou o art. 113 do Código Civil não constava da Medida Provisória 889/2019. Sua inserção teve origem na emenda proposta pelo deputado Vinicius Point, aprovada com algumas alterações no projeto que a converteu na Lei nº 13.874, de 20.09.2019.

A justificativa que acompanha a proposta de emenda é de que seria necessário alterar o dispositivo para "impedir que o Estado intervenha na economia"[1], regulando "como deve ser efetivada a interpretação desse princípio [boa-fé objetiva] em relação às atividades empresariais".

Muito embora não faça nenhuma referência expressa, a proposta de emenda parece trazer para dentro do Código Civil de 2002 parcela dos critérios hermenêuticos que eram contemplados pelo Código Comercial de 1850[2]. Fê-lo, no entanto, de forma imprecisa e incompleta.

A alteração legislativa reflete antigo incômodo de parcela dos operadores do direito com a técnica das cláusulas gerais, adotada pelo Código Civil de 2002, e com a unificação da disciplina das obrigações civis e mercantis[3].

---

[1] Sob esse aspecto, é curioso notar a completa inaptidão do texto da norma – e da Lei da Liberdade Econômica em si – ao seu anunciado propósito. É que, mesmo à luz das normas que supostamente serviriam a amarrar o juiz à literalidade do contrato, a atividade interpretativa o obriga a fazê-lo de acordo com a "lógica", confira-se:
"A apelada argumenta que houve erro material na redação da citada cláusula 3.2, afirmando que as posições das palavras 'locador' e 'locatária', por lapso, foram invertidas. Em outros termos, alega que onde constou 'locador' deveria ter costado 'locatária' e vice-versa, de modo que a redação da cláusula deveria ter sido a seguinte:
3.2. A locatária deve manter o equipamento seguro, pois o locador não terá nenhuma responsabilidade no que se refere a danos, roubo ou perda do equipamento.
A tese da apelada foi acolhida pelo Juízo a quo, o que ensejou a sentença de procedência contra a qual a apelante se insurge no presente recurso.
Malgrado a irresignação da apelante, a sentença é irretocável.
O Código Civil, no capítulo dedicado à disciplina geral dos negócios jurídicos, positiva algumas diretrizes interpretativas, que foram inclusive aprimoradas recentemente, com a inclusão de parágrafos no art. 113, pela Lei nº 13.874/2019, a chamada Lei da Liberdade Econômica, fruto da conversão em lei da MP 881/2019.
[...] a literalidade das cláusulas contratuais nem sempre deve prevalecer, pois eventualmente o texto pode não exprimir com exatidão o exato conteúdo da avença. Assim, a compreensão do verdadeiro conteúdo e alcance de uma cláusula contratual deve ser o produto de um raciocínio lógico, por vezes dedutivo, por vezes indutivo, desenvolvido com base em diversos critérios interpretativos, e não somente com base na interpretação da letra fria do seu texto.
[...] para manter-se a coesão do contrato, a cláusula em questão deve ser interpretada na forma como estaria redigida caso o erro material não houvesse ocorrido, até mesmo porque essa interpretação atende às diretrizes estabelecidas no supracitado art. 113, § 1º, do CC, notadamente as elencadas nos incisos II e V. e com aquilo que não está efetivamente escrito."
(TJ-MG – AC: 10000200433399001 MG, Relator: Adriano de Mesquita Carneiro, Data de Julgamento: 10/06/2020, Data de Publicação: 15/06/2020)
[2] Sobre o tema, Cf. o meu Os Usos Comerciais: da formação dos tipos à integração dos contratos. São Paulo: Quartier Latin, 2019, pp. 35-46.
[3] Sobre a unificação e as consequências para a disciplina civil ou mercantil dos contratos, cf. FORGIONI, Paula Andrea. *Teoria Geral dos Contratos Empresariais*. 2. ed. São Paulo: RT,

2. COMENTÁRIO AO ARTIGO 113 §1º, INCISO II: "USOS, COSTUMES E PRÁTICA...

A intenção das alterações seria de reduzir uma suposta maior ingerência dos juízes sobre os textos dos contratos, e consequente insegurança jurídica, alegadamente causada pela lei civil introduzida em 2002.

Os movimentos para modificação do Código Civil nesse sentido são em muito anteriores à Lei da Liberdade Econômica. Foi, por exemplo, uma das razões para a elaboração do polêmico[4] projeto de Código Comercial[5], que pretendia a subtração de toda a disciplina de Direito Comercial do atual Código Civil de 2002, revigorando parcela dos dispositivos do revogado Código Comercial de 1850, em especial no que diz respeito à interpretação e integração de contratos mercantis.[6]

No que tange ao inciso II do parágrafo primeiro, inserto no art. 113, nota-se que faltou aprofundamento de debate em relação ao tema. Além de carecer da precisão terminológica almejada, o texto representa verdadeira perda de oportunidade.

2009, p. 234; GONÇALVES NETO, Alfredo de Assis. Os contratos Mercantis e o Código Civil. In. FRANÇA, Erasmo Valladão Azevedo e Novaes França; ADAMEK, Marcelo Vieira von (Coord.). *Temas de Direito Empresarial e outros estudos em homenagem ao Professor Luiz Gastão Paes de Barros Leães*. São Paulo: Malheiros, 2014, pp. 111-123, p. 116.

[4] O polêmico projeto de lei se encontra em trâmite perante o Poder Legislativo, Projeto de Lei nº 1.572/11 aparentemente foi sepultado após sofrer duras críricas. Sobre o debate, cf. em especial os textos disponíveis em http://www.migalhas.com.br/Quentes/17,MI153262,51045--Debate+acerca+do+Codigo+Comercial+enriquece+a+secao+Migalhas+de+peso : LOBO, Jorge. O Novo Código Comercial; EIZIRIK, Nelson. O novo Código Comercial e a lei das S/A; SICA, Ligia Paula Pires Pinto. Convite para o debate sobre o projeto de novo Código Comercial; COELHO, Fábio Ulhoa. A sociedade anônima no projeto de Código Comercial; Id. O debate democrático do novo Código Comercial; Id. Explicando o Projeto de Código Comercial; SZTAJN, Rachel; VERÇOSA, Haroldo Malheiros Duclerc. O Brasil precisa de um novo Código Comercial?; FRANÇA, Erasmo Valladão Azevedo e Novaes. O projeto do Código Comercial; Id. Indignação!; Id. Indignação pela reflexão!; Id. O projeto de Código Comercial: um arremedo de projeto de lei; ROVAI, Armando Luiz. Projeto do Novo Código Comercial, projeto para o Brasil; LAZZARESCHI NETO, Alfredo Sérgio. O projeto de (re)codificação do Direito Comercial brasileiro; VERÇOSA, Haroldo Malheiros Duclerc. Crítica à concepção do projeto do novo Código Comercial sobre o Direito societário (i); Id. Crítica à concepção do projeto do novo Código Comercial sobre o direito societário (ii); DONNAGIO, Angela; ARAÚJO, Danilo Borges Santos; SICA, Ligia Paula Pires Pinto; PRADO, Roberta Nioac; PRADO, Viviane Müller. O debate sobre uma nova codificação do direito comercial brasileiro. ALVARENGA, Helga A. Ferraz de. O novo Código Comercial.

[5] Cf. COELHO, Fábio Ulhoa. *O futuro do Direito Comercial*. São Paulo: Saraiva, 2011.

[6] O controvertido projeto de código comercial tramita no Senado desde 2011. PL 1572/2011 da Câmara e Projeto de Lei do Senado n° 487, de 2013.

Somos da opinião[7] que o Código Civil, na sua redação original, poderia contar com melhor redação. Carecia, por exemplo, de referência à atividade de integração, à relevância das práticas adotadas pelas partes em todo o processo obrigacional e mencionava apenas os "usos do lugar" – expressão que contempla apenas parcela das práticas com relevância jurídica, conforme a seguir melhor vamos expor. Era também desejável que dispusesse, não apenas de critérios aplicáveis à atividade hermenêutica, mas também apresentasse, de forma mais clara, o procedimento de integração e interpretação de contratos, servindo como guia ao intérprete[8].

No entanto, a fórmula adotada pela lei da liberdade econômica nem de longe atende a tais apontamentos.

Em primeiro lugar, ela é tautológica. Afinal, dizer que os "negócios jurídicos devem ser interpretados conforme [...] os usos" (*caput*) evidentemente é o mesmo que dizer que "a interpretação do negócio jurídico deve lhe atribuir o sentido que" (parágrafo primeiro) [...] "corresponder aos usos" (inciso II).

Em segundo lugar, sua redação padece de defeito técnico: no *caput* do dispositivo foi mantida – talvez por esquecimento – a expressão "usos do lugar de celebração". No inciso II – que deveria contemplar especificações, explicações ou exceções ao disposto no *caput* – foi adotado o termo mais amplo, "usos", tecnicamente não compreendido pela expressão do *caput* "usos do lugar".

Em terceiro lugar, a norma faz referência aos "usos", aos "costumes" e às "práticas do mercado relativas ao tipo de negócio". Os termos, separados por vírgulas, conferem a aparência de que a intenção do legislador era evidenciar e separar figuras diversas, com funções distintas. Ao assim proceder, no entanto, o legislador promoveu quebra na tradição legislativa – que normalmente adota o termo "usos" ou a locução "usos e costumes" – sem, no entanto, se ocupar de justificar a adoção de tais termos ou informar o que os diferencia.

Os termos empregados, no entanto, são dotados de histórica polissemia. Portanto, é nossa tarefa tentar identificar as figuras mencionadas e a utilidade prática – ou não – dessa enumeração procedida pela lei.

---

[7] Sobre o tema, cf. o nosso Os Usos Comerciais: da formação dos tipos à integração dos contratos. São Paulo: Quartier Latin, 2019, p. 35-46.

[8] Para maior aprofundamento, Ibid, p. 229-256.

2. Os termos empregados pela lei.

Em primeiro lugar, para a adequada aplicação da norma, insta compreender melhor o significado de usos. Estes são a figura mais ampla e que compreende – ao menos pela matéria de que são formados, as práticas sociais – as demais figuras jurídicas mencionadas na norma.

Fundada na diversidade de figuras que podem ser abrangidas pelo termo "usos", a doutrina faz referência aos "usos e costumes", "usos comerciais", "usos mercantis", "usos da prática", "usos do tráfico", "práticas mercantis", "usos do local", "usos gerais", "usos especiais", "usos particulares"[9]. [10] Por esse

---

[9] As práticas tornadas generalizadas em um determinado grupo, local, setor, ou mesmo país, consistentes em usos gerais (compreendendo usos do tráfico, usos do setor, usos profissionais, etc.) não se confundem com os chamados *usos particulares* ou *práticas das partes*. São figuras de natureza e aplicação essencialmente distintas.

Em uma relação contratual, os usos decorrentes da construção de um negócio, configurada por ocasião das relações precedentes ou por meio de uma relação continuada, formam os usos particulares ou individuais. Em contraposição a estes, os usos gerais são dotados de âmbito mais difuso e universal de aplicação, ainda que circunscritos, *v. g.*, a determinados setores operativos e a determinadas categorias profissionais.

Diferentemente dos usos do tráfico (ou gerais), os usos particulares não dizem respeito à repetição de comportamentos no seio de determinada coletividade. Têm ligação tão-somente com o desenvolvimento da relação interpartes. Sua relevância sob o ponto de vista do processo obrigacional está na compreensão de que não é somente por meio do contrato escrito que as partes se obrigam. Os usos particulares devem ser agregados à verificação das circunstâncias do caso. Por isso sua diferenciação é importante, e o método de aplicação das práticas individuais e dos usos comerciais é um tanto ou quanto diverso. Enquanto os usos particulares resultam da vontade manifesta das partes – ainda que por meio de comportamentos – os usos comerciais levam à presunção de vontades que não se manifestaram.

Ao dispor apenas sobre uma das facetas das práticas das partes – a confirmação do significado "pelo comportamento das partes posterior à celebração" – deixou o legislador de considerar importantes aspectos das práticas, incluindo as consequências daquelas levado a efeito antes da celebração do negócio – i.e., durante as tratativas – e aquelas contrárias ao texto do negócio – que, de forma reiterada, poderão resultar na extinção, modificação ou criação de direitos.

[10] Prova da necessidade dessa distinção e funções na norma jurídica é o frequente uso indistinto das duas figuras. Nesse sentido, vale conferir um exemplo extraído da jurisprudência recente: "RECURSO ESPECIAL. AÇÃO DE OBRIGAÇÃO DE FAZER AJUIZADA POR SINDICATO DE VAREJISTAS DE PRODUTOS FARMACÊUTICOS CONTRA AS DISTRIBUIDORAS (ATACADISTAS) VISANDO À PROIBIÇÃO DO REPASSE DA DESPESA RELATIVA AO PAGAMENTO DAS COMPRAS E VENDAS MEDIANTE BOLETO BANCÁRIO.

[...]

2. Consoante incontroverso nos autos, era prática usual (e reiterada), no âmbito da cadeia de distribuição de medicamentos, que o pagamento efetuado pelas varejistas para a aquisição dos produtos – a serem revendidos ao consumidor final – ocorresse por meio de boleto bancário, emitido por instituição financeira em favor da comerciante atacadista.

3. Mediante a utilização de software eletrônico – que, de forma instantânea, possibilitava o recebimento de pedidos de compras on-line –, a distribuidora emitia uma "duplicata virtual", com o preenchimento de formulário disponibilizado pela instituição financeira, que gerava um boleto bancário, posteriormente remetido (acompanhado dos produtos) às farmácias e drogarias para o devido pagamento.

4. Nos boletos, a atacadista figurava como "cedente" (credora da obrigação) e as varejistas como "sacadas", sendo exigido, destas últimas, o valor de R$ 1,39 (um real e trinta e nove centavos) a título de "tarifa de cobrança". A distribuidora, portanto, transferia parte do custo convencionado com a instituição financeira para liquidação de cada boleto (R$ 1,55 – um real e cinquenta e cinco centavos), sobejando-lhe a obrigação de arcar com R$ 0,16 (dezesseis centavos) por documento.

5. À luz do disposto no artigo 325 do Código Civil – incidente em relações jurídicas paritárias como a dos autos –, a obrigação das compradoras não se resume ao pagamento do preço, presumindo-se a sua responsabilidade pelas "despesas com o pagamento e a quitação", salvo em se tratando de despesa excepcional decorrente de fato imputável ao credor.

[...]

9. Na espécie, tendo em vista os usos e costumes do segmento empresarial e as práticas adotadas, de longa data, pelas partes, encontram-se presentes os requisitos para que o silêncio reiterado das varejistas sobre a adoção dos boletos bancários e o repasse do respectivo custo seja considerado manifestação de vontade apta a produção de efeitos jurídicos, vale dizer: seja atestada a existência de consenso em relação à forma de pagamento das "mercadorias" e à cobrança de tarifa.

10. Isso porque: (i) configurado o comportamento negativo das farmácias e drogarias, que, por mais de dez anos, pagaram os boletos bancários sem manifestar qualquer insurgência contra tal modalidade de adimplemento e a respectiva tarifa que lhes era cobrada; (ii) inexiste controvérsia sobre o fato de ser prática corriqueira do segmento empresarial a comercialização mediante boletos bancários com o escopo de otimizar a logística de distribuição de medicamentos, cuja relevância pública decorre da Constituição de 1988 e da Portaria 802/98 do Ministério da Saúde; (iii) também é incontroversa a habitualidade das negociações celebradas entre a atacadista e as varejistas com a utilização da citada forma de pagamento; (iv) cabia às compradoras – sociedades empresárias cuja vulnerabilidade não se reconheceu nos autos – apresentar resistência contra o modo de adimplemento ofertado durante os longos anos da relação contratual, merecendo destaque o fato de ter sido pleiteada na inicial a manutenção do pagamento via boleto bancário, havendo apenas objeção acerca do repasse da tarifa; e (v) revela-se evidente a convicção da atacadista sobre a adesão das varejistas quanto às cobranças efetuadas, na medida em que beneficiadas com a agilidade da forma de pagamento e a consequente pronta entrega dos produtos, entre outras facilidades que lhes eram ofertadas.

11. Em resumo, portanto, não há falar em abuso de poder econômico da atacadista – cuja margem de lucro é bem inferior à das varejistas, sobre as quais não recai obrigação excessivamente onerosa – nem violação à cláusula geral de boa-fé objetiva.

motivo – e porque a diferenciação traz consequências práticas – nossa crítica aos termos adotados pela lei, sem preocupação com a precisão terminológica.

De acordo com Rocco[11], uso é, em sentido lato "toda a repetição consciente e prolongada de actos voluntários, repetição que pode ser um facto meramente individual, fundado sobre a maior facilidade que oferece a repetição de um acto já realizado, em comparação com a prática de um acto novo (hábito); ou então um facto social fundado sobre o hábito e a imitação." Escarra[12] narrando o desenvolvimento das práticas dos mercadores italianos, demonstra que os usos se configuram na prática dos comerciantes. Configuram-se na sua procura por soluções para os problemas quotidianos e se consolidando na forma de soluções que, pela repetição, acabam por se tornar padrões e, assim, dispensam maiores formalidades.

O termo "uso", no entanto, comporta não apenas uma ambiguidade conceitual, mas também dificuldades decorrentes da imperfeição da própria linguagem[13]. Há diferentes termos que servem, de um lado, para designar a ideia de "uso" no mundo jurídico; de outro, o termo uso pode fazer referência a figuras distintas.

Assim, a expressão compreende, no mínimo, três ideias diversas no âmbito jurídico: (i) uma prática simplesmente observável como fato social, ou seja, um hábito; (ii) a mesma prática já como um instrumento passível de manipulação jurídica, porém não detentora da qualidade de norma jurídica e (iii) a ideia de uma regra de direito, que, na visão da maior parte da doutrina, se confunde com a noção de costume.[14]

Haja vista a inclusão, pela novel redação, dos termos "usos" e "costumes" de forma distinta, primeiro faz-se necessário esclarecer e checar a utilidade da distinção. Em um segundo momento, imperativo também analisar a expressão "práticas do mercado relativas ao tipo de negócio" e, por fim, anotar

---

12. Recurso especial provido para julgar improcedente a pretensão deduzida na inicial. (REsp 1580446/RJ, Rel. Ministro LUIS FELIPE SALOMÃO, QUARTA TURMA, julgado em 23/02/2021, DJe 25/03/2021)

[11] ROCCO, Alfredo. *Princípios de Direito Comercial*. São Paulo: Saraiva, 1931, p. 130.

[12] ESCARRA, Jean. De la valeur juridique de l'usage en droit commercial. In: *Annales de droit commercial français, étranger e international*. Livrarie Nouvelle de Droit et de Jurisprudence Arthur Rousseau, 1910, p. 98-99.

[13] KASSIS, Antoine. *Théorie Générale des Usages du Commerce*. Paris: LGDJ, 1984, p. 5.

[14] KASSIS, Antoine. *Théorie Générale des Usages du Commerce*. Paris: LGDJ, 1984, p. 6.

que nenhuma destas se confunde com as "práticas individuais", ou das partes, que, infelizmente, foram tratadas apenas parcialmente, por um de seus efeitos, na nova redação dada art. 113 do Código Civil[15].

2.1 Usos *vs.* costumes: usos-fato ou convencionais *vs.* usos-regra ou normativos

Além de compreender figuras diversas, o termo "usos" serve à designação da prática convencional, mas também, a uma concepção de norma[16]. Na primeira acepção, haveria propriamente usos; na segunda, para grande parte da doutrina, já es estaria diante de costumes.

Na construção de Gény, seguida pela majoritária doutrina, a noção de usos convencionais se contrapõe à noção de usos-regra – aos quais haveria a agregação de uma força prescritiva[17], transmutando-se em costumes. Escarra[18] chama de "usos de fato" ou interpretativos da vontade das partes aqueles que Gény nomeou de convencionais. Na sua definição, estes usos são compostos de elementos subjetivos, possuindo valor de convenção fundada sobre a vontade das partes. São as consequências subentendidas de contratos obrigatórios e perfeitamente definidos. O julgador de fato os interpreta, como todas as convenções. A força obrigatória destas prestações tácitas é contemporânea àquelas expressas e as regras gerais sobre a prova se aplicam aos usos assim como para toda e qualquer convenção. Diferentemente, os usos-regra, ou

---

[15] Nosso entendimento é de que o inc. I do parágrafo primeiro, que trata da relevância do comportamento das partes para a confirmação do sentido do negócio jurídico trata de uma pequena esfera das consequências das práticas adotadas pelas partes na forma de comportamento. Deixa, no entanto, de enfatizar práticas adotadas pelas partes no período de negociações, bem como os efeitos modificativos ao texto do contrato, gerado pelas práticas reiteradamente adotadas pelas partes.

[16] Cf. nesse sentido, a diferença que faz PONTES DE MIRANDA entre "usos e costumes" e regra consuetudinária, esta sim, segundo ele, sendo fonte formal de direito. (*Tratado de Direito Privado*. Rio de Janeiro: Borsoi, 1972, tomo 38, § 4.202, p. 80.

[17] A expressão é de François GÉNY (*Méthode d'interpretation et sources du droit privé positif*. Paris: LGDJ, 1919, tomo 1, em especial p. 418, que os indica como sinônimos de "usos voluntários" ou "usos do comércio".

[18] ESCARRA, Jean. De la valeur juridique de l'usage en droit commercial. In: *Annales de droit comercial français, étranger e international*. Livrarie Nouvelle de Droite et de Jurisprudence Arthur Rousseau, 1910, p. 120.

costumes, possuiriam força obrigatória e seriam aplicáveis independentemente do conhecimento e vontade das partes.

Buscando referências no direito comparado, pode-se notar que muitos autores italianos[19] sustentam uma clara dicotomia entre usos negociais e usos normativos, algo pouco explorado por aqui. Isso se dá em virtude de uma taxionomia introduzida naquele sistema pelo Código Civil de 1942. Esta corrente sustenta que, enquanto o art. 1.340[20], dispõe sobre a aplicação de usos integrativos, o art. 1.368[21] dispõe sobre usos de fato ou interpretativos (e estas duas funções são comumente conjugadas como "usos negociais") e o art. 1.374[22] dispõe sobre os usos normativos[23].

Nesse sentido, logo nos primeiros anos de vigência do Código Civil Italiano, Asquini sustentou que os "usos legais" e os "usos negociais" não se confundem.[24] Segundo ele, quando se trata de usos legais, a lei os chama para integrar a si mesma, na função de regular pressupostos negociais. Os usos negociais, por sua vez, são chamados a interpretar e integrar os pressupostos negociais.

Assim, segundo ele, a lei daria força aos usos legais para operarem como direito objetivo, o que permite serem conhecidos de ofício pelo juiz e abrir-se a via para a Corte de Cassação – estão compreendidos, portanto, na noção de regra costumeira. Aos usos negociais, inversamente, a lei somente confere a

---

[19] Cf., por exemplo, BIANCA, Massimo Cezare; BIANCA, Mirzia. *Instituzioni di diritto privatto*. Milano: Giuffrè, 2014, p. 22-24; ASQUINI, Alberto. Usi legali e usi negoziali. *Rivista del Diritto Commerciale e del Diritto Generale dele Obbligaziuoni*, 1944, vol. XLII, parte priva, pp. 71-75.

[20] "Art. 1340. Clausole d'uso. Le clausole d'uso s'intendono inserite nel contratto, se non risulta che non sono state volute dalle parti."

[21] Art. 1368. Pratiche generali interpretative. Le clausole ambigue s'interpretano secondo ciò che si pratica generalmente nel luogo in cui il contratto è stato concluso. Nei contratti in cui una delle parti è un imprenditore, le clausole ambigue s'interpretano secondo ciò che si pratica generalmente nel luogo in cui è la sede dell'impresa.

[22] Art. 1374. Integrazione del contratto. Il contratto obbliga le parti non solo a quanto è nel medesimo espresso, ma anche a tutte le conseguenze che ne derivano secondo la legge, o, in mancanza, secondo gli usi e l'equità.

[23] Há quem agregue as funções dispostas no art. 1.340 e art. 1.374 sob a mesma função normativa, pois ambos dizem com a integração do contrato, e apenas o art. 1.340 sob a função interpretativa (esclarecimento da vontade das partes). Nesse sentido, cf. BETTI, Emilio. *Teoria Generale del Negozio Giuridico*. Napoli: Edizioni Schientifiche Italiane, 1994, em especial p. 340.

[24] ASQUINI, Alberto. Usi legali e usi negoziali. *Rivista del Diritto Commerciale e del Diritto Generale dele Obbligaziuoni*, 1944, vol. XLII, 1944, parte priva, p. 73.

força para operarem como elementos de fato relacionados à vontade negocial.[25] Isso levaria os "usos legais e usos contratuais" a "planos conceitualmente diversos": usos legais/ costumes, possuiriam natureza normativa; usos negociais, por sua vez, teriam natureza factual. Embora ambos tenham caráter social, e não individual, devendo ser reconhecidos e ter alguma duração no tempo, entre eles haveria uma diferença essencial, relacionada ao requisito subjetivo, ou seja, a consciência de que devem ser observados (*opinio iuris vel necessitatis*). [26] [27].

Orlando Gomes[28], ao sustentar a diferença entre usos e costumes, afirma que os usos convencionais são "constituídos por cláusulas insertas invariavelmente em certos contratos, chamados *cláusulas de estilo*, que se presumem quando neles não estão expressas". Acrescenta que a "força obrigatória de tais cláusulas resulta da vontade tácita das partes, não se impondo, desse modo, quando não podem ser presumidas, o que não ocorreria se verdadeiramente costume fossem." Haveria para ele, portanto, uma gradação entre os usos ainda como manifestação de vontade das partes e o costume, já como presunção de vontade.

A definição é um tanto quanto reducionista e imprecisa. Usos convencionais são também práticas aptas a formar cláusulas de estilo, isto é, cláusulas padrão. Mas não só isso. São práticas que contêm informações, como a indicação de sentido e significado de expressões utilizadas pelas partes, ou, ainda, de forma mais ampla, podem configurar modelos contratuais completos (um tipo contratual), e não apenas uma parte desse modelo (modelos de cláusulas típicas).

---

[25] ASQUINI, Alberto. Usi legali e usi negoziali. *Rivista del Diritto Commerciale e del Diritto Generale dele Obbligaziuoni*, 1944, vol. XLII, 1944, parte priva, p. 73.

[26] ASQUINI, Alberto. Usi legali e usi negoziali. *Rivista del Diritto Commerciale e del Diritto Generale dele Obbligaziuoni*, 1944, vol. XLII, parte priva, pp. 71-74.

[27] Evidentemente, no entanto, este não é o único entendimento adotado pelos doutrinadores italianos. Cf, em sentido diverso, LA ROSA, Antonio Pavone. Consuetudine (Usi normativi e usi negoziali). In: *Enciclopedia del diritto*. IX Coni – Contratto. Milanoo: Giuffrè, 1961, p. 513-530 e BETTI, Emilio. *Teoria Generale del Negozio Giuridico*. Napoli: Edizioni Schientifiche Italiane, 1994, em especial p. 340-341.

[28] GOMES, Orlando. *Introdução ao Direito Civil*. 10. Ed. Rio de Janeiro: Forense, 1993, p. 43.

Pontes de Miranda faz, por diversas vezes, referência à locução "usos e costumes" no sentido de usos convencionais, sustentando serem eles "elemento do suporte fático do negócio jurídico, e não como regra jurídica que incide sobre o suporte fáctico." Assim, para ele o uso entra como *"vontade do figurante ou dos figurantes, que, concluindo o negócio jurídico, quiseram como a generalidade sói querer."*[29] E prossegue: os usos "servem a completar o conteúdo do negócio jurídico, ora para entendimento do que foi dito (usos do tráfico interpretativos), ora para apreciação das circunstâncias." Mais adiante, em referência ao revogado art. 291[30] do Código Comercial de 1850, afirma, ainda assim, serem os usos do tráfico negociais, e não regras jurídicas.

Ele, contudo, faz uma ressalva: o fato de a lei, mediante regras interpretativas, remeter determinados parâmetros supletivos da vontade das partes aos usos do tráfico não os torna fontes de regras jurídicas gerais. A despeito da remissão, eles seguem sendo "meras práticas gerais, limitadas a certos lugares, certas profissões [...]". Constituem "parte tácita dos negócios jurídicos, enchendo-se com os usos e costumes, em vez de atos explícitos, o espaço deixado à autonomia da vontade". E, a depender da técnica legislativa, serão subentendidos ou referidos, mas não serão tornados regra jurídica.[31]

A sua compreensão sobre usos convencionais, está, assim, resumida no seguinte trecho: "O fato de haver uso negocial elemento comum ao direito costumeiro não basta para fazê-los um só. Os usos negociais podem ser postos inteiramente de lado pela vontade negocial, ou lhes suprir ou lhes interpretar a vontade. Falta-lhes a fixidez da regra jurídica, ainda dispositiva ou interpretativa, ou de arbítrio."[32]

Já aí é possível localizar alguns elementos aptos a identificar o que seja um uso (convencional): (i) a existência de uma prática; (ii) que esta prática seja

---

[29] PONTES DE MIRANDA, Francisco Cavalcanti. *Tratado de Direito Privado*. Rio de Janeiro: Borsoi, 1971, tomo 38, § 4.202, 4, p. 81.
[30] "Art. 291. As leis particulares do comércio, a convenção das partes, sempre que não lhes fôr contrária, e os usos comerciais regulam toda a sorte de associação mercantil; não podendo recorrer-se ao direito civil para a decisão de qualquer dúvida que se ofereça, senão na falta de lei ou uso comercial".
[31] PONTES DE MIRANDA, Francisco Cavalcanti. *Tratado de Direito Privado*. Rio de Janeiro: Borsoi, 1971, tomo 38, § 4.202, 4, p. 82.
[32] PONTES DE MIRANDA, Francisco Cavalcanti. *Tratado de Direito Privado*. Rio de Janeiro: Borsoi, 1971, tomo 38, § 4.202, 4, p. 83.

difundida de maneira generalizada (em um setor, em uma comunidade, em um país, em uma profissão); (iii) que se possa presumir a vontade das partes no sentido da prática estabelecida. À diferença dos chamados "usos-regra" (costumes), não haveria, na noção de usos convencionais, o elemento de obrigatoriedade ou força normativa.

Assim, a base da diferenciação feita pela doutrina entre usos e costumes, compreende-se, está na forma de sua aplicação: os usos entrariam no contrato por força de presunção de vontades e seria dependente do seu conhecimento pela parte à qual oposto; a aplicação dos costumes, por sua vez, se daria de forma impositiva e independentemente do conhecimento da parte sobre sua existência e vinculação, no caso.

Adotando tal raciocínio, Gény apresenta os usos convencionais com os mesmos elementos materiais de que são constituídos os costumes: supõe-se uma prática constante e longamente seguida (*corpus*), mas se dispensa o elemento psicológico quanto à sua obrigatoriedade (*opinio juris vel necessitatis*). Somente é possível suplementar ou interpretar a vontade dos contratantes mediante a aplicação dos usos porque as partes a eles *livremente* se sentiriam vinculadas. Na sua leitura, a noção de uso, portanto, exclui a ideia de uma sanção jurídica correspectiva; a de costume, contrariamente, inclui.[33]

Deixando a doutrina civil tradicional, faz-se necessário registrar que no Direito Internacional invariavelmente essa dicotomia entre usos consensuais e usos-regra (ou costumes) é ignorada. Sustenta-se tão-somente a natureza prescritiva dos usos, isto é, os usos como norma jurídica equivalente à regra costumeira.

Fouchard[34], por exemplo, define os usos do comércio internacional como normas não estatais, de origem profissional e que se formam a partir de contratos-tipo e condições gerais estabelecidas por associações profissionais. Podem, inclusive, ser codificados pelos organismos internacionais.

Goldman, por sua vez, assimila as noções de usos e de costumes, ao afirmar ser o comércio internacional governado por normas de origem profissional,

---

[33] GÉNY, François. *Méthode d'interpretation et sources du droit privé positif.* Paris: LGDJ, 1919, tomo 1, p. 423.
[34] FOUCHARD, Philippe. *Travaux du Comité François de droit international privé.* Paris: LGDJ, 1973-1975, p. 74.

2. COMENTÁRIO AO ARTIGO 113 §1º, INCISO II: "USOS, COSTUMES E PRÁTICA...

ou regras costumeiras e princípios revelados pelas sentenças arbitrais.[35] Sustenta, ainda, que os contratos internacionais não são regidos pelas leis de um Estado, nem por uma lei uniforme adotada por uma Convenção dos Estados, mas pelos contratos-tipo eles mesmos. Ou seja: vê uma evidente normatividade e imperatividade nos modelos formados a partir de usos do comércio.

Em sua investigação conclui que os usos do comércio internacional podem ser considerados regras porque atendem definição de Batifol[36], segundo a qual uma norma "é uma prescrição de caráter geral, formulada com uma precisão suficiente para que os interessados possam conhecê-la antes de agir,"[37] Para ele "as cláusulas dos contratos-tipos, ou os usos codificados correspondem a essa definição, ao menos naquilo que concerne à generalidade, à precisão e à publicidade." Destaca que não é sem dificuldade que se conclui pela possibilidade de que sejam consideradas costumes, pois isso implica na ideia de comando. No entanto, essas cláusulas e usos codificados seriam de livre adesão às partes.

Em outro texto[38], Goldman agrega a seu entendimento a constatação de que a regra de direito é a norma governante de uma coletividade porque os seus membros têm consciência de que, em sua transgressão, entrariam em conflito não somente com o bem (como seria quando se trata de uma regra moral), mas com a organização, com as estruturas e com o funcionamento dessa coletividade. Para ele é esta a realidade dos comerciantes, permitindo-se concluir que as normas modeladas pelos usos do direito internacional são regras jurídicas.

A classificação formal dos usos como consensuais (interpretativos, de fato) ou regra jurídica (impositivos, de direito), bem como a adoção das teorias tradicionais dos costumes para sua explicação, não é, todavia, imune a críticas. Isso porque ela parte do princípio segundo o qual os usos, em sua evolução,

---

[35] GOLDMAN, Berthold. Frontières du droit et lex mercatoria. *Revista de Arbitragem e Mediação*, 2009, a. 6, n. 22, p. 212 (originalmente publicado em *Archives de philosophie du droit*, n. 9, 1964, pp. 177-194).
[36] Faz referência à aula por ele ministrada, e não a uma publicação.
[37] GOLDMAN, Berthold. Frontières du droit et lex mercatória. *Revista de Arbitragem e Mediação*, 2009, a. 6, n. 22, p. 224.
[38] GOLDMAN, Berthold. La lex mercatoria dans les contrats et l'arbitrage internationaux: realitées e perspectives. *Clunet*, 1979, n. 3, p. 499-501.

poderão ser transformados em costumes. Por conseguinte, carrega a complexa essência do conhecimento dos costumes como tais.

A conceituação de costume, com efeito, passa pelo reconhecimento de dois elementos básicos – o *corpus* (elemento objetivo, coincidente com a prática em si) – e a *opinio iuris vel necessitatis* (elemento psicológico que, a depender da corrente de pensamento, poderá ser um sentimento de obrigatoriedade imanente, dado pela sociedade ou afirmado pela jurisprudência).

A nosso ver, o primeiro problema dessa dicotomia é que, na hipótese de uma evolução gradativa, dos usos-fato até sua transmutação em regra jurídica, para se saber se há já costume (regra jurídica, obrigatória à parte), e não mais uso (que integra a vontade/convenção), será necessário examinar se houve a superação do terreno simplesmente fático, para se chegar ao terreno de norma, ou seja, identificar-se o momento em que essa força autorizadora atua ou, como Bederman[39] tentou situar em sua obra, quando é possível localizar o "elemento extra", apto a atribuir caráter normativo aos usos.

Mas mesmo que se pudesse ultrapassar o abismo que se põe para a localização do "elemento extra", aceitar a teoria tradicional implica atribuir a uma parcela dos usos a qualidade de norma jurídica, incluindo a noção de objetividade e generalidade – e, por conseguinte, sua aplicação heterônoma – e, à outra, a noção de subjetividade e particularidade – aplicável por presunção de vontade e, assim, dependente do conhecimento das partes.

Com isso, no entanto, não concordamos.

Em primeiro lugar, a matéria de que são feitos os "usos" é exatamente a mesma, sejam eles "usos convencionais" / "interpretativos" / "usos-fato" ou "usos obrigatórios" / "usos-regra". Não há diferente natureza jurídica. Não há diferença ontológica – de fato, de um lado, e de norma, de outro. Pela dicotomia evidenciam-se, na verdade, diferentes funções – de interpretação, de um lado, e de prescrição/ integração, de outro.

Em segundo lugar, os usos, independentemente da função que exerçam no processo de aplicação do direito – de esclarecimento do significado ou de prescrição normativa – não integram um contrato porque indicam uma vontade subjetiva das partes. Ainda que possam servir a melhor explicar o que as

---

[39] Por tudo, BEDERMAN, David J. *Custom as a Source of Law*. Cambridge/New York: Cambridge University Press, 2010.

partes pretenderam mediante suas manifestações de vontade, eles integram o contexto do regramento objetivo do contrato.

Isso significa, em visão diversa da tradicionalmente sustentada por Gény, que os usos poderão ser aplicados independentemente do conhecimento de uma das partes, desde que se possa razoavelmente deduzir que deles devessem ter conhecimento. E, assumam eles funções normativas/ integrativas, convencionais/interpretativas, não serão aplicáveis automaticamente a uma generalidade de sujeitos. Sua aplicação dependerá sempre das circunstâncias envolvidas, caso a caso.

Nossa opinião, assim, é no sentido de que, em qualquer situação, para que os usos incidam, não será necessário demonstrar o conhecimento das partes a seu respeito, mas, sim, que, pelo contexto em que a obrigação se insere, seria esperado, expectado, que fossem aplicáveis. A vinculação das partes ao uso não se dá por presunção de vontade, tampouco em decorrência de força obrigatória nascida da *opinio iuris vel necessitatis*. É o princípio da confiança que vincula as partes aos usos próprios de determinado negócio, setor, local, etc. É a confiança nas expectativas geradas de parte a parte, dependente do ambiente/contexto em que se insere o contrato e em que as partes estão inseridas, que as vincula[40].

Muito embora se atribua à regra costumeira característica direito objetivo, independente, pois, de presunção de vontade, passará pelo mesmíssimo processo de vinculação. Os costumes não são, afinal, aplicáveis genericamente a todo e qualquer sujeito. Vinculam tão-somente na medida e de acordo com circunstâncias envolvidas no caso: estarão restritos a um local, a um setor econômico, a uma nação etc. Ou seja: igualmente é o princípio da confiança que informa a vinculação das partes a eles.

Ademais, a ideia "transmutação" do uso de fato a norma não funciona em matéria contratual esbarra na natureza jurídica dos usos. Não nos parece, com efeito, que eles possam se impor, de maneira cogente, à vontade das partes, pois o que predomina nesse campo do direito é justamente a atuação da autonomia privada.

---

[40] Foi o que defendemos em nosso Os Usos Comerciais: da formação dos tipos à interpretação e integração dos contratos. São Paulo: Quartier Latin, 2019, em especial pp. 121-137.

Nesse ponto, concordamos com Kassis[41], para quem não há usos "dispositivos", mas tão-somente supletivos – eles suplementam manifestações de vontade, ainda que, a nosso ver, por processo heterônomo e não decorrente de presunção mesma de vontade. Não estão à disposição das partes, que decidem ou não adotar determinado regramento, como ocorre com as regras legais dispositivas – embora possam, especificando, excluir determinado uso conhecido.

De outro lado, a ideia de "obrigatoriedade", inerente ao direito costumeiro, é incompatível com noção de tutela jurídica da autonomia privada, princípio que rege a disciplina contratual. Sustentar que usos poderiam gerar regras cogentes em matéria contratual, i.e., limitadoras da autonomia privada, seria admitir a possibilidade de determinada cláusula contratual ser considerada inválida porque contraria usos comerciais. Na hipótese de haver uma cláusula contrária ao uso, no entanto, o resultado é a ineficácia do uso ao caso, pois prevalece a autonomia das partes. Os usos se aplicam e vinculam às partes não porque limitam a autonomia, mas porque (i) as partes livremente se vincularam e (ii) as legítimas expectativas criadas a partir desse vínculo devem ser tuteladas pelo direito[42].

Assim, também entendemos que os usos não evoluem para a criação costumes como regras dispositivas. Isso porque:

(i) exceto se for possível afirmar que o uso ou o direito consuetudinário são de conhecimento público e notório, a parte deveria ser chamada a fazer prova de sua existência e de sua aplicabilidade. O que muitas vezes a doutrina chama de "costume" em contraposição ao uso dependerá de uma apreensão subjetiva do aplicador do direito – i.e., se ele conhece ou não os usos do setor. A dificuldade de diferenciar do uso convencional – que supostamente opera por presunção de vontade – e o uso transformado em regra – que, em tese, decorreria de processo heterônomo e independentemente se ser presumível de vontade –, portanto, é evidente. Como e quando, afinal, é possível localizar a *opinio*

---

[41] KASSIS, Antoine. *Théorie Générale des Usages du Commerce*. Paris: LGDJ, 1984, p. 167.
[42] Foi o que defendemos em nosso Os Usos Comerciais: da formação dos tipos à interpretação e integração dos contratos. São Paulo: Quartier Latin, 2019, em especial pp. 121-137

iuris necessitatis que tornaria dispensável essa prova? Como demonstrar para o juiz que ele está diante de uma regra de direito consuetudinário, e não mais de um simples uso e que, portanto, deverá aplicá-lo independentemente de prova?

(ii) a parte interessada, em regra, será obrigada a demonstrar que era, no mínimo, esperado que aquele a quem pretende ver oposto o uso, mesmo já transmutado em costume, dele tivesse conhecimento. A presunção não é automática – ela depende da demonstração de circunstâncias que a induzam.

(iii) fica difícil reconhecer, em matéria contratual, uma força derrogatória ao direito consuetudinário. Isso porque, neste campo, as normas são, em sua maioria, dispositivas e portanto, diante de previsões próprias no contrato ou de usos do tipo de negócio, elas simplesmente não devem incidir. De outro lado, sempre que há uma norma impositiva (cogente), visa-se a correção de condutas que o Estado não admitiria em virtude da proteção de determinados interesses. Nesse caso, a norma cogente não poderá ser derrogada pela norma usual ou costumeira.

Vide, por exemplo, a imperatividade de algumas das normas relativas ao contrato de representação comercial[43]. Nessas hipóteses, mesmo que se sedimentasse um uso contrário à norma, o papel da jurisprudência seria a correção desse comportamento, mediante aplicação impositiva da norma legal, e não a derrogação da norma cogente.

(iv) Por fim, temos dúvidas se a violação de um uso elevado a regra, na forma do direito costumeiro, em contraposição à violação de um uso, ao qual não atribuída tal acepção, daria acesso às cortes superiores.

---

[43] Entre os requisitos da Lei nº 4.886, de 9/12/1965 (com redação dada pela Lei nº 8.420, de 08/05/1992) está o valor mínimo da indenização pela rescisão sem justa causa: "Art. 27. Do contrato de representação comercial, além dos elementos comuns e outros a juízo dos interessados, constarão obrigatoriamente: (...) j) indenização devida ao representante pela rescisão do contrato fora dos casos previstos no art. 35, cujo montante não poderá ser inferior a 1/12 (um doze avos) do total da retribuição auferida durante o tempo em que exerceu a representação. § 1º Na hipótese de contrato a prazo certo, a indenização corresponderá à importância equivalente à média mensal da retribuição auferida até a data da rescisão, multiplicada pela metade dos meses resultantes do prazo contratual".

No sistema brasileiro, as hipóteses que podem levar às cortes superiores são aquelas que compreendem violação de lei federal[44], dissídio jurisprudencial[45] e questão relacionada à vigência de norma constitucional[46] ou conflito entre lei local e lei federal[47]. Ainda na vigência do sistema anterior, Pontes de Miranda[48] sustentava a possibilidade de se levar às vias extraordinárias questionamento com base em direito consuetudinário, mediante uma extensão da compreensão do termo "lei" nos dispositivos constitucionais.

Sob a vigência da Constituição de 1988, no entanto, localizamos um único precedente admitindo uma interpretação ampla do sentido de que a ideia de "lei" contida nas normas processuais, pode ser alargada à ideia de costume, mas a decisão tratava da definição das hipóteses de cabimento da ação rescisória.[49]

---

[44] Art. 105, III, "a", da CF.
[45] Art. 105, III, "c", da CF.
[46] Art. 102, III, "a", "b", "c".
[47] Art. 102, III, "d".
[48] PONTES DE MIRANDA chega a admitir que a questão quanto a diferenciação entre direito consuetudinário e "usos e costumes" é importante "em se tratando de ação rescisória e de recurso extraordinário." (...) "Não há recurso extraordinário, nem revista, nem ação rescisória de sentença, por infração de uso e costume, porque não há, aí *quaestio iuris*." (*Tratado de Direito Privado*. Rio de Janeiro: Borsoi, 1971, t. 38, § 4.202, p. 86-87). E em seu tratado sobre ações rescisórias, por sua vez, referenda o entendimento segundo o qual decisão que aplica costumes (no sentido de direito consuetudinário), pode ser objeto de ação rescisória: "Quanto à 'literal disposição de lei', que está no art. 485, V, temos sempre mostrado que não se pode acolher opinião apegada ao adjetivo. Letra, literal, está aí, como expresso, revelado. O art. 4º da Lei de Introdução do Código Civil não pode ser postergado: 'Quando a lei for omissa, o juiz decidirá o caso de acordo com a analogia, os costumes e os princípios gerais de direito'. Dizer-se que, ao sentenciar invocando costume ou princípio geral de direito, o juiz, que o ofende, apenas erra *in procedendo*, é erradíssimo. Sentenças proferidas contra algum costume, que se aponta como existente, escritível ou já escrito ('literal'), ou contra algum princípio geral de direito, ou contra o que, por analogia, se havia de considerar regra jurídica, são sentenças rescindíveis. Ao juiz da ação rescisória é que cabe dizer se existe ou não existe a regra de direito consuetudinário, ou o princípio geral de direito ou a regra jurídica analógica. Se o juízo rescindente se encontra diante de opiniões divergentes quanto à regra jurídica de costume, ou a interpretação por analogia, ou determinado princípio geral de direito, ele é que tem de dizer qual a opinião que é verdadeira, salvo se há imposição legal da observância de alguma atitude assumida pelo Supremo Tribunal Federal, pelo Superior Tribunal de Justiça ou por outro tribunal." (*Tratado da Ação Rescisória*. 1. Ed. Rio de Janeiro: Bookseller, 1998, p. 267-268).
[49] Nesse sentido, cf. AÇÃO RESCISÓRIA. APOSENTADORIA ESPECIAL (PERICULOSIDADE). SERVIDOR PÚBLICO. INTERPRETAÇÃO RAZOÁVEL. SÚMULA 343 – STF.

2. COMENTÁRIO AO ARTIGO 113 §1º, INCISO II: "USOS, COSTUMES E PRÁTICA...

A pesquisa jurisprudencial revela, assim, ausência de debate sobre a possibilidade de abertura das vias extraordinárias pela alegada violação de regra costumeira e, ante a jurisprudência defensiva dos tribunais superiores, consideramos difícil a admissão dessa tese de forma isolada, i.e., sem que seja debatido conjuntamente o dissídio pretoriano. Mas, caso assim se considerasse, qual o costume que abriria a via do especial? Apenas aquele que forma norma nacionalmente reconhecida? Ou também preencheria o termo "lei federal" o costume chamado de local? Os óbices parecem evidentemente difíceis de se superar.

Por isso, entendemos que aplicabilidade dos usos ao caso deverá ser levada a conhecimento do juiz e devidamente demonstrada. Assim, os usos atuam da mesma forma que todas as outras circunstâncias de fato, servindo a revelar a vontade das partes.[50] Significa dizer que, enquanto a presunção informada pela lei dispensa a realização de prova a seu respeito, procedendo-se aplicação automática, a presunção de aplicação do uso dependerá da comprovação de indícios não só de ser ele aplicável ao caso de acordo com suas circunstâncias, natureza, etc., mas também de sua existência/vigência e oponibilidade.

E, em nossa opinião, uma vez transmutado em regra jurídica, sob a feição de costume, tal processo não seria diverso. Os usos-regra, ou costumes, também não serão oponíveis *erga omnes*, dependendo da mesma análise de circunstâncias, natureza, vigência, e eficácia para ser oponível.

Por fim, sendo ontológica a essência da diferença entre os termos empregados pela lei – uso (fato) e costume (regra jurídica) –, e ocupando diferentes e estanques funções – de um lado, a interpretação; de outro, a prescrição normativa/integração, mais um equívoco por imprecisão se constata do texto da

---

Preliminar de carência da ação por falta de indicação na petição inicial da rescisória do dispositivo legal violado pelo acórdão rescindendo. Rejeição. A violação de literal disposição de lei a que alude o art. 485, inciso V, do CPC, deve ser frontal e induvidosa. Entendimento do Col. STJ de que "a interpretação do artigo 485, inciso V, do CPC, deve ser ampla e abarca a analogia, os costumes e os princípios gerais do Direito (art. 4º da LICC).(...). (STJ, Ação Rescisória nº 822/SP, 1ª Seção, Rel. Min. Franciulli Neto, j. em 26.04.2000)."

[50] Nesse sentido, GÉNY, François. *Méthode d'interpretation et sources du droit privé positif*. Paris: LGDJ, 1919, pp. 424-425: "De fait, les usages des affaires jouent un rôle exactement identique à celui de toutes autres circonstances, pouvant révéler la pensée des auteurs d'un acte juridique: circonstances, tirées du lieu, du temps, du but de l'acte, de la situation personnelle des parties, etc." (p. 424 para a citação)

lei, já que faz referência exclusivamente à função interpretativa, olvidando-se completamente da tarefa de integração.

Em conclusão, a nosso ver, é inútil e imprecisa a enumeração dos termos "usos" e "costumes" como elementos de interpretação de um contrato. Na jurisprudência certamente seguirão sendo utilizados de forma quase indistinta, talvez com as raras exceções em que um uso, por ser público e notório, dispense a demonstração de sua vigência e eficácia. Melhor seria ter a lei empregado o termo usos, de forma genérica, e especificado as diferentes funções que desempenha na tarefa do operador do direito de interpretar e integrar os negócios jurídicos.

2.2 As "práticas do mercado relativas ao tipo de negócio"

Além dos termos "uso" e "costume", incluiu-se no mesmo inciso II a referência às "práticas do mercado relativas ao tipo de negócio".

Em primeiro lugar, a expressão "práticas do mercado" nada mais é do que uma referência ao substrato de que são formados os "usos". Os usos, com efeito, são práticas adotadas habitualmente em determinado setor econômico, local, país, região, próprios de determinado modelo contratual ou negócio jurídico. Assim, andou mal o legislador ao introduzir mais esse termo: reincide na tautologia, e emprega um novo signo, levando o intérprete a se questionar se a expressão poderia significar algo diverso das outras menções ao "uso".

De outro lado, ao evidenciar a vinculação entre atividade hermenêutica, os usos e o tipo de negócio[51], o legislador colocou luz em uma desejável compreensão: por serem o substrato de que são formados os tipos negociais, na interpretação e integração dos contratos e negócios jurídicos, é elementar que se busque nos usos uma melhor compreensão do significado das manifestações de vontade e a sua integração, sejam os contratos em análise regramentos socialmente típicos, sejam eles legalmente típicos.

A lei silencia, mas coloca o intérprete à prova. Há que se considerar, no processo hermenêutico, a necessária e indispensável tarefa de, antes de "presumir" e, assim, "integrar" um contrato, identificar se há um tipo legal ou um

---

[51] Sobre a relação intrínseca existente entre tipo contratual e a importância dos usos na sua formação e interpretação, cf. nosso Os Usos Comerciais: da formação dos tipos à interpretação e integração dos contratos. São Paulo: Quartier Latin, 2019, cap. 5.

tipo social ao qual o negócio jurídico melhor se amolde. Ou seja: na atividade do aplicador do direito, qualificar o contrato[52].

Qualificar significa fazer um juízo prévio procurando verificar qual o sistema de normas aplicável (ou se há um sistema aplicável). Em direito internacional privado se fala em qualificação para identificar qual o sistema jurídico aplicável (ordenamento jurídico nacional ou estrangeiro, por exemplo)[53]. Em direito contratual, trata-se de apontar qual o regramento legal ou social (nesse caso, os usos em sua função normativa) aplicáveis ao contrato.

A qualificação dos contratos permite identificar se, no caso, há um regramento típico a ser adotado ou se, pelo contrário, ele deve ser excluído. Sempre que for possível identificar um tipo – ainda que apenas socialmente reconhecido – é presumível que o contrato seja "reconduzível a esse tipo"[54], a eles aplicando-se normas usuais do modelo de negócio – seja ele setorizado em um "mercado", como refere a lei, ou não.

Na função de integração, infelizmente omitida pela lei, a identificação do tipo é imprescindível à incidência dos usos. É que, se a pré-compreensão do intérprete, a partir da leitura inicial do instrumento, indica haver um tipo legal de contrato e, ao mesmo tempo, uma lacuna volitiva para a qual a lei dita uma norma supletiva, já se estará diante da integração do contrato pela lei. Mas se não há um tipo legal que se amolde à estrutura contratual adotada pelas partes, o modelo jurídico estrutural a ser buscado poderá ser encontrado entre os usos.

Isso ocorre sempre que for possível identificar um tipo de contrato socialmente reconhecido. Nesse caso, é nos usos que se deverá buscar a fórmula (cláusula) a integrar a lacuna. Por isso, o trabalho do intérprete passa pela necessária qualificação do contrato – mesmo que seja para afastar qualquer modalidade e reconhecer a atipicidade pura.[55]

---

[52] Para um maior aprofundamento sobre o tema, cf. VASCONCELOS, Pedro Paes. *Contratos Atípicos*. 1. Ed. Coimbra: Almedina, 1995, p. 160 e ss.
[53] Cf. DOLINGER, Jacob. *Direito Internacional Privado*. Rio de Janeiro/ São Paulo: Renovar, 2003, p. 367 e ss.
[54] DUARTE, Rui Pinto. *Tipicidade e atipicidade dos contratos*. Coimbra: Almedina, 2000, p. 62.
[55] Conforme ressalta Vasconcelos, é raro um contrato atípico puro. Na maior parte dos casos, há uma combinação ou modificação de tipos conhecidos, i.e., contratos mistos (VASCONCELOS, Pedro Paes de. *Contratos Atípicos*. Coimbra: Almedina, 1995, p. 213.

Já a aplicação dos usos na função de simples interpretação, ou seja, de esclarecimento – única mencionada no novel texto legislativo – , pode até dispensar o processo de qualificação, mas não necessariamente. Isso porque, na sua função interpretativa, os usos poderão ser empregados para esclarecer uma expressão utilizada em um contrato, ou para esclarecer uma cláusula como um todo (sem que configure, de fato, uma lacuna, mas sim uma obscuridade ou ambiguidade, ou defeito de redação), ou, ainda, para suprimir uma antinomia existente no contrato. Esclarecer o significado de um contrato de acordo com os usos nada mais é do que conferir às suas expressões o significado correntemente adotado no setor de atividade em que se insere – ou seja: aquele que corresponde presumivelmente às expectativas geradas de parte à parte. [56]

Na jurisprudência é bastante comum a localização de situações em que o magistrado, reconhecendo, quase que instintivamente e sem menção expressa, o tipo de negócio, busca o significado próprio do modelo de negócio ou a integração mediante regra usual do tipo[57]. Somos da opinião que a menção expressa na norma, ainda que de forma imprecisa e carente da melhor técnica, pode auxiliar na racionalização desse processo e, por conseguinte, na melhor busca e emprego dos usos na prática[58].

[56] No nosso Os Usos Comerciais: da formação dos tipos à interpretação e integração dos contratos. São Paulo: Quartier Latin, 2019, ilustramos a situação a partir do ambiente específico da CNSeg (http://cnseg.org.br/cnseg/mercado/resseguro/glossario/ , último acesso em 26.08.2017), que mantém um glossário de termos empregados pelo setor e modelos de cláusulas-tipo adotadas. Se o intérprete for chamado a interpretar o sentido de determinado termo empregado no contrato, deverá buscar setor – no caso, possivelmente no glossário – o significado empregado. De outro lado, havendo uma lacuna volitiva, deverá buscar no regramento típico da categoria, a regra que usualmente seria aplicável à situação.

[57] Uma amostragem dessa aplicação, na jurisprudência, pode ser encontrada em nosso Os Usos Comerciais: da formação dos tipos à interpretação e integração dos contratos. São Paulo: Quartier Latin, 2019, cap. 8.

[58] Na jurisprudência recente, foi possível localizar a menção expressa à expressão "práticas do mercado relativas ao tipo de negócio". A imprecisão terminológica empregada na lei, no entanto, invariavelmente se reflete nas decisões, conforme se colhe do exemplo: "Desses conceitos, de forma resumida, se tem: "usos" é algo que é feito pelo próprio mercado de forma rotineira; "costume" é a prática reiterada e que as partes entendem como necessária para o negócio; e "práticas de mercado" são os atos comuns no desenrolar de cada negócio. Independentemente de tentar separar tais conceitos, os usos, costumes e práticas do mercado são termos complementares para referir à prática civil e empresarial de um negócio, o que

3. Funções dos usos (em seu sentido lato) e melhor técnica

Muito embora a doutrina tradicional teça longas discussões sobre a natureza diversa dos usos-regra e dos usos-fato, bem como distancie ou aproxime a noção de usos-regra daquela de costumes, entendemos que essa diferenciação não possui relevância prática no campo contratual. A nosso ver, os usos serão sempre formados de um caráter transindividual e sua aplicação não prescindirá de prova de vigência e eficácia, exceto se, sendo gerais, impliquem conhecimento público e notório.

A aptidão dos usos à prescrição de condutas, por sua vez, não se resolve por uma classificação dos usos em diferentes graus que comportem natureza jurídica distinta. Os usos pressupõem a existência de práticas reiteradas e aceitas no seio de determinada comunidade; sua natureza jurídica será sempre de fato, mas com relevância jurídica relativa. A prescritividade – ou não – é inerente à função desempenhada pelo uso na prática. Ontologicamente, no

---

deverá ser levado em consideração para interpretação das cláusulas contratuais." (Voto da lavra da Dea. Lilian Maciel, TJ-MG, AC: 10118150024487001, Data de Julgamento: 18/08/2021, 20ª CÂMARA CÍVEL, Data de Publicação: 19/08/2021, que recebeu a seguinte ementa: APELAÇÃO CÍVEL – AÇÃO INDENIZATÓRIA POR DESCUMPRIMENTO CONTRATUAL – CONTRATO DE ARRENDAMENTO RURAL – DEVER DE LIMPEZA DO TERRENO E SUPRESSÃO DA PLANTAÇÃO – AUSÊNCIA DE CLÁUSULA EXPRESSA – INTERPRETAÇÃO DE ACORDO COM OS USOS E COSTUMES – IMPROCEDÊNCIA MANTIDA – VALOR DA CAUSA – ALTERAÇÃO DE OFÍCIO – HONORÁRIOS ADVOCATÍCIOS – APLICAÇÃO DO ART. 85, § 8º DO CPC – POSSIBILIDADE. – Nos termos do art. 113 do Código Civil os negócios jurídicos devem ser interpretados de acordo com os usos do lugar da sua celebração, observando as práticas do mercado relativas ao tipo de negócio – Não havendo previsão expressa no contrato sobre o dever de devolução da terra nua pelo arrendatário, até porque as plantações como acessórios agregam-se ao solo (art. 1.253 do CCB), caberia ao arrendante provar a obrigação inequívoca do arrendatário de supressão da plantação ao término do contrato – Nesse contexto, havendo provas no sentido de que não se insere nos usos, costumes e práticas comerciais a obrigação de retirada das plantações ao final do arrendamento pelo arrendatário, diante do proveito econômico que o proprietário arrendador delas pode extrair, não se cogita de indenização deste último pelos gastos feitos a esse título – A norma prevista no art. 85, § 8º do Código de Processo Civil não só contempla o arbitramento dos honorários advocatícios por equidade nas causas de valor muito baixo ou irrisório, como também abrange, por interpretação extensiva e sistêmica, os valores exorbitantes, devendo ser afastada a interpretação literal da disposição processual em prol do princípio da proporcionalidade e razoabilidade – Recurso do autor ao qual se nega provimento e recurso do réu ao qual se dá parcial provimento tão somente para majorar os honorários sucumbenciais.)

entanto, os usos comerciais serão os mesmos, ainda que assumam diferentes funções na vida do direito.

Somos da opinião, assim, que melhor teria sido que a lei enfatizasse os usos nas diferentes funções por eles desempenhadas em matéria contratual, deixando de lado a controversa dicotomia usos e costumes, natureza de regra jurídica ou factual.

Tal qual posto o texto do art. 113, no entanto, que enfatiza apenas a função interpretativa, criou-se um paradoxo. É que o uso-regra/costume, na doutrina tradicional, não assume função interpretativa. Não informa significado: colmata lacuna; atribui consequência jurídica. Atribuir significado é, na concepção tradicional, tarefa do uso em sentido estrito.

A imprecisão técnica e terminológica do dispositivo, portanto, pode causar ainda mais incompreensão do operador do direito, razão pela qual, a nosso ver, não se há de tomar as expressões "uso" e "costume" de forma estanque. De outro lado, assim como já se fazia na égide do texto anterior, não há que se considerar, ao pé da letra, a expressão "interpretação", i.e., como tarefa isolada de indicar significado – deve-se a ela atribuir sentido amplo, compreendendo, também, a tarefa de integrar.

E, independentemente das funções atribuídas aos usos pela norma legal, a interpretação e a integração são da sua essência. Derivadas de tais funções, inclusive pelo foco de luz colocado pela norma no tipo de negócio, entendemos que o operador do direito deve sempre ter em mente duas outras funções, derivadas daquelas originais dos usos: a formação de estruturas contratuais e a sedimentação de vínculos entre as partes.

Assim, os usos exercem ao menos quatro diferentes papéis na vida dos contratos que, embora não mencionadas na norma, deverão ser levadas em consideração pelo operador do direito[59]:

(i) servem, na formação de tipos sociais de contratos, como sua modelagem estrutural e, como desdobramento dessa mesma função, servem à

---

[59] No nosso Os Usos Comerciais: da formação dos tipos à interpretação e integração dos contratos. São Paulo: Quartier Latin, 2019, cap. 8, procuramos evidenciar essas funções, localizando também na jurisprudência o emprego dos usos, distintamente, em cada uma delas, considerando-se a sua relevância prática.

prescrição de condutas, em sua fórmula prospectiva conjugada ao princípio da confiança, ou seja, formando modelos jurídico-estruturais;
(ii) exercem função formativa, isto é, servem para informar se as partes se vincularam;
(iii) servem para esclarecer o significado do conteúdo das declarações dadas pelas partes, ou seja, como modelo hermenêutico (função interpretativa);
(iv) servem para complementar ou "encher" as declarações prestadas pelas partes de maneira incompleta, seja mediante remissão legal, seja mediante técnica de integração (função normativa integrativa).

3. COMENTÁRIO AO ARTIGO 421 DO CÓDIGO CIVIL: A FUNÇÃO SOCIAL DO CONTRATO NA LEI DA LIBERDADE ECONÔMICA[1]

Gerson Luiz Carlos Branco

> "Art. 421. A liberdade contratual será exercida nos limites da função social do contrato.
>
> Parágrafo único. Nas relações contratuais privadas, prevalecerão o princípio da intervenção mínima e a excepcionalidade da revisão contratual."

---

[1] A pesquisa para este capítulo foi realizada ao longo de pelo menos duas décadas. Embora parte dela seja recente, parte já foi objeto de reflexão em publicações anteriores, especialmente considerações sobre a história da norma, seu conteúdo e função. As publicações mais relevantes são as seguintes: BRANCO, Gerson L. C. *Função Social dos Contratos*. São Paulo: Saraiva, 2008. BRANCO, Gerson L. C. Elementos para interpretação da liberdade contratual e função social: o problema do equilíbrio econômico e da solidariedade social como princípios da Teoria Geral dos Contratos. In: Judith Martins-Costa. (Org.). *Modelos de Direito Privado*. 1ed.São Paulo: Marcial Pons, 2014, v. 1, p. 257-291. BRANCO, Gerson. L. C. A Função Social do Contrato no Código Civil: 18 anos de vigência e a interpretação jurisprudencial do STJ. In: FERREIRA DA SILVA, Jorge Cesa e BARBOSA, Henrique (Org.) *Os 18 anos do Código Civil: a evolução do direito empresarial e obrigacional (societário, obrigações & contratos)*. São Paulo: Quartier Latin, 2021, no prelo. A análise sobre os efeitos da função social dos contratos após a Lei da Liberdade Econômica é inédita.

Introdução

O Art. 7º da Lei 13.874/2019 reformou o Código Civil vigente para alterar o texto do Art. 421 do Código Civil que vigorava desde 2003: "Art. 421. A liberdade de contratar será exercida em razão e nos limites da função social dos contratos".

A redação, após a alteração passou a ter o seguinte texto:
"Art. 421. A liberdade contratual será exercida nos limites da função social do contrato.
Parágrafo único. Nas relações contratuais privadas, prevalecerão o princípio da intervenção mínima e a excepcionalidade da revisão contratual."

(i) História da Norma

A história do art. 421 do Código Civil, com a redação determinada pela Lei da Liberdade Econômica, Lei n. 13.874/2019 precisa ser dividida em duas partes.

A primeira é substancialmente breve e diz respeito a história da presença da função social dos contratos como uma "cláusula geral" inserida no portal de abertura do capítulo dos contratos no Código Civil brasileiro. A segunda parte será apresentada sinteticamente, porém possui um longo desenrolar temporal, tendo em vista que diz respeito a um fenômeno que acompanha a história da formação do contrato e sua funcionalização.

Entretanto, para os fins desta obra a segunda parte traçará os principais contornos do debate sobre a funcionalização da liberdade contratual e sua dimensão social no quadro da Teoria Geral dos Contratos, fundamentalmente para situar o leitor sobre os limites do papel da lei, especialmente de uma cláusula geral como conformadora dos efeitos dos contratos.

1. Evolução Legislativa

O Código Civil de 2003 foi pioneiro em prever uma disposição sobre a função social dos contratos com a estrutura de cláusula geral na abertura do Título dedicado aos "contratos em geral", cujo texto original era o seguinte:

> Art. 421. *A liberdade de contratar será exercida em razão e nos limites da função social do contrato.*

O pioneirismo do Código Civil de 2003 ao disciplinar a matéria não encontra paralelo no Direito Comparado. Embora seja comum que o legislador brasileiro quanto estrangeiro estabeleça normas atribuindo funções ao contrato, foi o legislador brasileiro que outorgou aos juízes a possibilidade de aplicação, no caso concreto, por meio da concreção de uma cláusula geral.

Os antecedentes de funcionalização legal da liberdade contratual até o advento do Código Civil de 2003 eram pontuais, tais como os revelados no Decreto-lei 58/1937 ou no art. 45 da Lei 8.245/1992, pois indicavam parâmetros aos juízes sobre quais eram os fins a serem alcançados com a regulamentação legal, para além de estabelecer direitos, deveres ou elementos estruturais do contrato.[2]

A disposição legal em comento foi concebida diretamente por Miguel Reale, que ao atuar como revisor do "anteprojeto de Código Civil", na década de 1970,[3] redigiu a disposição, com o propósito de indisfarçadamente inserir uma determinada perspectiva e concepção de contrato compatível com sua concepção filosófica.

---

[2] Se analisarmos as disposições do Decreto-Lei 58/1937 e seus considerandos ou mesmo o art. 45 da Lei 8.245/91, pode-se ver disposições altamente funcionais, embora sem o caráter de generalidade do art. 421 do Código Civil. Veja-se a redação deste último dispositivo: "Art. 45. São nulas de pleno direito as cláusulas do contrato de locação que visem a elidir os objetivos da presente lei, notadamente as que proíbam a prorrogação prevista no art. 47, ou que afastem o direito à renovação, na hipótese do art. 51, ou que imponham obrigações pecuniárias para tanto".
Há claramente uma norma de invalidade que condiciona condutas que funcionalmente são incompatíveis com fins estabelecidos no texto da Lei.

[3] A propósito do tema, observa-se o texto do artigo manuscrito pelo autor na obra REALE, Miguel. Código Civil. Anteprojetos com minhas revisões, correções, substitutivos e acréscimos. Texto inédito, não publicado, parcialmente manuscrito, sem data.

Trata-se da adoção de sua concepção de "dialética da complementaridade", desenvolvida na obra Experiência e Cultura, segundo a qual quando aplicada aos contratos permite identificar uma dualidade entre os elementos individuais e sociais, que embora opostos não se excluem, porém se complementam. Assim, afirmava que o contrato, como uma moeda, possui duas faces, uma voltada para o indivíduo e outra voltada para a sociedade.[4]

Essa perspectiva levou Miguel Reale estruturar a redação do artigo do modo como constou em sua redação original, pois a liberdade contratual existe em razão da dimensão social do contrato e vice-versa.

A perspectiva da Lei da Liberdade Econômica foi outra e nesse aspecto é importante tratar e faz parte da história da lei, o modo como foi encaminhada ao Congresso Nacional, sob a forma de Medida Provisória.

A Medida Provisória 881/2019 continha a seguinte redação:

> *Art. 421. A liberdade de contratar será exercida em razão e nos limites da função social do contrato, observado o disposto na Declaração de Direitos de Liberdade Econômica.*
> *Parágrafo único. Nas relações contratuais privadas, prevalecerá o princípio da intervenção mínima do Estado, por qualquer dos seus poderes, e a revisão contratual determinada de forma externa às partes será excepcional.*

A exposição de motivos e o seu próprio conteúdo é revelador de que os princípios que informaram o legislador foram muito distintos daqueles do Código Civil de 2003. É visível a forte influência da análise econômica do direito e também uma tentativa explicita de incluir dispositivos com caráter ideológico dominante na gestão econômica do atual governo.[5]

A norma foi editada com o propósito claro de afastar a possibilidade de a disposição legal do art. 421 ser utilizada como fundamento para revisão ou

---

[4] A propósito dessa perspectiva, ver REALE, Miguel. *Experiência e cultura*. 2 ed. Campinas: Bookseller, 2000 e MARTINS-COSTA, Judith; BRANCO, Gerson Luiz Carlos. *Diretrizes Teóricas do novo Código Civil*. São Paulo: Saraiva, 2002.

[5] O caráter ideológico e até um certo acento "libertarista", no sentido de retirar os compromissos do mercado perante a comunidade em prol de um Estado minimalista também é apontada por CUEVA, Ricardo Villas Bôas. Apresentação. In: SALOMÃO, Luis Felipe. CUEVA, Ricardo Vilas Bôas e FRAZÃO, Ana. *Lei de Liberdade Econômica e seus impactos no Direito brasileiro*. São Paulo: Revista dos Tribunais, 2020, pp. 01 – 17.

intervenção nos contratos. Em outras palavras, pode-se perceber que entre "revogar" o art. 421 do Código Civil e correr o risco de que a "ideia" de funcionalização do contrato ou "o princípio da função social dos contratos" como pensam alguns autores pudesse ser aplicada independentemente de previsão legal, a opção foi de tentar esvaziar a possibilidade de que o juiz tome qualquer decisão no âmbito de uma relação contratual com fundamento na função social dos contratos.[6]

Entretanto a boa técnica não sempre acompanha os propósitos políticos, pois o modo como o artigo havia sido redigido na Medida Provisória continha impropriedades importantes, seja a parte final do *caput* ou mesmo a "revisão contratual determinada de forma externa". Isso para não falar sobre "limites aos poderes" da República, tal como se a norma tivesse *status* constitucional.[7]

Foi no Congresso Nacional que a redação do dispositivo legal teve seu recorte final, tendo sido responsável por três alterações relativamente ao texto de Miguel Reale. Substituiu a expressão "liberdade de contratar" por "liberdade contratual", com a finalidade de retirar a noção de que o texto é um limite a liberdade do sujeito (de contratar ou não), para indicar que a liberdade diz respeito a disciplina dos contratos; retirou a expressão "em razão" que era a condicionante do *caput* e que expressava a ligação imanente entre liberdade de contratar e sua funcionalidade, bem como inseriu um parágrafo único tratando do princípio da "intervenção mínima" e da "excepcionalidade da revisão contratual".

Ao tratar de Direito Privado, comunga-se do pensamento de Guido Alpa, para quem a ideologia "do mercado" torna-se muitas vezes irrefletida, óbvia e supérflua. ALPA, Guido. Contratto e Mercato. In: *Le stagioni del contratto*. Bologna: Il Mulino, 2012, p. 113.

[6] A caracterização da "função social" dos contratos como princípio é tema debatido tendo em vista uma conotação ampla que é atribuída ao significado de princípio, afastando uma concepção de uma normatividade inerente. A esse respeito, os princípios podem ser considerados como enunciados de "valores fundantes", tal como considera Cláudio Godoy para afirmar que a Função Social é um princípio expresso em uma cláusula geral do Código Civil. GODOY, Claudio Luiz Bueno de. *Função Social do Contrato*. São Paulo: Saraiva, 2004, p. 95 – 109.

[7] Neste ponto concordamos com Vera Fradera: "Essa redação dominada por termos vagos e imprecisos denota descuido da boa técnica legislativa e do direito como um todo, além de acarretar insegurança jurídica". FRADERA, Vera. Liberdade contratual e função social do contrato – Art. 421 do Código Civil. In: MARQUES NETO, Floriano Peixoto, RODRIGUES JR., Otavio Luiz, XAVIER LEONARDO, Rodrigo. *Comentários à Lei da Liberdade Econômica – Lei 13.874/2019*. São Paulo: Revista dos Tribunais, 2019, p. 303.

2. Contrato, Estrutura e Função

A busca de uma essência conceitual, uma descrição estrutural do contrato encontra limites substanciais na pluralidade do fenômeno contratual contemporâneo e em sua evolução histórica. Judith Martins-Costa sintetizou de modo peculiar a matéria ao tratar sobre o negócio jurídico:

> "Teve a Autora bem presente que conceitos jurídicos não têm essência: ***têm história e tem função***. Por isso distingue-se entre o seu valor facial (a palavra, isto é, o signo linguístico que o representa) e o seu valor semântico, sempre imantado pelas mutantes percepções sociais". (Grifamos.)[8]

Isso significa que a longa história do contrato é a história de sua funcionalidade e desenvolvimento conceitual, o que se pode dizer tem um percurso de pelo menos dois mil anos, considerando-se a origem romana do *contractus*.

A discussão sobre funcionalidade tem lugar peculiar no processo de transformação dos *"nuda pacta"* em "contratos", com eficácia obrigatória a partir do desenvolvimento do pensamento Tomista-Aristotélico ocorrido na idade média, muito bem capturado pelas obras de Paolo Grossi e James Gordley, a respeito dos fundamentos filosóficos da doutrina moderna do contrato, tal qual conformado pela segunda escolástica no século XV.[9]

Encontrar fundamento para a obrigatoriedade do contrato em um contexto histórico de ausência da autoridade da lei passava por aproveitar a "autoridade" remanescente dos textos romanos a partir da lógica escolástica.[10] Lembre-se que no período ressurgem as relações comerciais e está em via de formação o que mais tarde denominou-se de *lex mercatoria* e consequentemente uma

---

[8] MARTINS-COSTA, Judith. *Modelos de Direito Privado*. Marcial Pons, 2012, p. 81.

[9] GORDLEY, James. *The Philosophical Origins of Modern Contract Doctrine*. Clarendon Law Series, Oxford, 1991. Sobre a importância e o desenvolvimento do contrato no medievo, ver também GROSSI, Paolo. Sulla natura del contrato (qualche nota sul 'mestiere' di storico del diritto, a proposito di um recente 'corso' di lezioni). *Quaderni Fiorentini – per la historia del pensiero giurídico moderno*, v. 15, 1986, pp. 593 – 619.

[10] Esta relação entre autoridade e razão com que os intelectuais medievais se ocupam remonta ao idealismo grego-platônico. WIEACKER, Franz. *História do Direito Privado Moderno*. Porto: Fundação Calouste Gulbenkian, 1980, p. 47-48.

3. COMENTÁRIO AO ARTIGO 421 DO CÓDIGO CIVIL: A FUNÇÃO SOCIAL DO CONTRATO...

proliferação de contratos novos, tais como os de seguro, letra de câmbio, comissão, etc.[11]

Na lógica Tomista-Aristotélica o Direito torna as promessas exigíveis e vinculantes porque representam um ato de fidelidade, fundamento ético da vinculatividade das promessas que visam realizar um ato de troca (de justiça comutativa) ou de doação (liberalidade). [12] Em outras palavras, a finalidade a ser alcançada com o contrato é essencial para que produza efeitos e realize os valores que lhe são subjacentes.

Isso significa que o reconhecimento do princípio da força obrigatória dos contratos passou fundamentalmente pela compreensão da existência de um fundamento ético, que por sua vez é também uma finalidade vinculada ao contrato.[13]

Assim, o desenvolvimento das ideias que levaram ao *pacta sunt servanda* passa por definir o contrato pela sua finalidade objetiva, razão pela qual a definição expressa o mínimo que as partes devem saber para contratar. Também identifica uma finalidade a ser atendida por outras obrigações contratuais. [14]

---

[11] GALGANO, Francesco. *Lex Mercatoria*. 5 ed, Bologna: Mulino, 2010, pp. 31 – 47. Rico estudo a respeito da matéria pode-se encontrar em LATTES, Alessandro. *Il Diritto Commerciale nella Legislazione Statutaria dele Città Italiane*. Milano: Ulrico Hoepli, 1884, p. 122 – 242.

[12] Isso é feito a partir de sua definição, que por sua vez depende da correta compreensão da essência da coisa. A definição estabelece o gênero ao que a coisa pertence, e as diferenças específicas constituem as espécies. Essas diferenças específicas descrevem como as potencialidades presentes no gênero se realizam. Por exemplo: um homem tem tais e tais partes, pois a definição de homem inclui essas partes, e porque elas são condições necessárias para a sua existência. Por isso, Aristóteles afirmava que o método correto era verificar as características definitivas que distinguem o animal como um todo. Essa metodologia foi aplicada por Aristóteles a todos os assuntos que ele investigou. Quando ele discutiu as virtudes da vinculatividade das promessas, de justiça comutativa e de liberalidade/generosidade, ele estava aplicando essa metodologia que utilizou no estudo dos seres vivos.

[13] Essa noção de "causa essencial" tomada de Aristóteles, com uma específica aplicação por Tomaz de Aquino e desenvolvida pelos praxistas (como Baldo e Bartolo), porém fundamentalmente sistematizada pela escolástica espanhola (Soto, Molina, etc.) teve papel fundamental na noção de "causa" e no âmbito da common law, na noção de consideration, elementos que invariavelmente atraem o debate para a funcionalidade do contrato.

[14] GORDLEY, Op. Cit. O pensamento Tomista-Aristotéico afirma que para saber o que uma coisa é, devemos saber sua causa formal. Quando Tomás de Aquino estudou o direito natural ao definir ações como promessa e casamento e suas consequências, ele estava dando ao método aristotélico uma nova aplicação. Assim, para Tomás de Aquino, a essência está ligada à finalidade, e a essência de uma ação é definida pela finalidade que tem para o homem.

Jaques Ghestin, ao analisar o esse fenômeno descreve o contrato como fruto "de notre tradition gréco-latine et judéo-chrétienne, qui fait de l'utile et du juste les finalités objectives du contrat". A liberdade de contratar é caracterizada por um "déplacement de valeurs, fondement et cause du rapport obligatoire".[15]

Por razões que aqui não cabe aprofundar, a incorporação da doutrina contratual pelo Jusracionalismo e seu afastamento do pensamento escolástico não retirou de todo a discussão sobre a funcionalidade, de tal modo que o Código Civil francês foi expresso ao prever um artigo expresso a respeito da causa.

Todavia, o contexto da codificação francesa e a pandectística alemã afastaram substancialmente o debate a respeito da funcionalização do contrato, pois os problemas filosóficos que justificaram tal debate não encontravam mais eco, tampouco utilidade prática.

Na perspectiva das duas escolas, o fundamento a obrigatoriedade do contrato é fundamentalmente a vontade, surgindo nesse período o dogma da "autonomia da vontade", como fundamento da obrigatoriedade do contrato, consagrando as ideias iluministas de um sujeito autônomo tal como pensado por Kant, sem que uma finalidade seja imanente ou externa a essa vontade tenha relevo para a produção de efeitos jurídicos.[16]

Foi somente com as transformações sociais e econômicas do final do século XIX e início do século XX que ressurge o debate sobre a funcionalização.

---

[15] Ghestin avança no seu conceito para afirmar que "Le contrat est define comme "une operation économique fondée sur l'équibre objectif ou subjectif des valeurs échangées", p. 84, para reafirmar sua noção de que o contrato não serve para a troca de bens, mas de valores. O acordo de vontades é um elemento objetivo e essencial deduzido "de notre tradition gréco-latine et judéo-chrétienne, qui fait de l'utile et du juste lês finalités objectives du contrat". GHESTIN, Jacques. Le contrat en tant qu'échange économique. Revue d'économie industrielle, vol. 92, 2e et 3eme trimestres 2000. Économie des contrats: bilan et perspectives, p. 84.

[16] Ludwig Raiser afirma que a filosofia de Kant substituiu a "ética social" desenvolvida como âncora da liberdade contratual nos séculos anteriores, por uma ideia de autonomia moral da pessoa que foi impulsionada pela obra de Savigny. RAISER, Ludwig. Funzione del contrato e Libertà contrattuale. In: *Il Compito del Diritto Privato*. Milano: Giuffrè, 1990, p. 53.
O desenvolvimento das ideias de Savigny no âmbito da common law pode ser estudada na obra de ATIYAH, Patrick. *The Rise and Fall of Freedom of Contract*. Oxford: Oxford University Press, 2003. A parte II é dedicada a apresentação das condições intelectuais e sociais que promoveram o que o autor chama de "a era da liberdade contratual", no período entre 1770-1870, indicando a forte influência de Savigny na obra dos mais importantes autores ingleses, especialmente Pollock. P. 407.

Entretanto, em um contexto distinto, no contexto de que a força obrigatória do contrato é assentada na autoridade da Lei, matéria completamente estranha ao debate funcionalista dos períodos precedentes.

Neste sentido, pode-se dizer que a função social dos contratos tal como pensado o contrato no período da codificação surge no século XIX, a partir de três vertentes distintas. A vertente alemã, a partir do pensamento de Jhering, Otto Von Gierke e Karl Renner, a vertente Francesa, especialmente pelo pensamento de Leon Duguit e da influência do "funcionalismo estrutural" de Emilie Durkeim, a vertente italiana com especial relevo para as obras de Enrico Cimbali e Emilio Betti.

No cenário germânico é com a rebeldia de Jhering à Pandectística que se começa da discutir função. Em sentido completamente distinto da perspectiva precedente (pensamento Tomista-Aristotélico), o funcionalismo de Jhering propõe a identificação da dimensão social do Direito, sugerindo retorno a uma "ética material", ligada a dados sociais objetivos, que são os interesses decorrentes das relações e forças sociais. De modo muito objetivo, a perspectiva funcional de Jhering contribuiu para a interpretação teleológica na dogmática jurídica, com reflexos sobre a interpretação dos contratos e sua inserção na vida social. O contrato não é mais só vontade e texto, mas também contexto.[17]

Além das ideias de Jhering que retomam a perspectiva funcional ao tratar do interesse, a doutrina alemã trouxe outras contribuições importantes para a discussão a respeito da funcionalidade dos institutos do Direito Privado foi o pensamento de Otto Von Gierke, com sua obra clássica sobre "A função social do Direito Privado".[18]

---

[17] "sem causa eficiente, um movimento da vontade é tão inconcebível quanto o movimento da matéria; acreditar na liberdade de querer no sentido de a vontade poder espontaneamente, sem qualquer causa impulsora, pôr-se em movimento, é como acreditar no mentiroso que diz sair do pantanal agarrando-se no topete". JHERING, Rudolf von. *A finalidade do Direito. Edição histórica*. Tradução de José Antônio Faria Correa. Rio de Janeiro: Editora Rio, 1979, p. 12. Ver também JHERING, Rudolf von. Do lucro nos contratos e da suposta necessidade do valor patrimonial das prestações obrigatórias. In: *Questões e Estudos de Direito*. Campinas: LZN Editora, 2003.

[18] GIERKE, Otto von. *La función social del Derecho privado y otros estúdios*. Granada: Editorial Comares, 2015. A propósito, da obra de Gierke, recente introdução feita a nova tradução para o inglês feita por Ewan McGaughey traz aspectos interessantes do contexto da obra, no quadro de crítica ao projeto do BGB. McGaughey, Ewan, The Social Role of Private Law (Otto von Gierke, 1889) (October 31, 2016). (2018) 19(4) German Law Journal 1017; King's College

Entretanto tanto Von Gierke quanto Jhering tinham em mente principalmente a propriedade e por isso pouco disseram sobre o contrato. Foi Karl Renner quem efetivamente enfrentou a problemática da função social dos contratos, conectando os contratos não mais somente a "noção de interesse", mas estabelecendo uma relação entre os fatos econômicos e jurídicos. Embora haja dependência entre processos econômicos e jurídicos, com uma recíproca determinação, não há coincidência, pois a produção não é um contrato. Sua proposição é de que cada momento histórico determina uma certa função para o contrato. A função social é a soma de todas as funções, pois cada função particular se funda numa única função social.[19]

Sob a influência do pensamento do sociólogo Émilie Durkheim,[20] que dedicou um capítulo de seu livro sobre lições de sociologia ao contrato, Leon Duguit acrescenta a nascente teoria da função social dos contratos uma característica, de que o fim para o qual contrato serve não é puramente individual tal como na teoria do interesse de Jhering, mas de solidariedade social, cujo resultado é a moderação do poder da vontade como critério único para definição do conteúdo do direito.[21]

Uma análise da doutrina contemporânea, posterior ao advento do Código Civil indica que essa base de análise foi fortemente utilizada como viés interpretativo da disposição do art. 421 do Código Civil.[22]

London Law School Research Paper. Available at SSRN: https://ssrn.com/abstract=2861875 or http://dx.doi.org/10.2139/ssrn.2861875.

[19] RENNER, Karl. *Gli istituti del diritto privato e la loro funzione giuridica. Un contributo alla critica del diritto civile.* Bologna: Società editrice il Mulino, 1981. Tradução da edição de 1929, por Cornelia Mittendorfer.

[20] DURKHEIM, Émile. *Lições de Sociologia: a Moral, o Direito e o estado.* Tradução e Notas de J. B. Damasco Penna. São Paulo: Ed. da Universidade de São Paulo, 1983.

[21] DUGUIT, Leon. *Las transformaciones generales del Derecho Privado desde el Código de Napoleón.* 2 ed. Madrid: Francisco Beltran, Libreria española y extranjera, 1920, pp. 69 – 74.
RODRIGUES JR, Otavio Luiz. *Direito Civil Contemporâneo.* SP: GEN/Forense, 2019, p. 42 e 43, tece forte crítica a uma noção de *socialização* do Direito Privado a partir das ideias de Ripert, chamando-o como um dos "juristas de Vichy", por sua colaboração com o regime alemão. Em síntese a crítica realizada à "socialização" diz respeito a falta de acordo semântico sobre a expressão, que historicamente foi usada pelas mais diversas matizes ideológicas e se prestou para "tão incompatíveis funções".

[22] Veja-se as obras de FERREIRA DA SILVA, Luis Renato. A função social do contrato no novo código civil e sua conexão com a solidariedade social. In: Ingo Sarlet. (Org.). *O novo código civil e a constituição.* 1ªed.Porto Alegre: Livraria do Advogado, 2003, v. 1, pp. 130-145. e

Todavia, a contribuição mais importante para a construção do art. 421 do Código Civil foi a contribuição da doutrina italiana, especialmente as obras de Enrico Cimbali e Emílio Betti, tendo em vista a forte influência do pensamento desses juristas sobre Miguel Reale, o principal artífice do Código Civil vigente.[23]

Cimbali é o primeiro jurista que usa a expressão "função social do contrato",[24] atribuindo um caráter instrumental de "reconciliação e reintegração" do individual com o social. O homem celebra o contrato para realizar de maneira direta interesses individuais (prover sua subsistência) e de maneira indireta para realizar interesses sociais (subsistência da agregação social da qual participa)". Essas duas finalidades mantêm-se em equilíbrio entre tendências individuais e tendências sociais.[25]

Conforme mencionado no início desse texto, a expressão "em razão", que a Lei da Liberdade Econômica retirou do art. 421 do Código Civil, trazia a ideia de que o contrato tem uma face voltada para o indivíduo e outra para a sociedade.

Seguindo a mesma tradição Emílio Betti concebeu uma teoria geral do negócio jurídico que tem seu centro no reconhecimento da autonomia privada como fato social. Esse fato social é recepcionado pelo ordenamento sob a forma de um preceito, cuja função é reconhecer o poder que os particulares têm de regulamentar um determinado setor de sua vida, que é a vida de relação.

MARTINS-COSTA, Judith. Reflexões sobre a função social dos contratos. *Revista Direitogv*, São Paulo, v. 1, p. 41-66, 2005. XAVIER LEONARDO, Rodrigo. LEONARDO, Rodrigo Xavier. A função social dos contratos: ponderações após o primeiro biênio de vigência do Código Civil. In: CANEZIN, Claude. *Arte jurídica*. v.II. Curitiba: Juruá, 2005, pp. 1 – 27.

[23] A propósito da importância de Miguel Reale no processo da codificação ver MARTINS--COSTA, Judith; BRANCO, Gerson. *Diretrizes Teóricas do Código Civil*. São Paulo: Saraiva 2002.

[24] A função social "serve ad assicurare a ciascuno quel tanto di godimento Che gli spetta in proporzione dello sforzo sostenuto per procurare i mezzi di sussistenza e di sviluppo a sé e ad altri, nantenendo um' equazione costante tra quel Che si dá e quel Che si receve, tra quel che si produce e quel che si consuma". CIMBALI, Enrico. La funzione sociale dei contratti e la causa giuridica della loro forza obbligatoria. Archivio Giuridico, n. 33, fasc. I e II, 1884, p. 187-217, In: CIMBALI, Enrico. *Opere complete*. Torino: Unione Tipográfico-editrice Torinese, 1907, pp. 34 – 36.

[25] CIMBALI, Enrico. *Opere complete*. Torino: Unione Tipográfico-editrice Torinese, 1907.

A função social do contrato é a sua causa e está associada com a ideia de "função social típica" dos negócios da vida privada. A ligação entre os planos econômico e jurídico tem natureza dialética de recíproca determinação: o ato de vontade determina o conteúdo do preceito, mas este somente produz efeitos se o seu conteúdo for coincidente com o substrato econômico e social que lhe é subjacente. Portanto, há uma relação recíproca de "dever-ser" entre o plano jurídico e o plano da vida de relação.[26]

A função social é a causa do contrato, instrumento de controle do conteúdo e da adequação valorativa das declarações de vontade, pois o aspecto objetivo da causa, que é a função social típica, precisa estar em consonância com o seu reflexo subjetivo, que é a vontade individual dirigida para um interesse concreto.

Embora tenha sido Miguel Reale o redator do Código foi Orlando Gomes quem propagou a ideia de função social do contrato a partir das lições e Emílio Betti no cenário jurídico brasileiro, especialmente em torno do problema dos contratos mistos e dos contratos socialmente típicos como categoria autônoma.[27] Essa perspectiva permitiu forte aplicação da concepção de funcionalidade tanto pela doutrina quanto na jurisprudência posterior, conforme tópicos que serão desenvolvidos adiante.[28]

---

[26] BETTI, Emilio. Negozio Giuridico. *Novíssimo Digesto Italiano*, p. 209 e ss. BETTI, Emilio. Istituzioni di Diritto Romano. Volume secondo, parte prima. Padova: Cedam – Casa Editrice Dott. Antonio Milani, 1962. BETTI, Emílio. *Teoria General de las Obligaciones* – Tomo I. Madrid: Editorial de Drerecho Privado

[27] A propósito, ver MARTINS-COSTA, Judith. Novas Reflexões sobre o Princípio da Função Social dos Contratos. *Revista Estudos de Direito do Consumidor, Centro do Direito do Consumo*, Universidade de Coimbra, n. 7, Coimbra, 2005, p. 49-109 e TALLAMINI DOS SANTOS, Carolina Mallmann. Delineamentos de uma função social do contrato no pensamento das "transformações" de Orlando Gomes. *Revista de Direito Privado*, vol. 87/2018 | pp. 179 – 195. Ver também do autor a clássica obra GOMES, Orlando. *Transformações Gerais do Direito das Obrigações*. 2ª ed. São Paulo: RT, 1980.

[28] É importante observar que há manifestações de parte da doutrina, como faz Vera Fradera, de que com a edição do Código Civil "sofreu a segurança jurídica", tendo esta sido abalada pela liberdade que o juiz "conforme a sua compreensão desse conceito". FRADERA, Vera. Liberdade contratual e função social do contrato – Art. 421 do Código Civil. In: MARQUES NETO, Floriano Peixoto, RODRIGUES JR., Otavio Luiz, XAVIER LEONARDO, Rodrigo. *Comentários à Lei da Liberdade Econômica – Lei 13.874/2019*. São Paulo: Revista dos Tribunais, 2019, p. 295.

Deve-se observar também, que um papel dogmático mais específico começou a ser atribuído à função social do contrato por conta de um importante parecer de Antônio Junqueira de Azevedo, logo após a aprovação do Código Civil no Senado Federal, porém sem a norma estar em vigor, atribuindo à função social a responsabilidade do terceiro cúmplice, como um fator de flexibilização do princípio da relatividade dos efeitos dos contratos.[29]

Após a vigência do Código Civil surge uma pluralidade de manifestações na doutrina jurídica, com alto grau de dispersão, o que é refletido em grande medida pela jurisprudência produzida no período, razão pela qual se entende adequado desenvolver as linhas nascidas na doutrina que acabaram sendo acolhidas pela Jurisprudência, o que é objeto do item VI, infra.[30]

(II) Comparação Jurídica

Não obstante a discussão sobre funcionalização da liberdade contratual seja uma constante tanto nos sistemas da *common law,* quanto da *civil law,* não se conhece norma legal ou precedente com conteúdo equivalente ao do art. 421 no Direito Comparado.

---

[29] JUNQUEIRA DE AZEVEDO, Antônio. Princípios do Novo Direito Contratual e Desregulamentação do Mercado. Função Social do Contrato e Responsabilidade aquiliana do terceiro que contribui para o inadimplemento contratual. *Revista dos Tribunais,* v. 750, 1998, pp. 113 – 120.
Essa perspectiva, posteriormente, recebeu críticas, pois por um lado trata apenas de um viés da matéria, como é a apresentada por TEPEDINO, Gustavo. Notas sobre os princípios contratuais e a relatividade dos contratos. *Revista de Direito Renovar,* v. 46, 2015, p. 43.

[30] A esse respeito, Rodrigo Xavier Leonardo, logo após a edição do Código Civil elencou possíveis caminhos, a partir de importante pesquisa jurisprudencial relativa ao período anterior a 2003 nos Tribunais brasileiros, indicando quatro possíveis aplicações da função social dos contratos: "a) relativização dos princípios clássicos do direito dos contratos; b) controle de cláusulas iníquas ou abusivas; c) controle da conduta das partes contratantes; d) ponderação entre os valores econômicos e a justidade dos contratos." Ou seja, as decisões anteriores já indicavam algum caminho, embora parte de tais previsões não se tornaram efetivas, como por exemplo a uma das possibilidades indicadas: "Desde logo, a revisão contratual aparece como uma das possíveis aplicações da função social do contrato". XAVIER LEONARDO, Rodrigo. LEONARDO, Rodrigo Xavier. A função social dos contratos: ponderações após o primeiro biênio de vigência do Código Civil. In: CANEZIN, Claude. *Arte jurídica.* v.II. Curitiba : Juruá, 2005, pp. 15 e 16.

De modo peculiar cabe destacar neste tópico, que enquanto em alguns sistemas jurídicos o debate sobre a "funcionalidade" do contrato é desenvolvido como um problema da Teoria Geral do Direito, ou mesmo como problematização sobre a conformação da liberdade de contratar, no Direito brasileiro a função social do contrato faz parte da dogmática jurídica e tem sido usada como fundamento de decisões a respeito de conflitos relativos à execução e interpretação dos contratos.

As manifestações a respeito da funcionalização são muito dispares, ao ponto de que há ordenamentos como o Direito Francês em que a problemática da funcionalização do contrato é desenvolvida em conexão com a noção de boa-fé objetiva, tendo em vista o caráter teleológico desse princípio:[31] Diferentemente, no Direito Civil italiano são comuns as referências à funcionalização, especialmente por conta da noção de causa-função e da importância do pensamento jurídico dos causalistas naquele ordenamento.

Quando se analisa o cenário da *common law,* o fenômeno mais importante do funcionalismo seja justamente o debate sobre a forte influência da chamada "análise econômica do direito" no Direito Contratual norte-americano. A perspectiva funcional é distinta da que é representada no art. 421 do Código Civil, tendo em vista que é a ideia de eficiência econômica e "redução de custos de transação", que governam os fins do contrato. [32]

---

[31] A propósito, ver COURDIER-CUISINIER, Anne-Sylvie. *Le solidarism contractuel*. Paris: Litec, 2006; MAZEAUD, Denis. – la cause pour que survive la cause, en dépit de la réforme! Droit et Patrimoine, Nº 240, 1er octobre 2014. MAZEAUD, Denis. La confiance légitime et l'estoppel. In: *Revue internationale de droit comparé*. Vol. 58 N°2,2006. pp. 363-392. DAVID, Marcél. La solidarité comme contrat et comme éthique. Paris: Berger-Levrault, 1982.
No Direito brasileiro, o sentido da funcionalização adotado no Direito francês é reproduzido por Vera Fradera, ao descrever o que chama de "concepção voltada para uma finalidade de ordem funcional (no sentido da escola de Lyon)". FRADERA, Vera. Liberdade contratual e função social do contrato – Art. 421 do Código Civil. In: MARQUES NETO, Floriano Peixoto, RODRIGUES JR., Otavio Luiz, XAVIER LEONARDO, Rodrigo. *Comentários à Lei da Liberdade Econômica – Lei 13.874/2019*. São Paulo: Revista dos Tribunais, 2019, p. 298 a 300

[32] As obras de Ronald Coase como um dos principais precursores da análise econômica e o desenvolvimento posterior realizado por Richard Posner podem ser tidos como principais referências teóricas dessa escola. COASE, R. H. The nature of the Firm. Economica, New Series, v. 4, n. 16, 1937, p. 386 – 405 analisa o contrato como fator de eficiência econômica e seu caráter instrumental na organização da empresa. POSNER, Richard A. Let us never blane a contract breaker. Michigan Law Review, v. 107: 1349 – 1363 é um exemplo do trabalho do juiz americano ao tratar sobre a boa-fé como uma "ferramenta econômica pragmática" em

Mais próximo do que se compreende como o funcionalismo no Direito Contratual brasileiro pode-se identificar nas obras de Hugh Collins, Roger Brownsword, entre outros autores que observam o fenômeno da funcionalização, a importância do contexto e dos valores éticos a serem realizados por meio da liberdade contratual.[33]

Observa-se, porém, fortes correntes anti-funcionalistas, como são as obras de Charles Fried[34] e mais recentemente as manifestações de Ernest J. WeiNrib,[35] um dos principais juristas do cenário da *common law*, por conta da tese central de suas obras que rejeita o funcionalismo no Direito Privado. A propósito do contrato, afirma que sua função é ser "o contrato" e nada além disso, em um contexto de forte crítica a inserção de elementos externos

---

vez de um princípio ético tal como concebemos, sendo um bom exemplo do desenvolvimento funcionalista dessa concepção. Em português tem sido considerado como principal obra de referência o livro de ARAÚJO, Fernando. *Teoria Económica do Contrato*. Coimbra: Almedina, 2007.
Para uma crítica a essa concepção, por conta da falta de consideração dos aspectos éticos essenciais das relações privadas, já formuladas nos anos 1970 e 1980 ver GILMORE, Grant. *The death of contract*. Columbus, Ohio, 1974, e especialmente FRIED, Charles. *Contract as Promise. A theory of contractual obligation*. Harvard University Press, 1981.
Mais recentemente pode-se indicar a sólida crítica de COLLINS, Hugh. *The Law of Contract*. Cambridge: Lexis Nexis, 2003; SMITH, Stephen. *Contract Theory*. Oxford, 2004, p. 108 – 136 e também de WEINRIB, Ernest J. *The idea of private law*. Oxford, 2012, pp. 01 – 21.

[33] COLLINS, Hugh. *The law of Contract*. London: Lexis Nexis, 2003, pp. 94 – 113. No capítulo The contractualization of social life, Collins desenvolve a relaçao do contrato e os mercados, as técnicas legais para controle do escopo dos contratos, externalidades, justiça distributiva, etc. BROWNSWORD, Roger. *Contract Law. Themes for the twenty-first century*. Oxford: Oxford, 2006, p. 37 – 41. Brownsword enfrenta no capítulo específico chamado The function of contract law as tendências de controle dos fins dos contratos após as obras de Stwart Macaulay , Patrick Atiyah e do próprio Hugh Collins no âmbito da doutrina e jurisprudência norte-americanas, especialmente para controle de fins no contexto de um mercado global, acentuando também a importância recente da boa-fé no âmbito da common law.

[34] FRIED, Charles. *Contract as promise. A theory of contractual obligation*. Harvard University Press, 1981.

[35] WEINRIB, Ernest J. *The idea of private law*. Oxford, 2012, "My basic contention, then, is that private law relationships have a unifying structure. This structure is internal in the two senses suggested above, that it is implicit in the salient features of private law and that it is intelligible without external referent as a harmony of parts making up a coherent whole. Because private law attempts to elaborate doctrines expressive of its own potential coherence, the structure is also a regulative idea. This is why the purpose of private law is simply to be private law." p. 21.

a dogmática jurídica, especialmente à análise econômica do Direito. Esta corrente é considerada predominante atualmente no seio da *common law*, embora encontre forte resistência por conta de sua concepção formalista que pressupõe uma espécie de Direito Natural.[36]

(III) Conteúdo e função da norma

A análise do conteúdo e da função será efetuada separadamente tomando-se em consideração quanto ao conteúdo unicamente as alterações realizadas pela Lei da Liberdade Econômica, pois ao tratar da função do Art. 421, se estará necessariamente enfrentando qual é o seu significado e conteúdo geral.

3. Do conteúdo da alteração legislativa

A alteração legislativa pode ser dividida em três partes. (a) Eliminação da expressão "em razão", que condicionava liberdade de contratar e função social dos contratos, bem como substituição da expressão "liberdade de contratar" por "liberdade contratual", (b) inserção do princípio da "intervenção mínima", e, (c) excepcionalidade da revisão contratual.

(a) Em razão e "liberdade contratual"

A alteração legislativa manteve praticamente todos os elementos do dispositivo que lhe atribuíam papel determinante, pois desde o início da vigência

---

[36] SAPRAI, Prince. *Contract Law Without Foundations*. Oxford: Oxford, 2019, p. 41.
Um exemplo da intensidade sobre o debate a respeito do funcionalismo na common law é a recente obra de Prince Saprai, editado no ano de 2019, cuja tese central é justamente crítica às concepções não funcionalistas, chamadas por ele de Foundationalism, dirigindo-se especialmente a autores como Fried e Winrieb, que desenvolveram suas ideias como resposta a principal corrente funcionalista que é a da análise econômica do Direito.
Prince Saprai ao fazer a crítica à uma determinada concepção anticausalista, afirma sua perspectiva funcionalista: "This teleological and distinctly republican approach to contract law diverges structurally from the consequentialism of law and economics, and it differs in at least four significant ways from the promise theory. First, on my view contract law serves a purpose that is distinct from the practice itself; it is functional". SAPRAI, Prince. Op. Cit., p. 8.

do Código Civil nunca a expressão "em razão" tomou maior importância dogmática, assim como a expressão "liberdade de contratar".

A doutrina distingue a liberdade de contratar como direito de um determinado indivíduo em relação ao contrato, enquanto a liberdade contratual é uma parte da teoria geral dos contratos que trata sobre o conteúdo dessa mesma liberdade. Outros associam "liberdade de contratar" com a liberdade de decidir sobre celebrar ou não um contrato e "liberdade contratual" com a liberdade de estipulação, ou seja, a possibilidade de definir o conteúdo das cláusulas contratuais.

Todavia, tanto doutrina como jurisprudência nunca tomaram em conta um sentido específico para o texto, sendo considerado como genérico, no sentido de expressão da autonomia privada no plano do Direito Contratual, o que possivelmente continuará ocorrendo mesmo após a alteração legal.

Do mesmo modo, a expressão "em razão", nunca foi interpretada como sendo uma condicionante absoluta da liberdade de contratar.[37] Pelo contrário, a interpretação dominante sempre foi no sentido de que a expressão "em razão" representava um limite imanente, que a funcionalidade da liberdade de contratar não era unicamente um limite externo, algo que não será em nada alterado pela redação do dispositivo legal. Veja-se texto de Judith Martins-Costa sobre o tema, o qual pacificou a matéria a respeito da redação do artigo:

> "A expressão 'em razão da' função social indica, concomitantemente: a) que a função social do contrato integra constitutivamente o modo de exercício do direito subjetivo (liberdade contratual); b) e que é o seu fundamento, assim reconhecendo-se que toda e qualquer relação contratual possui, em graus diversos, duas dimensões: uma intersubjetiva, relacionando as partes entre si; outra, transsubjetiva, fazendo

---

[37] Interessante observação é realizada por KONDER, Carlos Nelson. Para além da "principialização" da função social do contrato. *Revista Brasileira de Direito Civil – RBDCivil* | Belo Horizonte, vol. 13, pp. 39-59, jul./set. 2017, ao afirmar que a expressão "em razão" foi adotada em substituição a expressão "somente": As críticas à redação inicial fizeram com que o termo "somente" fosse suprimido e o dispositivo ganhasse a redação com que foi promulgado".

reverberar as obrigações e direitos assumidos pelos contratantes na esfera de terceiros, determinados ou indeterminados".[38]

Com o texto alterado, poder-se-ia propor que os limites à liberdade de contratar determinados pela sua funcionalidade são somente externos e não inerentes a própria liberdade. Isso é uma contradição em termos, pois quando se está tratando sobre a "função" de um determinado instituto jurídico se quer saber para o que "serve" esse instituto, qual sua vocação, quais os fins para os quais o mesmo existe e lhe atribui sentido.

Por esse motivo, embora se possa tratar sobre um "princípio da função social do contrato", tal princípio é uma representação semântica do conteúdo normativo da liberdade contratual em sua relação com os próprios fins, servindo mais para propósitos didáticos do que propriamente esclarecedores sobre como se dá a relação entre estrutura da liberdade contratual e sua funcionalidade.

A alteração não muda a dimensão essencial do dispositivo que está consubstanciada na noção de socialidade, expressão maior da concepção segundo a qual "o individual ou o concreto se balance e se dinamize com o serial ou o coletivo, numa unidade superior de sentido ético", para usar as palavras de Miguel Reale ao justificar o texto do Anteprojeto do Código Civil.[39]

A relação entre liberdade contratual e a função social dos contratos é a expressão da "liberdade eticamente situada", "da liberdade que se exerce na vida comunitária", nas palavras de Judith Martins-Costa,[40] ou na ideia de "vida de relação", de Emílio Betti.[41]

Das poucas obras posteriores a edição da Lei todas indicam a ausência de alteração substancial da norma ao retirar a expressão "em razão", embora

---

[38] MARTINS-COSTA, Judith. Novas Reflexões sobre o Princípio da Função Social dos Contratos. *Revista Estudos de Direito do Consumidor, Centro do Direito do Consumo, Universidade de Coimbra*, n. 7, Coimbra, 2005, p. 75.

[39] REALE, Miguel. Exposição de Motivos. Diário do Congresso Nacional (Seção I) Suplemento, 14.09.1983, p. 118.

[40] MARTINS-COSTA, Judith. Novas Reflexões sobre o Princípio da Função Social dos Contratos. *Revista Estudos de Direito do Consumidor, Centro do Direito do Consumo, Universidade de Coimbra*, n. 7, Coimbra, 2005, p. 57.

[41] BETTI, Emílio. *Teoria General de las Obligaciones* – Tomo I. Madrid: Editorial de Drerecho Privado, pp. 01 e 02.

com enfoques distintos. Alguns acentuando a melhora da redação, como o faz Flávio Tartuce[42] e outros criticando a alteração, como é o caso do texto de Gustavo Tepedino e Lais Cavalcanti ao afirmar que "a exclusão da locução 'em razão' não tem o condão de afastar o controle de utilidade social das relações patrimoniais", justificando essa crítica na perspectiva dos valores sociais previstos na Constituição Federal.[43]

O STJ em recente decisão, posterior a Lei da Liberdade Econômica já proferiu decisão em sentido contrário a perspectiva trazida pelos autores da MP 881, que tentavam estabelecer um simples limite externo, ao decidir sobre um contrato de franquia. A decisão afirmou um caráter teleológico imanente ao contrato ao decidir que "também encontra a sua vinculação e limitação na função econômica e social do contrato, visando a fazer com que os legítimos interesses da outra parte, relativos à relação econômica nos moldes pretendidos pelos contratantes, sejam salvaguardados", afastando a noção estrita de limite externo.[44]

(b) Princípio da intervenção mínima

A disposição constante no parágrafo único que "positiva" o "princípio da intervenção mínima" é a repetição de um dos princípios da Lei da Liberdade Econômica, já consubstanciada no art. 2º, III, segundo o qual estabelece "a intervenção subsidiária e excepcional do Estado sobre o exercício de atividades econômicas".

A disposição do art. 2º da Lei da Liberdade Econômica, que é objeto de comentário em outra parte deste livro, tem o seu significado normativo e pode ter caráter de novidade relativamente à diversas matérias, tais como Direito Administrativo, Direito Concorrencial, etc.

---

[42] TARTUCE, Flávio, *Teoria Geral dos Contratos e Contratos em Espécie*. 16 ed. São Paulo: GEN/Forense, 2021, pp. 69 e 70.
[43] TEPEDINO, Gustavo e CAVALCANTI, Lais. Notas sobre as alterações pormovidas pela Lei n. 13.874/2019 nos Artigos 50, 113 e 421 do Código Civil. In: SALOMÃO, Luis Felipe. CUEVA, Ricardo Vilas Bôas e FRAZÃO, Ana. *Lei de Liberdade Econômica e seus impactos no Direito brasileiro*. São Paulo: Revista dos Tribunais, 2020, p. 501.
[44] STJ, REsp 1862508 / SP, Rel. Min. Nancy Andrighi, j. 24.11.2020, por maioria. A decisão para provimento do RESP foi proferida com votos da Min. Nancy Andrighi, Paulo de Tarso Sanseverino e Moura Ribeiro, vencidos os Min. Cueva e Marcos Aurélio Belize.

Contudo, o modo como foi realizada a repetição e o local de sua inserção trouxe tal disposição para o quadro da dogmática jurídica do Direito Privado, com sua lógica interpretativa e semântica que pode produzir resultados diferentes dos visados pelo legislador.

Uma leitura atenta das disposições do Código Civil vigente, no Código de 1916 ou em qualquer doutrina sobre os mesmos observará que não há possibilidade de "intervenção" nos contratos, seja mínima, seja máxima.

Embora exista o reconhecimento de um fenômeno conhecido como "dirigismo contratual", que representou forte intervenção do Estado nos contratos, quando no século XX são editadas leis sobre "contrato de trabalho", locação, contratos de consumo, etc., em todas essas hipóteses nunca se cogitou de "intervenção", mas de regulação legal das mais variadas disciplinas.

Qual é o significado desse princípio no parágrafo único do art. 421? A partir de agora será possível algum grau de intervenção sem previsão legal, desde que essa intervenção seja mínima? Qual é o significado de intervenção mínima?

De algum modo caberá a doutrina analisar esse dispositivo e compreender o seu papel fundamentalmente "programático" no contexto de uma lei para realização de uma determinada política pública que foi equivocadamente transplantada para o Código Civil. Sem dúvidas esse resultado será melhor do que tentar densificar dogmaticamente esse princípio, sob pena de criar-se algo absolutamente indesejado seja pela ideologia política que foi responsável por sua inserção, seja pela dogmática jurídica do Direito Contratual.[45]

(c) Excepcionalidade da revisão contratual

Até o advento da Lei da Liberdade Econômica a revisão dos contratos no Direito brasileiro não era admitida para situações excepcionais: a revisão somente é admitida quando houver previsão legal para sua ocorrência!

A revisão dos contratos no Direito brasileiro após o advento do Código Civil vigente tem ocorrência naquelas condições especiais que a lei expressamente

---

[45] Parte da doutrina posterior a edição da Lei simplesmente afirma que "não existe o princípio da intervenção mínima", tais como TEPEDINO, Gustavo e CAVALCANTI, Lais, Op. Cit. p. 505 e TARTUCE, Flávio. *Teoria Geral dos Contratos e Contratos em Espécie*. São Paulo: GEN/Forense, 2020, p. 79.

prevê, que estão vinculadas a situações fáticas que são realmente excepcionais.[46]

A possibilidade de revisão contratual por conta do disposto no art. 421 do Código Civil não tem amparo no Código Civil, seja na redação anterior da lei, seja na atual que estabeleceu a excepcionalidade.

A norma é despicienda e contém uma perigosa abertura, pois a partir do seu conteúdo passa a permitir que *excepcionalmente* possa ocorrer a revisão de contratos a partir da cláusula geral da função social dos contratos. Entre outros argumentos, pode-se partir da ideia de que a "lei não possui palavras inúteis".

Entretanto, a sistemática adotada pelo Código Civil não pode ter sido considerada atingida pelo parágrafo único do art. 421. A possibilidade de revisão judicial dos contratos no Direito brasileiro é extremamente limitada àquelas hipóteses previstas na lei, tal como na hipótese do art. 317 do Código Civil,[47] ou, casos mais especiais como o previsto no art. 620[48] do mesmo diploma legal e na hipótese do art. 19 da Lei 8.245/1991.[49]

As hipóteses do §2º do art. 157 e dos arts. 478 e 480 do Código Civil não tratam de revisão dos contratos, embora digam respeito a fenômeno que está associado historicamente à revisão, que são as hipóteses de lesão e alteração das circunstâncias por onerosidade excessiva.

(d) Da função da norma

A função do art. 421 do Código Civil não foi alterada pela Lei da Liberdade Econômica. Pensando por Miguel Reale e inserido como primeiro artigo do Título dos Contratos em Geral, parte do Código encarregado de regular

---

[46] No mesmo sentido TEPEDINO, Gustavo e CAVALCANTI, Lais, Op. Cit., p. 505: "A inclusao de tal dispositivo (...) , a rigor, sequer precisava dele constar".
[47] Art. 317. Quando, por motivos imprevisíveis, sobrevier desproporção manifesta entre o valor da prestação devida e o do momento de sua execução, poderá o juiz corrigi-lo, a pedido da parte, de modo que assegure, quanto possível, o valor real da prestação.
[48] Art. 620. Se ocorrer diminuição no preço do material ou da mão-de-obra superior a um décimo do preço global convencionado, poderá este ser revisto, a pedido do dono da obra, para que se lhe assegure a diferença apurada.
[49] Art. 19. Não havendo acordo, o locador ou locatário, após três anos de vigência do contrato ou do acordo anteriormente realizado, poderão pedir revisão judicial do aluguel, a fim de ajustá - lo ao preço de mercado.

a Teoria Geral dos Contratos, a disposição mantém-se como uma cláusula geral com conteúdo semântico aberto e com uma grande potencialidade interpretativa.

A funcionalidade da norma continua sendo múltipla, conforme já foi acentuado em obra editada logo após a promulgação do Código Civil:

> "A cláusula geral da função social dos contratos tem múltipla função:
> a) cânone hermenêutico e norma de sistematização do Direito Contratual;
> b) norma de integração entre a teoria geral dos contratos e regime geral das obrigações disciplinados no Código Civil com as leis especiais;
> c) sistematização e regulação do tratamento unitário das obrigações civis e mercantis, tendo em vista que o contrato é o instrumento de concretização das atividades econômicas organizadas sobre o plano funcional da unidade de fim, que caracterizam a atividade empresarial;
> d) controle judicial dos contratos para verificar a necessária correspondência entre o interesse privado e o interesse social que tipicamente é realizado por meio do contrato celebrado pelas partes".[50]

A edição da Lei da Liberdade Econômica auxilia na percepção sobre a diferença substancial entre os âmbitos do Direito e da Política, pois os propósitos políticos da lei foram claros no sentido de promover alterações "liberalizantes", tendo atuado como modelo legislativo próprio das leis que criaram os direitos de primeira geração, direitos do cidadão contra o Estado ou de direitos cujo objetivo era proteger o cidadão contra os poderes do Príncipe.[51]

---

[50] BRANCO, Gerson Luiz Carlos. *Função Social dos Contratos*. São Paulo: Saraiva, 2008, p. 306.
[51] A propósito da matéria é elucidativo o primeiro capítulo da obra de ATIYAH, Patrick S. *The Rise and Fall of Freedom of Contract*. Oxford: Oxford University Press, 2003, pp. 11 – 36. Observando a eventual separação entre liberdade e propriedade, o autor é crítico a essa ideia: "But it is, in any event, probably misleading to separate the ideas of liberty and property in this way...", p. 14.
Embora a lei de algum modo protegesse a liberdade, o objetivo fundamental era a proteção dos direitos de propriedade.
Do mesmo modo, a MP 881/2019 parece inserida nesse contexto e não no contexto do art. 170 da Constituição Federal que atribui ao Estado um papel ativo na conformação da vida econômica e social, em razão das provisões previstas no art. 3º da Carta Magna, que são os objetivos fundamentais da República Federativa do Brasil.

Os fins evidenciados na exposição de motivos não foram plenamente transferidos para o plano do Direito, seja pelos limites da própria "Lei" como conformadora do Direito Privado e sua natureza essencialmente cultural, seja pela falta de compreensão por parte do legislador sobre como a racionalidade peculiar do Direito Privado.

A função da norma, neste sentido, não foi alterada pelas modificações realizadas.

Observa-se, entretanto, que o fundamento pelo qual entende-se que não tenha havido alteração na funcionalidade da norma não é uníssono. A esse respeito há opinião no sentido de que a perspectiva funcional do contrato "depende fundamentalmente da aplicação direta dos princípios constitucionais às relações privadas",[52] o que difere da perspectiva apresentada nestes comentários, que reconhecem a funcionalidade do contrato como fenômeno intrínseco da própria liberdade contratual como fato social reconhecido ao longo da história.

(IV) Conexões Intrassistemáticas

As conexões intrassistemáticas do art. 421 do Código Civil são indicadas pelo posicionamento da disposição como artigo de abertura do capítulo do Título e do Capítulo relativo às Disposições Gerais dos Contratos, em um Código que pretendeu promover a unificação legislativa da disciplina das obrigações civis e mercantis.

Isso significa que a disposição da Lei da Liberdade Econômica atuou no cerne normativo da Teoria Geral dos Contratos, tendo em vista a irradiação da disposição sobre todo o Direito Contratual como disciplina jurídica e sobre todos os tipos contratuais.

Todavia, há limites para a aplicação da função social dos contratos em certos contratos, especialmente naqueles em que o ordenamento jurídico, por uma razão ou outra, acolheu ou precisou acolher a abstração da causa.

---

[52] TEPEDINO, Gustavo; CAVALCANTI, Lais. Op. Cit., p. 504.

Os exemplos mais contundentes de limites a atuação da função social dos contratos são nos contratos celebrados como instrumento da constituição de derivativos. Os derivativos são contratos que possuem uma funcionalidade múltipla e variada, com forte abstração da causa, produzindo eficácia vinculativa de modo completamente indiferente ao fim visado pelas partes, que é variável ao extremo.

Veja-se que, por exemplo, um contrato de *swap* pode ser celebrado pelas partes como instrumento de *hedge,* para proteção de um exportador às variações cambiais ou pode ter sido celebrado como um instrumento de especulação financeira.

Essa desvinculação completa da causa torna os derivativos negócios jurídicos híbridos, aos moldes dos títulos de crédito, em que a forma é a garantia de sua validade e eficácia, com estreito limite para a incidência da norma da função social dos contratos.

Do mesmo modo, porém com um grau menos rigoroso, pode-se encontrar os contratos que criam obrigações de garantia, tendo em vista que normalmente nos contratos para constituição de garantia a forma também é um elemento determinante, assim como não há como o garantidor de uma determinada obrigação afastar-se da mesma por questionar eventual desvio funcional, especialmente quando a garantia é outorgada por terceiro.

Seja fiança, cessão fiduciária de direitos, solidariedade convencional ou outros modos de instituição de garantia por terceiro sem que exista uma contraprestação, a possibilidade de limitar os efeitos ou invalidar o ato fica adstrito a ilicitude, tendo em vista que é característica comum das garantias que o ato solene da celebração do contrato não é meramente uma prova ou mesmo um elemento integrativo do contrato, mas constitutivo da relação jurídica.

Diferentemente de um contrato solene em que a solenidade é elemento essencial para a validade da obrigação assumida, as garantias quando outorgadas precisam do ato solene para que sejam constituídas, sem as quais sequer se pode tratar de sua existência.

Essa objeção à aplicação da função social dos contratos às garantias não é generalizada, tendo em vista que podem existir modalides de garantia que são submetidas aos efeitos da função social dos contratos, tal como é a hipótese do contrato de seguro, que por boa parte da doutrina é considerado como um contrato que cria obrigações de garantia e indiscutivelmente tem sido aplicado ao mesmo a cláusula geral da função social dos contratos.

(V) Conexões Intersistemáticas

As conexões intersistemáticas precisam ser observadas com cautela, tendo em vista que embora a "funcionalidade" esteja presente tem todo o Direito Privado, não há como confundir o conteúdo técnico da "função social dos contratos" com outras funcionalidades, tal como as que afetam a personalidade das pessoas jurídicas, a empresa ou a propriedade.

Conforme desenvolvido anteriormente, a funcionalidade de um instituto ou modelo jurídico diz respeito ao controle dos fins e não apenas de aspectos deônticos estruturais.

Por isso, o desvio de função ou como diz o art. 50 do Código Civil "desvio de finalidade" da personalidade da pessoa jurídica permite a desconsideração de sua autonomia patrimonial para que seja realizada a constrição patrimonial de sócios, administradores ou mesmo da própria pessoa jurídica por dívidas dos sócios na desconsideração inversa da personalidade da pessoa jurídica.

Por outro lado, os efeitos do "descumprimento da função social da propriedade" tem regulamentação constitucional e legal sobre desapropriação para fins sociais, entre outros efeitos específicos e com características técnicas que lhe são próprias e em torno da qual há um conjunto de regras, princípios subjacentes e situações típicas que tem sido objeto de regulamentação há quase um século e que não se submetem aos ditames do art. 421 do Código Civil.

O mesmo se diga em relação à função social da empresa, com ampla aplicação nos processos de Recuperação Judicial, assim como em conflitos societários e de responsabilidade dos administradores ou do acionista controlador.

Para além disso, deve-se considerar como afastável da aplicação da função social dos contratos a disciplina de outros negócios jurídicos que não sejam contratos. A título de exemplo, tome-se o testamento, que é negócio jurídico unilateral no qual não estão presentes condições normativas para considerar-se uma "função social", dado o caráter subjetivo predominante nessa modalidade de negócio jurídico. O mesmo deve-se dizer relativamente aos negócios jurídicos do Direito das Coisas, tais como as hipotecas, penhor, etc., que não admitem a aplicação da função social dos contratos, não só por não serem "contratos", como também por possuírem uma funcionalidade própria, cujo controle pode ser feito com fundamento no art. 187 do Código Civil, que trata do exercício disfuncional dos efeitos de tais negócios jurídicos.

(VI) Jurisprudência[53]

A opção destes comentários ao analisar a jurisprudência é tratar de casos paradigmáticos sobre a matéria. Entretanto, a jurisprudência sobre a função social dos contratos é substancialmente difusa e tópica, de modo que embora possam existir "paradigmas" implícitos em tais decisões, é difícil afirmar que as decisões tenham sido fundantes ou determinantes de determinados entendimentos.

A opção realizada foi de sintetizar as principais linhas jurisprudenciais construídas no Superior Tribunal de Justiça a respeito da matéria, tendo em vista que é o Tribunal do país responsável pela uniformização jurisprudencial, porém, especialmente porque as decisões dos Tribunais Estaduais possuem uma difusão ainda maior e de difícil sistematização.

O método adotado para sistematizar as decisões do STJ foi a de agrupar casos e entendimentos a respeito do modo de aplicação do art. 421 do Código Civil como concretizador da função social dos contratos.

Não se tomou em consideração meras referências ilustrativas, nas quais a expressão função social dos contratos ou o art. 421 do Código Civil tenham sido usados como mero recurso auxiliar ou de modo descontextualizado. Do mesmo modo naqueles casos em que a matéria tenha sido invocada, porém o fundamento da decisão tenha sido disposição legal específica com vigência sobre a relação jurídica objeto da controvérsia.[54]

---

[53] A análise jurisprudencial realizada neste capítulo também foi objeto de apresentação em data anterior na obra BRANCO, G. L. C. A Função Social do Contrato no Código Civil: 18 anos de vigência e a interpretação jurisprudencial do STJ. In: FERREIRA DA SILVA, Jorge Cesa e BARBOSA, Henrique (Org.) *Os 18 anos do Código Civil: a evolução do direito empresarial e obrigacional (societário, obrigações & contratos)*. São Paulo: Quartier Latin, 2021, no prelo.

[54] Decisões meramente referenciais, porém sem qualquer conteúdo dogmático claro: RESP n. 1.525.109 – SP, Ricardo Vilas Bôas Cueva, j. em 04.10.2016; AgRg no RECURSO ESPECIAL No 1.444.292 – SP, Rel. Min. Sidnei Beneti, j. em 05.08.2014; AgRg no AGRAVO EM RECURSO

Do mesmo modo também são afastadas decisões singulares que não caracterizam uma linha ou mesmo "novidades" como a recente decisão que conecta função social do contrato a "função ecológica do contrato", em caso que não se trata propriamente de relação de Direito Privado, mas de Termo de Ajustamento de Conduta em Ação Civil Pública.[55]

Há casos em que a invocação da função social é meramente argumentativa, como na hipótese do caso em que foi provido um recurso para considerar válido um aval em uma Nota Promissória Rural. O fundamento jurídico é de que a invalidade do aval depende do atendimento de disposição legal expressa. Entretanto, logo após o fundamento jurídico a decisão faz uma referência genérica, que não é efetivamente relevante para o conteúdo do *decisum*.[56] Do mesmo modo não foram analisados aqueles casos em que a função social dos contratos é mencionada como não sendo suficiente para alterar a aplicação de regras legais cogentes.[57]

Os principais temas desenvolvidos pelo Superior Tribunal de Justiça podem ser agregados em cinco perspectivas, que são (a) Funcionalidade social do contrato como limite ao exercício de posições jurídicas subjetivas; (b) Interpretação extensiva (teleológica e, portanto, funcional) dos deveres contratuais; (c) Hipótese de alargamento da noção de parte: eficácia do

---

ESPECIAL No 32.884 – SC, Rel. Min. Raúl Araújo, j. em 17.11.2011. RECURSO ESPECIAL No 887.946 – MT, Min. Paulo de Tarso Sanseverino, j. em 10.05.2011. AgRg no AGRAVO DE INSTRUMENTO No 1.383.974 – SC (2010/0213363-0), Rel. Luis Felipe Salomão, j. em 13.12.2011. EDcl nos EMBARGOS DE DIVERGÊNCIA EM RESP No 791.077 – SP, Rel. Min. Arnaldo Esteves Lima, j. em 23.04.2008.

[55] A expressão "função ecológica do contrato" foi utilizada no AgInt no REsp 1688885 / SP, Rel. Min. Herman Benjamin, j. 01.09.2020. Veja-se a menção: "a liberdade de contratar (rectius, de celebrar negócios jurídicos) constante do art. 421 do Código Civil não é absoluta, nem irrefreável, subordinando-se não só à função social nele prevista, mas também a cânones jurídicos de regência da vida civilizada em comunidade, subordinando-se não só à função social nele prevista, mas também a cânones jurídicos de regência da vida civilizada em comunidade, entre eles a função ecológica do contrato, cara-metade da função ecológica da propriedade (art. 1.228, § 1º, do Código Civil)."

[56] RESP n. 1.483.853, Rel. Min. Moura Ribeiro, j. em 04.11.2014. "Essa linha interpretativa, igualmente, é a que melhor atende a função social do contrato, haja vista que no plano objetivo, não é difícil constatar a existência de gama enorme de pequenos produtores rurais que, impossibilitada de oferecer garantia diferente da pessoal (aval), tem o acesso ao crédito obstruído ou só o encontra franqueado em linhas de crédito menos vantajosas".

[57] RESP n. 1.413.818 – DF, Rel. Min. Vilas Bôas Cueva, j. em 14.10.2014.

contrato em benefício de terceiro; (d) Função social do contrato associada a políticas públicas; e, (e)Tipicidade e funcionalidade social do contrato.

a) Funcionalidade social do contrato como limite ao exercício de posições jurídicas subjetivas

Muitas das decisões do Superior Tribunal de Justiça sobre a função social dos contratos tratam sobre o exercício abusivo de posições jurídicas subjetivas com fundamento na funcionalidade de direitos previstos no contrato.

Nesse caso, embora a questão da "finalidade" do contrato possa ser tomada em consideração, talvez a caracterização da funcionalidade não seja propriamente do contrato, mas do exercício disfuncional de determinados direitos, tal como o direito de resolver o contrato, cujo fundamento é o art. 187 do Código Civil.

Neste sentido, tanto a ideia de "função social dos contratos" quanto a "finalidade econômica e social" prevista no art. 187 do Código Civil possuem um componente finalístico que lhe é inerente. A diferença entre o estudo da função social e da finalidade econômica e social, está na perspectiva do jurista na análise do fenômeno jurídico em relação aos resultados práticos do ato: o jurista que estuda a função, tem seu foco sobre o instrumento para alcançar determinados fins, verificar se o instrumento está servindo para fins pré-determinados, sua validade e eficácia condicionada pela funcionalidade; o jurista que estuda os fins, tem seu foco sobre os efeitos, não pela contraposição ao instrumento, mas em relação a norma que pré-determina os fins a serem alcançados pelo instrumento.

Talvez não seja propriamente o caso de se questionar sobre o cumprimento da função social do contrato, pois o preceito contratual não é objeto de maior indagação. O problema posto é de que o direito de resolver teve seu exercício contrariamente a finalidade para a qual o direito nasceu. Está em discussão a extensão e as condições para a eficácia de um determinado direito, nascido a partir de um ato válido.

Fenômeno comum, com perspectiva diferente, são diversos os casos em que o Superior Tribunal de Justiça considera que a noção de "função social do contrato" foi utilizada para negar a possibilidade de resolução de um contrato.

Exemplo disso é o caso de um compromisso de compra e venda de imóvel da Encol S.A., que não concluiu a construção por conta de sua falência. Os adquirentes das unidades do empreendimento no qual seria construído o imóvel reuniram-se e, na forma da Lei n. 4.591/64 (Condomínio e Incorporação), deliberaram substituir o incorporador e contratar outro construtor.[58]

A decisão usou a noção de "função social do contrato" para limitar o direito individual do contratante em resolver o contrato por inadimplemento, na perspectiva de que o interesse coletivo dos demais adquirentes era de executar os seus contratos e, consequentemente, construir o empreendimento.

O caso apresenta duas dimensões da funcionalidade, pois embora o efeito concreto tenha sido o limite ao exercício do direito, também há o reconhecimento de uma eficácia externa do contrato, além, é claro, de outras implicações, inclusive processuais, por conta da sucessão da Massa Falida por uma outra construtora.

Veja-se o principal trecho da decisão na qual essa perspectiva foi adotada:

> "Embora o art. 43, III, da Lei no 4.591/64 não admita expressamente excluir do patrimônio da incorporadora falida e transferir para comissão formada por adquirentes de unidades a propriedade do empreendimento, de maneira a viabilizar a continuidade da obra, esse caminho constitui a melhor maneira de assegurar a funcionalidade econômica e preservar a função social do contrato de incorporação, do ponto de vista da coletividade dos contratantes e não dos interesses meramente individuais de seus integrantes".[59]

Sob o ponto de vista da análise detalhada dos efeitos da decisão, a funcionalidade do contrato foi utilizada como modo de (a) compreensão de um conjunto de contratos conexos que possuem uma finalidade comum e interdependente; (b) essa interdependência limita a possibilidade de individualmente os contratantes exercerem determinados direitos, como o direito de resolver por inadimplemento.

---

[58] RESP n. 1.115.605 – RJ, Rel. Min. Nancy Andrighi, j. em 07.04.2011.
[59] RESP 1.115.605 – RJ, Rel. Min. Nancy Andrighi, j. em 07.04.2011.

A decretação da falência do vendedor no compromisso de compra e venda não resolve automaticamente o contrato, pois pode a Massa Falida executá-lo. Todavia, a consideração de que os adquirentes possuem uma ligação e uma reciprocidade de interesses permite que o direito atribua soluções uniformes que extrapolem o interesse individual, o que está previsto de algum modo nas regras da Lei 4.591/64.

Entretanto não se pode deduzir da Lei a limitação ao exercício de direitos, no caso o de resolver o contrato. Por outro lado, a possibilidade de que um ou alguns dos adquirentes da unidade exerçam seu direito de resolução resultará na inviabilidade da continuidade da construção e dos fins do contrato. A resolução do contrato tornaria os adquirentes credores quirografários e a possibilidade de efetivação de seu crédito bastante remota.

No mesmo sentido da decisão anterior, como limitadores ao exercício de direitos, pode-se indicar decisões que fundamentam a teoria do adimplemento substancial na função social do contrato:

> "Vale dizer que, para a resolução do contrato, inclusive pela via judicial, há de se considerar não só a inadimplência em si, mas também o adimplemento da avença durante a normalidade contratual.
>
> A partir desse cotejo, entre adimplemento e inadimplemento, é que deve o juiz aferir a legitimidade da resolução do contrato, de modo a realizar, por outro lado, os princípios da função social e da boa-fé objetiva.
>
> Nessa linha, a insuficiência obrigacional poderá ser relativizada com vistas à preservação da relevância social do contrato e da boa-fé, desde que a resolução do pacto não responda satisfatoriamente a esses princípios. Essa é a essência da doutrina do adimplemento substancial do contrato".[60]

---

[60] STJ, RESP n. No 877.965 – SP, Rel. Min. Luis Felipe Salomão, j. em 22.11.2011. "No caso, embora houvesse mora de 90 (noventa) dias no pagamento da mensalidade do plano, antes da ocorrência do fato gerador (morte do contratante) tentou-se a purgação, ocasião em que os valores em atraso foram pagos pelo de cujus, mas a ele devolvidos pela entidade de previdência privada, com fundamento no cancelamento administrativo do contrato ocorrido 6 (seis) dias antes".

A referida decisão foi proferida contra negativa de uma seguradora em efetuar o pagamento de um pecúlio por morte. O contratante atrasou as parcelas do seguro e ao tentar efetuar o pagamento recebeu informação de que o mesmo teria sido cancelado por inadimplemento. Posteriormente a isso houve a morte.

O Tribunal entendeu que o pagamento regular por longo tempo e as tentativas de pagamento demonstram que a resolução do contrato por parte da seguradora foi "ineficaz", pois haveria possibilidade de purgação da mora.

b) **Interpretação extensiva (teleológica e, portanto, funcional) dos deveres contratuais**

Outra linha de aplicação da norma do art. 421 do Código Civil foi a utilização da norma para promover uma interpretação funcional dos deveres contratuais, para compreender que certos deveres ainda que não previstos expressamente no texto contratual são decorrência funcional do tipo social a que estão associados.

Neste sentido o STJ entendeu que mesmo após a extinção do contrato devem determinadas obrigações continuarem a ser executadas, para permitir atingir-se a finalidade contratual. A decisão foi proferida sobre contratos de planos de saúde coletivos que admitem denúncia o prazo de vigência de um ano, desde que notificada a parte contrária com antecedência de 60 dias, entretanto, todos os pacientes que estiverem sendo atendidos, internados ou em tratamento, devem ser mantidos nessa condição pela Seguradora.[61]

---

[61] RESP 1.818.495 – SP, Rel. Marco Aurélio Belizze, j. em 08.10.2019. 3. O posicionamento adotado pelo Tribunal de origem diverge da jurisprudência pacífica do Superior Tribunal de Justiça, a qual proclama ser perfeitamente possível a resilição unilateral e imotivada de contrato coletivo de plano de saúde, desde que cumprido o prazo de vigência de 12 (doze) meses, bem como haja notificação prévia do contratante com antecedência mínima de 60 (sessenta) dias, uma vez que o art. 13, inciso II, da Lei 9.656/1998, incide tão somente nos contratos individuais ou familiares.
4. Entretanto, não obstante seja possível a resilição unilateral e imotivada do contrato de plano de saúde coletivo, deve ser resguardado o direito daqueles beneficiários que estejam internados ou em pleno tratamento médico, observando-se, assim, os princípios da boa-fé, da segurança jurídica e da dignidade da pessoa humana.
4.1. Com efeito, a liberdade de contratar não é absoluta, devendo ser exercida nos limites e em razão da função social dos contratos, notadamente em casos como o presente, cujos bens

A decisão não trata da questão da possibilidade de ressarcimento ou mesmo possibilidade de cobrança de diferenças de contraprestação no período, porém estabelece uma eficácia prolongada ao contrato tendo em vista a finalidade do mesmo, a finalidade econômica e social, com fundamento no art. 421 do Código Civil.

Adicionalmente, a decisão consegue captar a distinção essencial entre os valores subjacentes e o caráter instrumental do contrato, para impor a vigência do contrato mesmo após o término por conta da denúncia unilateral.

A decisão tem uma importância peculiar, pois reconhece que os valores relacionados à prestação a que o contrato visa cumprir torna-o instrumento essencial da vida de relação, mantendo sua eficácia para que tais fins não sejam frustrados. No mesmo sentido, o entendimento de ampliação dos deveres foi aplicado para autorizar a cobertura de plano de saúde em caso que não havia cláusula de exclusão da responsabilidade no contrato, porém havia cláusula que estabelecia rol de medicamentos obrigatórios para determinado tratamento. Com base na função social do contrato o STJ entendeu o caráter "caráter manifestamente infundado da alegação de ausência de previsão da hemodiálise no rol de procedimentos de cobertura obrigatória da ANS". [62]

A função social dos contratos também foi usada pelo STJ como critério para interpretação extensiva de obrigações, em caso envolvendo o seguro obrigatório de automóveis. O Tribunal considerou que apesar de expressa menção de um determinado fato como sendo determinante de "incapacidade permanente", no caso "a retirada cirúrgica do baço em decorrência de acidente de trânsito", deve ser considerada como deficiência permanente para fins de pagamento de indenização.[63]

---

protegidos são a saúde e a vida do beneficiário, os quais se sobrepõem a quaisquer outros de natureza eminentemente contratual, impondo-se a manutenção do vínculo contratual entre as partes até que os referidos beneficiários encerrem o respectivo tratamento médico. No mesmo sentido, decisão proferida após a vigência da Lei da Liberdade Econômica: STJ, AgInt no REsp 1876498 / SP, Rel. Marco Aurélio Belizze, j. em 26.10.2020.

[62] STJ, AgInt no REsp 1774203 / RS, Rel. Min. Paulo de Tarso Sanseverino, j. em 10.03.2021.

[63] STJ, RESP 1.381.214 – SP, Rel. Min. Paulo de Tarso Sanseverino, j. em 20.08.2013. "2. Ainda que a situação não constasse da tabela utilizada até 2009, elaborada pelo CNSP, há expressa menção na lista incluída na Lei 6.194/74 pela Medida Provisória 456/09, a qual deve ser utilizada como instrumento de integração daquela.
3. Caráter exemplificativo das tabelas do seguro DPVAT descritivas de situações configuradores de invalidez permanente.

3. COMENTÁRIO AO ARTIGO 421 DO CÓDIGO CIVIL: A FUNÇÃO SOCIAL DO CONTRATO...

c) **Hipótese de alargamento da noção de parte: eficácia do contrato em benefício de terceiro – eficácia externa do contrato.**

Uma das dimensões mais discutidas da função social do contrato, que é o alargamento da noção de parte ou de flexibilização do princípio da relatividade dos efeitos dos contratos encontra alguns acórdãos reconhecendo o contrato como fato social relevante, que não pode ser ignorado e, portanto, reconhecendo sua oponibilidade perante terceiros. Não obstante essa doutrina seja anterior ao debate da funcionalização do contrato no Código Civil, o STJ associa tal eficácia contratual à função social do contrato.

Considerou-se o alargamento da noção de parte para dar legitimidade passiva para seguradora, permitindo a execução direta da seguradora denunciada à lide que foi condenada em via regressiva. A decisão foi fundamentada na concepção de que "mostra-se plenamente correta essa orientação, à luz do princípio da função social do contrato de seguro, permitindo a ampliação do âmbito de eficácia da relação contratual para se garantir o pagamento efetivo da indenização ao terceiro lesado pelo evento danoso".[64]

Em outras palavras, o STJ considera que a finalidade do contrato de seguro é proteger o segurado e embora o mecanismo contratual não contenha previsão que permita o efeito visado, o tribunal considerou o aspecto instrumental do contrato para admitir que há "solidariedade" entre o segurado e a seguradora, podendo a vítima do infortúnio escolher contra quem deve promover a execução. A vítima de um dano obtém um benefício da relação contratual mantida pela parte contrária com uma seguradora, que por ser instituição financeira, etc., tem normalmente maior solvabilidade que a parte contrária.

Sobre essa matéria, o STJ chegou a ter posição mais agressiva ao admitir que a vítima pudesse propor demanda diretamente contra a seguradora, sem necessidade de que houvesse a denunciação à lide, posicionamento que iniciou

---

4. Consideração da natureza pública do seguro obrigatório e **dos princípios da igualdade e da função social do contrato.**
5. Cobertura concedida proporcionalmente ao grau de invalidez (Súmula 474/STJ)". (Grifamos).
[64] STJ, no AgRg no RECURSO ESPECIAL No 474.921 – RJ, Rel. Min. Paulo de Tarso Sanseverino, j. em 05.10.2010.

pela 3ª Turma do STJ, que em momento posterior foi alterado para rejeitar essa possibilidade:

> "Pode a vítima em acidente de veículos propor ação de indenização diretamente, também, contra a seguradora, sendo irrelevante que o contrato envolva, apenas, o segurado, causador do acidente, que se nega a usar a cobertura do seguro".[65]

Observe-se que a decisão acima transcrita é do ano de 2000, ou seja, anterior a vigência do Código Civil de 2003, razão pela qual pode-se afirmar claramente que não há conexão entre a origem da decisão e o fundamento legal.

Entretanto, por longo período as decisões sobre a "eficácia externa" do contrato, tal como a supra referida estiveram associadas a função social do contrato.

Outro grupo de decisões reconhecendo eficácia externa do contrato é relacionada ao Sistema Financeiro da Habitação, pelo qual é comum a hipoteca de unidades habitacionais destinadas a venda. O STJ considera que a hipoteca embora seja válida e eficaz não irá produzir o efeito de hipoteca, por força da função social dos contratos materializada no art. 1.488 do Código Civil.[66] Trata-se de decisão que considera que o efeito da hipoteca não pode recair sobre a propriedade do imóvel adquirido, mas apenas sobre o crédito de titularidade do comprador, sobre o qual fica a hipoteca sub-rogada, matéria também associada a função social dos contratos, porém com ocorrência no período anterior a vigência do atual Código Civil.

d) Função social do contrato associada a políticas públicas

Logo que o Código Civil foi editado surgiram um sem número de manifestações tratando sobre uma perspectiva que nunca tornou-se efetiva. Trata-se da ideia de que a função social consagra a noção de justiça distributiva e representa a "publicização" do Direito Privado.[67] Essa perspectiva não é

---

[65] RESP, 228840/RS, Rel. Min. Carlos Alberto Menezes Direito, j. em 26.06.2000.
[66] RESP n. 691.738 – SC, Rel. Min Nancy Andrighi, j. em 12.05.2005.
[67] Exemplo disso é o texto de TIMM, Luciano. Função Social Do Direito Contratual No Código Civil Brasileiro: Justiça Distributiva Vs. Eficiência Econômica. Revista dos Tribunais, vol.

3. COMENTÁRIO AO ARTIGO 421 DO CÓDIGO CIVIL: A FUNÇÃO SOCIAL DO CONTRATO...

encontrada na doutrina, ao menos na doutrina brasileira mais expressiva, tampouco na jurisprudência.

O que de mais próximo se pode encontrar na jurisprudência é uma linha de decisões do STJ, usando a função social dos contratos conectada com políticas públicas. Todavia, de modo algum consagra noções de justiça distributiva ou de "favorecimento dos mais fracos".

Inicia-se, por tratar das razões associadas a política pública de combate ao uso do álcool pelos motoristas de veículos automotores nas vias públicas.

Isso deu-se mediante decisões relativas a cobertura do contrato de seguro, pois o STJ usou como fundamento a função social do contrato para negar cobertura ao segurado que fez uso de bebida alcoólica, acentuando que as normas contratuais precisam estar alinhadas com as administrativas e penais, razão pela qual foi usada essa noção de finalidade econômica e social do contrato de seguro para criar uma "presunção relativa" de agravamento do riscos quando o condutor do veículo estiver sob influência do álcool e se envolver em acidente de trânsito, e, com isso fazer incidir a perda da indenização, na forma do art. 768 do CC. A "presunção é relativa", tendo em vista que o STJ entendeu que pode haver indenização, apesar da existência de prova do consumo de álcool pelo segurado, na hipótese em que este demonstrar inequivocamente que "o infortúnio ocorreria independentemente do estado de embriaguez (como culpa do outro motorista, falha do próprio automóvel, imperfeições na pista, animal na estrada, entre outros)".[68]

A conexão com a função social do contrato está em um elemento externo, dado por valores e políticas públicas: "A função social desse tipo contratual torna-o instrumento de valorização da segurança viária, colocando-o em posição de harmonia com as leis penais e administrativas que criaram ilícitos justamente para proteger a incolumidade pública no trânsito".[69]

876/2008, Out / 2008, p. 11 – 28, que afirma ser esse o entendimento da doutrina brasileira ("Constatou-se que a maioria dos juristas no Brasil tende a compreender o disposto no referido art. 421 como uma manifestação da publicização do Direito Privado, via Constituição, tendo por critério informador os ditames da justiça social, objetivando beneficiar os menos favorecidos"), propondo que a Análise Econômica do Direito "que a análise econômica do Direito pode ser empregada para explicar a função social do contrato em um ambiente de mercado".

[68] RESP n. 1.485.717 – SP, Rel. Min. Ricardo Vilas Bôas Cueva, j. em 22.11.2016.
[69] RESP n. 1.485.717 – SP, Rel. Min. Ricardo Vilas Bôas Cueva, j. em 22.11.2016.

Na mesma linha, o contrato para prover "crédito educativo", no qual o papel atribuído a funcionalidade do contrato é levado em consideração em outra medida por ser considerada uma funcionalidade social estrita.[70] A decisão afastou a incidência do Código de Defesa do Consumidor da referida relação contratual, porém entendeu que pelo disposto no art. 421 do Código Civil os fins sociais do contrato precisam ser tomados em consideração. No caso, apesar da longa fundamentação a decisão foi tomada para não admitir cláusula penal moratória no percentual de 10%, tendo sido reduzida a mesma para 2% sobre o valor do débito.

Por essa razão, considerou-se para os fins de organização deste capítulo, que esta decisão usou a noção de "função social dos contratos" como instrumento de uma política pública de equiparação dos beneficiários de crédito educativo com os consumidores.

e) Tipicidade e funcionalidade social do contrato [71]

Há um conjunto de decisões judiciais que são as que mais se aproximam da noção de "decisões paradigmáticas", tendo em vista que resolveram questões centrais associadas a liberdade contratual, especialmente sobre uma das preocupações da Lei da Liberdade Econômica, que diz respeito a possibilidade de revisão dos contratos com fundamento na função social dos contratos.

---

[70] Ag,Reg. No RESP, n. 1.270.314 – RS, Rel. Min. Napoleão Nunes Maia Filho, j. em 25.02.2014. "3. O Contrato de Crédito Educativo, dada a elevada finalidade nitidamente social da sua instituição, não deve ser interpretado sem levar-se em conta a sua especificidade, como se fosse uma relação financeira comum, por isso que a sua compreensão assimila as regras que servem de padrão ao sistema de proteção ao equilíbrio das relações de crédito, em proveito da preservação de sua teleologia. (...)
5. Vale dar destaque as normas insertas nos arts. 421 e 422 do CC, as quais tratam, respectivamente, da função social do contrato e da boa-fé objetiva. A função social apresenta-se hodiernamente como um dos pilares da teoria contratual. É um princípio determinante e fundamental que, tendo origem na valoração da dignidade humana (art. 1o. da CF), deve determinar a ordem econômica e jurídica, permitindo uma visão mais humanista dos contratos que deixou de ser apenas um meio para obtenção de lucro."
[71] A principal decisão objeto deste tópico foi por nós analisada em outra obra: BRANCO, Gerson L. C. Elementos para interpretação da liberdade contratual e função social: o problema do equilíbrio econômico e da solidariedade social como princípios da Teoria Geral dos Contratos. In: MARTINS-COSTA, Judith. (Org.). *Modelos de Direito Privado*. 1ed.São Paulo: Marcial Pons, 2014, v. 1, pp. 257-291.

3. COMENTÁRIO AO ARTIGO 421 DO CÓDIGO CIVIL: A FUNÇÃO SOCIAL DO CONTRATO...

Logo após o início da vigência do Código Civil, o Tribunal de Justiça do Estado de Goiás proferiu diversas decisões permitindo a revisão de contratos de compra e venda, e, consequentemente, declarando *ineficazes* as cláusulas contratuais que definiam um determinado preço para a soja. Como fundamento daquelas decisões, foi usada a função social dos contratos prevista no art. 421 do Código Civil, cuja incidência exigiria a intervenção judicial para que o contrato mantivesse seu equilíbrio econômico.

As demandas invocavam a onerosidade excessiva e necessidade de revisão para preservação do equilíbrio econômico que se afirmava compreendido na noção de função social dos contratos.

A adoção desse princípio pelo Direito Contratual autorizava – segundo o alegado – a aplicação dos efeitos da onerosidade excessiva, pois afinal de contas será sempre "excessivamente oneroso" o contrato em que há desequilíbrio econômico, caracterizado pela disparidade do valor das prestações quando comparadas na data da contratação frente ao seu valor na data do adimplemento.

Embora o Tribunal de Justiça de Goiás tivesse entendido que a revisão era necessária em prol da preservação do equilíbrio econômico, tendo como fundamento jurídico a função social dos contratos, o Superior Tribunal de Justiça decidiu em sentido diretamente inverso[72].

---

[72] O acórdão reformado no Superior Tribunal de Justiça foi o seguinte: Tribunal de Justiça de Goiás. Ap. Civ. 200400673805. Relator: Des. Vitor Barboza Lenza. Julgado em 17.05.2005. Com a seguinte ementa: "Apelação Cível. Revisão de clausulas contratuais com pedido de antecipação dos efeitos da tutela. Contrato de compra e venda. Soja. Alegação de desequilíbrio entre as partes. Preço pré-estabelecido. Entrega futura. Substancial elevação do preço. Prejuízo insuportável por parte do devedor. Revisão do reajuste. Possibilidade. Pacta sunt servanda. *Função social*. Boa-fé. 1 – nos contratos de execução continuada ou diferida, se a prestação de uma das partes se torna excessivamente onerosas, com extrema vantagem para outra, em virtude de acontecimentos extraordinários e imprevisíveis, poderá o devedor pedir a resolução do contrato, os defeitos da sentença que o decretar retroagirão a data da citação. *2 – o principio pacta sunt servanda deve ser interpretado em consonância com a realidade socioeconômica, de sorte a evitar desequilíbrio econômico entre os contratantes.* 3 – em contrato de compra e venda de soja para entrega futura, acontecendo substancial aumento do preço e do produto, não pode prevalecer a clausula contratual entre as partes. 4 – os contratantes são obrigados a guardar, assim na conclusão do contrato como em sua execução os princípios de probidade de boa-fé. Recurso conhecido e parcialmente provido".

A relatora do recurso em análise, Min. Nancy Andrighi, decidiu a questão analisando diversos aspectos, entre eles a boa-fé e os critérios de incidência do art. 478 do Código Civil, tendo, no que respeita a este artigo, afirmado o seguinte:

> "A função social infligida ao contrato não pode desconsiderar seu papel primário e natural, que é o econômico. Este não pode ser ignorado, a pretexto de cumprir-se uma atividade beneficente. Ao contrato incumbe uma função social, mas não de assistência social. Por mais que o indivíduo mereça tal assistência, não será no contrato que se encontrará remédio para tal carência. O instituto é econômico e tem fins econômicos a realizar, que não podem ser postos de lado pela lei e muito menos pelo seu aplicador. A função social não se apresenta como objetivo do contrato, mas sim como limite da liberdade dos contratantes em promover a circulação de riquezas. [73]".

Em outras palavras, a decisão da Min. Nancy Andrighi, que posteriormente passou a ser referência para um conjunto de outras decisões do próprio STJ, afastou a ideia de uma "solidariedade social" compreendida ao modo de "assistência social" que seria ínsita ao contrato, o que faz questionar qual é o sentido do "social" atribuído pela lei, quando afirma que a liberdade de contratar deve ser exercida "em razão e nos limites da função social dos contratos". Esse conjunto de decisões entendeu que, embora os fins do contrato sejam econômicos, o equilíbrio necessário para os contratos não deve levar em conta o "valor das prestações", mas sim a função do contrato na distribuição dos riscos da operação econômica que pretende regular, afastando o reconhecimento de um princípio do "equilíbrio econômico do contrato".

---

[73] Superior Tribunal de Justiça. 3ª Turma. REsp 803.481/GO. Relatora Ministra Nancy Andrighi. Julgado em 28.06.2007.

4. COMENTÁRIO AO ARTIGO 421 DO CÓDIGO CIVIL: A FUNÇÃO SOCIAL DO CONTRATO

José Roberto de Castro Neves

> "Art. 421. A liberdade contratual será exercida nos limites da função social do contrato.
>
> Parágrafo único. Nas relações contratuais privadas, prevalecerão o princípio da intervenção mínima e a excepcionalidade da revisão contratual."

Para que serve o Estado? Essa pergunta pode receber diversas respostas. Tudo a depender, principalmente, do viés ideológico de quem examinar a questão e, até mesmo, do momento histórico. Dizem que o ser humano seria o lobo do homem, caso não houvesse um Estado forte, a regular as relações. Sem o Estado, estaríamos condenados, pelo nosso espírito egoísta, à autofagia. Para outros, o Estado não passa de um óbice, um entrave à economia. Ele serviria somente para burocratizar a vida. Assim, quanto menor, mais contido e restrito, melhor.

Há um velho provérbio alemão segundo o qual "confiança é bom, mas controle é melhor". Diz-se que Lenin o repetia. De fato, o Estado totalitário sempre se valeu do controle da economia, o que fazia por meio de regras jurídicas. Uma das primeiras providências da Revolução Russa de 1917 foi regulamentar o contrato e a propriedade, exatamente para dificultar a circulação de riqueza e congelar as relações privadas.

Movimento oposto se viu, para citar outro icônico momento histórico, na Revolução Francesa, quando se admitiu a plena transferência da propriedade e outorgou-se ao contrato uma força praticamente divina.

Para muitos, há uma mão invisível que regula o mercado, garantindo, de um lado, a sobrevivência do bom serviço e do qualificado profissional, e, de outro, condenando os incompetentes. A livre concorrência também garantiria o melhor preço, evitando benefícios irreais e abusivos. Afinal, não é difícil imaginar que, para beneficiar alguém, se pretenda criar regras restritivas, a fim de estabelecer uma situação artificial em detrimento do mercado.

A intervenção maior ou menor do Estado na economia, portanto, depende do caminho ideológico que se persegue.

Entre nós, há uma cultura da ingerência estatal, que ganhou corpo no Estado Novo de Vargas, talvez herança do modelo de privilégios que vigorou no Brasil colonial. A economia brasileira foi construída ao redor de grandes empresas estatais. Até hoje se sente a forte presença do Estado na economia. Basta ver que a maior empresa nacional, a Petrobras, segue controlada pelo Estado. Assistimos, em prejuízo do avanço do país, nos anos 80, a barreira do mercado tecnológico, impedindo que o Estado adquirisse produtos e serviços de informática de pessoas estrangeiras – medida adotada sob o argumento de que assim se estimularia o desenvolvimento da nossa indústria. O resultado, contudo, foi apenas o nosso atraso.

A possibilidade de o Estado intervir nas relações privadas gera incertezas. Afinal, as pessoas celebram negócios e fazem investimentos na crença de que a situação jurídica se manterá inalterada. Conservada a situação, permite-se a previsão, ou seja, conhecer e avaliar o futuro. Uma das mais cruéis consequências da incerteza jurídica consiste no fato de que as pessoas deixam de contratar; não se sentem seguras para se obrigar, pois desconhecem as consequências do negócio – afinal, a regra do jogo pode mudar.

A alteração do arcabouço jurídico, mesmo se pequena, pode comprometer por completo o modelo econômico que se levou em consideração ao promover o investimento ou na confecção do contrato. O mercado, dessa forma, frutifica apenas com segurança, na medida em que isso permite que mais pessoas se engajem em negócios.

De outra ponta, a constante intervenção do Estado na economia acarreta insegurança e, em última análise, atrofia o mercado.

Se, de um extremo, a vacilação do ordenamento jurídico gera efeitos nefastos, o excesso de regras também atrapalha. O cipoal da regulamentação acarreta profundas dificuldades ao empreendedor, surpreendido com óbices (em muitos casos, ultrapassados ou desnecessários) para levar adiante o seu negócio. A burocracia condena os negócios à lentidão, à majoração de custos, além das mazelas decorrentes das dúvidas de interpretações e praxes.

O resultado são menos empregos, menos investimentos, menos negócios. Isso sem falar que essas intervenções, por definição, revelam-se custosas ao Estado.

Por outro lado, algum tipo de regulamento muitas vezes se revela necessário. Isso se dá, por exemplo, quando o Estado trata de garantias mínimas de serviços oferecidos ao público, como na advocacia (pois o profissional do direito, para se habilitar, deve ser aprovado por um concurso que ateste seu nível de qualificação). O mesmo ocorre com a profissão médica, ou, ainda, a produção de remédios e de alimentos, que recebem alguma fiscalização, para assegurar a saúde da população.

Não sem exagero, Roppo denuncia que, com tanta intervenção estatal no ramo privado, muitos defendem, corretamente segundo o professor italiano, o predomínio da lei sobre o contrato, mesmo em áreas nas quais este último deveria preponderar.[1] Cumpre, portanto, identificar o adequado limite dessa intervenção. Em outras palavras, até que ponto o Estado ajuda e em que situação ele passa a atrapalhar.

Não existe uma receita única para indicar essa fronteira da ingerência estatal, que pode variar, até mesmo, por conta de alguma emergência histórica. A análise demanda o estudo do caso concreto.

Permita-se, como se em um parêntesis, dividir uma reflexão (e confessar uma fraqueza): os estudiosos do Direito Civil desenvolvem uma relação de enorme respeito pelo Código Civil. O fenômeno se manifesta por uma veneração extrema pela norma. O Código Civil é, de fato, uma espécie de Bíblia. Sendo assim, qualquer adendo ao texto sagrado soa, a princípio, como uma profanação. Mudar o texto da Bíblia por Medida Provisória torna a heresia

---

[1] ROPPO, Enzo. *O Contrato*, Coimbra: Almedina, 2009, p. 338.

ainda mais grave. Digo isso para deixar claro que, como professor de Direito Civil há mais de 20 anos, guardo algum preconceito por qualquer interpolação na redação do Código Civil.

Recentemente, assistiu-se ao advento da Medida Provisória nº 881, de 30 de abril de 2019. Ela "institui a Declaração de Direitos de Liberdade Econômica, estabelece garantias de livre mercado, análise de impacto regulatório, e dá outras providências." A Medida Provisória, portanto, visa a oferecer critérios para a intervenção do Estado, por qualquer de seus poderes, na economia. Mais ainda, ela reforça, de forma mais concreta, o direito do particular, que pode proteger-se de uma intervenção descabida na sua atividade econômica.

A Exposição de Motivos da Medida Provisória nº 881 registra, com clareza, que o Brasil ocupa posições preocupantes nos rankings mundiais de liberdade econômica, o que redunda em uma condição alarmante, com mais de uma dezena de milhões de pessoas desempregadas. A economia do país atravessa um momento de estagnação e, segundo a exposição de motivos da Medida, a solução passa por fortalecer o mercado, garantindo a segurança jurídica e libertando-o das amarras da burocracia.

Nesse contexto, a Declaração de Direitos de Liberdade Econômica procura criar parâmetros de proteção à livre iniciativa e ao livre exercício da atividade econômica.

Esses conceitos se encontram em harmonia com os princípios gerais da atividade econômica, tal como estabelecidos no art. 170 da Constituição Federal, entre os quais se arrolou a livre concorrência e a busca do pleno emprego. O parágrafo único do art. 170 ainda assegura "o livre exercício de qualquer atividade econômica, independentemente de autorização dos órgãos públicos, salvo nos casos previstos em lei." É propósito da Medida Provisória balizar e proteger a liberdade do mercado.

O contrato, classicamente, é reconhecido como um instrumento da vontade. A convergência da vontade das partes revela-se apta a criar um vínculo jurídico. Essa concepção individualista, na qual a vontade exercia, quase exclusivamente, o papel protagonista estava desgastada. Ela já não se comunicava com o papel do Direito Civil contemporâneo, em sintonia com valores sociais.

O Código Civil de 2002 deu um importante passo ao estabelecer, no art. 421, que a liberdade de contratar será exercida em razão e nos limites da função social do contrato. Não havia regra semelhante na lei civil anterior.

4. COMENTÁRIO AO ARTIGO 421 DO CÓDIGO CIVIL: A FUNÇÃO SOCIAL DO CONTRATO

De certa forma, a função social atua como um filtro à absoluta liberdade de contratar, constituindo, também, preceito de ordem pública, de acordo com o parágrafo único do art. 2.035 do Código Civil[2]. Para que o negócio jurídico seja acolhido pelo ordenamento jurídico, não basta que ele atenda aos interesses individuais dos contratantes, mas ele deve se encontrar em harmonia com os valores protegidos pela sociedade, revelando-se socialmente útil.[3] Mais especificamente, não cumprirá sua função social o contrato, por exemplo, que desrespeite o princípio da solidariedade ou da dignidade da pessoa humana.

O art. 421, assim, fala da liberdade de contratar, um dos pilares do direito privado, mas, ao mesmo tempo, atrela esse poder à sua função social. Com o prisma da função social, aprecia-se o negócio não apenas pelo vínculo que ele cria entre as partes, mas também seus reflexos em toda a sociedade. Trata-se, assim, de uma tentativa de preservar o equilíbrio entre sociedade, Estado e indivíduo[4], de modo que o contrato "seja bom para os indivíduos que o celebraram e bom para a sociedade"[5].

Função social do contrato é um conceito aberto. Demarcar seus limites constitui uma tarefa árdua. Para alguns, a função social no contrato consistiria em atentar à boa-fé objetiva, a uma ideia de razoável equivalência econômica

---

[2] "Art. 2.035. A validade dos negócios e demais atos jurídicos, constituídos antes da entrada em vigor deste Código, obedece ao disposto nas leis anteriores, referidas no art. 2.045, mas os seus efeitos, produzidos após a vigência deste Código, aos preceitos dele se subordinam, salvo se houver sido prevista pelas partes determinada forma de execução.
Parágrafo único. Nenhuma convenção prevalecerá se contrariar preceitos de ordem pública, tais como os estabelecidos por este Código para assegurar a função social da propriedade e dos contratos."

[3] Segundo Antonio Junqueira de Azevedo, o princípio da função social do contrato impõe ao intérprete "a proibição de ver o contrato como um átomo, algo que somente interessa às partes, desvinculado de tudo o mais". (Princípios do Novo Direito Contratual e Desregulamentação do Mercado, Direito de Exclusividade nas Relações Contratuais de Fornecimento, Função Social do Contrato e Responsabilidade Aquiliana do Terceiro que Contribui para Inadimplemento Contratual, *In Estudos e Pareceres de Direito Privado*, São Paulo, Saraiva, 2004, p. 141). Na definição de Teresa Negreiros, o conceito prevê que "o contrato não pode ser concebido como uma relação jurídica que só interessa às partes contratantes, impermeável às condicionantes sociais que o cercam e que são por ele próprio afetadas". (*Teoria do Contrato*, Rio de Janeiro, Renovar, 2002, p. 206).

[4] JUNQUEIRA DE AZEVEDO, Antônio. op. cit., p. 146.

[5] THEODORO JÚNIOR, Humberto. *O contrato e sua função social*, 2ª ed., Rio de Janeiro, Forense, 2004, p. 94.

das prestações. Para outros a função social se equipara à justiça, cuja concretude demandaria necessariamente a apreciação do caso concreto. Pode-se, ainda, ver a função social como um prisma que vai apreciar se há harmonização do negócio com os interesses sociais, promovendo-se um juízo de mérito. Nesse enfoque, atenta-se ao bem-estar comum, mirando-se, inclusive, à justiça social. Em outras palavras, o contrato deve ser fonte de equilíbrio social e, nesse sentido, a função social funciona como uma fortaleza a proteger a conservação dos negócios. Admite-se que a função social seja fundamento para resolver o negócio, quando, por exemplo, verificar-se a frustração de sua finalidade.[6]

Já se reconheceu, ademais, que a função social tem eficácia tanto interna – entre os contratantes[7] –, como externa – a fim de estabelecer vínculos a quem não foi parte do negócio.[8]-[9]

Todavia, não raro, como se nota, interpreta-se a função social não de forma autônoma, porém como um mero reforço a outro conceito.[10]

Além disso, a fronteira da função social se verifica não apenas pelo que ela inclui, mas também pelo que não a pertence. Como a liberdade de contratar é um corolário do princípio constitucional da livre iniciativa, "a função social do contrato não poderá implicar no seu aniquilamento, e deverá com ela se integrar e interagir, com razoabilidade, dentro do contexto dos demais princípios constitucionais."[11] Portanto, a ideia da função social não representa necessariamente um contraponto ao princípio da autonomia da vontade.

---

[6] Veja-se o Enunciado 166 das Jornadas de Direito Civil: "A frustração do fim do contrato, como hipótese que não se confunde com a impossibilidade da prestação ou com a excessiva onerosidade, tem guarida no Direito brasileiro pela aplicação do art. 421 do Código Civil."

[7] Veja-se o Enunciado 360 das Jornadas de Direito Civil: "O princípio da função social dos contratos também pode ter eficácia interna entre as partes contratantes."

[8] Veja-se o Enunciado 21 das Jornadas de Direito Civil: "A função social do contrato, prevista no art. 421 do novo Código Civil, constitui cláusula geral a impor a revisão do princípio da relatividade dos efeitos do contrato em relação a terceiros, implicando a tutela externa do crédito." Sobre a evolução histórica dos efeitos do contrato para além das partes contratantes, veja-se Humberto Theodoro Neto, *Efeitos Externos do Contrato*, Rio de Janeiro, Forense, 2007, p. 33-46.

[9] Quanto ao tema, conferir Luciano de Camargo Penteado, *Efeitos Contratuais perante Terceiros*, São Paulo, Quartier Latin, 2007, p. 206.

[10] Anderson Schreiber, corretamente, denuncia a falta de consistência dogmática da jurisprudência, ao comentar o art. 421. Ver *Código Civil Comentado*, Rio de Janeiro, Forense, 2019, p. 246.

[11] Rodrigo Garcia da Fonseca, *A Função Social do Contrato e o Alcance do artigo 421 do Código Civil*, Rio de Janeiro, Renovar, 2007, p. 252.

4. COMENTÁRIO AO ARTIGO 421 DO CÓDIGO CIVIL: A FUNÇÃO SOCIAL DO CONTRATO

Bem vistas as coisas, a função social do contrato muitas vezes vai prestigiar a convergência de vontade das partes. Afinal, em princípio, a autonomia da vontade deve receber o respeito do ordenamento jurídico.

A Medida Provisória nº 881 altera a redação do referido art. 421, que passa a ser a seguinte:

> "Art. 421. A liberdade de contratar será exercida em razão e nos limites da função social do contrato, observado o disposto na Declaração de Direitos de Liberdade Econômica.
> Parágrafo único. Nas relações contratuais privadas, prevalecerá o princípio da intervenção mínima do Estado, por qualquer dos seus poderes, e a revisão contratual determinada de forma externa às partes será excepcional."

Decidiu-se por acrescentar ao texto da lei civil que a interpretação do conceito de função social remete ao disposto na Declaração de Direitos de Liberdade Econômica, o conjunto de regras preconizado pela Medida Provisória.

Do ponto de vista de redação legal, que deve primar pela clareza e objetividade, a referência, no texto da lei, a uma outra norma, para aplicação do Código Civil, não se revela uma boa técnica. Com efeito, o ideal seria que o cidadão, ao ler a lei, pudesse compreender seus contornos, sem a necessidade de se socorrer de outro texto legal.

Nesse particular, a mera referência à "função social", tal como constava da redação original, parece ser suficiente para atingir o propósito almejado pelo Estado. Afinal, as leis se interpretam de forma harmoniosa e sistemática. O advento da Medida Provisória, por si só, já teria o condão de direcionar a interpretação da amplitude de função social, revelando-se desnecessária a remissão.

Da forma como está, o leitor se vê compelido a buscar outro diploma, para, apenas então, compreender o alcance do dispositivo legal.

Possivelmente, a passagem mais relevante da Declaração de Direitos de Liberdade Econômica, para fins de iluminar a interpretação da amplitude do art. 421, se prende à indicação dos princípios que a animam.

O art. 2º da Medida Provisória registra os três princípios que norteiam a Declaração de Direitos de Liberdade Econômica:

"I – a presunção de liberdade no exercício de atividades econômicas;
II – a presunção de boa-fé do particular; e
III – a intervenção subsidiária, mínima e excepcional do Estado sobre o exercício de atividades econômicas."

Os dois primeiros princípios não representam novidade. São, de fato, conceitos fundamentais, espelhos da extensão da conquista humana. Ambas as ideias foram incorporadas ao ordenamento jurídico com as revoluções burguesas e constavam, por exemplo, das Declarações de Direitos Universais. A presunção de liberdade no exercício das atividades econômicas encontrava-se prevista na Declaração dos Direitos do Homem e do Cidadão, de 1789, documento icônico da Revolução Francesa. O art. 5º garantia: "A lei só pode proibir as ações prejudiciais à sociedade. Tudo o que não for proibido por lei não pode ser impedido, e ninguém pode ser constrangido a fazer o que ela não ordena."

O conceito de que ninguém é culpado, até que se prove o contrário, também conhecido como princípio da presunção de inocência, fundamenta a ideia de que, *a priori*, deve-se admitir que as pessoas estão de boa-fé.

O terceiro princípio exposto na Medida Provisória nº 881, por sua vez, trata da intervenção do Estado. Enquanto a Constituição Federal, no acima citado parágrafo único do art. 170, possui uma redação aberta – "É assegurado a todos o livre exercício de qualquer atividade econômica, independentemente de autorização de órgãos públicos, salvo nos casos previstos em lei." –, a Medida Provisória qualifica a atuação. Segundo a nova norma, essa ingerência do Estado deve ser "subsidiária, mínima e excepcional".

Esse dispositivo acaba por oferecer uma poderosa garantia ao particular, que pode suscitá-lo em sua defesa, caso acredite que o Estado esteja invadindo, de forma excessiva, o limite de sua intervenção em atividade econômica. Com efeito, o art. 1º da Medida Provisória estabelece, de forma expressa, que o objetivo da norma consiste em proteger a livre iniciativa e o livre exercício da atividade econômica. Essa proteção do particular é feita em relação ao próprio Estado, como agente normativo e regulador. Ou seja, no caso, o Estado estabelece normas para que o cidadão se resguarde do próprio Estado.

A liberdade de contratar consiste, como é corrente, em um dos pilares do direito privado. O limite dessa liberdade é tema que desafia os aplicadores do direito, com os mais sensíveis efeitos para a sociedade. A Medida Provisória nº 881 vai se embrenhar nessa discussão, a fim de oferecer uma – ou mais uma – bússola na identificação da amplitude dessa liberdade.

Segundo a exposição de motivos da Medida Provisória, "no exercício da atividade econômica, devendo os casos de dúvida, na interpretação do direito, serem (sic) resolvidos no sentido que mais preservar a autonomia de sua vontade"[12]. Segue com o registro de que "a liberdade impera e a restrição é exceção".

Notadamente, o contrato, como instituto, passou por uma crise de identidade, como todo o estudo de direito, após a Segunda Guerra Mundial, para deixar de ser apenas um instrumento de poder, estabelecendo uma obrigação, para tornar-se, também, um meio de realizar os interesses da coletividade. Tratava-se de um reflexo da alternância do estado liberal para o denominado *"Welfare State"*, ou Estado do Bem-Estar Social.

Como se sabe, a propriedade – considerada historicamente como um poder absoluto do dono em relação à coisa e com características quase sagradas – foi o primeiro instituto jurídico a receber o invólucro da função social. Isso, entretanto, apenas ocorre no século XX, de forma mais concreta na Constituição de Weimar, de 1919. Essa carta menciona a necessidade de a propriedade cumprir sua função social no seu art. 153[13]. A Constituição de Weimar alterava

---

[12] EMI nº 00083/2019 ME AGU MJSP, "Inciso V – Presume-se a boa-fé nos atos praticados no exercício da atividade econômica, devendo os casos de dúvida, na interpretação do direito, serem resolvidos no sentido que mais preserva a autonomia de sua vontade, salvo expressa disposição legal em contrário. É uma premissa do Estado de Direito a de que a liberdade impera e a restrição é exceção. Não se pode, então, permitir que na dúvida sobre a interpretação de um dispositivo, adote-se uma interpretação mais restritiva. Logo, aplicar a regra de interpretação que privilegie a liberdade cria incentivos para que o normatizador passe a ter maior sofisticação na redação de enunciados, aumentando a segurança jurídica e os pressupostos democráticos. Se em contratos de adesão, no direito do consumidor, a dúvida já privilegia a parte mais vulnerável, não há sentido em que, quando uma cláusula é imposta unilateralmente pelo Estado, este ainda se beneficie de sua dúvida. Ressalvam-se as searas da aplicação da lei em que esse tipo de interpretação já é vedado"

[13] "1) A propriedade é garantida pela Constituição. Seu conteúdo e limitações surgem das leis. (2) A expropriação só pode ser realizada para o bem público e com base legal. Deve ocorrer mediante indenização adequada, salvo se a lei de Reich determinar o contrário. Devido ao valor da indenização, no caso de uma disputa, a ação legal deve ser mantida aberta nos tribunais comuns, a menos que a lei de Reich determine o contrário. A expropriação pelo Reich a países, municípios e associações sem fins lucrativos só pode ser feita para fins de indenização.

o ângulo de análise, pois pontificava: a propriedade obriga. Os direitos não poderiam mais ser vistos de forma absoluta ou como um vetor que apontava apenas para uma direção.

A função social da propriedade foi positivada em nosso ordenamento no art. 157 da Constituição de 1967. A Carta de 1946 tratou o tema de forma tímida e indireta, pois condicionou a utilização da propriedade ao bem-estar social.

Exatamente estudando a liberdade, a doutrina distinguiu a estrutura do instituto (ou seja, as características desse direito) da sua função (isto é, para que serve, na prática, esse direito. Será que cumpre um propósito bom socialmente?). Com isso, surge uma leitura funcional da propriedade. Além de um fim que vise a tutelar o interesse direto do dono, a propriedade deve possuir alguma utilidade social.

A análise da estrutura e da função servem, a rigor, para todos os institutos. Com efeito, os institutos jurídicos, de uma forma geral, deveriam receber uma função – e sua legitimidade residiria precisamente no fato concreto de cumprir essa função. Assim, haveria uma condição congênita em todos os institutos, cuja eficácia (e, por vezes, até a validade) depende desse cumprimento de uma função, esperada e considerada legítima pelo ordenamento.

Inserido nesse contexto, o contrato, no direito contemporâneo, não poderia ser compreendido simplesmente como um mero instrumento de poder. Nesse contexto – e um pouco atrasado –, sobreveio, como falamos, o art. 421 do Código Civil de 2002, que externava, em lei, o dever de o contrato servir a uma função social.

Assim, caso o contrato deixe de atingir esse propósito que o ordenamento jurídico considera correto, ele pode ter sua eficácia contida ou perder sua validade. Um contrato, como antes se forneceu o exemplo, que agrida a dignidade da pessoa humana viola a sua função social. Em decorrência disso, não poderá surtir efeitos. Como se expôs, é como se uma condição inata do negócio aguardasse para aferir a sua funcionalidade. Caso deixe de cumprir a função social, o negócio não será acolhido.

(3) A propriedade impõe obrigações. Seu uso deve constituir, ao mesmo tempo, um serviço para o mais alto interesse comum."

4. COMENTÁRIO AO ARTIGO 421 DO CÓDIGO CIVIL: A FUNÇÃO SOCIAL DO CONTRATO

A nova redação do art. 421 do Código Civil, estabelecida por força da Medida Provisória nº 881, busca oferecer ao intérprete mais um elemento a ser conjugado na aplicação da norma – embora o que ele diga já estivesse implicitamente lá.... Com efeito, atentar à Declaração de Direitos de Liberdade Econômica não apresenta, ao que parece, grande ajuda para indicar o que seja a função social. A função social segue onde sempre esteve, com a mesma força, importância e, lamentavelmente, com igual dificuldade prática, em muitos casos, de sua identificação no caso concreto.

De efetivo, a Medida Provisória estabelece, ao Estado, uma orientação, no sentido de apenas intervir excepcionalmente nos contratos.

Evidentemente, a apreciação do cumprimento dessa funcionalidade se dá, em última análise, pelo Estado. Trata-se de uma intervenção do Estado na força do contrato. Em outras palavras, a vontade apenas pode criar direito se o negócio por ela desenvolvido estiver em harmonia com o ordenamento jurídico. A vontade, assim, passa por um poderoso filtro.

Em outras palavras, a Declaração de Direitos de Liberdade Econômica não retira, do Estado, o poder de aferir se os negócios jurídicos cumprem a sua função social. Entretanto, quer robustecer o conceito de que, uma vez atingida essa função, o Estado não criará embaraços desnecessários à atividade econômica.

O parágrafo único do art. 421, da lavra da Medida Provisória nº 881, não estabelece, assim como o *caput*, uma regra que incidirá sobre a relação entre partes privadas, como, ao menos a princípio, é o papel do Direito Civil. O referido parágrafo fixa uma norma que vincula a administração pública. Segundo o dispositivo, nas relações privadas, deve prevalecer o princípio da intervenção mínima do Estado, por qualquer de seus poderes. Preconiza ainda que a revisão contratual de forma externa às partes deve dar-se somente de forma excepcional.

O cacoete do administrador, de tudo regular, recebe um limitador. Eventuais regras que busquem nortear ou delimitar uma atividade econômica não se tornam ilícitas de nascença, competindo ao Poder Público fundamentar criteriosamente sua necessidade e oportunidade.

Segundo o conceito da norma, apenas devem prevalecer regras que restrinjam a atividade econômica se fundamentais, reveladoras de importância e munidas de um propósito bom e justo. Em caso contrário, esses regulamentos não devem subsistir, pois considerados intervenção ilegal e daninha.

Da mesma forma como competirá ao órgão jurisdicional aferir, em última análise, o cumprimento da função social, caberá também ao mesmo Estado, no exercício da função jurisdicional, apreciar a legalidade das regras, emitidas por agentes públicos, que, de alguma forma, busquem governar e dirigir atividades privadas. Essa avaliação, por determinação da Declaração de Direitos de Liberdade Econômica, deve partir do conceito de que o regramento é excepcional e, segundo a experiência e o espírito da norma, o cerceamento da liberdade econômica traz danos.

Interessante observar que, da leitura do parágrafo único do art. 421, se pode ainda colher uma orientação aos órgãos julgadores, no sentido de não admitir – ou, ao menos, reconhecer como excepcional – a revisão contratual que se afaste da clara intenção das partes. Eis mais um tempero que cai no grande caldeirão de valores, princípios e regras de que dispõem os julgadores para oferecer a jurisdição.

Contudo, já é dominado que ao julgador não é dado modificar um contrato, sob o pretexto de que o revisa. A integração do contrato, sempre excepcional, ocorre apenas com o propósito de preservar o negócio, sem jamais criar uma realidade nova, muito menos alguma que acarrete aguçado desequilíbrio. Aqui, o adendo da Medida Provisória repetiu o conceito vigente e precioso ao Direito Civil.

Dessa forma, a nova redação do art. 421 do Código Civil, ou mesmo o advento da Declaração de Direitos de Liberdade Econômica para os fins de aplicação desse dispositivo, não acarretará maiores impactos nas relações privadas, pois o conceito de função social permanece inalterado. Há, entretanto, uma alteração nas relações do Estado, "por qualquer de seus poderes", com os particulares e seus contratos, porquanto o claro propósito da regra legal consiste em garantir a estabilidade, evitando-se a mudança de regras, assim como diminuir a quantidade de normas que regulam as atividades privadas.

Essas finalidades visam a fomentar um ambiente de confiança no ordenamento jurídico, de sorte que o contrato tenha condição de desempenhar seu papel de instrumento de desenvolvimento econômico e social.

De toda forma, especificamente no que se refere à redação inserida no art. 421 do Código Civil, a Medida Provisória não altera o conceito de função social do contrato, nem ajuda a tornar mais objetiva sua definição. Reforça, entretanto, uma defesa do particular contra a interferência do Estado na economia – uma regra que "geograficamente" não deveria constar da Lei Civil.

Há uma passagem da *Odisseia* na qual Ulisses, ciente de que seu barco vai navegar ao largo de uma ilha rochosa, onde sereias, com seu belo canto, atraem os marinheiros, que acabam por se chocar nas pedras, pede aos seus subordinados que o amarrem no mastro. Pede ainda que os marinheiros coloquem cera nos seus ouvidos e não o obedeçam, caso ele, enfeitiçado pelo canto das sereias, peça para ser solto do mastro. Assim é feito. Quando o barco de Ulisses cruza a ilha das sereias, enquanto todos os demais marinheiros, protegidos pela cera em seus ouvidos, nada ouvem, Ulisses escuta os seres fantásticos. O herói, inebriado pelo canto, grita para que seus homens o libertem. Os marinheiros, com os ouvidos tampados, não sofrem com o feitiço das sereias e respeitam a ordem anterior de Ulisses, ou seja, não o libertam do mastro, apesar da enfurecida e desesperada determinação do chefe da nau. Ao fim, todos se salvam.

O Estado, na Declaração de Direitos de Liberdade Econômica, procede como Ulisses. Ele percebe o interesse maior em jogo, consistente na proteção à livre iniciativa. Portanto, ele se amarra no mastro. Não quer naufragar, iludido pelo canto das sereias.

5. COMENTÁRIO AO ARTIGO 421-A DO CÓDIGO CIVIL: PRESUNÇÃO DE PARIDADE E SIMETRIA EM CONTRATOS CIVIS E EMPRESARIAIS

Francisco Paulo De Crescenzo Marino

> "Art. 421-A. Os contratos civis e empresariais presumem-se paritários e simétricos até a presença de elementos concretos que justifiquem o afastamento dessa presunção, ressalvados os regimes jurídicos previstos em leis especiais, garantido também que:
> I – as partes negociantes poderão estabelecer parâmetros objetivos para a interpretação das cláusulas negociais e de seus pressupostos de revisão ou de resolução;
> II – a alocação de riscos definida pelas partes deve ser respeitada e observada; e
> III – a revisão contratual somente ocorrerá de maneira excepcional e limitada."

1. Processo legislativo

O *caput* e o inciso II do art. 421-A têm origem no art. 7º da MPV 881/2019, que incluía o art. 480-B no CC/2002, com a seguinte redação: "Nas relações interempresariais, deve-se presumir a simetria dos contratantes e observar a alocação de riscos por eles definida".

No processo de conversão da MPV 881/2019 em lei, debateu-se a natureza da presunção. Nesse sentido, emenda propôs esclarecer a sua natureza, por meio da seguinte redação: "Nas relações interempresariais, deve-se presumir, salvo prova em contrário, a simetria dos contratantes e observar a alocação de riscos por eles definida."[1] Em que pesem outras diferenças entre o texto que o art. 7.º da MPV 881/2019 projetava para o art. 480-B do CC/2002 e o texto que veio a prevalecer no caput do art. 421-A, constata-se que a referida emenda modificativa foi acolhida, tendo sido contemplada, com outras palavras, a possibilidade de afastamento da presunção de simetria e paridade.

Discutiu-se, ainda, o acerto da proposta original, no tocante à sua aplicação exclusiva aos contratos empresariais. Surgiram, então, dois grupos de propostas. De um lado, propôs-se ampliar a presunção de simetria, que passaria a vigorar nas "relações contratuais" como um todo.[2] De outro, demandou-se a supressão da norma, sob o mesmo argumento de que a diferenciação entre os contratos empresariais e as demais classes de contratos não era justificada.[3] Nenhuma das sugestões foi acolhida na versão final da norma, que manteve a presunção de simetria e de paridade, estendendo-a também aos contratos

---

[1] Emenda modificativa 278, apresentada à Comissão Mista pelo Dep. Paulo Teixeira. A sua justificativa foi a seguinte: "A presente modificação visa resguardar a igualdade contratual nas relações interempresariais, ressalvando que a presunção de simetria é relativa quando houver prova em contrário." No mesmo sentido, a emenda modificativa 257, do Dep. Alexis Fonteyne.

[2] Emenda modificativa 290, da Dep. Jandira Feghali, a propor a seguinte redação: "Art. 480-B. Nas relações contratuais, deve-se presumir a simetria dos contratantes e observar a alocação de riscos por eles definida, ressalvadas as hipóteses de caracterização da vulnerabilidade de um dos contratantes." A justificativa apresentada nesse tópico, citando escrito de Anderson Schreiber, foi a seguinte: "O novo artigo 480-B, se interpretado *a contrario sensu*, poderia levar à conclusão de que, fora das relações interempresariais, a simetria não se presume e a alocação convencional de riscos deve ser ignorada, bem ao contrário do que deveria pretender uma assim chamada Declaração de Direitos de Liberdade Econômica."

[3] Assim, a emenda modificativa 171, do Sen. Rodrigo Pacheco, advogando a supressão do então proposto art. 480-B do Código Civil, sob o seguinte fundamento: "Na presente emenda, alvitra-se a supressão dos arts. 480-A e 480-B do Código Civil pelas razões destacadas por Anderson Schreiber em seu texto antes citado: [...] Já o art. 480-B prevê que 'nas relações interempresariais, deve-se presumir a simetria dos contratantes e observar a alocação de riscos por eles definida'. A norma é insólita. A simetria entre os contratantes é presumida em qualquer relação contratual, e não apenas em relações interempresariais. A caracterização da vulnerabilidade de um dos contratantes é que afasta tal presunção, sempre relativa."

civis. A redação atual se consolidou na emenda aglutinativa de Plenário submetida pelo Dep. Jeronimo Goergen, relator na Comissão.

A origem do inciso I também radica no art. 7º da MPV 881/2019, que incluía o art. 480-A no CC/2002, com a seguinte redação: "Nas relações interempresariais, é lícito às partes contratantes estabelecer parâmetros objetivos para a interpretação de requisitos de revisão ou de resolução do pacto contratual". A redação atual do inciso é, contudo, aquela de emenda modificativa apresentada à Comissão Mista[4], que, embora rejeitada na Comissão, passou a figurar como inciso do art. 421-A a partir da emenda aglutinativa de Plenário do Dep. Jeronimo Goergen.

O inciso III não constava, com esta redação, do texto da MPV 881/2019, sendo a sua fonte imediata a emenda aglutinativa de Plenário do Dep. Jeronimo Goergen. Contudo, dada a semelhança do texto da norma em tela com a redação do parágrafo único do art. 421 do Código Civil, também introduzido pela Lei da Liberdade Econômica, pode-se afirmar que a origem de ambos se encontra no art. 7º da MPV 881/2019, mais especificamente na redação por ele dada ao parágrafo único do art. 421 do Código Civil.

2. Origem doutrinária e jurisprudencial

Não há, na sucinta Exposição de Motivos[5] da MPV 881/2019, menção alguma à norma em questão, tampouco qualquer alusão ao tema da simetria e da paridade nos contratos civis e empresariais. Essa ausência – reflexo, de resto, de uma lei promulgada de modo irrefletido e sem o necessário debate com a comunidade científica – não impede a detecção de suas origens doutrinárias e jurisprudenciais.

O contexto dos diplomas nos quais inserida a norma – a MPV 881/2019 e a Lei 13.874/2019 – não deixa dúvida de que a afirmação da simetria nas relações empresariais (e, posteriormente, também nas civis) visava reforçar a liberdade dos contratantes frente à intervenção estatal. A despeito de ser tida como óbvia e inócua – eis que "não há como negar a presunção de serem

---

[4] Emenda modificativa 257, de autoria do Dep. Alexis Fonteyne.
[5] EMI nº 00083/2019 ME AGU MJSP, de 11.04.19.

paritários os contratos civis e empresariais, pois as partes são iguais, tampouco o consenso de que não o são os de consumo e de trabalho, pois as partes são desiguais"[6] –, a assertiva tornou-se presente em parte da doutrina comercialista e da jurisprudência nos anos antecedentes à promulgação da Lei da Liberdade Econômica.

A proclamação da natural simetria presente nos contratos empresariais buscou reagir à visão de parte da doutrina e da jurisprudência, tendente a admitir maior intervenção na autonomia das partes, sobretudo por meio de interpretação das normas jurídicas excessivamente calcada nos princípios jurídicos, notadamente os de índole constitucional.

Possivelmente, o ato mais significativo dessa dualidade de visões deu-se com o debate em torno da aplicabilidade do Código do Consumidor ("CDC") aos contratos empresariais. A controvérsia, gravitando em torno da interpretação do *caput* do art. 2º do CDC[7], opôs "maximalistas" – para os quais o conceito de "destinatário final" é puramente fático (retirar o bem do mercado) – e "finalistas" – para quem a *fattispecie* do referido dispositivo somente estará preenchida se houver, simultaneamente, retirada do bem do mercado e término da cadeia produtiva (critério fático e econômico).[8]

No plano jurisprudencial, o Superior Tribunal de Justiça consolidou posição intermediária, batizada de finalismo "mitigado" ou "aprofundado". Essa corrente, que vem sendo construída desde julgado pioneiro datado de 1999[9],

---

[6] FRADERA, Vera Maria Jacob de. "Art. 7º: Liberdade contratual e função social do contrato – art. 421 do Código Civil", in Floriano Peixoto de Azevedo Marques Neto, Otavio Luiz Rodrigues Júnior e Rodrigo Xavier Leonardo (coords.), *Comentários à Lei da Liberdade Econômica*, São Paulo: Thomson Reuters Brasil, 2019, p. 305.

[7] "Art. 2° Consumidor é toda pessoa física ou jurídica que adquire ou utiliza produto ou serviço como destinatário final."

[8] MARQUES, Claudia Lima. *Contratos no Código de Defesa do Consumidor*, 4. ed., São Paulo: Revista dos Tribunais, 2002, p. 309-312. Vide, ainda, FORGIONI, Paula A. *Contratos empresariais: teoria geral e aplicação*, 5. ed., São Paulo: Revista dos Tribunais, 2020, p. 28 ss.

[9] O pioneirismo do julgado é apontado por Heloisa Carpena, em comentário a outro acórdão do STJ (RSTJ, a. 27, (240): 23-209, outubro/dezembro 2015, p. 64). Eis a ementa: "Código de Defesa do Consumidor. Destinatário final: conceito. Compra de adubo. Prescrição. Lucros cessantes. 1. A expressão 'destinatário final', constante da parte final do art. 2º do Código de Defesa do Consumidor, alcança o produtor agrícola que compra adubo para o preparo do plantio, à medida que o bem adquirido foi utilizado pelo profissional, encerrando-se a cadeia produtiva respectiva, não sendo objeto de transformação ou beneficiamento. 2. Estando o contrato submetido ao Código de Defesa do Consumidor a prescrição é de cinco anos. 3. Deixando

parte da premissa finalista, a exigir, para a incidência do CDC, a presença de um destinatário final, tanto fático como econômico, do produto ou do serviço. Aquele que adquire bem para empregá-lo em seu processo produtivo, portanto, não estaria sujeito ao CDC, eis que não seria destinatário econômico – o bem será integrado à atividade do adquirente, tendo o valor incorporado a esta mesma atividade.

O finalismo, contudo, é abrandado "quando ficar demonstrada a condição de hipossuficiência técnica, jurídica ou econômica da pessoa jurídica, autorizando, excepcionalmente, a aplicação das normas do CDC."[10,11] Neste contexto, o STJ tem empregado indistintamente as noções de "hipossuficiência" e "vulnerabilidade". Lê-se em outro julgado recente da Corte que "o conceito-chave no finalismo aprofundado é a presunção de vulnerabilidade, ou seja, uma situação permanente ou provisória, individual ou coletiva, que fragiliza e enfraquece o sujeito de direitos, desequilibrando a relação de consumo."[12] Ainda não parece haver, no entanto, desenvolvimento suficiente

o Acórdão recorrido para a liquidação por artigos a condenação por lucros cessantes, não há prequestionamento dos artigos 284 e 462 do Código de Processo Civil, e 1.059 e 1.060 do Código Civil, que não podem ser superiores ao valor indicado na inicial. 4. Recurso especial não conhecido." (REsp 208.793/MT, Rel. Ministro Carlos Alberto Menezes Direito, Terceira Turma, julgado em 18/11/1999, DJ 01/08/2000, p. 264)

[10] AgInt no AREsp 1751595/PR, Rel. Ministro Marco Buzzi, Quarta Turma, julgado em 21/06/2021, DJe 01/07/2021.

[11] Para uma ponderada crítica a esta tendência jurisprudencial, vide ZANETTI, Cristiano de Sousa. *Direito contratual contemporâneo: a liberdade contratual e sua fragmentação*, Rio de Janeiro: Forense, 2008, p. 216-220.

[12] "AGRAVO INTERNO NO RECURSO ESPECIAL. AÇÃO DE OBRIGAÇÃO DE FAZER. 1. INCIDÊNCIA DO CDC. IMPOSSIBILIDADE. TEORIA FINALISTA MITIGADA. NÃO APLICAÇÃO AO CASO. INSUMO PARA INCREMENTAR AS ATIVIDADES EMPRESARIAIS. SÚMULA 83/STJ. 2. UTILIZAÇÃO DE SERVIÇOS OU AQUISIÇÃO DE PRODUTOS COM O INTUITO DE INCREMENTAR A ATIVIDADE PRODUTIVA DO AGRAVANTE. REVISÃO. IMPOSSIBILIDADE. INCIDÊNCIA DAS SÚMULAS 5 E 7 DO STJ. 3. AGRAVO IMPROVIDO. 1. Em relação à incidência do Código de Defesa do Consumidor, a jurisprudência desta Corte Superior tem ampliado o conceito de consumidor e adotou aquele definido pela Teoria Finalista Mista, isto é, estará abarcado no conceito de consumidor todo aquele que possuir vulnerabilidade em relação ao fornecedor, seja pessoa física ou jurídica, embora não seja tecnicamente a destinatária final do produto ou serviço. 1.1. Desse modo, o conceito-chave no finalismo aprofundado é a presunção de vulnerabilidade, ou seja, uma situação permanente ou provisória, individual ou coletiva, que fragiliza e enfraquece o sujeito de direitos, desequilibrando a relação de consumo. 1.2. Na hipótese dos autos, o acórdão recorrido afastou a incidência do CDC pelo fato de que a relação estabelecida entre

das circunstâncias e dos critérios operacionais que permitam concretizar a noção de vulnerabilidade.

3. Experiência estrangeira

O art. 421-A do Código Civil não encontra paralelo claro nos sistemas jurídicos europeus que tradicionalmente exercem maior influência sobre o legislador nacional. A despeito disso, em uma de suas possíveis interpretações[13], a norma poderia encontrar paralelo na experiência jurídica italiana, sobretudo naquele que simbolicamente se convencionou denominar "terceiro contrato" (*terzo contratto*)[14].

A referida figura assenta no reconhecimento de que a realidade contratual não se exaure na dicotomia formada, de um lado, por contratos celebrados entre partes (sobretudo empresários) sofisticadas e plenamente consciente dos riscos assumidos, de conteúdo amplamente negociado e pretensamente imune à integração das normas legislativas (*self-contained*), e, de outro, pelos contratos de consumo, cuja natural disparidade suscita a incidência de um regime protetivo. Resta ainda, na "terra de meio", a área cinzenta do "terceiro contrato", formada por contratos entre empresários não sofisticados e outras relações, não reconduzíveis aos "modelos extremos".[15]

---

as partes, encartada na utilização de equipamentos e demais operações de cartão de crédito, tem o intuito de aquisição de produto ou utilização de serviço para incrementar sua atividade empresarial e, portanto, desenvolvimento de sua atividade lucrativa. 2. Ademais, para reverter a conclusão do Tribunal local, (acerca da utilização de serviços ou aquisição de produtos pelo agravante com o intuito de incrementar a atividade produtiva, não se caracterizando como relação de consumo), seria necessário o reexame das cláusulas contratuais e o revolvimento do acervo fático-probatório dos autos, o que não se admite em âmbito de recurso especial, ante os óbices das Súmulas 5 e 7/STJ. 3. Agravo interno a que se nega provimento." (AgInt no REsp 1805350/DF, Rel. Ministro Marco Aurélio Bellizze, Terceira Turma, julgado em 14/10/2019, DJe 22/10/2019)

[13] A esse respeito, vide o item seguinte.

[14] A expressão, atribuída a Roberto Pardolesi, foi empregada no prefácio à obra de Giuseppe Colangelo (*L'abuso di dipendenza economica tra disciplina della concorrenza e diritti dei contratti: un'analisi economica e comparata*, Torino: Giappichelli, 2004, p. XIII).

[15] Roberto Pardolesi, prefácio a Giuseppe Colangelo, *L'abuso di dipendenza economica*, cit., p. XII e XIII.

5. COMENTÁRIOS AO ARTIGO 421-A DO CÓDIGO CIVIL: PRESUNÇÃO DE PARIDADE...

A disciplina do "terceiro contrato", fomentada inicialmente por normas específicas[16], tem atraído a atenção de parte da doutrina italiana, que busca construir a categoria mais ampla do "contrato com assimetria de poderes contratuais entre as partes".[17] A figura, contudo, ainda carece de contornos mais precisos, sendo considerada uma "hipótese de trabalho",[18] isto é, uma fórmula indicativa de um problema e não a sua solução dogmática.[19]

O emprego da dependência econômica como critério fundante de uma possível nova categoria contratual não é privilégio da experiência italiana. Na França, ainda na década de 80 do século XX, Georges Virassamy publicou monografia pioneira[20] dedicada à categoria dos *contrats de dépendance*, caracterizados por terem por objeto a atividade profissional de uma das partes, cuja existência depende de uma "relação regular privilegiada ou exclusiva" estabelecida com a contraparte.[21]

Ainda na experiência europeia, a preocupação com a disparidade transparece em sistematizações do direito contratual europeu. Nesse sentido, por exemplo,[22] as previsões dos Princípios Unidroit (2016) sobre *gross disparity*[23] e dos Princípios de Direito Europeu dos Contratos sobre *excessive benefit* ou *unfair advantage*.[24]

---

[16] Merece destaque a lei que disciplinou a *subfornitura* (Lei n. 192, de 18.06.98), cujo art. 9.º, dentre outros dispositivos relevantes, declara nulos os contratos que levem ao abuso de dependência econômica de um dos contratantes. Sobre o tema, dentre outros, vide MUSSO, Alberto. *La subfornitura*, Bologna: Zanichelli, 2003.

[17] ROPPO, Vincenzo. "Contratto di diritto comune, contratto del consumatore, contratto con asimmetria di potere contrattuale: genesi e sviluppi di un nuovo paradigma", in *Il Contratto del duemila*, Torino: Giappichelli, 2002, p. 53 ss.

[18] ROPPO, Vincenzo. "Conclusioni" in *Il terzo contratto. L'abuso di potere contrattuale nei rapporti tra imprese* (a cura di Gregorio Gitti e Gianroberto Villa), Bologna: Il Mulino, 2008, 348 e 349).

[19] PARDOLESI, Roberto. *Il terzo contratto: da ipotesi di studio a formula problematica. Profili ermeneutici e prospettive assiologiche*, Padova: CEDAM, 2010, p. 139.

[20] BOÜARD, Fabrice *La dépendance économique née d'un contrat*, Paris: LGDJ, 2007, p. 2.

[21] *Les contrats de dépendance: essai sur les activités professionnelles exercées dans une dépendance économique*, Paris: LGDJ, 1986, p.162.

[22] ROPPO, Vincenzo. "Contratto di diritto comune", cit., p. 54-57.

[23] Artigo 3.2.7.

[24] Artigo 4:109.

4. Os possíveis sentidos da norma

Longe de primar pela clareza e pela coesão[25], o art. 421-A do Código Civil suscita inúmeros problemas interpretativos e sistemáticos. Esses desafios podem ser assim sintetizados: (i) identificação da categoria contratual regulada pelo *caput* do dispositivo; (ii) determinação do nexo entre o *caput* e os incisos do artigo e, por essa via, a identificação da categoria contratual regulada pelos incisos; e (iii) fixação do sentido e do alcance do dispositivo no tocante ao regime jurídico da categoria contratual (ou das categorias contratuais) nele regulada(s).

O *caput* do art. 421-A contém a única referência de todo o Código Civil às categorias dos contratos civis e dos contratos empresariais. Por categorias ou classes de contratos, entendemos os modelos contratuais dotados de maior extensão e abstração do que os tipos contratuais, originando dicotomias ou tricotomias classificatórias. A sua função é servir de entidade mediadora, no nível lógico e normativo, entre o contrato *in concreto* e os tipos contratuais, de um lado, e a categoria, de outro, possibilitando a aplicação de um determinado regime jurídico pré-estabelecido.[26]

Com efeito, a unificação do direito obrigacional, levada a cabo com a revogação da maior parte do Código Comercial de 1850 e a promulgação do CC/2002, extirpou os contratos mercantis do léxico legislativo. O CC/2002 nasceu como diploma apto a regular as relações civis e empresariais, em contraposição ao regime do CDC.

Cabe, então, nesse contexto, aferir o alcance da menção, aparentemente incompatível com a missão unificadora do CC/2002, ou ao menos dela desalinhada, às categorias dos contratos civis e dos contratos empresariais. A nosso ver, o histórico legislativo acima traçado revela que, diferentemente da redação original do art. 7º da MPV 881/2019, que regulava de modo autônomo as "relações interempresariais", o *caput* do art. 421-A do CC/2002 buscou traçar um *regime comum* para os contratos civis e empresariais.

---

[25] Vera Fradera considera, com razão, que o art. 421-A do CC/2002 "poderia servir como exemplo de como não se deve legislar" ("Art. 7º: Liberdade contratual e função social do contrato", cit., p. 305).

[26] MARINO, Francisco Paulo De Crescenzo. *Contratos coligados no direito brasileiro*, São Paulo: Saraiva, 2009, p. 17 ss.

Desse modo, a despeito da percepção de uma fração da doutrina, sobretudo comercialista, no sentido de que a Lei da Liberdade Econômica teria contribuído para traçar um regime especial dos contratos empresariais[27], esse mister – cujo alcance, segundo nos parece, demandaria estrutura normativa de maior densidade do que a da referida lei – não parece ter sido alcançado por meio da inserção do art. 421-A do CC/2002.

A bem da verdade, a referência a "contratos civis e empresariais" parece ter resultado de uma adaptação imperfeita dos diversos dispositivos da MPV 881/2019 que pretendiam regular os contratos empresariais de modo autônomo, porém foram ajustados no processo de conversão em lei, por conta das acertadas críticas doutrinárias que embasaram emendas modificativas. Note-se que a própria Lei 13.874/2019 contém, além da já mencionada passagem, apenas outra menção a "negócios empresariais paritários" em seu art. 3º, inciso VIII, que tampouco contribui para conformar de modo mínimo um esboço de regime jurídico especial para os contratos empresariais.

Julgamos, assim, absolutamente supérflua a menção a "contratos civis e empresariais" contida no *caput* do art. 421-A do CC/2002. A norma alcançaria o mesmo resultado aludindo a "contratos regulados por este Código", ou simplesmente referindo as relações contratuais em geral e ressalvando os regimes jurídicos especiais[28] (notadamente o CDC), como redundantemente constou da cabeça do dispositivo.[29]

Ao fixar a presunção *iuris tantum* de simetria e de paridade dos contratos civis e empresariais, o *caput* do art. 421-A do Código Civil prevê uma característica comum a ambas as classes contratuais e ausente de outras, pois

---

[27] FORGIONI, Paula A. *Contratos empresariais: teoria geral e aplicação*, cit., p. 38. Fábio Ulhôa Coelho vai além, julgando que a Lei da Liberdade Econômica teria operado a "reintrodução [...] da distinção entre contratos civis e empresariais", no que se constituiria, juntamente com outros aspectos da novel legislação, um "verdadeiro marco na história do direito brasileiro" ("Princípios constitucionais na interpretação das normas de direito comercial", in Luis Felipe Salomão, Ricardo Villas Bôas Cueva, Ana Frazão (coords.), *Lei de Liberdade econômica e seus impactos no direito brasileiro*, São Paulo: Thomson Reuters Brasil, 2020, p. 440).

[28] Aqui incluído, a bem da verdade, também o regime dos contratos de adesão, parcialmente regulados pelo Código Civil (arts. 423 e 424).

[29] A "técnica" legislativa da Lei da Liberdade Econômica, consistente na "repetição pleonástica de expressões genéricas", já foi objeto de justa crítica (SCHREIBER, Anderson. "Comentário ao art. 421-A", in Anderson Schreiber et. al., *Código Civil comentado*, 3 ed., Rio de Janeiro: Forense, 2021, p. 288).

marcadas pela disparidade e pela assimetria (ou, talvez fosse melhor afirmar, por *maior grau* de disparidade e de assimetria[30]). Cabe, então, indagar: em quais categorias contratuais *não* vigoraria a presunção de simetria e de paridade?

A resposta dependerá, naturalmente, da noção que se tenha de paridade e simetria contratual. A expressão "contrato paritário" normalmente é empregada para se contrapor ora ao contrato de adesão (ou, talvez fosse preferível, "por adesão"[31]), ora ao contrato de consumo.

Como sabido, estas categorias não se confundem, pois a primeira assenta em determinado modo de formação contratual – a adesão a cláusulas gerais predispostas – e a segunda orienta-se consoante critério funcional e subjetivo – a presença, nos polos da relação contratual, de um consumidor e de um fornecedor. A diversidade de critérios faz com que possa haver consumo sem adesão e vice-versa. Tanto é assim que o CC/2002 disciplinou de forma ampla, em seus arts. 423 e 424, os contratos de adesão, o que se justifica pois nada impede que contratos por ele regulados (civis e empresariais) venham a ser celebrados mediante a adesão a cláusulas predispostas.

A expressão "contrato paritário" é, assim, polissêmica, pois o seu sentido variará conforme designar o contraponto ao contrato de adesão ou ao contrato consumerista.

Primeiramente, a paridade pode ser tomada como sinônimo de contrato negociado[32], caso em que a igualdade de forças (paridade) corresponderá, mais propriamente, à circunstância que idealmente permite a negociação e cuja ausência, *a contrario sensu*, permite que uma das partes imponha o conteúdo do contrato à outra.[33]

---

[30] "Ao contrário do que sustentam muitos, nos contratos empresariais não existe a presunção de igualdade entre as partes, pois certa assimetria de poder é-lhes cada vez mais inerente. Há contratos paritários, mas numerosos são aqueles em que se encontra a dependência. Ninguém ignora que, quando contratam, raramente as partes se encontram em situação de igualdade. A presunção do direito não é essa, e sim que as empresas analisaram o negócio e decidiram contratar, avaliando que as vantagens trazidas pela operação superam as desvantagens." (FORGIONI, Paula A. *Contratos empresariais: teoria geral e aplicação*, cit., p. 282).
[31] Cristiano de Sousa Zanetti aponta a superioridade da expressão "contrato por adesão", eis que a adesão não reflete o conteúdo do negócio (*Direito contratual contemporâneo*, cit., p. 224).
[32] VERÇOSA, Haroldo Malheiros Duclerc. *Curso de direito comercial*, vol. 4, tomo I (*Fundamentos da teoria geral dos contratos*), São Paulo: Malheiros, 2011, p. 155.
[33] "De um lado, estão os contratos celebrados por partes com paridade de forças, nos quais as cláusulas são discutidas e, ao final, pactuadas. De outro, os contratos nos quais a posição

Contrato paritário também pode ser tomado como antípoda de contrato de consumo. Esse é o uso do termo encontradiço em diversos acórdãos do STJ[34], podendo-se destacar o seguinte trecho de um deles: "Não há, pois, relação de consumo a comandar a incidência do CDC, não se podendo reconhecer figurar o atleta, cujos direitos de imagem foram cedidos à Nike, ou mesmo a pessoa jurídica encarregada de patrocinar os seus interesses, como consumidores, na forma do art. 2º da Lei 8.078/90, ou mesmo a sociedade empresária multinacional (Nike) como fornecedora de produtos ou serviços, na forma do art. 3º. Parte-se, assim, da premissa de que o contrato é paritário, como bem destacou o acórdão recorrido, na seguinte passagem [...]. A relação é, assim, disciplinada pelas normas de Direito Civil [...]."[35]

Contratos paritários, portanto, podem ser tidos como aqueles em que a liberdade de contratar é exercida de modo equivalente entre as partes, seja por não estar presente uma relação de consumo, seja por não ter se formado mediante a adesão a um conteúdo contratual predeterminado.

de força de uma das partes é tamanha que lhe permite impor o clausulado sem que seja dado à outra discutir os termos do pacto." (ZANETTI, Cristiano de Sousa. *Direito contratual contemporâneo*, cit., p. 201).

[34] Assim, exemplificativamente: "AGRAVO REGIMENTAL NO RECURSO ESPECIAL. DIREITO CIVIL. REVISIONAL. COMPRA E VENDA DE FERTILIZANTES. INDEXAÇÃO COM BASE NA MOEDA AMERICANA. RELEVANTE ALTERAÇÃO DO DÓLAR AO FINAL DO ANO DE 2008. TEORIA DA IMPREVISÃO. AFASTAMENTO. 1. 'O histórico inflacionário e as sucessivas modificações no padrão monetário experimentados pelo país desde longa data até julho de 1994, quando sobreveio o Plano Real, seguido de período de relativa estabilidade até a maxidesvalorização do real em face do dólar americano, ocorrida a partir de janeiro de 1999, não autorizam concluir pela imprevisibilidade desse fato nos contratos firmados com base na cotação da moeda norte-americana, em se tratando de relação contratual paritária.' (REsp 1321614/SP, Rel. Ministro Paulo de Tarso Sanseverino, rel. p/ acórdão Ministro Ricardo Villas Bôas Cueva, Terceira Turma, julgado em 16/12/2014, DJe 03/03/2015). 2. Não envolvendo relação de consumo, o contrato objeto do pedido de revisão, mas, sim, revelando-se paritário, convém que se submetam as partes aos termos do acordo celebrado, não decorrendo da variação cambial verificada base para a revisão do negócio entabulado. 3. A variação ocorrida no valor da moeda americana ao final do ano de 2008, com reflexo no contrato de compra e venda de fertilizantes, indexado com base na variação do dólar americano, não se revela imprevisível a ponto de autorizar o Poder Judiciário, com base na Teoria da Imprevisão, a proceder à sua revisão e alterar o indexador estipulado. 4. AGRAVO REGIMENTAL DESPROVIDO." (AgRg no REsp 1518605/MT, Rel. Ministro Paulo de Tarso Sanseverino, Terceira Turma, julgado em 07/04/2016, DJe 12/04/2016)

[35] REsp 1518604/SP, Rel. Ministro Paulo de Tarso Sanseverino, Terceira Turma, julgado em 15/03/2016, DJe 29/03/2016.

Tendo-se em mente, assim, os três distintos modelos contratuais ordenados conforme a amplitude da liberdade reservada aos contratantes – contratos "clássicos", regidos pelo Código Civil, contratos de consumo regulados pelo CDC e, em um grau intermediário de liberdade, os contratos (civis e empresariais) de adesão disciplinados pelos arts. 423 e 424 do CC/2002[36] –, os contratos paritários se reconduzem à categoria dos contratos sujeitos às normas gerais do Código Civil.

A expressão "contrato simétrico", a seu turno, não se encontra assentada na literatura jurídica nacional, tampouco na jurisprudência dos tribunais superiores. A simetria contratual pode ser tida, em um primeiro sentido, como sinônima de paridade[37], a ela se aplicando, portanto, o que acabou de ser exposto.

Poder-se-ia questionar o acerto de uma exegese que não realizasse distinção entre as duas características dos contratos civis e empresariais previstas no *caput* do art. 421-A do Código Civil, mormente diante da regra interpretativa que presume não haver, na lei, palavras inúteis. É de se observar, contudo, para além da proximidade semântica entre os adjetivos "simétrico" e "paritário", que o legislador não realizou qualquer distinção entre elas, seja no plano conceitual, seja quanto aos efeitos.

Fixado o sentido de contrato paritário e tomando-se simetria e paridade como sinônimos, ambas as expressões traduzirão, em última análise, a ausência de relação de consumo e de predisposição do conteúdo contratual. Partindo-se dessa premissa, cabe elucidar a ligação do *caput* do art. 421-A do Código Civil com os seus incisos, para daí extrair as consequências relevantes.

---

[36] Para uma aprofundada exposição da tricotomia e seus reflexos para a fragmentação da liberdade contratual, vide, por todos, Cristiano de Sousa Zanetti, *Direito contratual contemporâneo*, p. 272 e *passim*.

[37] Nesse sentido, Otavio Luiz Rodrigues Júnior, Rodrigo Xavier Leonardo e Augusto Cézar Lukascheck Prado, "A liberdade contratual e a função social do contrato – alteração do art. 421-A do Código Civil: art. 7º", in Floriano Peixoto de Azevedo Marques Neto, Otavio Luiz Rodrigues Júnior e Rodrigo Xavier Leonardo (coords.), *Comentários à Lei da Liberdade Econômica*, cit., p. 319.

Há duas interpretações possíveis acerca da relação entre o *caput* do art. 421-A do Código Civil e os seus incisos. De acordo com a primeira delas, as regras previstas nos incisos trariam especificações do regime dos contratos civis e empresariais referidos na cabeça do dispositivo, independentemente de serem eles paritários ou não. Em uma segunda exegese, somente os contratos paritários estariam sujeitos às regras estipuladas nos incisos.

Uma vez que se tome simetria e paridade como ausência de relação de consumo e de predisposição do conteúdo contratual, a segunda interpretação ganha força. Nessa hipótese, dever-se-á concluir que os incisos do art. 421-A enunciam regras aplicáveis a todos os contratos sujeitos ao regime geral do Código Civil (paritários, no sentido acima apontado). Com efeito, a possibilidade de as partes estabelecerem parâmetros objetivos para a interpretação, a revisão ou a resolução contratual não é inovação da Lei da Liberdade Econômica e se mostra coerente com a disciplina do Código. Mostra-se ainda mais óbvia a afirmação acerca da necessidade de respeito à matriz de riscos adotada pelas partes.

Por fim, tampouco o inciso III – redundante em relação ao parágrafo único do art. 421 – traz alteração ao regime do CC/2002, pois, como já se observou, "a revisão e a resolução contratual encontram-se previstas nos arts. 317 e 478 do Código Civil, sendo esses os parâmetros norteadores da intervenção judicial nos contratos e que a tornam, só por si, pelo rigor dos requisitos ali previstos, limitada e excepcional."[38] Note-se, a respeito, que a generalidade da norma em comento parece reforçada pelo disposto no parágrafo único do art. 421, também ele introduzido pela Lei da Liberdade Econômica, a dispor que a "intervenção mínima" e a "excepcionalidade da revisão" prevalecerão "nas relações contratuais privadas".

Acrescentamos que a excepcionalidade da revisão reforça o entendimento de que, exceto na hipótese do art. 317 do Código Civil, restrito à correção do valor de obrigações pecuniárias, o devedor da prestação tornada excessivamente onerosa somente poderá demandar a resolução da relação contratual. Caberá ao credor, nesse caso, o poder de manter o vínculo, desde que formule

---

[38] Gustavo Tepedino e Laís Cavalcanti, "Notas sobre as alterações promovidas pela Lei nº 13.874/2019 nos artigos 50, 113 e 421 do Código Civil", in Luis Felipe Salomão, Ricardo Villas Bôas Cueva, Ana Frazão (coords.), *Lei de Liberdade econômica e seus impactos no direito brasileiro*, cit., p. 505.

a oferta de modificação equitativa do art. 479, verdadeiro negócio jurídico unilateral modificativo.[39]

Prosseguindo nesta linha, aos contratos paritários e simétricos do Código Civil – pautados pela observância das cláusulas que alocam riscos entre as partes e que particularizam regras interpretativas, revisionais e resolutórias, bem como sujeitos à revisão nas limitadas hipóteses expressamente previstas em lei –, contrapor-se-ão os contratos desiguais ou assimétricos, em suas duas principais espécies (contrato de adesão e contrato de consumo), cuja disciplina protetiva implica a adoção de balizas diversas das previstas nos incisos do art. 421-A do Código Civil.

Parte da doutrina tem procurado, todavia, construir interpretação distinta do dispositivo em exame. Ela arranca de uma concepção mais ampla de paridade e de simetria, apta a compreender, sobretudo no campo das relações empresariais, a igualdade de poder econômico ou empresarial. Dito de outro modo, contratos regidos pelo Código Civil também poderiam apresentar assimetria ou falta de paridade, merecendo, nesse caso, o tratamento jurídico particularizado nos incisos do art. 421-A do Código Civil.

Notadamente, os contratos empresariais ostentariam tal índole quando houvesse "dependência empresarial", como tal entendida a situação de fato "em que a empresa de um dos empresários contratantes deve ser organizada de acordo com instruções ditadas pelo outro".[40]

Assim, de acordo com esse entendimento, os incisos do art. 421-A poderiam ser afastados se um contrato, civil ou empresarial, fosse celebrado em situação de dependência econômica. A nosso ver, contudo, essa interpretação do texto legal mostra-se problemática, por mais de uma razão.

Em primeiro lugar, a noção de dependência econômica, desprovida de base legal e caracterizada por contornos imprecisos, torna extremamente incerto o seu manejo pelos agentes jurídicos. Tome-se o exemplo mais citado pelos comercialistas, correspondente aos contratos de distribuição. Fernando Ferreira Pinto já denunciou, em profundo estudo, a vagueza e a imprecisão

---

[39] Sobre o tema, discorremos com vagar em: Francisco Paulo De Crescenzo Marino, *Revisão contratual: onerosidade excessiva e modificação contratual equitativa*, São Paulo: Almedina, 2020, p. 21 ss.

[40] Fábio Ulhôa Coelho, *Curso de direito comercial, volume 3: direito de empresa: contratos, falência e recuperação de empresas*, 19. ed., São Paulo: Thomson Reuters Brasil, 2020, p. 35.

da noção de dependência econômica, a qual "pode ter causas variadas e se mostra suscetível de conhecer expressões muito diversas e de assumir múltiplos graus". Após examinar algumas de tais causas, o autor observa: "Nada do que acaba de ser afirmado é de molde a causar a mínima estranheza, dado que, como vimos, faz parte da essência dos contratos de distribuição porem em jogo a independência substancial do revendedor, subtraindo-lhe a sua direção econômica, ao mesmo tempo que salvaguardam a respectiva autonomia jurídica. Aquilo que verdadeiramente impressiona na concepção que se aprecia é a visão maniqueísta e simplista da realidade em que ela se apoia. Trata-se, com efeito, de uma análise que ignora ostensivamente facetas importantes das relações de distribuição e se limita a exacerbar as fragilidades econômicas que podem afetar os distribuidores." Conclui o autor, após destacar as vantagens econômicas usualmente auferidas pelos distribuidores em contrapartida à sua vinculação, pelo caráter "dinâmico e bidirecional" da dependência: "Por conseguinte, ao contrário do que muitos pretendem fazer crer, subordinação e dependência econômica não são sinônimos da exploração e espoliação dos distribuidores através dos mecanismos do contrato e estão intimamente relacionadas com o ambiente concorrencial em que os contraentes se movem. Acresce ao exposto que uma apreciação mais isenta ou menos comprometida dos fatos é suficiente para se concluir que a relação de forças no seio das cadeias de distribuição não pende, sempre e necessariamente, para o mesmo lado, podendo até manifestar-se em sentido inverso àquele que é pressuposto pelos arautos de uma nova ordem contratual de proteção da dependência."[41]

Se a aplicação da noção de dependência econômica ao caso mais fartamente citado pelos comercialistas já se mostra insuficiente para construir uma orientação dogmática consistente, imagine-se a sua extensão a todos os contratos "civis e empresariais", à míngua de qualquer critério legal.

Ademais, a dependência econômica não parece, *per se*, decisiva. A nosso ver, ela poderá se mostrar relevante quando conjugada a outros elementos, tais como a ausência de negociação do conteúdo contratual. Não por outra razão, o STJ tem decidido acerca da nulidade de cláusulas insertas em contratos de

---

[41] Fernando A. Ferreira Pinto, *Contratos de distribuição. Da tutela do distribuidor integrado em face da cessação do vínculo*, Lisboa: Universidade Católica Portuguesa, 2013, p.164-166.

franquia não por conta de uma pura e simples dependência econômica do franqueado, mas por considerar que se trata de contrato de adesão.[42,43]

Não se pode deixar de observar, ainda, que a proposta interpretativa em comento, ao mitigar a necessidade de observar cláusulas contratuais que alocam riscos ou particularizam regras interpretativas, revisionais e resolutórias, bem como sujeitar os contratos celebrados mediante dependência econômica à revisão de seus termos para além das hipóteses expressamente previstas em lei, parece, no mínimo, pouco alinhada com o contexto da elaboração da própria Lei da Liberdade Econômica, em que a afirmação da simetria nas relações civis e empresariais foi projetada para reforçar a liberdade dos contratantes, sobretudo frente à intervenção estatal.

A fim de reconciliar o aparente intervencionismo do art. 421-A do Código Civil com os objetivos declarados da lei, e na esteira da pretensa autonomia dogmática dos contratos empresariais[44], nota-se a tentativa de afastar a incidência de determinadas normas do Código, tidas como excessivamente invasivas, da esfera dos contratos empresariais. Lê-se assim, exemplificativamente, que a excessiva onerosidade superveniente via de regra seria "incompatível" com os contratos empresariais, pois a "qualificação das partes, por si só, exclui

---

[42] Assim, exemplificativamente: "RECURSO ESPECIAL. DIREITO CIVIL E PROCESSUAL CIVIL. CONTRATO DE FRANQUIA. CONTRATO DE ADESÃO. ARBITRAGEM. REQUISITO DE VALIDADE DO ART. 4º, § 2º, DA LEI 9.307/96. DESCUMPRIMENTO. RECONHECIMENTO PRIMA FACIE DE CLÁUSULA COMPROMISSÓRIA 'PATOLÓGICA'. ATUAÇÃO DO PODER JUDICIÁRIO. POSSIBILIDADE. NULIDADE RECONHECIDA. RECURSO PROVIDO. 1. Recurso especial interposto em 07/04/2015 e redistribuído a este gabinete em 25/08/2016. 2. O contrato de franquia, por sua natureza, não está sujeito às regras protetivas previstas no CDC, pois não há relação de consumo, mas de fomento econômico. 3. Todos os contratos de adesão, mesmo aqueles que não consubstanciam relações de consumo, como os contratos de franquia, devem observar o disposto no art. 4º, § 2º, da Lei 9.307/96. 4. O Poder Judiciário pode, nos casos em que prima facie é identificado um compromisso arbitral 'patológico', i.e., claramente ilegal, declarar a nulidade dessa cláusula, independentemente do estado em que se encontre o procedimento arbitral. 5. Recurso especial conhecido e provido." (REsp 1602076/SP, Rel. Ministra Nancy Andrighi, Terceira Turma, julgado em 15/09/2016, DJe 30/09/2016)

[43] Nesse passo, por vezes a Corte se equivoca, pois nem sempre o contrato de franquia terá sido formado por meio da adesão a cláusulas predispostas.

[44] Permanecem atuais as críticas de Gabriel Saad Kik Buschinelli à tentativa de construção de um regime próprio para os contratos empresariais (*Compra e venda de participações societárias de controle*, São Paulo: Quartier Latin, 2018, p. 249 ss.).

a maior parte dos requisitos para a caracterização da 'onerosidade excessiva' na forma do art. 478 do Código Civil".[45] A nosso ver, tem-se aqui uma amostra da equivocada tentativa de subtrair os contratos empresariais do regime geral do Código Civil, ao que tudo indica baseada em um compromisso puramente ideológico e na má compreensão das figuras nele disciplinadas.

As fragilidades desta concepção reafirmam, segundo nos parece, o acerto da primeira interpretação do art. 421-A do Código Civil acima exposta.

Referências

BOÜARD, Fabrice de. *La dépendance économique née d'un contrat*, Paris: LGDJ, 2007.

BUSCHINELLI, Gabriel Saad Kik. *Compra e venda de participações societárias de controle*, São Paulo: Quartier Latin, 2018.

COELHO, Fábio Ulhôa. *Curso de direito comercial, volume 3: direito de empresa: contratos, falência e recuperação de empresas*, 19. ed., São Paulo: Thomson Reuters Brasil, 2020.

COELHO, Fábio Ulhôa. "Princípios constitucionais na interpretação das normas de direito comercial", in SALOMÃO, Luis Felipe; CUEVA, Ricardo Villas Bôas; e FRAZÃO, Ana (coords.). *Lei de Liberdade econômica e seus impactos no direito brasileiro*, São Paulo: Thomson Reuters Brasil, 2020.

FORGIONI, Paula. *Contratos empresariais: teoria geral e aplicação*, 5. ed., São Paulo: Revista dos Tribunais, 2020.

FRADERA, Vera Maria Jacob de. "Art. 7º: Liberdade contratual e função social do contrato – art. 421 do Código Civil", in MARQUES NETO, Floriano Peixoto de Azevedo; RODRIGUES JÚNIOR, Otavio Luiz; e LEONARDO, Rodrigo Xavier (coords.). *Comentários à Lei da Liberdade Econômica*, São Paulo: Thomson Reuters Brasil, 2019.

FRANCO, Rosario. *Il terzo contratto: da ipotesi di studio a formula problematica. Profili ermeneutici e prospettive assiologiche*, Padova: CEDAM, 2010.

MARINO, Francisco Paulo De Crescenzo. *Contratos coligados no direito brasileiro*, São Paulo: Saraiva, 2009.

MARINO, Francisco Paulo De Crescenzo. *Revisão contratual: onerosidade excessiva e modificação contratual equitativa*, São Paulo: Almedina, 2020.

MARQUES, Cláudia Lima. *Contratos no Código de Defesa do Consumidor*, 4. ed., São Paulo: Revista dos Tribunais, 2002.

MUSSO, Alberto. *La subfornitura*, Bologna: Zanichelli, 2003.

PARDOLESI, Roberto. "Conclusioni" in *Il terzo contratto. L'abuso di potere contrattuale nei rapporti tra imprese (a cura di* Gregorio Gitti e Gianroberto Villa), Bologna: Il Mulino, 2008.

---

[45] Bertrand Wanderer, *Lesão e onerosidade excessiva nos contratos empresariais*, São Paulo: Saraiva, 2018, p. 167-8.

PARDOLESI, Roberto. "Prefazione", in COLANGELO, Giuseppe. *L'abuso di dipendenza economica tra disciplina della concorrenza e diritti dei contratti: un'analisi economica e comparata*, Torino: Giappichelli, 2004.

PINTO, Fernando A. Ferreira, *Contratos de distribuição. Da tutela do distribuidor integrado em face da cessação do vínculo*, Lisboa: Universidade Católica Portuguesa, 2013.

RODRIGUES JÚNIOR, Otavio Luiz; LEONARDO, Rodrigo Xavier; e PRADO, Augusto Cézar Lukascheck, "A liberdade contratual e a função social do contrato – alteração do art. 421-A do Código Civil: art. 7º", in MARQUES NETO, Floriano Peixoto de Azevedo; RODRIGUES JÚNIOR, Otavio Luiz; e LEONARDO, Rodrigo Xavier (coords.). *Comentários à Lei da Liberdade Econômica*, São Paulo: Thomson Reuters Brasil, 2019.

ROPPO, Vincenzo, "Contratto di diritto comune, contratto del consumatore, contratto con asimmetria di potere contrattuale: genesi e sviluppi di un nuovo paradigma", in *Il Contratto del duemila*, Torino: Giappichelli, 2002.

SCHREIBER, Anderson. "Comentário ao art. 421-A", in SCHREIBER, Anderson et. al. *Código Civil comentado*, 3 ed., Rio de Janeiro: Forense, 2021.

TEPEDINO, Gustavo; e CAVALCANTI, Laís. "Notas sobre as alterações promovidas pela Lei nº 13.874/2019 nos artigos 50, 113 e 421 do Código Civil", in SALOMÃO, Luis Felipe; CUEVA, Ricardo Villas Bôas; e FRAZÃO, Ana (coords.). *Lei de Liberdade econômica e seus impactos no direito brasileiro*, São Paulo: Thomson Reuters Brasil, 2020.

VERÇOSA, Haroldo Malheiros Duclerc. *Curso de direito comercial*, vol. 4, tomo I (*Fundamentos da teoria geral dos contratos*), São Paulo: Malheiros, 2011.

VIRASSAMY, Georges. *Les contrats de dépendance: essai sur les activités professionnelles exercées dans une dépendance économique*, Paris: LGDJ, 1986.

WANDERER, Bertrand. *Lesão e onerosidade excessiva nos contratos empresariais*, São Paulo: Saraiva, 2018.

ZANETTI, Cristiano de Sousa. *Direito contratual contemporâneo: a liberdade contratual e sua fragmentação*, Rio de Janeiro: Forense, 2008.

PARTE V
ALTERAÇÕES À DISCIPLINA DA EMPRESA

1. COMENTÁRIO AO ARTIGO 980-A DO CÓDIGO CIVIL

Erasmo Valladão A. e N. França
Marcelo Vieira von Adamek

> "Art. 7º A Lei n°10.406, de 10 de janeiro de 2002 (Código Civil), passa a vigorar com as seguintes alterações:
> (...)
> 'Art. 980-A. ....
> ....
> § 7º. Somente o patrimônio social da empresa responderá pelas dívidas da empresa individual de responsabilidade limitada, hipótese em que não se confundirá, em qualquer situação, com o patrimônio do titular que a constitui, ressalvados os casos de fraude.' (NR)"

1) Situação atual da Eireli no direito brasileiro.

A Lei nº 14.195/21, conhecida como Lei do Ambiente de Negócios, previa em sua versão enviada para sanção à Presidência da República a revogação de todo o art. 980-A e do art. 44, VI do Código Civil, como forma de disciplinar definitivamente a transição do regime de unipessoalidade da Eireli para o da sociedade limitada unipessoal, tal como previsto em seu art. 41. Ocorre que os dispositivos em que se previa a revogação das normas relativas à Eireli no Código Civil (art. 57, XXIX, "a" e "b") foram objeto de veto presidencial – já que neles também se tratava da sociedade simples e, não podendo o veto ser parcial, as normas revogatórias acabaram sendo indiretamente colhidas pelo oportuno veto à inconstitucional supressão das regras da sociedade simples. A inusitada situação normativa que se seguiu, com a entrada em vigor da Lei nº 14.195/21 com o art. 41, mas sem o art. 57, XXIX, "a" e "b", tem causado certa confusão no meio jurídico, mas não há dúvida de que se deve assumir que os dispositivos referentes à Eireli acabaram sendo *tacitamente* revogados pela nova Lei, por incompatibilidade com seu art. 41 (LINDB, art. 2º, § 1°). Com efeito, se todas as Eirelis existentes foram automaticamente transformadas em limitada unipessoal, por maior razão devem-se ver forçados a adotar a nova forma aqueles que a partir de agora desejem constituir nova empresa unipessoal. Assim sendo, a Eireli já se tornou um capítulo da história do direito societário brasileiro[1]. A compreensão da disciplina que se dispensou a esse instituto, no entanto, bem como da regra introduzida no § 7º do Art. 980-A do Código Civil pela Lei da Liberdade Econômica, nem por isso deixa de ser importante, uma vez que, revelando o pano de fundo da criação da sociedade unipessoal, permite compreender a vontade do legislador, que só a passos trôpegos e depois de muitas oscilações chegou a positivar a possibilidade de constituição de sociedade unipessoal com responsabilidade limitada e sem capital mínimo.

2) História da norma.

O § 7º do art. 980-A do Código Civil constituiu, tal como muitas normas trazidas pela Lei de Liberdade Econômica, uma simples enunciação ou explicitação de regra que, de todo modo, haveria de ter-se por já prevalente em nosso sistema jurídico; sem propriamente inovar, o legislador esforçou-se simplesmente por tornar expresso aquilo que um intérprete menos habilitado talvez de pronto não reconhecesse, conferindo assim certeza e previsibilidade às trocas empresariais e aos instrumentos para tanto utilizados.

---

[1] *Cf.* no mesmo sentido: Ofício Circular SEI n° 3.510/2021/ME, contendo "orientações sobre a realização de arquivamentos, diante da revogação tácita da empresa individual de responsabilidade limitada constante do inc. VI, do art. 44, e do art. 980-A e parágrafos, do Código Civil, com o advento da Lei n° 14.195, de 26 de agosto de 2021".

Em realidade, esse parágrafo trouxe para o direito posto uma regra que, com semelhante conformação, a Lei n° 12.441, de 11 de julho de 2011, já havia previsto para a disciplina jurídica da Eireli, mas que, no entanto, fora vetada pela Presidente da República. O (vetado) § 4º projetado para o art. 980-A do Código Civil tinha a seguinte redação: "§ 4º Somente o patrimônio social da empresa responderá pelas dívidas da empresa individual de responsabilidade limitada, não se confundindo em qualquer situação com o patrimônio da pessoa natural que a constitui, conforme descrito em sua declaração anual de bens entregue ao órgão competente". As razões de veto declaradas foram as seguintes: "Não obstante o mérito da proposta, o dispositivo traz a expressão 'em qualquer situação', que pode gerar divergências quanto à aplicação das hipóteses gerais de desconsideração da personalidade jurídica, previstas no art. 50 do Código Civil. Assim, e por força do § 6º do projeto de lei, aplicar-se-á à EIRELI as regras da sociedade limitada, inclusive quanto à separação do patrimônio" (*cf.* Mensagem n° 259, de 11 de julho de 2011).

A nova regra mantinha a expressão "em qualquer situação" – invocada como fator determinante do veto do § 4º, com dois aprimoramentos. O primeiro foi não atrelar a limitação de responsabilidade ao patrimônio "conforme descrito em sua declaração anual de bens entregue ao órgão competente", certo de que (*i*) há casos de pequenas empresas dispensadas dessa obrigação tributária acessória; e, sobretudo, (*ii*) o patrimônio de uma pessoa jurídica – conjunto de relações jurídicas ativas e passivas dotadas de conteúdo econômico – não é delimitado pela auto-declaração apresentada ao fisco federal. O segundo aprimoramento, que a rigor nada inovava, mas apenas deixava expressa a conexão sistemática de institutos do Código Civil, era a alusão à fraude como limite à regra de limitação de responsabilidade da Eireli – o que, de resto, vale para qualquer regra de limitação de responsabilidade – a atrair, se for o caso, a incidência do instituto da desconsideração da personalidade jurídica (CC, art. 50).

3) Comparação jurídica.

Em direito comparado, o problema da limitação da responsabilidade para os empresários individuais tem sido resolvido de duas formas: ou com a previsão de regra de limitação da responsabilidade para o empresário individual ou por meio da admissão de sociedade limitada unipessoal.

A nosso ver – e, neste ponto, contra o entendimento da maior parte da doutrina – a Eireli nada mais era do que uma sociedade limitada unipessoal, não se podendo considerá-la um *tertium genus*.

Essa discussão sobre a natureza jurídica da Eireli não era desprovida de interesse prático nem era meramente acadêmica; antes, cuidava-se de importante questão prévia, de *qualificação jurídica*, bastante útil para a subsequente *definição do regime jurídico aplicável*. A depender da resposta que se desse a essa indagação, seria possível, na sequência, transpor e justificar a aplicação, para a Eireli, de todo o arcabouço legislativo, doutrinário e jurisprudencial existente em torno do instituto jurídico atraído pela qualificação.

Ora, de que a Eireli não constituía forma de limitação de responsabilidade da própria pessoa física do empresário individual, dúvida alguma podia haver[2]. A Eireli foi arrolada, no art. 44, VI, do Código Civil como espécie de pessoa jurídica, o que inequivocamente sinalizava que não se estava diante de uma hipótese de patrimônio separado de pessoa física, como seria o do empresário individual de responsabilidade limitada, mas de um *patrimônio autônomo*: o titular do patrimônio afetado ao exercício da atividade não é o sócio único (ou titular) da Eireli, e sim é a própria Eireli; não havia dois patrimônios titulados por um mesmo indivíduo. Logo, é claro, não se estava diante da figura do empresário individual de responsabilidade limitada.

Em realidade, a dúvida mais séria que se pode levantar era se a Eireli constituía sociedade unipessoal ou se configurava nova espécie de pessoa jurídica. Quanto a isso, a nosso ver, a análise sistemática do art. 980-A do Código Civil – que (*i*) se referia a "firma ou denominação *social*" (§ 1º) e a

---

[2] O direito brasileiro reconhece a figura do empresário individual de responsabilidade limitada, mas apenas em caráter excepcional: o incapaz, por meio de representante ou devidamente assistido e com prévia autorização judicial, poderá continuar a empresa antes exercida por ele enquanto capaz, por seus pais ou pelo autor da herança; nesse caso, os bens que o incapaz já possuía, ao tempo da sucessão ou da interdição, não ficam sujeitos ao resultado da empresa, desde que estranhos ao acervo desta, devendo tais fatos constar do alvará que conceder a autorização (CC, art. 974, *caput* e §§ 1º e 2º). O empresário individual incapaz, assim, tem dois patrimônios: o especial, afetado à atividade empresarial (patrimônio separado), e o geral, composto pelos elementos estranhos à empresa.

"capital *social*" da Eireli (*caput*)[3]; (*ii*) dispunha que a mesma poderá "resultar da concentração das quotas de *outra modalidade societária* num único *sócio*" (§ 3º); e (*iii*) previa a sua regência supletiva pelas "regras previstas para a sociedade limitada" (§ 6º) – revelava tratar-se inequivocamente de sociedade unipessoal; mais especificamente, de uma espécie do subtipo societário "sociedade limitada unipessoal". Isso se reforçava pelo fato de que, como já reconhecia a jurisprudência antes da Lei da Liberdade Econômica, a Eireli podia resultar da concentração de quotas de uma sociedade limitada pluripessoal[4].

A tese segundo a qual a Eireli constituía nova espécie de pessoa jurídica – conquanto defendida por respeitáveis estudiosos[5] e consagrada em enunciados

---

[3] Empresário individual não tem "capital social", mas apenas "capital" (art. 968, III, CC). Ao invés de procurar extrair conclusões compatíveis com as *verba legis*, na "V Jornada de Direito Civil" do CEJ-CJF aprovou-se enunciado que simplesmente reprovou o texto da lei: "472: É inadequada a utilização da expressão 'social' para as empresas individuais de responsabilidade limitada". Inadequada por quê? O vício incorrido na construção do enunciado é de evidente paralogismo: por supor-se de antemão que a Eireli não seria sociedade, concluiu-se que a expressão "social" seria inadequada. Antes, o que logicamente se impunha era, a partir do texto (dado normativo concreto), inferir se era adequada ou não a premissa de que a Eireli não constituía mesmo sociedade, e para tanto seria necessário apontar quais seriam os elementos categoriais essenciais a supostamente diferenciá-las.

[4] *Cf*.: "Desconsideração da personalidade jurídica – Execução de título extrajudicial – Suspensão da execução em razão de a executada encontrar-se em Recuperação Judicial – Pedido de desconsideração da personalidade jurídica – Elementos no sentido do esvaziamento de seu patrimônio e de confusão patrimonial com a pessoa do titular da Empresa Individual de Responsabilidade Limitada – Inexistência – Fato de ser a executada EIRELI resultante da concentração das cotas de sociedade limitada que não configura desvio de finalidade ou confusão patrimonial – Inteligência dos arts. 50 e 980-A, do Código Civil. Inexistindo elementos no sentido do esvaziamento de seu patrimônio e de confusão patrimonial com a pessoa do titular da Empresa Individual de Responsabilidade Limitada, inviável o deferimento do pedido de desconsideração da personalidade jurídica, que tem como único fundamento o fato de ser a executada EIRELI resultante da concentração das cotas de sociedade limitada, pois isso não configura desvio de finalidade ou confusão patrimonial, como exigido pelo art. 50, do Código Civil. Recurso não provido" (TJSP, AI 2085445-59.2017.8.26.0000, 13ª Cam. Dir. Priv., rel. Des. NELSON JORGE JÚNIOR, v.u., j. 18.09.2017, DJe 18.09.2017).

[5] *Cf*.: ALFREDO DE ASSIS GONÇALVES NETO, *Direito de empresa*, 4ª ed. SP: RT, 2012, nº 51-A, p. 123, e, ainda do mesmo autor, *Empresa individual é avanço da legislação brasileira*, publicado no portal eletrônico "Conjur" em 16.07.2011 (disponível em: hhttp://www.conjur.com.br/2011-jul-16/empresa-individual-responsabilida-de-limitada-avanco-legislacao); UINIE CAMINHA, *Comentários ao art. 7º*, 'in' *Declaração de direitos de liberdade econômica: Comentários à Lei 13.874/2019* – coord. André Santa Cruz, Juliana Oliveira Domingues e Eduardo Molan Gaban, Salvador: JusPodivm, 2020, p. 450; ANA CLAUDIA PASTORE e ADALBERTO SIMÃO FILHO,

de encontros acadêmicos (aprovados por maioria)[6] – dava excessivo relevo à literal circunstância de que, no rol das pessoas jurídicas de direito privado, o legislador inseriu a Eireli em inciso distinto das sociedades (CC, art. 44, II e VI)[7]. Ocorre que, se essa alocação topográfica tivesse algum relevo, ter-se-ia de concluir, de forma harmonicamente absurda, que também as organizações religiosas e os partidos políticos deixaram de ser associações no direito brasileiro, apenas porque a Lei n° 10.825/2003 os arrolou em distintos incisos do mesmo art. 44 – conclusão essa que, ao que consta, ninguém defende. Ou seja: a enumeração constante do art. 44 já era, em si, tautológica. Não impressionava também o fato de a Eireli ter sido colocada no capítulo do empresário individual, na medida em que a sociedade *simples* – por natureza, não-empresária –, é tratada no Livro do *Direito de Empresa*. O que relevava considerar, muito mais do que a alocação topográfica do instituto na lei, era em realidade a sua essência jurídica: a leitura do art. 980-A do Código Civil indicava que a Eireli sempre foi uma organização finalística privada, exercente de atividade econômica, com substrato pessoal e finalidade lucrativa. Nessas condições, o substrato pessoal excluía a sua possível qualificação como fundação (CC, art. 62) e a finalidade lucrativa afastava a sua configuração como associação (CC,

---

Aplicabilidade da convenção arbitral no âmbito da empresa individual de responsabilidade limitada – Eireli, 'in' *Empresa Individual de Responsabilidade Limitada – EIRELI: aspectos econômicos e legais* (obra coletiva) – coords. Pedro Anan Júnior e Marcelo Magalhães Peixoto, SP: MP Editora, 2012, p. 32; Carlos Henrique Abrão, *Empresa individual*, SP: Atlas, 2012, n° 1.1, p. 1, n° 1.2, p. 4, n° 2.5, p. 27, e n° 3.4, p. 37; Charles William McNaughton, *Titular estrangeiro na Eireli*, 'in' *Empresa Individual de Responsabilidade Limitada – EIRELI: aspectos econômicos e legais* (obra coletiva), cit., p. 58; Márcio Tadeu Guimarães Nunes, *Considerações sobre a constitucionalidade do aporte mínimo de capital exigido pelo art. 980-A do Código Civil com a redação da Lei n. 12.441/11*, 'in' *Empresa Individual de Responsabilidade Limitada – EIRELI: aspectos econômicos e legais* (obra coletiva), cit., p. 193; Mário Luiz Delgado, 'in' *Código civil comentado: doutrina e jurisprudência* – coord. Anderson Schreiber *et al.*, 2ª ed. Rio de Janeiro: Forese, 2020, p. 695; dentre outros.

[6] *Cf.*: "A Empresa Individual de Responsabilidade Limitada – Eireli não é sociedade unipessoal, mas novo ente, distinto da pessoa do empresário e da sociedade empresária" (Enunciado n° 3 da "I Jornada de Direito Comercial" do CEJ-CJF). "A empresa individual de responsabilidade limitada (Eireli) não é sociedade, mas novo ente jurídico personificado" (Enunciado n° 469 da "V Jornada de Direito Civil" do CEJ-CJF).

[7] CC: "Art. 44. São pessoas jurídicas de direito privado: I – as associações; II – as sociedades; III – as fundações; IV – as organizações religiosas; (incluído pela Lei nº 10.825/2003) V – os partidos políticos. (incluído pela Lei nº 10.825/2003) VI – as empresas individuais de responsabilidade limitada (incluído pela Lei nº 12.441/2011)".

art. 53), revelando, pela coincidência de elementos estruturais, que se cuida, sim, de vera sociedade (CC, art. 981). O nosso fértil legislador pátrio pode já ter criado muitas novidades, mas seguramente não conseguiu engendrar um *tertium genus* de organização finalística privada.

Se assim era, por qual razão o nosso legislador à partida não afirmou claramente tratar-se de sociedade unipessoal? Possivelmente, por conta de conhecido e ultrapassado constrangimento ou prurido jurídico em consagrar que, mesmo sendo a sociedade legalmente qualificada como contrato e resultar da reunião de pessoas (CC, art. 981), pode haver sociedade com um só sócio – questão essa, de resto, agora resolvida no Brasil pela inserção dos §§ 1º e 2º no art. 1.052 do Código Civil, e de há muito resolvida no direito europeu continental através da 12ª Diretiva da CEE sobre Direito das Sociedades de 30.12.1989: a constituição das sociedades pode se dar por ato unilateral[8] e a sua arrumação dogmática é hoje dada pelas teorias do contrato plurilateral associativo[9], através do qual se constitui e se regra a organização[10]. Ademais, sob os prismas do ordenamento *patrimonial* e do ordenamento *da empresa*, a sociedade unipessoal em nada difere da pluripessoal; apenas no plano societário é que a união de pessoas permanece latente, mas pode, por efeito da cessão de uma participação, se manifestar ou voltar a existir[11].

---

[8] O Código Civil italiano hoje é expresso: "Art. 2338. La società può essere costituita per contratto o per atto unilaterale".

[9] Por todos, vide, sobre contrato plurilateral, o clássico estudo de TULLIO ASCARELLI (*O contrato plurilateral*, 'in' *Problemas das sociedades anônimas e direito comparado*, SP: Saraiva, 1945, pp. 271-332) e, sobre o contrato associativo, a bela monografia de PAOLO FERRO-LUZZI (*I contratti associativi*, 3ª ed. Milano: Giuffrè, 2001).

[10] Além de atribuir direitos subjetivos e obrigações (*v.g.*, o direito aos lucros, e a obrigação de integralizar as quotas), o contrato de sociedade cria uma organização (quando o contrato diz, *v.g.*, que o administrador tem competência para convocar a assembleia, não está atribuindo um direito subjetivo a A, B ou C, mas um poder a quem for administrador na ocasião; quando diz que a assembleia tem poderes para modificar o contrato, não está atribuindo direitos aos sócios A, B ou C, mas a quem for sócio e estiver presente no conclave na ocasião).

[11] *Cf.*: HERBERT WIEDEMANN, *Gesellschaftsrecht*, Band I: *Grundlagen*, München: C. H. Beck, 1980, §§ 1 I 1, p. 6 – para quem "die Zulässigkeit der Einmanngesellschaft kann rechtstheoretisch wie rechtsethisch begründet werden. Wenn alle Gesellschaftsanteile einer Kapitalgesellschaft einem einzigen Mitglied gehören, gibt es zwar keine Personenvereinigung mehr, die bestehende Vermögens- und Unternehmensorganisation bleibt aber von dem Mitgliederwechsel unberührt. Auch der Gesellschaftsverband ist lediglich stillgelegt; latent bleibt die Vereinigung existent, da die einzelnen Gesellschaftsanteile nicht verschmolzen

Em suma, a Eireli era sociedade limitada unipessoal[12] e, por isso, a ela se aplicavam, no que coubessem, as regras gerais do regime jurídico societário (p. ex., elementos da organização societária, regras sobre grupos de sociedades, desconsideração da personalidade jurídica, operações societárias ou impedimentos à participação de indivíduos em determinadas sociedades) e, inclusive, regras de regimes jurídicos extravagantes (p. ex., sobre recuperação e falência de sociedades empresárias, regimes jurídicos tributários favorecidos[13], disci-

---

werden. Durch Übertragung einer Aktie oder eines GmbH-Anteile lässt sich die Gesellschaft jederzeit wiederbeleben". Em tradução livre: "a admissibilidade da sociedade unipessoal pode ser fundamentada tanto jus-teorética como jus-eticamente. Quando todas as participações societárias de uma sociedade de capitais pertencem a um só membro, não há mais, na verdade, uma reunião de pessoas, [mas] a organização do patrimônio e da empresa permanece intocada com a alteração do sócio. Mesmo a organização societária está apenas inoperante; permanece latente a associação existente, uma vez que as singulares participações societárias não são fundidas [unificadas]. Por meio da transferência de uma ação ou uma quota de uma sociedade limitada a sociedade deixa-se reviver".

[12] É o que também defenderam, sempre com propriedade, PAULO CEZAR ARAGÃO e GISELA SAMPAIO DA CRUZ (*Empresa individual de responsabilidade limitada: o "moderno Prometheus" do direito societário*, 'in' *Empresa Individual de Responsabilidade Limitada – EIRELI: aspectos econômicos e legais* (obra coletiva), cit., pp. 220-231). No mesmo sentido, ainda: FÁBIO ULHOA COELHO, *A sociedade unipessoal no direito brasileiro*, 'in' *Questões de direito societário em Portugal e no Brasil* (obra coletiva) – coords. Fábio Ulhoa Coelho e Maria de Fátima Ribeiro, Coimbra: Almedina, 2012, p. 353; GERALDO SOBRAL FERREIRA, *Empresa, sociedade, estabelecimento: reflexões sobre o tema, em face da Lei n. 12.441, de 11 de julho de 2011*, 'in' *Temas essenciais de direito empresarial – Estudos em homenagem a Modesto Carvalhosa* (obra coletiva) – coord. Luiz Fernando Martins Kuyven, SP: Saraiva, 2012, pp. 622-623; JOSÉ MARIA CHAPINA ALCAZAR, *Importância na economia – a criação da Eireli*, 'in' *Empresa Individual de Responsabilidade Limitada – EIRELI: aspectos econômicos e legais* (obra coletiva), cit., p. 117; e NILTON SERSON, *Eireli e a subsidiária integral*, RAASP 116/146-150; JOSÉ MIGUEL GARCIA MEDINA e FÁBIO CALDAS DE ARAÚJO, *Código civil comentado*, 3ª ed. São Paulo: RT, 2020, p. 752. Parte da jurisprudência reconheceu a sua natureza societária:, *cf*.: TJSP, AI 2048269-12.2018.8.26.0000, 12ª Câm. Dir. Priv, rel. Des. TASSO DUARTE DE MELO, v.u., j. 28.09.2018, DJe 29.09.2018.

[13] A Eireli, como pessoa jurídica que era, devia ser tributada como toda e qualquer outra pessoa jurídica (sobre o tema, vide: ANTONIO CARLOS GARCIA DE SOUZA e RUBEM PERLINGEIRO, *Tributação das empresas individuais de responsabilidade limitada que desenvolvem atividades de natureza intelectual*, 'in' *Empresa Individual de Responsabilidade Limitada – EIRELI: aspectos econômicos e legais* (obra coletiva), cit., pp. 44-50; IVES GANDRA DA SILVA MARTINS, *Lei n. 12.441 de 11/07/2011*, 'in' *Empresa Individual de Responsabilidade Limitada – EIRELI: aspectos econômicos e legais* (obra coletiva), cit., pp. 110-114; e JOSÉ MARIA CHAPINA ALCAZAR, *Importância na economia – a criação da Eireli*, cit., pp. 123-125). Eventualmente, e sujeito à disciplina tributária específica, poderia enquadrar-se no lucro presumido ou fazer jus a tratamento tributário diferenciado como microempresa ou empresa de pequeno porte (*cf*. itens 1.2.15.1 e 1.2.26 da

plina sobre contratos públicos e concessão, etc.), ainda quando eventualmente tais regras só se refiram, em sua literalidade, a sociedades. As consequências práticas dessa conclusão eram – e, para os casos pendentes, continuam a ser – riquíssimas, evitando outras tantas questiúnculas que poderiam se colocar, caso se a considerasse simplesmente "um novo ente jurídico personificado".

Por ser pessoa jurídica distinta do seu titular (ou sócio único), a Eireli mantinha com ele múltiplas relações jurídicas[14] – não abalando essa assertiva o fato de eventualmente (mas não necessariamente) ele ser também administrador da Eireli. Em tais circunstâncias, o que se impunha, em realidade, era apenas a necessidade de acautelar, especialmente em benefício de terceiros, a prática de negócios jurídicos em dupla representação, com ofensa às regras de vinculação patrimonial. Isso, contudo, não impedia, em definitivo, que entre ambas as partes existissem relações jurídicas as mais diversas.

De maneira geral, porém, é certo que, contra a ideia de direitos absolutos, o reconhecimento da limitação de responsabilidade em qualquer dos institutos forjados a permitir o exercício de atividades econômicas, vem acompanhada da consagração de hipóteses em que essa limitação deve ser desconsiderada.

IN-DNRC nº 117). Talvez aqui estivesse a grande potencialidade da Eireli, sobretudo para o exercício de atividades não-empresárias, para as quais faltava um regime tributário favorecido e amplo para empreendedores individuais. Admitir essa última hipótese não era absurdo algum (o direito francês, por exemplo, a regula expressamente) e em nada, absolutamente nada, influirá na questão da responsabilidade pessoal de certos profissionais liberais pela prática de atos privativos da sua profissão – essa responsabilidade, que não se confunde com a responsabilidade inerente à condição de sócio, é ditada por lei especial e, da mesma forma como se faz presente em sociedades pluripessoais (p. ex., de médicos), continuaria presente diante de uma Eireli.

[14] *Cf.*: ADOLF BAUMBACH e ALFRED HUECK, *GmbH-Gesetz*, 16ª ed. München: C. H. Beck, 1996, § 1, nº 55, p. 30. Diversamente, ALFREDO DE ASSIS GONÇALVES NETO afirma haver "impossibilidade material de que a Eireli participe de relações jurídicas com o próprio titular do seu capital, sabendo-se que a vontade de ambos é uma só. Ou seja, não pode a Eireli ser sujeito ativo ou passivo de uma relação jurídica da qual participe em polo oposto a pessoa do seu criador, eis que é este quem manifesta sua vontade pessoal e a vontade da pessoa jurídica da empresa" (*Direito de empresa*, cit., nº 51-D, nº 51-D, p. 127). A nosso ver, exemplos marcantes dessas relações jurídicas são as que surgem, por exemplo, em razão do aumento de capital, da distribuição de resultados e da prática de negócios jurídicos diversos (p. ex., mútuo, locação ou empréstimo) entre titular, sócio único, e a Eireli – o problema aí não reside na possibilidade da prática de tais negócios, mas, muito mais, nas condições sob as quais são praticados.

4) Conteúdo e função da norma.

A Eireli, até o advento da Lei da Liberdade Econômica, não possuía regra própria de limitação de responsabilidade, mas essa limitação já estava implícita na própria denominação do instituto; antes e acima de tudo, decorria do fato de ser ela um patrimônio autônomo, personificado, e não haver regra de atribuição de responsabilidade ao titular. O § 7º, contudo, acrescentado ao texto do art. 980-A do Código Civil reafirmou a autonomia patrimonial da modalidade empresarial em comento.

Por essa senda, a autonomia patrimonial da Eireli era absoluta[15-16] e vigia em ambos os sentidos: a favor, mas também contra o sócio único. A Eireli não respondia por dívidas do sócio único; o sócio único não respondia por dívidas da Eireli[17] – ressalvada, em qualquer caso, em ambos os sentidos, a aplicação da desconsideração da personalidade jurídica, desde que presentes os seus pressupostos (CC, art. 50): também aqui a aplicação do instituto não pode operar sem limites ou arbitrariamente, como (embora não fosse necessário) ressalva a parte final do § 7º do art. 980-A mencionando "os casos de fraude".

Os credores da Eireli podiam penhorar os bens integrante do patrimônio da Eireli e, portanto, até o seu estabelecimento, mas não podem penhorar a

---

[15] A autonomia patrimonial completa, absoluta ou perfeita, está presente "quando uma determinada massa de bens está exclusivamente afetada ao cumprimento de certas dívidas; isto, no duplo sentido de que tal massa de bens só responde por essas dívidas (e não pelos outros débitos do titular do patrimônio) e de que por essas dívidas só ela responde (e não os outros bens de seu titular)" (MÁRIO JÚLIO DE ALMEIDA COSTA, *Direito das obrigações*, 8ª ed. Coimbra: Almedina, 2000, nº 72, p. 778).

[16] Não se deve, porém, subestimar a realidade. Segundo lucidamente observa ANTÓNIO MENEZES CORDEIRO, "a ideia de que um cidadão limita a sua responsabilidade através de uma sociedade unipessoal é naïf: para qualquer operação, o mais benevolente banqueiro exige a garantia pessoal do sócio-único. De resto: o mesmo sucede, hoje em dia, com as pequenas e médias empresas, constituídas sob a forma de sociedade comum. As vantagens são, pois, meramente contabilísticas e organizativas: nada que o comerciante individual não pudesse obter. Tudo se queda, pois, no plano psicológico da normalização. Já no domínio dos grupos, a unipessoalidade permite às sociedades de grande porte autonomizar e personalizar estabelecimentos" (*Direito europeu das sociedades*, cit., § 32, nº 138, p. 490).

[17] *Cf.*: "O patrimônio da empresa individual de responsabilidade limitada responderá pelas dívidas da pessoa jurídica, não se confundindo com o patrimônio da pessoa natural que a constitui, sem prejuízo da aplicação do instituto da desconsideração da personalidade jurídica" (Enunciado nº 470 da "V Jornada de Direito Civil" do CEJ-CJF).

própria Eireli, que é sujeito, e não objeto de direitos[18]. De igual modo, créditos da Eireli contra terceiros não são compensáveis com créditos que estes possam ter contra o sócio único[19].

A limitação de responsabilidade pressupunha, em qualquer caso, que a Eireli tivesse sido regularmente constituída e, portanto, tivesse se personificado – com o arquivamento do ato constitutivo no registro público competente (CC, arts. 45 e 985).

Nestas condições, observado o capital social mínimo de 100 salários-mínimos – que deveria estar integralizado já no ato de constituição –, bem como o limite legal de apenas uma Eireli para cada pessoa física, o titular ou sócio único respondia pela integralização até o limite do valor do capital social subscrito (CC, art. 1.052), e assim era tanto no caso de haver no ato de constituição parcela excedente ao mínimo não-integralizada, como em futuros aumentos de capital. Evidentemente, a simples declaração no ato societário de que o capital estava totalmente integralizado não exonerava o sócio, se não correspondesse à realidade[20]. Por isso, em caso de falência, se comprovada a falta de integralização, o administrador judicial poderia exigir o valor faltante do sócio único (LRF, art. 82).

Além disso, o sócio único respondia pela exata estimação dos bens com que entrasse para o capital social, pelo prazo de cinco anos (CC, art. 1.055, § 1º), mas essa responsabilidade objetiva, resultante de garantia legal e a ser satisfeita em dinheiro, era limitada à diferença entre o valor incorretamente dado ao bem conferido e a parcela do capital atribuída ao titular, salvo se, adicional e concorrentemente, se compusessem os pressupostos para a desconsideração da personalidade jurídica ou a caracterização de eventual responsabilidade civil (subjetiva) por ato ilícito.

Em síntese, cuidando-se de norma de simples explicitação de regra que, em todo caso, é assente, o novo § 7º do art. 980-A do Código Civil pouco acrescentou. A nosso ver, o só fato de declarar-se que a Eireli constitui uma pessoa jurídica (CC, art. 44, VI) já levava, em princípio, à afirmação da

---

[18] *Cf.*: ALFREDO DE ASSIS GONÇALVES NETO, *Direito de empresa*, cit., nº 51-D, p. 128.
[19] *Cf.*: ADOLF BAUMBACH e ALFRED HUECK, *GmbH-Gesetz*, cit., § 1, n° 55, p. 30.
[20] Tem razão CARLOS HENRIQUE ABRÃO ao afirmar que "não há órgão de controle ou fiscalização que possa, no momento da constituição da empresa individual, constatar, de maneira sólida e concreta, a existência do capital mínimo" (*Empresa individual*, cit., n° 1.2, p. 3).

responsabilidade limitada do titular. Com efeito, sempre que há personificação, a regra geral inverte-se, e passa a ser necessário enunciar expressamente os casos em que a limitação pode ser perpassada – ao contrário, pois, do que sucede nas sociedades não-personificadas, em que a regra geral é a responsabilidade ilimitada dos sócios.

Seja como for, reforçava-se, simplesmente, a enunciação da regra de limitação de responsabilidade – expressa na própria denominação do instituto e, no plano normativo, decorrente da aplicação subsidiária das regras da sociedade limitada à Eireli (CC, art. 980-A, § 6º). Essa responsabilidade, porém, podia ceder por aplicação da teoria da desconsideração da personalidade jurídica, em caso de fraude ou desvio de finalidade (CC, art. 50) ou desde que presentes os pressupostos menos estritos previstos em leis esparsas.

5) Conexões intrassistêmicas.

O § 7º do art. 980-A do Código Civil vinha complementar a disciplina da Eireli. Relacionava-se diretamente com o (igualmente novo) art. 49-A (que, também se inovar, tornou explícita a multissecular regra de que *societas distat a singulis*, outrora prevista didaticamente no art. 20 do Código Civil de 1916) e com o art. 50, ambos do Código Civil.

O § 7º do art. 980-A do Código Civil não deve ser entendido como norma de encerramento, a permitir que, através da aplicação do sempre criticável argumento *a contrario sensu*, se viesse a extrair a equivocada conclusão de que, não havendo fraude, a limitação de responsabilidade do titular da Eireli seria absoluta. Não era. O legislador referiu-se apenas a fraude – mas é claro que, em sentido amplo, abrangia inclusive casos de desvio de finalidade; vale dizer, o novo § 7º não reduziu o campo aplicativo da teoria da desconsideração da personalidade jurídica para a Eireli. Havendo prova de desvio de finalidade, era possível trespassar a regra de limitação de responsabilidade por aplicação da teoria da desconsideração da personalidade jurídica prevista no art. 50 do Código Civil, pois a ressalva final do § 7º visava justamente a permitir, e não limitar, a incidência do art. 50.

6) Conexões intersistêmicas.

Além disso, é relevante a relação intersistêmica do § 7º com várias leis esparsas (como o art. 28 do CDC e o art. 2º da CLT), que formam autênticos microssistemas, e em que se prevê a teoria da desconsideração da personalidade jurídica com bitolas bem mais amplas, a permitir que, por vezes diante da só insuficiência patrimonial, a regra de limitação da responsabilidade seja afastada.

7) Jurisprudência.

A jurisprudência já era pacífica em reconhecer a limitação da responsabilidade da Eireli, admitindo, no entanto, a desconsideração dessa limitação em diversas situações. Assim, por exemplo:

> "Direito civil e processual civil. Recurso especial. Negativa de prestação jurisdicional. Intercorrência. Ação de execução de títulos extrajudiciais. Células de crédito bancário. Penhora de bens de empresa individual de responsabilidade limitada – eireli que não é parte na execução. Impossibilidade. Alegação de fraude e confusão patrimonial. Desconsideração inversa da personalidade jurídica. Instauração do incidente. Necessidade. 1. Ação de execução de títulos extrajudiciais proposta em 31/03/2016. Recurso Especial interposto em 16/07/2019 e concluso ao Gabinete em 06/05/2020. Julgamento: Aplicação do CPC/2015. 2. O propósito recursal consiste em dizer, para além da negativa de prestação jurisdicional, acerca da possibilidade de penhora de bens pertencentes a empresa individual de responsabilidade limitada (EIRELI), por dívidas do empresário que a constituiu, independentemente da instauração de incidente de desconsideração inversa da personalidade jurídica. 3. Não ocorre violação do art. 1.022 do CPC/15 quando o Tribunal de origem, aplicando o direito que entende cabível à hipótese, soluciona integralmente a controvérsia submetida à sua apreciação, ainda que de forma diversa daquela pretendida pela parte. 4. A Empresa Individual de Responsabilidade Limitada – EIRELI

foi introduzida no ordenamento jurídico pátrio pela Lei 12.441/2011, com vistas a sanar antiga lacuna legal quanto à limitação do risco patrimonial no exercício individual da empresa. 5. O fundamento e efeito último da constituição da EIRELI é a separação do patrimônio – e naturalmente, da responsabilidade – entre a pessoa jurídica e a pessoa natural que lhe titulariza. Uma vez constituída a EIRELI, por meio do registro de seu ato constitutivo na Junta Comercial, não mais entrelaçadas estarão as esferas patrimoniais da empresa e do empresário, como explicitamente prescreve o art. 980-A, § 7º, do CC/02. 6. Na hipótese de indícios de abuso da autonomia patrimonial, a personalidade jurídica da EIRELI pode ser desconsiderada, de modo a atingir os bens particulares do empresário individual para a satisfação de dívidas contraídas pela pessoa jurídica. Também se admite a desconsideração da personalidade jurídica de maneira inversa, quando se constatar a utilização abusiva, pelo empresário individual, da blindagem patrimonial conferida à EIRELI, como forma de ocultar seus bens pessoais. 7. Em uma ou em outra situação, todavia, é imprescindível a instauração do incidente de desconsideração da personalidade jurídica de que tratam os arts. 133 e seguintes do CPC/2015, de modo a permitir a inclusão do novo sujeito no processo – o empresário individual ou a EIRELI –, atingido em seu patrimônio em decorrência da medida. 8. Recurso especial conhecido e provido" (STJ, REsp 1.874.256-SP, 3ª Turma, rel. Min. Nancy Andrighi, v.u., j. 17.08.2021, DJe 19.08.2021).

"Agravo de instrumento. Execução por título extrajudicial. Pretensão de pesquisa e constrição de bens do sócio da Executada. Impossibilidade. Constituída a pessoa jurídica como EIRELI, seus bens não se confundem com os do sócio individual, não se podendo alcançar os bens da pessoa física antes do incidente legal pertinente, de desconsideração da personalidade jurídica. Recurso da exequente não provido" (TJSP, AI 2233491-53.2018.8.26.0000, 28ª Cam. Dir. Priv., rel. Des. Berenice Marcondes Cesar, v.u., j. 27.11.2018, DJe 27.11.2018).

Responsabilidade civil. Empresa individual de responsabilidade limitada. Eireli. Alcance do patrimônio do sócio individual. Confusão patrimonial. Personalidade jurídica. 1. A empresa individual constituída nos termos do art. 980-A do Código Civil tem responsabilidade limitada (EIRELI). 2. A EIRELI possui personalidade jurídica própria, não se confundindo com a de seu sócio individual. Bem por isso, também não se confundem os patrimônios. 3. Para alcance do patrimônio do empresário individual constituído segundo os termos da EIRELI, aplicam-se as regras do art. 50 do CC, de desconsideração da personalidade jurídica. 4. A mera ausência de patrimônio em nome da empresa não comprova, por si só, desvio de finalidade ou confusão patrimonial. Sem prova dos requisitos para desconsideração da personalidade jurídica, inviável determiná-la. 5. Recurso não provido" (TJSP, AI 2061123-38.2018.8.26.0000, 14ª Cam. Dir. Priv., rel. Des. Melo Colombi, v.u., j. 30.08.2018, DJe 30.08.2018).

Vão exatamente no mesmo sentido muitas outras decisões do Tribunal de Justiça de São Paulo, como de outros Tribunais do país[21]. A jurisprudência, além disso, também já reconhecia a possibilidade de desconsideração da personalidade jurídica da Eireli na modalidade inversa[22].

---

[21] Cf. por exemplo: TJSP, AI 2110199- 94.2019.8.26.0000, 1ª Cam. Dir. Priv., rel. Des. LUIZ ANTONIO DE GODOY, v.u., j. 23.07.2018, DJe 23.07.2018; TJSP, AI 2021906-22.2017.8.26.0000, 12ª Cam. Dir. Priv., rel. Des. CASTRO FIGLIOLIA, v.u., j. 03.05.2017, DJe 03.05.2017; TJSP, AI 2222871-16.2017.8.26.0000, 20ª Cam. Dir. Priv., rel. Des. ÁLVARO TORRES JÚNIOR, v.u., j. 09.04.2018, DJe 12.04.2018; TJSP, AI 2094106-90.2018.8.26.0000, 19ª Cam. Dir. Priv., rel. Des. DANIELA MENEGATTI MILANO, v.u., j. 08.08.2018, DJe 08.08.2018; TJSP, AI 2176596-09.2017.8.26.0000, 23ª Cam. Dir. Priv., rel. Des. JOSÉ MARCOS MARRONE, v.u., j. 19.09.2018, DJe 19.09.2018; TJSP, AI 2019583-78.2016.8.26.0000, 21ª Cam. Dir. Priv., rel. Des. ITAMAR GAINO, v.u., j. 28.11.2017, DJe 28.11.2017; TJSP, AI 2246614-55.2017.8.26.0000, 26ª Cam. Dir. Priv., rel. Des. FELIPE FERREIRA, v.u., j. 11.06.2018, DJe 11.06.2018; TJSP, AI 2094031-85.2017.8.26.0000, 31ª Cam. Dir. Priv, rel. Des. ANTONIO RIGOLIN, v.u., j. 13.06.2017, DJe 20.06.2018; TJSP, AI 2048269-12.2018.8.26.0000, 12ª Cam. Dir. Priv, rel. Des. TASSO DUARTE DE MELO, v.u., j. 28.09.2018, DJe 29.09.2018; e TJMG, AI 1.0024.17.050254-6/001, 12ª Cam. Cível, rel. Des. JULIANA CAMPOS HORTA, v.u., j. 31.01.2018, DJe 07.02.2018 – dentre tantos outros.

[22] Cf.: "Direito processual civil. Execução de título extrajudicial. Empresa individual de responsabilidade limitada – Eireli. Desconsideração da personalidade jurídica na modalidade inversa. Possibilidade. Decisão parcialmente reformada. 1 – O fato de a empresa ter se transformado em Empresa Individual de Responsabilidade Limitada – EIRELI não afasta a possibilidade de desconsideração da personalidade jurídica na modalidade inversa quando se verifica que o titular do capital social tem se utilizado da autonomia patrimonial da empresa para se eximir da responsabilidade pelo pagamento da obrigação, tendo em vista

Referências

ABRÃO, Carlos Henrique. *Empresa individual*. SP: Atlas, 2012.
ADAMEK, Marcelo Vieira von; e FRANÇA, Erasmo Valladão A. e N. *Empresa individual de responsabilidade limitada (Lei n° 12.441/2011): anotações*, 'in' *A nova sociedade limitada* (obra coletiva) – coords. Rodrigo R. Monteiro de Castro e Luis André N. de Moura Azevedo. SP: Quartier Latin, 2013.
_____; e _____. *O sócio incapaz (CC, art. 974, § 3º)*. SP: Revista de Direito Mercantil – RDM (Malheiros) 159-160/112-126.
_____; e _____. *Sociedades de grande porte (Lei n° 11.638/2007, art. 3°)*, 'in' *Direito Tributário, Societário e a Reforma da Lei das S/A (Lei n° 11.638/07)* (obra coletiva) – coord. Sérgio André Rocha. SP: Quartier Latin, 2008, pp. 75-101; publicado também na Revista de Direito Mercantil – RDM (Malheiros) 148/27-44.
ALCAZAR, José Maria Chapina. *Importância na economia – a criação da Eireli*, 'in' *Empresa Individual de Responsabilidade Limitada – EIRELI: aspectos econômicos e legais* (obra coletiva) – coords. Pedro Anan Júnior e Marcelo Magalhães Peixoto. SP: MP Editora, 2012.
ALMEIDA COSTA, Mário Júlio de. *Direito das obrigações*. 8ª ed. Coimbra: Almedina, 2000.
AMENDOLARA, Leslie. *Transformação de tipos societários em empresa individual de responsabilidade limitada*, 'in' *Empresa Individual de Responsabilidade Limitada – EIRELI: aspectos econômicos e legais* (obra coletiva) – coords. Pedro Anan Júnior e Marcelo Magalhães Peixoto. SP: MP Editora, 2012.
ARAGÃO, Paulo Cezar; e CRUZ, Gisela Sampaio da. *Empresa individual de responsabilidade limitada: o "moderno Prometheus" do direito societário*, 'in' *Empresa Individual de Responsabilidade Limitada – EIRELI: aspectos econômicos e legais* (obra coletiva) – coords. Pedro Anan Júnior e Marcelo Magalhães Peixoto. SP: MP Editora, 2012.
ASCARELLI, Tullio. *O contrato plurilateral*, 'in' *Problemas das sociedades anônimas e direito comparado*. SP: Saraiva, 1945.
_____. *Os vícios de constituição das sociedades anônimas e a prescrição*, 'in' *Problemas das sociedades anônimas e direito comparado*. SP: Saraiva, 1945.

---

que o § 6º, do art. 980-A, do Código Civil dispõe que "Aplicam-se à empresa individual de responsabilidade limitada, no que couber, as regras previstas para as sociedades limitadas". 2 – Não subsiste indeferimento de pedido de desconsideração da personalidade jurídica sob o fundamento de que busca atingir pessoa que não integra o polo passivo do Feito originário, porque é da natureza do referido incidente que alcance pessoa diversa daquela devedora originária, devendo ser oportunizado ao Exequente a instauração do incidente. 3 – Não encontra amparo legal o pedido de intimação do Executado para que apresente declaração de Imposto de Renda em que conste o faturamento de sua empresa no último ano, ou balanços comerciais, pois não é obrigação do devedor fazer o trabalho do credor interessado, este deve diligenciar por sua conta as informações necessárias ao prosseguimento do Feito. Agravo de Instrumento parcialmente provido" (TJDF, AI 0704184-59.2018.8.07.0000, 5ª Turma Cível, rel. Des. ANGELO PASSARELI, v.u., j. 22.08.2018, DJe 23.08.2018).

ASQUINI, Alberto. *Perfis da Empresa* – tradução de Fábio Konder Comparato. SP : Revista de Direito Mercantil – RDM (Malheiros) 104/109-126.

BARBOSA FILHO, Marcelo Fortes. *Código civil comentado: doutrina e jurisprudência* – coord. Cezar Peluso, 14ª ed. Barueri: Manole, 2020.

BAUMBACH, Adolf; e HUECK, Alfred. *GmbH-Gesetz*. 16ª ed. München: C. H. Beck, 1996.

BULGARELLI, Waldirio. *Regime jurídico do Conselho Fiscal das S/A*. RJ : Renovar, 1998.

CAMINHA, Uinie. *Comentários ao art. 7º*, 'in' *Declaração de direitos de liberdade econômica: Comentários à Lei 13.874/2019* – coord. André Santa Cruz, Juliana Oliveira Domingues e Eduardo Molan Gaban, Salvador: JusPodivm, 2020.

CARDOSO, Paulo Leonardo Vilela. *O empresário de responsabilidade limitada*. SP: Saraiva, 2012.

COELHO, Fábio Ulhoa. *A sociedade unipessoal no direito brasileiro*, 'in' *Questões de direito societário em Portugal e no Brasil* (obra coletiva) – coords. Fábio Ulhoa Coelho e Maria de Fátima Ribeiro. Coimbra: Almedina, 2012.

COMPARATO, Fábio Konder. *Aspectos jurídicos da macro-empresa*. SP: RT, 1970.

_____. *Na proto-história das empresas multinacionais: o Banco Medici de Florença*, 'in' *Direito empresarial: estudos e pareceres*. 1ª ed. – 2ª tir. SP: Saraiva, 1995.

COTTINO, Gastone. *Diritto commerciale*, vol. 1° – tomo 2°: *Le società*. 4ª ed. Padova: CEDAM, 1997.

CRUZ, Gisela Sampaio da; e ARAGÃO, Paulo Cezar. *Empresa individual de responsabilidade limitada: o "moderno Prometheus" do direito societário*, 'in' *Empresa Individual de Responsabilidade Limitada – EIRELI: aspectos econômicos e legais* (obra coletiva) – coords. Pedro Anan Júnior e Marcelo Magalhães Peixoto. SP: MP Editora, 2012.

DELGADO, Mário Luiz. *Código civil comentado: doutrina e jurisprudência* – coord. Anderson Schreiber et al., 2ª ed. Rio de Janeiro: Forese, 2020.

DOMINGUES, Paulo de Tarso. *A 'surpreendente' EIRELI (breves notas em torno da responsabilidade pessoal empresarial)*, 'in' *Temas essenciais de direito empresarial – Estudos em homenagem a Modesto Carvalhosa* (obra coletiva) – coord. Luiz Fernando Martins Kuyven. SP: Saraiva, 2012.

FERREIRA, Geraldo Sobral. *Empresa, sociedade, estabelecimento: reflexões sobre o tema, em face da Lei n. 12.441, de 11 de julho de 2011*, 'in' *Temas essenciais de direito empresarial – Estudos em homenagem a Modesto Carvalhosa* (obra coletiva) – coord. Luiz Fernando Martins Kuyven. SP: Saraiva, 2012.

FERREIRA, Waldemar Martins. *Tratado de direito comercial*, 2° vol.: *O estatuto do comerciante*. SP: Saraiva, 1960.

FERRO-LUZZI, Paolo. *I contratti associativi*. 3ª ed. Milano: Giuffrè, 2001.

FLUME, Werner. *Allgemeiner Teil des Bürgerlichen Rechts*, 1er Band – 2er Teil: *Die juristische Person*. Berlin/Heidelberg/New York: Springer-Verlag, 1983.

FRANÇA, Erasmo Valladão Azevedo e Novaes. *Invalidade das deliberações de assembleia das S/A*. SP: Malheiros, 1999.

_____; e ADAMEK, Marcelo Vieira von. *Empresa individual de responsabilidade limitada (Lei nº 12.441/2011): anotações*, 'in' *A nova sociedade limitada* (obra coletiva) – coords. Rodrigo R. Monteiro de Castro e Luis André N. de Moura Azevedo. SP: Quartier Latin, 2013.

_____; e _____. *O sócio incapaz (CC, art. 974, § 3º)*. SP: Revista de Direito Mercantil – RDM (Malheiros) 159-160/112-126.

_____; e _____. *Sociedades de grande porte (Lei nº 11.638/2007, art. 3º)*, 'in' *Direito Tributário, Societário e a Reforma da Lei das S/A (Lei nº 11.638/07)* (obra coletiva) – coord. Sérgio André Rocha. SP: Quartier Latin, 2008, pp. 75-101; publicado também na Revista de Direito Mercantil – RDM (Malheiros) 148/27-44.

GONÇALVES NETO, Alfredo de Assis. *A empresa de responsabilidade limitada e um de seus problemas*. PR: Gazeta do Povo – Caderno Justiça & Direito, em 13.04.2012.

_____. *A empresa individual de responsabilidade limitada*. SP: Revista dos Tribunais – RT (RT) 915/153-180.

_____. *Direito de empresa*. 4ª ed. SP: RT, 2012.

_____. *Empresa individual é avanço da legislação brasileira*. Disponível a partir de 16.07.2011 em hhttp://www.conjur.com.br/2011-jul-16/empresa-individual-responsabilidade-limitada-avanco-legislacao.

HUECK, Alfred; e BAUMBACH, Adolf. *GmbH-Gesetz*. 16ª ed. München: C. H. Beck, 1996.

HÜFFER, Uwe. *Gesellschaftsrecht*. 7ª ed. München: C. H. Beck, 2007.

KÜBLER, Friedrich. *Derecho de sociedades* – trad. Michèle Klein. 5ª ed. Madrid: Fundación Cultural del Notariado, 2001.

LOBO, Jorge. *Pessoa jurídica e a empresa individual*. SP: Valor Econômico, em 13.02.2012 (disponível em: http://www.valor.com.br/imprimir/noticia/2527452/ brasil/ 2527452/ pessoa-juridica-e-empresa-individual).

MARCONDES MACHADO, Sylvio. *Limitação da responsabilidade de comerciante individual*. SP: Max Limonad, 1956.

MARTINS, Ives Gandra da Silva. *Lei n. 12.441 de 11/07/2011*, 'in' *Empresa Individual de Responsabilidade Limitada – EIRELI: aspectos econômicos e legais* (obra coletiva) – coords. Pedro Anan Júnior e Marcelo Magalhães Peixoto. SP: MP Editora, 2012.

MAXIMILIANO, Carlos. *Hermenêutica e aplicação do direito*. 19ª ed. RJ: Forense, 2009.

MCNAUGHTON, Charles William. *Titular estrangeiro na Eireli*, 'in' *Empresa Individual de Responsabilidade Limitada – EIRELI: aspectos econômicos e legais* (obra coletiva) – coords. Pedro Anan Júnior e Marcelo Magalhães Peixoto. SP: MP Editora, 2012.

MEDINA, José Miguel Garcia; ARAÚJO, Fábio Caldas de. *Código civil comentado*, 3ª ed. São Paulo: RT, 2020.

MELLO, Marcos Bernardes de. *Teoria do fato jurídico – plano da eficácia*. 6ª ed., SP: Saraiva, 2010.

MENEZES CORDEIRO, António. *Direito europeu das sociedades*. Coimbra: Almedina, 2005.

MONTEIRO, Manoel Ignácio Torres; e SOUZA, Glaucia Macedo de. *Empresa individual de responsabilidade limitada – aspectos gerais*, 'in' *Empresa Individual de Responsabilidade Limitada – EIRELI: aspectos econômicos e legais* (obra coletiva) – coords. Pedro Anan Júnior e Marcelo Magalhães Peixoto. SP: MP Editora, 2012.

NUNES, Márcio Tadeu Guimarães. *Considerações sobre a constitucionalidade do aporte mínimo de capital exigido pelo art. 980-A do Código Civil com a redação da Lei n. 12.441/11*, 'in' *Empresa Individual de Responsabilidade Limitada – EIRELI: aspectos econômicos e legais* (obra coletiva) – coords. Pedro Anan Júnior e Marcelo Magalhães Peixoto. SP: MP Editora, 2012.

1. COMENTÁRIOS AO ARTIGO 980-A DO CÓDIGO CIVIL

PASTORE, Ana Claudia; e SIMÃO FILHO, Adalberto. *Aplicabilidade da convenção arbitral no âmbito da empresa individual de responsabilidade limitada – Eireli*, 'in' *Empresa Individual de Responsabilidade Limitada – EIRELI: aspectos econômicos e legai*s (obra coletiva) – coords. Pedro Anan Júnior e Marcelo Magalhães Peixoto. SP: MP Editora, 2012.

PERLINGEIRO, Rubem; e SOUZA, Antonio Carlos Garcia de. *Tributação das empresas individuais de responsabilidade limitada que desenvolvem atividades de natureza intelectual*, 'in' *Empresa Individual de Responsabilidade Limitada – EIRELI: aspectos econômicos e legai*s (obra coletiva) – coords. Pedro Anan Júnior e Marcelo Magalhães Peixoto. SP: MP Editora, 2012.

RAISER, Thomas; e VEIL, Rüdiger. *Recht der Kapitalgesellschaften*. 4ª ed. München: Verlag Franz Vahlen, 2006.

RAMOS, Maria Elisabete Gomes. *Sociedades unipessoais – perspetivas da experiência portuguesa*, 'in' *Questões de direito societário em Portugal e no Brasil* (obra coletiva) – coords. Fábio Ulhoa Coelho e Maria de Fátima Ribeiro. Coimbra: Almedina, 2012.

SALOMÃO, Calixto. *A sociedade unipessoal*. SP: Malheiros, 1995.

_____. *Sociedade sem sócio*, 'in' *O novo direito societário*. 2ª ed. SP: Malheiros, 1998.

. *Formas societárias e não societárias de responsabilidade do comerciante individual*, 'in' *O novo direito societário*, 4ª ed. SP: Malheiros, 2011

SCHMIDT, Karsten. *Gesellschaftsrecht*. 4ª ed. Köln: Carl Heymanns, 2002.

SERSON, Nilton. *Eireli e a subsidiária integral*. SP: Revista do Advogado – RAASP (AASP) 116/146-150.

SIDOU, J. M. Othon. *A atividade negocial no anteprojeto de Código Civil*. SP: Revista dos Tribunais – RT (RT) 465/11-17.

SIMÃO FILHO, Adalberto; e PASTORE, Ana Claudia. *Aplicabilidade da convenção arbitral no âmbito da empresa individual de responsabilidade limitada – Eireli*, 'in' *Empresa Individual de Responsabilidade Limitada – EIRELI: aspectos econômicos e legai*s (obra coletiva) – coords. Pedro Anan Júnior e Marcelo Magalhães Peixoto. SP: MP Editora, 2012.

SOUZA, Antonio Carlos Garcia de; e PERLINGEIRO, Rubem. *Tributação das empresas individuais de responsabilidade limitada que desenvolvem atividades de natureza intelectual*, 'in' *Empresa Individual de Responsabilidade Limitada – EIRELI: aspectos econômicos e legai*s (obra coletiva) – coords. Pedro Anan Júnior e Marcelo Magalhães Peixoto. SP: MP Editora, 2012.

SOUZA, Glaucia Macedo de; e MONTEIRO, Manoel Ignácio Torres. *Empresa individual de responsabilidade limitada – aspectos gerais*, 'in' *Empresa Individual de Responsabilidade Limitada – EIRELI: aspectos econômicos e legai*s (obra coletiva) – coords. Pedro Anan Júnior e Marcelo Magalhães Peixoto. SP: MP Editora, 2012.

TOMASETTI JR., Alcides. *A parte contratual*, 'in' *Temas de direitos societário e empresarial contemporâneos* (obra coletiva) – coord. Marcelo Vieira von Adamek. SP: Malheiros, 2011.

VEIL, Rüdiger; e RAISER, Thomas. *Recht der Kapitalgesellschaften*. 4ª ed. München: Verlag Franz Vahlen, 2006.

WIEDEMANN, Herbert. *Gesellschaftsrecht*, Band I: *Grundlagen*. München: C. H. Beck, 1980.

2. COMENTÁRIO AO ARTIGO 1.052 §§1º E 2º DO CÓDIGO CIVIL

Erasmo Valladão A. e N. França
Marcelo Vieira von Adamek

> "Art. 7º A Lei n°10.406, de 10 de janeiro de 2002 (Código Civil), passa a vigorar com as seguintes alterações:
>
> (...)
>
> 'Art. 1.052. ....
>
> § 1°. A sociedade limitada pode ser constituída por 1 (uma) ou mais pessoas.
>
> § 2°. Se for unipessoal, aplicar-se-ão ao documento de constituição do sócio único, no que couber, as disposições sobre o contrato social.' (NR)"

1) História da norma.

Os novos parágrafos introduzidos no art. 1.052 do Código Civil – artigo que abre o capítulo destinado a reger a sociedade limitada – inserem-se no contexto de um processo de superação de preconceitos levantados contra as sociedades unipessoais e, pois, de consagração, ainda que tardia, de uma realidade inelutável da vida econômica. Mesmo à margem da lei, sociedades limitadas quase-unipessoais sempre se fizeram presentes em nossa vida jurídica.

A ideia de limitar a responsabilidade de indivíduos para, mediante essa possibilidade de controle de riscos, fomentar o exercício de atividades econômicas que, de outro modo, possivelmente não viriam a ser exploradas, pode ser considerada em alguma medida recente, caso considerado todo o desenvolvimento histórico do direito comercial – mas, seguramente, não se pode dizer nova. A doutrina já a vinha discutindo pelo menos desde o final do Séc. XIX[1]. No plano legislativo, a primeira iniciativa a respeito foi dada em 10.04.1926 por Liechtenstein, com a criação da "Anstalt" (estabelecimento) – que, curiosamente, não empolgou de imediato a legislação de outros países[2] –, sendo que os passos subsequentes só vieram quase meio século depois[3], culminando com a sua consagração na 12ª Diretiva do Conselho das Comunidades Europeias de 21.12.1989, "em matéria de direito das sociedades relativa às sociedades de

---

[1] Com os estudos do inglês JESSEL (1873), do suíço SPEIZER (1890), do alemão WIELAND (1892) e do austríaco PISKO (1910) – este último a influenciar diretamente a pioneira disciplina legal do Principado de Liechtenstein (revogada em 1984).

[2] Talvez por conta de certa desconfiança com que se recebeu o novo instituto de um paraíso fiscal: "a fama de paraíso fiscal", frisa CALIXTO SALOMÃO FILHO, "contribuía para criar uma forte sensação de fraude quando se falava de sociedade unipessoal de responsabilidade limitada" (*A sociedade unipessoal*, SP: Malheiros, 1995, p. 9).

[3] Cronologicamente, reconheceram a figura da sociedade unipessoal: (*i*) a Dinamarca, através da Lei nº 371, de 13.06.1976; (*ii*) a Alemanha, por intermédio da "GmbH Novelle" de 1980; (*iii*) a França, pela Lei 85-697, de 11.07.1985 (criando primeiramente a "entreprise unipersonnelle à responsabilité limitée" ou E.U.R.L., sociedade unipessoal, e, mais recentemente, através da Lei nº 2010-658, de 15.06.2010, instituindo o "entrepreneur individuel à responsabilité limitée"); (*iv*) a Holanda, em 16.05.1986; e (*v*) a Bélgica, através da lei de 14.7.1987. Ao invés da sociedade unipessoal, Portugal optou primeiramente por criar o "estabelecimento individual de responsabilidade limitada" (ou Eirl), através do DL nº 246/86, de 25.08.1986, mas o mesmo, na prática, teve pouca aceitação: seja porque a sua não personificação dificulta a transferência, *inter vivos* ou *mortis causa*, retirando a liquidez da própria empresa; seja porque, conquanto mantivesse a "coerência sistemática" de não se admitir sociedade com um sócio, aquela figura jurídica "não se adaptava a certos dados culturais, mais propensos para valorizar as sociedades" segundo explica ANTÓNIO MENEZES CORDEIRO (*Direito europeu das sociedades*, Coimbra: Almedina, 2005, § 32, nº 136, p. 486). Daí porque, mais recentemente, o legislador lusitano, mesmo não obrigado pela legislação comunitária europeia a fazê-lo, rendeu-se à solução societária, admitindo, pelo DL nº 257/96, de 31.12.96, a sociedade limitada unipessoal (CSC, arts. 270º-A a 270º-G). Sobre o desenvolvimento histórico e as críticas às soluções societárias ou não, e a sua refutação, vide, com grande proveito, o excelente trabalho de CALIXTO SALOMÃO FILHO (*A sociedade unipessoal*, cit., pp. 9-44).

responsabilidade limitada com um único sócio". Referida diretiva adotou a solução societária de limitação de responsabilidade (a sociedade unipessoal), com grande sucesso[4], mas facultou em seu art. 7º a adoção pela legislação interna dos Estados-membros da alternativa não-societária (o estabelecimento ou empresário individual de responsabilidade limitada)[5].

No Brasil, essa mesma discussão colocou-se entre nós já há algum tempo[6].

As primeiras manifestações favoráveis à ideia foram no sentido de limitar-se a responsabilidade do próprio comerciante individual, isto é, através de estruturas não-societárias[7], e foi nesse sentido o primeiro projeto de lei a esse respeito de que entre nós se tem notícia, e que foi apresentado em 21.05.1947 pelo deputado Freitas e Castro, mas não vingou.

Em realidade, foi só com o advento da atual Lei das Sociedades por Ações (Lei nº 6.404/1976) que, objetivamente, de um lado, ficou prevista a primeira espécie de sociedade unipessoal, a subsidiária integral (LSA, art. 251)[8],

---

[4] Na Alemanha, por exemplo, uma em cada quatro sociedades limitadas tem apenas um sócio.

[5] Eis o teor do preceito: "Artigo 7º (Empresa individual de responsabilidade limitada). Um Estado-membro pode decidir não permitir a existência de sociedades unipessoais no caso de a sua legislação prever a possibilidade de o empresário individual constituir uma empresa de responsabilidade limitada com um patrimônio afetado a uma determinada atividade, desde que, no que se refere a essas empresas, se prevejam garantias equivalentes às impostas pela presente diretiva bem como pelas outras disposições comunitárias aplicáveis às sociedades referidas no artigo 1º".

[6] No direito brasileiro, as obras clássicas sobre o assunto são as de SYLVIO MARCONDES, intitulada *Limitação da responsabilidade do comerciante individual* (SP: Max Limonad, 1956) e, mais recentemente, e com igual brilho, a de CALIXTO SALOMÃO FILHO, com a laureada tese *A sociedade unipessoal* (SP: Malheiros, 1995), com a qual obteve o título de Doutor em Direito Comercial pela Universidade de Roma. Há, é certo, outros livros e artigos de doutrina valiosos. Um estudo mais recente deste último autor, intitulado *Formas societárias e não societárias de responsabilidade do comerciante individual*, pode ser encontrado em *O novo direito societário*, 4ª ed. SP: Malheiros, 2011, pp. 202-232.

[7] Além da já citada obra de SYLVIO MARCONDES, vide ainda, por exemplo: WALDEMAR FERREIRA, *Tratado de direito comercial*, 2° vol.: *O estatuto do comerciante*, SP: Saraiva, 1960, n° 290, pp. 261-270; e J. M. OTHON SIDOU, *A atividade negocial no anteprojeto de Código Civil*, RT 465/11-14, no qual alude ao Anteprojeto de Código Civil de 1963 de ORLANDO GOMES, que previa a figura do patrimônio separado: "Art. 348 (Patrimônio Separado). Do patrimônio de uma pessoa pode ser separado um conjunto de bens ou direitos vinculados a um fim determinado, seja por mandamento legal, seja por destinação do titular".

[8] A empresa pública é também uma modalidade de sociedade unipessoal, pois nela o poder público aparece como único sócio, mas não é, como tal e por definição, passível de constituição por particulares; logo, era muito mais a exceção que confirmava a regra de pluripessoalidade.

companhia tendo como única acionista sociedade brasileira, e, de outro, foi regulada e admitida a unipessoalidade temporária de companhias (LSA, art. 206, I, *d*) – que a jurisprudência acabou na sequência por alastrar para a sociedade limitada, em nome da preservação da empresa[9]. Ao depois, indo um pouco além, o vigente Código Civil (Lei n° 10.406/2012) introduziu, em caráter absolutamente excepcional e de baixíssima incidência prática, a figura do empresário individual de responsabilidade limitada incapaz (CC, art. 974, § 2°) e, para além disso, generalizou a unipessoalidade temporária das sociedades por até 180 (cento e oitenta) dias (CC, art. 1.033, IV)[10] – mas ainda aqui sem consagrar a possibilidade de constituição (originária) ou persistência (temporalmente ilimitada[11]) de sociedades unipessoais[12].

---

[9] Antes mesmo da Lei das S/A, já havia decisões judiciais que, na prática, toleravam situações de unipessoalidade temporária, admitindo a recomposição do quadro societário sem prejuízo para a atividade social.

[10] Em realidade, a citada regra do CC não se reporta à unipessoalidade, mas à falta de pluralidade de sócios – acolhendo, pois, em caráter temporário, até mesmo a persistência da sociedade sem sócios, a pitoresca *Keinmanngesellschaft*. Sobre esse interessante tema, vale sempre conferir a saborosa passagem da magistral obra de Fábio Konder Comparato (*Aspectos jurídicos da macro-empresa*, SP: RT, 1970, n°s 11-13, pp. 23-30) e o instigante estudo de Calixto Salomão Filho (*Sociedade sem sócio*, 'in' *O novo direito societário*, 2ª ed. SP: Malheiros, 1998, pp. 127-132).

[11] Antes de consagrar a sociedade limitada e a anônima unipessoais no texto da lei, inclusive já no ato de sua constituição, o direito alemão de há muito aceitava a unipessoalidade superveniente, admitida já na jurisprudência do Tribunal do Reich (RGZ 22, 116; 23, 202): "Das Reichsgericht ist mit Selbstverständlichkeit davon ausgegangen, dass die Vereinigung aller Anteile an einer Kapitalgesellschaft in einer Hand zulässig sei und den Bestand der juristischen Person unberührt lasse". Em tradução livre: "O Tribunal do Reich partiu deste ponto, com naturalidade, [entendendo] que a unificação de todas as participações de uma sociedade de capitais em uma só mão é permitida e a existência da pessoa jurídica restava intocada" (Werner Flume, *Allgemeiner Teil des Bürgerlichen Rechts*, 1. Band – 2. Teil: *Die juristische Person*, Berlin/Heidelberg/New York: Springer-Verlag, 1983, § 4 III, p. 116). Esse entendimento remontava a antigas fontes do direito romano e alemão. Assim, o Digesto: "sed si universitas ad unum redit, magis admittitur posse eum convenire et conveniri, cum ius omnium in unum reciderit et stet nomen universitatis". Em tradução livre: "Mas se a corporação (universalidade) se reduz a um só, é o mais admitido que possa este demandar e ser demandado, embora o direito de todos tenha recaído em um só e subsista o nome da corporação" (D. 3, 4, 7, 2). E, ainda, a Lei Geral dos Estados Prussianos (*Allgemeines Landrecht für die Preussischen Staaten*), de 1794: "Corporationen und Comunen dauern fort, wenn auch noch Ein Mitglied vorhanden ist". Em tradução livre: "Corporações e comunas persistem, embora apenas um membro exista" (ALR II, 6, § 177).

2. COMENTÁRIOS AO ARTIGO 1.052 §§1º E 2º DO CÓDIGO CIVIL

O passo seguinte no direito brasileiro veio com a criação da "empresa individual de responsabilidade limitada" (ou, simplesmente, Eireli), através da Lei nº 12.441, de 11 de julho de 2011[13], que introduziu o art. 980-A no Código Civil. Mesmo cercada de importantes controvérsias – desde a sua natureza jurídica, pelo debate sobre a sua utilização para o exercício de atividades não-empresárias até chegar na criticável exigência de capital social mínimo –, essa norma foi importante por marcar uma nova etapa no desenvolvimento da legislação nacional relativa à limitação da responsabilidade dos empresários individuais[14].

Um ulterior passo veio com a "sociedade unipessoal da advocacia", criada pela Lei nº 13.247, de 12 de janeiro de 2016, a qual alterou os arts. 15 a 17 do Estatuto da Advocacia (Lei nº 8.906, de 4 de julho de 1994). Por meio dela, consagrou-se a solução propriamente societária para a limitação da responsabilidade no exercício da atividade não empresarial de advocacia.

É neste contexto histórico, pois, que se inserem os novos parágrafos 1º e 2º do art. 1.052 do Código Civil, os quais se reportam, às expressas, à sociedade limitada unipessoal.

---

[12] Em 1999, o Ministério da Justiça nomeou, através da Portaria nº 145, de 30 de março de 1.999, uma comissão de juristas encarregada de elaborar anteprojeto de lei destinado a regular as sociedades por quotas de responsabilidade limitada. A comissão foi constituída por ARNOLDO WALD, presidente, JORGE LOBO, relator, e, ainda como membros, ALFREDO LAMY FILHO, CÉSAR ASFOR ROCHA, EGBERTO LACERDA TEIXEIRA e WALDIRIO BULGARELLI. A comissão concluiu os seus trabalhos e apresentou anteprojeto, contendo inclusive a disciplina da sociedade limitada unipessoal. Ao depois, abandonou-se a empreitada e todo o belo trabalho daquela comissão restou desperdiçado e solenemente desprezado, inclusive por aqueles que hoje advogam a assombrosa ideia da plena recodificação do direito comercial...

[13] A Lei nº 12.441/2011 é resultante do PLC nº 4.605/2009, de autoria do deputado federal Marcos Montes Cordeiro (do DEM-MG). O seu projeto inicial sugeria a criação do empresário individual de responsabilidade limitada – não obstante o conhecido ou cognoscível fracasso dessa solução em Portugal e na França – e, ao final, depois de bastante alterado durante o processo legislativo, trouxe para o direito pátrio a figura da "empresa individual de responsabilidade limitada". Sobre o processo legislativo, vale conferir as explicações apresentadas por PAULO LEONARDO VILELA CARDOSO (*O empresário de responsabilidade limitada*, SP: Saraiva, 2012, nº 6.2, pp. 69-82).

[14] Sobre a Eireli e as principais controvérsias que a cercaram, *cf.*: ERASMO VALLADÃO A. E N. FRANÇA e MARCELO VIEIRA VON ADAMEK, *Empresa individual de responsabilidade limitada (Lei nº 12.441/2011): anotações*, 'in' *A nova sociedade limitada* (obra coletiva) – coords. Rodrigo R. Monteiro de Castro e Luis André N. de Moura Azevedo, SP: Quartier Latin, 2013, pp. 39-77.

2) Comparação jurídica.

As discussões sobre a limitação da responsabilidade individual do empresário, conforme indicado, vêm de longa data. Em larga medida, foram superadas no direito europeu pelo menos desde os anos 1980. Tardou até que no Brasil se lograsse o reconhecimento legislativo e, pois, a superação da inadequada situação em que, à margem ou nos confins da lei, para obter esse benefício, empresários precisavam se valer de prestanomes (por vezes, seus filhos incapazes) ou outros subterfúgios. Aliás, a lentidão do legislador e as necessidades impostas pela vida econômica real talvez expliquem o motivo pelo qual, em nosso direito, a participação de incapazes em sociedades tenha sido tão amplamente admitida, antes mesmo do seu reconhecimento legislativo, e mesmo em vista do risco que, em termos práticos, essa construção representou para o patrimônio de incapazes[15].

No direito europeu atual as sociedades limitadas unipessoais são reconhecidas pela generalidade dos sistemas jurídicos dos Estados Membros como formas legítimas para limitar a responsabilidade de empresários individuais. O tema mereceu tratamento na 12ª Diretiva do Conselho das Comunidades Europeias de 21.12.1989.

3) Conteúdo e função da norma.

Os novos parágrafos do art. 1.052 do Código Civil, tal como estruturados, trazem algumas dificuldades aplicativas e apresentam sérias limitações.

3.1) Sociedade unipessoal e Eireli.

A mais séria dificuldade aplicativa, que consistiria em definir como, afinal, deveriam ser conciliadas a figura da Eireli, de um lado, e a da sociedade limitada unipessoal, de outro, foi solucionada pela Lei nº 14.195/2021 que, em seu art. 41, determinou a conversão de todas as Eireli existentes na data de

---

[15] *Cf.*, com ampla crítica: ERASMO VALLADÃO A. e N. FRANÇA e MARCELO VIEIRA VON ADAMEK, *O sócio incapaz (CC, art. 974, § 3º)*, RDM 159-160/112-126.

sua entrada em vigor em sociedades limitadas unipessoais e, ao fazê-lo nesses termos, implicitamente revogou os arts. 44, VI, e 980-A do Código Civil. Uma lacuna, todavia, foi deixada pelo parágrafo único desse dispositivo – uma vez que atribuiu ao Drei a tarefa de disciplinar essa transformação, sem atentar para o fato de que as Eireli que não desenvolvem atividade empresária escapam à competência desse órgão – é facilmente colmatada por analogia.

3.2) – Limitações.

As limitações da nova regra são evidentes. Elas não residem apenas na falta de disciplina expressa dos aspectos da sociedade pluripessoal que, na unipessoal, demandam adaptações. Essa falha, a nosso ver, pode ser superada com relativa facilidade.

A principal limitação talvez esteja na falta de enfrentamento do real problema subjacente à unipessoalidade: os negócios jurídicos celebrados entre o sócio único e a sociedade[16]. Trata-se de uma manifestação específica do problema mais geral que se verifica quando uma mesma pessoa, valendo-se do uso atípico de alguns instrumentos jurídicos, busca atrair para determinados atos (em que estão em jogo apenas os seus próprios interesses) uma disciplina *protetiva* aplicável a atos que tipicamente envolvem interesses de diversas pessoas. Outra manifestação desse problema – com dinâmica e solução distintas – é o negócio consigo mesmo (CC, art. 117).

Considerando que, na sociedade unipessoal, o sócio único detém o controle absoluto da sociedade, potencializa-se o risco de que essa forma jurídica (a autonomização, não apenas patrimonial, de um "ente" distinto) seja usada para a persecução de objetivos estranhos aos que motivaram sua consagração legal. Com efeito, o sócio único pode valer-se da autonomia que a ordem jurídica confere às sociedades personalizadas, não para entrar em relações com terceiros sem comprometer seu patrimônio pessoal, mas para contornar as regras que atingem esse seu próprio patrimônio. Por exemplo, a sociedade unipessoal pode ser facilmente usada para fraudar credores, transferindo o

---

[16] *Cf.* a respeito: Erasmo Valladão A. e N. França e Marcelo Vieira von Adamek, *Empresa individual de responsabilidade limitada (Lei nº 12.441/2011): anotações*, cit., pp. 39-77 (indicando os problemas que já se colocavam perante a Eireli); e, mais recentemente (e com grande proveito), Alfredo de Assis Gonçalves Neto, *Direito de Empresa*, 10ª ed. SP: RT, 2021, pp. 544-545.

sócio único boa parte de seu patrimônio pessoal para esse ente autônomo que está fora do alcance dos credores do sócio, sem com isso – dado o controle absoluto que exerce sobre a sociedade unipessoal – perder o poder de administrar esses bens.

Para solucionar as questões decorrentes desse problema, que ameaça sobretudo interesses de terceiros por possíveis violações do princípio da vinculação patrimonial, devem utilizar-se as normas gerais que se voltam a problemas semelhantes num âmbito mais amplo, como as que disciplinam a desconsideração da personalidade jurídica em caso de abuso[17]. No entanto, teria sido muito conveniente que a constatação dessa situação de interesses muito particular, em que os riscos de abusos são significativamente maiores, tivesse motivado o legislador a estatuir regras específicas mais rigorosas.

Em todo caso, à falta de regras específicas, aplicam-se à sociedade limitada unipessoal, no que couberem, as regras gerais do regime jurídico societário, como as que dispõem sobre elementos da organização societária, grupos de sociedades, desconsideração da personalidade jurídica, operações societárias ou impedimentos à participação de indivíduos em determinadas sociedades. Aplicam-se também algumas regras de regimes jurídicos extravagantes, como as que dispõem sobre recuperação e falência de sociedades empresárias, regimes jurídicos tributários favorecidos e disciplina sobre contratos públicos e concessão.

Assim, podem ser sócios da sociedade unipessoal quaisquer pessoas naturais ou jurídicas, mesmo incapazes[18] ou estrangeiros[19] – não incidindo a

---

[17] *Cf.* sobre o tema: ERASMO VALLADÃO A. E N. FRANÇA e MARCELO VIEIRA VON ADAMEK, *Direito processual societário: comentários breves ao CPC/2015*, 2ª ed. SP: Malheiros, 2021, n° 15, pp. 103 e segs. *Cf.* ainda: ALFREDO DE ASSIS GONÇALVES NETO, *Direito de Empresa*, cit., p. 544.

[18] A participação de incapazes em sociedades de responsabilidade limitada rege-se pelo disposto no art. 974, § 3°, do Código Civil e, como tal está condicionada, de regra, ao atendimento de três pressupostos cumulativos, a saber, que não exerça a função de titular de órgão de administração ou fiscalização, que o capital social esteja e se mantenha integralizado, enquanto o incapaz for sócio, e que o sócio relativamente incapaz seja assistido e o absolutamente incapaz representado por seus representantes legais. Cf. sobre esse tema e ulteriores desenvolvimentos: ERASMO VALLADÃO A. E N. FRANÇA e MARCELO VIEIRA VON ADAMEK, *O sócio incapaz (CC, art. 974, § 3º)*, RDM 159-160/112-126.

[19] *Cf.* sobre a participação de sociedade estrangeira em sociedade limitada brasileira: ERASMO VALLADÃO A. E N. FRANÇA e MARCELO VIEIRA VON ADAMEK, *Da livre participação, como*

limitação do art. 251 da Lei das S/A, que exige a nacionalidade brasileira da acionista única.

Também no tocante ao nome empresarial (CC, art. 1.158), o legislador não se preocupou em exigir que se dê publicidade à circunstância de a sociedade limitada ser unipessoal, tal como fizera com a sociedade unipessoal da advocacia, talvez para com isso não aumentar os estigmas que a unipessoalidade ainda possa gerar perante terceiros[20]. Aplicam-se, pois, as regras gerais relativas ao nome empresarial.

Diferentemente da Eireli, para a limitada unipessoal não há exigência de capital social mínimo – o que não exclui, por evidente, que em função da atividade a ser desenvolvida a exigência de capital social mínimo se possa colocar para obtenção de registros e cadastros, ou autorizações de funcionamento, não diferente do que ocorre com quaisquer outras sociedades. Também não há regra alguma sobre a formação do capital social, de modo que, também neste ponto, aplicam-se todas as regras do regime geral.

De resto, o capital social poderá ser dividido em quota ou quotas (mesmo que todas estejam concentradas sob a titularidade do sócio único), a sociedade limitada unipessoal pode ser utilizada para o desempenho de atividades empresárias ou não-empresárias, sua dissolução rege-se, no que forem compatíveis, pelas regras aplicáveis à limitada pluripessoal e a administração da sociedade pode caber ao sócio único ou a terceiros. Assim como em qualquer sociedade pluripessoal, a vontade do sócio único ganha relevância no âmbito da sociedade por via da atuação orgânica da assembleia ou reunião de "sócio" – isto é, do sócio enquanto órgão da sociedade –, que realiza deliberações às quais se aplicam, no que couberem, as regras que disciplinam as deliberações societárias em geral.

---

regra, de sociedades estrangeira em sociedade brasileira de qualquer tipo (CC, art. 1.134, 2ª parte), RDM 147/55-62.

[20] Cf. as críticas de ALFREDO DE ASSIS GONÇALVES NETO, Direito de Empresa, cit., p. 543.

4) Conexões intrassistêmicas.

A principal conexão intrassistêmica já foi apresentada acima e referia-se ao modo de conciliar a limitada unipessoal à Eireli. Como dito, a solução mais adequada ao conflito normativo era a que admite a coexistência de ambas as figuras, sem que se aplique o regime restritivo da segunda à primeira. Com o advento da Lei n° 14.195/2021, foram as Eirelis extintas e, as existentes, restaram transformadas automaticamente em sociedades limitadas unipessoais.

Outra relação intrassistêmica relevante diz respeito aos arts. 44, 49-A e 50 do Código Civil. Conforme já dito, a sociedade limitada unipessoal é uma forma de limitar a responsabilidade do empresário individual mediante uma estrutura societária, isto é, mediante a criação de uma pessoa jurídica da espécie sociedade (art. 44). No entanto, as implicações da autonomia dessa pessoa jurídica criada (art. 49-A) prestam-se, no âmbito das sociedades unipessoais, a possibilidades de abuso muito mais abrangentes que as compreendidas na disciplina geral das pessoas jurídicas (art. 50). Assim, à falta de norma específica, deve-se aplicar às sociedades unipessoais a regra de desconsideração da personalidade jurídica dando especial relevo à necessidade de concreção da aplicação do direito, isto é, interpretando os requisitos estritos introduzidos no art. 50 pela Lei da Liberdade Econômica com mais largueza (*i.e.* com maior propensão à verificação de abuso) que quando a mesma regra é aplicada a sociedades não unipessoais.

5) Conexões intersistêmicas.

As conexões intersistêmicas mais interessantes trazidas pela sociedade limitada unipessoal importam na superação de indevidos entraves que vinham sendo opostos à Eireli. O acesso a regimes tributários favorecidos, benefícios da legislação administrativa e assim por diante vinham sendo indevidamente negados à Eireli sob a falsa justificativa de que, sendo ela um *tertium genus* não societário, não estaria albergada na legislação anterior e, portanto, não faria jus a várias benesses nela previstas. Agora, porém, com a consagração da sociedade limitada unipessoal, resta absolutamente sem sentido qualquer objeção que se queira opor ao aproveitamento daqueles benefícios; afinal, unipessoal que seja, a sociedade limitada dos §§ 1º e 2º do art. 1.052 é tão sociedade quanto qualquer sociedade pluripessoal e, logicamente, não pode sofrer restrições arbitrárias.

6) Jurisprudência.

A jurisprudência vinha admitindo, de há muito, sociedades limitadas quase-unipessoais (as famosas 99%-1%)[21], com a participação de sócios incapazes, inclusive em caráter originário[22]. O fato de se admitirem essas sociedades, sem que seu reconhecimento fosse completamente afastado por fraude á lei ou simulação, deixa claro que a jurisprudência, no fundo, já de longa data admite a possibilidade de que sociedades tenham *de facto* um único sócio. Nesse sentido, a alteração legislativa vem apenas consagrar um entendimento substancialmente já de há muito aceito pela jurisprudência, dispensando os subterfúgios indiretos pelos quais se fazia necessário mascarar a unipessoalidade das sociedades.

Quando ainda vigoravam apenas as regras da Eireli (*empresa* individual de responsabilidade limitada), a jurisprudência chegou a negar que essa forma pudesse ser utilizada para atividade não-empresária. Para as sociedades limitadas unipessoais, isso cai. Nada impede que, com base no art. 1.052, uma sociedade unipessoal não-empresária se revista do tipo limitada, por força da permissão contida no art. 983, *caput*, 2ª parte, do Código Civil.

---

[21] *Cf.* ilustrativamente algumas decisões que lidam com sociedades assim, embora a admissibilidade dessa estrutura sequer tenha sido posta em dúvida: TJSP, Ap. 1003483-68.2017.8.26.0602, 2ª Câm. Dir. Emp., rel. Des. RICARDO NEGRÃO, v.u., j. 17.06.2019; TJPI, AI 0005582-81.2015.8.18.0000, 1ª Câm. Civ., rel. Des. FERNANDO CARVALHO MENDES, j. 27.03.2018; TJSP, AI 2161082-16.2017.8.26.0000, 1ª Câm. Dir. Emp., rel. Des. CARLOS DIAS MOTTA, v.u., j. 14.11.2017.

[22] *Cf.* as primeiras observações a respeito desse e outros temas correlatos: WALDIRIO BULGARELLI, *Alguns estranhos casos de sociedades por cotas no direito brasileiro*, RDM 25/23-30.

Referências

ACCIOLY, João C. de Andrade Uzêda. *Singularidade societária na Lei de liberdade econômica: algumas considerações sobre a limitada e a Eireli sob as modificações da Lei nº 13.874/2019*, 'in' *Lei de Liberdade Econômica e seus impactos no Direito Brasileiro* – coord. Luis Felipe Salomão, Ricardo Villas Bôas Cueva e Ana Frazão, SP: Revista dos Tribunais, 2020.

ADAMEK, Marcelo Vieira von; e FRANÇA, Erasmo Valladão A. e N. *Da livre participação, como regra, de sociedade estrangeira em sociedade brasileira de qualquer tipo (Código Civil, art. 1.134, 2ª parte)*. SP: Revista de Direito Mercantil – RDM (Malheiros) 147/55-62.

_____; e _____. *Empresa individual de responsabilidade limitada (Lei n° 12.441/2011): anotações*, 'in' *A nova sociedade limitada* (obra coletiva) – coords. Rodrigo R. Monteiro de Castro e Luis André N. de Moura Azevedo. SP: Quartier Latin, 2013.

_____; e _____. *Direito processual societário: comentários breves ao CPC/2015*. 2ª ed. SP: Malheiros, 2021.

_____; e _____. *O sócio incapaz (CC, art. 974, § 3º)*. SP: Revista de Direito Mercantil – RDM (Malheiros) 159-160/112-126.

BULGARELLI, Waldirio. *Alguns estranhos casos de sociedades por cotas no direito brasileiro*. SP: Revista de Direito Mercantil – RDM (RT) 25/23-31.

CARDOSO, Paulo Leonardo Vilela. *O empresário de responsabilidade limitada*, SP: Saraiva, 2012.

COMPARATO, Fábio Konder. *Aspectos jurídicos da macro-empresa*, SP: RT, 1970.

DELGADO, Mário Luiz. *Código civil comentado: doutrina e jurisprudência* – coord. Anderson Schreiber *et al.*, 2ª ed. Rio de Janeiro: Forese, 2020.

FERREIRA, Waldemar. *Tratado de direito comercial*, 2° vol.: O estatuto do comerciante, SP: Saraiva, 1960.

FLUME, Werner. *Allgemeiner Teil des Bürgerlichen Rechts*, 1. Band – 2. Teil: Die juristische Person, Berlin/Heidelberg/New York: Springer-Verlag, 1983.

FRANÇA, Erasmo Valladão A. e N.; e ADAMEK, Marcelo Vieira von. *Da livre participação, como regra, de sociedade estrangeira em sociedade brasileira de qualquer tipo (Código Civil, art. 1.134, 2ª parte)*. SP: Revista de Direito Mercantil – RDM (Malheiros) 147/55-62.

_____; e _____. *Empresa individual de responsabilidade limitada (Lei n° 12.441/2011): anotações*, 'in' *A nova sociedade limitada* (obra coletiva) – coords. Rodrigo R. Monteiro de Castro e Luis André N. de Moura Azevedo. SP: Quartier Latin, 2013.

_____; e _____. *Direito processual societário: comentários breves ao CPC/2015*. 2ª ed. SP: Malheiros, 2021.

_____; e _____. *O sócio incapaz (CC, art. 974, § 3º)*. SP: Revista de Direito Mercantil – RDM (Malheiros) 159-160/112-126.

MARCONDES, Sylvio. *Limitação da responsabilidade do comerciante individual*, SP: Max Limonad, 1956.

MEDINA, José Miguel Garcia; ARAÚJO, Fábio Caldas de. *Código civil comentado*, 3ª ed. São Paulo: RT, 2020.

MENEZES CORDEIRO, António. *Direito europeu das sociedades*, Coimbra: Almedina, 2005.

OTHON SIDOU, J. M. *A atividade negocial no anteprojeto de Código Civil*, RT 465/11-14.

2. COMENTÁRIOS AO ARTIGO 1.052 §§1º E 2º DO CÓDIGO CIVIL

SALOMÃO FILHO, Calixto. *A sociedade unipessoal*, SP: Malheiros, 1995.

_____. *Formas societárias e não societárias de responsabilidade do comerciante individual*, 'in' *O novo direito societário*, 4ª ed. SP: Malheiros, 2011.

_____. *Sociedade sem sócio*, 'in' *O novo direito societário*, 2ª ed. SP: Malheiros, 1998.

3. COMENTÁRIO AO ARTIGO 85 §§1º E 2º DA LEI FEDERAL N. 6.404/76

Erasmo Valladão A. e N. França
Marcelo Vieira von Adamek

> "Art. 8º O art. 85 da Lei nº 6.404, de 15 de dezembro de 1976, passa a vigorar com as seguintes alterações:
>
> 'Art. 85. ....
>
> § 1º. A subscrição poderá ser feita, nas condições previstas no prospecto, por carta à instituição, acompanhada das declarações a que se refere este artigo e do pagamento da entrada.
>
> § 2º. Será dispensada a assinatura de lista ou de boletim a que se refere o caput deste artigo na hipótese de oferta pública cuja liquidação ocorra por meio de sistema administrado por entidade administradora de mercados organizados de valores mobiliários.' (NR)"

1) História da norma.

A norma insere-se no contexto de desburocratização e eliminação de formalidades que inspiram a Lei da Liberdade Econômica. A lista e o boletim de subscrição, como instrumentos em que se consubstanciam, por exigência legal de forma, a declaração unilateral de subscrição[1], já constavam no art. 42 do Decreto-Lei nº 2.267/40. Sua dispensa não é uma alteração legislativa que a doutrina viesse sugerindo, mas ela já era objeto de manifestações de participantes do mercado no âmbito do "Projeto Estratégico de Redução de Custo de Observância Regulatória" do Comitê de Governança Estratégica da CVM.

2) Conteúdo e função da norma.

O conteúdo da norma em comento é muito simples: nas hipóteses de oferta pública de ações para constituição de companhia por subscrição pública, em que a liquidação das obrigações assumidas pelos subscritores ocorre no âmbito de sistema administrado por entidade administradora de mercado de valores mobiliários, deixa de ser exigida por lei a formalidade da assinatura de lista ou boletim de subscrição. Cumpre observar, no entanto, que a relevância prática dessa alteração atingirá muito menos os casos de constituição de companhia por subscrição pública de ações – os quais, pelos enormes formalismos e riscos vinculados a essa forma de iniciar um empreendimento do zero, são praticamente inexistentes[2] –, que outros casos de subscrição pública de ações, como os de aumento de capital por oferta pública inicial (IPO) ou secundária (*follow-on*), aos quais também se aplica o art. 85 da Lei das S/A[3].

O sentido da dispensa de assinatura da lista ou boletim de subscrição está no fato de que o sistema automatizado administrado por entidade administradora de mercado de valores mobiliários (hoje, o Sistema de Distribuição de Ativos regulado pela B3 – Brasil, Bolsa, Balcão) já atinge as finalidades que motivavam a exigência dessa formalidade. Com efeito, esse sistema automatizado: (*i*) já "proporciona o controle dos investidores adquirentes de ações em ofertas públicas de distribuição, caso seja necessária comprovação

---

[1] Cf. CARLOS AUGUSTO DA SILVEIRA LOBO, *Constituição por subscrição pública*, 'in' *Direito das Companhias* – coord. Alfredo Lamy Filho e José Luiz Bulhões Pedreira, 2ª ed. RJ: Forense, 2017, § 207, p. 518.
[2] Cf.: DANIEL DE ÁVILA VIO, *Artigo 8: Comentário Geral*, 'in' *Lei da Liberdade Econômica Anotada* (obra coletiva), vol. 2, SP: Quartier Latin, 2020, p. 313.
[3] Cf.: MARIANA MADURO, *Comentários ao art. 8º*, 'in' *Declaração de direitos de liberdade econômica: Comentários à Lei 13.874/2019* (obra coletiva), Salvador: JusPodivm, 2020, p. 465.

de titularidade perante terceiros, incluindo órgãos reguladores e em juízo"[4], evitando as possíveis fraudes contra as quais a lista e o boletim serviam de precaução[5]; e (**ii**) adota o princípio da entrega contra pagamento, o qual, garantindo que as ações subscritas só serão registradas em nome do subscritor no momento em que este pagar por seu preço integral[6], faz com que seja faticamente impossível a situação do acionista remisso na distribuição pública de ações, de modo que não mais se faz necessária a consubstanciação da declaração de subscrição no instrumento formal que antes servia para fazer prova e constituir título executivo extrajudicial contra o subscritor[7-8].

Assim, considerando que a formalidade perdeu sua relevância prática em vista da tecnologia hoje utilizada para a realização das operações em que ela era exigida, a Lei da Liberdade Econômica veio em boa hora, como consignado na exposição de motivos da Medida Provisória que lhe deu origem, "facilitar investimento e reduzir custos de transação", isto é, eliminar exigências burocráticas desprovidas de utilidade prática.

3) Conexões intrassistêmicas.

A Lei das S/A trata do boletim de subscrição no seu art. 106, o qual determina que o boletim obriga o acionista a realizar a prestação correspondente às ações

---

[4] Exposição de Motivos à MP 889/19.
[5] *Cf.*: NELSON EIZIRIK, *A Lei das S.A. Comentada*, vol. I, 3ª ed. SP: Quartier Latin, 2021, comentário ao art. 85.
[6] *Cf.* a respeito o Memorando nº 49/2020 da Superintendência de Registro de Valores Mobiliários da CVM.
[7] *Cf.*: MODESTO CARVALHOSA, *Comentários à Lei de Sociedades Anônimas*, vol. 2, 5ª ed. SP: Saraiva, 2011, p. 179. Evidentemente, a constituição de prova plena é o sentido que subjaz à exigência de forma como requisito de validade, mas isso não faz com que a forma exigida pelo art. 85 possa considerar-se apenas *ad probationem*.
[8] Em todo caso, cumpre lembrar que a subscrição em dinheiro não é eficaz antes do depósito da entrada exigida no *caput* do art. 85, *cf.*: MODESTO CARVALHOSA, *Comentários à Lei de Sociedades Anônimas*, vol. 2, cit., p. 171; e CARLOS AUGUSTO DA SILVEIRA LOBO, *Constituição por subscrição pública*, cit., § 207, p. 519 – os quais, no entanto, falam em *validade*, não *eficácia* da subscrição, por considerarem que também o pagamento da entrada é formalidade legal *ad substantiam*; tratando-se de evento extrínseco à declaração de subscrição, consideramos que o pagamento da entrada deve considerar-se mero fator de eficácia.

subscritas, e no seu art. 107, que estabelece que a companhia pode executar o acionista "servindo o boletim de subscrição e o aviso de chamada como título extrajudicial nos termos do Código de Processo Civil".

Diante da alteração introduzida no art. 85 da mesma lei, tais dispositivos permanecem vigentes mesmo para as hipóteses de oferta pública de ações cuja liquidação ocorra por meio de sistema administrado por Bolsa de Valores. O boletim de subscrição deixou de ser uma exigência legal nesses casos (*i.e.* passou a ser exigência dispensável), mas – conquanto pouco provável – pode ainda ser utilizado, caso em que surtirá os efeitos previstos nos arts. 106 e 107. Quando, porém, o boletim não for utilizado, sequer se colocará a questão da aplicabilidade desses dispositivos referentes à execução do acionista remisso, pois, como já dito, o sistema automatizado da Bolsa de Valores, que adota o princípio da entrega contra pagamento, impede a configuração da situação de acionista remisso em distribuição pública de ações.

4) Conexões interssistêmicas.

A Instrução da CVM nº 400/03, que dispõe sobre as ofertas públicas de distribuição de valores mobiliários nos mercados primário ou secundário, cita o boletim de subscrição, no item 4 do seu Anexo II, entre os documentos necessários para a instrução do pedido de registro de oferta. No entanto, em vista da alteração do art. 85 da Lei das S/A, a CVM, mediante a Deliberação nº 860 de 22 de julho de 2020, viu por bem "conceder competência à SRE [Superintendência de Registro de Valores Mobiliários] para dispensar a apresentação do boletim de subscrição, no âmbito da análise dos pedidos de registro de ofertas públicas de distribuição que sejam liquidadas por meio de sistema administrado por entidade administradora de mercados organizados de valores mobiliários". Assim, também a exigência regulatória do boletim de subscrição foi extinta.

Nessa ocasião, o Colegiado da CVM apenas alertou para o fato de que o documento de aceitação da oferta pelo investidor deve "(*i*) conter as condições de integralização, subscrição ou aquisição de sobras, se for o caso; (*ii*) dispor sobre as condições aplicáveis caso a oferta conte com a possibilidade de distribuição parcial; (*iii*) possibilitar a identificação da condição de investidor vinculado à oferta; e (iv) conter termo de obtenção de cópia do prospecto preliminar ou definitivo", e de que a instituição que intermediar a operação deverá garantir um adequado grau de formalização à aceitação, adotando pelo menos (mas não apenas) o método de assinatura/atestado de aceite do documento de aceitação da oferta.

Referências

CARVALHOSA, Modesto. *Comentários à Lei de Sociedades Anônimas*, vol. 2, 5ª ed. SP: Saraiva, 2011.
LOBO, Carlos Augusto da Silveira. *Constituição por subscrição pública*, 'in' *Direito das Companhias* – coord. Alfredo Lamy Filho e José Luiz Bulhões Pedreira, 2ª ed. RJ: Forense, 2017.
MADURO, Mariana. *Comentários ao art. 8º*, 'in' *Declaração de direitos de liberdade econômica: Comentários à Lei 13.874/2019* (obra coletiva), Salvador: JusPodivm, 2020.
VIO, Daniel de Ávila. *Artigo 8: Comentário Geral*, 'in' *Lei da Liberdade Econômica Anotada* (obra coletiva), vol. 2, SP: Quartier Latin, 2020.

4.COMENTÁRIO AOS DISPOSITIVOS ALTERADOS DA LEI FEDERAL N. 8.934/94

Erasmo Valladão A. e N. França
Marcelo Vieira von Adamek

"Art. 14. A Lei n° 8.934, de 18 de novembro de 1994, passa a vigorar com as seguintes alterações:

'Art. 4º. O Departamento Nacional de Registro Empresarial e Integração (Drei) da Secretaria de Governo Digital da Secretaria Especial de Desburocratização, Gestão e Governo Digital do Ministério da Economia tem por finalidade:

Parágrafo único. O cadastro nacional a que se refere o inciso IX do caput deste artigo será mantido com as informações originárias do cadastro estadual de empresas, vedados a exigência de preenchimento de formulário pelo empresário ou o fornecimento de novos dados ou informações, bem como a cobrança de preço pela inclusão das informações no cadastro nacional.' (NR)

'Art. 31. Os atos decisórios serão publicados em sítio da rede mundial de computadores da junta comercial do respectivo ente federativo.' (NR)

'Art. 32.

§ 1º. Os atos, os documentos e as declarações que contenham informações meramente cadastrais serão levados automaticamente a registro se puderem ser obtidos de outras bases de dados disponíveis em órgãos públicos.

§ 2º. Ato do Departamento Nacional de Registro Empresarial e Integração definirá os atos, os documentos e as declarações que contenham informações meramente cadastrais.' (NR)

'Art. 35.

VIII – (revogado).

§ 1º. O registro dos atos constitutivos e de suas alterações e extinções ocorrerá independentemente de autorização governamental prévia, e os órgãos públicos deverão ser informados pela Rede Nacional para a Simplificação do Registro e da Legalização de Empresas e Negócios (Redesim) a respeito dos registros sobre os quais manifestarem interesse.' (NR)

'Art. 41.

I – .
a) dos atos de constituição de sociedades anônimas;

Parágrafo único. Os pedidos de arquivamento de que trata o inciso I do caput deste artigo serão decididos no prazo de 5 (cinco) dias úteis, contado da data de seu recebimento, sob pena de os atos serem considerados arquivados, mediante provocação dos interessados, sem prejuízo do exame das formalidades legais pela procuradoria.' (NR)

'Art. 42.

§ 1º

§ 2º. Os pedidos de arquivamento não previstos no inciso I do caput do art. 41 desta Lei serão decididos no prazo de 2 (dois) dias úteis, contado da data de seu recebimento, sob pena de os atos serem considerados arquivados, mediante provocação dos interessados, sem prejuízo do exame das formalidades legais pela procuradoria.

§ 3º. O arquivamento dos atos constitutivos e de alterações não previstos no inciso I do caput do art. 41 desta Lei terá o registro deferido automaticamente caso cumpridos os requisitos de:

I – aprovação da consulta prévia da viabilidade do nome empresarial e da viabilidade de localização, quando o ato exigir; e

II – utilização pelo requerente do instrumento padrão estabelecido pelo Departamento Nacional de Registro Empresarial e Integração (Drei) da Secretaria de Governo Digital da Secretaria Especial de Desburocratização, Gestão e Governo Digital do Ministério da Economia.

§ 4º O arquivamento dos atos de extinção não previstos no inciso I do caput do art. 41 desta Lei terá o registro deferido automaticamente no caso de utilização pelo requerente do instrumento padrão estabelecido pelo Drei.

§ 5º. Nas hipóteses de que tratam os §§ 3º e 4º do caput deste artigo, a análise do cumprimento das formalidades legais será feita posteriormente, no prazo de 2 (dois) dias úteis, contado da data do deferimento automático do registro.

§ 6º. Após a análise de que trata o § 5º deste artigo, a identificação da existência de vício acarretará:

I – o cancelamento do arquivamento, se o vício for insanável; ou

II – a observação do procedimento estabelecido pelo Drei, se o vício for sanável." (NR)

'Art. 44.

III – Recurso ao Departamento Nacional de Registro Empresarial e Integração.' (NR)

'Art. 47. Das decisões do plenário cabe recurso ao Departamento Nacional de Registro Empresarial e Integração como última instância administrativa.

Parágrafo único. (Revogado).' (NR)

'Art. 54. A prova da publicidade de atos societários, quando exigida em lei, será feita mediante anotação nos registros da junta comercial à vista da apresentação da folha do Diário Oficial, em sua versão eletrônica, dispensada a juntada da mencionada folha.' (NR)

'Art. 55. Compete ao Departamento Nacional de Registro Empresarial e Integração propor a elaboração da tabela de preços dos serviços pertinentes ao Registro Público de Empresas Mercantis, na parte relativa aos atos de natureza federal, bem como especificar os atos a serem observados pelas juntas comerciais na elaboração de suas tabelas locais.

§ 1º.

§ 2º. É vedada a cobrança de preço pelo serviço de arquivamento dos documentos relativos à extinção do registro do empresário individual, da empresa individual de responsabilidade limitada (Eireli) e da sociedade limitada.' (NR)

'Art. 63.

§ 1º. A cópia de documento, autenticada na forma prevista em lei, dispensará nova conferência com o documento original.

§ 2º. A autenticação do documento poderá ser realizada por meio de comparação entre o documento original e a sua cópia pelo servidor a quem o documento seja apresentado.

§ 3º. Fica dispensada a autenticação a que se refere o § 1º do caput deste artigo quando o advogado ou o contador da parte interessada declarar, sob sua responsabilidade pessoal, a autenticidade da cópia do documento' (NR)

'Art. 65-A. Os atos de constituição, alteração, transformação, incorporação, fusão, cisão, dissolução e extinção de registro de empresários e de pessoas jurídicas poderão ser realizados também por meio de sistema eletrônico criado e mantido pela administração pública federal.'"

1) – História da norma.

As alterações trazidas pela Lei da Liberdade Econômica à Lei do Registro Público de Empresas Mercantis inserem-se num processo mais amplo de desburocratização e simplificação das formalidades necessárias para o exercício de atividades econômicas. Diante do conhecido histórico brasileiro de excessivas exigências burocráticas – muitas vezes inúteis – para o reconhecimento jurídico da iniciativa econômica dos particulares, exigências que, pelo trabalho e pelos custos que implicam, sempre representaram um forte desestímulo a pequenos empreendedores, as mudanças realizadas pela nova lei são, justamente pelo seu caráter à primeira vista excessivamente minucioso e detalhista, uma necessária atualização "cirúrgica" da disciplina registral que, para cumprir o importante fim a que se destina, vinha já há tempos arrastando consigo um lastro de burocracia totalmente anacrônica[1]. A Lei da Liberdade Econômica promoveu parte dessas alterações; outras tantas, porém, foram mais recentemente implementadas pela controversa Lei n° 14.195, de 26 de agosto de 2021 (resultante da conversão da Medida Provisória n° 1.040, de 29 de março 2021, em lei) – sendo certo que essas sucessivas e contínuas modificações legislativas, implementadas sem uniformidade e, no mais das vezes, sem qualquer debate prévio com os segmentos diretamente atingidos, são de per si outro elemento de perturbação do ambiente negocial.

2) Conteúdo e função da norma.

As principais medidas de desburocratização e simplificação de processos com que a Lei da Liberdade Econômica reformou a Lei do Registro Público de Empresas Mercantis (LRPEM) foram: (*i*) a possibilidade de deferimento tácito do arquivamento de atos, após o decurso de um prazo relativamente curto; (*ii*) a possibilidade de registro automático de documentos contendo informações meramente cadastrais; (*iii*) a possibilidade de mera declaração do advogado ou contador da parte interessada para comprovar a autenticidade da cópia de documentos; (*iv*) o fato de a autorização governamental não ser mais requisito prévio para o registro dos atos constitutivos; (*v*) a extinção do NIRE; (*vi*) o fim do preço público para inclusão de informações no CNE; (*vii*) a disponibilização dos atos decisórios das juntas comerciais em seus sites.

---

[1] *Cf.* para uma apresentação geral dos impactos econômicos das alterações que a Lei da Liberdade Econômica introduziu na legislação registral: ÁLVARO A. C. MARIANO e ANDRÉ PETZHOLD DIAS, *Artigo 14: Comentário Geral*, 'in' *Lei da Liberdade Econômica Anotada* (obra coletiva), vol. 2, SP: Quartier Latin, 2020, pp. 408 ss.

2.1) Arquivamento por decurso do prazo.

Pela nova redação do parágrafo único ao art. 41 e do parágrafo 2º ao art. 42 da LRPEM, a lentidão das juntas comerciais em tese não mais poderá prejudicar os interessados no arquivamento de atos societários. Se antes a demora em aprovar o arquivamento solicitado corria em prejuízo do interessado, que não obtinha o arquivamento sem aprovação expressa da junta, tal demora passou a ser-lhe indiferente, uma vez que o arquivamento agora ocorrerá automaticamente depois de passados cinco dias úteis (no caso dos atos enumerados no art. 41, I da LRPEM) ou dois dias úteis (no caso dos demais atos), embora a adequação às exigências formais da lei ainda fique sujeita a um exame *a posteriori* pela procuradoria. É dizer, a inércia da autoridade pública passa a valer *ex lege* como deferimento do arquivamento, o que foi motivado pelo intuito de evitar que a eventual ineficiência das juntas bloqueasse ou dificultasse a iniciativa empreendedora dos particulares[2].

Em que pese o louvável intuito que motivou essa alteração, é preciso, contudo, atentar para algumas dificuldades que ela pode suscitar na prática. Em especial, pode causar problemas o fato de estarem sujeitos a deferimento tácito alguns atos que não dependem apenas de um "sim ou não" para seu arquivamento, mas exigem do poder público uma manifestação sobre eventuais condicionantes impostas ao ato arquivado[3]. No entanto, considerando que não é fácil enumerar *a priori* quais atos exigem uma tal manifestação específica – pois essa necessidade muitas vezes depende das circunstâncias concretas do ato –, a única solução consentânea com um grau razoável de segurança jurídica e, ao mesmo tempo, fiel ao claro intuito do legislador de simplificação do processo de arquivamento de documentos parece ser o tratamento uniforme de todos os atos cujo arquivamento se solicita, com o deferimento automático dos dispositivos mencionados, restando apenas a possibilidade de as necessárias condicionantes serem impostas ao depois, e começarem a valer *ex nunc* quando o ato efetivamente for objeto de análise pela procuradoria.

---

[2] André Cyrino, *Atos de Liberação*, 'in' *Comentários à Lei da Liberdade Econômica* – coord. Floriano Peixoto Marques Neto, Otavio Luiz Rodrigues Jr. e Rodrigo Xavier Leonardo, SP: Revista dos Tribunais, 2019, p. 152.

[3] André Cyrino, *Atos de Liberação*, cit., pp. 154-155.

2.2) Informações meramente cadastrais e declarações particulares.

Além disso, os parágrafos 1º e 2º incluídos no art. 32 da LRPEM determinam que documentos e declarações que contenham informações "meramente cadastrais" – como tais definidos por ato do DREI – serão levados a registro automaticamente, isto é, dispensando-se sua comprovação pelo empresário, sempre que as informações neles constantes puderem ser obtidas de outras bases de dados disponíveis em órgãos públicos[4].

Dispondo sobre a comprovação da autenticidade de documentos os parágrafos 1º a 3º incluídos no art. 63 da LRPEM, prestigiando o princípio da boa-fé[5], preveem a possibilidade de apresentação de cópia autenticada de documentos, ou mesmo de cópia simples, caso o advogado ou contador da parte interessada declare, sob sua responsabilidade pessoal, a autenticidade da cópia.

2.3) Autorização governamental e registro de atos constitutivos.

Também com a intenção de reduzir a carga burocrática que pesa sobre os empreendedores, ficou expressamente determinado pela nova redação do parágrafo único ao art. 35 da LRPEM que a autorização governamental para a exploração de certas atividades não é mais requisito *prévio* para o registro dos atos constitutivos de sociedades empresárias. A autorização, no entanto, segue sendo necessária para a *efetiva exploração* de certas atividades (também sujeitas a uma fiscalização contínua), com a diferença de que o registro mercantil da empresa já pode ser realizado antes da obtenção dessa aprovação – acelerando-se, assim, o processo de abertura da empresa[6].

---

[4] André Santa Cruz, *A Lei da Liberdade Econômica e as Mudanças na Legislação de Registro Empresarial*, 'in' *Lei de Liberdade Econômica e seus impactos no Direito Brasileiro* – coord. Luis Felipe Salomão, Ricardo Villas Bôas Cueva e Ana Frazão, SP: Revista dos Tribunais, 2020, p. 574.

[5] André Santa Cruz e Anne Caroline Nascimento da Silva, *Impactos da liberdade econômica na modernização do registro de empresas*, 'in' *Declaração de direitos de liberdade econômica: Comentários à Lei 13.874/2019* – coord. André Santa Cruz, Juliana Oliveira Domingues e Eduardo Molan Gaban, Salvador: JusPodivm, 2020, p. 547.

[6] Carlos Alberto Dabus Maluf e Vitor Frederico Kümpel, *As Mudanças nos Registros públicos e as Juntas Comerciais: Art. 14*, 'in' *Comentários à Lei da Liberdade Econômica* – coord.

Além disso, a nova redação do parágrafo único ao art. 35 da LRPEM deixou de exigir a apresentação do Número de Identificação de Registro de Empresas (NIRE) como requisito para o processamento de documentos[7], uma vez que também foi revogado o parágrafo único ao art. 2º da LRPEM, que instituía esse número de identificação.

2.4) – Outras alterações.

Por fim, destacam-se algumas outras mudanças pontuais, importantes para desonerar os empreendedores e modernizar a atuação das juntas comerciais. Concretamente, a nova redação do parágrafo único ao art. 4º da LRPEM veda a cobrança de preço público para a inclusão de informações no Cadastro Nacional de Empresas (CNE) – pois vinha sendo efetuado, com fundamento no art. 3º do Decreto-Lei 2.056/83, ao preço de R$ 10,00 para empresários individuais e de R$ 21,00 para sociedades empresárias[8] – e veda também a exigência do fornecimento de dados ou informações adicionais, pois todas as informações devem ser obtidas diretamente dos cadastros estaduais, sem que o empresário precise se preocupar com isso[9]. Também ficou vedada, pelo acréscimo do § 2º ao art. 55 da LRPEM, a cobrança de preço pelo serviço de arquivamento de documentos relativos à extinção do registro do empresário individual, da empresa individual de responsabilidade limitada (Eireli) e da sociedade limitada.

Por fim, por força da alteração do art. 31 da LRPEM, os atos decisórios das juntas comerciais deixaram de ser publicados no Diário Oficial do Estado e passaram a sê-lo no próprio website de cada junta, facilitando, assim, a consulta pública. E por determinação do art. 65-A passou a ser possível realizar atos de constituição, alteração, transformação, incorporação, fusão,

---

Floriano Peixoto Marques Neto, Otavio Luiz Rodrigues Jr. e Rodrigo Xavier Leonardo, SP: Revista dos Tribunais, 2019, p. 577.

[7] *Cf.* sobre as exigências anteriores: PAOLA DOMINGUES JACOB, *Controle dos atos societários pelas juntas comerciais*, RJ: Lumen Juris, 2016, p. 167.

[8] ANDRÉ SANTA CRUZ, *A Lei da Liberdade Econômica e as Mudanças na Legislação de Registro Empresarial*, cit., p. 573.

[9] CARLOS ALBERTO DABUS MALUF e VITOR FREDERICO KÜMPEL, *As Mudanças nos Registros públicos e as Juntas Comerciais: Art. 14*, cit., 575-576.

cisão, dissolução e extinção de registro de empresários e de pessoas jurídicas por meio de sistema eletrônico criado e mantido pela administração pública federal.

3) Conexão intrassistêmicas.

A mais importante conexão intrassistêmica entre as alterações introduzidas na Lei do Registro Público de Empresas Mercantis e as demais disposições da Lei da Liberdade Econômica talvez seja a existente entre a nova redação do art. 35, parágrafo único, da LRPEM, que deixou de exigir a aprovação governamental das atividades exploradas pela empresa para proceder ao registro dos atos constitutivos, e o art. 3º, *caput*, I, da LLE, que dispensou quaisquer autorizações ou liberações para a exploração de atividades de baixo risco. Sem entrar aqui na discussão relativa aos problemas de competência constitucional para expedir normas sobre a classificação das atividades segundo seu risco, cumpre apenas observar que, como é óbvio, a nova redação do parágrafo único do art. 35 da LRPEM apenas fez com que a autorização para a exploração de certas atividades deixasse de ser requisito *prévio* para o registro de atos constitutivos, sem, contudo, fazer com que essa autorização deixasse de ser *a posteriori* necessária para a efetiva exploração da atividade para a qual se constitui a empresa nos casos não abrangidos pelo art. 3º, *caput*, I, da LLE.

Referências

CYRINO, André. *Atos de Liberação*, 'in' *Comentários à Lei da Liberdade Econômica* – coord. Floriano Peixoto Marques Neto, Otavio Luiz Rodrigues Jr. e Rodrigo Xavier Leonardo, SP: Revista dos Tribunais, 2019.
ISSA, Rafael Hamze. *Atividades de Baixo Risco*, 'in' *Comentários à Lei da Liberdade Econômica* – coord. Floriano Peixoto Marques Neto, Otavio Luiz Rodrigues Jr. e Rodrigo Xavier Leonardo, SP: Revista dos Tribunais, 2019.
JACOB, Paola Domingues. *Controle dos atos societários pelas juntas comerciais*, RJ: Lumen Juris, 2016.
MALUF, Carlos Alberto Dabus; Kümpel, Vitor Frederico. *As Mudanças nos Registros públicos e as Juntas Comerciais: Art. 14*, 'in' *Comentários à Lei da Liberdade Econômica* – coord. Floriano Peixoto Marques Neto, Otavio Luiz Rodrigues Jr. e Rodrigo Xavier Leonardo, SP: Revista dos Tribunais, 2019.

MARIANO, Álvaro A. C.; DIAS, André Petzhold, *Artigo 14: Comentário Geral*, 'in' *Lei da Liberdade Econômica Anotada* – coord. Alexandre da Cunha Filho, Roberto Picelli e Renata Maciel, vol. 2, SP: Quartier Latin, 2020.

SANTA CRUZ, André. *A Lei da Liberdade Econômica e as Mudanças na Legislação de Registro Empresarial*, 'in' *Lei de Liberdade Econômica e seus impactos no Direito Brasileiro* – coord. Luis Felipe Salomão, Ricardo Villas Bôas Cueva e Ana Frazão, SP: Revista dos Tribunais, 2020.

SANTA CRUZ, André; SILVA, Anne Caroline Nascimento da. *Impactos da liberdade econômica na modernização do registro de empresas*, 'in' *Declaração de direitos de liberdade econômica: Comentários à Lei 13.874/2019* – coord. André Santa Cruz, Juliana Oliveira Domingues e Eduardo Molan Gaban, Salvador: JusPodivm, 2020.

PARTE VI
DISCIPLINA DOS FUNDOS DE INVESTIMENTO

1.COMENTÁRIO AOS ARTIGOS 1.368-C A 1.368-F DO CÓDIGO CIVIL: FUNDOS DE INVESTIMENTO NA LEI DA LIBERDADE ECONÔMICA[1]

Carlos Portugal Gouvêa

1. Conteúdo e Função do Regime Jurídico dos Fundos de Investimento no Brasil

Os fundos de investimento tornaram-se ferramentas importantes no regime de alocação da poupança coletiva no setor produtivo em diversos países do mundo. No caso brasileiro, talvez os fundos ocupem uma posição até desproporcional na economia como veículos de investimento, em função de seu tratamento tributário privilegiado e das limitações do nosso mercado de capitais.

As normas aplicáveis aos fundos de investimento, portanto, são centrais para o desenvolvimento econômico. Sabe-se que os fundos de investimento, no Brasil, são também usados para perseguir objetivos privados, no caso dos fundos fechados que não tem como objetivo a captação de recursos no mercado. Mas, mesmo não cumprindo esta função clássica para captação de recursos,

---

[1] O autor agradece à professora Judith Martins-Costa pelos generosos comentários que contribuíram imensamente com o artigo, e a Gustavo Manicardi Schneider pela assistência com a pesquisa.

a mera função de veículo de investimento é por si só muito relevante, pois a estrutura jurídica dos fundos acaba concorrendo com estruturas societárias mais tradicionais, como sociedades anônimas ou sociedades limitadas, como alternativa de veículo de investimento.

Os fundos de investimento, conforme atualmente regulados no Brasil, têm desvantagens perante os veículos societários, em razão de serem considerados condomínios, sem, portanto, personalidade jurídica. Assim considerados, os fundos de investimento não se beneficiam dos elementos centrais da sociedade empresária resultantes da revolução financeira que precedeu a revolução industrial na Inglaterra: a responsabilidade limitada e um sólido regime de deveres fiduciários. Existindo tais desvantagens, a questão então seria entender por qual razão os fundos continuam a ser utilizados. A resposta é óbvia: apenas em razão dos fundos apresentarem eficiências tributárias em relação aos investimentos realizados por pessoas físicas ou por *holdings* societárias a partir de um certo montante de recursos financeiros investidos, momento no qual o custo de manutenção do fundo, com a remuneração do administrador, gestor, auditor e outros prestadores de serviços, se torna inferior ao valor do benefício fiscal alcançado. Caso o sistema tributário fosse alterado e as sociedades empresárias tivessem um regime tributário equivalente aos dos fundos de investimento, parece razoável imaginar que as estruturas de fundos seriam imediatamente abandonadas e que o mercado adotaria modelos societários análogos aos da indústria de fundos dos Estados Unidos da América, na qual as principais estruturas jurídicas são societárias e não condominiais, como as *Limited Liability Companies* ou as *Limited Liability Partnerships*.

Mas, sendo o sistema tributário atual um dado da realidade, não nos parece razoável que os fundos de investimento, por motivos incompreensíveis, permaneçam sendo um instituto jurídico com desvantagens descomunais com relação às sociedades empresariais, particularmente no caso da responsabilidade limitada e da falta de clareza quantos aos deveres fiduciários dos administradores e gestores. Uma parcela razoável da riqueza nacional está acumulada atualmente em fundos de investimento e não é razoável preservar uma modelo de governança medieval, literalmente, pois foi justamente a revolução financeira iniciada na Inglaterra com o surgimento das primeiras companhias modernas durante o século XVIII e, principalmente, com a edição, pelo parlamento britânico, do *Joint Stock Companies Act* de 1844, que acabou com a insegurança jurídica com relação à possibilidade ou não de limitação da responsabilidade nas companhias inglesas.

Em tal contexto, nos parece que a LLE representou uma oportunidade perdida para corrigir de forma permanente tal discrepância. Por um lado, a LLE acertou em autorizar a limitação da responsabilidade dos acionistas, mas se equivocou ao fazê-lo por meio de um regime, para dizer o mínimo, *sui generis*, no qual os próprios regulamentos dos fundos devem determinar se existe ou não responsabilidade limitada. Por outro lado, a LLE deixou de promover mudanças estruturais necessárias para adequação dos fundos à realidade econômica que lhes é subjacente, particularmente com relação à melhora das regras de governança corporativa dos fundos.

Esse artigo está dividido em cinco partes. A primeira recapitula brevemente a conformação jurídica dos fundos de investimento, passando pela discussão sobre sua natureza jurídica no direito brasileiro, pelas principais evoluções do seu quadro regulatório e sobre os motivos para a adoção da forma condominial. A segunda apresenta as inovações trazidas pela LLE e retoma o processo legislativo que levou a sua forma final. A terceira apresenta apontamentos de direito comparado, demonstrando as vantagens da adoção da forma societária para fundos de investimento. A quarta analisa as principais normas internas sobre os Fundos de Investimento e sua relação com a Lei de Liberdade Econômica. A quinta, aproveitando-se da discussão anterior, apresenta as principais demandas relativas à regulação de fundos de investimento, às quais a LLE infelizmente deixou de atender.

2 A História do Regime Jurídico dos Fundos de Investimento no Brasil

No Brasil, os primeiros fundos de investimento foram criados na década de 1940, com natureza societária – especificamente, como sociedades em conta de participação[2]–, sendo apenas em 1957 constituído o primeiro fundo

---

[2] PAVIA, Eduardo Cherez. *Fundos de investimento*: estrutura jurídica e agentes de mercado como proteção do investimento. Dissertação (Mestrado) Programa de Pós-Graduação em Direito, Faculdade de Direito, Pontifícia Universidade Católica de São Paulo, São Paulo, 2014, p. 30.

condominial, o Fundo Crescinco³. A companhia controladora adotou a forma condominial no fundo por motivos tributários (evitar a bitributação da venda das cotas) e contábeis (evitar a exigência de capital fixo das sociedades limitas, uma vez que desejava-se constituir um fundo aberto)⁴.

No ano seguinte à constituição do Crescinco, editou-se a Lei nº 3.470/1958, que evitava a incidência de imposto de renda sobre os fundos de investimento constituídos sob forma de condomínio, desde que: (i) fossem administrados por sociedade de investimento, (ii) não investissem mais de 10% de seus recursos em uma única empresa e (iii) distribuíssem resultados anualmente⁵. Desse modo, sagrou-se um regime tributário fortemente favorável aos fundos de investimento condominiais, resultando em um definitivo incentivo para que essa fosse a forma primordialmente adotada em desprestígio às estruturas societárias.

A disciplina mais ampla foi criada apenas pela Lei nº 4.728/1965, que regulamentou as sociedades de investimento e os fundos de investimento sob forma de condomínio. À época da preparação da lei, cogitou-se forçar a transformação dos fundos de investimento em sociedades de capital autorizado⁶, o que foi rejeitado, a nosso ver, sem uma análise aprofundada das questões que apontamos inicialmente, ou seja, a relevância de existirem os elementos básicos das pessoas jurídicas. Os aspectos exclusivamente tributários acabaram por assumir um papel preponderante na escolha, seguindo-se a lógica de: caso os fundos não fossem pessoas jurídicas, estaria justificado o seu tratamento tributário diverso. Posteriormente, a Resolução nº 145 do Banco Central criou

---

³ BECKER, Bruno Bastos. *Fundos de Investimento no Brasil:* anatomia funcional e análise crítica Regulatória. Tese (Doutorado) – Programa de Pós-Graduação em Direito, Faculdade de Direito, Universidade de São Paulo, São Paulo, 2019, p. 140.

⁴ ASHTON, Peter Walter. *Companhias de investimentos.* Rio de Janeiro: Edições Financeiras, 1963, p. 41.

⁵ PAVIA, Eduardo Cherez. *Fundos de investimento*: estrutura jurídica e agentes de mercado como proteção do investimento. Dissertação (Mestrado) Programa de Pós-Graduação em Direito, Faculdade de Direito, Pontifícia Universidade Católica de São Paulo, São Paulo, 2014, p. 33.

⁶ BECKER, Bruno Bastos. *Fundos de Investimento no Brasil:* anatomia funcional e análise crítica regulatória. Tese (Doutorado) – Programa de Pós-Graduação em Direito, Faculdade de Direito, Universidade de São Paulo, São Paulo, 2019, p. 253.

a figura dos Fundos Mútuos de Investimento com estrutura condominial, consagrando a forma adotada até hoje[7].

É possível notar, portanto, que os benefícios tributários foram centrais para a adoção generalizada da forma condominial, que foi posteriormente fixada na base regulamentar[8] e legislativa. Vale notar, as normas que hoje regem os fundos de investimento lhes atribuem a natureza jurídica de comunhão de recursos com natureza condominial especial. Ainda que haja previsão expressa em lei dessa natureza, a doutrina não é pacífica sobre o tema, e há ao menos três motivos fortes para isso.

O primeiro deles é que a adoção do formato condominial é absoluta exceção em perspectiva comparada. Becker aponta, na verdade, apenas dois países que adotam esse formato: um deles é o Brasil, e o outro é Bahamas, que se inspirou declaradamente no modelo brasileiro[9]. No levantamento do autor, foram encontrados fundos de investimento constituídos com base contratual, societária e com base em direitos reais (*trust* e condomínios), sendo que a prática internacional converge principalmente para o uso da propriedade fiduciária (por meio de *trusts*) e de estruturas societárias[10].

Outro ponto criticado na doutrina é a inaplicabilidade de normas relativas a condomínios em geral para fundos de investimento. Raquel Sztajn, nesse ponto, defende que os fundos de investimento (especificamente os imobiliários, os quais têm base legislativa, mas de forma também aplicável aos demais

---

[7] BECKER, Bruno Bastos. *Fundos de Investimento no Brasil*: anatomia funcional e análise crítica regulatória. Tese (Doutorado) – Programa de Pós-Graduação em Direito, Faculdade de Direito, Universidade de São Paulo, São Paulo, 2019, p. 138.

[8] Uma peculiaridade da disciplina jurídica de fundos no Brasil é seu caráter fortemente regulamentar, com pouca base legal associada (a principal exceção é quanto aos fundos de investimento imobiliário, regulados por lei específica, a Lei 8.668/93). A LLE representa, nesse sentido, exceção, ao criar no Código Civil institutos que regulam fundos de investimento.

[9] BECKER, Bruno Bastos. *Fundos de Investimento no Brasil*: anatomia funcional e análise crítica regulatória. Tese (Doutorado) – Programa de Pós-Graduação em Direito, Faculdade de Direito, Universidade de São Paulo, São Paulo, 2019, p. 139.

[10] Vale notar que nos Estados Unidos da América, conforme mencionado acima, os fundos são quase sempre organizados sob forma societária, seja em *Limited Partnerships* ou sob a forma de *Limited Liability Company*, conforme: KLEIN, April; ZUR, Emanuel. *Entrepreneurial Shareholder Activism*: Hedge Funds and other private investors. SSRN, p. 5.

modelos de fundos) seriam condomínios de um tipo diferente dos demais condomínios do código civil[11].

Enquanto, para a autora, os fundos seriam condomínios germânicos, de caráter associativo e em que os bens pertencem à coletividade, o regime civil de condomínios teria origem no condomínio romano, baseado nas noções de fração ideal como limitadoras do direito individual ao bem coletivo[12].

Ainda nesse tema, vale notar a posição de Fábio Konder Comparato, que reconhece a convivência de diferentes regimes de condomínios no direito brasileiro, assim argumentando que eventuais normas do regime condominial inaplicáveis aos fundos não teriam o condão de descaracterizar os fundos como condomínios[13].

O terceiro ponto é que os fundos reuniriam todos os requisitos necessários à caracterização de sociedades. Nesse sentido, Erasmo Valladão Azevedo e Novaes França defende que os fundos seriam sociedades despersonalizadas, lhes sendo aplicáveis as normas da sociedade em comum[14]. Além dele, Freitas também reconhece a natureza societárias dos fundos de investimento com base na comparação entre os elementos essenciais das sociedades empresariais (conforme dispostos no código civil) e os dos fundos[15]. Por fim, com base na mesma comparação, mas negando que fundos desenvolvam atividade empresarial, Pavia defende que sejam sociedades simples, com personalidade jurídica, porque têm capacidade processual e são centros autônomos de imputação[16].

---

[11] SZTAJN, R. Quotas de fundos imobiliários: novo valor mobiliário. *Revista de Direito Mercantil, Industrial, Econômico e Financeiro*. São Paulo, v. 33, jan./mar. 1994, p. 104-8, 1994, p. 104.

[12] SZTAJN, R. Quotas de fundos imobiliários: novo valor mobiliário. *Revista de Direito Mercantil, Industrial, Econômico e Financeiro*. São Paulo, v. 33, jan./mar. 1994, p. 104-8, 1994, p. 104-105.

[13] COMPARATO, Fábio Konder; SALOMÃO FILHO, Calixto. *O poder de controle na sociedade anônima*. 6. ed. Rio de Janeiro: Forense, 2014, p. 137.

[14] FRANÇA, Erasmo Valladão Azevedo e Novaes. A natureza jurídica dos fundos de investimento. Conflito de interesses apurado pela própria assembléia de quotistas. Quórum qualificado para destituição de administrador de fundo. *Temas de direito societário, falimentar e teoria da empresa*. São Paulo: Malheiros Editores, 2009.

[15] FREITAS, Ricardo de Santos. *Natureza Jurídica dos Fundos de Investimento*. São Paulo, Quartier Latin, 2005.

[16] PAVIA, Eduardo Cherez. *Fundos de investimento*: estrutura jurídica e agentes de mercado como proteção do investimento. Dissertação (Mestrado) Programa de Pós-Graduação em

O debate quanto à natureza jurídica dos fundos de investimento no direito brasileiro não é mera curiosidade, como poderia parecer em um primeiro momento, uma vez que a regulamentação e a legislação são claras as estabelecer que os fundos são condomínios[17]. A discussão é de fundo, pois a visão tradicional equacionaria a possibilidade de limitação da responsabilidade com o reconhecimento da existência da personalidade jurídica. Mas tal visão desconsidera a origem histórica dos fundos de investimento, os quais tiveram como base o direito dos *trusts*. Os *trusts* são universalidades patrimoniais e, como tais, detêm, inerentemente uma limitação da responsabilidade. Como ninguém é proprietário dos *trusts*, não existe a possibilidade de responsabilizar os seus sócios, pois eles não existem. Tal característica é anterior ao surgimento do próprio conceito de personalidade jurídica moderna, pois os *trusts* são institutos jurídicos medievais e anteriores historicamente ao surgimento das primeiras pessoas jurídicas. Assim, o reconhecimento da personalidade jurídica não pode ser entendido nem como uma característica essencial da personalidade jurídica, uma vez que existem pessoas jurídicas que não detêm limitação da responsabilidade, nem como um requisito para a limitação da responsabilidade.

Apesar de tal fato, não é possível negar que o judiciário e o público investidor em geral estão mais acostumados a reconhecer que a responsabilidade limitada é uma característica das sociedades empresariais. Assim, reconhecer a natureza societária dos fundos teria permitido, com muito maior naturalidade, o reconhecimento da sua responsabilidade limitada. Apesar da análise de Valadão no sentido de que os fundos de investimento seriam sociedades em comum nos parecer adequada no sentido de auxiliar a reduzir o déficit de regras de governança corporativa dos fundos de investimento, tal análise não nos auxilia em relação à responsabilidade limitada, uma vez que as sociedades

---

Direito, Faculdade de Direito, Pontifícia Universidade Católica de São Paulo, São Paulo, 2014, p. 58.

[17] Ver, de forma combinada, os Arts. 1º e 2º da Lei nº 8.668/1993, a qual instituiu os Fundos de Investimento Imobiliários: "Art. 1º Ficam instituídos Fundos de Investimento Imobiliário, sem personalidade jurídica, caracterizados pela comunhão de recursos captados por meio do Sistema de Distribuição de Valores Mobiliários, na forma da Lei nº 6.385, de 7 de dezembro de 1976, destinados a aplicação em empreendimentos imobiliários. Art. 2º O Fundo será constituído sob a forma de condomínio fechado, proibido o resgate de quotas, com prazo de duração determinado ou indeterminado".

em comum também não gozam de tal privilégio. Da mesma forma, o debate entre Sztajn e Comparato não joga luzes sobre o tema, uma vez que ambas as opiniões gravitam em torno da figura do condomínio, o qual é visto historicamente como destituído de responsabilidade limitada e de personalidade jurídica.

Assim, nos parece adequado nos desprendermos das amarras doutrinárias e legislativas para buscarmos esclarecer qual a função econômica que os fundos de investimento exercem na realidade brasileira e, principalmente, qual é a percepção que o público investidor tem com relação aos fundos. Não parece adequado afirmar que o público investidor tenha ideia de que os fundos de investimento não têm limitação de responsabilidade. Ou seja, todos nós, ao adquirirmos cotas de fundos de investimento, estamos, ao mesmo tempo, assumindo uma responsabilidade ilimitada com relação ao nosso patrimônio com relação aos riscos da atividade econômica desenvolvida, direta ou indiretamente, com recursos do fundo. Não me parece que os investidores realmente tenham em consideração que estão arriscando todo seu patrimônio ao investir em um fundo de investimento. Muito menos sabem os investidores, em sua maioria, que apenas os Fundos de Investimento Imobiliário têm responsabilidade limitada garantida por lei[18], ou que, após a LLE, deverão ler o regulamento do fundo para definirem se o investimento terá ou não a proteção da responsabilidade limitada.

Assim, do ponto de vista da segurança jurídica, é importante entender se os fundos de investimento têm ou não uma função econômica próxima às das sociedades e, particularmente, das sociedades anônimas. A segurança jurídica tem dois polos extremos: em um extremo está o judiciário, que aplica a legislação em relação aos casos concretos, e no outro extremo está a expectativa da sociedade em relação aos resultados esperados com relação ao sistema jurídico. Ou seja, mesmo que exista clareza com relação ao regime jurídico no texto da lei, caso tal regime jurídico esteja em franca contradição com a expectativa da sociedade, não existe segurança jurídica propriamente

---

[18] Ver Art. 13, inciso II da Lei nº 8.668/1993: "Art. 13. O titular das quotas do Fundo de Investimento Imobiliário: [...] II – não responde pessoalmente por qualquer obrigação legal ou contratual, relativamente aos imóveis e empreendimentos integrantes do fundo ou da administradora, salvo quanto à obrigação de pagamento do valor integral das quotas subscritas".

dita, pois o fato do sistema jurídico contradizer a expectativa da sociedade gera uma imediata sensação de injustiça e ilegitimidade das decisões judiciais.

Para fazer tal análise da proximidade da função econômica e jurídica dos fundos de investimento e das sociedades anônimas, partiremos do conceito de sociedade anônima constante da obra "A Anatomia do Direito Societário". Conforme a divisão feita pelos autores de tal obra, que é a mais importante obra de direito societário comparado mundial, as sociedades anônimas, ou *corporations*, contam com 5 elementos essenciais: personalidade jurídica, limitação da reponsabilidade, ações transferíveis, administração centralizada com estrutura de conselho e a propriedade compartilhada por fornecedores de capital[19].

Com relação ao critério das ações transferíveis, tal critério estaria certamente satisfeito no caso dos fundos fechados, que não permitem o resgate e a liquidação do valor das cotas adquiridas, uma vez que há mercado secundário para compra e venda de cotas de fundos (por exemplo, de fundos imobiliários). Quanto aos fundos abertos, o cumprimento do requisito é menos óbvio, pois o investidor não vende suas cotas no mercado quando deseja se desfazer de sua posição, mas de fato opera a liquidação de suas cotas. Ainda que a transferência pura das cotas não seja prática corrente, é possível realizar a cessão fiduciária das cotas, nos termos do Ofício-Circular CVM/SIN 05/14[20]. Nesse sentido, mesmo em fundos abertos as cotas são transferíveis, apesar de não ser essa a prática corrente no mercado.

O requisito da administração centralizada em estrutura de conselhos pode ser cumprido de dois modos. O primeiro modo, válido para todos os fundos, é compreender que a administração do fundo é delegada de dois modos, quais sejam, ou apenas para o administrador fiduciário, ou de forma dividida entre o administrador fiduciário (que então cuida apenas da manutenção e regularização do fundo) e o gestor (que passa a ser responsável de forma exclusiva pela administração da carteira). Nesse sentido, há uma divisão funcional, nos termos da regulamentação vigente, de atribuições entre essas duas figuras. O segundo modo é pensar na potencial sofisticação das estruturas de

---

[19] KRAAKMAN, Reinier et al. *A anatomia do direito societário*: uma abordagem comparada e funcional. Tradução Mariana Pargendler. São Paulo: Editora Singular, 2018, p. 38.
[20] Disponível em: http://conteudo.cvm.gov.br/legislacao/oficios-circulares/sin/oc-sin-0514.html.

governança de fundos de investimento, como por meio da criação de conselhos de investimento. Voltaremos a tal tema ao tratarmos das oportunidades perdidas pela LLE, uma vez que poderia ter tratado do tema dos comitês de investimento e não o fez. Mas, no caso dos Fundos de Investimento em Participações e dos Fundos de Investimento em Empresas Emergentes registrados com a Associação Brasileira das Entidades dos Mercados Financeiro e de Capitais (ANBIMA), o seu código de boas práticas indicou claramente os critérios segundo os quais seria adequada a adoção de tal estrutura com relação aos fundos de maior porte[21]. Assim, consideramos que, com relação aos fundos de maior porte, existe a figura da delegação da administração e a possibilidade de que tal delegação seja feita por meio de um comitê de investimentos.

O quarto elemento é a propriedade pelos acionistas, que se traduz na participação nos lucros e perdas da companhia, e no direito de voz e voto em assembleia. Do mesmo modo em que nas companhias, a assembleia geral de cotistas é a maior instância decisória nos fundos de investimento, podendo inclusive alterar a política de investimentos e o regulamento do fundo. Ainda que não haja pagamento de dividendos em fundos (com exceção dos fundos imobiliários), a valorização ou desvalorização das cotas do fundo representa uma forma de participação nos resultados auferidos pelo gestor, de modo que esse elemento também está presente nos fundos.

Completos os outros 4 requisitos para o reconhecimento de que os fundos de investimento têm função econômica e jurídica equivalente às das sociedades anônimas, faltaria então o reconhecimento de que os fundos de investimento têm personalidade jurídica. Neste ponto, temos uma dificuldade, pois, conforme já comentado acima, a Lei nº 8.668/1993, que rege os Fundos de Investimento Imobiliários, expressamente excluiu o reconhecimento da existência de personalidade jurídica com relação a fundos de tal tipo e a Lei da Liberdade Econômica em parte falhou ao não tratar do tema expressamente. No entanto, é inegável que os fundos de investimento funcionam como um

---

[21] Neste sentido, ver o Código ABVCAP/ANBIMA de Regulação e Melhores Práticas para o Mercado de FIP e FIEE, disponível no seguinte endereço eletrônico: https://www.anbima.com.br/pt_br/autorregular/codigos/fip-e-fiee.htm

centro autônomo de imputação[22] (tanto para efeitos processuais como para efeitos contábeis e tributários), de forma que, mesmo em determinados casos de forma contrária à previsão legal expressa, os fundos de investimento operam como pessoas jurídicas de fato.

Na definição adotada por Caio Mário da Silva Pereira, que concorre com Clóvis Beviláqua, "a personalidade exprime a aptidão genérica para adquirir direitos e contrair deveres"[23]. A LLE, nesse ponto, parece de fato ter atribuído aos fundos algo como uma personalidade jurídica de fato, porque, no artigo 1368-E permite categoricamente que o fundo venha a contrair deveres[24].

Em tal sentido, nos parece inegável que, mesmo de forma contrária ao que diz explicitamente a Lei nº 8.668/1993 e ao entendimento de que condomínios não tem personalidade jurídica, os Fundos de Investimento de fato têm personalidade jurídica, ao exercerem a função de centro autônomo de imputação nos termos do Art. 1º do Código Civil, ou seja, sendo uma pessoa plenamente "capaz de direitos e deveres na ordem civil". De outra forma, chegaríamos à conclusão absurda de que os fundos de investimento não podem assinar contratos, não são legitimados para estarem no polo ativo ou passivo de ações judiciais e não estão sujeitos a qualquer tipo de responsabilização jurídica. O direito não admite proposições completamente absurdas. De tal forma, em que pese a existência de previsão legal, negar a capacidade jurídica dos fundos de investimento é um absurdo que não pode ser admitido no sistema jurídico e a LLE falhou em não ser mais explícita a tal respeito e expressamente alterar o Art. 1º da Lei nº 8.668/1993. Não se pode, também, imaginar que o Art. 44 do Código Civil, ao listar as pessoas jurídicas de direito privado, representaria uma definição em *numeros clausus*[25].

---

[22] É precisamente essa a noção de pessoa jurídica (como um centro de imputação de normas) que Menezes Cordeiro consagra em: CORDEIRO, António Menezes. *Tratado de Direito Civil Português*. Vol 1. Tomo 1. 3ª Ed. Coimbra: Almedina, 2015, p. 373

[23] PEREIRA, Caio Mário da Silva. *Instituições de Direito Civil*. (atual. Maria Celina Bodin de Moraes). vol. 1. 30ª Ed. Rio de Janeiro: Forense, 2017, p. 181.

[24] Art. 1.368-E. Os fundos de investimento respondem diretamente pelas obrigações legais e contratuais por eles assumidas, e os prestadores de serviço não respondem por essas obrigações, mas respondem pelos prejuízos que causarem quando procederem com dolo ou má-fé.

[25] Existem diversos exemplos de pessoas jurídicas criadas por leis especiais sem a sua inclusão no Art. 44 do Código Civil, como, por exemplo, as diversas entidades do chamado "serviço social autônomo", como por exemplo, o Serviço Nacional de Aprendizagem Industrial – SENAI, criado pelo Decreto nº 494/1962, o qual prevê o quanto segue: "Art. 3º O Serviço

De tal forma, os fundos de investimento, no sistema jurídico e na prática econômica brasileiros, são uma sociedade anônima de fato. Ao invés de lutar contra tal realidade, criando substancial insegurança jurídica, o legislador deveria reconhecer tal realidade e regulá-la de forma prática, sem estar influenciado por conceitos puramente abstratos. Em tal sentido, o relevante não é a natureza jurídica dos fundos de investimento, pois os fundos de investimento não são figuras etéreas que tenham uma essencial universal que então os juristas poderiam revelar com base em profunda reflexão. Os fundos de investimento são um fenômeno real, historicamente constituído, e cujas anomalias, fruto de seu desenvolvimento, devem ser corrigidas com o passar dos anos.

O que vemos em relação aos fundos de investimento é uma espécie de *path dependency*. Como os fundos foram criados com base na tese de que condomínios não seriam pessoas jurídicas e, por consequência, não estariam sujeitos à tributação, particularmente dos ganhos de capital, mesmo hoje existindo um tratamento tributário específico para fundos de investimento, não baseado no fato de tais institutos serem ou não considerados como pessoas jurídicas, perdura a dificuldade de tratá-los, primeiro, como pessoas jurídicas, e, segundo, como estruturas societárias, em razão de um medo irracional de que tal alteração prejudique o tratamento tributário dos fundos ou algum outro mal que não se consegue sequer explicar.

A LLE parece ter sido acometida de tal medo irracional. A principal alteração promovida pela LLE na disciplina dos fundos de investimento – a autorização para a limitação da responsabilidade do quotista – foi no sentido correto. Mas como veremos, ao ter criado a estranha figura da responsabilidade limitada opcional, em verdade apenas protelou o debate, pois existe uma razoável dúvida de como o judiciário reagirá a tal invenção. Como veremos na sequência, esta foi apenas uma das oportunidades perdidas pela LLE. Em seguida, analisamos o processo legislativo em torno da promulgação da lei para ilustrar o argumento de tais oportunidades perdidas pela Lei com relação à regulamentação dos fundos de investimento.

Nacional de Aprendizagem Industrial é um entidade de direito privado, nos têrmos da lei civil, com sede e fôro jurídico na Capital da República, cabendo a sua organização e direção à Confederação Nacional da Indústria".

3 Alterações ao Código Civil trazidas pela Lei de Liberdade Econômica

A Lei de Liberdade Econômica foi inicialmente proposta como Medida Provisória (MP) em 30 de abril de 2019. A então MP nº 881/2019 rapidamente causou alvoroço, uma vez que não houve debate nem participação popular na construção do texto inicial. Especificamente sobre o regime de fundos de investimento, a exposição de motivos e síntese do projeto justifica as alterações propostas da seguinte forma:

> "Atenta às necessidades de facilitar a canalização de recursos poupados para a economia real, a proposta assegura a legalidade de responsabilidade limitada para fundos de investimento, o que deverá aumentar a segurança da modalidade por meio dessas estruturas. Contribui-se, assim, para um ambiente mais competitivo e atrativo que beneficiará inclusive os grandes programas de desestatizações, outro assunto emergencial que justifica a existência desta Medida. Espera-se que, ao equacionarmos nosso ambiente com o resto do mundo desenvolvido, abrindo a possiblidade desse tipo de fundo, conforme futura regulamentação da Comissão de Valores Mobiliários, consigamos um aumento de investimentos em geral. Importante consequência desse aumento é a tendência de uma valorização maior dos ativos a serem desestatizados, o que ocasionará, ao fim e ao cabo, que mais recursos estejam disponíveis à Administração para a realização de políticas públicas de saúde e educação, por exemplo." [26]

Nesse sentido, parecem ser dois os motivos associados com a concessão da possibilidade de limitar a responsabilidade do cotista, sendo um egoístico e o outro realmente de atendimento do interesse público: o interesse egoístico do governo estava em usar fundos de investimento como veículos de desestatização e o interesse púbico em ampliar a proteção dos investidores nos mercados de capitais com relação ao risco da responsabilidade ilimitada. Vale notar,

---

[26] SENADO FEDERAL. *Exposição de motivos da Medida Provisória 881*. p. 17. Disponível em: https://legis.senado.leg.br/sdleggetter/documento?dm=7946806&ts=1617045223650&disposition=inline.

a proteção aos investidores vem sendo objeto de discussão mais aprofunda até recentemente[27], e é tema que merece análise rigorosa e política pública mais ampla, com vistas ao adequado desenvolvimento do mercado de capitais brasileiro. O caso presente nos parece um exemplo de que as Medidas Provisórias não são o meio adequado para meras alterações legislativas obviamente não urgentes. A tramitação das medidas provisórias reduz muitíssimo o tempo necessário para o debate legislativo e não permite a formação de comissões, a realização de audiências públicas, o que empobrece profundamente o debate legislativo.

Em seguida à publicação da Medida Provisória pelo governo, foram protocoladas 301 emendas, das quais cinco tratavam da matéria de fundos de investimento (dessas, uma era emenda supressiva que visava a retirar inteiramente a disciplina de fundos de investimento na MP, que restou rejeitada[28]). Entre as demais, uma apenas realocava as alterações para a Lei 4.728/1965 sem alterar materialmente o conteúdo da MP[29], uma emenda propunha a inclusão de artigo assegurando que os fundos teriam personalidade jurídica[30] e, por fim, outra emenda propunha que a responsabilidade limitada fosse obrigatória[31], a qual foi minutada por mim em assessoria ao Deputado Federal Eduardo Cury. Em sentido contrário, além dessas, havia também a emenda 092[32], que reforçava a natureza especial do condomínio e estabeleceu que os investidores é que arcam com os riscos, respondendo os prestadores de serviços do fundo somente por dolo ou culpa.

Destaque-se que as emendas às MPs precisam ser apresentadas pelos parlamentares apenas 5 dias após o início de sua tramitação, sendo um costume pouco republicano o de encaminhar as propostas de MP ao Congresso Nacional às sextas-feiras ou antes de feriados de forma a reduzir a oportunidade para apresentação de emendas. Como resultado, quase todas as emendas relacionadas com o regramento dos fundos de investimento foram rejeitadas

---

[27] Exemplo disso é a recente Medida Provisória do Ambiente de Negócios, que tenta disciplinar o tema.
[28] Emenda 089 de autoria do Deputado Federal André Figueiredo (PDT – CE).
[29] Emenda 172 de autoria do Senador da República Rodrigo Pacheco (DEM – MG).
[30] Emenda 255 de autoria do Deputado Federal Alexis Fonteyne (NOVO – SP).
[31] Emenda 119 de autoria do Deputado Federal Eduardo Cury (PSDB – SP).
[32] Emenda 091 de autoria do Deputado Federal Kim Kataguiri (DEM – SP).

integralmente ou acolhidas apenas em detalhes imateriais de redação[33]. A escolha de proposição de uma MP ao invés de um projeto de lei, além da pouca abertura do Governo Federal a debater os termos da proposta antes de sua proposição, são os fatores que levaram, no âmbito dos fundos de investimento, às maiores falhas identificadas no texto legislativo final.

Nesse sentido, e com alterações adicionais incorporadas durante a tramitação do projeto, a Medida Provisória foi convertida na Lei nº 13.874, de 20 de setembro de 2019, sendo que não houve veto de nenhum dispositivo do regime de fundos de investimento. Mesmo assim, dado que foram propostas alterações relevantes ao regime dos fundos, e que elas foram rejeitadas pela Comissão mista de avaliação, chama a atenção que o projeto tenha acabado por avançar pouco. Passaremos então à análise específica de tais pontos, de forma a justificar em maiores detalhes tal argumento.

3.1 Topologia dos fundos de investimento no Código Civil e *trusts*

A LLE incluiu os fundos de investimento sob o Livro III do Código Civil, o qual trata do "Do Direito das Coisas", e depois em seu Título III, "Da Propriedade". Nesse sentido, deixou claro o intento de que, ao menos topologicamente, fosse constituído o fundo de modo a integrar-se na disciplina de direitos reais. Ocorre que a LLE não inseriu os fundos dentro dos capítulos dos condomínios, os quais compreendem os Capítulos VI e VII do Título III do Livro III do Código Civil, como um olhar formal para o instituto indicaria ser o correto, dando a ele um capítulo próprio dentro do Título III totalmente em separado dos capítulos destinados aos condomínios.

A LLE também exclui expressamente a aplicação da disciplina dos condomínios em geral e dos condomínios edilícios aos fundos de investimento, e repetiu que teriam os fundos seriam "um condomínio de natureza especial"[34], seguindo a tese de Fábio Konder Comparato. No entanto, o fato de o legislador ter colocado os fundos de investimento como uma categoria separada, logo ao lado da propriedade fiduciária, reafirmando a sua natureza de direito real pela LLE, nos parece ter aproximado o instituto da prática internacional de

---

[33] Conforme Parecer CN 01/2019, disponível em: https://legis.senado.leg.br/sdleg-getter/documento?dm=7979613&ts=1617045238199&disposition=inline.

[34] Art. 1.368-C, caput e parágrafo único do Código Civil.

considerar os fundos como uma forma de propriedade fiduciária. Ao fazê-lo, reconheceu também sua aproximação com a da figura do *trust*, instituto típico do direito anglo-saxão.

Assim, mais uma vez, a natureza jurídica dos fundos de investimento é o de uma sociedade anônima de fato, cuja forma legal é estabelecida por meio de uma estrutura de propriedade fiduciária. A referência a propriedade fiduciária aqui é feita de forma ampla, como abrangendo todas as formas de propriedade fiduciária, e não conforme definida no Art. 1.361, a qual equacionou o conceito de propriedade fiduciária a um dos seus subtipos, que seria a resultante de alienação fiduciária. O próprio regime do *trust* é uma forma de propriedade fiduciária no direito anglo-saxão, assim como o direito societário. A propriedade fiduciária ocorre sempre que existe uma transação do direito de propriedade de uma pessoa para um terceiro, sendo que o terceiro assume a administração do bem em nome do proprietário original. Tal situação jurídica pode ocorrer na venda de um bem que é mantido no nome do financiador da aquisição como forma de garantia de crédito, na formação do *trust* pelo *settlor*, ou quando ocorre a subscrição e integralização de ações de uma sociedade anônima.

No caso do condomínio, não existe tal natureza fiduciária. O próprio Art. 1.314 do Código Civil deixa claro que no condomínio, cada condômino continua sendo proprietário de sua cota-parte, e pode "usar da coisa conforme sua destinação, sobre ela exercer todos os direitos compatíveis com a indivisão, reivindicá-la de terceiro, defender a sua posse e alhear a respectiva parte ideal, ou gravá-la". O quotista de um fundo de investimento não pode exercer qualquer destes direitos com relação ao patrimônio do respectivo fundo. No condomínio, são estabelecidas regras e existe uma administração centralizada, a qual jamais recebe poderes de administração plena sobre os bens administrados. Justamente, a administração do condomínio não pode dispor da propriedade do bem detido em condomínio. Ou seja, não é uma relação fiduciária, e a relação do fundo de investimento é necessariamente fiduciária. O investidor integraliza as cotas do fundo de investimento, e, ao fazê-lo, perde a propriedade dos seus recursos, os quais passam a ser administradores pelo administrador, geralmente em conjunto com um gestor, em benefício dos detentores de cotas.

A aproximação entre institutos de propriedade fiduciária, como os *trusts*, e as sociedades anônimas é histórica, tanto no âmbito da origem das sociedades anônimas no direito inglês como do debate relacionado à redação da nossa Lei das Sociedades por Ações (Lei nº 6.404/1976). O direito societário inglês sempre foi fortemente influenciado pelo direito dos *trusts* ou por figuras que compartilham com eles princípios fundadores, em alguns pontos centrais[35], particularmente com relação ao regime de deveres fiduciários e a própria a estrutura administrativa da sociedade anônima. A influência do direito dos *trusts* no direito societário é tamanha que foi reconhecida pelo próprio Alfredo Lamy Filho e na exposição de motivos do Ministério da Fazenda[36], a tal ponto que levou Eduardo Salomão Neto a defender a aplicação de princípios relativos aos *trusts* para complementar, especificar e expandir o significado de regras brasileiras de sociedades anônimas[37].

Nesse sentido, e considerando a escolha do legislador em excluir os fundos, tanto topologicamente como em termos das normas aplicáveis, da disciplina dos condomínios, é possível, à luz da experiência internacional, e da estrutura jurídica e da função econômica dos fundos de investimento, reconhecer a sua

---

[35] SALOMÃO NETO, Eduardo. *O trust e o direito brasileiro*. São Paulo: Trevisan Editora, 2016, p. 120-126.

[36] "Da mesma forma, Alfredo Lamy Filho, um dos autores do projeto que se transformaria na Lei de Sociedades por Ações de 1976, frisou, em trabalho encomendado em 1971 pelo Instituto de Planejamento Econômico e Social, vários pontos a reformar seguindo-se os parâmetros da legislação americana, especialmente a do estado de Delaware, tradicionalmente tomada como modelo. [...] Uma vez elaborado o Projeto de Lei das Sociedades por Ações, foi a influência do direito norte-americano e inglês expressamente reconhecida na exposição de motivos do Ministério da Fazenda que o acompanhava quando de sua apresentação ao Poder Executivo, em relação a temas como o agente fiduciário dos debenturistas e as ofertas públicas de aquisição de controle. SALOMÃO NETO, Eduardo. *O trust e o direito brasileiro*. São Paulo: Trevisan Editora, 2016, p. 127-128.

[37] Cf. "Apresentadas e aceitas tais considerações, deve-se aceitar a aplicação de vários princípios e regras do *trust* anglo-saxônico ao direito brasileiro das sociedades por ações, os quais servem ao propósito de complementar regras imprecisas, definir o significado exato ou mesmo ampliar o significado das normas já existentes. [...] A aplicação de princípios proposta resulta simplesmente do reconhecimento da realidade de que o transplante de formulações originárias da *Common Law* com respeito às sociedades anônimas e sociedades empresariais em geral não se pode fazer sem que em certa medida seja também transplantado (sic) parte do arcabouço normativo que cercava as formulações transferidas, sob pena de deturpação de significado e utilidade ou perda de força e de capacidade de alcance das regras originais." SALOMÃO NETO, Eduardo. *O trust e o direito brasileiro*. São Paulo: Trevisan Editora, 2016, p. 140.

característica de propriedade fiduciária, aproximada com a figura dos *trusts* utilizadas como base para formação de fundos de investimento em diversos sistemas jurídicos estrangeiros. Por fim, o fato de *trust* poderem ser utilizados de forma semelhante às sociedades anônimas é prática corrente internacionalmente, e, em razão das conexões históricas entre tais estruturas e a sua base de propriedade fiduciária, tal ocorrência é muito menos conflituosa e mais adequada do que com a estrutura de condomínio, a qual é simplesmente inapta à gestão de recursos no interesse de terceiros.

3.2 Art. 1.368-C, caput e parágrafos – Do Conceito Legal de Fundo de Investimento

> Art. 1.368-C. O fundo de investimento é uma comunhão de recursos, constituído sob a forma de condomínio de natureza especial, destinado à aplicação em ativos financeiros, bens e direitos de qualquer natureza.
> § 1º Não se aplicam ao fundo de investimento as disposições constantes dos arts. 1.314 ao 1.358-A deste Código.
> § 2º Competirá à Comissão de Valores Mobiliários disciplinar o disposto no caput deste artigo.
> § 3º O registro dos regulamentos dos fundos de investimentos na Comissão de Valores Mobiliários é condição suficiente para garantir a sua publicidade e a oponibilidade de efeitos em relação a terceiros.

O artigo 1.368-C consagra uma definição legal dos fundos em geral, reproduzindo o núcleo da definição que já vinha sendo adotada pela Comissão de Valores Mobiliários (CVM)[38], mas adicionando a ela a possibilidade que fundos apliquem em bens e direitos de qualquer natureza. A definição reforça a natureza jurídica de condomínio, mas o faz de forma contraditória, ao não colocar o texto legal nos Capítulo VI e VII do título destinado à propriedade. Ademais, a definição nada menciona sobre a personalidade jurídica, diferentemente da definição adotada na Lei dos Fundos Imobiliários (Lei 8668/93) que a exclui expressamente.

---

[38] Veja, por exemplo, a Instrução CVM nº 555, de 17 de dezembro de 2014 ("ICVM 555").

Já no parágrafo primeiro, o artigo exclui expressamente a aplicação da disciplina dos condomínios em geral e dos condomínios edilícios aos fundos de investimento, reforça o entendimento de que a definição dos fundos como condomínios é unicamente fruto de uma falta de reflexão e do que chamamos de *path dependency*. Já o parágrafo segundo reconhece que a CVM é o órgão responsável pela regulação do *caput* do artigo, reforçando ainda mais a aproximação entre o funcionamento dos fundos de investimento com as sociedades anônimas.

Por fim, o parágrafo terceiro estabelece que o registro dos regulamentos dos fundos de investimento na CVM é condição suficiente para garantir a sua publicidade e a oponibilidade de efeitos em relação a terceiros, o que é bastante relevante para as alterações que a lei faz depois, como a permissão para a limitação da responsabilidade dos cotistas pelas dívidas contraídas pelo fundo. Da leitura sistemática das alterações vindas da LLE, depreende-se que a oponibilidade da cláusula do regulamento que estabeleça a responsabilidade limitada é dependente do registro do regulamento na CVM.

3.3 Art. 1.368-D, caput, incisos e parágrafos – Das Limitações de Responsabilidade

> Art. 1.368-D. O regulamento do fundo de investimento poderá, observado o disposto na regulamentação a que se refere o § 2º do art. 1.368-C desta Lei, estabelecer:
> I – a limitação da responsabilidade de cada investidor ao valor de suas cotas;
> II – a limitação da responsabilidade, bem como parâmetros de sua aferição, dos prestadores de serviços do fundo de investimento, perante o condomínio e entre si, ao cumprimento dos deveres particulares de cada um, sem solidariedade; e
> III – classes de cotas com direitos e obrigações distintos, com possibilidade de constituir patrimônio segregado para cada classe.
> § 1º A adoção da responsabilidade limitada por fundo de investimento constituído sem a limitação de responsabilidade somente abrangerá fatos ocorridos após a respectiva mudança em seu regulamento.

§ 2º A avaliação de responsabilidade dos prestadores de serviço deverá levar sempre em consideração os riscos inerentes às aplicações nos mercados de atuação do fundo de investimento e a natureza de obrigação de meio de seus serviços.

§ 3º O patrimônio segregado referido no inciso III do caput deste artigo só responderá por obrigações vinculadas à classe respectiva, nos termos do regulamento.

O Art. 1.368-D traz em si três disposições nucleares, que autorizam a inclusão no regulamento do fundo, observada a regulamentação da CVM: da limitação de responsabilidade de cotistas, da limitação de responsabilidade de prestadores de serviço e da criação de classes de cotas com diferentes direitos e obrigações, inclusive com a segregação de patrimônio para cada classe.

Nos parágrafos após os incisos, encontram-se esclarecimentos importantes para a aplicação concreta dessas três disposições. De início, o parágrafo primeiro já estabelece que não haverá possibilidade de retroação da responsabilidade limitada, deixando claro também que a responsabilidade pelas dívidas do fundo será ilimitada em regra, a não ser quando o regulamento do fundo dispuser do contrário. Já o parágrafo terceiro estabelece que, caso haja de fato a segregação de patrimônio em classes de cotas, o patrimônio segregado só responderá por obrigações vinculadas à respectiva classe.

Conforme mencionado acima, aqui surge uma das grandes falhas técnicas da LLE. A solução de se criar uma responsabilidade limitada de ordem contratual não é adotada em quase nenhum regime jurídico estrangeiro e em nenhuma outra situação no direito brasileiro. Foi uma "invenção" da LLE, a qual, em razão da falta de debate público sobre o tema, esconde uma fonte de insegurança jurídica relevante. A razão pela qual não se admite uma responsabilidade limitada convencional é simples. A responsabilidade limitada é algo relevante para todos aqueles que fazem negócios com uma outra pessoa, para saber, justamente, qual o limite da responsabilidade assumida em tal relação. Tal situação é importante para fornecedores, investidas e outros agentes relacionados com o fundo, mas particularmente relevante para com os investidores. Considerando-se que os fundos captam recursos da poupança popular, é absolutamente contrário à razoabilidade imaginar que cada investidor tenha que ter o trabalho de ler os regulamentos dos fundos em que investe para saber se têm responsabilidade limitada ou não. Assim, a LLE criou uma insegurança jurídica cotidiana para os investidores.

Além disso, é incerto como o judiciário brasileiro lidará com tal "inovação". Sendo a limitação da responsabilidade jurídica um privilégio central de algumas pessoas jurídicas, a lei falhou ao, primeiro, não reconhecer a qualificação dos fundos como pessoas jurídicas e, ainda, criar essa figura incomum da limitação de responsabilidade de cotas convencional. Não concordaria com a interpretação de que, em razão da própria lei não afirmar a existência de personalidade jurídica dos fundos de investimento, não seria possível reconhecer a limitação da responsabilidade das cotas nos fundos que incluírem tal previsão em seus regulamentos. Mas é um fato que as incoerências do texto legislativo criaram tal risco.

Uma outra insegurança jurídica surgiu particularmente em relação a detentores de cotas em Fundos de Investimento Imobiliários, os quais já tinham a proteção da limitação da responsabilidade por força de lei. Em tais casos, o regulamento do fundo poderia ser alterado para tornar ilimitada ou de qualquer forma irrestrita a responsabilidade dos cotistas com base no Art. 1.368-D, inciso I da LLE? Será que para gozar da responsabilidade limitada antes garantida por lei, o regulamento do fundo precisaria ser alterado? E se for alterado, existiria então a presunção de que tal limitação teria efeitos apenas para o futuro? Em todos os casos, a resposta correta seria a negativa, mas a insegurança gerada nos investidores simplesmente não existiria caso a legislação tivesse feito o mais simples e correto, e apenas estendido a proteção existente para os Fundos de Investimento Imobiliários para todos os demais fundos.

Quanto a possibilidade de se limitar a responsabilidade dos prestadores de serviço, o texto originário da MP nº 881/2019, o qual acabou sendo convertido em lei, optou por um caminho perigoso. Não resolveu a questão central da regulação dos fundos de investimento no Brasil, que é a dos deveres fiduciários dos administradores e gestores, principalmente, e, além disso, permitiu a interpretação, por exemplo, de que seria possível eximir completamente os administradores e gestores de responsabilidade, não somente perante terceiros, mas também perante os próprios detentores de cotas do fundo.

De certa maneira, insistir no inconsistente esforço de chamar os fundos de investimento de condomínios talvez inclua a intenção de refletir que os investidores são os verdadeiros administradores dos recursos do fundo, e que os administradores e gestores são meros prestadores de serviço. Em sentido contrário, reconhecer a natureza fiduciária dos fundos de investimento impede tal entendimento, sendo necessário então reconhecer que a limitação da responsabilidade dos administradores e gestores perante terceiros e perante os próprios investidores seria temerário, criando no mercado incentivos para administradores e gestores absolutamente irresponsáveis não apenas com relação à gestão da poupança popular como também nos negócios realizados com terceiros. Neste caso, por óbvio, nos socorre a analogia necessária dos fundos com as sociedades anônimas, sendo evidente que deve ser aplicado aos fundos de investimento a mesma interpretação existente quando aos administradores de sociedades anônimas com relação aos deveres fiduciários. Assim, os administradores e gestores de fundos de investimento, ocupando posição equivalente à da diretoria de uma sociedade anônima, devem aos seus investidores os mesmos deveres fiduciários que administradores de sociedades anônimas devem para com seus acionistas.

O segundo parágrafo reconhece, em parte, os problemas derivados do caminho inadequado contido no texto do Art. 1.368-D, inciso II, ao estabelecer dois critérios que devem ser usados ao avaliar a responsabilidade dos prestadores de serviços: o risco inerente ao mercado de atuação do fundo em questão e a natureza de obrigação de meio (e não de resultado) dos prestadores de serviço. A combinação do Art. 1.368-D, inciso II com o Parágrafo 2º do mesmo artigo cria situação de grave insegurança. Os gestores devem ter regras claras que indiquem o limite de sua responsabilidade, de forma que tenham segurança de que não serão responsabilizados desde que ajam dentro dos limites legais. Obviamente, situações de dolo, má-fé e fraude não se confundem com a tomada legítima de risco e devem ser reprimidas, de modo a diminuir os custos de transação e melhorar o fluxo de capital na indústria de fundos, conforme previsto no Art. 1.368-E.

Vale notar que, ao positivar a obrigação contraída pelos gestores como obrigação *de meio*, a LLE atende a uma demanda importante do mercado de fundos de investimento[39]. Isso porque a alternativa dogmática, que seria a

---

[39] A demanda está refletida tanto na regulamentação do setor como na rápida reprodução dessa confirmação legislativa nos regulamentos de fundos ESG, conforme documentada por

responsabilidade de resultado, é absolutamente incompatível com a própria natureza dos fundos, enquanto instrumento de investimento que carrega consigo o risco de mercado. Naturalmente, assumir que o gestor que não atinge determinada meta de rendimentos poderia ser responsabilizado por isso, ainda que sem má-fé ou dolo, significaria a morte da figura como a conhecemos. A grande questão que fica aqui é a definição precisa do conteúdo de tal obrigação de meio.

A esse fim, nos socorre, como em outros tantos campos nos socorreu, a lição de Judith Martins-Costa. É necessário compreender os riscos que compõem a álea normal do negócio jurídico por meio do qual se obriga o gestor a manejar o patrimônio tido em conjunto pelos quotistas do fundo[40]. E isso não se pode fazer a não ser pela objetivação das práticas de mercado, e das vicissitudes que podem ser compreendidas como razoáveis por um gestor médio do mercado sob análise. Em outras palavras, positivar a obrigação dos gestores como obrigação de meio não é, de nenhum modo, isentar os gestores da enorme responsabilidade por eles assumida. É dizer que os gestores devem, sim, empreender melhores esforços para o atingimento dos objetivos visados pelo regulamento do fundo, de modo que a violação desse dever – pela falta de diligência devida – atrai, sem dúvidas, a responsabilidade do gestor[41]. A fidúcia é a pedra de toque das relações de separação entre propriedade e controle, de modo que nessa seara impera o mais alto dever de diligência possível[42].

ZANUTO, Isadora Chaves. *A responsabilidade civil de gestores de fundos de investimento*: integração de critérios ESG e o ambiente regulatório brasileiro. Tese (Graduação em Direito) Faculdade de Direito da Universidade de São Paulo, São Paulo. 2021.

[40] MARTINS-COSTA, Judith; MARTINS-COSTA, Fernanda Mynarski. Responsabilidade dos Agentes de Fundos de Investimentos em Direitos Creditórios("FIDC"): riscos normais e riscos não suportados pelos investidores. *Revista da Faculdade de Direito da Universidade de Lisboa*. vol. 62, n. 2, p. 327-355, 2021, p. 339.

[41] MARTINS-COSTA, Judith; MARTINS-COSTA, Fernanda Mynarski. Responsabilidade dos Agentes de Fundos de Investimentos em Direitos Creditórios("FIDC"): riscos normais e riscos não suportados pelos investidores. *Revista da Faculdade de Direito da Universidade de Lisboa*. vol. 62, n. 2, p. 327-355, 2021, p. 342.

[42] MARTINS-COSTA, Judith; MARTINS-COSTA, Fernanda Mynarski. Responsabilidade dos Agentes de Fundos de Investimentos em Direitos Creditórios("FIDC"): riscos normais e riscos não suportados pelos investidores. *Revista da Faculdade de Direito da Universidade de Lisboa*. vol. 62, n. 2, p. 327-355, 2021, p. 346.

No entanto, o texto legal não dá balizas claras para a atuação do administrador e do gestor e apenas diz que o regulamento poderá estabelecer regras, mas que tais regras poderão ser revisadas pelo judiciário. Todo o regime de deveres fiduciários não tem como objetivo efetivamente responsabilizar os administradores de forma aleatória, mas, pelo contrário, baseado em séculos de jurisprudência em quase todos os sistemas jurídicos do mundo, destacar aquelas situações nas quais as ações dos administradores podem ser entendidas como sendo resultantes de dolo, má-fé ou fraude e criar procedimentos para evitá-las. Foi esta a oportunidade perdida pelo legislador, de dar aos bons administradores e gestores essa tranquilidade e segurança jurídica de seguir por um caminho conhecido, que seria a mesma tranquilidade transmitida aos investidores do mercado.

3.4 Art. 1.368-E e parágrafos – Das Obrigações e da Insolvência dos Fundos

Art. 1.368-E. Os fundos de investimento respondem diretamente pelas obrigações legais e contratuais por eles assumidas, e os prestadores de serviço não respondem por essas obrigações, mas respondem pelos prejuízos que causarem quando procederem com dolo ou má-fé.

§ 1º Se o fundo de investimento com limitação de responsabilidade não possuir patrimônio suficiente para responder por suas dívidas, aplicam-se as regras de insolvência previstas nos arts. 955 a 965 deste Código.

§ 2º A insolvência pode ser requerida judicialmente por credores, por deliberação própria dos cotistas do fundo de investimento, nos termos de seu regulamento, ou pela Comissão de Valores Mobiliários.

O *caput* do Art. 1.368-E estabelece que os fundos responderão "diretamente" pelas obrigações legais e contratuais por eles assumidas, excluindo expressamente a responsabilidade dos prestadores de serviço por essas obrigações, mas reforçando que eles serão responsáveis pelos danos que advierem de dolo ou má-fé.

Ainda que o artigo padeça de má-técnica legislativa, fica clara a noção de que os fundos de investimento contraem, eles mesmos, obrigações pelas quais são responsáveis, e, portanto, que lhes podem ser imputadas. O texto do referido artigo seria inútil caso alguém tivesse tido a coragem de gritar que o "rei está nu" e reconhecido que os fundos de investimento são pessoas jurídicas e que devem, todos, ter responsabilidade limitada. A má-técnica legislativa resulta do erro de ficar negando o óbvio e ser forçado a, sistematicamente, voltar à, indiretamente, reconhecer a personalidade jurídica dos fundos de investimento por meios transversos.

Fica, portanto, mais distante ainda a noção de que os fundos não tenham personalidade jurídica, uma vez que, como já visto, esse artigo confere aos fundos dois elementos usados para definir a personalidade jurídica: as características de um centro de imputação e a aptidão genérica para contrair obrigações.

Também acerta, em parte, o artigo ao estabelecer que os prestadores de serviço são responsáveis pelos danos que vierem de dolo ou má-fé, uma vez que, como será discutido no tópico final do presente estudo, a governança dos fundos de investimento deve centrar-se em reprimir as fraudes, e não a tomada de risco que se dê nos termos do regulamento do fundo. Mas erra ao deixar de lado dois elementos presentes na Lei das Sociedades por Ações, que são o erro e fraude e a dissimulação. No caso da gestão fiduciária, o erro não pode ser excluído, pois todo o regime de deveres fiduciários está baseado, justamente, em diferenciar o erro ou negligência que são aceitáveis com base no dever de diligência estampado no Art. 153 da Lei das Sociedades por Ações[43], daqueles que são absolutamente inaceitáveis para um profissional de um determinado padrão que assume a responsabilidade de gerir ativos de um volume expressivo.

Além das disposições do caput, o parágrafo primeiro estabelece que o regime aplicável a fundos que não tenham patrimônio suficiente para responder pelas próprias dívidas é o regime de insolvência geral do Código Civil. Mais uma vez, o legislador aqui ficou prisioneiro do *path dependency*. Em alguma medida, soa até injusto criticar o legislador federal por tais erros, pois os erros originários estavam na MP nº 881/2019, sendo o maior culpado o executivo

---

[43] Art. 153. O administrador da companhia deve empregar, no exercício de suas funções, o cuidado e diligência que todo homem ativo e probo costuma empregar na administração dos seus próprios negócios.

federal que propôs o texto sem dar margem a qualquer debate público. Como pode alguém que não é uma pessoa ficar insolvente?

Em teoria, a lógica seria a de que, como o fundo não é uma pessoa jurídica e é um condomínio, não teria natureza empresarial e não poderia gozar dos benefícios dos processos de natureza falimentar que são garantidos às pessoas com características empresariais com base na Lei nº 11.101/2005. Negar a natureza empresarial dos fundos de investimento como argumento para dizer que tenham que sofrer a insolvência civil e não possam ter benefícios falimentares somente pode ser feito com uma abstração quase absoluta da realidade. A pergunta deveria ser ao revés, no sentido de que quem fizer tal proposição deveria então ser convidado a argumentar como um fundo de investimento, de absolutamente qualquer tipo, se enquadra na definição do Parágrafo único do Art. 966 do Código Civil, o qual define como não sendo empresário aquele que "exerce profissão intelectual, de natureza científica, literária ou artística". É necessária muita imaginação para achar um fundo de investimento desenvolvendo atividade intelectual, científica ou artística.

Faltou criatividade à CVM para criar tais fundos, relegando-nos a fundos de investimento mais mundanos e menos interessantes, como os Fundos de Investimento em Ações, Fundos de Investimento em Participações, Fundos de Investimento em Renda Fixa, Fundos de Investimento Multimercado, Fundos de Investimento Cambial, Fundo de Investimento em Empresas Emergentes. Somente pelos nomes é inegável a característica empresarial de suas atividades. Mas com a impossibilidade de obter privilégios falimentares, os prejudicados são, claramente, os investidores em fundos de investimento.

Por fim, o Parágrafo 2º desse artigo estabelece três legitimados para requerer a insolvência do fundo: os credores, por via judicial, os cotistas, nos termos do regulamento, e a Comissão de Valores Mobiliários. Enquanto a competência da CVM para tanto é condizente com o seu papel de órgão regulador do Mercado de Capitais brasileiro, bem como não há surpresa em ver os credores e os cotistas legitimados para requerer insolvência, chama a atenção que a lei não tenha incluído os prestadores de serviço entre os legitimados. Nesse sentido, caso o gestor constate que o patrimônio do fundo seria insuficiente para arcar com as obrigações contraídas, ele seria obrigado a submeter essa conclusão ao escrutínio da assembleia geral de cotistas. Mais um elemento que denota a proximidade entre os fundos de investimento e as sociedades anônimas, uma vez que também compete à Assembleia Geral aprovar pedidos de recuperação judicial e falência, nos termos do Art. 122 da Lei das Sociedades por Ações.

3.5 Art. 1.368-F, caput – Regulação pela Comissão de Valores Mobiliários

> Art. 1.368-F. O fundo de investimento constituído por lei específica e regulamentado pela Comissão de Valores Mobiliários deverá, no que couber, seguir as disposições deste Capítulo.

O Art. 1.368-F estipula que fundos de investimento constituídos por lei específica e regulamentados pela CVM deverão, no que couber, seguir as disposições do capítulo. Nesse sentido, o artigo reforça o caráter de disciplina geral do capítulo incluído no Código Civil.

O texto legal, mais uma vez, optou pela saída preguiçosa. Ao invés de endereçar diretamente potenciais conflitos de interpretação, como o que foi apontado acima com relação à responsabilidade limitada dos Fundos de Investimento Imobiliário, a lei optou por utilizar o termo vago e aberto à interpretação "no que couber". No que couber a critério de quem e com base em quais parâmetros? Mais uma vez, aflora a má-técnica legislativa que denota um trabalho feito às pressas por pessoas que não tinham a expertise que se observa em outros textos legais. Assim, a LLE terá uma regência supletiva com relação à legislação e regulamentação da CVM, apenas aplicando-se nos casos omissos, ou seja, quando couber por serem incompletas as leis anteriores, ou, ao contrário, existindo conflitos prevalecerá a LLE, em razão de justamente, "couber" a aplicação da LLE para revogar previsões expressas da legislação e regulamentação atual? Ademais, se for o conflito com aspecto previsto em regulamentações da CVM, que são de natureza infralegal, qual deve ser aplicada? Teria a lei deliberadamente negado sua aplicação quando em conflito com regulamentações da CVM?

Infelizmente caberá ao regulador corrigir a falha legislativa com base na Lei de Introdução ao Direito Brasileiro, uma vez que a falta de técnica legislativa com relação ao Art. 1.368-F é patente e o presente artigo deve ser ignorado pelo judiciário pátrio. A integração jurídica deverá ser feita no sentido de preservar o quanto previsto em leis especiais, de forma que deve ser entendido que a LLE não tem o condão de revogar qualquer previsão da Lei nº 8.668/1993, a qual criou os Fundos de Investimento Imobiliário, pois tem um escopo evidentemente mais específico que a LLE. No entanto, com relação a regulamentações da CVM sobre fundos específicos, deve prevalecer a hierarquia legal e a lei federal deve se sobrepor à regulamentação da CVM.

4. Breves notas de direito comparado

Como visto acima, internacionalmente há uma tipologia tripartite da forma jurídica dos fundos de investimento[44]. Os fundos, portanto, podem ser constituídos com base em relações contratuais, tipicamente societárias ou de direitos reais (seja na forma da propriedade fiduciária ou dos condomínios). Entre estas últimas, a forma condominial é absoluta exceção, sendo adotada em apenas duas jurisdições: o Brasil e as Bahamas. Por outro lado, no direito estadunidense aceitam-se tanto os fundos constituídos por meio da propriedade fiduciária (na forma dos *trusts*) como aqueles constituídos pela forma societária, sendo estes os mais comuns, particularmente aqueles estruturados por meio da combinação de *Limited Liability Partnerships* (LLPs) e *Limited Liability Companies* (LLCs).

Nos Estados Unidos da América, não há, de modo geral, uma cisão formal entre a figura dos fundos e as demais formas societárias. Assim, os fundos são regidos pela legislação geral aplicável às LLPs. Nessas estruturas, há dois tipos de sócios: os *General Partners* e os *Limited Partners*. Enquanto os *General Partners*, os quais, em geral, são organizados na forma de LLCs, efetivamente empreendem a atividade-fim da sociedade, dirigindo os investimentos e podendo ter, inclusive, responsabilidade ilimitada sobre as dívidas contraídas, os *Limited Partners* investem na atividade empreendida com o objetivo de obter participação nos lucros e resultados auferidos pelo gestor, sendo a eles garantida a limitação da responsabilidade pelos investimentos realizados.

---

[44] BECKER, Bruno Bastos. *Fundos de Investimento no Brasil*: anatomia funcional e análise crítica regulatória. Tese (Doutorado) – Programa de Pós-Graduação em Direito, Faculdade de Direito, Universidade de São Paulo, São Paulo, 2019.

Figura 1 – Ilustração simplificada da estrutura de um fundo de investimentos organizado por meio de uma *Limited Liability Partnership*.

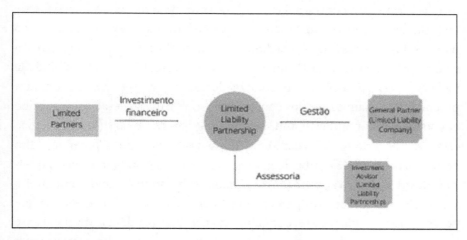

Elaboração própria

A simplificação da estrutura regulatória, que não cria um regime específico para a constituição de fundos de investimento, mas sim pelo regime societário geral, é a nota característica de jurisdições líderes no mundo em incorporação de fundos de investimento, como Luxemburgo (que segue as normativas da União Europeia sobre o tema) e Estados Unidos da América, que abarcam cerca de 30% dos fundos abertos constituídos no mundo hoje[45]. Não se pode negar que a indústria brasileira é também relevante, mas é importante notar que ela é uma indústria doméstica, no sentido de ser dedicada exclusivamente a fundos que tenham por objetivo captar recursos no Brasil. Para sua internacionalização, um passo importante seria buscar uma maior proximidade com os modelos estrangeiros.

Apesar dos regimes societários gerais apresentarem um papel dominante no mercado internacional de fundos de investimento, é interessante destacar o recente modelo adotado em Portugal, o qual descreveremos como híbrido. O regime português dispõe de lei para regrar os organismos de investimento

---

[45] INTERNATIONAL ORGANIZATION OF SECURITIES COMISSIONS. IOSCO Investment Funds Statistics Report. jan/22. Disponível em: https://www.iosco.org/library/pubdocs/pdf/IOSCOPD693.pdf

coletivo[46]. No entanto, o seu Artigo 5º, o Regime Geral dos Organismos de Investimento Coletivo (RGOIC) prevê a possibilidade de adoção de duas formas jurídicas: a contratual e a societária (esta na forma de sociedade de investimento coletivo). Nesse sentido, mesmo havendo um regime específico para fundos, esse regime abarca diferentes formas jurídicas, e não foge à regra de permitir a constituição de um fundo por via societária. Essa possibilidade inclusive leva a discussões entre doutrinadores portugueses, que buscam compreender se seriam os fundos constituídos sob forma societária um subtipo das sociedades anônimas[47], uma vez que seguem tanto o regime específico estabelecido pelo RGOIC como o Código das Sociedades Comerciais. Em nossa visão, tal modelo híbrido gera mais custos, ao justamente criar potenciais dúvidas quanto à aplicação de julgados já bem estabelecidos em direito societário aos fundos. Nos parece uma incerteza jurídica desnecessária que poderá ser superada pelo reconhecimento pela jurisprudência de que não se trata propriamente de um subtipo das sociedades anônimas, mas efetivamente apenas um novo uso do mesmo tipo societário.

No âmbito da União Europeia, a Diretiva 2009/65/CE do Parlamento e do Conselho Europeus estabelece o conteúdo mínimo da base comum regulamentar sobre organismos dedicados ao investimento primordialmente em valores mobiliários. O artigo 1º, 3. da Diretiva reconhece que os Organismos de Investimento Coletivo em Valores Mobiliários (OICVM) podem, por força de cada legislação nacional, ser constituídos sob a forma contratual, forma de *trust* e a forma societária.

Ao mesmo tempo, a Diretiva 2011/61/EU abarca os fundos de investimento alternativos, não abarcados pela Diretiva 2009/65/CE. Essa Diretiva trata dos gestores de Fundos de Investimento Alternativos constituídos sob quaisquer formas previstas em lei nacional.

---

[46] Trata-se do Regime Geral dos Organismos de Investimento Coletivo, aprovado por meio da Lei 16/2015. Há também espécies de fundos, como os fundos de pensão, regulados por leis específicas.

[47] MARTINS-COSTA, Judith; MARTINS-COSTA, Fernanda Mynarski. Responsabilidade dos Agentes de Fundos de Investimentos em Direitos Creditórios("FIDC"): riscos normais e riscos não suportados pelos investidores. *Revista da Faculdade de Direito da Universidade de Lisboa*. vol. 62, n. 2, p. 327-355, 2021, p. 336.

Nesse sentido, o que se nota é que, com frequência na experiência internacional, sequer há um regime específico de fundos de investimento apartado dos demais regimes societários e contratuais, como o que a Lei de Liberdade Econômica acabo por reforçar com a insistência na forma condominial no Brasil. Como já defendemos, também aqui seria possível buscar socorro para integração legislativa e regulamentar em matéria de fundos de investimento nas normas de Sociedades Anônimas, mesmo sendo mantida a artificial referência aos fundos como condomínios. Mas, novamente, a Lei de Liberdade Econômica perdeu a oportunidade de estabelecer de forma expressa as analogias possíveis e regramentos subsidiários, o que conferiria maior segurança jurídica às normativas de fundos.

5. Outras normas internas relevantes para os Fundos de Investimento

Como mencionado acima, a base normativa dedicada aos Fundos de Investimento é fortemente regulatória, com a notável exceção dos Fundos de Investimento Imobiliário, regrados pela Lei 8.668/1993, dos Fundos de Investimento de Participação em Infraestrutura e de Produção Econômica Intensiva em Pesquisa, Desenvolvimento e Inovação, regrados pela Lei 11.478/2007 e, mais recentemente, dos Fundos de Investimento nas Cadeias Produtivas Agroindustriais (Fiagro), criados pela Lei 14.130/2021. Assim, a vasta maioria dos Fundos de Investimento era regrada, até a Lei de Liberdade Econômica, exclusivamente por meio do poder normativo da Comissão de Valores Mobiliários, que o exercia primordialmente por meio de Instruções Normativas (ICVM) e, mais recentemente, por meio de Resoluções.

A ICVM 555 constitui a norma de referência nesse campo, uma vez que estabelece tanto normas gerais reproduzidas por outras instruções como também regula os cinco principais tipos de fundo. São eles: Fundos Renda Fixa, Fundos de Ações, Fundos Cambiais e Fundos Multimercado, bem como os Fundos de Investimento em Cotas de Fundos de Investimentos. Os quatro primeiros são propriamente classes de fundos de investimento, sendo que os últimos (Fundos de Fundos) também se enquadrarão nessas classes conforme os tipos de fundos em que investirem. A definição de fundos constante do

Artigo 3º da ICVM⁴⁸ foi reproduzida pela LLE, que tratou de incluir entre os objetos possíveis de fundos os bens e direitos de qualquer natureza, de modo a cumprir com seu objetivo de ser norma geral e abarcar também outros tipos de fundos.

Além dessas quatro principais classes de fundos, há também diversos outros fundos regrados por Instruções Específicas. Vale mencionar, ao menos, os Fundos de Investimento em Participações (FIPs), Fundos de Investimento em Direitos Creditórios (FIDC) e os Fundos de Índice, representativos da pluralidade de objetos de investimento possíveis dentro do guarda-chuva dos fundos de investimento.

Na comparação intrassistêmica dos impactos da Lei da Liberdade Econômica, vale apontar que a maior parte das normas de responsabilidade dos agentes de fundos de investimento está contida tanto na ICVM 558, como na própria ICVM 555. Nos termos dessas instruções, estão positivadas diversas obrigações de *best efforts* e deveres de caráter fiduciário.⁴⁹ Conquanto a redação, em particular do artigo 92 da ICVM 555, aponte fortemente no sentido da instituição de obrigações de meio, não deixa de ser relevante a positivação dessa responsabilidade pela LLE. A redação de tal artigo, inclusive, pode ser utilizada como forma de complementar o conteúdo da norma estabelecida pela lei, mas é fundamental compreender que seu sentido será dado por meio da objetivação das práticas e expectativas com relação ao comportamento e aos riscos de mercado, nos termos da já citada lição de Judith Martins-Costa⁵⁰.

---

⁴⁸ Art. 3º O fundo de investimento é uma comunhão de recursos, constituído sob a forma de condomínio, destinado à aplicação em ativos financeiros.

⁴⁹ Art. 92. O administrador e o gestor, nas suas respectivas esferas de atuação, estão obrigados a adotar as seguintes normas de conduta: I – exercer suas atividades buscando sempre as melhores condições para o fundo, empregando o cuidado e a diligência que todo homem ativo e probo costuma dispensar à administração de seus próprios negócios, atuando com lealdade em relação aos interesses dos cotistas e do fundo, evitando práticas que possam ferir a relação fiduciária com eles mantida, e respondendo por quaisquer infrações ou irregularidades que venham a ser cometidas sob sua administração ou gestão; II – exercer, ou diligenciar para que sejam exercidos, todos os direitos decorrentes do patrimônio e das atividades do fundo, ressalvado o que dispuser a política relativa ao exercício de direito de voto do fundo; e III – empregar, na defesa dos direitos do cotista, a diligência exigida pelas circunstâncias, praticando todos os atos necessários para assegurá-los, e adotando as medidas judiciais cabíveis.

⁵⁰ MARTINS-COSTA, Judith; MARTINS-COSTA, Fernanda Mynarski. Responsabilidade dos Agentes de Fundos de Investimentos em Direitos Creditórios("FIDC"): riscos normais

Por outro lado, a Lei 8.668/1993, que regra os fundos imobiliários, determina a responsabilidade dos administradores fiduciários em caso de: má gestão, gestão temerária, conflito de interesses, descumprimento do regulamento do fundo ou de determinação da assembleia de quotistas[51]. Cabe à instituição administradora a responsabilidade pela evicção no caso de alienação de imóveis pelos fundos[52]. Nesse sentido, entende-se que a Lei dos Fundos de Investimento Imobiliário detalha em maior grau as hipóteses de responsabilização por dolo e culpa previstas também na LLE.

Desse modo, não é possível notar fortes incompatibilidades da LLE com relação ao restante do sistema jurídico-regulamentar de fundos de investimento, o que por si é algo positivo. No entanto, fica a impressão que a LLE poderia ter trazido melhores balizas para a responsabilização de gestores e administradores, que estavam e ainda seguem ausentes no ordenamento jurídico brasileiro.

6. A Oportunidade Perdida para Proteger os Investidores em Fundos

Como já mencionado, entendo que a LLE representou a perda de uma oportunidade para uma reforma estrutural no mercado de fundos ao apenas facultar aos fundos a responsabilidade limitada e não a tornar obrigatória e ao não ter avançado na moldura regulatória geral em torno da governança de fundos de investimento que, como já tive a chance de expressar, entendo ser essencial ao mercado de capitais brasileiro frente a problemas identificados com relação a tipos específicos de fundos no passado, mas que podem representar problemas sistêmicos[53].

---

e riscos não suportados pelos investidores. *Revista da Faculdade de Direito da Universidade de Lisboa*. vol. 62, n. 2, p. 327-355, 2021, p. 342.

[51] Art. 8º O fiduciário administrará os bens adquiridos em fidúcia e deles disporá na forma e para os fins estabelecidos no regulamento do fundo ou em assembléia de quotistas, respondendo em caso de má gestão, gestão temerária, conflito de interesses, descumprimento do regulamento do fundo ou de determinação da assembléia de quotistas.

[52] Art. 14, II da Lei 8.668/93.

[53] Já tive a oportunidade de defender visão similar em meu voto no caso do Fundo de Investimento em Direitos Creditórios ("FIDC") Union. Trata-se de processo administrativo sancionador instaurado pela CVM contra a Oliveira Trust, seu diretor responsável Mauro

Isso porque a responsabilidade limitada é o elemento fundamental que permite a evolução dos meios de coletivização de investimentos e agregação de capital para investimento em empreitadas de risco na sociedade moderna[54]. Ela o faz por meio da proteção do investidor, assegurando um valor máximo de risco tomado por cada um dos que fornecem capital para a empreitada. Vale notar: é irrelevante se a atividade a ser desempenhada é industrial ou financeira, a responsabilidade limitada é o meio juridicamente adequado para proteção do investidor e é a base que permite o desenvolvimento do mercado financeiro e de capitais, em conjunto com outros instrumentos jurídicos, como os títulos de crédito e a transferibilidade de cotas.

Desse modo, não há por que deixar em aberto a alteração regulamentar necessária para consagração da responsabilidade limitada em fundos de investimento. O correto seria conferir à figura jurídica mais esse elemento essencial, nos termos da emenda legislativa que apresentamos neste caso e a qual foi negada em conjunto com praticamente todas as propostas de reforma dos Arts. 1.368-D, 1.368-E e 1.368-F.

Sérgio de Oliveira e o Banco Bradesco. A Oliveira Trust e seu diretor eram acusados na condição de gestores dos FIDCs Union e Agro por descumprimento de deveres fiduciários, como os de manter atualizada a documentação das operações de compra de créditos pelos fundos, aplicação inadequada de regras de classificação de risco na carteira e desobediência às disposições do regulamento do Fundo. O Bradesco atuava como agente custodiante do fundo, e foi condenado por não manter a documentação relativa às operações do fundo em dia, mas também por permitir a liquidação dos créditos por compensação não financeira e delegar aos cedentes a guarda de documentos que evidenciavam o lastro da condenação. Quando do recurso ao Conselho de Recursos do Sistema Financeiro Nacional, votei pela absolvição do Bradesco dessas duas últimas imputações, primeiro porque não cabia a ele, como agente custodiante, avaliar a conveniência da liquidação não financeira ou da renegociação pelo gestor e administrador, segundo porque à época da conduta a delegação da guarda dos documentos era conduta corrente do mercado, ainda que à data do julgamento a regulação já tivesse a proscrito. Identifiquei também que o principal problema que levou aos danos aos investidores foi a concentração da figura do administrador e do gestor em uma única entidade, o que levou a conflitos de interesse. O caminho para lidar com essa situação é precisamente evitar a concentração de funções, melhorando o padrão de governança e não estendendo as responsabilidades a outros prestadores de serviço. CONSELHO DE RECURSOS DO SISTEMA FINANCEIRO NACIONAL. *Processo 10372.000415/2016-84*. Voto do Conselheiro Relator Carlos Pagano Botana Portugal Gouvêa. 2018.

[54] ASCARELLI, Tulio. *Princípios e problemas das sociedades anônimas*. In: Problemas das sociedades anônimas e direito comparado. São Paulo: Saraiva, 1945. p. 458.

Outro ponto relevante para a proteção dos investidores em fundos de investimento que não foi tocado pela LLE seria a regulamentação da governança corporativa de fundos de investimento, particularmente com relação aos deveres fiduciários dos administradores e gestores, assim como com relação à pressão cada vez maior para a adoção de políticas de governança socioambiental (*Environment, Social and Governance* ou *ESG*). Isso porque é inegável o crescimento recente das preocupações com governança, refletido no movimento ESG.

No caso brasileiro, a governança de fundos de investimento é conturbada pela existência, na maior parte dos casos, de duas figuras que são os principais responsáveis perante os investidores, o administrador e o gestor. Os fundos brasileiros desenvolveram-se a partir da ideia que existiria uma divisão de tarefas entre estas duas figuras, na qual o administrador atuaria como uma espécie de fiscal do gestor[55]. Apesar de não ter a forma de conselho, o administrador teria a função de supervisão que se imagina que os conselhos de administração devam ter nas grandes companhias.

Essa figura do administrador é resultado do momento em que se desenvolveu a indústria de fundos no Brasil, logo após a transição para a democracia e antes do processo de estabilização monetária do Plano Real. Inicialmente, o administrador fiduciário servia como meio de trazer maior confiabilidade aos fundos, incluindo no esquema da gestão uma instituição já consolidada no sistema financeiro nacional. A figura do administrador fiduciário, principalmente quando representada por um grande banco comercial, foi necessária para estimular o desenvolvimento da indústria de fundos, que se baseava na atuação de gestores desconhecidos do público geral e envolvia, é claro, a tomada de riscos consideráveis.

---

[55] A ICVM 555 estabelece que o serviço de administração compreende todas as atividades relacionados direta ou indiretamente ao funcionamento e à manutenção do fundo, que podem ser prestados pelo próprio administrador ou por terceiros por ele contratados, por escrito, em nome do fundo. Também compete ao administrador a contratação dos demais prestadores de serviço, após *criteriosa análise e seleção* (Conforme artigo 79 § 1º da ICVM 555). Do mesmo modo, quanto aos FIDCs, a ICVM 356 estabelece que o administrador tem poderes para praticar todos os atos necessários à administração do fundo e para exercer os direitos inerentes aos direitos creditórios que integrem a carteira do fundo (Conforme artigo 33). Estabelece também uma série de obrigações relativas à manutenção em boa ordem da documentação, contabilidade e auditoria do FIDC, imputando a ele verdadeiro papel de supervisão.

Não fosse essa necessidade prática, provavelmente a posição do administrador teria sido ocupada unicamente pelo gestor dos fundos de investimento. As gestoras deveriam ser as figuras centrais da regulamentação de governança dos fundos de investimento porque são as gestoras, em termos práticos, que realizam a atividade essencial dos fundos, que é a análise de investimentos[56]. Atualmente existem gestoras que são conhecidas e respeitadas pelo público investidor, com reconhecimento de marca superior a muitas instituições financeiras. Em razão disso, não existe mais a necessidade de um banco que empreste reputação às gestoras.

Quando uma atividade se torna desnecessária do ponto de vista do mercado, mas é mantida por exigências burocráticas, surge o risco de que tal atividade se torne mal remunerada, causando uma seletividade adversa. Nestes casos, ao invés da atividade de administrador ser exercida pelos maiores bancos brasileiros, com a melhor reputação e maior credibilidade, tal atividade de supervisão passaria a ser feita por bancos com reputação menos consolidada e que passariam a assumir mais risco, tornando a função do administrador uma atividade meramente formal e de baixa remuneração.

O risco de tal processo é a deterioração da governança dos fundos de investimento. Como diz o ditado popular, "cachorro de dois donos morre de fome". É importante que os investidores saibam exatamente quem tem a responsabilidade pela boa administração do fundo em todos seus aspectos.

A regulação, no entanto, não acompanhou o mercado em tal dinâmica, de modo que a figura do administrador fiduciário é ainda o foco, o agente principal (apenas em termos regulatórios), que delega os poderes ao gestor e, em tese, exerce a supervisão. No entanto, o exercício pleno de tal supervisão exigiria que os administradores investissem em tais atividades a mesma quantidade de recursos que os gestores, pois são atividades de alto risco e alta complexidade. Mas tal duplicação de esforços tornaria nossa indústria de fundos ainda menos competitiva do que a indústria internacional.

---

[56] A ICVM 555 define o gestor como qualquer pessoa natural ou jurídica autorizada pela CVM para o exercício profissional de administração de carteiras de valores mobiliários, contratada pelo administrador em nome do fundo para realizar a gestão profissional de sua carteira. Já a Instrução CVM nº 356, 17 de dezembro de 2001, tratando dos FIDCs, não apresenta uma definição específica do gestor, mas faz menção à sua atividade de análise e seleção de direitos creditórios para integrar a carteira do fundo (Art. 39, inciso I).

Com o amadurecimento do setor de fundos na economia brasileira, o uso dos administradores fiduciários como instituições para assegurar a confiança nas relações com fundos não é mais necessário. É certo que manter esse descompasso entre a regulação e a realidade econômica dos fundos cria ineficiências e eleva os custos para operar no mercado de gestão de ativos. Nesse sentido, prejudica-se o fluxo de relações econômicas que lidam com a alocação de recursos na sociedade e, por consequência, fica prejudicada também a função macroeconômica cumprida pelos fundos. A regulação precisa centrar-se em evitar estruturas patológicas e punir condutas fraudulentas, que causam danos aos cotistas de fundos de investimento, assim melhorando o padrão de conduta em mercado.

Para evitar essas condutas, o melhor caminho é o estabelecimento claro (e condizente com a realidade econômica) de responsabilidades a cada um dos agentes interessados nos fundos, desde os gestores até os cotistas. Esse raciocínio se estende para outros operadores do mercado, como as agências de *rating*, agentes custodiantes e o sistema de custódia e liquidação. Cada um dos agentes deve responder única e exclusivamente pelo que, dentro da lógica regulatória e da operação de mercado, possa fazer.

O campo da governança corporativa trata precisamente da alocação dessas responsabilidades e vem se desenvolvendo extensamente nas companhias abertas, mas ainda caminha lentamente nos fundos de investimento. Houvesse a lei mais seriamente lidado com a aproximação desses dois institutos e houvesse o governo aberto espaço para manifestação de especialistas sobre a formulação da Medida Provisória, teria sido possível aproveitar parte dessas discussões para formular uma proposta mais completa e sólida para a evolução do mercado de fundos no Brasil.

Não se trata de inventar a roda, mas de tomar medidas que tornar a indústria de fundos de investimento brasileira mais competitiva internacionalmente. Um passo seria a simplificação da estrutura, com a eliminação das figuras duplicadas de administrador e gestor. Depois, seria adequado simplesmente aplicar-se aos gestores os mesmos deveres fiduciários aplicáveis aos administradores de sociedades anônimas, quais sejam, os deveres de diligência, de lealdade, de informar e as regras de conflito de interesse previstas nos arts. 153 a 158 da Lei das Sociedades por Ações.

Por óbvio, existem diferenças entre companhias e fundos de investimento, no sentido de que determinadas informações detidas pelos gestores sobre suas estratégias de investimento são, para usar o jargão do mercado, "proprietárias". Ou seja, não podem ser publicizadas. No entanto, muitos dos gestores já estão sujeitos a regras relacionadas ao combate a conflitos de interesse e *insider trading*, por exemplo, em razão de negociarem valores mobiliários. O esforço de adaptação seria mínimo e um grande esforço já foi realizado por meio da autorregulação, como no caso do Código ABVCAP/ANBIMA de Regulação e Melhores Práticas para o Mercado de FIP e FIEE, o qual regrou em detalhes o funcionamento dos Comitês de Investimento, com a participação de representantes dos cotistas, com a adoção de medidas para evitar a violação de estratégias proprietárias e informações privilegiadas.

Falha grave também foi a falta de referências a políticas ESG. Seria uma imensa oportunidade para dar a indústria de fundos brasileira uma vantagem competitiva, e, por consequência, a todas as grandes companhias de nossa economia. A adoção de políticas de respeito ao meio ambiente, de diversidade e de combate à corrupção para investidores tem a capacidade de espalhar tais práticas por toda a economia. Tal transformação poderia estimular a transformação das companhias brasileiras em empresas globais, capazes de atuar em diversos mercados. A Índia, sendo uma economia de alto crescimento, avançou em tal sentido ao alterar o Artigo 135 de sua Lei Societária de 2013 (*Companies Act, 2013*) para incluir programas de responsabilidade social corporativa obrigatórios para suas companhias e com a possibilidade de submeter as companhias a penalidades administrativas caso deixem de investir em políticas sociais[57].

A reforma da regulamentação dos fundos de investimento no sentido de ampliar a proteção dos investidores e de demandar a implementação de políticas de ESG é fundamental para o desenvolvimento brasileiro e para a eficiência na alocação de ativos centrais para estimular a atividade econômica. Ademais, algumas dessas reformas teriam também a capacidade de tornar a nossa indústria de fundos mais competitiva em um mercado financeiro cada

---

[57] BALA, Madhu. Empirical investigation of current status of corporate social responsibility in Indian organizations. *National Research Journal of Social Sciences*. Vol. 5, n. 2, p. 44-54, 2020, p. 44.

vez mais internacionalizado e competitivo[58]. A prevalência de modelos abaixo do padrão internacional de proteção de investidores acabará por resultar na morte da galinha dos ovos de ouro. Uma das características principais de todos os mercados financeiros do mundo é que a proteção dos investidores amplia o mercado, e o abandono dos investidores a própria sorte, no passado, apenas significava que o mercado ficaria reduzido. Atualmente isso representará que tais investidores simplesmente buscaram formas de investimento no exterior, podendo levar o mercado financeiro local não à estagnação apenas, mas ao seu desaparecimento.

Não obstante, tais temas ficaram de fora da LLE, em grande parte em razão de tal legislação não ter sido submetida a um debate amplo com especialistas e setores interessados da sociedade civil. Assim, por mais que haja um avanço positivo na abertura para limitação de responsabilidade em fundos, infelizmente a LLE parece ter deixado em abertos velhas incertezas sobre o regime jurídico dos fundos de investimento. Acabou por apresentar mais oportunidades perdidas do que efetivamente contribuído para o desenvolvimento do mercado de capitais brasileiro.

Referências

ASCARELLI, Tulio. *Princípios e problemas das sociedades anônimas*. In: Problemas das sociedades anônimas e direito comparado. São Paulo: Saraiva, 1945.
ASHTON, Peter Walter. *Companhias de investimentos*. Rio de Janeiro: Edições Financeiras, 1963.
BALA, Madhu. Empirical investigation of current status of corporate social responsibility in Indian organizations. *National Research Journal of Social Sciences*. Vol. 5, n. 2, p. 44-54, 2020.
BECKER, Bruno Bastos. *Fundos de Investimento no Brasil*: anatomia funcional e análise crítica regulatória. Tese (Doutorado) – Programa de Pós-Graduação em Direito, Faculdade de Direito, Universidade de São Paulo, São Paulo, 2019
COMPARATO, Fábio Konder; SALOMÃO FILHO, Calixto. *O poder de controle na sociedade anônima*. 6. ed. Rio de Janeiro: Forense, 2014.

---

[58] Outro exemplo recente disso é a Medida Provisória do Ambiente de Negócios, como tive a oportunidade de comentar, ao lado de Mariana Pargendler e Virgínia Ribeiro em: PARGENDLER, Mariana; PORTUGAL GOUVÊA, Carlos; RIBEIRO, Virgínia. MP do ambiente de negócios: uma oportunidade perdida. *JOTA*. 2020.

CORDEIRO, António Menezes. *Tratado de Direito Civil Português*. Vol 1. Tomo 1. 3ªEd. Coimbra: Almedina, 2015.

FRANÇA, Erasmo Valladão Azevedo e Novaes. A natureza jurídica dos fundos de investimento. Conflito de interesses apurado pela própria assembléia de quotistas. Quórum qualificado para destituição de administrador de fundo. *Temas de direito societário, falimentar e teoria da empresa*. São Paulo: Malheiros Editores, 2009.

FREITAS, Ricardo de Santos. *Natureza Jurídica dos Fundos de Investimento*. São Paulo, Quartier Latin, 2005.

KRAAKMAN, Reinier et al. *A anatomia do direito societário*: uma abordagem comparada e funcional. Tradução Mariana Pargendler. São Paulo: Editora Singular, 2018.

MARTINS-COSTA, Judith; MARTINS-COSTA, Fernanda Mynarski. Responsabilidade dos Agentes de Fundos de Investimentos em Direitos Creditórios("FIDC"): riscos normais e riscos não suportados pelos investidores. *Revista da Faculdade de Direito da Universidade de Lisboa*. vol. 62, n. 2, p. 327-355, 2021

PARGENDLER, Mariana; PORTUGAL GOUVÊA, Carlos; RIBEIRO, Virgínia. MP do ambiente de negócios: uma oportunidade perdida. *JOTA*. 2020

PAVIA, Eduardo Cherez. *Fundos de investimento*: estrutura jurídica e agentes de mercado como proteção do investimento. Dissertação (Mestrado) Programa de Pós-Graduação em Direito, Faculdade de Direito, Pontifícia Universidade Católica de São Paulo, São Paulo, 2014.

PEREIRA, Caio Mário da Silva. *Instituições de Direito Civil*. (atual. Maria Celina Bodin de Moraes). vol. 1. 30ª Ed. Rio de Janeiro: Forense, 2017.

SALOMÃO NETO, Eduardo. *O trust e o direito brasileiro*. São Paulo: Trevisan Editora, 2016.

SZTAJN, R. Quotas de fundos imobiliários: novo valor mobiliário. *Revista de Direito Mercantil, Industrial, Economico e Financeiro*. São Paulo, v. 93, n. ja/mar. 1994, p. 104-8, 1994.